新世纪法学教材

General Theory of Criminal Law

刑法学总论

姚建龙 主编

北京大学出版社
PEKING UNIVERSITY PRESS

图书在版编目(CIP)数据

刑法学总论/姚建龙主编. —北京：北京大学出版社，2016.5
（新世纪法学教材）
ISBN 978-7-301-26967-1

Ⅰ. ①刑⋯　Ⅱ. ①姚⋯　Ⅲ. ①刑法—法的理论—中国—高等学校—教材
Ⅳ. ①D924.01

中国版本图书馆 CIP 数据核字(2016)第 053768 号

书　　　名	刑法学总论
	XINGFAXUE ZONGLUN
著作责任者	姚建龙　主编
责 任 编 辑	刘秀芹
标 准 书 号	ISBN 978-7-301-26967-1
出 版 发 行	北京大学出版社
地　　　址	北京市海淀区成府路 205 号　100871
网　　　址	http://www.pup.cn
电 子 信 箱	sdyy_2005@126.ccm
新 浪 微 博	@北京大学出版社
电　　　话	邮购部 62752015　发行部 62750672　编辑部 021-62071998
印 刷 者	河北滦县鑫华书刊印刷厂
经 销 者	新华书店
	787 毫米×1092 毫米　16 开本　24.75 印张　513 千字
	2016 年 5 月第 1 版　2020 年 1 月第 3 次印刷
定　　　价	48.00 元

未经许可，不得以任何方式复制或抄袭本书之部分或全部内容。
版权所有，侵权必究
举报电话：010-62752024　电子信箱：fd@pup.pku.edu.cn
图书如有印装质量问题，请与出版部联系，电话：010-62756370

主 编 简 介

姚建龙,上海政法学院刑事司法学院院长、刑法教研室教授、博士生导师,复旦大学、南京大学、中国政法大学、华东政法大学、北京师范大学、鲁东大学等十余所高校兼职教授、博导、硕导、特邀研究员等。曾为重庆市劳教戒毒所民警、上海市长宁区人民检察院副检察长(分管公诉、未检、研究室)、华东政法大学教授、《青少年犯罪问题》杂志主编、北京师范大学刑事法律科学研究院博士后等。

受聘为北京市高级人民法院专家咨询委员会专家、北京市海淀区人民检察院咨询专家、上海市长宁区人民检察院咨询专家、上海市嘉定区人民检察院咨询专家、福建省诏安县人民法院及诏安县公安局咨询专家等。

主要研究方向是刑法学、犯罪学、禁毒学、矫正学、未成年人法学。在刑法学领域的代表性著作有:《少年刑法与刑法变革》(独著)、《刑法思潮与理论进展》(主编)、《中华刑法论》(校勘)、《中国刑罚改革研究》(合著)等。其中,《少年刑法与刑法变革》一书获首届"全国刑法学优秀学术著作奖(1984—2014)"一等奖。《论刑法的民法化》等五篇论文被人大复印资料《刑事法学》全文转载,两篇论文被《中国社会科学文摘》转载。

主要荣誉有:上海市十大杰出青年(第十八届)、上海市优秀中青年法学家(第五届)、上海市杰出青年岗位能手(第十二届)、上海市禁毒先进工作者、上海市曙光学者、上海市教学成果一等奖等。

副主编简介

江维龙,上海政法学院副教授。1986年毕业于华东师范大学物理系,获物理学学士学位;1989年毕业于华东政法学院,获法学硕士学位;毕业后曾在上海政法管理干部学院、上海法律专科学校、上海大学法学院工作,现任上海政法学院刑法教研室主任,中国犯罪学研究会预防专业委员会常务理事。独著、合著《经济犯罪研究》《经济刑法学》《中国刑法学纲要》《刑法案例教程》《中国刑法基本原理》《中国刑法罪刑适用》等著作;在《法学》等刊物上发表论文数十篇。

卫磊,上海政法学院副教授、华东政法大学刑法学博士后、法学博士。2015年以高级研究学者身份公派日本国立一桥大学法学研究科访学。2012年—2013年挂职上海市金山区人民检察院副检察长。主持国家社会科学基金项目、教育部人文社会科学青年基金项目、上海哲学社会科学规划项目、上海市"晨光计划"项目、上海市教委科研创新项目等多项课题,参与国家哲学社会科学基金项目、司法部国家法治与法学理论研究项目、中国法学会项目、中国犯罪学学会项目、上海市教委重点科研项目等。在核心期刊发表论文十余篇,独著、合著学术著作七部。获得"上海市司法行政系统先进个人"等荣誉称号。连续两年被评为校"教学示范岗"。

编写分工（按编写章节顺序）：

姚建龙，第一章

朱沅沅（上海政法学院刑事司法学院刑法教研室副教授），第二章、第三章、第九章

卫磊，第四章、第五章、第六章、第七章、第八章

江维龙，第十章、第十一章、第十四章、第十五章、第十六章、第十七章

王娜（上海政法学院刑事司法学院刑法教研室副教授），第十二章、第十三章

陈丽天（上海政法学院刑事司法学院刑法教研室副教授），第十八章、第十九章

目 录 | Contents

第一篇　刑法论

第一章　刑法概述 / 003

- 003　第一节　刑法的沿革
- 007　第二节　刑法的概念、分类与性质
- 010　第三节　刑法的根据、任务与机能
- 013　第四节　刑法的体系与用语
- 016　第五节　刑法的解释与研究

第二章　刑法的基本原则 / 022

- 022　第一节　刑法基本原则的概念和意义
- 024　第二节　罪刑法定原则
- 033　第三节　平等适用刑法原则
- 037　第四节　罪责刑相适应原则

第三章　刑法的效力范围 / 044

- 045　第一节　刑法的空间效力
- 054　第二节　刑法的时间效力

第二篇　犯罪论

第四章　犯罪概念与犯罪构成 / 069

069　第一节　犯罪概念
081　第二节　犯罪构成

第五章　犯罪客体要件 / 091

091　第一节　犯罪客体的范畴与特征
095　第二节　犯罪客体的分类
098　第三节　犯罪客体与犯罪对象的关系

第六章　犯罪客观要件 / 100

100　第一节　犯罪客观要件概述
103　第二节　危害行为
111　第三节　危害结果
117　第四节　刑法上的因果关系
127　第五节　犯罪的其他客观条件

第七章　犯罪主体 / 129

130　第一节　犯罪主体概述
132　第二节　刑事责任能力
136　第三节　自然人犯罪主体
151　第四节　单位犯罪主体

第八章　犯罪主观要件 / 156

156　第一节　犯罪主观要件概述
160　第二节　犯罪故意

168	第三节　犯罪过失
172	第四节　无罪过事件
177	第五节　犯罪的目的和动机
178	第六节　刑法上的认识错误

第九章　正当行为 / 184

184	第一节　正当行为概述
188	第二节　正当防卫
200	第三节　紧急避险

第十章　故意犯罪过程中的犯罪形态 / 206

206	第一节　故意犯罪过程形态概述
208	第二节　犯罪预备
211	第三节　犯罪未遂
216	第四节　犯罪中止
225	第五节　犯罪既遂

第十一章　共同犯罪 / 228

228	第一节　共同犯罪概述
236	第二节　共同犯罪的形式
239	第三节　共同犯罪人及其刑事责任

第十二章　罪数形态 / 250

250	第一节　罪数判断的标准
253	第二节　罪数的判断方法
256	第三节　一罪的类型

第三篇　责任论

第十三章　刑事责任 / 275

- 275　第一节　刑事责任概述
- 278　第二节　刑事责任的根据
- 280　第三节　刑事责任的功能
- 283　第四节　刑事责任的实现与终结

第十四章　刑罚概说 / 287

- 287　第一节　刑罚的概念
- 290　第二节　刑罚权
- 295　第三节　刑罚的功能
- 297　第四节　刑罚的目的

第十五章　刑罚的体系与种类 / 300

- 300　第一节　刑罚的体系
- 302　第二节　主刑
- 309　第三节　附加刑
- 316　第四节　非刑罚处理方法
- 317　第五节　完善我国现行刑罚体系的基本思路

第十六章　刑罚裁量 / 321

- 321　第一节　刑罚裁量概述
- 323　第二节　量刑的原则
- 324　第三节　量刑情节

第十七章　刑罚裁量制度 / 331

- 332　第一节　累犯

336	第二节　自首、坦白与立功
344	第三节　数罪并罚
350	第四节　缓刑制度

第十八章　刑罚执行制度 / 355

356	第一节　刑罚执行制度概述
357	第二节　减刑
363	第三节　假释
368	第四节　社区矫正

第十九章　刑罚消灭 / 373

373	第一节　刑罚消灭概述
374	第二节　时效
380	第三节　赦免

主要参考书目 / 383

后记 / 385

第一篇

刑 法 论

第一章 刑法概述

> **学习要求**
>
> **了解**：刑法的概念、性质、任务
> **理解**：刑法的机能
> **熟悉并能够运用**：解释刑法的各种方法
> **主要涉及的法条**：
> **第一条 【立法目的】**为了惩罚犯罪，保护人民，根据宪法，结合我国同犯罪作斗争的具体经验及实际情况，制定本法。
> **第二条 【任务】**中华人民共和国刑法的任务，是用刑罚同一切犯罪行为作斗争，以保卫国家安全，保卫人民民主专政的政权和社会主义制度，保护国有财产和劳动群众集体所有的财产，保护公民私人所有的财产，保护公民的人身权利、民主权利和其他权利，维护社会秩序、经济秩序，保障社会主义建设事业的顺利进行。

第一节 刑法的沿革

我国现行刑法是 1997 年制定的《中华人民共和国刑法》，但近代意义上的刑法始于 1911 年的《大清新刑律》。从《大清新刑律》至今，我国先后出现了六部刑法典。

一、近代刑法典

（一）《大清新刑律》

源远流长的中华法系以厚重的刑法文化为重要特征，而其近代化转型也始于近代刑法典的创制。深谙中国传统法治及法文化的沈家本认为："各法之中，尤以刑法为切要。"遂于光绪二十九年奏请将大清律例先行修订，以为将来新律之过渡，至光绪三十四年完成，是为大清刑律。[1] 又"聘日本冈田氏，参酌各国刑法[2]，折衷历朝旧制，而成新刑律"，即《大清新刑律》，并于宣统二年十二月二十五日颁布，议定宣统五年实行，

---

[1] 参见谢振民编著：《中华民国立法史》，中国政法大学出版社 2000 年版，第 882 页。
[2] 清朝末年翻译了德国、日本、俄罗斯、印度、法国、意大利、荷兰、比利时、美国、瑞士、芬兰等十余个国家的刑法典。参见田涛：《第二法门》，法律出版社 2004 年版，第 155—157 页。

"于是我国刑制,始告革新。"① 《大清新刑律》分为总则和分则两篇。总则十七章,分则三十六章,它继受日本刑法②,引入了近代刑法典的体例、罪刑法定等基本原则,奠定了中国近代刑法典的基本模型及未来走势。

(二)《暂行新刑律》

民国元年(1912年)三月十日,临时政府明令宣示《大清新刑律》除与民国国体抵触的外,其余的均暂行援用。四月三十日,又公布删修新刑律与国体抵触各章、条及文字,并撤销暂行章程五条,改名称为《暂行新刑律》。同时,司法部通告各省施行。《暂行新刑律》基本上沿用《大清新刑律》,所增删者少。

(三) 1928 年刑法

民国三年,法律编查会将《暂行新刑律》加以修改,并于民国四年二月完成修正刑法草案。民国七年,修订法律馆又将修正刑法草案加以修订,是为刑法第二次修正案。民国十六年四月,司法部依据第二次刑法修正案,略加增删,编成新的刑法典,提请中央常务会议通过,并于民国十七年四月十日公布,七月一日施行,这就是一九二八年《中华民国刑法》。这部刑法典延续总则、分则体例,"认刑罚个别主义,而犹不脱事实主义之旧思想"③。

(四) 1935 年刑法

由于1928年刑法典存在与其他法律之间的矛盾颇多等弊端,民国二十年十二月,又由刘克俊、郗朝俊等人组织刑法委员会,以宝道和赖班亚为顾问,对其进行修订。民国二十三年十一月,立法院制定新的中华民国刑法,由国民政府于二十四年一月一日公布,同年七月一日施行,此即 1935 年《中华民国刑法》。④ 这部刑法典最引人注目之处是引入了保安处分制度,由"客观事实主义,倾向于主观人格主义"⑤。这与数十年后新中国 1979 年刑法倾向主观主义,1997 年刑法则转而倾向客观主义⑥的转变正好相反。⑦

二、新中国刑法典

(一) 1979 年刑法

新中国成立后不久,就开始了刑法典的起草工作。1950 年中央人民政府法制委

---

① 王觐:《中华刑法论·上卷》,北平朝阳书院 1933 年增订 7 版,序。
② 参见谢振民编著:《中华民国立法史》,中国政法大学出版社 2000 年版,第 886 页。
③ 王觐:《中华刑法论·上卷》,北平朝阳书院 1933 年增订 7 版,第 33 页。
④ 关于民国时期刑法典的沿革,参见谢振民编著:《中华民国立法史》,中国政法大学出版社 2000 年版,第 881 页。
⑤ 谢振民编著:《中华民国立法史》,中国政法大学出版社 2000 年版,第 920 页。
⑥ 参见张明楷:《刑法的基本立场》,中国法制出版社 2002 年版,第 60—78 页。
⑦ 以上内容参见姚建龙:《1997 年近代刑法典的沿革与〈中华刑法论〉》,载王觐:《中华刑法论》,姚建龙校勘,中国方正出版社 2005 年版,校勘前言。

员会先后起草了《中华人民共和国刑法大纲草案》（共157条）、《中华人民共和国刑法指导原则草案》（共76条）。1954年10月，又正式启动了《中华人民共和国刑法草案》的起草工作，1956年11月已经写出了第13稿，1957年6月写出了第22稿。这一稿的刑法草案经过全国人大常委会讨论审议后，在1957年7月第一届全国人大第四次会议上发给全体代表征求意见，并拟再修改后提请全国人大审议通过。遗憾的是，由于"反右"斗争的影响等原因，刑法起草工作停顿了下来。

刑法典的起草工作在1962年再次启动，并在1963年10月写出了第33稿——《中华人民共和国刑法草案（修正稿）》，共206条。这一草案修正稿经过中共中央政治局常委审查，并考虑准备按全国人大第四次会议决定公布试行。遗憾的是，这次刑法典的出台再次因"四清运动"和十年"文革"等原因搁置十余年。

"文革"结束后，我国重新开始重视民主与法治建设，刑法的制定成为重点之一。1978年10月，国家再次组成刑法草案修订班子，对1962年第33稿刑法草案进行修订。1979年2月，全国人大常委会成立了法制委员会，并由法制委员会抓紧刑事立法工作。1979年3月，法制委员会对刑法草案作了较大的修改。同年5月29日，刑法草案获得中央政治局原则通过。随后，法制委员会进行了全体讨论，并于6月7日提交第五届全国人大常委会第八次会议审议，在审议中又根据代表的意见进行了修改和补充。1979年7月1日，第五届全国人民代表大会第二次会议正式通过了《中华人民共和国刑法》（以下简称《刑法》），并于7月6日以全国人大常委会委员长第5号令公布，决定自1980年1月1日起施行，新中国第一部刑法典由此正式诞生。

1979年刑法共192条，所规定的罪名仅有130余个。这部刑法是在计划经济的背景下制定的，带有强烈的计划体制痕迹。在制定过程中较多地参考借鉴了苏联的刑法，同时遵循了"宜粗不宜细"的立法思路。这部刑法典无论在体系结构、规范内容还是立法技术上，都存在一些问题，对有些犯罪行为在制定刑法时研究不够。例如，规定了玩忽职守罪、流氓罪、投机倒把罪等"口袋罪"，执行起来随意性较大。再如，对有些犯罪行为如走私犯罪、毒品犯罪量刑偏轻，不利于有效地打击此类犯罪。随着改革开放的不断深入，我国政治、经济、文化等各方面发生了巨大的变化，大量的新情况、新问题不断出现，对刑法的修改也提出了迫切要求。

从1981到1995年，刑法的修改、补充主要采取单行刑法和附属刑法的方式进行。自1981年以来，全国人大常委会先后通过了24个刑法修改补充规定和决定。同时，全国人大及其常委会在一些民事、经济、行政法律中规定了"依照""比照"刑法的有关规定追究刑事责任的附属性的刑法规范130余条。这一时期对刑法的修改具有迷信重刑的特点，刑法的干预范围不断扩大，刑罚的严厉性也不断被加大。

（二）1997年刑法

1979年刑法颁布后，刑法的滞后性弊端很快暴露出来，而单行刑法、附属刑法的大量存在又使刑法的体系过于凌乱，于是从1982年开始刑法的修订就被提上了议事日程。1988年7月，《七届全国人大常委会工作要点》中明确提出将刑法修改纳入立法规划。但是,此次刑法的修改同样经历了较长的时间,直至1996年12月,全国人大法工委才将多方征求意见修改完善后的《刑法》(修订草案)提交第八届全国人大常委会第二十三次会议第一次审议。1997年3月14日,第八届全国人大第五次会议正式通过了修订后的《刑法》,并决定自1997年10月1日起施行。

1997年修订后通过的新刑法共452条,在总则中明确规定了罪刑法定原则、平等适用刑法原则和罪刑相适应原则三个刑法的基本原则,修改完善了关于正当防卫、单位犯罪、减刑、假释、自首、立功等有关规定。在刑法分则中,对体系结构进行了适当的调整,如将反革命罪改为危害国家安全罪,将破坏社会主义经济秩序罪改为破坏社会主义市场经济秩序罪;将原来财产犯罪中的贪污罪和渎职罪中的受贿罪等单列出来,专门设立贪污贿赂罪一章;将原来的妨害婚姻家庭罪并入侵犯公民人身权利和民主权利罪之中。另外,分则对许多犯罪的规定进一步具体化,例如分解了渎职罪、投机倒把罪和流氓罪。同时,刑法分则增加了危害国防利益罪和军人违反职责罪两章犯罪,针对在社会主义市场经济下出现的新情况、新问题,增加了一系列新的罪名。

修订后的《刑法》被评价为一部统一的、完整的、新中国成立以来最完备的刑法典,标志着我国刑事法律的发展进入了一个新的历史阶段。[①]

(三) 现行刑法的修订

在1997年对刑法进行"大修"后,刑法的修订与完善仍然是刑事立法需要面对的问题。延续以单行刑法为主修改刑法的惯性,仅在新刑法实施一年两个月后,全国人大常委会即颁布了《关于惩治骗购外汇、逃汇和非法买卖外汇犯罪的决定》,但是这种刑法修改方式很快受到了质疑,因此此后刑法的修改开始形成了以修正案方式进行的惯例。从新刑法正式实施至今,全国人大常委会总共颁布了一个单行刑法、九个修正案,对刑法进行了补充和修正。

一个单行刑法是1998年12月29日通过的《关于惩治骗购外汇、逃汇和非法买卖外汇犯罪的决定》,九个刑法修正案分别是1999年12月25日通过的首个《刑法修正案》、2001年8月31日通过的《刑法修正案(二)》、2001年12月29日通过的《刑法修正案(三)》、2002年12月28日通过的《刑法修正案(四)》、2005年2月28日通过的《刑法修正案(五)》、2006年6月29日通过的《刑法修正案(六)》、2009年2月28日通过的《刑法修正案(七)》、2011年2月25日通过的《刑法修正案(八)》、2015年8月29日通过的《刑法修正案(九)》。

由于刑法修正案通过后不会重新公布刑法文本,这使得对于司法机关如何在裁判文书中援引刑法修正案条文存在一定的争议。为了解决这一问题,最高人民法院作出了《关于在裁判文书中如何引用刑法修正案的批复》(法释〔2007〕7号),这一批复明确规定:人民法院在裁判文书中适用刑法修正案的规定时,应当直接引用修正后的刑法条文,表述为"《中华人民共和国刑法》第×××条的规定",或者"《中华人民共和国刑

[①] 参见刘宪权主编:《刑法学》,上海人民出版社2012年版,第14—16页。

法》第×××条之×的规定"。

第二节 刑法的概念、分类与性质

一、刑法的概念

对于刑法概念的界定,在刑法理论上经历了一个发展的过程。传统刑法理论认为,刑法是统治阶级为了维护其阶级利益和统治秩序,根据本阶级的意志,以国家名义颁布的,规定犯罪、刑事责任和刑罚的法律规范的总和。这一定义强调了刑法的阶级性。由于我国是社会主义国家,我国刑法也是社会主义刑法,因此其体现的是工人阶级领导的广大人民群众的利益和意志。

由于阶级性是刑法的题中应有之义,因而刑法理论逐步形成了无须在对刑法概念的界定中突出阶级性的共识。在一些人对于刑法的定义中开始以"国家名义"的提法代替"统治阶级意志"的提法,或者既不提"国家名义"也不提"统治阶级意志"。不过,刑法的阶级性与国家意志性在刑事立法中仍然是一个鲜明的特点。例如,新近颁布的《刑法修正案(九)》修改刑法的指导思想首先就是"坚持正确的政治方向,贯彻落实党的十八届三中全会、中央司法体制改革任务有关要求"[1]。

近些年来,对于刑法概念界定的分歧主要体现在两个方面:

一是是否应在对刑法的定义中包含刑事责任。否定论者认为,"刑法是规定犯罪与刑罚的法律"[2];而肯定论者则认为,"刑法是规定犯罪、刑事责任与刑罚的法律"[3]。产生这种分歧主要是因为我国刑法理论界长期忽视了对刑事责任的研究。但是,晚近以来,刑法理论对刑事责任的研究已经较为深入,并已经达成了刑事责任作为一项法律责任当然应该在刑法中占有一席之地的共识,因为"刑事责任是犯罪的法律后果,而刑罚又是刑事责任实现的方式之一,这就意味着刑事责任的不可缺乏性"[4]。实际上,早在20世纪90年代,刑法理论界就对刑事责任在刑法体系中的地位进行了反思,并指出"刑事责任是联结犯罪与刑罚的一个必不可少的环节或称其为纽带,三者之间互相不能代替。刑事责任在刑法体系中是一个独立而重要的组成部分。因此,简单地说刑法就是规定犯罪与刑罚的法律,是不够全面的"[5]。

二是是否应在刑法的定义中突出刑法的目的与功能。肯定论者认为,"刑法是以国家名义规定何种行为是犯罪和应给犯罪人以何种刑罚处罚,以有效对付犯罪和积极预防犯罪的法律"[6];而否定论者则认为,只需要明确刑法的内容即可,而无需突出"对

---

[1] 《关于〈中华人民共和国刑法修正案(九)(草案)〉的说明》。
[2] 高铭暄主编:《中国刑法学》,中国人民大学出版社1989年版,第1页。
[3] 严励主编:《刑法总论》,中国政法大学出版社2011年版,第2页。
[4] 刘宪权主编:《刑法学》,上海人民出版社2012年版,第1页。
[5] 高铭暄主编:《刑法学原理(第一卷)》,中国人民大学出版社1993年版,第5页。
[6] 国家司法考试辅导用书编辑委员会:《2014年国家司法考试辅导用书》,法律出版社2014年版,第1页。

付犯罪和预防犯罪"的目的与功能。

本书采取学界通说,认为刑法是规定犯罪、刑事责任和刑罚的法律规范的总和。这一定义表明:首先,刑法所规定的内容是犯罪、刑事责任和刑罚。其次,刑法是关于犯罪、刑事责任与刑罚的法律规范的总和。

二、刑法的分类

(一)刑法典、单行刑法、附属刑法

根据刑法的立法形式,可以将刑法分为刑法典、单行刑法和附属刑法。

刑法典是指条理化和系统化地规定犯罪与刑罚的一般原则和具体罪名及其法定刑的法律。[①] 近代以来,我国共出现过六部刑法典,现行刑法典即1997年颁布的《刑法》。

单行刑法是为补充或者修改刑法典而颁布的刑法规范,通常是国家以决定、规定、补充规定、条例等名称颁布,其规定的是某一类犯罪及其刑事责任或者刑法的某一事项。在1979年至1997年之间,我国先后颁布了23个单行刑法,这些单行刑法成为补充和修改刑法典的主要方式。例如,《中华人民共和国惩治军人违反职责罪暂行条例》《关于严惩严重破坏经济的罪犯的决定》《关于严惩严重危害社会治安的犯罪分子的决定》等。在1997年刑法的制定过程中,这些单行刑法因为有关刑事责任的规定均被纳入了刑法典,而自新刑法施行之日起被予以废止。不过,由于一些单行刑法中还规定有行政处罚和行政措施的内容,这些行政处罚和行政措施的规定仍然继续有效。

值得注意的是,1997年刑法施行后,全国人大常委会于1998年12月29日颁布了《关于惩治骗购外汇、逃汇和非法买卖外汇犯罪的决定》,对《刑法》第190条逃汇罪作了修改并增加规定了骗购外汇罪,又一次也是迄今唯一一次采取了单行刑法的形式对刑法典进行了修改补充。此后这种修改刑法的方式被修正案所替代。

有的学者认为,全国人大常委会1999年10月30日《关于取缔邪教组织、防范和惩治邪教活动的决定》、2000年12月28日《关于维护互联网安全的决定》、2011年10月29日《关于加强反恐怖工作有关问题的决定》,以及2015年8月29日《关于特赦部分服刑罪犯的决定》也属于单行刑法。这种说法是值得商榷的,因为上述四个决定并没有对刑法典中相关犯罪的规定进行任何实质性的修改和补充,只是将刑法典中相关犯罪的规定进行集中归纳并加以强调而已,因而难以称为单行刑法。

附属刑法是指规定在非刑事法律中关于犯罪及其刑罚的法律规范[②],其特点是附带规定于民法、行政法等非刑事法律之中。附属刑法曾经是我国刑法的重要组成部分,并且也是修改补充刑法典的重要形式。但是,随着1997年统一刑法典的制定及统一采取修正案方式修改补充刑法模式的确立,附属刑法规范已经不再规定具

---

① 参见陈兴良:《本体刑法学》,商务印书馆2001年版,第16页。
② 同上书,第18页。

体的构成要件与法定刑,而是统一采取"依法追究刑事责任""依照刑法有关规定"等概括式立法方式。也正因为如此,学界多主张我国已经没有实质意义上的附属刑法规范。

(二)狭义刑法、广义刑法

根据刑法规定范围的大小,可以将刑法分为狭义刑法和广义刑法。

狭义刑法即刑法典,而广义刑法则是指一切刑法规范的总和,包括刑法典、单行刑法和附属刑法。在一般意义上适用刑法这一概念时,通常指的是狭义刑法。

(三)普通刑法、特别刑法

根据刑法适用范围的大小,可以将刑法分为普通刑法与特别刑法。

普通刑法是指在原则上,无论何人、在何时间、在何地点、触犯何项罪名,均适用的刑法规范。我国刑法是普通刑法,原则上对任何人、事、时、地均适用。在立法体系上,可以分为刑法总则与刑法分则,在学理体系上分为犯罪论与刑罚论。

特别刑法是针对特定的人、事、时、地而制定的刑法。从内容上看,特别刑法是对普通刑法已有内容的特别规定,具有在形式上重复、内容上特别规定的特点。根据特别刑法适用对象的不同,可以分为以下几种:一是适用于特殊身份之人的特别刑法,二是适用于特殊地域的特别刑法,三是适用于特殊事件的特别刑法,四是适用于特殊事项的特别刑法。

由于1997年之后我国刑事立法采取了统一刑法典的立法模式,对刑法的修改与完善主要采取修正案的方式进行,因此目前只有1998年12月29日颁布的《关于惩治骗购外汇、逃汇和非法买卖外汇犯罪的决定》属于特别刑法的范畴,预计今后新的特别刑法也将罕见出现。

在适用顺序上,依据"特别法优于普通法"的原则,特别刑法优于普通刑法的适用,亦即如果特别刑法有规定的适用特别刑法,特别刑法没有特别规定的适用普通刑法。

三、刑法的性质

刑法的性质包括阶级性质和法律性质。刑法的阶级性质是指刑法所具有的阶级性,这是马克思主义刑法学的基本观点。

刑法是重要的部门法,刑法的法律性质是指刑法区别于其他法律的特有属性。通常认为,刑法具有如下法律属性:

(一)特定性

刑法规范的是罪刑关系,是有关犯罪、刑事责任和刑罚的法律规范的总称。这些内容是刑法独有的内容,在其他部门法中均不会加以规定,即便这些部门法存在需要与刑法衔接的内容,也只是采用"依法追究刑事责任"等概括式规定,而不会规定具体的犯罪、刑事责任与刑罚的内容。

(二)广泛性

与一般部门法仅调整和保护某一方面的社会关系不同,刑法所调整的社会关系和保护的法益十分广泛。无论是个人法益、社会法益和国家法益，都属于刑法保护的对象。每一类法益之下，刑法又细分了数十种具体的法益，并规定了相应的罪名予以保护。

（三）严厉性

一些部门法中也规定了对一般违法行为的强制方法，如警告、罚款、赔偿损失、赔礼道歉等，但是只有刑法规定了刑罚这种最为严厉的强制方法。刑罚轻则可以剥夺财产、限制人身自由，重则可以剥夺人身自由，直至剥夺生命，其严厉性非其他部门法所规定的强制方法所能相比。

（四）保障性

刑法是其他法律的保障法，具有保障其他法律实施的作用，其他法律所调整的社会关系和保护的利益在受到严重侵犯时，则需要借助刑法的调整和保护。从这个意义上看，刑法与民法、行政法、经济法等法律部门的区别不在于所调整的社会关系的不同，而在于一旦违反后所承担的法律后果不同。

第三节　刑法的根据、任务与机能

一、刑法的根据

《刑法》第1条规定：＂为了惩罚犯罪，保护人民，根据宪法，结合我国同犯罪作斗争的具体经验及实际情况，制定本法＂。这一规定表明了我国刑法的制定根据主要包括法律根据和实践根据。

（一）法律根据

宪法是国家的根本大法，在国家法律体系中居于最高地位，是刑法制定的根据。关于宪法是刑法制定的根据，可以从三个方面理解：（1）宪法是母法，刑法是子法。子法必须贯彻母法的要求，并为保障母法的实施服务。（2）刑法是依据宪法制定的。刑法的基本原则等都能从宪法中找到依据，并且是宪法规定的具体化。（3）刑法的规定不得同宪法抵触。无论是刑法的制定、修改还是解释，均不得违背宪法的规定，否则属于无效。

（二）实践根据

刑法制定的实践根据体现在以下两个方面：

一是刑法的制定要吸收和借鉴我国同犯罪作斗争的具体经验。我国在同犯罪作斗争的过程中创造和积累了丰富的经验，例如社会治安综合治理的方针、宽严相济的刑事政策等，这些方针、政策在刑法中均有吸收和体现。在一些具体规定中也及时吸收了实践中与犯罪作斗争的经验。例如，《刑法修正案（八）》在制定过程中就吸收了实践中所探索的未成年人轻罪记录封存的经验，在《刑法》第100条中增加了"犯罪的时候不满十八周岁被判处五年有期徒刑以下刑罚的人,免除前款规定的报告义务"的规定。

二是刑法的制定要考虑实际情况,既不能滞后于实践的需要,也不能忽视刑法的可操作性等具体情况,而应当一切从实际出发。例如《刑法修正案(九)》在制定过程中,"毒驾"入刑的呼声很高,但是立法机关考虑到目前有关方面对"毒驾"入刑的认识尚不一致,对于"毒驾"入刑罪与非罪的界限、可执行性等问题还需深入研究等实际情况,未将"毒驾"列入《刑法修正案(九)》。

二、刑法的任务

《刑法》第 2 条规定:"中华人民共和国刑法的任务,是用刑罚同一切犯罪行为作斗争,以保卫国家安全,保卫人民民主专政的政权和社会主义制度,保护国有财产和劳动群众集体所有的财产,保护公民私人所有的财产,保护公民的人身权利、民主权利和其他权利,维护社会秩序、经济秩序,保障社会主义建设事业的顺利进行。"

这一规定明确了我国刑法的四大任务:

1. 保卫国家安全、人民民主专政政权和社会主义制度。严厉打击危害我国人民民主专政的政权和社会主义制度等危害国家安全的犯罪,是我国刑法的首要任务,也是我国刑法阶级性的要求。刑法分则将"危害国家安全罪"列为首章,是这一首要任务的直接体现。

2. 保护公共财产和公民私人所有的合法财产。保护公共财产是我国刑法的重要任务,因为国有财产和集体财产是我国社会主义制度的物质基础,直接关系到我国政权和制度的巩固以及社会稳定与繁荣。《宪法》明确规定:"公民的合法的私有财产不受侵犯"。保护公民私人所有的财产是刑法对宪法规定的贯彻,也是刑法的重要任务。

3. 保护公民的人身权利、民主权利和其他权利。《宪法》第 33 条规定:"国家尊重和保障人权",保护人民的合法权益是社会主义国家的根本任务,也是我国刑法任务的重要内容之一。

4. 维护社会秩序、经济秩序。良好的社会秩序和经济秩序,是社会主义事业顺利进行的保障,同人民的切身利益密切相关。因此,维护社会秩序和经济秩序也是刑法的重要任务之一。

三、刑法的机能

刑法的任务是刑法实际承担的职责,刑法的机能是刑法现实以及可能发挥的功效和作用,也被称为刑法的功能。域外刑法学关于刑法的机能有两种代表性观点:一是两机能说。这一观点主张刑法有规范的机能和保障的机能两大机能。前者主要是指刑法具有评价和规范的作用,并最终发挥维护社会秩序的机能,后者主要是指刑法具有避免国家刑罚权侵犯无罪之人以及保障犯罪人不受刑罚过度侵犯的机能。① 二是三机能说。这一观点主张刑法具有规制的机能、秩序维持机能和自由保障三大机能。② 三机能说大体是将两机能说的规范机能分为规制的机能和秩序维持机能,并无本质的区别。

我国刑法理论界通常认为刑法具有以下现实的机能:③

(一)规制机能

刑法的规制机能,也被称为规范机能或规律机能,其含义是指,对于一定的犯罪,在刑法中规定施加一定的惩罚措施,以此来明确国家对该犯罪的规范性评价。刑法的规制机能具体体现在刑法既是行为规范也是裁判规范上:

1. 刑法具有行为规范的机能。刑法将一定的行为确定为犯罪,并规定科处一定的刑,也就是将一定的行为与一定的刑罚相联来表示该行为是法律上无价值的,应当受到法的无价值判断(评价机能)。这样通过刑法的命令,就可以使得普通人形成不实施类似行为的意思决定(意思决定机能),从而避免犯罪,也即刑法发挥了行为规范的作用。

2. 刑法具有裁判规范的机能。刑法不仅是一种行为规范,也是一种裁判规范。在司法活动中,定罪量刑均必须以刑法的明确规定为指导。刑法的裁判规范机能是对司法官司法活动的约束,确保了刑罚权的合法行使。

(二)秩序维持机能

刑法的秩序维持机能首先表现为对法益的保护机能。犯罪的本质是侵犯法益,刑法的目的即在于保护法益。法益即法所保护的利益,包括国家法益、社会法益和个人法益。尽管其他法律也以种种形式保护法益,但是刑法以刑罚为手段对法益发挥着最终保护的作用,具有在通过其他的法律不能进行充分的保护时,才以刑法进行法益保护的特点。这也被称为刑法的"第二次性质"或者"补充性质"。④ 刑法对法益的保护,即对社会秩序的维护。

刑法的秩序维持机能其次表现为一般预防和特殊预防的机能。一般预防的机能是指使社会上一般人远离犯罪的机能,特殊预防的机能是指对特定的犯罪人所发挥的使其将来不再犯罪的机能。刑法的一般预防和特殊预防机能都是刑法预防犯罪,维护社会秩序的机能的体现。

(三)权利保障机能

刑法的权利保障机能,也被称为自由保障机能,是指刑法必须通过明确表示一定的行为是犯罪、对其科以一定的刑罚,来限制国家刑罚权的发动和滥用,在保障善良国

---

① 参见韩忠谟:《刑法原理》,中国政法大学出版社2002年版,第6—7页。
② 参见〔日〕大塚仁:《刑法概说》,冯军译,中国人民大学出版社2003年版,第22—24页。
③ 参见陈兴良:《本体刑法学》,商务印书馆2001年版,第37—54页。
④ 参见〔日〕大塚仁:《刑法概说》,冯军译,中国人民大学出版社2003年版,第23页。

民权利与自由的同时保障犯罪人的权利与自由。① 正是在这个意义上,刑法被称为"善良人的大宪章",同时也是"犯罪人的大宪章"(李斯特语)。

第四节 刑法的体系与用语

一、刑法的体系

刑法的体系有广义和狭义之分,广义的刑法体系是指刑法的各种渊源及其关系。狭义的刑法体系是指刑法典的组成和结构,通常所称刑法的体系是指狭义。

1810年的《法国刑法典》首创总则与分则分立的现代刑法体系,并为后世刑法典所传承。现代各国刑法典通常均分为总则与分则两编,有的还有附则。编之下,通常再根据刑法规范的性质与内容分为章、节、条、款、项等层次,从而构成一个层次分明、结构合理的刑法体系。

我国刑法典的体系构成如下:

(一)编

编是刑法的第一级单位。我国刑法分为两编和附则。第一编是总则(第1—101条),第二编是分则(第102—451条)。附则(第452条)不另立一编,但与总则、分则并列。

第一编刑法总则是关于刑法的基本原则和适用范围,以及关于犯罪和刑罚一般原理的规范体系,这些法律规范是定罪量刑所必须遵守的共同规则。第二编刑法分则是关于具体犯罪及其法定刑的规范体系,这些法律规范是定罪量刑的具体规则。附则仅有一条,即第452条,规定的是刑法施行的日期、刑法与以往单行刑法的关系、刑法生效后某些单行刑法的废止以及某些单行刑法中有关内容的失效。

(二)章

章是总则和分则两编之下的单位。刑法总则和分则各自独立设章,分别编序。

《刑法》第一编总则分设五章,分别是:第一章刑法的任务、基本原则和适用范围,第二章犯罪,第三章刑罚,第四章刑罚的具体运用,第五章其他规定。

《刑法》第二编分则分设十章,分别是:第一章危害国家安全罪,第二章危害公共安全罪,第三章破坏社会主义市场经济秩序罪,第四章侵犯公民人身权利、民主权利罪,第五章侵犯财产罪,第六章妨害社会管理秩序罪,第七章危害国防利益罪,第八章贪污贿赂罪,第九章渎职罪,第十章军人违反职责罪。

(三)节

节是章根据需要而下设的单位,反映章内部的有机联系。刑法有的章设节,有的

---

① 参见〔日〕大塚仁:《刑法概说》,冯军译,中国人民大学出版社2003年版,第23页。

章不设节而直接由条组成。

(四)条

章(节)下是条,条是表达刑法规范的基本单位,也是刑法的基本组成单位。刑法的全部条文顺序统一编号,不受编章节划分的影响,这样便于检索,引用准确、方便。现行《刑法》共计452条。

需要注意的是,一些刑法修正案增加了"第×××条之×"的条文,这种特殊条序形式的条文具有与"第×××条"同等的法律地位,属于实质的独立法条,只是为了保持刑法典总条文数的稳定性,而采取了依附于某个法条编号的形式。

最高人民法院《关于在裁判文书中如何引用刑法修正案的批复》(法释〔2007〕7号)明确规定:人民法院在裁判文书中适用刑法修正案的规定时,应当直接引用修正后的刑法条文,表述为"《中华人民共和国刑法》第×××条的规定",或者"《中华人民共和国刑法》第×××条之×的规定"。这一批复也表明,刑法修正案增设的"第×××条之×"的条文具有与"第×××条"同等的法律地位。

需要注意的是,理论界为了便于掌握和理解相关条文,常会为法条加上"条标",这种条标是对法条的学理提炼,不具有法律效力。

(五)款

条下是款,款是设于某些条文之下的单位。有些条文规定的内容简单,只有一段,因而没有必要在条下设款。在条文所要表达的内容丰富,存在若干层次的情况下,则需要在条下设款。我国刑法中的款采取另起一行的方法表示。

在款的内部还有段之分。有的款里包含两个或两个以上意思,如果包含两个意思,学理上分别称为前段、后段。如果包括三个意思,分别称为前段、中段、后段。如果包含三个以上的意思,则可称为第一段、第二段、第三段、第四段……同一款中的不同段,既可以用分号分开,也可以用句号分开。

(六)项

项是某些条或款之下设立的单位。刑法典中的项,采用(一)、(二)、(三)等基数号码进行编号。一般来说,列为项的内容之间通常属于并列关系,并共同从属于条或者款。

二、刑法的用词与术语

(一)刑法的用词

1. 但是

在刑法条文中,当同一条款的后段要对前段内容作出补充、例外、限制或相反规定时,往往使用"但是"一词,"但是"之前的文字一般称为"本文","但是"之后的这段文字则称为"但书"。

刑法中的但书大致有以下几种情况:

一是补充性但书。这种但书是对"本文"意思的补充，使前段的意思更为明确。例如《刑法》第37条规定："对于犯罪情节轻微不需要判处刑罚的，可以免予刑事处罚，但是可以根据案件的不同情况，予以训诫或者责令具结悔过、赔礼道歉、赔偿损失，或者由主管部门予以行政处罚或者行政处分"。

二是例外性但书。这种但书表示"本文"意思的例外，往往会以"除外"一词与"但是"连用。例如《刑法》第101条规定："本法总则适用于其他有刑罚规定的法律，但是其他法律有特别规定的除外"。

三是限制性但书。这种但书是对"本文"意思的限制。例如《刑法》第20条第2款规定："正当防卫明显超过必要限度造成重大损害的，应当负刑事责任，但是应当减轻或者免除处罚"。

四是相反性但书。最典型的如《刑法》第13条："一切危害国家主权、领土完整和安全，分裂国家、颠覆人民民主专政的政权和推翻社会主义制度，破坏社会秩序和经济秩序，侵犯国有财产或者劳动群众集体所有的财产，侵犯公民私人所有的财产，侵犯公民的人身权利、民主权利和其他权利，以及其他危害社会的行为，依照法律应当受刑罚处罚的，都是犯罪，但是情节显著轻微危害不大的，不认为是犯罪"。

2. 以上、以下、以内

以上、以下、以内是刑法中的常用词。为了避免歧义，《刑法》第99条规定，"本法所称以上、以下、以内，包括本数"。

（二）刑法的术语

术语是学科中的专门用语，可以是词，也可以是词组。《刑法》在总则编第五章"其他规定"中对所使用的部分特定术语进行了专门的界定。这些术语主要有：

1. 公共财产

《刑法》第91条将公共财产界定为以下三类财产：国有财产、劳动群众集体所有的财产、用于扶贫和其他公益事业的社会捐助或者专项基金的财产。同时，该条还规定："在国家机关、国有公司、企业、集体企业和人民团体管理、使用或者运输中的私人财产，以公共财产论"。

2. 公民私人所有的财产

《刑法》第92条将公民私人所有的财产界定为如下财产：公民的合法收入、储蓄、房屋和其他生活资料；依法归个人、家庭所有的生产资料；个体户和私营企业的合法财产；依法归个人所有的股份、股票、债券和其他财产。

3. 国家工作人员

《刑法》第93条将国家工作人员界定为国家机关中从事公务的人员。同时，该条还规定："国有公司、企业、事业单位、人民团体中从事公务的人员和国家机关、国有公司、企业、事业单位委派到非国有公司、企业、事业单位、社会团体从事公务的人员，以及其他依照法律从事公务的人员，以国家工作人员论"。

4. 司法工作人员

《刑法》第 94 条规定:"本法所称司法工作人员,是指有侦查、检察、审判、监管职责的工作人员"。

5. 重伤

《刑法》第 95 条将重伤界定为有下列情形之一的伤害:使人肢体残废或者毁人容貌的;使人丧失听觉、视觉或者其他器官机能的;其他对于人身健康有重大伤害的。

6. 违反国家规定

《刑法》第 96 条将违反国家规定界定为违反全国人民代表大会及其常务委员会制定的法律和决定,国务院制定的行政法规、规定的行政措施、发布的决定和命令。

7. 首要分子

《刑法》第 97 条规定,首要分子是指在犯罪集团或者聚众犯罪中起组织、策划、指挥作用的犯罪分子。

8. 告诉才处理

《刑法》第 98 条规定,告诉才处理是指被害人告诉才处理。如果被害人因受强制、威吓无法告诉的,人民检察院和被害人的近亲属也可以告诉。

需要注意的是,《刑法》中更多的术语并未在总则"其他规定"这一章中作出专门的界定。有的是在刑法分则条文中进行界定,有的是在刑法总则相应条文中进行界定,还有的则是通过学理进行界定。

第五节 刑法的解释与研究

一、刑法的解释

刑法的解释是指对刑法规范含义的阐明。刑法解释的必要性主要体现在两个方面:一是刑法规范与用语往往具有抽象和原则性的特点,为了准确理解和正确适用,有必要进行解释。二是刑法一旦制定,刑法规范即具有稳定性的特点,需要在规范内容允许的前提下进行解释,赋予某些条文新的含义,以适应社会发展变化与司法活动的需要。

(一)刑法解释的原理

在刑法理论上,对于刑法解释存在主观解释论与客观解释论的分歧。

主观解释论认为,任何法律的解释都是对立法者在立法时所表达的立法原意的释明,法律解释就是找出立法原意。由于这种法律解释主张以立法原意为认识目标,企图达到立法者的主观状况,因而被称为主观解释论。

客观解释论认为,法律是社会的产物,法律解释必须符合实际的社会生活。因此所谓客观,在词义上是指客观的社会现实的需要,以此对应于主观解释论主张的立法者的主观状况。客观解释论认为,立法者一旦颁布了法律,法律便逐渐脱离了立法者而独立自主地存在,甚至所谓立法原意也是虚构和无法真正探寻的。①

主观解释论和客观解释论分别揭示了刑法解释的不同方面,主观解释论认为刑法解释是对刑法规范立法含义的说明,而客观解释论则认为刑法解释是根据社会需要对刑法规范的一种补充和拓展。在现实的法律解释中,刑法解释兼顾了主观解释论和客观解释论的主张。所谓的刑法解释既是对立法原意的探寻,同时也会根据社会发展与司法活动的需要而对刑法规范进行适当补充和拓展。②

(二)刑法解释的方法

刑法解释的方法通常包括文理解释的方法和论理解释的方法两种,其中论理解释又可分为当然解释、扩张解释、限制解释和历史解释等。从解释方法的角度,刑法解释也因此可以相应的分为文理解释和论理解释。

1. 文理解释

文理解释,也称为文义解释、平义解释等,是对法律条文的字义,包括单词、概念、术语、标点符号等,从文理上所作的解释。在解释法律时,文理解释是一种首选的解释方法。在一般情况下,如果通过文理解释可以获得对于刑法条文的正确理解的,就不应当再采用其他解释方法。

刑法规范中的用语有两种形式,一种是专业用语,另一种是日常用语。专业用语即所谓的"法言法语",这些用语是法律所特有的或者含义是特定的。如刑法中的犯罪构成、累犯、缓刑等。对法言法语的解释是一种特殊的文义解释方法。

在法律文本中,法言法语只是少数,更多的是日常用语,或者说自然语言。由于自然语言的含糊性,仅以文理的方法来解释刑法中出现的这些日常生活中的用语会有很大的局限性,因而正确的刑法解释还需要借助于论理解释的方法。

2. 论理解释

论理解释是指按照立法精神,联系有关情况,对刑法条文从逻辑上所作的解释。和文理解释不同的是,论理解释的方法不拘泥于刑法条文与用语的字面含义,而是联系刑法产生的原因、制定的目的、历史沿革等相关因素阐释刑法规范的真实含义。这种解释方法,可能使刑法规范与字面含义发生分离,例如可能扩大字面含义,也可能缩小字面含义。论理解释主要可以分为以下几种:

一是扩张解释。扩张解释是根据立法精神,结合现实需要,对刑法条文作出超过字面含义的解释。由于扩张解释可能违反罪刑法定原则,因此应当格外慎重。一般来说,扩张解释应当限于对被告有利的情形,对被告不利的扩张解释尤其应当慎重。此外,扩张解释不应当超出刑法条文用语的可能意思范围,不应当超出一般公众的理解而违反可预测性原则,否则有可能成为罪刑法定原则所禁止的类推解释。

例如《刑法》第 236 条第 1 款规定:"以暴力、胁迫或者其他手段强奸妇女的,处三

---

① 参见陈兴良:《本体刑法学》,商务印书馆 2001 年版,第 23—24 页。
② 参见黄明儒主编:《刑法总论》,北京大学出版社 2014 年版,第 21 页。

年以上十年以下有期徒刑。"此条文将强奸罪的对象限定为"妇女",如果将此条文所称的"妇女"解释为包括男性,显然远远超出了一般公众的理解而违反了可预测性原则,属于罪刑法定原则所禁止的类推解释的范围。

二是限制解释。限制解释也被称为缩小解释、严格解释,是指根据立法精神,对刑法条文的含义作出狭义于字面意思的解释。之所以要对刑法条文进行限制解释,主要是因为如果按照刑法条文的字面含义解释,则刑法条文的适用可能不尽合理。由于限制解释主要是基于合理性的考虑,同时又没有超出法律条文的字面含义,因而不存在违反罪刑法定原则的问题。

例如,《刑法》第111条的规定,"为境外的机构、组织、人员窃取、刺探、收买、非法提供国家秘密或者情报的",构成犯罪。司法解释将其中的"情报"解释为"关系国家安全和利益、尚未公开或者依照有关规定不应公开的事项",这一解释对"情报"作出了小于字面含义的限制解释。由于在日常生活中,有关信息的内容都可以称为"情报",如果不对"情报"作限制解释的话,就可能会扩大刑法的处罚范围,也不符合规定"为境外窃取、刺探、收买、非法提供国家秘密、情报罪"保护国家安全的目的。

三是当然解释。当然解释是指刑法条文在表面上虽然没有明确规定,但实际上已经包含于法条的意思之中,依照当然解释的道理解释法条含义的方法。当然解释是以刑法没有明文规定为前提的,它存在两种形式:就某种行为是否被允许而言,采取的是"举重以明轻"的判断;就某种行为是否被禁止而言,采取的是"举轻以明重"的判断。[①] 当然解释之"当然",是事理上当然与逻辑上当然的统一,两者缺一不可。事理上的当然是基于合理性的推论,逻辑上的当然是指解释的概念与被解释的事项之间存在种属关系或者递进关系。[②]

除了扩张解释、限制解释、当然解释外,论理解释还包括体系解释、同类解释、历史解释等。

体系解释是指将被解释的法律条文或者法律概念放在整个法律体系中来理解,联系此法条与其他法条的相互关系来解释法律。例如,按照体系解释,刑法分则中的"买卖"一词包括购买与出卖两种行为,只要实施了购买和出卖两种行为中的一种就属买卖,而不要求既实施了购买行为,又实施了出卖行为。因为先购进然后卖出是一种倒卖行为,刑法中对倒卖类的犯罪,是有专门规定的,如倒卖车票、船票罪,伪造、倒卖伪造的有价票证罪,倒卖文物罪,等等。既然有些犯罪将买和卖并列,就意味着买、卖两个行为中,行为人实施其中一个就构成犯罪。

同类解释是指当刑法列举了柜关事项的同时又设置了概括性规定时,对于附随于确定性词语之后的概括性词语,应当根据确定性词语所涉及的同类事项确定其含义及范围。即运用列举和概括两种方法来共同表述概念,概括的方法所表述的概念的外延应与列举方法所表述的概念的外延处在同一个层级上。之所以既用列举又用概括的

---

① 参见张明楷:《刑法学中的当然解释》,载《现代法学》2012年第4期。
② 参见陈兴良:《本体刑法学》,商务印书馆2001年版,第35页。

方法来表述,就是要使概括的表述方法与列举的表述方法具有可比性,即用列举来为概括提供参照。因此,对于刑法分则条文在列举具体要素后使用"等""其他"用语时,应按照所列举的内容、性质进行同类解释。

历史解释,又称沿革解释,是指根据刑法条文制定时的历史背景以及沿袭与演变的情况,阐明条文含义的解释方法。沿革解释的特点是从法律规定的连续与变动的相关性上阐明刑法条文的含义。

(三)刑法解释的类型

按照刑法解释的效力不同,可以将刑法解释分为立法解释、司法解释和学理解释。立法解释和司法解释具有法律约束力,属于有权解释,而学理解释不具有法律约束力,属于无权解释。

1. 立法解释

立法解释是由最高立法机关即全国人大及其常委会对刑法的含义所作出的解释。广义的立法解释包括三种:一是在刑法中列入解释性条文对有关术语等进行解释。例如,在刑法总则中就有多个条文专门对公共财产、公民私人所有的财产、国家工作人员等术语进行了明确的解释。二是由国家立法机关在法律的起草说明或者修订说明中进行解释。例如,1997年3月,全国人大常委会副委员长王汉斌在全国人大第五次会议上所作的《关于〈中华人民共和国刑法(修订草案)〉的说明》。三是刑法在施行中发生理解上的分歧,由全国人大常委会进行解释。依据宪法的规定,解释法律是全国人大常委会的职权之一。通常所说的立法解释是狭义的,即仅指上述第三种情形。

全国人民代表大会常务委员会《关于加强法律解释工作的决议》规定:"凡关于法律、法令条文本身需要进一步明确界限或作补充规定的,由全国人民代表大会常务委员会进行解释或用法令加以规定"。近些年来,立法机关具有加强立法解释的趋势。从1997年新刑法颁布迄今,全国人大常委会共作出了13项立法解释,其中仅在2014年4月24日十二届全国人大常委会第八次会议就一次通过了关于《刑法》4个条文的立法解释,立法解释的力度之大前所未有。

2. 司法解释

司法解释是由最高司法机关对刑法的含义所作的解释。在我国,有权进行司法解释的机关是最高人民法院和最高人民检察院。全国人民代表大会常务委员会《关于加强法律解释工作的决议》规定:"凡属于法院审判工作中具体应用法律、法令的问题,由最高人民法院进行解释。凡属于检察院检察工作中具体应用法律、法令的问题,由最高人民检察院进行解释。最高人民法院和最高人民检察院的解释如果有原则性的分歧,报请全国人民代表大会常务委员会解释或决定。"

根据司法解释作出的形式,可以分为单独解释和共同解释。单独解释是由最高人民法院或者最高人民检察院单独对刑法适用中的问题所进行的解释。自刑法颁布实施以来,最高人民法院和最高人民检察院分别作出过不少司法解释。共同解释是由最高人民法院和最高人民检察院就一些刑法适用中的共性问题所共同作出的司法解释。

需要注意的是,最高人民法院和最高人民检察院还会与其他部门,例如公安部、司法部等共同对刑法适用中的问题进行解释,这种形式的解释,可以视为一种准司法解释,也具有法律效力。

根据司法解释的内容,可以将司法解释分为规范性解释和个案性解释。前者通常以"规定""解释"等形式发布,后者通常以"批复""答复"等形式发布。此外,还有以座谈会纪要形式出现的司法性文件,这也可以视为一种特殊形式的准司法解释,一般认为其法律效力低于正式的司法解释,但是也具有法律效力。例如,最高人民法院针对如何正确适用刑法审理毒品犯罪案件,于2015年5月18日公布的《全国法院毒品犯罪审判工作座谈会纪要》。

3. 学理解释

学理解释是国家宣传机关、社会组织、教学科研单位或者专家学者从学理上对刑法含义所作的解释。学理解释属于无权解释,没有法律约束力,但是正确的学理解释对于准确理解和正确适用刑法具有参考价值。近些年来,在我国司法实践中出现过在刑事判决书中引用学者观点的做法。在判决书中引用权威学者的观点主要是为了增强裁判的说理性,并不意味着学理解释获得了法律效力。这种在判决书中引用学者观点的做法也引起了较大的争议。

二、刑法的研究

(一)刑法学

研究刑法的学科即刑法学,具体可以分为广义刑法学和狭义刑法学。

广义刑法学是研究有关犯罪、刑事责任与刑罚的一切问题的学科,也即刑事法学。早期刑法学研究将犯罪现象、刑事政策、犯罪侦查、刑事诉讼程序、刑法规范、刑罚执行、犯罪矫正等均纳入研究的视野,而不作细致的区分。随着法学的发展,大约在19世纪,广义刑法学中的许多内容逐渐发展为独立的学科,如犯罪学、刑事政策学、刑事侦查学、刑事诉讼法学、刑事执行法学、矫正学等。

狭义刑法学是以实体刑法规范为研究对象,对其进行解释,并阐明解释的哲学基础,以及刑法的发展变化与立法根据的学科。通常所说的刑法学是狭义的,这也是本书所采取的刑法学概念。

刑法学的体系是建立在刑法的体系基础之上的,但并不完全等同于刑法的体系。刑法学的体系通常包括刑法学总论体系和刑法学分论体系两大部分。

刑法学总论体系以我国《刑法》的第一编总则为基础,但是刑法教科书在总论体系的编排上存在一些差别,主要有"犯罪—刑罚"体系、"犯罪—刑事责任—刑罚"体系、"刑事责任—犯罪—刑罚"体系、"犯罪—刑事责任"体系四种类型。

刑法学分论,也称为刑法学各论,其体系是以我国《刑法》第二编分则为基础的,但是刑法教科书的刑法学分论体系也存在着一些差别,主要有刑法分则章节体系和法益体系两种类型。前者基本以我国刑法分则所规定的十章犯罪为体系,后者则是以犯罪所侵犯的是个人法益、社会法益还是国家法益为标准编排与阐释相应的罪名。

（二）刑法研究的视角与方法

刑法学研究有三种视角：在刑法之中研究刑法、在刑法之外研究刑法和在刑法之上研究刑法。根据提出这一观点学者的阐释，在刑法之中研究刑法，即就刑法论刑法的规范解释学，是刑法研究的基础，也是刑法研究的起点和归宿。在刑法之外研究刑法，则要研究刑法的外部关系和内部关系对刑法的存在样态和运作方式的影响。在刑法之上研究刑法，就是要对刑法现象进行哲理思考和总体社会价值判断，揭示种种刑法规律，提高刑事政策制定和刑事立法的科学预见度。[①] 狭义刑法学的研究主要是在刑法之中研究刑法，因而也被称为刑法解释学。

刑法学的研究方法主要有注释研究法、历史研究法、比较研究法、社会学研究法、哲学研究法、案例研究法等。注释研究法，就是对刑法条文逐句进行分析、解释，使刑法的意义得以明确的方法，也称分析研究法。历史研究法，是指对刑法条文进行历史的分析与未来的展望，弄清刑法的来龙去脉，了解刑法的发展动向的方法。比较研究法，是指对不同国家的刑法和不同时期的本国刑法进行比较研究的方法。社会学研究法，是指对刑法与社会现象的关系，刑法的社会作用与效果进行考查，使刑法理论与社会发展相协调的方法。案例研究法，是指运用典型刑事案例阐释刑法条文及刑法理论的方法。[②]

[①] 参见储槐植：《刑事一体化》，法律出版社2004年版，第226—229页。
[②] 参见苏惠渔主编：《刑法学》，中国政法大学出版社1997年版，第10—12页。

第二章 刑法的基本原则

学习要求

　　了解：刑法基本原则的概念和意义

　　理解：平等适用刑法基本原则在我国刑法中的立法表现和司法适用；罪责刑相适应基本原则在我国刑法中的立法表现和司法适用

　　熟悉并能够运用：熟悉并能够运用：罪刑法定基本原则在中国刑法典中的表述方法；罪刑法定基本原则在我国刑法中的具体体现；罪刑法定基本原则的司法适用与不足

　　主要涉及的法条：

　　第三条　【罪刑法定】法律明文规定为犯罪行为的，依照法律定罪处刑；法律没有明文规定为犯罪行为的，不得定罪处刑。

　　第四条　【法律面前人人平等】对任何人犯罪，在适用法律上一律平等。不允许任何人有超越法律的特权。

　　第五条　【罪责刑相适应】刑罚的轻重，应当与犯罪分子所犯罪行和承担的刑事责任相适应。

第一节　刑法基本原则的概念和意义

一、刑法基本原则的概念

　　刑法基本原则，是指刑法本身所具有的，贯穿于刑法始终，必须得到普遍遵循的具有全局性、根本性的准则。对于刑法基本原则的定义，学界见仁见智，表述不尽一致，但并不存在原则性的出入。比如也有学者主张刑法基本原则是"贯穿全部刑法规范、具有指导和制约全部刑事立法和刑事司法意义，并体现我国刑事法治的基本精神的准则"[1]；还有人将刑法基本原则定义为"正确、科学地进行刑事法律活动所必须遵循的、贯穿整个刑事法律活动过程、体现在刑事法律活动各个方面的、反映刑事法律活动规律、具有普遍指导意义的准则或准绳"或"在制定和适用刑法的过程中必须严格遵守的

---

[1]　高铭暄、马克昌主编：《刑法学》，北京大学出版社、高等教育出版社2011年版，第25页。

原则"。具体说来,刑法基本原则必须具备以下根本特性:

(一)必须是刑法所独有的,反映刑法所固有的本质属性的原则

首先,一切法都可能具有的基本原则不属于刑法的基本原则,特别是居于政治层面或者抽象法理层面的某些原则。按照马克思主义历史唯物主义思想,刑法是上层建筑,有关上层建筑的一般原则在刑法中也适用,如:上层建筑要为经济基础服务的原则;一切从实际出发、实事求是的原则;依靠群众、走群众路线的原则等等。这些原则是一般原则,虽然在刑法中也适用,但这些原则不是刑法所特有的原则,没有反映刑法的本质属性,因此,不能将这些原则确定为刑法的基本原则。只有那些能反映刑法本质属性,而不为其他法律所共有的原则,才可能成为刑法的基本原则,如罪刑法定的原则、罪责刑相适应的原则等,这些原则都是刑法所特有的原则,其他社会现象的发展过程中没有这些原则。其次,国家刑事政策对刑法立法与司法也具有指导意义,但并不能成为刑法的基本原则。比如世界各国均认可提倡"儿童最大利益"原则,在我国一般称之为"特殊、有效保护"原则,并在刑法立法和司法中予以侧重保障,但是这一政策并不能成为刑法的基本原则。我国进入新的世纪后,开始提倡贯彻"宽严相济刑事政策",对刑法立法和司法进行全方位、多层次的改革。但是,并不能将"宽严相济刑事政策"称为刑法的基本原则,根本原因即在于国家刑事政策并不能反映刑法所独有的或者所固有的本质属性,国家刑事政策具有变动性、全局性、非规范性。

(二)必须是贯穿全部刑法的原则,对全部刑法规范都有指导意义

刑法中为了解决某些方面的问题,需要遵循一系列具体原则,但这些原则只对刑法中的某方面的问题有指导作用,对刑法中的另一类问题就可能不起指导作用,这些原则是局部的原则或者叫具体的原则,不能确立为刑法的基本原则。例如,我国刑法的适用范围就有属地原则、属人原则、保护原则、普遍原则等;数罪并罚原则就有吸收原则、相加原则、限制加重原则;量刑原则就有量刑一般原则、从重处罚原则、从轻处罚原则、减轻处罚原则等等,这些原则都是刑法中的局部原则,仅对刑法中的某一方面起指导作用,而不能对全局起作用。所以对上述各原则进行比较,可以发现上述原则都不是刑法的基本原则,只有对任何人犯罪在适用刑法上一律平等原则才对全部刑法规范都有指导意义。

(三)必须是最基本最重要的普遍准则

刑法的基本原则必须体现我国刑事法治的基本问题,如坚持法治、摒弃人治;坚持平等、反对特权;坚持公正、反对舞弊等。对于那些虽然具有普遍意义,而不是最基本最重要的原则,也不应确立为基本原则,例如,罪责自负原则、惩罚与教育相结合的原则等普遍原则,不是最重要的最基本的原则,就不应确立为刑法的基本原则。

二、刑法基本原则的意义

我国1979年制定刑法时,由于立法思路尚有局限,并且当时人们的思想认识不一

致,没有规定刑法的基本原则。刑法颁布实施以后,法学理论界和司法实践工作中,结合我国的实际情况,对刑法的基本原则进行了认真的研究,先后提出,我国刑法的基本原则为:罪刑法定、罪刑相适应、罪责自负、犯罪的主观条件与客观条件相一致、惩罚与教育相结合等原则。在修改刑法过程中,经过反复研究,多方面征求意见,遵照上述确立刑法基本原则的标准,确立了三个刑法基本原则,即《刑法》第3条规定的罪刑法定原则、第4条规定的平等适用刑法原则、第5条规定的罪责刑相适应的原则。

这三个原则是法治原则、司法公平原则、司法公正原则的具体反映。刑法已确立的基本原则对刑事立法和刑事司法具有指导意义,立法者在修改、补充、解释刑法时,都要遵循这些原则,使刑法规范更加具体、明确,决不能违背这些基本原则。刑事司法工作也应认真彻底地贯彻这些基本原则,规范刑事司法行为,做到依法公平、公正处理刑事案件,达到依法惩罚犯罪、保护人民的目的。

第二节 罪刑法定原则

一、罪刑法定原则的思想渊源、理论基础和历史发展

罪刑法定原则的思想渊源最早可追溯到英国的《大宪章》。1215年,英王约翰在贵族、僧侣、平民等各阶层结成的大联盟的强烈要求下,签署了共49条的特许状,这就是著名的《大宪章》。其中第39条规定:"凡是自由民,除经其同级贵族依法判决或遵照国内法律之规定外,不得加以扣留、监禁、没收其财产、剥夺其法律保护权,或加以放逐、伤害、搜索或逮捕。"这被后来许多学者认为是罪刑法定原则的渊源,并成为刑法理论界的通说。

罪刑法定作为刑法基本原则的有效确立主要是欧洲17、18世纪启蒙运动的产物。启蒙运动是以人的解放为价值目标的反对中世纪封建专制主义的革命,由此确立了个人本位的政治法律思想,从而为罪刑法定原则提供了理论基础。在封建时期罪刑擅断主义的支配下,国家机关恣意行使刑罚权,人权丝毫得不到保障。罪刑法定原则则是以人权保障为其基本机能和价值取向,以限制国家刑罚权的无端发动为目标定位,以法治主义为制度基础的刑法基本思想和基本原则,权利的保障与权力的限制是其基本精神与本质所在。

刑法理论的通说认为,孟德斯鸠的三权分立学说和费尔巴哈的心理强制理论,是罪刑法定原则产生的理论基础。

(一)三权分立学说

三权分立学说由洛克率先提出,孟德斯鸠最终完成。孟德斯鸠将国家权力划分为立法权、行政权和司法权,认为要保障公民的生命、自由与财产,必须要进行权力的分立和相互制约,这样才能有效地避免权力滥用。在实行专制的社会,君主大权独揽,法自君出,定罪量刑没有客观的、统一的标准,而这显然适合罪刑擅断,却绝不利于保障

公民的自由。按照三权分立的学说,立法机关应该依据正当的立法程序独立地完成立法任务,这种法律具有最大的权威性和最普遍的约束力;司法机关依据立法的明文规定独立地行使审判职责;行政机关必须认真执行司法机关作出的最后判决,不能干涉立法与司法机关的活动。由此可见,为了防止罪刑擅断,立法、司法和行政权力不仅要分立,立法机关还应该以法律这种普遍、稳定的形式,对什么行为构成犯罪、对于犯罪处以何种刑罚,事先明文规定下来,司法机关只能根据立法机关事前的法律规定作出裁决。可以说,三权分立学说是罪刑法定原则在政治法律方面的直接思想基础。

(二) 心理强制说

心理强制说是近代刑法学之父、德国刑法学家保罗·约翰·安森·封·费尔巴哈(Paul Johann Anselm Feuerbach,1775—1833)[①]提出的观点。费尔巴哈受到边沁(Jeremy Bentham,1748—1832)的功利主义哲学的启迪,认为人类行为的基本规律就是避苦求乐,犯罪行为的产生也是内在的苦乐动机支配人们行为的结果。因此,运用刑罚使犯罪行为蕴含痛苦,这样就能促使人们在实行犯罪与不实行犯罪的苦乐之间进行利弊的权衡比较,当犯罪之苦大于犯罪之乐时,避苦求乐的本能心理动机就会产生抑制、消除违法精神动向的效果,从而达到促使行为人选择适法行为的目的。为了使这种心理强制明确、可靠,立法机关就必须首先制定并公布一张"罪刑价目表",通过明确规定犯罪与刑罚的范围和种类,使人们知道哪些行为是被刑法禁止的,实施这些行为将会遭受什么样的痛苦,这样人们就能够合理地计算、选择自己的行为。按照费尔巴哈的设想,立法机关独立提前制定刑法,以成文的方式预告犯罪的种类与刑罚的幅度,人们就会在趋乐避苦心理动机的支配下,抑制犯罪意念和犯罪行为。如果刑法的规定含糊其辞,可以随意解释与适用,人们就不可能对"什么是犯罪"以及"犯罪应受什么样的刑罚惩罚"有一个明确的认识,从而无法预见到自己的行为与刑罚之间的联系,无法进行权衡比较,预防犯罪的刑罚目的就难以实现。如果法官不是按照立法者已经事先规定清楚的法律照章办事,而是听凭个人意见处理犯罪,或者对法律作出随意理解,那么就会破坏犯罪与刑罚之间的对应关系,就无法使人们作出稳定的行为预期。如果允许刑法效力溯及既往,那么人们就根本不可能预测自己的行为会不会带来刑罚惩罚的痛苦后果。因此,为了实现理想的立法威慑目的,立法机关应该事先公布明确的刑法,其效力不能溯及既往,司法机关也必须严格遵守实定法,做到有罪必罚、非罪不罚。费尔巴哈的心理强制说,为罪刑法定原则的产生提供了追求刑法安定性的思想基础。

但是,国外刑法理论也有观点认为,三权分立和心理强制学说作为罪刑法定原则的理论根据仅具有历史沿革上的意义,而民主主义与尊重人权主义才是现在罪刑法定

---

① 保罗·约翰·安森·封·费尔巴哈,德国18世纪末到19世纪初的刑法学家,被誉为德语区现代刑法学的始祖,提出了著名的"心理强制说"(德语:Theorie des psychologischen Zwangs)。他育有五子三女,第四子路德维希·安德列斯·费尔巴哈(1804—1872)更为有名,被认为是影响世界历史最深刻的哲学家之一,其主要哲学理论是机械论的唯物主义,深刻影响了早期马克思主义的哲学批判以及历史唯物论。

原则的理论基础。我国有部分学者也持这种观点,认为民主主义与尊重人权主义不仅必然要求实行罪刑法定原则,而且决定了该原则的内容。①

受启蒙思想家的影响,意大利刑法学家贝卡里亚(Beccaria,1738—1794)在其《论犯罪与刑罚》一书中率先较为明确地阐述了罪刑法定原则的刑法含义:"只有法律才能为犯罪规定刑罚。只有代表根据社会契约而联合起来的整个社会的立法者才拥有这一权威。任何司法官员(他是社会的一部分)都不能自命公正地对社会的另一成员科处刑罚。超越法律限度的刑罚就不再是一种正义的刑罚。因此,任何一个司法官员都不得以热忱或公共福利为借口,增加对犯罪公民的既定刑罚"②。1801年,德国刑法学家保罗·约翰·安森·封·费尔巴哈在启蒙思想家的基础上,用拉丁文以法谚的形式在其刑法教科书中对罪刑法定原则进行了明确概括,他将罪刑法定概括为:(1)无法无刑(法无明文规定不处罚);(2)无法无罪(法无明文规定不为罪);(3)有罪必罚。

资产阶级革命胜利后,罪刑法定开始从理论上的学说演变为法典上的规定,首次明确地规定出现于1789年法国大革命之后颁布的著名的《人权宣言》。该宣言第8条规定:"法律只应当制定严格地、明显地必须的刑罚,而且除非根据在违法行为之前规定、公布并且合法地适用的法律,任何人都不受处罚。"这一规定客观上确立了罪刑法定原则的基本方向。1791年的《法国宪法》继续贯彻了这一精神,1810年的《法国刑法典》第4条进一步规定:"不论违警罪、轻罪或重罪,均不得以实施犯罪前未规定之刑罚处罚之。"这是最早在刑法典中规定罪刑法定原则的条文,它的历史进步意义在于使罪刑法定原则从宪法中的宣言式规定变为刑法中的实体性规定。这一规定被后来的世界各国立法纷纷效仿,虽然具体条文位置和语言表述有所差异,但反映的思想基本相同。

罪刑法定原则符合现代社会民主与法治的发展趋势,为世界各国刑法所采纳,至今已成为不同社会制度的世界各国刑法中最普遍、最重要、认同度最高的原则,没有之一。同时,该原则业已成为国际社会公认的法治原则。在联合国的一些重要文件和国际公约中,罪刑法定原则被反复加以规定和强调。例如,1948年的《世界人权宣言》第11条第2项规定:"任何人的任何行为或不行为,在其发生时依国家法或国际法均不构成刑事犯罪者,不得被判为犯有刑事罪。刑罚不得重于犯罪时适用的法律规定。"1966年12月16日通过的《公民权利和政治权利国际公约》第15条第1项在原封不动地重申了上述规定后,紧接着又予以补充:"如果在犯罪之后依法规定了应处以较轻的刑罚,犯罪者应予减刑"。同条第2项规定:"任何人的行为或不行为,在其发生时依照各国公认的一般法律原则为犯罪者,本条规定并不妨碍因该行为或不行为而对任何人进行的审判和对他施加的刑罚。"

---

① 参见张明楷:《刑法格言的展开》,法律出版社2003年版,第24页;张明楷:《刑法学》(第三版),法律出版社2007年版,第43—44页。
② 〔意〕贝卡里亚:《论犯罪与刑罚》,黄风译,中国大百科全书出版社2003年版,第11页。

二、罪刑法定原则的含义与基本精神

我国《刑法》第 3 条明文规定了罪刑法定原则:"法律明文规定为犯罪行为的,依照法律定罪处刑;法律没有明文规定为犯罪行为的,不得定罪处刑。"其基本含义是,什么是犯罪,哪些行为是犯罪,各种犯罪构成条件是什么,有哪些刑种,各个刑种如何适用,以及各种具体犯罪量刑幅度如何等,均由刑法加以规定。对于刑法没有明文规定为犯罪的行为,不得定罪处罚,即"法无明文规定不为罪""法无明文规定不处罚"。

罪刑法定原则的具体要求可概括为三个方面:

(一) 法定性

即事先以成文的实体法律形式规定犯罪及其法律后果。规定犯罪及其法律后果的法律必须由国家立法机关制定;规定犯罪及其法律后果的法律必须是成文法;禁止不利于行为人的事后法(禁止溯及既往);禁止不利于行为人的类推解释。

(二) 合理性

即刑法的处罚范围与处罚程度必须具有合理性;只能将应当科处刑罚的行为规定为犯罪,禁止将轻微危害行为当作犯罪处理;处罚程度必须适应现阶段一般人的价值观念。

(三) 明确性

即对犯罪及其法律后果的规定必须明确,禁止绝对的不定刑与绝对的不定期刑。明确性指的是条文字义能够清楚地为社会公众所理解,亦即,相对于社会公众的理解力而言是明确的即可。

关于罪刑法定原则的内容,学者们之间的意见颇有不同,但通说一般认为有四项内容,即罪刑法定原则的四个派生原则:排斥习惯法;排斥绝对不定期刑;禁止类推定罪;禁止重法溯及既往。[①]

1. 排斥习惯法,即刑法的渊源只能是成文法。法院对行为人定罪判刑只能以规定犯罪和刑罚的成文法为根据,而不能根据习惯法对行为人定罪处刑。这也是"法无明文规定不为罪""法无明文规定不处罚"的当然结论。

2. 排斥绝对不定期刑。绝对不定期刑是在法律中完全没有规定刑期的自由刑。法官在判决时,只宣布罪名和刑种,至于究竟服多长时间,则由行政机关即行刑机关根据罪犯改造的情况决定。这样做,无疑会丧失刑法保障人权的机能。所以,不论定刑或宣告刑,都不允许绝对不定期刑。

3. 禁止类推定罪,即禁止对刑法分则没有明文规定为犯罪的行为比照类似的刑法分则条文定罪判刑,既禁止立法机关进行类推立法,也禁止司法机关进行类推断案。毫无疑问,刑事类推对于成文法的局限性确是一剂良药,但是刑事类推由于没有明确

---

① 参见高铭暄、马克昌主编:《刑法学》,北京大学出版社、高等教育出版社 2011 年版,第 27 页。

的法律标准,本身潜藏着司法擅断的危险性。因此,随着罪刑法定的确立,刑事类推已为各国刑法所不取。值得一提的是,相对罪刑法定原则容许有限制的类推适用,即在有利被告的场合容许类推适用,因为这并没有违背保障人权的宗旨。

4. 禁止重法溯及既往,即不允许根据行为后开始实施的法律对行为人定罪处罚,通常也称为"事后法的禁止"。这是因为行为人只能根据已经施行的法律来规范自己的行为,预测自己行为的后果。否则,如果以行为后施行的刑法为根据处罚施行前的行为,这对行为人实际上是"不教而诛",不利于维护社会的安定。但目前对可以适用有利于被告人的事后法或者允许轻法溯及既往的观点得到广泛的认可,这是因为适用这种事后法比适用行为时的法律对被告更有利,轻法溯及"有利被告",不违背罪刑法定保障人权的机能。

总之,排斥习惯法、排斥绝对不定期刑、禁止类推定罪和禁止重法溯及既往是罪刑法定原则的基本要求,背离其中任何一项要求,都意味着对罪刑法定原则的破坏。

【实例分析 2-1】

对该项内容的理解,2012 年司法考试曾出题考查——关于罪刑法定原则的下列观点,哪些为正确的?

A. 罪刑法定只约束立法者,不约束司法者;
B. 罪刑法定只约束法官,不约束侦查人员;
C. 罪刑法定只禁止类推适用刑法,不禁止适用习惯法;
D. 罪刑法定只禁止不利于被告人的事后法,不禁止有利于被告人的事后法。

根据上文的分析,四种观点中只有 D 项是正确的。

我国刑法典中对罪刑法定原则的条文规定方式从表达上看是较为明确的,但是如何理解罪刑法定原则的基本精神在理论上却存在不同的观点,即"两点论"与"一点论"之争。"两点论"认为:第一点是法律如果有明文规定的,就按照法律的明文规定定罪处罚;第二点才是法律没有明文规定的不能定罪,不能处罚。① 按照这个观点,罪刑法定原则的内容便被视作具有适用先后顺序的原则,即首先考虑的是对犯罪行为进行定罪处罚,其次才考虑对法律没有明文规定的内容不定罪,不处罚。还有学者作了如下阐述:"从这个意义上来说,正确运用刑罚权,惩罚犯罪,保护人民,这是第一位的;而防止刑罚权的滥用,以保障人权,则是第二位的。但是两者都是非常重要的,二者是密切联系,不可分割的。它们是罪刑法定原则的两个方面,就像一个银币的两面一样。"②

"一点论"认为:罪刑法定原则从其诞生那天起,就是从"不定罪""不处罚"角度提出来的,即坚持罪刑法定原则出罪机制的一点论。罪刑法定从口号的提出到原则的形成无不体现"不定罪、不处罚"的侧重面,所谓"两点论"偏离了罪刑法定原则的原意,也

---

① 参见刘宪权、杨兴培主编:《刑法学专论》,北京大学出版社 2009 年版,第 26 页。
② 何秉松主编:《刑法教科书》(上卷),中国法制出版社 2000 年版,第 67 页。

与设立该原则的初衷相悖。"两点论"的致命错误在于,将刑法的机能与罪刑法定原则的机能混为一谈,将刑法是保护机能与保障机能统一的要求强加于罪刑法定原则的机能上。罪刑法定原则的机能实际上只能突出对行为人个人基本权利的保障机能,而无法如刑法一样达到保护机能与保障机能双重功能的统一。经历了两百多年发展变化的罪刑法定主义在世界范围内逐渐传播,并最终成为普遍的刑法基本原则,正是源于它彰显了保障市民社会不受国家权力过度干预的机能。"两点论"的观点看似全面,但它却混淆了刑法机能与罪刑法定机能的界限,从而偏离了罪刑法定原则本身所具有的侧重点。①

三、罪刑法定原则在我国刑法修订中的体现

对中国刑法来说,罪刑法定原则是在我国清朝末年由日本传入的。光绪三十四年(1908年)颁布的《宪法大纲》规定:"臣民非按照法律规定,不得加经逮捕、监禁、处罚。"此后在宣统二年(1910年)颁布的《大清新刑律》中规定:"法律无正条者,不问何种行为,不为罪。"1935年《中华民国刑法》第1条规定了罪刑法定主义,但是这一刑法虽然规定了罪刑法定主义,随后却颁布了大量的特别刑法和专门治罪条例,导致它只是一个美丽的外壳,罪刑法定原则近乎只是一句法律标语。

新中国1979年刑法没有明确规定罪刑法定原则。当时,一是立法经验和技术还不够,在一定程度上还不得不保留类推;二是在刑法理论上人们对罪刑法定原则的认识不统一;三是我国刑法中已明确规定了指导思想,对有关刑法中全局问题规定有指导性原则。由于上述原因,在1979年刑法中没有规定罪刑法定原则。虽然在制定刑法和刑法实施过程中,也基本上是按照罪刑法定原则进行的,如关于犯罪概念、罪与非罪、此罪与彼罪的界限、犯罪构成要件、严格限制适用类推等。但从总体看,我国1979年刑法还不能说是完全贯彻了罪刑法定原则,除了保留类推制度外,还有其他一些不符合罪刑法定原则要求之处。例如,立法太粗,"口袋罪"很多,扩大或限制性司法解释不少,特别是有些补充规定实行从新原则,且溯及既往的行为。因此,对我国1979年刑法只能说是基本上实行了罪刑法定或者说是相对实行罪刑法定原则。1997年修订刑法时,从立法到司法,人们充分认识到,罪刑法定原则是司法原则,同时也是立法原则。在我国实行社会主义法治、依法治国、切实保护人民利益的情况下,现行刑法必须实行罪刑法定。因此,在刑法中明文规定了罪刑法定原则,并废止类推制度,使我国刑法不论在理论上还是司法实践中都发展到了一个新的高度,在整部刑法典中罪刑法定原则得到较为全面、系统的体现,罪刑法定立法化表明我国刑法在民主与法治的道路上迈出了重要的一步,具有里程碑的意义。

(一)刑法取消了类推制度

即使是严重危害社会的行为,只要刑法分则没有明文规定为犯罪行为的,不允许

---

① 参见刘宪权:《论罪刑法定原则的内容及其基本精神》,载《法学》2006年第12期。

类推定罪处罚,以确保罪刑法定原则的实现。因此,为了防止漏罪,刑法分则在罪名的规定方面已相当完备,在一般情况下能够满足打击犯罪行为的需要。如果确实是严重危害社会的行为,而刑法却没有规定为犯罪,必须通过立法程序规定为犯罪,才能依法追究其刑事责任。

（二）刑法实现了犯罪和刑罚的法定化

犯罪的法定化具体表现在刑法明确规定了犯罪的概念,认为犯罪是危害社会的、触犯刑法的、应当受到刑罚处罚的行为。刑法明确规定了犯罪构成的共同要件,例如犯罪故意、犯罪过失、刑事责任能力等。刑法明确规定了各种具体犯罪的构成要件,为司法机关正确定罪提供了法律依据。刑罚的法定化具体表现在:刑法明确规定了刑罚的种类,即把刑罚分为主刑和附加刑两大类,主刑包括管制、拘役、有期徒刑、无期徒刑和死刑,附加刑包括罚金、剥夺政治权利和没收财产。刑法明确规定了量刑的原则,即对犯罪人裁量决定刑罚,必须以犯罪事实为根据,以刑事法律为准绳。刑法明确规定了各种具体犯罪的法定刑,为司法机关正确量刑提供了法定标准。

（三）刑法在溯及力问题上重申了从旧兼从轻原则

做到了按照犯罪行为时的法律定罪量刑,行为时法律没有明文规定为犯罪的行为不构成犯罪,不得定罪处罚。

（四）在具体犯罪的罪状以及法定刑的设置方面,对大量的犯罪,尽量使用叙明罪状,在犯罪的处罚规定上,注重量刑情节的具体化,增强了法条的可操作性,使罪刑法定的原则落到实处

1979年刑法在罪状的表述上过于笼统,在法定刑的规定上过于宽简,缺乏立法的明确性和具体性。1997年刑法在罪状的表述以及法定刑的设置方面,吸收了以往的有益经验,立法在细密化、明确化程度上有所进步。

（五）在分则罪名方面,刑法作了相当详备的规定

在1997年刑法修订过程中,将1979年刑法及其后由立法机关制定的单行刑法、附属刑法所涉及的犯罪,经过必要的整理和编纂纳入其中。随后在至今存在的九个刑法修正案中,也继续根据社会现实的需要增设或者改变了大量罪名,这些新增与改变的罪名基本上反映了罪刑法定原则的要求。

【实例分析2-2】

为反映罪刑法定原则在我国刑法立法和修订中的功能,近年的司法考试中也出现了对这些内容的考查,如2004年司法考试试题:关于罪刑法定原则,下列哪一选项是正确的?

A. 罪刑法定原则的思想基础之一是民主主义,而习惯最能反映民意,所以,将习惯作为刑法的渊源并不违反罪刑法定原则;

B. 罪刑法定原则中的"法"不仅包括国家立法机关制定的法,而且包括国家最高行政机关制定的法;

C. 罪刑法定原则禁止不利于行为人的溯及既往,但允许有利于行为人的溯及既往;

D. 刑法分则的部分条文对犯罪的状况不作具体描述,只是表述该罪的罪名、这种立法体例违反罪刑法定原则。

选项 A,罪刑法定原则禁止习惯法。所以该选项错误。

选项 B,罪刑法定原则中的"法"指刑法,只包括刑法典、单行刑法、附属刑法,任何行政机关制定的法不能直接适用于刑法。所以该选项错误。

选项 D,明确性原则指的是条文字义能够清楚地为社会公众所理解,亦即,相对于社会公众的理解力而言是明确的即可。我国刑法中有很多简单罪状的立法例,亦即选项所示条文对犯罪的状况不作具体描述,只是表述该罪的罪名,由于规定的一般为普通犯罪,能被公众明确地理解,故不违反明确性要求。所以选项 D 也错误。

选项 C,如前文所述,为正确选项。

四、罪刑法定原则指导下的刑法修正和司法适用

刑法明文规定罪刑法定原则是贯彻罪刑法定原则的重要方面,但它只是贯彻罪刑法定的前提和依据,真正使罪刑法定原则得以贯彻和落实,还有赖于司法机关实际的执法活动。当前,从我国的司法实践来看,罪刑法定原则的运用,应注意以下几点:

(一) 立法机关制定刑法修正案时,必须以罪刑法定原则为指导

我国刑法总则是一般原则、原理的规定,它对刑法分则和有关的单行刑法及其他法律中有关刑法规范都适用。罪刑法定原则是刑法总则中规定的重要原则,今后在制定刑法修正案时,必须以罪刑法定原则为指导,不能违背这项原则。

(二) 必须严格依照刑法规定定罪处刑

司法机关必须以事实为根据,以法律为准绳,认真把握犯罪的本质特征和犯罪构成的具体要件,严格区分罪与非罪、此罪与彼罪的界限,做到定性准确,不枉不纵,并严格以法定刑和法定情节作为量刑的依据。罪刑法定原则包括两层含义:一是刑法已明文规定为犯罪行为的,必须依照刑法规定定罪处罚,不能以种种原因不定罪处罚,而放纵犯罪分子。或者不依照法律规定定罪处罚,使刑法规定形同虚设,就是说依法应当定罪处刑的,不定罪处刑也是违背罪刑法定原则的。二是刑法没有明文规定为犯罪行为的,一律不得定罪处刑。不能因为某种行为社会危害性严重,就"比照""参照"某罪、某条法律规定定罪处罚,要彻底消除类推制度的影响。如果确有必要追究刑事责任的,应当通过立法途径,制定颁布刑事法律,再依照法律规定定罪处刑。只有严格依法定罪处刑,才能贯彻罪刑法定原则。

(三) 立法机关、司法机关依法进行刑法解释

对于刑法规定需要进行解释,应当严格依照法律规定进行解释。首先,必须是有权解释的机关的解释,才具有法律效力。属于立法解释的,应由立法机关通过立法解

释的程序进行解释;属司法解释的,应当由最高人民法院、最高人民检察院进行解释,不能以司法解释代替立法解释。无权解释的机关和个人进行的解释是无效解释,不具有法律效力。其次,要严格依照法律解释,立法解释应就法律规定的问题进行解释,可以限制也可以扩张解释。法律没有规定的问题,不能解释。司法解释不能超越法律作扩张解释或限制解释,只能就法律已作出规定的问题,就如何适用问题作出解释。违背法律真实意图的解释是背离罪刑法定原则的,是不被允许的。

尽管在司法实务中需要认真且全面贯彻罪刑法定原则已成为普遍共识,但是自1997年刑法修订确定罪刑法定原则以来,在司法实务工作中仍存在一些不同的看法和认识,对在司法实务中贯彻罪刑法定原则造成了较多的争议和困扰,需要加以分析和辨别:

1. 有的观点认为我国经济社会和科学技术发展迅速、危害行为层出不穷、治安形势十分严峻,在司法实务中坚持罪刑法定是自缚手脚。例如最高人民法院统计显示,2011年、2012年人民法院一审盗窃刑事案件数量分别为190825件、222078件,占当年所有一审刑事案件数量的22.72%、22.51%。[①] 考虑到犯罪黑数[②]的存在和犯罪趋势的变化,估计每年可予以刑罚惩罚的盗窃行为数量在120—180万件左右。而目前惩罚常见盗窃行为的《刑法》法条仅有第264条、265条的208个字的规定,用208个字来认定和处理百万级的常见危害行为,呈现出力不从心的不对称状态。特别是近年来面临网络社会的冲击和全球一体化的影响,互联网中的侵害他人银行卡账户、非法占有他人虚拟财产、秘密窃取他人网络游戏装备、侵害他人网购和第三方支付账户等行为日益多发,给认定和处理该类危害行为造成了较大困难。对此,我们认为:危害行为需要被认定为犯罪而进行惩罚的现象,随着经济社会和科学技术的发展而日益多发,这早已成为20世纪以来公认的历史趋势,并不是近年来出现的新现象,不能因为危害行为的数量增长、性质变化而对罪刑法定原则的司法适用产生质疑。在司法适用中坚持罪刑法定需要采取比立法者更加谨慎的立场,不能存在对危害行为执意处罚的先入为主心态。应对危害行为数量增长、性质变化以至于需要修改原有犯罪的认定条件、增加新的犯罪罪名或者类型的任务,应当交于刑法立法者,而不能由司法者越俎代庖。

2. 有的观点认为立法者不是万能的,刑法具有立法局限性,立法中规定的罪刑法定原则也有着局限性。从第一部真正意义上的刑法法典诞生以来,立法者就被期待具备万能的立法能力,能够完全洞悉未来犯罪变化、设计认定犯罪成立完备条件、不遗不漏地布下惩治犯罪的天罗地网。从立法者本身的角度来看,具备万能的立法能力既是法律体系至高者的责任,也是现实的惩治犯罪第一动力需要,因而进入现代社会的各

---

① 参见最高人民法院新闻发言人孙军工:《两高发布盗窃案司法解释:定罪数额门槛提高》,新华通讯社,2013年4月3日。
② 犯罪黑数:又称犯罪暗数、刑事隐案,是指一些隐案或潜伏犯罪虽然已经发生,却因各种原因没有被计算在官方正式的犯罪统计之中,对这部分的犯罪估计值。

国刑法立法过程中,立法万能倾向都比较明显,我国刑法立法也是如此。但是无论是普遍法理意义上的立法万能主义,还是部门法意义上的刑法万能倾向,都在现实生活中遭遇了严峻的局面,出现了人们常说的有法不依或有法难依的尴尬。

例如 2011 年《刑法修正案(八)》增加拒不支付劳动报酬罪,立法者对运用刑法来处罚恶意欠薪行为、保障劳动者合法权益寄予厚望,但事与愿违。据不完全统计,2012 年全国各级劳动保障监察机构共查处欠薪案件 21.8 万件,为 622.5 万劳动者追发工资等待遇 200.8 亿元,分别较上年增长 5%、16.7% 和 29.5%。另一方面,自 2011 年 5 月拒不支付劳动报酬入罪以来,截至 2012 年 12 月,各级法院共新收拒不支付劳动报酬刑事案件 152 起,审结 134 起。欠薪危害行为与欠薪治罪案件两者之间的数量悬殊如此之大,形成较为强烈的反差,有理由认为恶意欠薪入罪后的司法状况并不理想。人们能够认识到立法不是万能的,刑法具有立法局限性,这是科学认识刑法的进步表现,但是不能认为立法中规定的罪刑法定原则也有着局限性,这既是逻辑上的认识谬误,也是实务中损害罪刑法定原则的认识谬误。逻辑上看,刑法具有立法局限性指的是刑法立法在整体上不能完全涵盖现在和将来的所有犯罪,或者是立法文本不能完全对应现在和将来的所有犯罪特征,而不能理解为刑法立法中的某一个条文或者某一种制度都具有局限性。从实务中看,坚持罪刑法定原则既表现为认真依照刑法认定和处罚犯罪,坚持罪刑法定的入罪功能,同时也表现为认真依照刑法认定和排除不构成犯罪的危害行为,坚持罪刑法定的出罪功能。

3. 有的观点认为罪刑法定原则仅仅是刑法总则的一般规定,仅仅具有基本精神的指引作用,而没有直接的规则裁判作用。我国刑法中规定罪刑法定原则的模式不同于其他国家的规定方式,具有自身的特点,符合我国的立法传统和立法思维。但从根本上看,我国刑法不但在刑法总则中明文确立了罪刑法定原则,而且也在刑法总则和刑法分则中规定了许多制度对罪刑法定原则予以保障和支撑,罪刑法定原则并非是空洞的一般规定,而是具有相当的规则功能。罪刑法定原则的规则功能主要存在于三个方面:其一,刑法分则对认定和惩治某种危害行为的要件特征有明确规定时,可以直接引用刑法分则的规定予以认定和处罚;其二,刑法分则对认定和惩治某种危害行为的要件特征没有明确规定时,应当引用罪刑法定的原则和条文规定予以出罪判断;其三,刑法分则对认定和惩治某种危害行为的要件仅有类别规定而没有具体的特征规定时,需要在罪刑法定原则的指引下进行刑法解释,尤其是需要进行统一的司法解释和个案的适用解释。从长期以来我国刑事司法实务的总体状况看,罪刑法定原则的规则功能在第一方面发挥得较为充分,而在第二和第三方面发挥的状况存在一些问题。

第三节 平等适用刑法原则

平等是人类永恒追求的价值。人的价值平等、人格平等、人的生命与身体平等,人是目的而不是工具,这些都是阐释人人平等理想的生动格言。平等之所以成为人类的理想,既是因为人类渴望人人平等的心理动因,同时也具有追求平等待遇的现实需要。我国古代也有"王子犯法与庶民同罪""刑无等级""法不阿贵"等思想,这些思想都是人类追求法律面前人人平等的早期萌芽。作为一种社会思潮或者革命主张,法律面前人人平等原则是近代资产阶级启蒙思想家在文艺复兴时期提出来的,经过17、18世纪古典自然法学派代表人物洛克以及资产阶级启蒙思想家卢梭等人的系统论证和阐释,为平等适用刑法原则的产生提供了理论基础。

平等适用刑法原则作为一个完整意义上的法治原则提出,是资产阶级革命取得胜利后的事情。1789年法国《人权宣言》正式确认了这一原则,其第6条规定:法律对于所有的人,无论是施行保护或者处罚都是一样的。在法律面前,所有的公民都是平等的。法国《人权宣言》所确认的这种关于刑法面前人人平等的原则,在反对封建专制和等级特权、促进资本主义经济关系的发展上,适应了当时历史发展的客观需求,后来被欧美等资本主义国家广泛采用,成为资本主义法制的一项主要内容。英美等国的法律中随后均有类似的规定,这一原则在各国的部门法中也得以贯彻,当然在刑事法律中也不例外。

需要注意的是,平等可能是人类所追求的理想中最难以实现的一个理想,主要原因是某一方面的平等将在其他方面产生新的不平等,这可能是平等理想的内在矛盾结构。法国启蒙思想家卢梭在其名著《论人类不平等的起源》中认为:人类每向前发展一步,不平等的程度就加深一步。在认可了罪刑法定的现代刑法中,为了克服在追求人权保障和限制公权的过程中可能发生的不平等的悖论,也需要将平等原则引入刑法中。

一、平等适用刑法原则的含义

我国《刑法》第4条规定:"对任何人犯罪,在适用法律上一律平等。不允许任何人有超越法律的特权。"平等适用刑法这一刑法基本原则是我国宪法规定的社会主义法治原则结合刑法的部门法特征而在我国刑法中的具体体现。法律面前人人平等是我国宪法确立的社会主义法治的基本原则,宪法明确规定,任何组织或个人"都必须遵守宪法和法律","都不得有超越宪法和法律的特权","一切违反宪法和法律的行为,必须予以追究"。为了贯彻执行这一原则,我国一些基本法律也作出了相关规定,如《刑事诉讼法》《民事诉讼法》都规定了公民在适用法律上一律平等。刑法作为惩罚犯罪、保护人民的基本法律,更应当贯彻这一原则。特别规定任何人犯罪,在适用法律上一律平等这一原则具有十分重要的现实意义。对任何人犯罪,不论犯罪人的家庭出身、社会地位、职业性质、财产状况、政治面貌、才能业绩如何,都应追究刑事责任,一律平等地适用刑法,依法定罪、量刑和行刑,不允许任何人有超越法律的特权。

平等适用刑法的具体要求是:对刑法所保护的合法权益予以平等地保护。具体地说,对于实施犯罪的任何人,都必须严格依照法律认定犯罪。对于任何犯罪人,都必须根据其犯罪事实与法律规定量刑。对于被判处刑罚的任何人,都必须严格按照法律的规定执行刑罚。

平等适用刑法原则应当从两个方面理解：其一是立法上的平等，其二是司法上的平等。两个方面的内容相辅相成，缺一不可。没有立法上的平等，司法平等就缺乏存在的前提，成了无源之水。首先，刑法总则中规定多处反映平等适用刑法原则的条款。例如，在刑法的适用范围上，《刑法》第6—12条的规定表明：只要实施了犯罪行为，除非法律有特别规定的，都无一例外地适用中华人民共和国刑法。在认定犯罪的标准上，《刑法》第13条的规定表明：只要是危害社会、触犯刑法、应当受到刑罚惩罚的行为就是犯罪，不因为身份、地位的差别而影响是否构成犯罪。在单位犯罪的认定问题上，《刑法》第30条的规定表明：无论是公司、企业，还是机关、团体等单位，只要实施了法律规定应当追究单位犯罪刑事责任的犯罪行为，都要适用刑法，平等地受到法律制裁。其次，我国刑法分则关于具体个罪的规定，同样体现了平等适用刑法原则。例如修订后的刑法纠正了原刑法中对于职务、业务上的过失处罚轻、一般公民过失处罚重的倾向；针对特殊主体，比如国家工作人员和军职人员，规定了相应的职务犯罪，突出表明公职并非是享有特权的资格，而是因其身份、职权的特殊而需要承担更多的义务；修订后的刑法对所有市场主体都一视同仁地加以保护，突出表现在对1979年《刑法》第125条规定的破坏集体生产罪的修改上，1997年《刑法》第276条将原来的破坏集体生产罪修改为破坏生产经营罪，将保护范围由全民和集体经济组织扩大到所有市场经济主体，反映出刑法在落实公私平等上的进步。

在我国刑法中，平等适用刑法原则是罪刑法定原则的派生原则，罪刑法定原则是前提，有了罪刑法定原则才有可能平等适用刑法。否则，没有罪刑法定原则，适用刑法就不可能一律平等。平等适用刑法的原则是从适用刑法的角度保证罪刑法定原则的实现，如果仅有罪刑法定原则，没有平等适用刑法原则，罪刑法定就是徒有规定。所以，平等适用刑法原则与罪刑法定原则是决定与被决定、保证与被保证的关系。它们在刑法立法、司法、守法各个阶段中起着各自的作用。[①]

二、平等适用刑法原则的立法体现与辩证认识

平等适用刑法原则在刑法立法上具体体现在定罪、量刑和行刑三个方面：

（一）定罪上一律平等

任何人犯罪，无论其身份、地位等如何，一律平等对待，适用相同的定罪标准。不能因为被告人地位高、功劳大而使其逍遥法外、不予定罪；也不能因为被告人是普通公民就妄加追究、任意定罪。当然，对于刑法中特别规定的不平等，是法律规定的不平等，不是适用法律上不平等。比如，刑法对未成年人定罪量刑的特别规定、对精神病人刑事责任的特别规定、对特殊主体构成犯罪的规定等，都是法律规定的不平等，而不是适用法律上不平等。任何人都按上述法律规定的条件适用，就是适用法律规定定罪上

[①] 参见张明楷：《刑法学》，法律出版社2007年版，第54页。

的平等。

(二)量刑上一律平等

在刑法总则中规定了刑罚的种类和刑罚的具体运用方法,刑法分则对每一种具体的犯罪都规定了法定刑标准,实行罪刑法定原则,对任何犯罪不允许在法律规定的刑罚标准以外搞法外处刑。同时,对任何人犯同样罪,适用同一刑法标准,不能因地位或者财产状况不同而适用不同的刑罚。也就是说,犯相同的罪且有相同的犯罪情节的,应做到同罪同罚。虽然触犯相同的罪名,但犯罪情节不同,比如有的具有法定从重处罚的情节,有的具有法定从轻、减轻或者免除处罚的情节,从而同罪不同罚,这是合理的、正常的,并不违背量刑平等原则。只要对任何人犯罪,都按照法律的特别规定处刑,就是量刑上的平等。但如考虑某人权势大、地位高或财大气粗而导致同罪异罚,则是违背量刑平等原则的,因为这等于承认某人享有超越法律的特权。

(三)行刑上一律平等

我国刑法对刑罚的执行方法都作了规定,必须依法行刑,不允许随意行刑。在执行刑罚时,对任何罪犯执行同种刑罚的方式、手段应相同,对于所有的受刑人平等对待,凡罪行相同、主观恶性相同的,刑罚处遇也应相同,不能考虑权势地位、富裕程度使一部分人搞特殊,对另一部分人则加以歧视。掌握法律规定的减刑、假释的条件标准也应体现平等,谁符合条件、谁不符合条件,都要严格以法律为准绳,不搞亲疏贵贱。当然,因罪行轻重不同、主观恶性不同、改造表现不同而给予以差别处遇,这是刑法中的应有之义,比如刑罚执行工作中的评分制、累进制,都体现了相同情况相同对待、不同情况区别对待的司法公正精神,这不仅不违反行刑平等的原则,恰恰是依法贯彻了平等适用刑法的原则。

三、平等适用刑法原则的司法适用

根据平等适用刑法原则的基本要求,结合我国刑事司法实践,司法机关在落实这一原则时,应当特别注意以下问题:

(一)平等适用刑法,坚决反对刑法适用中的特权现象

我国刑法已将平等适用刑法原则作为刑法的三大基本原则之一,必须充分认识规定这一基本原则的现实意义和深远意义。司法实践中,应当坚决摒弃"刑不上大夫,礼不下庶民"的封建刑法思想,彻底杜绝对官员、干部犯罪与老百姓犯罪定罪量刑有差别,适用刑法因人而异的情况。对任何人犯罪,在适用法律上一律平等,不允许任何人有超越法律的特权。特权是与平等直接对立的。虽然平等观念自古便存在了,但是存留在人们脑海中的特权观念一直相当浓厚,特权思想通过各种渠道,以各种不同的形式、程度干扰、影响着我国各地的刑事司法实践活动,从而在一定程度上导致适用刑法人人平等原则的扭曲和落空。例如曾经的某个时期,社会上对于"能人犯罪"的讨论非常热烈,有些人提出在刑法适用上要给"能人"网开一面,这种提法背后暗藏的是封建

的刑法特权思想。又如对身份、地位不同的被害人的同样权利,不能给予平等保护。再如少数地方甚至出现对有钱犯罪人以罚代刑、以罚减刑的做法,这些做法严重地违背了适用刑法人人平等的基本原则,损害了刑事司法的民主性,也严重地侵犯和挫伤了受到不平等对待公民的人格尊严。为此,必须树立和强化平等执法的观念,要求刑事司法人员在办理案件过程中,对罪与非罪、此罪与彼罪以及行为人的刑事责任的大小和应判刑罚的轻重,严格依照刑法条文的规定处理,坚决反对特权。

(二)全面改革司法管理体制,确保司法机关依法独立行使刑事司法权

我国的刑事司法权是刑事司法机关依法独立行使刑事司法的职权。司法实践中,应特别注意适用刑法受"人治"因素的影响,为领导人的注意力所左右,适用刑法因时而异、因地而异、因势而异的倾向。特别要注意克服不顾法律规定的长官意志对刑事司法的干涉和指挥,改革那些法律规定以外的刑事司法程序,为司法机关独立行使刑事司法权创造良好的条件,确保平等适用刑法原则的实现。[①] 同时坚决反对在刑法适用中的变通执行。当前在社会主义市场经济向纵深发展的过程中,有的司法工作人员对发展经济与遵循法治的关系不能正确对待,主张对已经出现的一些触犯刑法的经济犯罪行为,可以采取变通的处理方法;对已经构成犯罪的经过变通不作为犯罪来处理,或者暂缓追诉、允许行为人戴罪立功,或者以缓刑从宽处理,否则便会影响当地经济发展和劳动就业。这一观点仅着眼于为了一时一地或者某个单位眼前的利益而不平等适用刑法,势必导致整个刑事司法活动的混乱和各行其是,这样不仅严重违反了适用刑法平等的基本原则,而且最终会破坏社会主义民主和法治。

(三)加强刑事司法队伍建设,努力提高司法人员的素质

犯罪形势在变化,法律规定也在变化,这就要求执法者的素质相应提高。同时,社会上的不正之风严重腐蚀执法队伍的建设,极少数执法者以权谋私、徇私舞弊、执法犯法。因此,要从政治上、思想上、业务上、作风上和纪律上加强刑事司法队伍的建设,提高司法人员严格执法意识,严肃处理司法人员以权谋私、徇私舞弊等违法犯罪行为。只有司法人员严格按照刑法规定处理刑事案件,平等适用刑法的原则才有可能实现。

第四节 罪责刑相适应原则

一、罪责刑相适应原则的含义

《刑法》第 5 条明文规定:"刑罚的轻重,应当与犯罪分子所犯罪行和承担的刑事责任相适应。"这条规定的就是罪责刑相适应原则。其基本含义是:犯多大的罪,就应承担多大的刑事责任。根据犯罪的轻重和负刑事责任的大小决定应受刑罚处罚的轻重,

---

[①] 参见周其华:《中国刑法总则原理释考》,中国方正出版社 2001 年版,第 51 页。

重罪重罚、轻罪轻罚；一罪一罚、数罪并罚；罪刑相称，罚当其罪。反对重罪轻判、轻罪重判、畸重畸轻、罚不当罪的现象。

罪刑相适应的早期思想可追溯到原始社会的同态复仇和奴隶社会的等量报复。"以血还血，以眼还眼，以牙还牙"是罪刑相适应思想最原始、最粗糙的表述形式。"我们可以肯定，罪刑相适应思想，是伴随着罪与刑的出现而出现的。无论在奴隶社会还是封建社会，也无论是成文法出现之前或之后，任何国家都从不对各种轻重不同的犯罪千篇一律地适用相同的刑罚，而总是有所区别的。这种区别是罪刑相适应思想的一种反映。"① 然而，真正使罪刑相适应成为刑法的基本原则是 17、18 世纪的资产阶级启蒙思想家们倡导的结果。他们从公平、正义的角度，深入探讨了犯罪与刑罚的关系。孟德斯鸠曾经指出："刑罚应有程度之分，按罪大小，定惩罚轻重。"② 意大利著名刑法学家、刑事古典学派创始人贝卡里亚在其传世之作《论犯罪与刑罚》一书中指出："犯罪对公共利益的危害越大，促使人们犯罪的力量越强，制止人们犯罪的手段就应该越强有力。这就需要刑罚与犯罪相对称。""刑罚不但应该从程度上与犯罪相对称，也应从实施刑罚的方式上与犯罪相对称。""刑罚应尽量符合犯罪的本性，这条原则惊人地进一步密切了犯罪与刑罚之间的重要联接，这种相似性特别有助于人们把犯罪的动机同刑罚的报应进行对比，当诱人侵犯法律的观念竭力追逐某一目标时，这种相似性能改变人的心灵，并把它引向相反的目标。"③ 资产阶级革命胜利后，罪刑相适应思想在资产阶级的立法中得以充分得体现。如 1789 年发给的《人权宣言》第 8 条规定："法律只应当制定严格的、明显地必需的刑罚。"1793 年《法国宪法》所附的《人权宣言》第 15 条规定："刑罚应与犯法行为相适应，并应有益于社会。"从 1791 年到 1810 年的《法国刑法典》，虽然由绝对确定的法定刑改为相对确定的法定刑，但都贯彻了罪刑相适应原则，并成为后世刑事立法的样本。如今虽然各国对罪刑相适应原则的理解还不尽一致，但总体上讲罪刑相适应作为刑法基本原则的地位是不可动摇的。我国 1979 年刑法没有明确规定罪刑相适应原则，但罪刑关系的设置基本上以该原则作为指导。1997 年刑法和后来的九个刑法修正案在确立罪刑相适应原则后比较全面、系统地贯彻了这一原则。

在分析罪重罪轻和刑事责任大小时，不仅要看犯罪的客观社会危害性，而且要结合考虑行为人的主观恶性和人身危险性，把握罪行和罪犯各方面因素综合体现的社会危害性程度，从而确定其刑事责任程度，适用相应轻重的刑罚。刑罚的轻重不是单纯地与犯罪分子所犯罪行相适应，也应与犯罪分子承担的刑事责任相适应，即在犯罪与刑罚之间通过刑事责任这个中介来调节，因此称之为罪责刑相适应原则。

在一般情况下，罪行重则刑事责任重，罪行轻则刑事责任轻，但罪行本身的轻重由犯罪的主客观事实所决定，事后行为并不能成为加重对过去犯罪评价的理由。然而，刑事责任的轻重虽然主要是由犯罪的主客观事实所决定的，但是大量案件外（犯罪前

---

① 张明楷：《刑法格言的展开》，法律出版社 2003 年版，第 57 页。
② 〔法〕孟德斯鸠：《波斯人信札》，梁守锵译，商务印书馆 1962 年版，第 141 页。
③ 〔意〕贝卡里亚：《论犯罪与刑罚》，黄风译，中国大百科全书出版社 1993 年版，第 65、57—58、116 页。

后)却仍然存在许多表明犯罪人人身危险性程度的其他事实或者情节,这些事实或者情节能够说明刑事责任的轻重,却不能说明罪行本身的轻重。比如自首与立功,可以表明犯罪人的人身危险性有所降低,因而刑事责任程度有所减轻,但并不能说明罪行本身也得到了减轻。因此,刑罚一方面要与犯罪本身的社会危害性的轻重相适应,另一方面要与犯罪前后所表现出来的犯罪人的人身危险性相适应。人身危险性,按照一般的理解,是犯罪主体本身对于社会的潜在威胁和再次犯罪的危险程度。

罪刑相适应的两大理论基础是报应主义与功利主义。刑法学说史上,刑事古典学派立足于绝对的报应刑论,主张刑罚的程度应同犯罪本身的程度,尤其是同客观的侵害结果的大小相适应。而之后的刑事人类学派和刑事社会学派则立足于目的刑论,主张刑罚应与犯罪人的危险性格相适应。现代刑法理论则一般主张并合主义,认为刑罚的轻重不仅要与犯罪的社会危害性相适应,而且还要与犯罪人的人身危险性相适应。前者是实现报应的正义性要求,后者是实现预防目的的合理性要求。现在,大陆法系国家刑法理论与刑事立法基本上都采取并合主义的观点,在量刑基准上坚持报应与预防的统一已成为世界量刑潮流。

罪责刑相适应原则是我国刑法规定的三大基本原则之一,它是在罪刑法定原则、平等适用刑法原则的基础上派生的一个重要原则,它是落实前两项原则的具体原则,不论罪刑法定原则还是平等适用刑法原则,最终都落脚于对犯罪分子决定应受的刑罚惩罚的轻重。从什么是犯罪,到适用刑法,再到给予刑罚处罚,步步深入,而且每一步都有原则规定。订立刑事法律、适用刑事法律都应遵守这些基本原则,使依法惩治犯罪,保护人民的刑法目的得以实现。

二、罪责刑相适应原则的立法体现

我国刑法除明文规定的罪责刑相适应原则,还在刑法总则、分则条文规定上充分体现了罪责刑相适应的原则,其具体表现是:

(一)确立了刑罚轻重与罪行轻重相适应的基本模式

不同性质的犯罪,对社会的危害大小有别,应该予以区分。而决定一行为构成此项犯罪而不构成彼项犯罪的,当然是犯罪构成的条件不同。针对重大利益实施侵害,较之针对较大利益的侵害,其性质不同,客观危害也就不同。同样的道理,针对相同利益造成侵害,出于犯罪故意的自然要比出自犯罪过失的危害要重。不同性质的犯罪,既能体现犯罪行为的客观危害大小,也能够反映行为人主观恶性的大小。

刑罚不仅要与犯罪的性质相适应,也要与犯罪情节相适应。此处所指的犯罪情节,概括地讲就是一切在案件事实中包括的不能定性、只能定量的因素,它们不具备犯罪构成要件的意义,但却能够从客观方面说明行为实行的程度、对社会的客观危害,能够从主观方面说明行为人对刑法所保护价值的对立态度的大小,因此能够影响量刑的轻重。我国刑法分则中对具体犯罪设置的相对确定的法定刑,刑种、刑度的选择余地都较大,其目的之一就是便于审判机关针对每一具体案件的犯罪情节,分别裁量刑罚,使刑罚真正适应各自犯罪的社会危害程度。

(二)确立了科学的刑罚体系,规定了轻重不同的刑罚种类

我国刑法总则根据犯罪分子犯罪行为和承担刑事责任的不同,分别规定了轻重不同的刑罚,确定了一个科学的刑罚体系,规定了轻重不同的刑罚种类。从性质上区分,包括生命刑、自由刑、财产刑、资格刑;从程度上划定,有重刑也有轻刑;从种类上区分,有主刑和附加刑。各种刑罚方法相互区别又互相衔接,能够根据犯罪的各种情况灵活地运用,从而为刑事司法实现罪责刑相适应原则奠定了基础。

(三)规定了区别对待的处罚原则

我国刑法总则根据各种行为的社会危害性程度和人身危险性的大小,规定了轻重有别的处罚原则。例如,对于防卫过当、避险过当而构成犯罪者,应当减轻或者免除处罚;对于预备犯,可以比照既遂犯从轻、减轻处罚或者免除处罚;对于未遂犯,可以比照既遂犯从轻或者减轻处罚;对于中止犯,没有造成损害的,应当免除处罚;造成损害的,应当减轻处罚。在共同犯罪中,规定对组织、领导犯罪集团的首要分子,按照集团所犯的全部罪行处罚;对于其他主犯,应当按照其所参与的或者组织、指挥的全部犯罪处罚;对于从犯,应当从轻、减轻处罚或者免除处罚;对于胁从犯,应当按照他的犯罪情节减轻处罚或者免除处罚;对于教唆犯,应当按照他在共同犯罪中所起的作用处罚。凡此种种,都体现了罪责刑相适应原则。此外,刑法总则还侧重于刑罚个别化的要求,规定了一系列刑罚裁量与执行制度,例如累犯制度、自首制度、立功制度、缓刑制度、减刑制度、假释制度等。在这些刑罚制度中,累犯是因其人身危险性大而应从重处罚;自首、立功是因其人身危险性小而可以从宽处罚;短期自由刑的缓刑的适用前提是根据犯罪分子的犯罪情节和悔罪表现认为适用缓刑确实不致再危害社会;减刑和假释是因为罪犯在刑罚执行期间确有悔改或立功表现。

(四)设置了轻重不同的法定刑

我国刑法分则不仅根据犯罪的性质和危害程度,建立了一个犯罪体系,而且还为各种具体犯罪规定了可以分割、能够伸缩、幅度较大的法定刑。这就使得司法机关可以根据犯罪的性质、罪行的轻重、犯罪人主观恶性的大小,依法判处适当的刑罚。为司法机关根据犯罪分子的犯罪行为和承担刑事责任确定应给予的处罚提供了一个法定刑标准,为实现罪责刑相适应原则提供了前提条件。

三、罪责刑相适应原则的司法适用

根据罪责刑相适应原则的基本要求,结合我国刑事司法实践情况,司法机关在贯彻这一原则时,应当特别注意处理好以下问题:

(一)纠正重定罪轻量刑的错误倾向,把量刑与定罪置于同等重要的地位

定罪不准,量刑就不可能准确。定罪是为量刑服务的,目的是更准确地量刑。但是,仅定罪准确,还不能给予犯罪分子准确的处罚。量刑错误,不能体现罪责刑相适应

的原则。因此,只有准确地定罪、准确地量刑,才能充分体现罪责刑相适应的原则。但是,我国审判机关在刑事审判活动中,往往重视对案件的定性,而对量刑工作的重要性,部分司法人员则重视不够。往往只有确属定性错误或量刑畸轻畸重的才给予改判,而对于只要是处在法定刑幅度以内的,即使量刑偏轻偏重,也不给予纠正。这是对罪责刑相适应原则的背离,特别是在我国刑法规定的法定刑幅度较大的情况下,不充分考虑法律规定的从重、从轻、减轻、免除处罚的各种不同情节,就会造成严重的罪责刑不相适应的后果。针对这种错误倾向,为了切实贯彻罪责刑相适应的原则,必须提高审判机关和法官对量刑工作重要性的认识,把定性准确和量刑适当作为衡量刑事审判工作质量好坏的不可分割的统一标准,以此来检验每一个具体刑事案件的办案质量。在我国的刑事审判活动中,审判机关长期重视对案件的定性,甚至把定性是否准确作为检验刑事审判工作质量的重要标准,而对量刑工作的重要性,部分法官则存在错误认识。有人甚至认为,我国刑法对量刑幅度规定较宽,只要定性正确,多判几年少判几年无关紧要,不会出什么大错。尤其是二审法院,在对上诉的刑事案件进行审理时,也往往是重定罪而轻量刑,只有畸重的才改判,而一般偏重的则不予纠正。最近几年,同案不同判的现象日益为社会公众所诟病,司法部门对此高度重视,人民法院正努力探索解决这一问题的制度化途径。

(二)纠正重刑主义的错误倾向,树立公平的执法观念

罪责刑相适应的原则要求重罪重判、轻罪轻判,罚当其罪,刑罚的轻重应与犯罪分子的犯罪行为和承担的刑事责任相适应。任何重刑主义或轻刑主义都不符合罪责刑相适应原则的要求,在司法实践中都可能导致司法不公。由于封建刑法思想的重刑主义传统,至今在一部分司法人员中还根深蒂固,一些法官崇尚重刑,片面地认为刑罚愈重愈能有效地遏制犯罪。特别是在社会治安不好的时期,重刑主义观念表现尤为突出,更提出所谓"刑乱世用重典"的看法。必须指出,重刑主义是一种粗暴落后的刑法思想,是与罪责刑相适应原则直接对立的。它不但不能有效地遏制犯罪,反而有可能使犯罪更凶残,失掉人民群众对法律和司法机关的信任与支持。重刑主义肆虐,罪责刑相适应原则就难以贯彻,甚至被彻底破坏。因此,我们必须清醒地认识重刑主义的危害,促使每一个司法人员都树立起公正执法的思想,切实做到罪责刑相适应,既不轻纵犯罪分子,也不能无端地加重犯罪人的刑罚。只有这样,犯罪分子才能心服口服,真心地接受刑罚处罚,真正达到预防犯罪的目的。

(三)纠正不同法院量刑轻重悬殊的现象,实现司法中的平衡和协调统一

按照罪责刑相适应的原则,类似的案件凡是依照同一部法律定罪量刑,在处理的轻重上应基本相同。但是,从我国的实际情况来看,不同地区的法院在对类似案件的处理上轻重悬殊的现象却相当普遍。同一性质、犯罪情节基本相同的案件,如果由不同的法院审理,甚至由同一法院不同的审判人员审理,最终判决的结果可能差别甚大。造成这种现象的原因,既有立法上的粗疏,也有司法活动中的缺乏统一标准,还有司法人员个人业务素质和执法水平等各种复杂因素。为此,除继续及时完善刑法立法外,

还需要进一步加强刑事司法解释工作,加强刑事判例的编纂工作,以便为量刑工作提供更加具体明确的标准;同时上级部门应注意在其管辖范围内进行平衡,特别是二审注意纠正一审判决偏重或偏轻的倾向。提高刑事审判工作人员的素质,不断改进量刑方法,实现量刑的规范化、科学化和现代化。为进一步规范刑罚裁量权,贯彻罪责刑相适应原则,增强量刑的公开性,实现量刑均衡,维护司法公正,最高人民法院根据刑法规定和相关司法解释,结合审判实践,于2010年发布了《人民法院量刑指导意见(试行)》,从2010年10月1日起,全国法院全面推行量刑规范化改革,试行《人民法院量刑指导意见(试行)》。《人民法院量刑指导意见(试行)》属于指导性文件,用于规范和指导各级人民法院量刑工作,它规定了量刑的指导原则、量刑的基本方法、常见量刑情节的适用以及故意伤害、盗窃等15种常见犯罪的量刑,并授权各高级人民法院在此基础上制定实施细则。在《人民法院量刑指导意见(试行)》的指导下,地方高级人民法院纷纷制定了量刑实施细则,在一定程度上缓解了同案不同判引发的不当现象。

(四)辩证把握罪责刑相适应原则的司法适用

罪责刑相适应所要求的并不是某一犯罪和对这种犯罪惩罚之间的那种完美适应、精确对应的关系,而是对不同犯罪的惩罚应当在罪与罚的标准上"相当于"相应的犯罪的恶或者严重性。公平正义理念的具体内容是随着历史的变化而变化的,同一种刑罚给人们的痛苦程度也是随着社会条件的变化以及社会成员价值观念的变化而变化的,因此,罪责刑相适应是一个相对的要求,没有具体的绝对标准。衡量刑罚是否与犯罪相适应,应以同时代的一般人的平均价值观念为标准。

【实例分析2-3】

对上述内容,2014年司法考试曾出题考查:关于公平正义理念与罪刑相适应原则的关系,下列哪一选项是错误的?

A. 公平正义是人类社会的共同理想,罪刑相适应原则与公平正义相吻合;

B. 公平正义与罪刑相适应原则都要求在法律实施中坚持以事实为根据、以法律为准绳;

C. 根据案件特殊情况,为做到罪刑相适应,促进公平正义,可由最高人民法院授权下级法院,在法定刑以下判处刑罚;

D. 公平正义的实现需要正确处理法理与情理的关系,罪刑相适应原则要求做到罪刑均衡与刑罚个别化,二者并不矛盾。

首先,从公平正义理念来看:选项A中的"人类社会的共同理想",选项B中的"以事实为根据、以法律为准绳",选项C中的"案件特殊情况",选项D中的"法理与情理"都正确。其次,从罪刑相适应原则具体内容的角度看:选项A,罪刑相适应原则的基本内容即重罪重判、轻罪轻判是"公平正义"(罪刑均衡)的体现;选项B,任何司法活动包括刑事司法的量刑过程在内,都必须以事实为根据、以法律为准绳;选项D,罪刑均衡(整体均衡)与刑罚个别化(个案均衡)都是罪刑相适应原则的内容,所以以上三项说法正确。但是选项 C,涉及本书第 18 章刑罚执行制度,根据《刑法》第 63 条第 2 款的规定,"犯罪分子虽然不具有本法规定的减轻处罚情节,但是根据案件的特殊情况,经最高人民法院核准,也可以在法定刑以下判处刑罚",对于确有特殊情况需在法定刑以下判处刑罚的,根据刑法规定,是由下级法院裁决,报最高人民法院核准,而不是"由最高人民法院授权"。所以选项 C 说法错误。故答案选 C。

　　虽然我国现行刑法将罪责刑相适应原则独立于罪刑法定原则之外,但是,实际上罪刑法定原则是可以包含罪责刑相适应原则的,禁止不均衡的刑罚,是罪刑法定原则的重要内容。① 从严格意义上说,按照罪责刑相适应的原则,对罪质相同、情节相同犯罪的量刑,在处理的轻重上应基本相同。但有学者认为,主张在全国范围内量刑必须统一的观点,并不可取,因地因时不同而有一定差异是无可非议的,但应避免轻重悬殊,差异过大。②

---

① 参见张明楷:《刑法学》,法律出版社 2007 年版,第 54 页。
② 同上书,第 63 页。

第三章 刑法的效力范围

学习要求

了解：刑法效力范围的概念和意义

理解：保护管辖权在我国刑法中的立法表现和司法适用；普遍管辖权在我国刑法中的立法表现和司法适用

熟悉并能够运用：属地管辖权在我国刑法中的立法表现和司法适用；属人管辖权在我国刑法中的立法表现和司法适用；刑法的溯及力

主要涉及的法条：

第六条 【属地管辖权】凡在中华人民共和国领域内犯罪的，除法律有特别规定的以外，都适用本法。

凡在中华人民共和国船舶或者航空器内犯罪的，也适用本法。

犯罪的行为或者结果有一项发生在中华人民共和国领域内的，就认为是在中华人民共和国领域内犯罪。

第七条 【属人管辖权】中华人民共和国公民在中华人民共和国领域外犯本法规定之罪的，适用本法，但是按本法规定的最高刑为三年以下有期徒刑的，可以不予追究。

中华人民共和国国家工作人员和军人在中华人民共和国领域外犯本法规定之罪的，适用本法。

第八条 【保护管辖权】外国人在中华人民共和国领域外对中华人民共和国国家或者公民犯罪，而按本法规定的最低刑为三年以上有期徒刑的，可以适用本法，但是按照犯罪地的法律不受处罚的除外。

第九条 【普遍管辖权】对于中华人民共和国缔结或者参加的国际条约所规定的罪行，中华人民共和国在所承担条约义务的范围内行使刑事管辖权的，适用本法。

第十条 【对外国刑事判决的消极承认】凡在中华人民共和国领域外犯罪，依照本法应当负刑事责任的，虽然经过外国审判，仍然可以依照本法追究，但是在外国已经受过刑罚处罚的，可以免除或者减轻处罚。

第十一条 【外交代表刑事管辖豁免】享有外交特权和豁免权的外国人的刑事责任，通过外交途径解决。

第十二条 【溯及力】中华人民共和国成立以后本法施行以前的行为，如果当时的法律不认为是犯罪的，适用当时的法律；如果当时的法律认为是犯罪的，依照本法总则

第四章第八节的规定应当追诉的,按照当时的法律追究刑事责任,但是如果本法不认为是犯罪或者处刑较轻的,适用本法。

本法施行以前,依照当时的法律已经作出的生效判决,继续有效。

刑法的效力范围,也称刑法的适用范围,是指刑法在什么地方、对什么人、在什么时间,以及是否有溯及既往的效力问题。刑法的效力范围可以分为对地域的效力范围、对人的效力范围、对时间的效力范围。其中,对地域的效力范围和对人的效力范围,称为刑法的空间效力。我国《刑法》第6条至第12条对此作了明确规定。准确理解和掌握这些规定,对于正确地适用刑法具有十分重要的意义。从各国刑法和国际条约的规定来看,一个主权国家的刑法不仅适用于本国领域内的犯罪,同时当一些条件具备的情况下,还可以适用于本国领域外的犯罪,但这种适用会受到国际法的某些限制。

第一节　刑法的空间效力

一、刑法的空间效力的概念和原则

刑法的空间效力是解决刑事管辖权的范围问题,涉及国家主权和国与国之间的刑事管辖权关系问题,历来为各国刑法理论所重视,并且都在刑法中规定了适用范围,我国刑法亦不例外。不过,由于各国的社会政治情况和历史传统习惯的差异,立法技术和立法习惯不同,各国在解决刑事管辖权范围问题上所主张的原则不尽相同。归纳起来,主要有以下几种:

(一) 属地原则

属地原则是以地域为界限适用刑法。凡是在本国领域内犯罪的,不问犯罪人或被害人的国籍,都适用本国刑法;反之,在本国领域外犯罪都不适用本国刑法。绝对按这一原则适用刑法,使本国公民或外国人在本国领域外对本国国家和公民犯罪不能适用本国刑法定罪处刑,这对于主权国家维护自己的主权和公民的合法权利是不利的。

(二) 属人原则

属人原则是以人的国籍为界限适用刑法。凡是本国公民犯罪,不论是在本国领域内还是在本国领域外犯罪,都适用本国刑法。单纯采用这一原则,就否定了本国刑法适用于在本国国境以内犯罪的外国人,或者外国人在本国领域外对本国国家和公民犯罪的,这对于维护国家主权也不利。

(三) 保护原则

保护原则,也称自卫原则,是以保护本国利益为界限适用刑法。即凡是侵害本国国家或者公民利益的犯罪,不论犯罪人是本国人还是外国人,也不论犯罪地是在本国国内还是在国外,都适用本国刑法。单纯采用这一原则,由于各国对什么行为是犯罪的规定不同,常常涉及国与国之间的关系,这一原则实行起来很困难。

(四)普遍原则

普遍原则是以保护国际社会共同利益为界限,适用刑法。凡是发生国际条约规定的侵犯国际社会共同利益的犯罪,不论犯罪人是本国人还是外国人,也不论犯罪地在本国领域内还是本国领域外,都适用本国刑法。普遍原则有利于促进各国政府在打击国际犯罪问题上的协调与合作,严密追诉国际犯罪的法网。但是由于各国的国家利益和政治法律观点的不同,决定了不可能对所有的犯罪实行普遍原则。

由此可见,上述原则,都有其合理确性,也有其局限性。属地原则直接维护了国家领土主权,但无法解决本国人或外国人在本国领域外侵害本国国家或公民利益的犯罪的刑事管辖问题。属人原则,就对本国公民实行管辖而言无可非议,但根据这个原则,外国人在本国领域内犯罪,不能适用本国刑法,显然有悖于国家主权原则。保护原则,能够有效地保护本国利益,但如果犯罪人是外国人,犯罪地又在国外,这就涉及本国与他国之间的主权交叉与刑法冲突问题,因此实行这个原则存在一定的限制。普遍原则的法律基础不是本国刑法,而是国际公约、条约,涉及国际犯罪,诸如灭绝种族、劫持航空器、侵害外交人员等,其适用范围本身就是狭窄的,只能是刑事管辖的补充原则。上述原则不能只取其一,而排斥其他。尽管从历史传统上看,英美法系国家大多采取属地原则,大陆法系国家大多采取属人原则,但及至近代,世界大多数国家的刑法,都是以属地原则为主,兼采其他原则。这种折中型的刑事管辖体制,既有利于维护国家主权,又有利于同犯罪行为作斗争,比较符合各国的实际情况和利益,所以能为各国所接受。

(五)折中原则

折中原则是以属地原则为基础,以其他原则为补充的适用刑法原则。凡是在本国领域内犯罪的,不论是本国人还是外国人,原则上都适用本国刑法;本国人或外国人在本国领域外侵犯本国国家和公民的权益的犯罪,在一定条件下适用本国刑法。当前,世界上绝大多数国家刑法都采用折中原则,这种折中原则既有利于维护本国国家主权,尊重别国的主权,又有利于同犯罪行为作斗争,能适应各国的实际情况。

我国刑法从维护我国国家主权和坚持在适用法律面前一律平等原则,对刑法的适用范围作了明确的规定,即以属地原则为基础,以属人原则、保护原则、普遍原则为补充的折中原则。

二、我国刑法的属地管辖权

刑法对国内犯的基本原则是属地管辖原则,即一个国家对发生在本国领域内的犯罪人,不管行为人是谁,都适用本国刑法。我国《刑法》第6条第1款是对属地管辖原则的基本规定,即:"凡在中华人民共和国领域内犯罪的,除法律有特别规定的以外,都适用本法。"这也是我国刑法关于刑法空间效力的基本原则。对这一规定应当注意以下几点:其一,属地原则解决的是我国刑法的属地管辖权问题,明确了我国刑法适用于什么地域范围内的犯罪;其二,虽然我国刑法以属地原则作为空间效力的基本原则,但并非凡是发生在我国领域内的犯罪,都一律适用我国刑法。法律有特别规定的,应当适用特别规定;其三,这里的"适用本法"是指适用我国的刑法典,而不是指广义的中国刑法。

(一)"中华人民共和国领域内"的含义

1. 所谓中华人民共和国领域内,是指我国国境以内的全部空间区域

领陆,即国境线以内的陆地及其地下层,这是国家领土的最基本和最重要的部分。《中华人民共和国领海及毗连区法》第2条第2款规定:"中华人民共和国陆地领土包括中华人民共和国大陆及其沿海岛屿,台湾及其包括钓鱼岛在内的附属各岛,澎湖列岛、东沙群岛、西沙群岛、中沙群岛、南沙群岛以及其他一切属于中华人民共和国的岛屿。"

领水,即国家领陆以内和与陆地邻接的一定宽度的水域,包括内水、领海及其地下层。内水包括内河、内湖、内海以及同外国之间界水的一部分,通常以河流中心线或主航道中心线为界。领海即与海岸或内水相领接的一定范围的水域,包括海床和底土。《中华人民共和国领海及毗连区法》第3条第1款明确规定:"中华人民共和国领海的宽度从领海基线量起为十二海里。"

领空,即领陆、领水的上空。一般认为,一国的领空不包括该国领陆和领水之上的外层空间,而只及于空气空间。

2. 我国的船舶和航空器

根据国际惯例,一国在悬挂其国旗的船舶和航空器内享有主权。因此,悬挂我国国旗的船舶和航空器也应属于我国领域的组成部分之一。船舶和航空器并非真正意义上的领土,而只是为了从法律上解决刑事管辖权问题所作的一种假设,因此,悬挂一国国旗的船舶和航空器,在理论上称为该国的浮动领土或者拟制领土。认为凡发生在船舶和航空器内的犯罪均适用国旗国的刑法的主张,也就是所谓的旗国主义。这种主张不仅得到了国际法的承认,而且也被许多国家的刑法所采用。

我国刑法从维护我国的主权出发,参考其他国家的立法例,也采纳了旗国主义。我国《刑法》第6条第2款规定:"凡在中华人民共和国船舶或者航空器内犯罪的,也适用本法。"旗国主义是作为属地管辖原则的补充原则,即挂有本国国旗的船舶或者航空器,不管其航行或停放在何处,对在船舶与航空器内的犯罪,都适用旗国的刑法。

正确理解这一规定,应明确两点:第一,这里的船舶和航空器不受性质的限制,也就是说既可是军用的,也可是民用的;既可是国有的、集体所有的,也可是私有的。第二,这里的船舶和航空器包括处于任何状态和任何位置的我国的船舶和航空器,具体讲,既包括航行途中的,也包括处于停泊、停飞状态的;既包括航行于公海或公海上空的,也包括航行于外国领海或领空的;既包括停泊、降落于我国港口和机场的,也包括停泊、降落于外国港口和机场的。总之,只要是在悬挂我国国旗的船舶和航空器内犯

罪,不论属何种情况,都是在我国领域内犯罪,均适用我国刑法。

3. 我国的驻外使、领馆

关于驻外大使馆、领事馆是否为派遣国的领域,目前理论上存在两种对立的观点:一种意见认为,根据我国1975年加入的《维也纳外交关系公约》的规定,各国驻外大使馆、领事馆及其外交人员不受驻在国的司法管辖,派遣国在其大使馆、领事馆内享有一定的主权。因此,应把驻外大使馆、领事馆视为派遣国领土的延伸;另一种观点则认为,各国驻外大使馆、领事馆及其外交人员享有一定的司法豁免权,只表明对驻在国的刑事管辖权有一定的限制,而并不意味着派遣国在其使、领馆内享有主权。同时,派遣国的司法机关无权也不可能前往驻在国行使刑事管辖权。故驻外使、领馆不能被看作派遣国的领域。上述两种观点中,多数人倾向于第一种。根据上述确定领域的标准,我们也倾向于把驻外使、领馆视为派遣国领域的延伸,主张发生在我国驻外国大使馆、领事馆内的犯罪,也应适用我国刑法。我国驻外使、领馆亦视同我国领域内,在其内发生的任何犯罪都适用我国刑法。

4. 犯罪行为具有多种因素,针对犯罪发生发展的过程情况,我国刑法又进一步确立了属地管辖的具体标准

《刑法》第6条第3款规定:"犯罪的行为或者结果有一项发生在中华人民共和国领域内的,就认为是在中华人民共和国领域内犯罪。"这里包括三种情况:(1)犯罪行为与犯罪结果均发生在我国境内,这是通常的情况。(2)犯罪行为在我国领域内实施,但犯罪结果发生于国外。例如在我国境内邮寄装有炸药的包裹,在境外发生爆炸。(3)犯罪行为在国外实施,但犯罪结果发生在我国境内。例如在我国境外开枪,打死境内居民。根据刑法的规定,上述三种情况均适用我国刑法。

司法实践中具体确定犯罪地时,还应当注意以下几点:其一,一人犯一罪的,不论是该罪的全部行为或者结果发生在我国领域内,还是部分行为或者结果发生在我国领域内,都属于在我国领域内犯罪。其二,一人犯数罪的,应当分别认定:有一个罪的行为或者结果发生在我国领域内,就应认为该行为人是在我国领域内犯罪;有数个罪的行为或者结果发生在我国领域内,就应认定数个罪是在我国领域内所犯;如果没有一个罪的行为或者结果发生在我国领域之内,则其所犯数罪均不属于在我国领域内犯罪,均不能适用我国刑法。其三,共同犯罪的,只要其中有行为人的犯罪行为或者结果发生在我国领域内,就属于在我国领域内犯罪,对所有共犯均可适用我国刑法。

(二)"法律有特别规定"的含义

《刑法》第6条第1款中的"法律有特别规定"包括以下几类情况:

1. 不适用中国刑法(广义刑法)的外交特权和豁免权情况

《刑法》第11条规定:"享有外交特权和豁免权的外国人的刑事责任,通过外交途径解决。"享有外交特权和豁免权的外国人不受我国刑法管辖,但他们承担着尊重我国法律、法规的义务,并不能任意违法犯罪。一旦发生此种情况,我们也不能坐视不管,而应该通过外交途径加以解决。如要求派遣国召回、宣布其为不受欢迎的人、限期离

境等。显然,该规定并不意味着享有外交特权和豁免权的外国人在我国境内不受我国刑法约束,而只表明他们犯罪以后的刑事责任以特殊方式处理。作出这样的规定,主要是根据国际惯例和国家间平等互利的原则,其既能维护我国的主权和法律尊严,又对外交人员所代表的国家予以尊重,有利于对外交往。

所谓外交特权和豁免权,是指根据国际公约,在国家间互惠的基础上,为保证驻在本国的外交代表机构及其工作人员正常执行职务而给予的一种特别权利和待遇。1961 年在联合国主持下签订的《维也纳外交关系公约》,是关于外交特权和豁免权的基本法律文件,我国于 1975 年加入该公约。1986 年 9 月 5 日通过的《中华人民共和国外交特权与豁免条例》,详细地规定了外交特权与豁免权的具体内容,涉及刑事、民事、行政等诸方面。与刑事有关的规定主要包括:使馆馆舍不受侵犯,外交代表、外交信使人身不受侵犯,不受逮捕或者拘留,外交代表享有刑事豁免权,非中国公民的外交代表的配偶及未成年子女,来中国访问的外国国家元首、政府首脑、外交部长及其他具有同等身份的官员等,也享有与外交代表相同的特权与豁免权。这些人都不受我国刑法管辖。但是,外交代表和非中国公民的与外交代表共同生活的配偶及未成年子女所享有的豁免权,可以由派遣国政府明确表示放弃。如果那样,将可以适用我国刑法。

2. 不适用中华人民共和国刑法典及其他具有普遍效力的刑事法律的情况

目前,我国已恢复对香港地区和澳门地区行使主权,但全国人民代表大会授权香港特别行政区和澳门特别行政区依照基本法的规定实行高度自治,享有行政管理权、立法权、独立的司法和终审权。全国性的刑法对其没有适用的效力。《香港特别行政区基本法》第 2 条规定:"全国人民代表大会授权香港特别行政区依照本法的规定实行高度自治,享有行政管理权、立法权、独立的司法权和终审权。"这样,除了恢复对香港行使国家主权,统一管理外交与国防事务外,香港的政治、经济、法律制度保持不变,刑法对其没有适用的效力。这就构成了对刑法属地管辖权的又一特别法限制。澳门的情况与香港相似。我国台湾地区的政治状况及法律地位不同于香港、澳门,两岸统一的具体方式及进程还不能准确预测,但根据"一国两制"的基本构想,其未来的刑事立法仍然是独立的,因此,即使将来两岸统一,也不会适用大陆的刑法,这也是排除刑法效力的又一特殊地区。上述情形,构成对我国刑法适用范围的事实上的限制。只有当全国人民代表大会常务委员会决定宣布战争状态或因香港或澳门特别行政区内发生香港或澳门特别行政区政府不能控制的危及国家统一或安全的动乱,而决定香港或澳门特别行政区进入紧急状态的情况下,大陆的刑法才可能适用于香港或澳门特别行政区。应当指出,香港、澳门与台湾地区的刑法属于我国的区域性刑法,故不能认为这些地区不适用"中国刑法"。

3. 不适用刑法典的特别法情况

刑法典施行后由国家立法机关制定的特别刑法、刑法修正案的规定与刑法典的规定发生法规竞合或者冲突,应根据"特别法优于普通法"的原则,不适用刑法典,而适用特别法或刑法修正案。例如我国《刑法》于 1997 年 10 月 1 日生效后,全国人大常委会在 1998 年 12 月 29 日又通过了《关于惩治骗购外汇、逃汇和非法买卖外汇犯罪的决定》，其中对逃汇罪的主体范围作出了新的规定。因此，在处理《关于惩治骗购外汇、逃汇和非法买卖外汇犯罪的决定》生效后发生的逃汇罪时，对于其主体资格的认定就只能适用该决定，而不再适用《刑法》第 190 条的规定。另外，1999 年 12 月 25 日全国人大常委会通过的《刑法修正案》、2001 年 8 月 31 日全国人大常委会通过的《刑法修正案（二）》、2001 年 12 月 29 日全国人大常委会通过的《刑法修正案（三）》、2002 年 12 月 28 日全国人大常委会通过的《刑法修正案（四）》、2005 年 2 月 28 日全国人大常委会通过的《刑法修正案（五）》、2006 年 6 月 29 日全国人大常委会通过的《刑法修正案（六）》、2009 年 2 月 28 日全国人大常委会通过的《刑法修正案（七）》、2011 年 2 月 25 日全国人大常委会通过的《刑法修正案（八）》和 2015 年 8 月 29 日全国人大常委会通过的《刑法修正案（九）》均对我国现行刑法作了重要修改和补充。

对于刑法修正案所规定的内容与现行刑法相冲突的，均应适用刑法修正案的规定。不过，另一种观点认为，刑法修正案的内容生效后即为现行刑法的组成部分，不存在与现行刑法冲突的问题。最高人民法院《关于在裁判文书中如何引用刑法修正案的批复》（法释〔2007〕7 号）对此种观点予以了肯定，这一批复明确：人民法院在裁判文书中适用刑法修正案的规定时，应当直接引用修正后的刑法条文，表述为"《中华人民共和国刑法》第×××条的规定"，或者"《中华人民共和国刑法》第×××条之×的规定"。

4. 不适用刑法的部分条文的民族自治地方情况

为了照顾少数民族地区的一些特殊情况，《刑法》第 90 条规定："民族自治地方不能全部适用本法规定的，可以由自治区或者省的人民代表大会根据当地民族的政治、经济、文化的特点和本法规定的基本原则，制定变通或者补充的规定，报请全国人民代表大会常务委员会批准施行。"这是为了照顾少数民族的风俗习惯和文化传统，切实保证民族自治权的行使，巩固多民族国家的团结、稳定与发展。但在实施这一例外规定时，应注意以下几点：（1）少数民族地区对刑法效力的限制不同于外交特权和豁免权，它不是完全排斥刑法的适用，而仅仅是不适用其中的一部分，即与少数民族特殊的风俗习惯、宗教文化传统相关的部分。这种变通或补充规定相对于刑法全文而言，只是一小部分。因此，从总体上看，刑法基本上还是适用于少数民族自治地方的。（2）免于适用刑法的部分必须有明确的法律依据，即由自治区或者省的国家权力机关制定变通或补充规定，并报请全国人民代表大会常务委员会批准，而不能由有关当事人、各级司法机关或行政机关随意解释，随意行事。（3）少数民族地区制定的变通或者补充规定不能与刑法的基本原则相冲突。

如前所述，刑法对国内犯的基本原则是属地管辖原则，刑法针对国外犯的不同情况，分别采取了不同的原则。国外犯有三种情况：一是中国公民在国外实施的犯罪；二是外国人在国外实施的危害中国国家或者中国公民权益的犯罪；三是外国人在国外实施的危害各国共同利益的犯罪。我国刑法针对这几种情况，分别采取了属人管辖、保护管辖和普遍管辖的不同原则。

三、我国刑法的属人管辖权

《刑法》第7条分两款规定了我国的属人管辖权。第7条第1款规定:"中华人民共和国公民在中华人民共和国领域外犯本法规定之罪的,适用本法,但是按本法规定的最高刑为三年以下有期徒刑的,可以不予追究。"第7条第2款规定:"中华人民共和国国家工作人员和军人在中华人民共和国领域外犯本法规定之罪的,适用本法。"

根据上述规定,我国公民在我国领域外犯罪的,无论按照当地法律是否认为是犯罪,亦无论罪行是轻是重,以及是何种罪行,也不论其所犯罪行侵犯的是何国或何国公民的利益,原则上都适用我国刑法。只是按照我国刑法的规定,该中国公民所犯之罪的法定最高刑为3年以下有期徒刑的,才可以不予追究。所谓"可以不予追究",换言之,也"可以予以追究",不是绝对不追究,而是保留追究的可能性。

【实例分析3-1】

对此,2004年司法考试曾出题考查:下列关于中国刑法适用范围的说法哪些是正确的?

A. 甲国公民汤姆教唆乙国公民约翰进入中国境内发展黑社会组织,即使约翰果真进入中国境内实施犯罪行为,也不能适用中国刑法对仅仅实施教唆行为的汤姆追究刑事责任;

B. 中国公民赵某从甲国贩卖毒品到乙国后回到中国,由于赵某的犯罪行为地不在中国境内,行为也没有危害中国的国家或者国民的利益,所以,不能适用中国刑法;

C. A国公民丙在中国留学期间利用暑期外出旅游,途中为勒索财物,将B国在中国的留学生丁某从东北某市绑架到C国,中国刑法可以依据保护管辖原则对丙追究刑事责任;

D. 中国公民在中华人民共和国领域外实施的犯罪行为,按照刑法规定的最高刑为3年以下有期徒刑的,也可以适用中国刑法追究刑事责任。

选项A,考查属地管辖,对于共同犯罪,只要部分犯罪人的部分犯罪行为发生在中国,中国刑法对于全案都有属地管辖权。故选项A说法错误。选项B与选项D,均是中国公民在国外犯罪的情况,按照属人管辖原则可适用我国刑法,故选项B说法错误。选项D涉及的规定即属人管辖时法定最高刑3年以上有期徒刑的,适用中国刑法;法定最高刑3年以下有期徒刑的,"可以不予追究",但对"可以不予追究"的另一解释即是也可以适用中国刑法追究刑事责任,故选项D说法正确。选项C,考查属地管辖中犯罪地的确定,犯罪的行为或者结果有一项发生在中华人民共和国领域内的,就认为是在中华人民共和国领域内犯罪,适用属地原则。保护管辖是对外国人在境外对中国公民和国家犯罪适用的原则,本案发生在中国境内,不适用后文所述的保护管辖。故选项C说法错误。故答案为选项D。

如果是我国的国家工作人员或者军人在域外犯罪,则不论其所犯之罪是否按照我国刑法的规定法定最高刑为3年以下有期徒刑,我国司法机关都要追究其刑事责任。这体现了对国家工作人员和军人在域外犯罪管辖从严的要求。即只要是我国国家工作人员和军人,在我国领域外犯我国刑法规定的任何一种罪,不论我国刑法对该罪法定刑规定的高低,一律都适用我国刑法。也就是说,我国国家工作人员和军人在我国领域外犯我国刑法规定之罪,不存在"可以不予追究"的情况。刑法之所以这样规定,主要是因为国家工作人员和军人的特殊身份及其所享有的职权,决定其在域外犯罪会严重损害我国的国际形象,危害性比我国普通公民在域外犯罪大,对他们理应从严。

应当指出,适用我国刑法的属人原则,是以我国公民在我国领域外犯我国刑法规定之罪为前提的,也就是说,其所触犯的必须是我国刑法,而非所在国的刑法。同时,只要按我国刑法其行为构成犯罪,不论所在国刑法是否认为是犯罪,都不影响对其适用我国刑法,即不受所谓"双重犯罪评价"的限制。

四、我国刑法的保护管辖权

《刑法》第8条规定我国刑法的保护管辖权:"外国人在中华人民共和国领域外对中华人民共和国国家或者公民犯罪,而按本法规定的最低刑为三年以上有期徒刑的,可以适用本法,但是按照犯罪地的法律不受处罚的除外。"我国刑法的保护原则涉及的也是刑法的域外效力,其所要解决的是外国人在我国领域外犯罪的刑法适用问题。这里的外国人应指一切不具有中华人民共和国国籍的人,具体包括具有外国国籍的人和无国籍人。根据上述我国刑法的规定,适用保护管辖原则必须具备以下三个条件:(1)所犯之罪必须侵犯了中华人民共和国国家或者公民的利益。(2)所犯之罪按我国刑法规定的最低刑为3年以上有期徒刑。这是对罪行轻重的限制。(3)所犯之罪按照犯罪地的法律也受处罚。这是双重犯罪限制条件。如果犯罪地法律不认为是犯罪,就不能适用我国刑法。

应当指出,对外国人在我国领域外犯罪符合上述条件的,《刑法》第8条规定的是"可以"适用我国刑法,而不是"应当"。之所以作此比较灵活的规定,主要是因为,外国人在我国领域外犯罪,如果未被引渡到我国,也未被我国抓获,我国司法机关实际上不可能对其适用我国刑法,追究其刑事责任。但是,这并不意味着这一规定毫无意义。一方面,这是在法律上强调我国的主权,保护我国国家和公民利益的需要。另一方面,这一规定可以为我国要求犯罪地国家把罪犯引渡到我国,或者为有朝一日罪犯进入我国后追究其刑事责任,提供法律依据。如果刑法对此不加以规定,就等同于放弃自己的管辖权。因此,为了保护我国国家利益,保护我国驻外工作人员、考查访问人员、留学生、侨民的利益,作出这样的规定是完全必要的。

五、我国刑法的普遍管辖权

《刑法》第9条规定了我国刑法中的普遍管辖权:"对于中华人民共和国缔结或者

参加的国际条约所规定的罪行,中华人民共和国在所承担条约义务的范围内行使刑事管辖权的,适用本法。"我国刑法的普遍原则涉及的同样是刑法的域外效力,只是其所要解决的是属人原则和保护原则都不能解决的外国人在我国领域外实施国际犯罪的刑法适用问题。根据这一规定,凡是我国缔结或者参加的国际公约中规定的罪行,不论犯罪分子是中国人还是外国人,其罪行发生在我国领域内还是我国领域外,也不论其具体侵犯的是哪一个国家或公民的利益,只要犯罪分子在我国境内被发现,我国就有权在所承担条约义务的范围内行使刑事管辖权。如不引渡给有关国家,我国就应当行使刑事管辖权,依照我国刑法的有关规定对罪犯予以惩处。

适用普遍管辖原则应受到一定限制:(1)适用该原则的犯罪必须是危害人类社会共同利益的犯罪。所谓危害人类社会共同利益的犯罪,是指危害国际社会的共同利益,并由国际社会以国际条约的形式明文加以禁止且确认其实施者应当受到刑事制裁的行为。如劫持航空器罪、战争罪、种族灭绝罪等就属国际犯罪。(2)管辖国应是有关条约的缔约国或参加国。据有关资料,到目前为止,我国先后参加的有关国际犯罪的国际公约主要有:1948年12月9日联合国大会通过的《防止及惩治灭绝种族罪公约》、1963年9月14日在东京签订的《关于在航空器内的犯罪和其他某些行为的公约》(简称《东京公约》)、1970年11月16日在海牙签订的《关于非法劫持航空器的公约》(简称《海牙公约》)、1971年9月23日在蒙特利尔签订的《关于制止危害民用航空安全的非法行为的公约》(简称《蒙特利尔公约》)、1973年11月30日联合国通过的《禁止并惩治种族隔离罪行的国际公约》、1973年12月14日联合国通过的《关于防止和惩处侵害应受国际保护人员包括外交代表的罪行的公约》等。根据这些国际公约,我国承担了制裁灭绝种族罪、劫持航空器罪、海盗罪、反和平罪、反人道罪、战争罪、非法使用武器罪和走私、贩卖、运输、制造毒品罪等国际犯罪的义务。因此,凡是外国人在我国领域外犯上述各罪,我国均享有普遍的刑事管辖权,均可适用我国刑法追究其刑事责任。(3)对该罪行行使刑事管辖权在我国所承担条约义务的范围内。这是对第二个条件的进一步限制。我国缔结或者参加的有关国际犯罪的国际条约有两种情况:一种是我国完全同意的,另一种是我国原则同意,但声明对其中的部分条款持保留意见的。对我国持保留意见的条款所规定的国际犯罪,我国不承担刑事管辖的义务,因而不能对这类国际犯罪实行普遍原则。

按照我国刑法的普遍原则,外国人在我国领域外实施的犯罪,只要符合上述三个条件,不论该犯罪行为发生在哪国领域,也不论该犯罪侵害的是哪国利益,我国司法机关均享有普遍的刑事管辖权。一旦犯罪嫌疑人进入我国境内,除依照我国缔结或参加的国际条约或者双边条约实行引渡的以外,都可以适用我国刑法,追究其刑事责任。同时,根据普遍管辖原则行使管辖权时,定罪量刑的法律根据是国内刑法,而非国际条约。普遍管辖原则是刑法属地管辖、属人管辖和保护管辖等原则的补充和例外,其实际适用只有在排除属地管辖、属人管辖和保护管辖等原则适用的情况下才发生。

六、对外国刑事判决的承认

如果各国都同时采取上述管辖原则,必然产生刑事管辖的冲突。在几个国家对同一犯罪具有管辖权的情况下,本国具有刑事管辖权的行为,受到外国确定的有罪或无罪判决时,本国是否承认这一判决?我国《刑法》第10条规定:"凡在中华人民共和国领域外犯罪,依照本法应当负刑事责任的,虽然经过外国审判,仍然可以依照本法追究,但是在外国已经受过刑罚处罚的,可以免除或者减轻处罚。"可见,外国确定的刑事判决不制约我国刑罚权的实现。这表明,我国作为一个独立自主的主权国家,其法律具有独立性,外国的审理与判决对我国没有约束力。但是,从实际情况出发,为了使被告人免受过重双重处罚,又规定对在外国已受过刑罚处罚的犯罪人,可以免除或者减轻处罚。这样既维护了我国的国家主权,又从人道主义出发对被告人的具体情况作了实事求是的考虑,体现了原则性与灵活性的统一。

第二节 刑法的时间效力

一、刑法的时间效力的概念

刑法的时间效力是指刑法生效、失效的时间以及对刑法生效前的行为是否适用,即是否具有溯及既往的效力。

二、刑法的生效时间与失效时间

刑法的生效时间通常有两种情况:一是从公布之日起生效,单行刑法通常采用这种方式。例如1998年12月29日全国人大常委会颁布的《关于惩治骗购外汇、逃汇和非法买卖外汇犯罪的决定》第9条规定:"本决定自公布之日起施行。"二是公布之后经过一段时间再生效,如现行刑法典于1997年3月14日通过,同年3月18日公布,同年10月1日起施行。这样经过一段时间的宣传教育,便于广大人民群众及司法工作人员作好实施新法的各项准备。

刑法的失效时间,即法律终止效力的时间,通常要由立法机关作出决定。从世界范围看,法律失效的方式有很多种,诸如新法公布实施后旧法自然失效,立法机关明确宣布废止某一法律,某一法律在制定时即规定了有效期限等。我国刑法的失效时间,主要有两种情况:一是由国家立法机关明文宣布原有法律效力终止或者废止。例如,《刑法》第452条第2款规定,列于本法附件一的全国人大常委会制定的《关于严惩严重破坏经济的罪犯的决定》等15件单行刑法,自1997年10月1日起予以废止。二是自然失效,即新法施行后代替了同类内容的旧法,或者由于原来特殊的立法条件已经消失,旧法自行废止。

三、刑法的溯及力

刑法的溯及力,是指刑法生效后,对它生效前未经审判、判决未确定或未裁定的行为是否具有追溯适用效力,如果具有适用效力,则是有溯及力,否则就是没有溯及力。

罪刑法定原则禁止不利于行为人的溯及既往,但允许有利于行为人的溯及既往。

(一)刑法溯及力的原则

对刑法的溯及力问题,各国采用的原则有所不同。概括起来,大致包括以下几种原则:

1. 从旧原则。新法对过去的行为一律没有溯及力,完全适用旧法。这一原则充分考虑了犯罪当时的法律状况,反对适用事后法,对行为人比较公平。但如果某一行为按旧法构成犯罪而新法不认为是犯罪,再依旧法进行处罚就不能实现刑法目的,因而也存在弊端。

2. 从新原则。新法对于其生效前未经审判或判决尚未确定的行为,一律适用,即新法具有溯及力。这一原则强调新法,适应当前的社会情况,有利于预防犯罪。但是,对行为时法未规定为犯罪的行为,依新法按照犯罪进行处罚,违背罪刑法定原则,因而有失妥当。

3. 从新兼从轻原则。新法原则上有溯及力,但旧法不认为是犯罪或者处刑较轻时,则按照旧法处理。这一原则弥补了绝对从新原则的不足,既充分发挥了新法适应当前形势的优点,又认真考虑了旧法当时的具体规定。但为了避免事后刑法之嫌,采用这一原则的国家不多。

4. 从旧兼从轻原则。原则上适用旧法,新法没有溯及力,但新法不认为是犯罪或者处刑较轻时,则按照新法处理。这一原则弥补了绝对从旧原则的缺陷,既符合罪刑法定原则,又适应当前需要,因而为绝大多数国家所采纳。

(二)我国刑法关于溯及力的法律规定

我国刑法关于溯及力问题采用了从旧兼从轻的原则。《刑法》第 12 条第 1 款规定:"中华人民共和国成立以后本法施行以前的行为,如果当时的法律不认为是犯罪的,适用当时的法律;如果当时的法律认为是犯罪的,依照本法总则第四章第八节的规定应当追诉的,按照当时的法律追究刑事责任,但是如果本法不认为是犯罪或者处刑较轻的,适用本法。"第 12 条第 2 款规定:"本法施行以前,依照当时的法律已作出的生效判决,继续有效。"

刑法的从旧兼从轻原则,用最简单的话理解就是"有利于被告人"的准则。我国现行刑法的规定,主要是针对我国 1979 年旧刑法和 1997 年现行刑法之间的矛盾问题,且主要是针对新刑法溯及力的问题。即对新刑法公布之前发生的危害行为,但新刑法颁布后还没有审判或者还没有审判完毕的,适用旧刑法还是新刑法的问题。从旧兼从轻原则可以简单地理解为:首先,当遇到一个人的犯罪是在新刑法颁布以前,此时要考虑的是先适用旧刑法,即行为时的法律规定(从旧);其次,如果适用新的刑法更有利于被告人的话,如新刑法不认为是犯罪,或者是新刑法处罚较轻时,则应该对被告人适用新刑法;第三,如果适用旧法更有利于被告人的话,如旧法不认为是犯罪或者是旧法规定的刑罚更轻时,则对被告人适用旧法。

因此,对于1949年10月1日中华人民共和国成立至1997年10月1日新刑法施行前这段时间内发生的行为,应按以下不同情况分别处理:

1. 当时的法律不认为是犯罪,而修订后的刑法认为是犯罪的,适用当时的法律,即修订后的刑法没有溯及力。对于这种情况,不能以修订后的刑法规定为犯罪为由而追究行为人的刑事责任。

2. 当时的法律认为是犯罪,但修订后的刑法不认为是犯罪的,只要这种行为未经审判或者判决尚未确定,就应当适用修订后的刑法,即修订后的刑法具有溯及力。

3. 当时的法律和修订后的刑法都认为是犯罪,并且按照修订后的刑法总则第四章第八节的规定应当追诉的,原则上按当时的法律追究刑事责任,即修订后的刑法不具有溯及力。但是,如果修订后的刑法处刑较轻的,则应适用修订后的刑法,即修订后的刑法具有溯及力。

四、与刑法时间效力有关的若干问题的法律适用

刑法的溯及力问题涉及许多具体问题,特别是在实践中遇到很多问题无法得到恰当的处理。因此,司法解释对此进行了更为具体的规定:

(一) 1997年9月25日最高人民法院审判委员会第937次会议通过《关于适用刑法时间效力规定若干问题的解释》,对实践中具体适用修订前的刑法还是修订后的刑法作了详细的规定

1. 对于行为人1997年9月30日以前实施的犯罪行为,在人民检察院、公安机关、国家安全机关立案侦查或者在人民法院受理案件以后,行为人逃避侦查或者审判,超过追诉期限或者被害人在追诉期限内提出控告,人民法院、人民检察院、公安机关应当立案而不予立案,超过追诉期限的,是否追究行为人的刑事责任,适用修订前的《刑法》第77条的规定。

2. 犯罪分子1997年9月30日以前犯罪,不具有法定减轻处罚情节,但是根据案件的具体情况需要在法定刑以下判处刑罚的,适用修订前的《刑法》第59条第2款的规定。

3. 前罪判处的刑罚已经执行完毕或者赦免,在1997年9月30日以前又犯应当判处有期徒刑以上刑罚之罪,是否构成累犯,适用修订前的《刑法》第61条的规定;1997年10月1日以后又犯应当判处有期徒刑以上刑罚之罪的,是否构成累犯,适用《刑法》第65条的规定。

4. 1997年9月30日以前被采取强制措施的犯罪嫌疑人、被告人或者1997年9月30日以前犯罪,1997年10月1日以后仍在服刑的罪犯,如实供述司法机关还未掌握的本人其他罪行的,适用《刑法》第67条第2款的规定。

5. 1997年9月30日以前犯罪的犯罪分子,有揭发他人犯罪行为,或者提供重要线索,从而得以侦破其他案件等立功表现的,适用《刑法》第68条的规定。

6. 1997年9月30日以前犯罪被宣告缓刑的犯罪分子,在1997年10月1日以后的缓刑考验期间又犯新罪、被发现漏罪或者违反法律、行政法规或者国务院公安部门有关缓刑的监督管理规定,情节严重的,适用《刑法》第77条的规定,撤销缓刑。

7. 1997年9月30日以前犯罪,1997年10月1日以后仍在服刑的犯罪分子,因特殊情况,需要不受执行刑期限制假释的,适用《刑法》第81条第1款的规定,报经最高人民法院核准。

8. 1997年9月30日以前犯罪,1997年10月1日以后仍在服刑的累犯以及因杀人、爆炸、抢劫、强奸、绑架等暴力性犯罪被判处10年以上有期徒刑、无期徒刑的犯罪分子,适用修订前的《刑法》第73条的规定,可以假释。

9. 1997年9月30日以前被假释的犯罪分子,在1997年10月1日以后的假释考验期内,又犯新罪、被发现漏罪或者违反法律、行政法规或者国务院公安部门有关假释的监督管理规定的,适用《刑法》第86条的规定,撤销假释。

10. 按照审判监督程序重新审判的案件,适用行为时的法律。

(二)根据罪刑法定原则,对于根据旧刑法需要类推处理而没有处理的,不管现行刑法是否规定为犯罪,都不得以类推方式定罪量刑

对于法律规定中间有变化的溯及力问题,要具体情况具体分析。如:国有公司、企业、事业单位工作人员玩忽职守的犯罪行为,1979年刑法规定为犯罪行为,1997年刑法没有规定为犯罪行为,1999年12月25日刑法修正案又规定为犯罪行为。对于这种情况,应以行为时的法律规定是否是犯罪行为,确定刑法溯及力。如果行为是发生在1997年10月1日以后,1999年12月25日以前,现在处理,应当适用当时法律规定,不构成犯罪。如果行为发生在1997年10月1日以前,1980年1月1日以后,现在处理,构成犯罪。

如果当时的法律不认为是犯罪,现行刑法认为是犯罪,而行为连续或继续到1997年10月1日以后,对1997年10月1日以后的行为适用现行刑法追究刑事责任。如对该行为当时的法律和现行刑法都认为是犯罪,适用现行刑法,但是现行刑法比当时刑法所规定的构成要件和情节较为严格,或者法定刑较重的,在提起公诉时应当提出酌情从轻处理意见。

(三)最高人民法院在1997年12月23日通过的《关于适用〈刑法〉第12条几个问题的解释》,对我国《刑法》第12条溯及力的问题作了相应的解释

《刑法》第12条规定的"处刑较轻"是指刑法对某种犯罪规定的刑罚即法定刑比修订前刑法轻。法定刑较轻是指法定最高刑较轻;如果法定最高刑相同,则指法定最低刑较轻。如果刑法规定的某一犯罪只有一个法定刑幅度,法定最高刑或者最低刑是指该法定刑幅度的最高刑或者最低刑;如果刑法规定的某一犯罪有两个以上的法定刑幅度,法定最高刑或者最低刑是指具体犯罪行为应当适用的法定刑幅度的最高刑或者最

低刑。如果新旧刑法对犯罪的规定没有变化，只是罪名发生变化，原则上适用哪个法律规定，就按法律规定时适用的罪名，如果犯罪行为处在连续或持续状态，一直到新刑法生效以后，应按行为终了时的刑法规定的罪名定罪，不能分别定两种罪名。

（四）关于刑事司法解释的时间效力

司法解释是最高司法机关就具体应用法律问题所作的解释，这一特性决定了其制定实施必然要滞后于法律。刑事司法解释的时间效力问题，主要是指司法解释的生效时间以及对其生效前发生的行为有无效力，即能否溯及既往。这在实践中有分歧，主要有两种意见：一种意见认为，刑事司法解释只应对其发布实施以后的行为有效，对其施行以前的行为没有溯及力。另一种意见认为，刑事司法解释的效力应及于法律的施行日期，不但适用于司法解释实施以后的行为，对司法解释施行以前的行为也有溯及力。

对此问题，2001年12月17日起施行的最高人民法院、最高人民检察院《关于适用刑事司法解释时间效力问题的规定》作出如下规定：

1. 司法解释是最高人民法院对审判工作中具体应用法律问题和最高人民检察院对检察工作中具体应用法律问题所作的具有法律效力的解释，自发布或者规定之日起施行，效力适用于法律的施行期间。

2. 对于司法解释实施前发生的行为，行为时没有相关司法解释，司法解释施行后尚未处理或者正在处理的案件，依照司法解释的规定办理。

3. 对于新的司法解释实施前发生的行为，行为时已有相关司法解释，依照行为时的司法解释办理，但适用新的司法解释对犯罪嫌疑人、被告人有利的，适用新的司法解释。

4. 对于在司法解释施行前已办结的案件，按照当时的法律和司法解释，认定事实和适用法律没有错误的，不再变动。

从这个解释看，司法解释是具有溯及力的，可以适用于司法解释施行前的行为。但对于两个司法解释，则是遵循从旧兼从轻的原则。

五、刑法修正案时间效力的理解与适用

自1997年刑法修订后，至今立法机关已对刑法进行了九次较大规模的修正，并创设刑法修正案这一修改刑法模式，沿用至今。由于刑法修正案进行了多种类型的修改刑法，包括但不限于创设全新的犯罪罪名、在旧罪名下创设新的犯罪类型、删除某些罪名、调整某些罪名下的犯罪认定条件、减轻某些罪名的处罚、增加某些罪名的处罚等，由此造成了对刑法修正案时间效力的理解和适用的新问题。以下以至今较新、也是修正刑法条文最多、范围最广的《刑法修正案（八）》和《刑法修正案（九）》为例，结合最高人民法院颁布的有关修正案时间效力的刑法解释，对刑法修正案时间效力的理解与适用进行分析。

（一）关于《刑法修正案（八）》时间效力的理解与适用

2011年4月20日最高人民法院通过了《关于〈中华人民共和国刑法修正案（八）〉时间效力问题的解释》（以下简称《刑八效力解释》），对适用《刑法修正案（八）》，就2011年5月1日以后审理的刑事案件，具体适用刑法的有关问题作出规定，主要内容如下：

（1）对于2011年4月30日以前犯罪，依法应当判处管制或者宣告缓刑的，人民法院根据犯罪情况，认为确有必要同时禁止犯罪分子在管制期间或者缓刑考验期内从事特定活动，进入特定区域、场所，接触特定人的，适用修正后《刑法》第38条第2款或者第72条第2款的规定。

犯罪分子在管制期间或者缓刑考验期内，违反人民法院判决中的禁止令的，适用修正后《刑法》第38条第4款或者第77条第2款的规定。

（2）2011年4月30日以前犯罪，判处死刑缓期执行的，适用修正前《刑法》第50条的规定。

被告人具有累犯情节，或者所犯之罪是故意杀人、强奸、抢劫、绑架、放火、爆炸、投放危险物质或者有组织的暴力性犯罪，罪行极其严重，根据修正前刑法判处死刑缓期执行不能体现罪刑相适应原则，而根据修正后刑法判处死刑缓期执行同时决定限制减刑可以罚当其罪的，适用修正后《刑法》第50条第2款的规定。

（3）被判处有期徒刑以上刑罚，刑罚执行完毕或者赦免以后，在2011年4月30日以前再犯应当判处有期徒刑以上刑罚之罪的，是否构成累犯，适用修正前《刑法》第65条的规定；但是，前罪实施时不满18周岁的，是否构成累犯，适用修正后《刑法》第65条的规定。

曾犯危害国家安全犯罪，刑罚执行完毕或者赦免以后，在2011年4月30日以前再犯危害国家安全犯罪的，是否构成累犯，适用修正前《刑法》第66条的规定。

曾被判处有期徒刑以上刑罚，或者曾犯危害国家安全犯罪、恐怖活动犯罪、黑社会性质的组织犯罪，在2011年5月1日以后再犯罪的，是否构成累犯，适用修正后《刑法》第65条、第66条的规定。

（4）2011年4月30日以前犯罪，虽不具有自首情节，但是如实供述自己罪行的，适用修正后《刑法》第67条第3款的规定。

（5）2011年4月30日以前犯罪，犯罪后自首又有重大立功表现的，适用修正前《刑法》第68条第2款的规定。

（6）2011年4月30日以前一人犯数罪，应当数罪并罚的，适用修正前《刑法》第69条的规定；2011年4月30日前后一人犯数罪，其中一罪发生在2011年5月1日以后的，适用修正后《刑法》第69条的规定。

（7）2011年4月30日以前犯罪，被判处无期徒刑的罪犯，减刑以后或者假释前实际执行的刑期，适用修正前《刑法》第78条第2款、第81条第1款的规定。

（8）2011年4月30日以前犯罪，因具有累犯情节或者系故意杀人、强奸、抢劫、绑架、放火、爆炸、投放危险物质或者有组织的暴力性犯罪并被判处10年以上有期徒刑、无期徒刑的犯罪分子,2011年5月1日以后仍在服刑的,能否假释,适用修正前《刑法》第81条第2款的规定;2011年4月30日以前犯罪,因其他暴力性犯罪被判处10年以上有期徒刑、无期徒刑的犯罪分子,2011年5月1日以后仍在服刑的,能否假释,适用修正后《刑法》第81条第2款、第3款的规定。

关于《刑法修正案(八)》时间效力的理解与适用应当注意以下几点:

1. 总体上应当坚持从旧兼从轻的原则

按照我国刑法的基本规定以及刑法学界公认的准则,对《刑法修正案(八)》时间效力的把握总体上应当坚持从旧兼从轻的原则,应当坚持依据《刑法修正案(八)》的生效时间即2011年5月1日作为界限,对发生在2011年5月1日前后的犯罪予以不同处理。《刑八效力解释》总体上按照这一思路对有关《刑法修正案(八)》涉及的问题进行了规定,以下作一简要分析。

(1) 对自首、立功方面的规定。《刑八效力解释》第5条:"2011年4月30日以前犯罪,犯罪后自首又有重大立功表现的,适用修正前刑法第六十八条第二款的规定。"《刑法修正案(八)》中将"犯罪后自首又有重大立功表现的,应当减轻或者免除处罚"的规定删除,而《刑八效力解释》中强调适用修正前的刑法,正是遵循从旧原则,以行为时的法律作为定罪量刑的依据,同时也符合罪刑法定原则有利于被告人的精神实质。

(2) 对坦白(如实供述)的规定。《刑八效力解释》第4条:"2011年4月30日以前犯罪,虽不具有自首情节,但是如实供述自己罪行的,适用修正后刑法第六十七条第三款的规定。"《刑法修正案(八)》在《刑法》第67条中增加一款作为第3款:"犯罪嫌疑人虽不具有前两款规定的自首情节,但是如实供述自己罪行的,可以从轻处罚;因其如实供述自己罪行,避免特别严重后果发生的,可以减轻处罚。"应该看到,修正前的刑法并未对坦白行为作出从轻处罚的规定,而《刑八效力解释》实际上是从有利于被告人的角度出发,规定适用修正后处罚较轻的刑法,从而使修正后的刑法具有溯及力,这显然是从轻适用刑法的体现。

(3) 对减刑、假释的规定。《刑八效力解释》第7条:"2011年4月30日以前犯罪,被判处无期徒刑的罪犯,减刑以后或者假释前实际执行的刑期,适用修正前刑法第七十八条第二款、第八十一条第一款的规定。"《刑法修正案(八)》中,对减刑后、假释前实际执行的刑期作了相应的上调,管制、拘役、有期徒刑保持不变(不得少于原判刑期的二分之一),而规定被判处无期徒刑的,不能少于13年,对死缓依法减为无期徒刑的,减刑后实际执行的刑期不能少于25年,而死缓依法减为25年有期徒刑的,减刑后实际执行的刑期不得少于20年。由此分析,《刑八效力解释》中对减刑后、假释前实际执行的刑期适用刑法修正前的规定,是从旧原则的适用体现,既适用了行为时法,又有利于对被告人利益的保护。

(4) 对累犯以及严重情节犯罪分子不得假释的规定。《刑八效力解释》第8条:

"2011年4月30日以前犯罪,因具有累犯情节或者系故意杀人、强奸、抢劫、绑架、放火、爆炸、投放危险物质或者有组织的暴力性犯罪并被判处十年以上有期徒刑、无期徒刑的犯罪分子,2011年5月1日以后仍在服刑的,能否假释,适用修正前刑法第八十一条第二款的规定;2011年4月30日以前犯罪,因其他暴力性犯罪被判处十年以上有期徒刑、无期徒刑的犯罪分子,2011年5月1日以后仍在服刑的,能否假释,适用修正后刑法第八十一条第二款、第三款的规定。"应该看到,由于修正前后我国的刑法对不得假释范围的规定存在一定的不同,因而司法适用中涉及溯及力的问题。修正前的《刑法》第81条第2款规定:"对累犯以及因杀人、爆炸、抢劫、强奸、绑架等暴力性犯罪被判处十年以上有期徒刑、无期徒刑的犯罪分子,不得假释。"而修正后的《刑法》第81条第2款则规定:"对累犯以及因故意杀人、强奸、抢劫、绑架、放火、爆炸、投放危险物质或者有组织的暴力性犯罪被判处十年以上有期徒刑、无期徒刑的犯罪分子,不得假释。"修正前刑法中未规定的"放火、投放危险物质、有组织的暴力性犯罪"理应包含在"等"暴力性犯罪的范围之内,因而对于这三类犯罪应适用修正前的刑法,体现了刑法从旧兼从轻溯及力原则中"从旧"的精神。有关实施了其他暴力性犯罪的犯罪分子,应适用修正后的刑法,可以假释,也是从有利于被告人的角度出发,体现了刑法从旧兼从轻溯及力原则中"兼从轻"的精神。

2. 《刑八效力解释》中存在可能突破从旧兼从轻原则的规定

虽然《刑八效力解释》总体上坚持了从旧兼从轻的溯及力原则,在客观上体现了"有利于被告人、犯罪嫌疑人"的倾向,但是出于刑事政策的考虑或者特定时期刑法执行效果的考虑,某些规定存在可能突破从旧兼从轻原则的情况。

(1)《刑八效力解释》有关禁止令适用的规定可能存在对从旧兼从轻原则的突破。《刑法修正案(八)》在《刑法》第38条中增加一款作为第2款:"判处管制,可以根据犯罪情况,同时禁止犯罪分子在执行期间从事特定活动,进入特定区域、场所,接触特定的人。"此即为"禁止令",这是禁止令的相关规定首次出现在我国刑法中。随后,最高人民法院、最高人民检察院、公安部、司法部为确保禁止令这项新制度得到正确的适用和执行,也于2011年4月28日联合发布了《关于对判处管制、宣告缓刑的犯罪分子适用禁止令有关问题的规定(试行)》。《规定》明确了我国的禁止令不同于国外刑法中将其视为附加刑或者保安处分,而是对管制犯、缓刑犯具体执行监管措施的新方式。《刑八效力解释》规定对刑法修改前实施的行为同样适用禁止令,这一规定可能突破了从旧兼从轻的溯及力原则。在一定程度上讲,禁止令仍是附加在被告人身上的强制性限制措施,不论其影响消极与否,在客观上都形成了对被告人行刑负担的加重,行为时的刑法中并不存在禁止令的规定,而禁止令的适用又必然加重被告人的行刑负担。如果在修正前的刑法未作规定的情况下,而适用修正后的刑法,就必然会给被告人带来不利的后果,不符合刑法从旧兼从轻的溯及力原则。

(2)《刑八效力解释》有关限制减刑的规定可能存在对从旧兼从轻原则的突破。《刑八效力解释》第2条第2款规定,对具有累犯情节,或者故意杀人、抢劫、绑架、放火、爆炸、投放危险物质或者有组织的暴力性犯罪的犯罪分子被判处死刑缓期执行后,如认为不能体现罪刑相适应原则的,为罚当其罪,适用修正后的《刑法》第50条第2款规定(即人民法院在宣判具有以上情节的犯罪分子死刑缓期执行的同时,也依法限制其在死缓减为无期徒刑或者25年有期徒刑后的减刑)。该条规定是将被告人在修正案生效之前的行为适用修正后的从严规定进行惩罚,对被告人的不利影响是积极的。被告人一旦被限制减刑,无论被告人在刑罚执行过程中有再良好的表现,都只能服从限制减刑的判决,无法缩短规定范围内实际执行的期限,不利于被告人,存在对从旧兼从轻原则的突破。

(二)关于《刑法修正案(九)》时间效力的理解与适用

2015年10月29日最高人民法院通过了《关于〈中华人民共和国刑法修正案(九)〉时间效力问题的解释》(以下简称《刑九效力解释》),对适用《刑法修正案(九)》,就2015年11月1日以后审理的刑事案件,具体适用刑法的有关问题作出规定,主要内容如下:

(1)对于2015年10月31日以前因利用职业便利实施犯罪,或者实施违背职业要求的特定义务的犯罪的,不适用修正后《刑法》第37条之一第1款的规定。其他法律、行政法规另有规定的,从其规定。

(2)对于被判处死刑缓期执行的犯罪分子,在死刑缓期执行期间,且在2015年10月31日以前故意犯罪的,适用修正后《刑法》第50条第1款的规定。

(3)对于2015年10月31日以前一人犯数罪,数罪中有判处有期徒刑和拘役,有期徒刑和管制,或者拘役和管制,予以数罪并罚的,适用修正后《刑法》第69条第2款的规定。

(4)对于2015年10月31日以前通过信息网络实施的《刑法》第246条第1款规定的侮辱、诽谤行为,被害人向人民法院告诉,但提供证据确有困难的,适用修正后《刑法》第246条第3款的规定。

(5)对于2015年10月31日以前实施的《刑法》第260条第1款规定的虐待行为,被害人没有能力告诉,或者因受到强制、威吓无法告诉的,适用修正后《刑法》第260条第3款的规定。

(6)对于2015年10月31日以前组织考试作弊,为他人组织考试作弊提供作弊器材或者其他帮助,以及非法向他人出售或者提供考试试题、答案,根据修正前刑法应当以非法获取国家秘密罪、非法生产、销售间谍专用器材罪或者故意泄露国家秘密罪等追究刑事责任的,适用修正前刑法的有关规定。但是,根据修正后《刑法》第284条之一的规定处刑较轻的,适用修正后刑法的有关规定。

(7)对于2015年10月31日以前以捏造的事实提起民事诉讼,妨害司法秩序或者严重侵害他人合法权益,根据修正前刑法应当以伪造公司、企业、事业单位、人民团体印章罪或者妨害作证罪等追究刑事责任的,适用修正前刑法的有关规定。但是,根据修正后《刑法》第307条之一的规定处刑较轻的,适用修正后刑法的有关规定。实施第 1 款行为,非法占有他人财产或者逃避合法债务,根据修正前刑法应当以诈骗罪、职务侵占罪或者贪污罪等追究刑事责任的,适用修正前刑法的有关规定。

(8) 对于 2015 年 10 月 31 日以前实施贪污、受贿行为,罪行极其严重,根据修正前刑法判处死刑缓期执行不能体现罪刑相适应原则,而根据修正后刑法判处死刑缓期执行同时决定在其死刑缓期执行二年期满依法减为无期徒刑后,终身监禁,不得减刑、假释可以罚当其罪的,适用修正后《刑法》第 383 条第 4 款的规定。根据修正前刑法判处死刑缓期执行足以罚当其罪的,不适用修正后《刑法》第 383 条第 4 款的规定。

关于《刑法修正案(九)》时间效力的理解与适用应当注意以下几点:

1. 总体上应当坚持从旧兼从轻的原则

与上述《刑八效力解释》类似,按照我国刑法的基本规定以及刑法学界公认的准则,对《刑法修正案(九)》时间效力的把握总体上应当坚持从旧兼从轻的原则,应当坚持依据《刑法修正案(九)》的生效时间即 2015 年 11 月 1 日作为界限,对发生在 2015 年 11 月 1 日前后的犯罪予以不同处理。《刑九效力解释》总体上按照这一思路对有关《刑法修正案(九)》涉及的问题进行了规定,以下作一简要分析。

(1) 关于利用职业便利实施犯罪。《刑九效力解释》第 1 条规定,对于 2015 年 10 月 31 日以前因利用职业便利实施犯罪,或者实施违背职业要求的特定义务的犯罪,不适用修正后《刑法》第 37 条之一第 1 款的规定。其他法律、行政法规另有规定的,从其规定。即对于 2015 年 10 月 31 日以前因利用职业便利实施犯罪,或者实施违背职业要求的特定义务的犯罪的人,不适用《刑法修正案(九)》所规定的职业禁止规定,这体现了从旧原则。

(2) 关于死缓犯罪人的故意犯罪问题。对于被判处死刑缓期执行的犯罪分子,在死刑缓期执行期间,且在 2015 年 10 月 31 日以前故意犯罪的,适用修正后《刑法》第 50 条第 1 款的规定。即《刑法修正案(九)》提高了死缓犯罪人故意犯罪报请执行死刑的条件,适用修正后刑法的规定,体现了从轻原则。

(3) 关于数罪并罚问题。对于 2015 年 10 月 31 日以前一人犯数罪,数罪中有判处有期徒刑和拘役,有期徒刑和管制,或者拘役和管制,予以数罪并罚的,适用修正后《刑法》第 69 条第 2 款的规定。对于宣告刑判处刑罚类型中存在不同种自由刑的情况,修正前刑法并没有明确规定,但是有相关司法解释曾规定:数罪中有判处有期徒刑和拘役予以数罪并罚的,有期徒刑执行完毕后拘役还要执行。《刑九效力解释》规定数罪中有判处有期徒刑和拘役的,执行有期徒刑,即不再执行拘役,这体现了从轻原则。

(4) 关于新增的涉及考试作弊罪名。对于 2015 年 10 月 31 日以前组织考试作弊,为他人组织考试作弊提供作弊器材或者其他帮助,以及非法向他人出售或者提供考试试题、答案,根据修正前刑法应当以非法获取国家秘密罪、非法生产、销售间谍专用器材罪或者故意泄露国家秘密罪等追究刑事责任的,适用修正前刑法的有关规定。

但是,根据修正后《刑法》第284条之一的规定处刑较轻的,适用修正后刑法的有关规定。该规定体现了从旧兼从轻原则。

(5) 关于新增的涉及虚假诉讼罪罪名。对于2015年10月31日以前以捏造的事实提起民事诉讼,妨害司法秩序或者严重侵害他人合法权益,根据修正前刑法应当以伪造公司、企业、事业单位、人民团体印章罪或者妨害作证罪等追究刑事责任的,适用修正前刑法的有关规定。但是,根据修正后《刑法》第307条之一的规定处刑较轻的,适用修正后刑法的有关规定。实施第1款(上述)行为,非法占有他人财产或者逃避合法债务,根据修正前刑法应当以诈骗罪、职务侵占罪或者贪污罪等追究刑事责任的,适用修正前刑法的有关规定。该规定体现了从旧兼从轻原则。

2.《刑九效力解释》中存在可能突破从旧兼从轻原则的规定

虽然《刑九效力解释》总体上坚持了从旧兼从轻的溯及力原则,在客观上体现了"有利于被告人、犯罪嫌疑人"的倾向,但是出于刑事政策的考虑或者特定时期刑法执行效果的考虑,《刑九效力解释》第8条规定存在可能突破从旧兼从轻原则的情况。

《刑九效力解释》第8条规定:"对于2015年10月31日以前实施贪污、受贿行为,罪行极其严重,根据修正前刑法判处死刑缓期执行不能体现罪刑相适应原则,而根据修正后刑法判处死刑缓期执行同时决定在其死刑缓期执行二年期满依法减为无期徒刑后,终身监禁,不得减刑、假释可以罚当其罪的,适用修正后刑法第三百八十三条第四款的规定。根据修正前刑法判处死刑缓期执行足以罚当其罪的,不适用修正后刑法第三百八十三条第四款的规定。"当然,更准确地说,《刑九效力解释》第8条规定存在可能突破从旧兼从轻原则的情况,并不是该规定完全违反从旧兼从轻原则,而是在刑法总则没有明确界定"终身监禁"的法律性质之前,仅仅是在刑法分则的某些罪名惩罚时设定加重条款,将在司法实践中客观上造成突破从旧兼从轻原则。

(1) 关于"终身监禁"的法律性质以及是否加重了犯罪人的刑罚责任。在英美法系中,终身监禁是监禁刑的一种,是仅次于死刑的刑罚种类,在美国已废除死刑的州则成为最高等级的刑罚。从理论上说,被判处监禁刑的罪犯须在监狱里关押终身。终身监禁刑还区分为多种类型:一是绝对终身监禁。一些国家对于某些犯罪规定绝对终身监禁,法官没有刑罚选择权,比如英国的谋杀罪。二是裁量终身监禁。某些犯罪的终身监禁则是选择刑,具体适用与否由法官决定。大部分终身监禁立法采用此种方式。三是无假释终身监禁。即终身犯必须服刑终身,不能适用假释,但允许减刑或赦免。美国和澳大利亚一些地方采用此种规定。《刑法修正案(九)》规定的终身监禁是刑罚种类还是刑罚执行,对此有着不同的看法:有的认为是属于刑罚执行方式,即认为终身监禁"不是一个新的刑种,它的对象只是针对贪污受贿被判处死缓的犯罪分子在具体执行中的一个特殊的措施"。有的认为终身监禁是新的刑罚种类。我们认为:在刑法总则没有明确规定之前,终身监禁只能是刑罚执行方式的一种,但是从客观上看,"终身监禁"是对罪行极其严重、依法判处死刑缓期执行的贪污受贿犯罪分子的人身自由这一利益的终身剥夺,符合刑罚的本质属性。

（2）需要注意的是,《刑九效力解释》第 8 条规定,对于"罪行极其严重,根据修正前刑法判处死刑缓期执行不能体现罪刑相适应原则",及"根据修正前刑法判处死刑缓期执行足以罚当其罪的"等两种情形,如何准确区分,可能有较强的主观性,个人认识、司法尺度不一,有可能导致后面一种情形,也可能被判处"死缓"与"决定在其死刑缓期执行二年期满依法减为无期徒刑后,终身监禁,不得减刑、假释",从而导致部分被告人面临"从新从重"的判决,违背了"从旧兼从轻"的刑法适用原则。

第二篇

犯罪论

第四章 犯罪概念与犯罪构成

学习要求

了解：犯罪的概念；犯罪构成的概念

理解：我国关于犯罪概念的刑法规定；当今世界有关犯罪构成的主要学说体系

熟悉并能够运用：犯罪的常见分类；我国主要的犯罪构成学说及其主要内容

主要涉及的法条：

第十三条 【犯罪概念】一切危害国家主权、领土完整和安全，分裂国家、颠覆人民民主专政的政权和推翻社会主义制度，破坏社会秩序和经济秩序，侵犯国有财产或者劳动群众集体所有的财产，侵犯公民私人所有的财产，侵犯公民的人身权利、民主权利和其他权利，以及其他危害社会的行为，依照法律应当受刑罚处罚的，都是犯罪，但是情节显著轻微危害不大的，不认为是犯罪。

第一节 犯罪概念

一、犯罪的本质

（一）西方学者关于犯罪本质的若干观点

犯罪是一种客观存在的社会现象，同时也是一种法律现象。在罪刑法定主义成为刑法基本原则的近代社会之后，没有法律的规定也就没有犯罪的立足之地，已经成为法学界的共识。那么，刑法是基于什么原因将某种行为规定为犯罪的？这就是犯罪的本质所要解决的问题。

在近代刑法学中，较早提出犯罪本质观点的，是被奉为近代刑法学之祖的费尔巴哈，他主张权利侵害说，对康德（Immanuel Kant，1724—1804）提出的自由本质说持反对态度。他认为犯罪在实质上不是侵害自由，而是侵害根据法所赋予的权利，也就是说犯罪的本质是对权利的侵害。费尔巴哈的这一主张是以启蒙主义的人权思想为背景而提出来的，它将犯罪概念从中世纪的宗教观念中解放出来，试图对传统上含混的被扩张的犯罪概念加以合理的限制，从而为犯罪设定了行为的客观界限，因而具有重要的意义。然而，由于权利侵害说毕竟没有涵盖犯罪所及的全部内容，继此说之后毕伦鲍姆（Birnbaum）提出了法益侵害说的理论。毕伦鲍姆认为犯罪的本质是对由法所保护的财产乃至利益的侵害或威胁，简而言之，犯罪的本质是对法益的侵害。在毕伦鲍姆的眼中，任何犯罪都是侵害一定的法益的，没有对法益的侵害也就没有犯罪的存在。

这一见解在进入20世纪以后，得到更多学者的支持，以致在德国和日本处于通说的地位。然而对法益的侵害也有轻重之分，并非任何侵害法益的行为都可能构成犯罪。对于那些不重要的法益侵害，例如民法中的损害赔偿，只要委之于其他法律制裁就已足够，而不必动用刑事制裁。所以，将法益侵害作为犯罪的本质来把握，仍然让有些学者感到不尽如人意。于是，在德国某些学者又提出文化规范违反说，此说是在德国著名刑法学家宾丁（Karl Binding，1841—1920）的"规范论"提出之后出现的。宾氏主张应严格区别刑罚法规与规范，因为刑罚法规是规定何种行为是犯罪，对犯罪处以何种刑罚的法律条文，而规范是关于行为的命令或禁令，犯罪不是违反刑罚法规，而是违反刑法规范。

在宾丁"规范论"的基础上，迈耶（Mayer，1875—1923）提出了文化规范论，他将规范分为文化规范与法规范，并认为只有文化规范与法规范一致时才有法律上的约束力。文化规范违反说主张犯罪的本质在于，违反以支配人们日常生活的宗教、道德、风俗等为内容的文化规范。由于文化规范论存在着诸多理论缺陷，受到很多学者的抨击，文化规范违反说也没有得到广泛的支持。

在德国纳粹时期，刑法学者夏弗斯塔茵（Friedrich Schaffstein）又提出义务违反说，主张犯罪的本质宁可说是对法益的侵害，不如说是对义务的违反。其中法益侵害强调的是对结果的否定性评价，义务违反强调的是对行为的否定性评价。但夏弗斯塔茵的理论尚没有完全成型就由于纳粹统治的崩溃而被人们抛弃。二战以后，在日本还有学者有条件地赞同这种观点。他们对法益侵害说与义务违反说采取了兼收并蓄的态度，主张犯罪的本质，一方面基本上是对各类法益的侵害，同时在一定范围内，对一定义务的违反也可以作为犯罪本质。例如在非纯正身份犯中，对有身份者的行为比无身份者的行为处罚更重，离开有身份者的义务违反这一点，就难以解释清楚。

此外，目前在日本另有学者主张兼采法益侵害说与社会伦理规范违反说，认为从维持社会秩序的观点来看，没有必要将所有的法益侵害行为都认为是犯罪，犯罪的本质应当理解为违反社会伦理规范的法益侵害行为。

西方学者提出了犯罪的本质的论题，从不同的角度对它进行了论证，将刑法学关于犯罪的研究引向深入，在这一方面是应当予以肯定的。但是由于立场的和历史的局限性，他们没有也不可能真正揭露犯罪的本质。权利侵害说、法益侵害说，没有揭示犯罪究竟侵犯了什么人的权利或者什么人的法益；文化规范违反说、社会伦理规范违反说，在一定程度上揭示了犯罪的社会性质，但没有揭示这种文化规范、社会伦理规范在不同社会中的社会差别性质；义务违反说，只能说明具有特定义务者的犯罪，对没有特定义务者的犯罪则不能作出解释，更谈不上揭示什么犯罪的本质。至于各种折中说，虽然兼取两种观点，但也没有克服各种观点所存在的缺陷。概而言之，上述诸说都是用"权利""法益""文化规范""义务""社会伦理规范"等抽象的概念,将犯罪问题视为超时代的社会现象,从而将犯罪的真正本质加以掩盖。

（二）马克思主义关于犯罪本质的论述

马克思主义经典作家虽然没有专门就犯罪的概念作过明确而规范的解释,也没有对犯罪的本质属性作过全面而系统的论述,然而,从他们所写的诸多代表作品中的很多地方能够领略到他们对犯罪问题的真知灼见。尤其是马克思、恩格斯在《德意志意识形态》一书中的精辟论断,深刻地揭露了犯罪的本质。他们指出:"犯罪——孤立的个人反对统治关系的斗争,和法一样,也不是随心所欲地产生的,相反地,犯罪和现行的统治都产生于相同的条件。同样也就是那些把法和法律看作是某种独立存在的一般意志的统治的幻想家才会把犯罪看成是单纯对法和法律的破坏。"[1]马克思、恩格斯关于犯罪本质的这一论断,至少从以下四个方面揭示了犯罪的本质内容:

第一,犯罪是反对统治关系的斗争。这一层面的含义揭示了犯罪最本质的内容在于其侵犯了统治阶级的统治关系。在这里,所谓统治关系,是指在上属于统治地位的阶级利用手中掌握的国家权力建立起来的有利于统治阶级的社会关系。它表现为统治阶级控制、压迫被统治阶级的关系,同时也包括协调社会各阶级以及统治阶级内部之间的关系。反对统治关系的斗争,一般来说,主要来自不甘心服从这种统治关系的被统治者,同时统治阶级内部也有人出于个人或者小团体利益的考虑,起而反对现行的统治关系。掌握政权的统治阶级为了维护自己的统治,就宣布反对其统治关系的行为是犯罪,并给予相应的刑罚制裁。可见某种行为之所以被认为是犯罪,从根本上讲,就在于它破坏了现行的统治关系。

第二,犯罪是孤立的个人反对统治关系的斗争。这里所说的"孤立的个人"并非是就代表某个阶级、国家或者民族的分散的个人而言的,而是相对于阶级、国家或者民族而言的。这里的"个人"也不能理解为犯罪只能由单独的个人才能构成,而不能以共同的方式出现。这是因为在某些共同犯罪中,尽管从其表现形式上看,不是由一个单独的个人所构成,然而在实质上,他们参与共同犯罪活动仍然是以个人的身份参加的。至于孤立的个人反对统治关系,则是指某一行为人反抗现行关系的不自觉的原始表现形式。即某一行为人出于经济上、生活上或精神上的某种原因,而以自己的行为侵犯了社会、他人乃至国家的根本利益。

第三,犯罪和现行的统治都产生于相同的条件。这一论断是从社会经济发展的角度说明了犯罪与现行统治关系的产生所共同具备的物质生活条件。它一方面说明了犯罪的产生来源于现实社会自身的内在因素,另一方面也说明了犯罪与现行的统治关系所产生的物质条件是相同的。也就是说,任何一个时代的犯罪的产生、发展与消亡与其现行统治关系的滋生、发展与变化都是建立在同一物质基础之上的,它们既相互对立,又相互统一。其对立性表现为犯罪是对现行统治关系的破坏行为,它从根本上

---

[1] 《马克思恩格斯全集》(第3卷),人民出版社2002年版,第379页。

侵犯了统治阶级的利益和统治秩序;而其统一性则表明,犯罪的产生与发展与现行统治关系的产生与发展是同步的,即社会发展到哪一步,犯罪与现行统治关系也会发展到哪一步,而且这一发展规律是不以人们的主观意志为转移的。因此,无论是在有阶级对抗的社会,还是在无阶级对抗的社会,犯罪的产生永远不会脱离固有的物质生活条件而孤立地存在,它总是伴随着一个时代的物质生活条件的发展而不断地发展。

第四,犯罪不单纯是对法和法律的破坏。法与法律并非独立自在的一般意志,也不是任意产生的,一个国家为何要制定或认可一部法律,归根结底,是基于一定的物质生活方式,根据维护现行统治的需要制定的。正如恩格斯指出:"政治统治到处都是以执行某种社会职能为基础,而且政治统治只有在它执行了它的这种社会职能时才能继续下去。"[①]正是由于法律的这种特性,把犯罪单纯地看作对法和法律的破坏,过于肤浅和表面化,而没有从本质上去揭示隐藏在其背后的阶级本质。所以,马克思、恩格斯对这种思维方式给予了严厉的批判。从这里,我们不难看出,犯罪的本质不在于其对所制定的法和法律的破坏,而在于其侵犯了统治阶级的统治利益和统治秩序,也就是统治阶级的国家意志性。

二、犯罪的概念与基本特征

(一)犯罪的概念

犯罪的概念是对犯罪的内涵和外延所作的确切而简要的说明。在刑法学上,关于犯罪的概念,归纳起来有以下三种类型:

1. 犯罪的形式概念

所谓犯罪的形式概念,是指从犯罪的法律表现形式上给犯罪所下的定义。其共同特点就是把犯罪概括为违反刑事法律并且应当受刑罚处罚的行为。在具体表述上又可分为以下几种:其一,认为犯罪是违反刑事法律的行为。例如,贝林格(E. Beling,1866—1932)认为:"犯罪是法律类型化了的行为。"美国联邦法院的判例解释认为"犯罪是一种违反公法上所禁止的作为或不作为。"其二,认为犯罪是依法应当受到刑罚处罚的行为。例如,德国刑法学家宾丁认为:"犯罪乃是违反刑罚制裁的法律行为。"《意大利刑法典》第39条规定:"根据本法典为有关罪行分别规定的刑罚种类,犯罪区分为重罪和违警罪。"其三,认为犯罪是违反刑法、应受刑罚处罚的行为。例如,法国的刑法学家盖洛认为:"犯罪乃是有事先制定法律规定由刑罚相威胁或禁止的行为。"美国《纽约州刑法典》规定:"依法所禁止的,经过宣判应受惩罚的行为是犯罪。"

2. 犯罪的实质概念

所谓犯罪的实质概念,是指从犯罪的社会属性或者从社会属性和法律属性相结合的角度给犯罪所下的定义。关于实质意义上的犯罪概念,在所有的资产阶级国家刑事立法中都未曾体现过,只是某些资产阶级学者就此提出过某些主张。例如英国法学家

[①] 《马克思恩格斯选集》(第3卷),人民出版社2012年版,第559—560页。

史蒂芬(Stephen，1829—1894)认为："凡是从行为的有害倾向性观点被认为是反对整个社会性的违法行为就是犯罪行为。"意大利法学家加罗法洛(Garofalo，1851—1934)认为："犯罪是违反社会的怜悯和诚实二道德情感的行为。"意大利刑事社会学派的代表人物菲利(Ferri，1856—1929)则认为："犯罪乃具有一定决意之权利侵害性的反社会行为。"英国分析法学派代表边沁认为："犯罪就是给社会造成痛苦大于快乐的邪恶行为。"

3. 犯罪的混合概念

所谓犯罪的混合概念，是指从犯罪的形式概念和犯罪的实质概念相结合的角度给犯罪所下的定义。这一概念不仅揭示了犯罪的本质特征，同时也表明了犯罪的法律特征。例如1960年《苏俄刑法典》第7条第1款规定："凡本法典分则所规定的侵害苏维埃的社会制度和国家制度，侵害社会主义经济体系和社会主义所有制，侵害公民的人身权、政治权、劳动权、财产权以及其他权利的危害社会行为(作为或不作为)，以及本法典分则所规定的其他各种侵害社会主义法律秩序的危害社会行为，都认为是犯罪。"《苏俄刑法典》对犯罪所下的定义，既公开申明了犯罪的阶级性，又揭示了犯罪的法律特征，同时避免了两个定义、并行无涉的缺陷，成为后来的社会主义国家对犯罪进行定义的范例。

我国刑事立法中的犯罪概念既是马克思主义犯罪观与刑法观的产物，也是我国各族人民长期以来同形形色色的犯罪现象作斗争的实践经验的结晶。根据我国《刑法》第13条之规定："一切危害国家主权、领土完整和安全，分裂国家、颠覆人民民主专政的政权和推翻社会主义制度，破坏社会秩序和经济秩序，侵犯国有财产或者劳动群众集体所有的财产，侵犯公民私人所有的财产，侵犯公民的人身权利、民主权利和其他权利，以及其他危害社会的行为，依照法律应当受刑罚处罚的，都是犯罪，但是情节显著轻微危害不大的，不认为是犯罪。"上述概念所规定的内容，不仅揭示了犯罪的阶级本质，同时也表明了犯罪的法律属性，是犯罪的实质概念与犯罪的形式概念的高度整合，是对我国现实社会中各种犯罪所作的科学概括。因此，这一概念不仅是我们理解刑法中所有规定的出发点，也是指导司法实践严格区分罪与非罪的总标准。

这里需要注意的是：我国《刑法》第13条在对犯罪的定义进行表述时，除了对那些应当作为犯罪处理的行为作了明确规定外，还以"但书"的形式对那些不构成犯罪的行为作了概括性的规定。从立法规定的精神看，"但书"部分的规定不是可有可无的，它是对我国刑法中所规定的犯罪定义的重要补充，因而成为犯罪定义中不可分割的重要组成部分。《刑法》第13条所规定的"但书"部分的内容是："情节显著轻微危害不大的，不认为是犯罪。"对"但书"所规定的内容，我们应作如下理解：(1)这里所规定的"不认为是犯罪"的行为，必须同时具备"情节显著轻微"和"危害不大"这两个条件。对于这类问题，应综合考虑主客观情况，按照刑法的具体规定加以判断和认定。(2)这里所规定的"不认为是犯罪"，是指刑法从根本上就不认为此类行为是犯罪，而不能理解为某种行为已经构成犯罪，而不作为犯罪来论处。(3)要把"但书"所规定的内容与

《刑法》第 37 条规定的免予刑事处罚区别开来。根据《刑法》第 37 条规定,"对于犯罪情节轻微不需要判处刑罚的,可以免予刑事处罚",这里所说的"情节轻微"不仅与"但书"中规定的"情节显著轻微危害不大"在程度上有很大的差异,而且二者在性质上也完全不同。"但书"规定的是完全不构成犯罪的情况,而第 37 条规定的是已构成犯罪,但情节轻微不需要判处刑罚,而可以免予刑事处罚的情况。因此,"但书"的内容虽少,但意义重大,切不可等闲视之。

(二)犯罪的基本特征

关于犯罪究竟有几个基本特征,在我国刑法学界对此认识不一:有的学者主张"二特征说",即认为犯罪具有社会危害性和依法应受惩罚性,或者应当追究刑事责任程度的社会危害性(或称严重社会危害性)和刑事违法性两个基本特征。有些学者主张"三特征说",即犯罪具有一定的社会危害性(或称严重的社会危害性、相当的社会危害性)、刑事违法性、应受刑罚处罚性三个基本特征。这是我国刑法理论界之通说,为大多数刑法教科书所主张。此外也有个别学者主张"四特征说",即认为犯罪是对社会有危害性的行为,是触犯刑事法律的行为,是人的故意或者出于严重过失的行为,应当承担法律责任中最重要的责任即刑事责任。按照通说,犯罪的基本特征如下:

1. 犯罪是严重危害社会的行为,即具有严重的社会危害性

社会危害性是犯罪的首要特征,也是犯罪的本质特征。某种行为之所以被国家认定为犯罪,从本质上来讲,就是因为这种行为在一定的历史时期内,严重地危及统治阶级的阶级利益和统治秩序,如若不然,一切犯罪便无从谈起。

一般而言,所谓社会危害性即某种行为所具有的危害社会的特性,也就是指行为人的行为对社会秩序和社会关系所造成的各种损害的事实特征。在这里,危害是一种事实,特性是指社会对这种事实的特殊属性的概括和评价。由于社会危害性是与一般违法行为和不道德行为共同的特性,因此,我们在研究犯罪行为的社会危害性,有必要在社会危害性之前冠以"犯罪的"字样,以表示对其研究范围与对象的限制。那么,什么是犯罪的社会危害性?关于这个问题,目前在刑法学界尚存争议。有的认为,所谓社会危害性,就是对国家和人民造成或可能造成一定的危害。有的认为,所谓社会危害性,是指对我国刑法所保护的利益的危害。有的认为,所谓行为的社会危害性,是指行为对我国的社会主义社会关系实际造成的损害或者可能造成的损害。我们认为,从犯罪的法律表现形式上看,犯罪的社会危害性就是指某种行为对刑法所保护的社会关系造成的这样或者那样的损害。这一层面上的社会危害性反映的是犯罪的法律属性,它所揭示的是刑法之所以将某种行为规定为犯罪行为的直接原因。

把握犯罪的社会危害性的含义之后,我们需要分析的就是犯罪的社会危害的内容和范围。在司法实践中,犯罪行为的表现形式可谓纷繁复杂、千姿百态,但是如果从总体上来讲,不管是哪一方面的犯罪行为,都从不同的角度侵犯了我国社会主义的改革和建设事业。犯罪的社会危害虽有其本身所固有的含义,但它也并不是笼统、抽象或漫无边际的,而是以我国现行刑法的规定为依据,在危害的内容及范围上均有相对的

确定性。从我国《刑法》第13条的规定看，犯罪的社会危害性的表现形式可以根据其具体内容概括为以下四个方面：一是危害国家和社会的政治基础，也就是对国家的主权独立和领土完整、人民民主专政的国家政权的社会主义制度构成了危害。这一方面的内容从我国刑法分则的规定来看，主要贯穿在危害国家安全罪、危害国防利益罪、渎职罪等章之中。二是危害国家和社会的经济基础，也就是对我国社会主义市场经济制度和社会主义公私财产所有关系的破坏和侵犯。这一方面的内容从我国新刑法的规定来看，主要贯穿于破坏社会主义市场经济秩序、侵犯财产罪和贪污贿赂罪等章之中。三是危害公民的各项合法权益，也就是对公民的人身权利、民主权利、婚姻家庭权利以及公民私人财产的所有关系的侵犯。这一方面的内容从我国刑法分则的规定来看，主要贯穿于侵犯公民的人身权利、民主权利罪和侵犯财产罪等章之中。四是危害社会的公共安全和秩序，也就是对我国社会的公共安全和社会管理秩序的危害和妨碍。具体来讲，就是危害了不特定多数人的生命、健康与重大公私财产的安全以及我国社会主义的社会秩序、生产秩序、工作秩序、教学科研秩序和人民群众的生活秩序。这一方面的内容从我国刑法分则的规定来看，主要贯穿于危害公共安全罪和妨害社会管理秩序罪等章之中。行为人的行为对以上四个方面之中的任何一个方面的内容的危害，都是对我国社会主义社会关系的侵犯，最终都危及国家与人民的根本利益。

犯罪的社会危害性作为犯罪行为对刑法所保护的社会主义社会关系的损害，其表现形式也并不是单一的，而是多种多样的。首先，从其侵害的后果来考查，我们可以将犯罪的社会危害性分为现实性危害与可能性危害两种。所谓现实性危害是指犯罪行为的发生对国家和人民的利益已经造成的实际损害。所谓可能性危害则是指犯罪行为虽未给国家和人民的利益造成实际损害，但是已经给国家和人民的利益构成了重大的威胁。在司法实践中，我们不仅要注意前一种情况给社会所带来的社会危害性，而且要注意后一种情况给社会所带来的社会危害性。其次，从其表现形态上来考查，我们可以将犯罪的社会危害性分为物质性危害与非物质性危害两种。所谓物质性危害，又称有形损害，是指行为人的行为改变了其侵害对象的原状、性能和关系所造成的物质性损害，诸如伤害健康、毁坏财物、侵犯所有权、破坏经济秩序等即属此列。物质性危害是有形的损害，它是可以具体确定和度量的有形损害。所谓非物质性危害，又称无形损害或者精神损害，是指行为人的行为给国家机关、社会组织、家庭与个人的正常活动、威信和名誉、人格和心理造成的非物质性危害。诸如侮辱、诽谤和诬告陷害等行为对公民的人格、名誉的损害即属此列。非物质性危害是不能具体确定和度量的无形损害，因而比较隐蔽，往往为人们所忽视。因此，我们在考查犯罪行为的社会危害性时，既要注意有形的损害，同时也要注意无形的损害。这是因为，无形的损害虽然看不见，也摸不着，但也是一种实实在在的损害。

在弄清了犯罪的社会危害性的含义、内容与范围以及类型之后，在研究社会危害性时，还必须引起我们高度注意的问题是，任何犯罪都具有自身质与量的规定性，是危害社会的质与量的统一。这就是说，犯罪是具有社会危害性的行为，但是并不意味着任何具有社会危害性的行为都是犯罪。这是因为,只有当某种行为的社会危害性达到一定的严重程度时,才有可能认定为犯罪。假如某种行为虽有社会危害性,但是情节轻微危害不大,因其未达到应负刑事责任的程度,就不能认定为犯罪。因此,在这里,行为人所实施的行为的社会危害性程度,也就是其社会危害性的轻重大小,就成为划分罪与非罪的一个重要的标准。如前所述,犯罪行为与一般违法行为、不道德行为的界限,就是以是否达到应负刑事责任程度的社会危害性的标准来衡量的。如果我们在认定某种行为时,脱离质与量的统一这一标准,那么在司法实践中就会导致错案的发生。

2. 犯罪是违反刑事法律规范的行为,即具有刑事违法性

刑事违法性是犯罪的法律特征,也是评价某种行为能否构成犯罪的法律标准。虽然社会危害性对于某种行为能否成立犯罪具有举足轻重的地位,但是如果离开了刑事违法性,社会危害性也就失去了其存在的法律基础。因此,在犯罪的社会危害性之外,刑事违法性是犯罪不可缺少的又一重要的基本特征。

一般来讲,所谓刑事违法性,即某种行为违反刑事法律所具有的特性。具体而言,是指行为人违背刑法规范的要求,实施了为刑法所禁止的行为,或者拒不实施刑法命令实施的行为而严重违反了刑事法律义务而具有的特性。刑事违法性作为犯罪的形式特征,其违法性指的是对所有的刑事法律规范的违反,它不仅包括对刑法总则规范的违反,而且包括对刑法分则规范的违反。除此之外,还包括对所有的特别刑法与附属刑法规范的违反。在这里,值得注意的是,对于附属刑法规范(即非刑事法律中的刑事条款)的违反,虽然有时候因法律的名称不属刑事法律之列,可能被误认为不具有刑事违法性,但是对这一方面的刑事违法性的认识,就不能仅从形式上来看问题,而应当从本质上来认识。尽管附属刑法规范的名称不叫刑法,但是其中有关刑事处罚的规定,仍属刑法规范之列。因而在这些附属刑法规范中所规定的犯罪,同样具有刑事违法性。只不过,这些附属刑法规范中的刑事违法性,一般都是建立在行政违法性或者经济违法性的基础之上的。如果某种行为本身不具有行政违法性或者经济违法性,那么也就谈不上刑事违法性。或者某种行为本身仅限于行政违法与经济违法之列,也不能将其上升为刑事违法。

刑事违法性作为犯罪的形式特征,它与犯罪的社会危害性之间有着非常紧密的联系,在认定任何犯罪时都是缺一不可的。一般来讲,当行为人的行为危害社会,触犯了法律规定,国家就依法根据其社会危害性程度的不同,认定该行为是一般违法行为或是犯罪行为。至于行为人所实施的行为的社会性危害性是否达到了犯罪的程度,以及达到了犯罪的何种程度,这就要由刑法规范来评价并予以认定。因此,某种有害于社会的行为是否应负刑事责任,就其表现形式来讲最终都必须取决于刑法规范的评价。由此可见,犯罪的社会危害性与刑事违法性互为表里,社会危害性是刑事违法性的基础,而刑事违法性则是社会危害性在法律上的表现。两者之间既相区别又相联系,共同构成了认定具体的行为是否成立犯罪的统一体。

刑事违法性作为犯罪的法律特征，不仅与犯罪的社会危害性之间具有密切的联系，而且还与某一具体的犯罪构成之间存在着千丝万缕的联系。这是因为，刑法规定的具体犯罪构成，是行为的社会危害性达到应负刑事责任的衡量标准，是行为成立犯罪的法定模式。因此，刑事违法性不是抽象、空洞的概念，而是行为人的行为符合刑法分则所规定的某一具体犯罪构成。例如，同为伤害的行为，对于这种行为是否具有刑事违法性进行考查时，就要注意这种行为是否符合刑法分则当中所规定的具体犯罪构成的要求。如果行为人实施的这种伤害行为是出于故意且已给被害人造成轻伤以上程度的伤害，由于其符合《刑法》第234条规定的具体犯罪构成，应以故意伤害罪论处。如果行为人实施的这种伤害行为是基于过失且已给被害人造成重伤以上程度的伤害，由于其符合《刑法》第235条规定的具体犯罪构成，应以过失重伤罪论处。如果行为人实施的伤害行为是出于正当防卫，由于这种行为是对社会有益的行为，不符合《刑法》第234条和235条所规定的具体犯罪构成，因此不能作为犯罪行为追究行为人的刑事责任。另外，如果行为人实施的伤害行为造成了某种损害结果，但这种损害结果不是出于故意或过失，而是由行为人不能预见或者不能抗拒的原因引起的，属于意外事件。由于意外事件亦不符合《刑法》第234条和235条所规定的具体的犯罪构成，因此亦不能作为犯罪来追究行为人的刑事责任。由此可见，离开法定的犯罪构成模式，就失去了对社会危害性的评价标准，同时也就没有认定犯罪的法律依据，从而缺乏追究其刑事责任的基础。所以，法定的犯罪构成模式既是揭示某种行为是否具有社会危害性及其达到何种程度的法律标准，又是确认刑事违法性的唯一依据。除了行为符合法定的犯罪构成模式之外，再没有别的标准来认定刑事违法性。因此，我们在考查犯罪的刑事违法性的时候，千万不要忽视它与犯罪构成之间的有机联系。

从刑事违法性与社会危害性之间的关系来看，社会危害性是刑事违法性的前提和基础，而刑事违法性是社会危害性的法律表现形式。尽管刑事违法性相对于社会危害性而言只是一种表现形式，但是这并不影响刑事违法性的独立地位。这是由于刑事违法性虽然决定于犯罪的社会危害性，但它对犯罪的社会危害性又有一定的制约作用。刑法规定某一行为成立某种犯罪必须具备的条件，是对该行为具有严重的社会危害性的科学概括。如果某种行为不符合刑法规定的某一犯罪构成条件，该行为就不是严重的危害社会的行为，因而也不具有刑事违法性。这就是说，什么行为是严重的危害社会的行为，不能由任何单位和个人来决定，而只能由国家立法机关通过法律程序来加以规定。国家立法机关对严重的危害社会的行为常常是通过制定刑法的形式来加以确认的。而刑法对某种严重的危害社会的行为的确认，最终又是通过各种具体的犯罪构成来定型的。如果离开刑法规定的具体的犯罪构成标准，就容易导致对我国社会主义法制的破坏，从而违背我国刑法所确立的罪刑法定主义原则。由此可见，刑事违法性作为犯罪的法律表现形式，既依赖于严重的社会危害性，同时又反过来对严重的社会危害性产生一定的制约作用。因此，它们二者之间既相互联系，又相互独立，共同构成认定犯罪的两大基本特征。

3. 犯罪是应受刑罚处罚的行为,即具有应受刑罚处罚性

任何违法行为都必须承担相应的法律后果,作为违反刑法规范的行为当然也不能例外。因此,应受刑罚处罚性不仅是犯罪行为应当承担的法律后果,同时也是犯罪的又一个不可缺少的重要特征。

马克思曾经说过,如果犯罪的概念要有惩罚,那么实际的罪行就要有一定的惩罚尺度。这一重要的论断告诉我们,有犯罪就有惩罚,犯罪与刑罚是形影相随,密切联系在一起的。一般来讲,犯罪是适用刑罚的前提和基础,刑罚则是犯罪行为所应承担的法律后果。国家决定动用刑罚的方法来惩罚某种危害社会的行为,说明该行为的社会危害性已经达到了相当严重的程度。因此,犯罪除了社会危害性和刑事违法性这两个基本特征之外,还具有应受惩罚性这一基本特征。正是犯罪的这一基本特征,将其与一般违法乱纪行为以及某些不道德行为区别开来,成为区分某种具有社会危害性的行为是否构成犯罪的重要标志。

犯罪的应受刑罚处罚性是对行为的社会危害性的评价,某种行为之所以应受刑罚处罚,就是因为该行为的社会危害性达到了相当严重的程度,同时也只有某种危害社会的行为应受刑罚处罚时,立法机关才将其规定为犯罪,从而赋予该行为以刑事违法性的特征。可见,应受惩罚性是将社会危害性与刑事违法性联系起来的中间环节。一般来讲,应受刑罚处罚的都只能是犯罪的行为,相反的,也只有犯罪行为才应受到刑罚的处罚。如果某种行为不应受刑罚处罚,那么也就意味着该行为根本就不是犯罪行为。

关于犯罪的应受刑罚处罚性,还必须引起注意的问题是,在刑法理论上和司法实践中,应不应受刑罚处罚和需不需要给予刑罚处罚是两个不同的概念,切忌将二者混为一谈。这是因为,应不应受刑罚处罚关系到行为人的行为是否构成犯罪的问题,应受刑罚处罚说明该行为已经构成犯罪,不应受刑罚处罚则说明该行为根本不是犯罪,当然也就不存在应受惩罚的问题。而需不需要给予刑罚处罚则说明该行为已经构成犯罪,只是考虑到某一案件的具体情况,是给予刑事处罚还是不给予刑事处罚的问题。免予刑事处罚本身说明,行为人的行为还是属于犯罪行为之列,只是考虑到某种情况不给予刑罚处罚而已。它与不应受刑罚处罚在性质上是完全不同的。由于两者关系到罪与非罪的界限,在处理此类问题时,我们应注意加以甄别。

我国刑法对犯罪所规定的以上三个方面的基本特征是紧密相联、彼此依存、互为表里、不可分割的。行为具有严重的社会危害性是犯罪的最本质特征,是刑事违法性和应受惩罚性的前提和基础;刑事违法性是社会危害性的法律表现,是联系犯罪的社会危害性与应受惩罚性的桥梁和纽带;应受刑罚处罚性是犯罪的社会危害性和刑事违法性发展的必然结果。以上三个特征都是某种行为构成犯罪的必要特征,它们结合在一起,共同说明犯罪的本质,从而形成我国刑法中完整、科学的犯罪概念。

三、犯罪的分类

犯罪的分类,是指根据犯罪所具有的某些特殊属性,将犯罪划分为若干相互对应

的类别。一般来讲,不同种类的犯罪具有各自不同的特点,其社会危害性的程度也往往存在着差别。对犯罪进行分类,不仅可以帮助我们进一步加深对犯罪概念的理解,为刑事立法提供有益的参考,而且可以为刑事司法提供有针对性的预防措施,为监管部门对罪犯的改造提供分类关押的依据。

据史料所载,迄今为止,最早的犯罪分类来源于罗马法,它以犯罪侵犯的法益为标准,将犯罪分为公罪与私罪两大类。1810年颁布的《法国刑法典》则将犯罪分为重罪、轻罪和违警罪三种。这种分类方式为近代很多国家所效仿。我国刑法中虽然没有明确规定犯罪的分类,但实际上却能够看出其中存在若干不同种类的犯罪区分,此外在刑法理论上也有一些犯罪的分类。本节拟根据刑法理论和刑事立法的规定对犯罪的分类问题作若干介绍。

(一)犯罪的理论分类

在刑法理论上,根据不同的标准可以对犯罪进行不同的分类,这种分类方式常见的有以下几种:

1. 自然犯与法定犯

自然犯(又称刑事犯),它是指违反公共善良风俗和人类伦理,由刑法典或者单行刑事法律所规定的传统性犯罪。如杀人、抢劫、强奸、放火、盗窃等犯罪,其行为本身就自然蕴含着犯罪性,人们根据一般的伦理观念即可对其作出有罪评价。

法定犯(又称行政犯),它是指违反行政法规中的禁止性规范,并由行政法规中的刑事罚则(附属刑法的一种)所规定的犯罪。例如由行政法规、经济法规的罚则所规定的职务犯罪、经济犯罪即属于此类。

一般认为,从犯罪人的主观恶性程度上看,自然犯较之法定犯要严重得多。但在违法性问题的认定上,由于行政法规错综复杂,对法定犯的判定又比自然犯要困难得多。同时,行政法规会因为国家管理目的的改变而经常发生变化,因此,法定犯又经常处于变动之中,缺乏像自然犯那样的稳定性。正因为两类犯罪各有其特殊性,所以,在认定、处罚及预防方面,均应采取各不相同的对策。

2. 身份犯与非身份犯

身份犯(其中一部分又称白领犯罪),它是指以国家公职人员、企业管理人员、科学技术人员等一定身份作为犯罪主体条件的犯罪。诸如贪污罪、受贿罪、玩忽职守罪等。

非身份犯(其中一部分又称蓝领犯罪),它是指身份犯以外的,刑法对其犯罪主体条件未作特别限定的犯罪。诸如杀人罪、伤害罪、抢劫罪、盗窃罪、赌博罪等。

身份犯与非身份犯的划分以刑法规定的职业等特殊条件为标准,因此,依法认定行为人是否具备某种特殊的身份条件,便成为认定行为能否构成某种犯罪的关键。在法律有特别规定的情况下,甚至还会直接影响到对犯罪人处罚的轻重程度。

3. 行为犯与结果犯

行为犯,是指以侵害行为之实施完毕为成立犯罪既遂条件的犯罪。如煽动分裂国家罪、煽动颠覆国家政权罪、诬告陷害罪、伪证罪、偷越国(边)境罪等。

结果犯，是指以侵害行为产生相应的法定结果为构成要件的犯罪，或者是指以侵害结果的出现而成立犯罪既遂状态的犯罪。前者如交通肇事罪、过失致人死亡罪、玩忽职守罪等所有的过失犯罪；后者如故意杀人罪、盗窃罪、贪污罪、敲诈勒索罪等。

行为犯与结果犯的区分，对于准确认定某一犯罪客观构成要件，进而区分罪与非罪的界限，具有重要的意义。同时，行为犯与结果犯的区分，也有助于准确认定犯罪既遂与未遂的原则界限。

4. 实害犯与危险犯

实害犯，是指以出现法定的危害结果为构成要件的犯罪。如《刑法》第119条第2款所规定的过失损毁交通工具罪等。

危险犯，是指以实施危害行为并出现某种法定危险状态为构成要件的犯罪。如《刑法》第116条规定的破坏交通工具罪，第125条规定的非法制造、买卖、运输、邮寄、储存枪支、弹药、爆炸物罪（前者为具体危险犯，后者为抽象危险犯）等。

实害犯与危险犯的区分，不仅有助于对犯罪构成要件的具体把握，而且对正确量刑常常具有积极的意义。一般来讲，刑法对实害犯规定了重于危险犯的法定刑。

除此之外，刑法理论还对犯罪进行了其他一些分类，比如以犯罪次数或其他法定条件为标准，可以分为初犯、再犯、累犯；以犯罪终了后不法行为或不法状态的情形为标准，可以分为即成犯、继续（持续）犯、状态犯；以犯罪时空条件为标准，可以分为同时犯、同地犯与隔时犯、隔地犯；以犯罪人的犯罪特性为标准，可以分为常业犯、常习犯、普通犯，等等。

（二）犯罪的法定分类

犯罪的法定分类是从刑法所规定的内容上对犯罪进行的分类。对犯罪进行立法上的分类，是建立科学的刑法典分则体系的需要，也是指导刑事司法，突出惩治重点的需要。根据我国刑法的规定，在立法上可以从以下几个方面对犯罪进行分类：

1. 国事犯罪与普通犯罪

我国刑法分则规定了十类犯罪，其中，第一章所规定的"危害国家安全罪"属于国事犯罪，这类犯罪危害的是国家的政权、社会制度与安全。第二章至第十章所规定的犯罪，相对于国事犯罪而言，属于普通犯罪。但其中的第十章所规定的"军人违反职责罪"又属于普通犯罪中的一类特殊犯罪。故亦可以说，刑法将犯罪分为国事犯罪、军事犯罪与普通犯罪三大类。

2. 故意犯罪与过失犯罪

根据我国刑法规定，故意犯罪，是指行为人明知自己的行为会产生危害社会的结果，并且希望或者放任这种结果发生，因而构成的犯罪。过失犯罪，是指行为人应当预见自己的行为可能发生危害社会的结果，因为疏忽大意没有预见，或者已经预见而轻信能够避免以致发生这种结果的犯罪。故意犯罪与过失犯罪作为我国刑法所规定的两大犯罪类型，由于其主观恶性不同，因此刑法以处罚故意犯罪为原则，以处罚过失犯罪为例外。

3. 亲告罪与非亲告罪

亲告罪是告诉才处理的犯罪。根据《刑法》第 98 条的规定,"告诉才处理,是指被害人告诉才处理。如果被害人因受强制、威吓无法告诉的,人民检察院和被害人的近亲属也可以告诉"。告诉才处理的犯罪,必须有刑法的明文规定。刑法没有明文规定为告诉才处理的犯罪,均属于非亲告罪,即不问被害人是否告诉、是否同意起诉,人民检察院均应提起公诉的犯罪。刑法将部分犯罪规定为亲告罪,主要是综合考虑了以下三个因素:首先,这种犯罪比较轻微,不属于严重犯罪。其次,这种犯罪往往发生在亲属、邻居、同事之间,被害人与行为人之间一般存在较为密切的关系。最后,这种犯罪涉及被害人的名誉,任意提起诉讼有可能损害被害人的名誉。

4. 基本犯、加重犯与减轻犯

基本犯是指刑法分则条文规定的不具有法定加重或者减轻情节的犯罪,例如《刑法》第 340 条规定的非法捕捞水产品罪,第 341 条第 2 款规定的非法狩猎罪即是。加重犯是指刑法分则条文以基本犯为基础规定了加重情节与较重法定刑的犯罪,例如《刑法》第 109 条规定的叛逃罪即是。加重犯又可以分为结果加重犯与情节加重犯。实施基本犯罪因发生严重结果刑法加重了法定刑的犯罪,称为结果加重犯,例如《刑法》第 234 条规定的故意伤害致人死亡罪;实施基本犯罪因具有其他严重情节刑法加重了法定刑的犯罪,称为情节加重犯(其中还可以分为数额加重犯、手段加重犯等),例如《刑法》第 263 条规定的有关抢劫罪的七种情节加重情形即是。事实上,还存在一种特别加重犯的情况,即就加重情节规定了加重犯之后,又在加重犯的基础上规定了特别加重情节与更重的法定刑(参见《刑法》第 295 条)。减轻犯是指刑法分则条文以基本犯为基础规定了减轻情节与较轻法定刑的犯罪,例如《刑法》第 112 条规定的资敌罪即是。这种分类实际上主要是对同一具体犯罪的不同情况的分类。

第二节 犯 罪 构 成

一、犯罪构成(构成要件)概念的演变

犯罪构成的观念,可能最早可以追溯到中世纪意大利纠问式程序中的"犯罪的确证"(constare de delicti)概念。在这种纠问式诉讼过程中,法院首先必须调查是否有犯罪存在(一般审问),在得到存在犯罪的确证之后,才能对特定的嫌疑人进行审问(特别审问),以后在德国也出现了类似概念。但早期西欧国家往往从诉讼法上来认识类似犯罪确证的概念,直到 19 世纪初,德国著名刑法学家费尔巴哈才明确地把构成要件(犯罪构成)作为刑法学上的概念来使用。费尔巴哈也是"心理强制说"的创始人,更是罪刑法定主义的首创者。费尔巴哈于 1802 年根据其心理强制学说,最先在其教科书中以拉丁文格言形式,将罪刑法定主义表述为"法无明文规定不为罪,法无明文规定不处罚"。从这一原则出发,费尔巴哈把刑法分则上关于犯罪成立的条件称之为构成要

件,指出:"构成要件就是违法行为中所包含的各个行为的或事实的诸要件的总和"。他还强调指出:"只有存在客观构成要件的场合,才可以被惩罚。"这个原则在他参与制定的1813年《巴伐利亚刑法典》中得到了具体体现。该法典第27条规定:"当违法行为包括依法属于某罪概念的全部要件时,就认为它是犯罪。"该法典被认为是世界历史上第一部把大部分的启蒙政治思想落实为条文的刑法典。

进入20世纪后,经过德国刑法学家贝林格(E. Beling,1866—1932)、迈耶(M. E. Mayer,1875—1923)和麦兹格(E. Mezger,1884—1962)等人的不断努力,构成要件才从刑法各论的概念中抽象出来,发展为刑法总论的理论体系的基干。贝林格在其1905年著作《刑法的纲要》和1930年著作《犯罪论》中首先提出他的构成要件理论。他将刑法分则的特殊构成要件概念化、理论化并上升为刑法总则的犯罪概念中心,使构成要件与违法性、责任等联系起来,共同组成犯罪概念,通过构成要件使全部刑法分则与刑法总则有机统一起来,从而建立了一个统一的犯罪论体系。贝林格的构成要件理论奠定了现代大陆法系犯罪构成理论的基础。贝林格认为,任何犯罪成立都必须具备以下六个条件:(1)行为。(2)行为符合构成要件。(3)行为是违法的。(4)行为是有责的。(5)行为有相应处罚的规定。(6)行为具备处罚的条件。贝林格起初将构成要件视为"表明犯罪类型轮廓的全部要素",但同时认为构成要件是纯客观的、记述性的,不包含主观的、规范性的内容,即不包含任何价值判断的东西。到了晚年,贝林格对自己的理论进行重大修正,他将原来称为"构成要件"的东西改为"犯罪类型",认为构成要件与犯罪类型有别,指出构成要件是犯罪类型的观念上的指导形象,从而使构成要件与违法性、有责性相分离。贝林格的观点一方面旨在建立犯罪论体系,另一方面在于维护罪刑法定原则。

贝林格的犯罪构成理论问世以后,在德国刑法学界引起了争论,争论的中心是构成要件与违法性的关系问题,以及构成要件是否包含规范的及主观的要素问题。1915年,迈耶发表了他的名著《刑法总论》,全面阐述了他的犯罪构成要件理论。他将贝林格提出的犯罪成立的六个条件简化为三个:构成要件符合性、违法性和归责性。他认为,法律上的构成要件是违法性的认识根据,所以必须由纯客观的、无价值的事由来构成。但是,实际上在法律上的构成要件当中可以发现有规范的要素和主观的要素。他认为,构成要件与违法性应严格区别,但两者具有像烟与火那样的密切关系,构成要件符合性是违法性的认识根据。行为如果符合构成要件,除个别情况下能证明具有阻却违法事由外,就可以推定为违法。麦兹格则进一步发展了迈耶的理论,提出违法类型论。他认为刑事立法根据规定的构成要件,设定了特殊的被类型化的不法行为,所以符合构成要件是违法性的存在根据,构成要件是"违法行为的类型"或者"可罚的违法类型"。麦兹格指出构成要件符合性不仅是违法性的认识根据,而且是违法性的存在根据。不过,他认为构成要件符合性不是独立的犯罪成立要件,而是修饰各种成立要件的概念,例如符合构成要件的行为,符合构成要件的违法,符合构成要件的责任。他将行为、违法、责任列为犯罪论的核心。所以,这一理论也被称为新构成要件论。

迨至 20 世纪 30 年代，特别是到了 50 和 60 年代，德国的刑法学者汉斯·威尔采尔（Hans Welzel）等人提出并建立了以目的行为论为中心的犯罪构成理论。他们认为，行为就是意志、身体动静和结果三者的结合，而 19 世纪以来的因果行为论把意志的内容完全排除在行为之外，这是错误的。由于他们强调目的是行为的本质的要求，所以他们提出的理论被称为目的行为论。以目的行为论为基础建立的目的行为论体系，就是目的行为论的构成要件论。用目的行为论来解释故意犯罪，逻辑上不存在任何矛盾，但是在解释过失犯罪时，仍有疑问，因为过失犯罪并无犯罪的目的性。目的行为论者为了克服这个严重的障碍，提出了各种各样的解释。这些不同和解释，决定了他们所建立的犯罪论体系的多样化，但有一点是相同的，即他们都不是将故意和过失列入责任的范畴，而是将它们作为行为的主观要素包括在构成要件之内。他们认为，故意（或过失）是行为的本质要素，也是构成要件的主观要素，而构成要件是违法类型，所以，故意（或过失）也是主观的违法要素。违法性是对法益和行为的否定评价。行为者在实施行为的目的是什么、他应当具有什么义务，以及行为的方式方法等，决定行为的违法性。以上这些内容就是目的行为论对犯罪构成理论的新发展。

日本刑法学家小野清一郎（おのせいいちろう，Ono-seiichiro，1891—1986）将德国的构成要件理论引入日本，并展开自己的违法责任类型论。在评论了贝林格和迈耶的构成要件论后，他明确提出构成要件不仅是违法类型，同时也是责任类型；构成要件要素不是单纯记述性的、客观的，而是也包括规范的要素和主观的要素。同时他试图将构成要件论作为从未遂、共犯、罪数论到刑事诉讼法等整个刑事法领域的指导原理。

从大陆法系犯罪构成理论的历史发展过程看，尽管关于构成要件的概念和内容一直在争论，但总的趋势是逐步扩大构成要件的内容，把更多的主观因素和规范因素列入构成要件之内，并且强调构成要件的主客观因素的联系和统一，强调构成要件的整体性和统一性。目前，大陆法系国家刑法理论普遍认为，犯罪成立必须具备三个条件：构成要件符合性（或该当性）、违法性、有责性。

二、我国刑法理论关于犯罪构成的通说

十月革命以后，苏维埃社会主义共和国联盟诞生，逐步发展出自己的刑法理论体系。苏联 20 世纪 20 年代中期出版的一些刑法教科书中，犯罪构成理论开始得到论述。著名刑法学家特拉伊宁（1883—1957）在 1925 年出版的《苏俄刑法教科书》中指出，必须把刑事责任的根据问题与具体的犯罪构成紧密联系起来加以研究，他指出："有一条基本原则始终是不可动摇的，即行为只有符合分则罪状规定的犯罪构成才能受刑事惩罚。"20 世纪 20 年代后期，法律虚无主义在全苏开始泛滥，并直接影响到刑事立法和刑法理论，因此，犯罪构成理论乃至整个刑法理论都受到严重的冲击。及至 1936 年苏联宪法颁行，犯罪构成理论研究才发生转机。1938 年出版的、由全苏法学研究所集体编写、供法律高等院校使用的《刑法总则》教科书，全面地论述了犯罪构成的主体、主观方面、客体、客观方面这四个要件，认为所谓犯罪构成是"构成犯罪的诸要件的总和",并强调指出:"为了要认定有责任能力的人应对其犯罪行为负担刑事责任,仅仅查明犯罪行为由该人实施是不够的,还需查明该人实施这种犯罪时有无罪过。"这里实际上已经明确提出犯罪必须是主客观因素的统一的观点。1946年特拉伊宁教授的《苏维埃刑法上的犯罪构成》一书出版(1957年修订改名为《犯罪构成的一般学说》),这是苏联关于犯罪构成理论的第一部专著,它全面、系统地论述了犯罪构成的概念、意义和犯罪构成理论的体系结构,研究了与犯罪构成有关的各种问题。该论著指出:"犯罪构成乃是苏维埃法律认为决定具体的、危害社会主义国家的行为(或不作为)为犯罪的一切客观要件和主观要件(因素)的总和",并且认为犯罪构成是刑事责任的唯一根据。

新中国成立后,法学理论向苏联学习,刑法学同样引入了苏联刑法理论体系。经过多年的研讨、修正和发展,形成了具有中国特色的犯罪构成理论,它在我国刑法理论中占有十分重要的地位。当然,我国犯罪构成理论方面的研究成果虽然不少,但对其中一些问题还有争论,有待于深入研究与突破。

我国刑法通说认为,犯罪构成理论是刑法学的核心内容,也是犯罪论的主体部分。犯罪构成是认定和构建犯罪成立条件的理论形式,是以标准的、典型的犯罪作为分析对象、据以总结出来的犯罪成立条件的整体。犯罪构成是刑法中特有的理论范畴,是统领刑法总论与刑法分论的基础。

犯罪构成与犯罪概念是两个既有密切联系又有区别的概念。犯罪概念是犯罪构成的基础,犯罪构成是犯罪概念的具体化,也是对犯罪概念的进一步可操作化。犯罪概念回答的问题是:什么是犯罪?犯罪有哪些基本属性?犯罪与违法之间有何差异?犯罪构成则进一步回答:犯罪是怎样成立的?它的成立需要具备哪些法定条件?定性为犯罪的内部应当如何界定?也就是说,它所要解决的是成立犯罪的具体标准、规格问题。通过犯罪构成一系列主客观要件的综合,具体说明什么样的行为是危害社会的、触犯刑法的,因而是应受刑罚或其他措施处罚的。可以认为,犯罪概念的各个基本属性是通过犯罪构成来具体说明的。犯罪概念是从总体上划清犯罪与非犯罪界限的框架,而犯罪构成则是分清罪与非罪、此罪与彼罪界限的具体标准。

犯罪构成,是依照我国刑法的规定,决定某一具体行为的社会危害性及其程度而为该行为构成犯罪所必需的一切客观和主观要件的有机统一。

从这个定义可以看出:

1. 犯罪构成具有主客观统一性,是一系列主客观要件的有机统一。任何一个犯罪构成都是包括许多要件的,这些要件有表明犯罪客体、客观方面的,有表明犯罪主体、主观方面的,它们的有机统一就形成某种罪的犯罪构成。我国刑法规定有四百多种具体罪,每一种具体罪都有自己的具体犯罪成立条件,而将每一种具体犯罪的成立条件进行抽象归纳,则成为一系列要件的有机统一。所谓有机统一,就是说这些要件是有内在联系、缺一不可的。

2. 犯罪构成与社会危害性具有内在统一性。任何一种犯罪都可以由许多事实特征来说明,但并非每一个事实特征都是犯罪构成的要件;只有对行为的社会危害性及其程度具有决定意义而为该行为成立犯罪所必需的那些事实特征,才是犯罪构成的要件。犯罪构成与案情这两个概念虽有联系,但不是同一个意思。犯罪构成是案情中最重要的部分,是基本的案情;然而,还有些案件情况不一定是犯罪构成的要件。不是构成要件的案件情况对定罪无意义,但对量刑或者诉讼证据可能有一定的意义。

3. 犯罪构成具有法定性,即行为成立犯罪所必须具备的诸条件都是由我国刑法规范加以规定或包含的。换言之,事实特征必须经由法律的选择,才能成为犯罪构成的要件。在立法者看来,正是这些条件的综合才表明该人实施该行为成立犯罪应当受到刑法处罚,除非法律另有规定,缺少其中一个要件不能构成犯罪。

4. 犯罪构成具有抽象性。犯罪构成是刑法理论上针对典型的犯罪或者标准的犯罪所归纳出的理论形式,实质上是刑法理论所设定的对犯罪条件成立的理想类型。犯罪构成具有抽象性,应而它与刑事司法实践中所发现的具体犯罪有时会有差异,在某些具体犯罪中的犯罪成立条件会与通常的犯罪构成有不一致之处,但这并不表明犯罪构成本身存在问题,而只是表明犯罪构成理论在具体实践中的不同表现。

行为是否构成犯罪与是否触犯刑法是一致的,如果说某种行为构成犯罪,就是因为它触犯了我国刑法的规定,具备了刑法所规定或者包含的构成要件。应当指出,刑法对犯罪构成的规定,由刑法总则与刑法分则共同实现。刑法总则规定了各种具体犯罪的共同要件,分则规定的是各种具体犯罪的具体构成要件。在根据刑法分则条文认定具体犯罪的时候,不能忽视总则条文规定的犯罪构成共同要件。只有把总则和分则紧密结合起来,才能全面把握犯罪构成要件,做到正确定罪量刑。

三、当今世界关于犯罪成立的其他主要学说

当今世界存在的认定犯罪成立的学说体系,除了我国刑法通说主张的犯罪构成理论体系之外,还主要包括另外两类:(1)大陆法系的犯罪论体系学说,适用范围主要包括欧洲的德、法、意等国、亚洲的日本等国,又称为大陆法系犯罪论三阶层学说。(2)英美法系的犯罪要素成立学说,适用范围主要包括英联邦国家、美国等,又称为英美法系犯罪成立双层次学说。以下对该两种主要学说作一简单介绍。

(一)大陆法系的犯罪论体系学说

该学说的主要观点是:犯罪是符合构成要件的、违法的、有责的并对此有合适的处罚规定和满足处罚条件的行为。将足以影响犯罪成立与否的三种要素即构成要件该当性、违法性和有责性依照一定次序进行排列组合,使其有机地结合起来的一种理论体系,它是整个大陆法系刑法理论的灵魂和核心。

1. 构成要件该当性

构成要件该当性是指行为符合刑法分则所规定的某个具体特征。构成要件该当性中，又包括以下内容：(1) 构成要件的行为。该当构成要件的行为称为实行行为。行为又可以分为作为与不作为，由此构成作为犯与不作为犯。作为犯是指把作为构成要件内容的作为加以规定的犯罪，不作为犯则可分为两种：一是纯正的不作为犯，即把作为构成要件内容的不作为规定为犯罪。二是不纯正的不作为，即把以不作为实现作为构成要件内容的作为加以规定的犯罪。(2) 因果关系，指行为与结果之间是否存在刑法上的重要因果问题，也就是构成要件该当性的问题。(3) 构成要件的故意，指在认识符合构成要件的外在客观事实之后并企图实现的意思。一般认为，构成要件的故意不包括违法性意识，因而与作为责任要素的故意在内容上存在差别。(4) 构成要件的过失，指不认识也不容忍构成要件的结果，由于不注意，即由于违反注意义务引起结果的发生。

有的观点将构成要件的内容进行更加细致的划分，提出了构成要件要素的概念，认为构成要件要素指组成犯罪构成要件的要素。例如行为、结果是组成不法要件的要素。犯罪构成要件要素的类型可以分为：

(1) 客观的构成要件要素和主观的构成要件要素。客观的构成要件要素，是指涉及行为外在显现形态的要素。包括行为主体、行为对象、实行行为本身、行为结果、因果关系。主观的构成要件要素，是指涉及行为人主观心理状态的内在要素。包括故意和过失，以及作为特别犯罪成立要件要素的犯罪目的和犯罪动机。

(2) 记述的构成要件要素和规范的构成要件要素。记述的构成要件要素，以日常生活单纯描述，不待法官进行价值判断补充即可明确的构成要件要素。大多数构成要件要素皆属此类。规范的构成要件要素，是指必须借由法官在个案中以价值判断补充评价，才有办法确定其内涵的不法构成要件要素。包括其一，需要借助其他法律规范的评价来补充内涵：如"国家工作人员""司法工作人员""公私财物""依法"。其二，需要以文化规范的评价作为补充：如"淫秽物品""猥亵""侮辱""住宅""不正当利益"。其三，需要具体量化评价作为补充：如"数额较大""严重残疾""情节严重""危险"。

(3) 积极的构成要素和消极的构成要素。积极的要素就是正面规定犯罪成立必须存在的要素。消极的要素指的是犯罪的阻却要素，指的是否定犯罪成立的要素。消极的要素在《刑法》中比较罕见，最典型的是第 389 条第 3 款：在索贿的情况下，如果行贿人没有获得不正当利益的，则不构成犯罪。

(4) 成文的构成要件要素与不成文的构成要件要素。成文的构成要件要素，是指刑法明文规定的要件要素。绝大多数构成要件要素都是成文的构成要件要素。不成文的构成要件要素，是指刑法条文表面上没有明文规定，但根据刑法条文之间的关系、刑法条文对相关要素的描述所确定的，成立犯罪所必须具备的要素。例如，不真正不作为犯的义务来源以及一些目的犯。

【实例分析 4-1】

对上述内容,司法考试曾作过多次考查。如 2008 年曾考查:关于构成要件要素的分类,下列哪些选项是错误的?

A. 贩卖淫秽物品牟利罪中的"贩卖"是记述的构成要件要素,"淫秽物品"是规范的构成要件要素;

B. 贩卖毒品罪中的"贩卖"是记述的构成要件要素,"毒品"是规范的构成要件要素;

C. 强制猥亵妇女罪中的"妇女"是记述的构成要件要素,"猥亵"是规范的构成要件要素;

D. 抢劫罪的客观构成要件要素是成文的构成要件要素,"非法占有目的"是不成文的构成要件要素。

根据分析,选项 B 是错误的,因为"毒品"是记述的构成要件要素而不是规范的构成要件要素,它以日常生活进行描述即可理解,不需要法官进行价值判断补充。其他选项理解均为正确。

2. 违法性

行为具备构成要件该当性还不属于犯罪,是否构成犯罪,还须考查行为是否具有违法性。构成要件是违法行为的类型,如果行为符合构成要件,一般可以推定该行为属于违法。但如果行为具有刑法上所规定或者法秩序所认可的违法性阻却事由,则该行为就不属于犯罪。这种违法性阻却事由包括正当防卫、紧急避险、合法授权等法定的违法性阻却事由和自救行为、义务冲突等超法规的违法性阻却事由。

3. 有责性

有责性是指能对行为人的犯罪行为进行谴责的可能性质。某一行为构成犯罪,除行为该当构成要件并属于违法之外,行为人亦必须负有责任。需要指出的是,大陆法系刑法理论中所指的有责性或者行为人的责任与我国刑法乃至其他法律中所称的责任有着较大区别。我国刑法乃至其他法律中所称的责任者的是违反了法定义务或者法律规定之后所产生的法定后果,是法律追究的有形压力形式;大陆法系刑法理论中所指的有责性或者行为人的责任指的是对行为人的行为进行负面评价、谴责非难的内在可行性或者必要性。

在有责性中,包括以下要素:(1) 责任能力,即成为谴责可能性前提的资格。凡是具有认识能力和控制能力的人,就认为具有责任能力。(2) 故意责任,作为责任要素的故意是指在认识构成要件事实的基础上,具有违法性意识以及产生这种意识的可能性。(3) 过失责任,作为责任要素的过失是指违反主观注意义务而具有谴责可能性。(4) 期待可能性,是指在行为当时的具体情况下,期待行为人做出合法行为的可能性。尽管对于期待可能性在责任中的地位存在不同见解,但期待可能性作为责任要件是大陆法系刑法理论的共识。

（二）英美法系的犯罪成立学说

英美法系的犯罪成立学说也称为犯罪要素成立学说,该学说认为犯罪成立要素是英美刑法上成立某一犯罪必不可少的基本要素,若缺少法定的犯罪要素,则对某一行为就不能以犯罪论处。英美刑法的犯罪成立双层次学说将犯罪成立要素分为两层次:事实意义上的犯罪要件和诉讼意义上的犯罪要件:(1)事实意义上的犯罪要件是指犯罪行为和犯罪意图,这种意义包含在犯罪定义之中。(2)诉讼意义上的犯罪要件是犯罪定义之外的责任要件,通过合法抗辩事由体现出来。由于这种构成要件具有双层次的逻辑结构,因而我们称之为双层次的犯罪构成体系,具体包括以下内容:

1. 犯罪本体要件

犯罪本体要件是第一层次的要件,包括犯罪行为和犯罪心态。(1)犯罪行为。英美刑法学中的行为一般被称为"犯罪行为",犯罪行为有广义与狭义之分:从广义上说,犯罪行为是指除犯罪心态以外的一切犯罪要件,其内容包括行为(作为、不作为或事件)、犯罪结果和犯罪情节。狭义上的犯罪行为指有意识的行为,它由行为和意识构成。犯罪行为是法律予以禁止并力求防止的有害行为,是构成犯罪的首要因素。(2)犯罪意图。犯罪意图又称为犯罪心理,是英美法系犯罪构成的主观要件,是构成犯罪的基本因素。"没有犯罪意图的行为,不能构成犯罪"是英美刑法的一条原则,它充分体现了犯罪意图在构成犯罪中的重要意义。从内容来看,犯罪心态就是行为人在实施社会危害行为时应受社会谴责的心理状态,即行为人对于其犯罪行为的一种心理状态。又称为"犯意",大体与中国刑法中的犯罪的主观方面类似。犯罪心态是规范内容和心理内容的统一。前者是犯罪心态的客观标准,后者是犯罪心态的主观根据。两者的统一,构成了完整的犯罪心态,两者共同决定着犯罪心态的质和量。

2. 责任充足要件——排除合法辩护

合法辩护又称为免责理由,它具有诉讼法的特点,是在长期司法实践中,对于刑事诉讼中的辩护理由加以理性总结形成的,并从诉讼原则上升为实际上的总则性规范。美国刑法把合法辩护分为两类:一类是"可得宽恕",如未成年、错误、精神病、被迫行为、醉态、胁迫等;另一类是"正当理由",如紧急避险、正当防卫、警察圈套等。如果行为符合犯罪本体要件,行为人不能证明自己存在合法辩护事由,即排除合法正当性,这就具备了责任充足条件。即便行为符合犯罪本体要件,如果行为人能够证明自己存在合法辩护事由,可以不负刑事责任。换言之,行为要成为负刑事责任的犯罪,除了要符合犯罪本体要件(犯罪行为和犯罪心态)外,还应不能进行合法辩护。

四、犯罪构成要件

在实际生活中,一切犯罪都是具体的,我国刑法分别规定了四百多种犯罪,每种犯罪都有自身特定的构成要件。刑法理论通过对全部犯罪的研究,从各种具体的犯罪构成中概括出犯罪构成的一般规律,总结出犯罪构成的共同要件。学习和掌握这些共同要件,能够帮助我们由一般到具体地系统掌握全部犯罪构成理论。按照我国刑法理论通说,我国的犯罪构成是耦合型四要件说,即任何一种犯罪的成立都必须具备四个方面的构成要件:犯罪客体要件、犯罪客观要件、犯罪主观要件、犯罪主体要件。

犯罪客体要件,是指刑法所保护而为犯罪所侵犯的社会主义社会的社会关系。

犯罪客观要件,是指犯罪活动的客观外在表现,包括危害行为、危害结果以及危害行为与危害结果之间的因果关系。有些罪的犯罪构成还要求发生在特定的时间、地点或者使用特定的方法。

犯罪主体要件,是指达到法定刑事责任年龄、具有刑事责任能力、实施危害行为的自然人。有的犯罪构成还要求特殊主体,即具备某种职务或者身份的人。根据法律的特别规定,企业事业单位、机关、团体也可成为犯罪主体。

犯罪主观要件,是指行为人有罪过(包括故意和过失)。有些罪的犯罪构成还要求有特定的犯罪目的。

形形色色的刑事案件,构成犯罪的具体要件不一样,但所有具体要件,都可归属于以上四个方面。

五、有关犯罪构成要件内在结构的争鸣

对我国目前犯罪构成理论通说,学术界近年来产生了许多争鸣,尤其对犯罪构成要件内在结构问题有了许多不同看法。有的学者认为,耦合式结构(指我国通说的犯罪构成理论结构)的主要缺陷是将犯罪构成要件之间的关系确定为一种共存关系。四要件全部具备,才说得上是犯罪构成的要件。但具体论述时,又分别作为犯罪构成的要件加以阐述。这样,在部分与整体的关系上存在逻辑混乱的现象。更多的学者对犯罪构成理论通说中的某些要件进行了反思与重构,提出了许多有价值的观点。

有的观点认为:将刑法通论认可的犯罪主体作为构成要件纳入犯罪构成之中,使之成为犯罪构成的一个必要内容的命题存在着明显的、众多的、无法克服的矛盾和错误:即在命题结论上存在着逻辑错误。把犯罪主体纳入犯罪构成之中作为一个必要要件,必然表明没有犯罪主体,就不可能存在犯罪构成。然而传统的犯罪主体的概念又明确表明只有实施了符合犯罪构成的行为的行为人才能成立,这意味着没有实施符合犯罪构成的行为,就不可能成立犯罪主体。于是在这样一个结论命题的逻辑结构中,就产生了一个无法自我协调、自圆其说的逻辑矛盾,即到底是犯罪主体决定了犯罪构成的成立与否,还是行为是否符合犯罪构成决定犯罪主体的成立与否。把行为人是否达到刑事责任年龄和是否具备刑事责任能力作为任何实施犯罪的人的前提条件规定在法律规范中,犯罪主体的成立不过是行为已经符合犯罪构成之后得出的结论,这已表明犯罪主体是独立于行为是否符合犯罪构成之外的。

有的观点认为:传统的犯罪客体理论把犯罪客体解释为一定的社会关系,不但混淆了犯罪的本质特征与作为犯罪构成内容的犯罪客体之间的区别,而且也无助于我们确定犯罪的具体性质。持传统观点的人为了说明犯罪客体与犯罪对象相区别时,常常以犯罪行为侵害一定人身的时候,是杀人罪还是伤害罪,关键就看两者侵犯的客体是人的生命权利还是健康权利为例。然而一定的犯罪行为指向被害人人身的时候,行为本身并不能作出直接的回答,而一定的人身背后隐藏的各种社会关系作为客观属性,本身也不能作出直接的回答,面对这种尴尬情形,传统观点又只好回过头来说,行为指向何种客体,是由行为人的主观目的内容所决定。这样主观罪过的目的内容决定了客观行为的指向,决定行为侵犯的客体性质。然而就在这种观点的逻辑结构中,我们丝毫看不出为什么犯罪的主观罪过内容不能直接决定犯罪的性质。在我们看来,主观罪过的内容决定了行为指向,行为作用于犯罪客体,其犯罪过程是:(主观罪过的)目的——行为——客体。这里决定犯罪性质的依据是犯罪的主观罪过目的,行为性质既然已由主观罪过性质决定了,又何需由犯罪客体来再决定犯罪主观罪过的性质?[①]

除了对传统的四个方面要件提出新的见解外,我国刑法理论关于犯罪构成的共同要件还出现了以下多种学说:(1)"二要件说",认为犯罪构成的共同要件是行为要件与行为主体要件。(2)"三要件说",认为是犯罪客观要件、主体要件与主观要件,或者认为是主体、危害行为与客体。(3)"五要件说",认为共同要件是:危害社会的行为、危害行为的客体、危害社会的结果及其与危害行为之间的因果关系、危害行为的主体要件,行为人的主观罪过。

对于犯罪构成要件学说,我们认为"四要件说",即将犯罪构成要件确定为犯罪客体要件、犯罪客观要件、犯罪主体要件和犯罪主观要件,是适当的。这种观点确认犯罪构成是一系列客观要件与主观要件的有机统一的整体,符合认识规律,与刑法规定相符合,有利于认定犯罪和保护合法权益,照顾到刑法理论的体系性、协调性与现实可行性。

---

① 参见杨兴培:《犯罪构成的反思与重构》,载《政法论坛》1999年第1期。

第五章 犯罪客体要件

> **学习要求**
> 了解：犯罪客体要件在我国犯罪构成体系中的地位与意义
> 理解：犯罪客体要件的概念
> 熟悉并能够运用：犯罪客体的判断与认定犯罪时的作用

第一节 犯罪客体的范畴与特征

一、犯罪客体的范畴

（一）犯罪客体的概念

客体最先作为一种术语使用始于中世纪的经院哲学，用以指意识所指的东西，包括认识的、意愿的、情感所寄托的对象，而后康德、黑格尔、费尔巴哈等哲学家都对"客体"这一哲学术语进行了不同的阐释。在马克思主义的哲学体系中，客体是主体活动所指向的对象，是"与主体相对应的，标志主体的认识活动与实践活动所指向的对象的哲学范畴。"由此可见，在哲学中，客体与对象是属于同等程度的哲学范畴，没有客体，人的认识活动和实践活动就将无从发挥和无所依托，因而，客体构成了人的活动（也即人的行为）的不可或缺要素。犯罪作为人的行为的一种特殊表现形式，与人的所有其他行为一样，以客体存在为必要条件。

在刑法领域内，犯罪客体与犯罪对象的关系略微有别于哲学中的客体与对象的关系，刑法中的犯罪客体有着特定的含义，它是隐藏在犯罪对象背后的社会关系。具体而言，犯罪客体是我国刑法所保护的、为犯罪行为所侵害的社会关系。犯罪客体是构成犯罪的必备要件之一。行为之所以构成犯罪，首先就在于侵犯了一定的社会关系，而且侵犯的社会关系越重要，对社会的危害性就越大。如果某一行为并未危害刑法所保护的社会关系，就不可能构成犯罪。因此，犯罪客体在犯罪成立中有着独特的地位和作用，它是一切犯罪成立的必备要件。

社会关系涉及社会生活的方方面面、各个领域。为犯罪所侵害的、受我国刑法保护的社会关系仅仅是其中最重要的一部分。概括而言，这部分社会关系包括国家安全、公共安全、社会主义市场经济秩序、公民的财产权利、公民的人身权利、民主权利和其他权利、社会主义社会管理秩序、国防利益、军事利益等。国家为了有效维持社会的正常运转,根据社会关系的重要性程度,分别运用不同的刑罚规范予以保护。在我国社会主义制度下,所有重要的社会关系都受到我国刑法的保护,但并不能因此称这些社会关系就是犯罪客体。这些社会关系只有受到危害行为的危害时,才能称之为犯罪客体。

(二)犯罪客体的意义

研究犯罪客体具有重要的理论和实践意义:

1. 有助于合理地划分犯罪类型,建立科学的刑法分则体系

虽然每一犯罪所侵犯的具体的社会关系可能会有不同,但由于社会关系具有层级序列,因而某些犯罪所侵犯的社会关系还是能够表现出一定的共通性。我国的立法者正是根据这种共通性,即某一类犯罪所共同侵犯的社会关系,首先对所有的犯罪分为十大类。其中,还将庞杂的"破坏社会主义市场经济秩序罪"和"妨害社会管理秩序罪"根据相同标准划分为若干节,然后原则上再按照所侵犯的社会关系的重要性程度不同对类罪、亚类罪以及个罪进行逐一排序,据此设立刑法分则的各章、节和条。

2. 有助于区分罪与非罪、此罪与彼罪

任何犯罪都必然侵犯刑法所保护的社会关系,某种行为若并未侵犯任何社会关系,或者只侵犯了其他部门法所保护的社会关系,那么该行为就没有社会危害性或者只具有一般的社会危害性,也就不构成犯罪,因此,研究犯罪客体有助于我们区分罪与非罪行为。由于刑法所保护的社会关系类目繁多、性质多样,如果行为人以其某方面的性质而实施犯罪行为,那么该犯罪行为就通常具有那个方面的性质,犯罪行为的性质就往往有所不同。

3. 有助于正确地量刑

根据罪刑相适应原则,刑罚的轻重应当与犯罪分子所犯罪行相适应。由于罪行的严重程度是行为所造成的客观危害、行为人的主观恶性及社会危险性的综合反映,因此,评价具体犯罪行为的严重程度,很重要的一方面就是考查其侵犯了何种性质、何等重要程度的社会关系。作用于不同性质或者重要性程度不同的社会关系,犯罪行为的社会危害性一般都会各不相同,对其裁量刑罚也往往因此而有轻重之别。例如,交通运输安全并非抢劫罪客体的内容,但是如果行为人在公共交通工具上实施抢劫行为,那么他的行为的社会危害性就比一般的抢劫行为更大,处刑也相应更为严厉。

近年来,我国刑法理论界围绕着犯罪客体的概念及其在犯罪构成中的地位和作用展开了广泛而深入的探讨,提出了一些较为新颖的见解,如关于犯罪客体的具体内容,有法益说、社会利益说、社会关系与生产力说、犯罪对象说、社会关系与利益说等等。对于犯罪客体在犯罪构成中的地位和作用,有学者则主张犯罪客体属于犯罪概念的内容,它与犯罪构成的其他三个要件并不处于同一层次,因而认为犯罪客体不应成为犯罪的构成要件。这些不同学术观点的提出对于深化犯罪客体的认识具有一定的作用。

二、犯罪客体的特征

犯罪客体具有以下特征：

（一）犯罪客体是刑法分则具体犯罪侵犯的社会关系的整体

根据历史唯物论的基本观点，人是社会性的动物，是自然属性和社会属性的统一体。人的自然属性是指人在生物学和生理学方面的属性；人的社会属性则是指人作为集体活动的个体，或作为社会的一员活动时所表现出来的特性，社会属性是人最主要也是最根本的属性，是人区别于其他动物的特殊本质。人的社会属性一般包含这样一些内容：能制造工具进行生产劳动，能进行理性思维，能按一定的伦理道德观念行动，等等。其中，能在一定的社会关系中从事劳动是人的本质属性，人的其余的各种社会属性都是在这一本质属性的基础上产生和发展起来的。千百年来，人类通过生产劳动形成了错综复杂的社会关系，就作为个体的人而言，其活动就将总是处于这种既定的社会关系之中，或者说，总是在这种既定的社会关系的制约之下通过活动（也即行为）作用于其上借此表现自己，"人是人的一切活动的出发点和归宿"，社会则是"以生产劳动为基础的无数个人活动构成的系统。"[①]正是基于这种意义，马克思指出，"人的本质并不是单个人所固有的抽象物。在其现实性上，它是一切社会关系的总和。"[②]

犯罪作为人的活动（即人的行为）的形式之一，因而也必然受制于特定的社会关系，它是犯罪主体借以作用于这种特定社会关系的活动或表现形式。犯罪客体作为犯罪行为的指向，因此最终可归结为一种社会关系。"从刑法分则各个条文的规定中，尤其可以看到，每一具体犯罪都要直接侵犯一个或几个具体的社会关系，如果将各种具体犯罪所侵犯的各个具体社会关系进行归纳，即成为犯罪所侵犯的社会关系的整体，即犯罪一般客体。"[③]

（二）犯罪客体被刑法规定后，凸显出最重要的社会关系

即只有重要的社会关系才能成为犯罪客体，相对次要的社会关系则由其他法律部门调整，不能成为犯罪客体。社会关系作为人与人之间的关系，有着极为丰富的内涵和纷繁复杂的表现形式，马克思主义依据社会关系间的决定与被决定关系，将社会关系分为物质的社会关系和思想的社会关系两大序列，其中，"思想的社会关系不过是物质的社会关系的上层建筑，而物质的社会关系是不以人的意志和意识为转移而形成的，是人维持生存的活动的（结果）形式"。物质的社会关系包括人们在物质资料生产过程中不以人的意志为转移的、必然形成的生产关系，以及由血缘形成的亲族关系。思想的社会关系则是由物质的社会关系所决定的上层建筑，它包含阶级关系、民族关系、国家关系、经济关系、政治关系、法律关系、道德关系等等。由此可见，社会关系的存在范围极为广泛，涵盖了人类活动的全部领域。良好的社会关系是社会正常有效运

---

① 高海清主编：《马克思主义哲学基础》（下册），人民出版社1987年版，第159页。
② 《马克思恩格斯选集》（第1卷），人民出版社2012年版，第138页。
③ 彭文华：《犯罪客体：曲解、质疑与理性解读》，载《法律科学》2014年第1期。

转的前提,为保障社会的正常有效运转,国家根据社会关系的不同性质及重要性程度,分别采取了不同的调整方式和手段。对于一般性的社会关系通常交由伦理道德规范加以调整,对于比较重要的社会关系则往往运用法律规范进行调整,并且即便是受法律规范调整的社会关系,也同样存在性质和重要性程度上的差异。

刑法是"保障法"(或称为"后盾法""第二顺位法"),它只有在其他部门法的制裁措施不能有效制止相关不法行为时方得以发动,因而起着保障其他部门法制度正常有效运行的作用。对于其他部门法的制裁措施不能有效制止的行为如果不动用刑法,其他部门法所设定的法律制度都将失效。刑法的此种性质决定了刑法所保护(或者所调整)的社会关系与其他部门法所保护(或者所调整)的社会关系有着本质的区别:其他部门法所保护的只是其相关法律制度所设定的具体权利,而刑法所保护的则不仅仅是其他部门法制度所设定的具体权利,更在于保护其他部门法的法律制度本身乃至作为整体的法律秩序。所以,刑法的保护对象是所有社会关系中最为重要的部分,不法行为只有在侵犯到这一层次的社会关系时方才构成犯罪。犯罪客体作为犯罪行为所侵犯的社会关系,因而理所当然的是以这一层次的社会关系为内容。犯罪客体具体表现为刑法分则规定的各种犯罪所侵犯的社会关系,不包括其他社会关系。① 犯罪客体具有法定性,同样遵从罪刑法定原则而生成,并不具有完全的超越法律的先在属性。

(三)犯罪客体是刑法规定的社会关系的显性状态,刑法规定的社会关系是犯罪客体的隐性状态

按照辩证唯物主义的观点,人(作为刑事责任的主体基础)、行为(作为刑事责任的法律基础)等犯罪构成要件(或者要素)都只能在关系中存在,而不能作为纯粹孤立的存在。社会关系的范围随着人类认识世界、改变世界的范围扩大而扩大,从人与自然的简单关系发展到人与自然的复杂关系,从人与人的单向关系发展到人与人的多元关系,因而刑法规定的社会关系不是一般的静态的社会关系,而是动态的与犯罪的人或者行为发生一定关联的社会关系。如人与网络发生的社会关系,并非一开始就可以成为犯罪客体,而是被具有恶意的人士滥用网络或者利用网络侵害他人合法权益后,才可能成为犯罪客体。在受到法定的行为侵害之前,人与网络的关系已经存在,但并不能被认为具有犯罪客体属性,只有受到法定的行为侵害之后,这种社会关系才在刑法上具有犯罪客体属性而成为显性存在,社会关系的存在总是在逻辑上或者时间序列上早于犯罪客体。

我国刑法对犯罪客体的规定,采取了较为多样的方式:

1. 有的条文明确揭示犯罪客体。例如《刑法》第102条揭示背叛国家罪的客体是中华人民共和国的主权、领土完整和安全;第221条明确指出损害商业信誉、商品声誉罪的客体是他人的商业信誉、商品声誉;第371条第1款规定的聚众冲击军事禁区罪,条文揭示其客体为军事禁区秩序。

---

① 参见彭文华:《犯罪客体:曲解、质疑与理性解读》,载《法律科学》2014年第1期。

2. 有的条文指出犯罪客体的物质表现,通过物质表现表明犯罪客体。例如,《刑法》第206条规定了伪造、出售伪造的增值税专用发票罪,条文指出的增值税专用发票就是犯罪客体的物质表现,通过这种物质表现表明本罪的客体是国家对增值税专用发票的管理制度。再如,《刑法》第210条之一规定了持有伪造的发票罪,条文指出的伪造的发票就是犯罪客体的物质表现,通过此种物质表现表明该罪的客体是国家对发票的管理制度。

3. 有的条文指出被侵犯的社会关系的主体,通过对被侵犯的社会关系主体特征的揭示,表明其所侵犯的特定的社会关系即该罪客体。例如《刑法》第236条规定的强奸罪,条文显示女性(即妇女和幼女)是被侵犯的特定社会关系的主体,据此表明强奸罪的客体是女性的性的自由权利和幼女的身心健康权利。

4. 有的条文指出对某种法规的违反,某种法规本身并不是犯罪客体,而法规所调整和保护的特定社会关系,则是具体犯罪的客体。例如《刑法》第337条规定,违反有关动植物防疫、检疫的规定,引起重大动植物疫情的,或者有引起重大动植物疫情危险,情节严重的,构成妨害动植物防疫、检疫罪。有关动植物防疫、检疫的规定本身不是妨害动植物防疫、检疫罪的客体,但有关动植物防疫、检疫的规定所调整和保护的动植物防疫、检疫制度,正是妨害动植物防疫、检疫罪的客体。

5. 有的条文通过对行为具体表现形式的描述表明某一犯罪客体。犯罪行为的方法,往往能说明其所侵犯的客体,因而揭示行为的方法,也就能表明该种犯罪的客体。例如《刑法》第301条第1款规定的聚众淫乱罪,其行为具体表现形式为聚众进行淫乱活动,该行为具体表现形式表明本罪的客体是社会公共秩序和社会公德。

第二节 犯罪客体的分类

刑法理论上将犯罪客体划分为三类或三个层次:一般客体、同类客体、直接客体。三类客体是三个不同的层次,它们之间是一般与特殊、共性与个性、抽象与具体、整体与部分的关系。同类客体是在直接客体基础上的分类和概括,而一般客体又是对一切犯罪客体的抽象和概括。三者之间构成了两个层次的一般和个别的关系,它们虽然具有许多共性,但又不能相互取代,在刑法理论与司法实践中都有其重要的作用。

一、犯罪的一般客体

犯罪的一般客体,是指一切犯罪共同侵犯的客体,即我国刑法所保护的社会主义制度下社会关系的整体。犯罪的一般客体反映了一切犯罪客体的共性,它是刑法所保护客体的最高层次,因此是研究一般犯罪特征的依据,也是研究其他层次犯罪客体的起点和基础。我国《刑法》第2条关于刑法任务的规定、第13条关于犯罪概念的规定说明了犯罪一般客体的主要内容。研究犯罪的一般客体,就是对刑法保护的所有社会关系作整体性研究,揭示一切犯罪的共同属性,进而认识犯罪的阶级实质,认识犯罪的社会危害性，了解我国同犯罪作斗争的社会政治意义。犯罪存在一般客体，说明任何犯罪行为都侵犯了刑法所保护的社会关系的整体，犯罪并不仅仅是犯罪人与被害人之间的矛盾，而是犯罪人与国家、社会、人民利益的冲突。刑法所保护的社会关系与其他部门法所保护的社会关系存在本质区别，刑法所保护的社会关系是作为整体的法律秩序，其他部门法所保护的社会关系只是特定领域内的法律秩序。由此可见，犯罪的一般客体实质上已经从一个侧面反映了犯罪行为的本质，也清晰地向我们展示了动用国家刑罚权的根据，即国家为什么应当对犯罪人科以刑罚这种最为严厉的法律制裁措施，原因在于：犯罪是一种严重危害社会的行为，威胁到了作为整体的国家法律秩序，如果不动用刑罚加以制裁，那么国家法律秩序就将整体崩溃，每一公民的基本人权也将因此而无法得到保障。

二、犯罪的同类客体

犯罪的同类客体，是指某一类犯罪行为所共同侵害的我国刑法所保护的社会关系的某一部分或某一方面。划分犯罪的同类客体，是根据犯罪行为侵害的刑法所保护的社会关系的不同进行的科学分类。作为同一类客体的社会关系，往往具有相同或相近的性质。例如生命权、健康权、人格权、名誉权等都属于人身权利的范畴，只要这些权利受到犯罪危害，人身权利就成了这些犯罪的同类客体。只有依据同类客体，才能对犯罪作科学的分类，建立严密、科学的刑法分则体系。我国刑法分则正是根据同类客体的原理，将犯罪分为十大类。例如，故意杀人罪、故意伤害罪、非法拘禁罪、侮辱罪、诽谤罪等，虽然各自侵犯的是生命权、健康权、人身自由权、人格权和名誉权等，但这些权利同时属于民法规定的人身权利的内容，人身权利也就成为此类犯罪的同类客体。我国刑法分则正是根据犯罪的同类客体而将四百多种具体的犯罪分为十个大类，分别形成刑法分则的各章。另外，鉴于有的章的犯罪同类客体所包含的内容过于复杂，此时立法又往往会在该同类客体之下进行再次分类，由此形成若干"次层次"的同类客体。如我国刑法分则第三章"破坏社会主义市场经济秩序罪"下设八节，第六章"妨害社会管理秩序罪"下设九节，其中各节犯罪所共同侵犯的社会关系就是"次层次"的同类客体。

三、犯罪的直接客体

犯罪的直接客体，是指某一种犯罪行为所直接侵害的我国刑法所保护的社会关系，即我国刑法所保护的某种具体的社会关系。例如，故意伤害罪直接侵害的是他人的健康权利，强奸罪侵害的是妇女的性自主权利，因而，受故意伤害罪、强奸罪直接侵害的社会关系即这两种犯罪所侵害的直接客体。

犯罪的直接客体是决定犯罪性质的最重要因素。一种行为之所以被认定为这种犯罪或那种犯罪，归根结底是由犯罪的直接客体决定的。犯罪的直接客体揭示了具体犯罪所侵害的社会关系的性质以及该犯罪的社会危害性的程度。犯罪的直接客体是研究犯罪客体的重点，也是司法实践中借以区分罪与非罪、此罪与彼罪的关键。为研究和应用方便，理论上可以也有必要对犯罪的直接客体作进一步分类。我们认为，可以根据客体的单复性把直接客体分为简单客体与复杂客体，可以根据客体是否具备物质性把直接客体分为物质性客体与非物质性客体。

1. 简单客体与复杂客体

犯罪现象是复杂的存在，多数犯罪行为只直接侵犯到某一种具体社会关系。但是，有些犯罪行为直接侵犯两种以上的具体社会关系。根据具体犯罪行为危害具体社会关系数量的多少，可以划分为简单客体和复杂客体。简单客体，又称单一客体，是指某一种犯罪只直接侵害一种具体社会关系。例如，盗窃罪只危害公私财物所有权，故意伤害罪只侵害他人健康权。简单客体在现实生活中比较常见、大量存在。复杂客体，是指一种犯罪行为同时侵害的客体包括两种以上的具体社会关系。例如抢劫罪，不仅直接侵犯公私财产权，也直接侵犯他人的人身权利；生产、销售不符合标准的医用器材罪，不仅侵犯了不特定的多数人的生命健康和国家的医疗器械、医用卫生材料的管理制度，同时也扰乱了市场经济秩序。又如《刑法》第253条规定的私自开拆、隐匿、毁弃邮件、电报罪，不仅直接侵犯了他人的通讯自由，而且妨害了邮政部门的正常活动。

在复杂客体中，各种社会关系有主有次，不能等量齐观。根据直接客体在犯罪中受侵害的程度以及受刑法保护的状况，可对复杂客体进行再分类，包括主要客体和次要客体。主要客体，是指某一具体犯罪所侵害的复杂客体中程度较严重的，刑法予以重点保护的社会关系。主要客体决定该具体犯罪的性质，从而也决定该犯罪在刑法分则中的归属。例如，把抢劫罪列入侵犯财产罪中，把生产、销售不符合标准的医用器材罪列入破坏社会主义市场经济秩序罪中。司法实践中，认定侵害多种客体的犯罪时，应从犯罪的主要客体入手。犯罪的主要客体一旦确定，犯罪性质就可以得到大体明确。所以，对主要客体的理解有助于正确认识某一犯罪的性质。次要客体，是指某一具体犯罪所侵害的复杂客体中程度较轻的，刑法予以一般保护的社会关系，也称辅助客体。它是立法者在确定某一具体犯罪构成时也要同时予以保护的另一种具体社会关系。对于具有复杂客体的犯罪来说，除主要客体外，次要客体也是犯罪构成的必要要件，对于定罪量刑也有决定作用。例如，抢劫罪与抢夺罪的区别在于：抢劫罪既侵害他人财产权利，又侵害他人人身权利；而抢夺罪只侵害他人财产权利，一般不侵害他人人身权利。

2. 物质性犯罪客体与非物质性犯罪客体

以具体犯罪侵害的社会关系是否为物质性的为标准，可将直接客体分为物质性犯罪客体和非物质性犯罪客体。对物质性犯罪客体侵害的标志是产生物质性的损害或威胁，可能成为物质性犯罪客体的社会关系如经济关系、财产关系以及人的生命、健康权利等；对非物质性犯罪客体侵害的标志是不具有直接的物质损害的形式，可能成为非物质性犯罪客体的社会关系如政治制度、社会秩序、人格、名誉等。在现代社会中，物质性犯罪客体还可以分为实体物质性犯罪客体和虚拟物质性犯罪客体,对于后者,刑法理论与实践中存在较多争议。

第三节　犯罪客体与犯罪对象的关系

犯罪对象是指刑法分则条文规定的犯罪行为所作用的客观存在的具体人或者具体物。大多数具体的犯罪行为,都直接作用于一定的标的,使之发生损毁、灭失或归属、位置、状态、行为方式等的改变,使刑法保护的社会关系受到危害,进而阻碍、影响社会的正常运行,对社会造成危害。人们对行为是否构成犯罪的过程,往往开始于对犯罪对象的感知,进而认识到犯罪对象所代表的、受刑法保护的社会关系受危害的情况,确定该行为是否构成犯罪和构成犯罪的性质。

犯罪对象具有客观实在性和可知性的特征。犯罪对象的客观实在性表现为它一经犯罪行为作用,就成为客观的存在,不以人们的意志为转移。任何犯罪行为作用于犯罪对象,必然或多或少地在犯罪对象方面留下其作用的痕迹与影响,从而忠实、准确地反映了犯罪行为对其作用时的实际情况。这一特点,使犯罪对象在刑事诉讼中具有提供证据和检验证据的双重功能。犯罪对象的可知性,表现为尽管其纷繁复杂,但是可以被人们所认识。

一、犯罪对象的基本含义

犯罪对象的基本含义有三:

1. 犯罪对象是具体的人或物

刑法中的人包括有生命的自然人和法律拟制的人两类。自然人作为犯罪对象是一种较为普遍的情况。例如拐卖妇女、儿童罪、虐待罪、打击报复证人罪等,都是以自然人作为对象的犯罪。法律拟制的人作为犯罪对象在刑法中属于个别对象。物,是不以人的意志为转移而客观存在的物质。物的存在形式是时间与空间,物的外在表现是状态。物包括有形物与无形物。信息可以成为行为对象,在对信息的实质存在激烈争议的情况下,可以将信息视为物质。

2. 犯罪对象是犯罪行为直接作用的人或物

作为犯罪对象的具体的人或物,具有客观实在性,但在人或物未受犯罪行为侵害时,仅是可能的犯罪对象。只有犯罪行为直接作用于某人或某物时,具体的人或物才成为现实的犯罪对象。因此,犯罪对象只能是犯罪行为直接作用的人或物,否则便不是犯罪对象。据此可以将犯罪对象与犯罪所得之物、犯罪所用之物区分开来。犯罪所得之物,指犯罪人通过犯罪所获得的财产或物品,犯罪所用之物指犯罪人进行犯罪活动所使用的工具或物品,这些都不能认定为犯罪对象。

3. 犯罪对象是刑法规定的人或物

刑法分则条文大多数并不明确规定犯罪客体,而往往通过规定犯罪对象的方式来表明犯罪客体的存在。因此,刑法条文或者规定作为犯罪对象的人,或者规定作为犯罪对象的物,用以表明犯罪客体。

犯罪对象与犯罪客体是两个既有联系又有区别的概念。犯罪客体与犯罪对象的联系在于:作为犯罪对象的具体物是具体社会关系的物质表现;作为犯罪对象的具体人是具体社会关系的主体或参加者。犯罪分子的行为作用于犯罪对象,就是通过犯罪对象即具体物或者具体人来侵害一定的社会关系。

二、犯罪客体与犯罪对象的区别

犯罪客体与犯罪对象的区别主要有四点:

1. 犯罪客体决定犯罪性质,犯罪对象则未必

仅从犯罪对象分析某一案件,并不能辨明犯罪性质。只有通过犯罪对象体现的社会关系即犯罪客体,才能确定某种行为的性质。例如,同样是盗窃汽车零部件,某甲盗窃的是修配厂里处于修理状态的汽车零部件,某乙盗窃的是使用中的汽车零部件,前者可能构成盗窃罪而后者可能构成破坏交通工具罪。二者的区别就在于犯罪对象体现的社会关系不同:一是侵害公私财产所有权,一是侵害公共安全。

2. 犯罪客体是任何犯罪的必要构成要件,而犯罪对象则仅仅是某些犯罪的必要构成要件

例如《刑法》第 328 条第 1 款规定的"盗掘古文化遗址、古墓葬罪",其犯罪对象只能是古文化遗址、古墓葬,否则便不可能构成此罪。而例如妨害传染病防治罪,脱逃罪,偷越国境边境罪,非法集会、游行、示威罪等,则很难说有什么犯罪对象,但是这些犯罪都具有犯罪客体。

3. 任何犯罪都会使犯罪客体受到危害,而犯罪对象则不一定受到损害

例如,盗窃犯罪人将他人的财物窃走,侵犯了原财物合法所有人的财产权利,但作为犯罪对象的财物本身则未必受到损害。一般情况下,犯罪分子往往把犯罪所得之物妥善保存,以便自用或销赃。

4. 犯罪客体是犯罪分类的基础,犯罪对象则不是

犯罪客体是犯罪的必要构成要件,其性质和范围是确定的,因而它可以成为犯罪分类的基础。我国刑法分则规定的十类犯罪,主要是以犯罪同类客体为标准划分的。如果按犯罪对象则无法分类。犯罪对象并非犯罪的必要构成要件,它在不同的犯罪中可以是相同的,在同一犯罪中也可以是不同的。

第六章　犯罪客观要件

> **学习要求**
>
> **了解**：犯罪客观要件的基本内容；危害行为的概念；危害结果的概念；犯罪的其他客观要件
> **理解**：危害行为的表现形式；危害结果的种类及其刑法意义
> **熟悉并能够运用**：刑法上因果关系的基本观点及其判断

第一节　犯罪客观要件概述

一、犯罪客观要件的特征

犯罪客观要件，是指刑法所规定的、说明行为对刑法所保护的社会关系造成侵害的客观外在事实特征。犯罪客观要件是构成犯罪所必须具备的要件。犯罪客观要件具有如下几个特征：

（一）犯罪客观要件为刑法规定而具有法定性

我国刑法总则对于犯罪客观要件未作专门的规定，但我国刑法的分则性条文，则通常比较明确、具体地规定了各种犯罪的客观方面的内容。有些犯罪由于客观方面内容比较明显、为众所周知，刑法便没有详细描述其客观方面，但我们可以从刑法对该罪名的规定中把握其客观方面的要件。比如，《刑法》第 232 条规定："故意杀人的，处……"这一条就没有列举构成故意杀人罪客观方面的要件，但这并不等于说构成故意杀人罪不要求客观要件，而是由于就故意杀人罪而言，说到罪名，人人都理解行为人客观上必须实施杀人的行为为本罪的要件。至于用什么方法杀人，在什么时间和地点杀人，刑法则不作要求。由于犯罪客观要件是刑法规定的，因而必须严格依照刑法的规定确定其具体的内容。刑法规定了某一犯罪必要的客观事实特征，这些特征就是这种犯罪成立不可缺少的要素，刑法未规定的客观因素，则不是犯罪客观要件的内容。

（二）犯罪客观要件以客观事实特征为内容

人的犯罪行为作为人的一种活动，可以分为主观和客观两个方面的事实。主观方面是人有意识、有意志的思维活动。客观方面是主观方面的客观化及客观表现，即行为人在有意识、有意志的心理态度支配下表现在外的事实特征。客观事实有多种表现,通常情况下是与人的行为相关联的事实,有时也包括时间、空间等要素。

(三)犯罪客观要件是说明行为对刑法所保护的社会关系有所侵犯的客观事实特征

就具体犯罪来说,其客观事实特征是多方面的,但并非一切客观事实特征都可以成为犯罪客观要件的内容。犯罪客观要件的内容旨在说明在什么样的条件下,通过什么样的行为,对犯罪客体即刑法所保护的社会关系造成了何种程度的侵害。不能说明侵犯刑法所保护的社会关系的客观事实特征,则不具有成为犯罪客观要件内容的资格。犯罪客观要件是成立犯罪所必须具备的客观因素。不具备客观方面,就说明不存在社会关系受到侵害的客观事实,因而也不能构成犯罪。在犯罪构成的四个共同要件中,犯罪客观要件属于核心地位。因为犯罪毕竟是一种危害社会的行为,危害行为这个客观方面的要件,是犯罪其他要件所依附的本体性要件,犯罪客体是危害行为侵犯的而为刑法所保护的社会关系,犯罪主体和犯罪主观方面说明危害行为的性质及其程度。

犯罪客观要件的要素,也可称为犯罪客观要件的内容,是指犯罪成立在犯罪客观要件方面所必须具备的条件。犯罪客观要件的要素是犯罪客观要件这一范畴下的一个下位概念。犯罪客观要件是就刑法分则中各种犯罪成立均必须具备某些客观事实特征而概括出来的一个范畴,为犯罪构成的共同要件之一;犯罪客观要件的要素则是相对具体的,是指刑法分则中某种犯罪成立在客观方面应当具备的客观要素。

犯罪客观要件的要素具体表现为危害行为、危害结果,以及行为的时间、地点、方法(手段)、对象。其中,危害行为是一切犯罪在客观方面都必须具备的要件,也是犯罪客观要件中唯一一个为一切犯罪所必须具备的要件;危害结果是大多数犯罪成立在客观方面必须具备的要件,特定的时间、地点、方法(手段)以及对象,则是某些犯罪成立而在犯罪客观要件方面必须具备的要件。传统的刑法理论通常将危害行为称为犯罪客观要件的必要要件,危害结果、特定的时间、地点、方法(手段)以及对象则称为犯罪客观要件的选择要件。哪些事实特征是必要要件,刑法理论上存在分歧。但是,危害行为是必要要件,犯罪时间、地点及方法是选择要件,在刑法理论界已经形成共识。

争议最大的是危害结果以及危害行为与危害结果之间的因果关系是否为犯罪构成客观方面的必要要件。肯定说以我国《刑法》第14、15条规定的"明知自己的行为会发生危害社会的结果"或"应当预见自己的行为可能发生危害社会的结果"为依据,认为无论故意犯罪还是过失犯罪都以危害结果作为客观方面的必要要件。既然危害行为和危害结果都是必要要件,因而在其间的因果关系也自然是必要要件。否定说则认为,危害结果与因果关系均为犯罪构成客观方面的选择要件。我们认为,《刑法》第14、15条是对认识的要求,即要求对危害行为的结果之预见作为故意的构成要素,将对危害结果的预见义务作为过失的构成要素,而不是对结果的要求。这里涉及对危害结果的界定问题。从广义上讲,任何犯罪都有危害结果,危害行为与危害结果是同步的,因此有危害行为就必然有危害结果。但这种危害结果是抽象意义的,如非法持有毒品的行为必然有危害结果。但刑法理论所争议的是否是必要要件的危害结果主要指特定的物质性结果。从我国刑法分则的规定看，不以这种危害结果作为必要要件的犯罪并不少见。由此，危害结果与因果关系只是选择要件，而不是必要要件。唯有危害行为是一切犯罪构成必须具备的要件。

二、研究犯罪客观要件的意义

研究和学习犯罪客观要件具有极为重要的价值和意义：

（一）犯罪客观要件是整个犯罪构成的逻辑先导，也是刑事司法实践中认识与判断犯罪成立的客观基础

犯罪客观要件在犯罪构成四个要件中居于关键的地位，其中的危害行为更是一切犯罪构成的核心。任何犯罪都表现为客观上的危害行为，犯罪构成四个方面中的其他构成要件，都是说明行为的社会危害性及其严重程度的事实特征，它们都以危害行为作为逻辑先导，并且围绕着危害行为而联结成为一个整体。没有危害行为，其他构成要件也就失去了表明的对象；没有犯罪客观要件，也就没有犯罪客体、犯罪主体和犯罪主观要件。在刑事司法实践中，对犯罪是否存在、犯罪的属性认识都是从犯罪的客观要素开始，如发现行为人正在实施危害行为、发现被害人、发现作案工具等。对其他犯罪构成要件的考查，也需要依赖犯罪客观要件，如行为人的主观罪过属于故意还是过失，很难从行为人本身发现，必须要从行为人的客观要件要素中进行判断。

（二）犯罪客观要件是认定罪与非罪的界限

对于所有犯罪来说，危害行为的有无是区分罪与非罪的重要标志；对于某些犯罪来说，危害结果、特定的行为时间、地点和方法（手段）的有无，也是区分罪与非罪的重要标志。例如，没有非法剥夺他人生命的行为，就不构成《刑法》第232条的故意杀人罪；交通肇事行为如果没有发生法定的危害后果，就不能构成交通肇事罪，而只能按照交通违法行为处理；猥亵妇女如果未使用暴力、胁迫等方法实施的，也不构成《刑法》第237条的强制猥亵罪。

（三）认识和学习犯罪客观要件有助于正确量刑

就不同的犯罪而言，有些犯罪之所以分属不同的犯罪，规定轻重不同的刑罚，主要是由于其客观要件不同进而影响到它们的社会危害性程度不同，如抢劫罪和抢夺罪就是如此。就同一性质的犯罪而言，犯罪客观要件对于量刑的影响体现在两个方面：从立法上看，刑法对不少犯罪往往把是否具备某种危害结果作为加重处罚的根据。例如《刑法》第234条的故意伤害罪，就对危害结果是重伤、重伤致死的情况规定了较一般伤害结果更重的刑罚。从司法实践中看，同一性质犯罪的不同案件，它们所实施的方式、手段以及时间、地点、条件、具体对象等往往不尽相同，这些不同的客观事实特征，虽然不属于犯罪客观方面的要件，对大多数犯罪的定罪并无影响，但对具体案件的危害程度有影响，甚至有重要的影响。如故意伤害罪中经常需要考虑行为人的伤害手段是否残忍，从而影响不同的量刑。我国刑法中的量刑原则及其他有关量刑的规定，都

要求量刑时要充分考虑到这些客观情况对犯罪危害程度的影响。

第二节 危 害 行 为

一、危害行为的概念与特征

马克思指出:"我只是由于表现自己,只是由于踏入现实的领域,我才进入受立法者支配的范围。对于法律来说,除了我的行为,我是根本不存在的,我根本不是法律的对象。我的行为就是我同法律打交道的唯一领域,因为行为就是我为之要求生存权利,要求现实权利的唯一东西,而且因此我才受到现行法的支配。"[①]他明确指出了在法律上只有行为才是唯一关注的焦点。之所以强调行为在法律上的重要性,是因为法律从其性质和功能上讲,就是调整特定社会关系的行为规范。我国刑法所惩处的犯罪,首先是人的一种危害社会的行为。特定的危害社会行为,是我国刑法中犯罪客观要件首要的因素,是一切犯罪构成在客观上都必须具备的要件。研究和把握我国刑法中的危害行为,应当了解这种危害行为的内涵及其基本表现形式。

（一）危害行为的概念

危害行为是刑法学上的一个非常重要的概念。在大陆法系国家的刑法理论中,围绕危害行为的概念曾存在激烈的争论,并形成了因果行为论、目的行为论、社会行为论、人格行为论等多种行为理论学说。

1. 因果行为论

因果行为论认为行为是由于意思所引起的外界的自然因果过程。它将有意性（即出于行为人的意思）和有形性（即在行为人意思支配下的身体举动及其发生的因果过程）作为行为的标准。但是,由于它不能说明不作为犯,尤其是所谓忘却犯（即无认识过失的不作为犯）的行为性,受到很多人反对。

2. 目的行为论

目的行为论认为行为是行为人有意识地支配自然因果过程,为达到设定目标而进行的有目的的活动。因此,目的性是行为的本质,它支配、操纵人的行为,离开目的性即无所谓行为。依照目的行为论来解释故意犯罪,一般说来没有什么问题。但是,以此来解释过失犯罪,就遇到了难题。于是,有的学者不承认过失行为的行为性;有的学者则认为过失行为有"潜在目的性"或"可能的目的性"。但是,无论怎样解释,仍然难以自圆其说。

3. 社会行为论

社会行为论是修正因果行为论和目的行为论的理论,认为行为是行为人有意惹起的具有社会意义的身体举动。它以"社会性",即侵害社会法益,作为刑法中行为的立

---

① 《马克思恩格斯全集》（第 1 卷）,人民出版社 1995 年版,第 16—17 页。

论依据,综合和修正了因果行为论和目的行为论的观点,从社会价值上说明了不作为、过失行为的行为性。但是它仍然受到一些学者的批评,特别是没有明确区分行为的社会评价与法律评判等。但是,由于它立意较为全面,得到现代西方许多学者的赞同。

4. 人格行为论

人格行为论认为行为是行为者人格的主体的实现化的身体举动。作为和不作为、故意行为和过失行为,由于可以反映主体的人格态度,因此都可以认为是行为。但是,人的单纯的反射运动、绝对强制的动作以及幼儿的行动、精神病人的动作等,由于不能反映行为者的人格,故均不是行为。人格行为论强调对行为者的人格的考查,能更好地概括刑法中的各种行为形态。但是,许多学者批评该学说将行为论与刑事责任论相混同,因而没有得到多数学者的赞同。

上述各种学说,都从一个或几个侧面论证了刑法中的行为,均有其一定的理论价值。但是,由于它们都把行为作为一种中性、无色的事实判断,脱离刑法规范来研究行为,至今没有形成统一观点。

(二) 危害行为的特征

在我国犯罪构成理论中,关于危害行为的研究也在逐步走向深入。目前我国刑法理论通说认为,我国刑法中的危害行为,是指在人的意志支配下实施的危害社会的身体动静。这一定义说明,作为犯罪客观要件的危害行为,具有以下三个基本特征:

1. 危害行为在客观上是人的身体动静

这是危害行为的外在特征,亦称危害行为的有体性特征。任何危害行为,都必然有一定的身体动静,否则,就不可能构成危害行为。因为危害行为的本质意义在于可以改变客观世界从而危害社会,而人对客观世界的改变,只能由身体的动静来实现。现代各国刑法比较普遍地反对"思想犯罪",只以行为作为惩罚的对象,也就是因为单有思想不能改变客观世界。危害行为的身体动静,包括动和静两个方面:"动"是指身体的活动,包括四肢活动,如举手投足、使用工具;也包括其他身体活动,如以目示意、语言诋毁。"静"是指身体的相对静止,它虽然没有积极的身体动作,但在特定情况下仍然属于行为的形式。

2. 危害行为在主观上是由行为人的意志支配下的身体动静

支配身体动静的意志或意识活动,是危害行为的内在特征,也称为危害行为的有意性特征。我国刑法中危害社会的行为,必须是受人的意志支配的。因为只有这样的人体外部动静即危害行为,才可能由刑法来调整并达到刑法调整所预期的目的。因此,人的无意志和无意识的身体动静,即使客观上造成损害,也不是刑法意义上的危害行为,不能认定这样的人构成犯罪并追究其刑事责任。如人在梦游中的举动是没有自主意识的行为,即使造成了危害后果,也不能构成犯罪。再比如医生给病人测试条件反射,用小锤敲击病人的膝盖下方神经处,病人的小腿条件反射反应过猛、抬腿过高,将医生踢倒在地导致轻伤,也不能将该行为视为危害行为。

3. 危害行为在法律上是对社会有危害的身体动静

身体动静的社会危害性,是危害行为的价值评价特征,也称为危害行为的社会性特征。由人的意志或意识支配下实施的身体动静,只是说明了人类行为的一般意义,某一行为在什么情况下可以视为刑法上的危害行为,这是立法者即统治阶级以自己的价值标准对人类行为进行价值评价的结果。只有有害于社会的行为,才可能成为我国刑法所惩罚的对象,才可能视为我国刑法中犯罪构成的客观要件。

二、危害行为的表现形式

刑法所规定的危害社会行为的具体事实种类,其表现形式多种多样。刑法理论上将形形色色的危害社会行为归纳为两种基本表现形式,即作为与不作为。在理解作为与不作为这两种方式时可以简单认为:作为即违反禁止性规范,是"不应为而为之";而不作为是违反命令性规范,是"应为而不为之"。有的国家刑法立法中还创设了介于作为与不作为之间的行为形式:持有。

（一）作为

作为,是指行为人以身体活动实施的违反禁止性规范的危害行为。我国刑法中规定的绝大多数犯罪,都可以由作为实施,而且有许多只能以作为形式实施。作为是危害行为的基本形式之一,它自然具有危害行为的三个基本特征。此外,作为的行为形式还表现为行为人只能是以身体活动来实施,身体的静止不可能实施作为犯罪;作为违反的是禁止性规范,即法律禁止做而去做。

作为的实施一般表现为一系列的身体动作,但这一系列身体动作并非仅指以身体的特定部位作用于犯罪对象,以身体动作操纵各种工具实施行为仍然可以视为作为的实施方法,而且这是人这种有理智的高级动物活动的根本特征。从行为人是单以身体动作作用于犯罪对象还是利用一定的工具来实现犯罪意图上看,作为主要有以下几种实施方式:

1. 利用自己身体实施的行为。这是作为的常见形式之一。身体活动既可以表现为四肢的活动,也可以表现为五官的活动。

2. 利用物质性工具实施的作为。这也是作为最常见的实施方式。这种作为形式的特点是,人的身体活动和犯罪对象之间有了工具这一介入因素,由工具的某种属性作用于犯罪对象并造成对象的某种改变以侵害或威胁犯罪客体。在这类作为中,人的身体活动仍然是必需的,但身体活动的作用不在于直接改变犯罪对象而在于操纵工具。

3. 利用自然力实施的作为。自然力是指水火雷电等自然现象。利用自然力进行犯罪的并不少见,如放火、决水等均属此类。利用自然力实施的作为与利用物质性工具实施的作为在性质上基本相同,所不同的,只在于前者利用的东西为自然形式,后者利用的为人工创造的工具。

4. 利用动物实施的作为。只要行为人以身体活动驱使动物,就是利用动物实施的作为。

5. 利用他人实施的作为。这是指将他人作为工具加以利用而实施的危害行为,其特点在于由他人的身体动作或操纵工具作用于犯罪对象,而他人的活动是由行为人的身体活动引起的。

（二）不作为

不作为是与作为相对应的危害行为的另一种表现形式。不作为,就是指行为人负有实施某种行为的特定法律义务,能够履行而不履行的危害行为。不作为是危害行为的基本形式之一,当然也同作为一样,应该具备危害行为的三个基本特征。此外,成立不作为,在客观方面应当具备如下三个条件:首先,行为人负有实施某种作为的特定法律义务,这是构成不作为的前提条件。没有特定法律义务,也就没有不作为的行为形式。其次,行为人有能力履行特定法律义务,这是不作为成立的重要条件。如果行为人不具有履行特定法律义务的可能性,也不可能成立不作为。最后,行为人没有履行作为的特定法律义务,这是不作为成立的关键条件。

不作为通常表现为身体的静止、不为一定行为,那么为什么还可以构成犯罪?这在刑法理论上叫做不作为的行为性问题。我们认为,把握不作为的行为性,应当从社会价值的角度入手。不作为之所以与作为一样同属于危害行为,同样可以成立犯罪,归根结底在于不作为是应为而不为,它同作为在侵害一定的社会关系这一点上是相同的(具有同等的否定性价值)。

行为人负有实施某种行为的特定法律义务,即作为义务,是不作为成立的前提条件。在不作为犯罪中,作为义务反映了不作为犯罪的基本犯罪事实和构成要素的本质特征。如何理解不作为的特定法律义务,即作为义务,是刑法理论中的一个重要问题。之所以称其为特定的"法律义务",在于强调不作为中的特定义务并不包括道德义务等一般社会意义上的义务。但是,不作为的特定法律义务,不仅仅是指法律明文规定的义务。作为义务的根据(来源或种类)包括以下几种:

1. 法律明文规定的义务。这里的"法律"是广义的,包括狭义的法律以及法令、法规等。例如我国《婚姻法》规定,父母对子女有抚养教育的义务,子女对父母有赡养扶助的义务,因此拒不抚养、赡养的行为,可能构成不作为的遗弃犯罪。典型的不作为犯罪有遗弃罪,拒不执行判决、裁定罪,丢失枪支不报罪,战时遗弃伤病军人罪等等。

2. 职务或业务上要求的义务。如国家机关工作人员有履行工作职责的义务。

3. 法律行为引起的义务。如合同行为、自愿接受行为引起的契约义务。

4. 先行行为引起的义务。如交通肇事的先行行为可能引起救助被害人的义务。

【实例分析6-1】

关于不作为犯罪,下列哪些选项是错误的?

A. 儿童在公共游泳池溺水时,其父甲、救生员乙均故意不救助。甲、乙均成立不作为犯罪。

B. 在离婚诉讼期间,丈夫误认为自己无义务救助落水的妻子,致妻子溺水身亡的,成立过失的不作为犯罪。

C. 甲在火灾之际,能救出母亲,但为救出女友而未救出母亲。如无排除犯罪的事由,甲构成不作为犯罪。

D. 甲向乙的咖啡投毒,看到乙喝了几口后将咖啡递给丙,因担心罪行败露,甲未阻止丙喝咖啡,导致乙、丙均死亡。甲对乙是作为犯罪,对丙是不作为犯罪。

分析如下:

1. 关于A项。儿童在公共游泳池溺水时,生命处于无助甚至濒危的状态,此时,其父甲具有法定的救助义务,救生员乙则基于自己的业务行为具有救助的义务。因此,A项的表述正确,不选。

2. 关于B项。在离婚诉讼期间,婚姻关系并未解除,此时的夫妻之间具有相互救助的义务,但本案中的丈夫却误认为自己无义务救助落水的妻子,致妻子溺水身亡的,应当认为丈夫具有故意,其行为成立不作为的故意杀人罪。因此,B项的表述错误,当选。

3. 关于C项。司法考试认为,当女朋友和母亲同时身处火灾之时,行为人具有救助母亲的法律义务,而对女朋友则无救助的法律义务。因此,如无排除犯罪的事由(如紧急避险、义务冲突),本案中的甲构成不作为犯罪。因此,C项的表述正确,不选。

4. 关于D项。甲向乙的咖啡投毒,看到乙喝了几口后将咖啡递给丙,因担心罪行败露,甲未阻止丙喝咖啡,导致乙、丙均死亡。首先,甲对乙成立作为的故意杀人罪(直接故意)。其次,由于甲实施了将咖啡递给丙的先行行为,具有了阻止丙继续喝该咖啡的义务。因此,甲对丙成立不作为的故意杀人罪(间接故意)。最终,对甲认定为故意杀人罪即可。因此,D项的表述正确,不选。

【实例分析6-2】

关于不作为犯罪,司法考试作了多次考查。如2011年考查:关于不作为犯罪,下列哪些选项是错误的?

A. 宠物饲养人在宠物撕咬儿童时故意不制止,导致儿童被咬死的,成立不作为的故意杀人罪;

B. 一般公民发现他人建筑物发生火灾故意不报警的,成立不作为的放火罪;

C. 父母能制止而故意不制止未成年子女侵害行为的,可能成立不作为犯罪;

D. 荒山狩猎人发现弃婴后不救助的,不成立不作为犯罪。

选项A,根据民法规定,宠物饲养人具有管理宠物风险的作为义务,因此选项A正确。选项B,一般公民虽有发现火灾后报警的行政法义务,但是该义务并不能对应刑事责任,况且该行为也不存在后文将论述的刑法上的因果关系。因此选项B错误。选项C,根据民法规定,父母作为监护人具有制止未成年子女实施侵害行为的作为义务,因此选项C正确。选项D,荒山狩猎人发现弃婴后没有救助的法定义务或者职业义务等作为义务,只有道德义务,发现弃婴后没有救助的不构成不作为犯罪,因此选项D正确。故答案为选项B。

关于先行行为引起的作为义务,有下述几个问题值得研究:

第一,先行行为是否限于违法行为?先行行为如并不违法,能否引起作为义务而成立不作为犯罪?例如,汽车司机照章驾驶、骑车人违章骑自行车,汽车司机因意外撞伤骑车人并致其严重失血而有生命危险,司机有无送其到医院抢救的义务?若司机不予送治致其死亡,能否成立不作为犯罪?对此理论上有不同的主张。有人认为,不论是违法行为还是合法行为,既然由于它而使某种合法权益处于遭受损害的危险状态,行为人就没有理由拒绝消除他能够消除的危险;先前的合法行为不能保证以后行为的合法性。但合法行为引起作为义务是否公正合理,仍需要深入思考。

第二,犯罪行为能否作为先行行为而引起作为义务?理论上对此分歧较大,肯定说与否定说并存。我们认为,完全否定犯罪行为可以作为先行行为引起作为义务,是不恰当的。因为如果承认连违法行为都能引起作为义务,犯罪行为反而不能引起作为义务,于情于理不合,也不利于司法实践。例如,行为人交通肇事将他人撞成重伤并致被害人有生命危险时,行为人负有将被害人送往医院救治的作为义务是无可置疑的。不过,肯定先行行为包括犯罪行为,在理论上的确存在一系列疑难问题而需要认真研究和科学解决。我们认为,将犯罪行为作为先行行为从而引发作为义务,应当仅限于过失犯罪。例如上述交通肇事案例中,若行为人不将被害人送往医院抢救而致被害人死亡的,可能引发对该行为人有可能超出交通肇事范围的其他不作为的刑事责任。但是对于某些故意犯罪,认为故意犯罪引发先行行为有可能产生无法自圆其说的尴尬问题。如行为人以故意伤害的意思用锐器捅刺被害人,被害人受伤挣扎,行为人扬长而去,被害人不治身亡。对此,如果认为行为人的犯罪行为产生了一个先行行为的义务,必须去援救被害人,假如不援救被害人就承担被害人身亡的后果,而构成故意杀人罪或者故意伤害罪与过失致人死亡罪并罚,显然不符合主客观相统一的原则,也充满了"教化猛兽改吃草"的讽刺意味。

第三,先行行为是否仅限于作为?不作为能否成为先行行为?我们认为,先行行为既可以是作为,也可以是不作为。例如,行为人拒不接受有关部门对枪支、弹药、爆炸物品的检查,丢失公务用枪不予及时报告等情形,都可以引发作为义务。

【实例分析6-3】

对先行行为引起的作为义务在刑法上的评价,2012年司法考试曾考查:下列哪一选项构成不作为犯罪?

A. 甲到湖中游泳,见武某也在游泳,武某突然腿抽筋,向唯一在场的甲呼救,甲未予理睬,武某溺亡;

B. 乙女拒绝周某求爱,周某说"如不答应,我就跳河自杀",乙明知周某可能跳河,仍不同意,周某跳河后,乙未呼救,周某溺亡;

C. 丙与贺某到水库游泳,丙为显示泳技,将不善游泳的贺某拉到深水区教其游泳,贺某忽然沉没,丙有点害怕,忙游上岸,贺某溺亡;

D. 丁邀秦某到风景区漂流,在漂流筏转弯时,秦某的安全带突然松开致其摔落河中,丁未下河救人,秦某溺亡。

根据前文分析,选项 C 正确。因为只有选项 C 中丙的行为属于先行行为,并造成被害人处于危难境地,形成了丙的先行行为后的救援义务。但是丙没有履行该义务,从而构成不作为犯罪。其他选项均不构成。

不作为犯罪根据法律规定的通常构成形态的差异,可以分为纯正不作为犯和不纯正不作为犯。前者是指只能由不作为构成的犯罪,如《刑法》第 201 条逃税罪、第 261 条遗弃罪、第 311 条拒绝提供间谍犯罪证据罪和第 313 条拒不执行判决、裁定罪,均是纯正的不作为犯(《刑法》第 203 条逃税罪、第 260 条遗弃罪、第 310 条拒绝提供间谍犯罪证据罪和第 312 条拒不执行判决、裁定罪,均是纯正的不作为犯)。后者是指大多由作为形式构成但实际却由不作为构成的犯罪,如以不作为方式构成的故意杀人罪、放火罪等等。就纯正不作为犯而言,刑法对它的构成要件作了明文规定,法律对它的作为义务一般也有了明确界定。但是,就不纯正不作为犯而言,我国刑法没有像有些国家的刑法那样作出一般总则性的规定,犯罪认定也都是以作为行为为中心展开的,使得不纯正不作为犯的认定较为复杂。

(三)持有

持有是指行为人对特定物品进行事实上和法律上的支配、控制。英美法系刑法理论与立法很重视持有问题,刑法教科书中一般都有对持有行为可罚性的专门论述。在美国,无论是联邦还是各州的立法,都规定有大量的持有型犯罪,例如非法持有毒品、盗窃工具、火器、刀具以及其他攻击性武器;英国刑法中也大体如此。大陆法系国家的刑法中也有处罚持有行为的规定,如 1810 年《法国刑法典》第 278 条规定:"乞丐或流氓所持有的一件或几件物品价值超过一百法郎而不能证明其来历者,依第 276 条的规定处刑。"现代各国刑法中的持有型犯罪更是大量存在,如《日本刑法典》第 140 条规定的持有鸦片烟或者吸食鸦片烟的器具罪,《韩国刑法典》第 121 条规定的战争或事变之际非法持有爆炸物罪,《意大利刑法典》第 699 条规定的在自己的住宅或其附属地域以外持有武器罪。与英美法系刑法不同的是,大陆法系国家刑法理论体系一般将犯罪行为分为作为与不作为两种,没有单独提出持有行为的问题。我国刑法典也规定了一些持有型犯罪,如非法持有枪支、弹药罪,非法携带枪支、弹药、管制刀具、危险物品危及公共安全罪,持有假币罪,非法持有国家绝密、机密文件、资料、物品罪,非法携带武器、管制刀具、爆炸物参加集会、游行、示威罪,非法持有毒品罪,非法携带、持有毒品原植物种子、幼苗罪,巨额财产来源不明罪。此外,某些个罪中包含了持有的行为表现,如《刑法修正案(五)》增设的妨害信用卡管理罪,该罪即包含了持有伪造的信用卡、持有伪造的空白信用卡等持有行为。

持有属于行为,这一点中外刑法理论已基本形成共识,但由于持有独特的特征,持有究竟属于何种形式的行为这一问题还存在很大的争议。概括说来,主要有以下四种观点:一是作为说。该说认为持有行为违反了禁止行为人取得特定物品的禁止性规范,因而属于作为形式。二是不作为说。该说认为法律将持有本身规定为犯罪意味着法律禁止这种状态的存在,而这种禁止暗含着当这种状态出现的时候,法律命令持有人将特定物品上交给有权管理的部门以消灭这种持有状态。持有者既然没有履行这种上交义务,就成立不作为的形式。三是择一行为说。该说认为持有究竟是作为还是不作为需视具体情况而定。有时持有属于作为,有时又是不作为。四是独立行为说。该说认为持有既不同于作为,也不同于不作为,作为具有动的特征,不作为具有静的特征,持有则动静兼具,而且将持有视作与作为、不作为相并列的第三种行为形式并不违反逻辑规则。目前还很难说上述哪一种观点是通说。无论持有属于何种行为形式,其法治价值都不容否认。通过持有型犯罪的立法可以严密刑事法网,减轻公诉机关的证明责任,节省司法成本,提高司法效率,增加刑法的威慑效用。

三、危害行为的地位与作用

黑格尔的学生贝尔纳(Albert Berner,1813—1878)提出了著名的论断:"犯罪是行为。人们通常用犯罪这个词所说的一切,仅仅是人们作为主语加在行为上的称谓。行为的概念因此必须成为坚实的骨架,并且正是这个骨架确定了犯罪理论的划分。"[①]危害行为是犯罪成立的必要条件,无危害行为则无犯罪,它是犯罪客观方面中核心的要素,在整个犯罪构成体系中具有重要的作用,是犯罪构成体系中联系犯罪主观性要件和客观性要件的中介。

(一)危害行为是犯罪构成中犯罪客观方面的核心要素

在我国刑法学中,所谓犯罪构成,就是指由我国刑法所规定的、决定某一具体行为的社会危害性的有无及其程度而使该行为成立犯罪所必需的一切客观要件和主观要件的有机统一。根据刑法理论的通说,犯罪构成由四大类要件组成,包括犯罪的客体要件、犯罪的客观要件、犯罪的主体要件、犯罪的主观要件,而危害行为是犯罪客观要件的重要内容。与犯罪客观要件其他方面不同的是,危害行为是一切犯罪都必须具备的客观要件,因此,在理论上称之为犯罪客观方面的共同要件,即任何犯罪的成立无一例外地都要有一定的危害行为。没有危害行为则不可能存在犯罪,也就谈不上犯罪的客观方面。犯罪的本质特征是受到刑罚处罚程度的社会危害性,但只有行为能引起外界改变,造成社会危害性,这是"犯罪是行为"这一命题成立的根本理由。例如,故意杀人罪的成立,必须有行为人的危害行为,否则不会导致人死亡的危害结果,该罪也就无法成立。孟德斯鸠在《论法的精神》一书中曾有过精彩的论述:"马尔西亚斯做梦他割断了狄欧尼西乌斯的咽喉。狄欧尼西乌斯因此把他处死,说他如果白天不这样想夜里就不会做这样的梦。这是大暴政,因为即使他曾经这样想,他并没有实际行动过。法律的责任只是处罚外部的行动。"[②]"无危害行为则无犯罪",我国刑法不承认"思想犯

[①] 转引自〔德〕克劳斯·罗克辛:《德国刑法学总论》,王世洲译,法律出版社2005年版,第149页。
[②] 〔法〕孟德斯鸠:《论法的精神》(上册),张雁深译,商务印书馆1959年版,第197页。

罪",因为仅有思想而没有将思想表现为外部的客观活动或者见之于客观活动,就不可能危害社会、侵犯法益,因而不成立犯罪。危害行为是犯罪客观方面的核心要素,是一切犯罪必须具备的构成要件,在犯罪构成中处于核心地位。

(二)危害行为是犯罪构成中联系犯罪主观性要件和客观性要件的中介

犯罪构成要件从表现形式的不同,可以分为主观性要件和客观性要件。所谓客观性要件,是指表现为客观、外在、具体的事实特征的构成要件,这类要件可以凭借人们的感官感知和把握。所谓主观性要件,是指属于行为人主观心理方面的、内在的、抽象的事实特征,以及与主观心理相联系的事实特征的构成要件。犯罪构成的这两个要件正是通过与危害行为的联系从而彼此联结成一体。危害行为是犯罪主体意图的客观表现,是主观见之于客观的东西,是连接犯罪主体和客体的桥梁。如果没有危害行为,犯罪客体就不可能受到任何现实的损害或危险,因而它就不能成为客体,而只是独立存在的事物;主体本身也不可能成为刑法上的犯罪主体,而只是独立存在的自然人。同样,犯罪意图也不能成为罪过,而只是一种思想罢了。

第三节 危 害 结 果

一、危害结果的概念与特征

根据我国刑法的规定和有关的刑法原理,刑法意义上的危害结果,可以有广义与狭义之分。广义的危害结果,是指由行为人的危害行为所引起的一切对社会的损害事实,它包括危害行为的直接结果和间接结果,属于犯罪构成要件的结果和不属于犯罪构成要件的结果。狭义的危害结果,是指作为犯罪构成要件的结果,通常也就是对直接客体所造成的损害事实。狭义的危害结果是定罪的主要根据之一。研究刑法上的危害结果,首先要把作为犯罪构成要件的狭义的危害结果与广义的危害结果区别开来。

我国刑法上的任何犯罪行为,都能够给一定的直接客体造成某种损害。从这个意义上说,危害结果与犯罪客体密不可分。通过这种结果,可以从客观方面反映犯罪行为与犯罪客体的联系,并且揭示不同犯罪行为所侵害的合法权益的特定性。但是,由犯罪客体的性质所决定,上述危害结果又可以分为有形的、可以具体测量确定的结果,以及无形的、不能具体测量确定的结果两类。后一类危害结果一般是非物质性的,往往是犯罪行为一经实施,这种危害结果就同时发生了(虽然人们一般不能凭直观感知它)。因此,对这种犯罪案件,一般只要查明已经实施了行为,就可以认定为犯罪既遂,而不存在未遂问题,也无须去查明行为与结果间的因果关系,如刑法理论上称之为"举动犯"的侮辱罪、诽谤罪、传授犯罪方法罪等。但是,给直接客体造成的有形的、可以具体测量确定的危害结果,则在具体案件中可能发生,也可能由于某种原因而没有发生,而且往往并非行为一着手实施就立即发生。对这种犯罪来说,要认定是犯罪既遂还是未遂,就要在查明实施了刑法分则规定的某种危害行为的同时,再查明是否产生了作为构成要件的危害结果。没有产生这种结果的,一般应以犯罪未遂论处。这类有形的、可以具体测量确定的危害结果,是所有过失犯罪的客观方面必备的要件,是区分过失犯罪与非犯罪的客观标志;这类结果也是相当数量的故意犯罪构成既遂所必备的要件,是区分这些犯罪的既遂与未遂、中止形态的重要客观标志。因此,虽然从总体上看,有形的、可以具体测量确定的危害结果并非是一切犯罪都必备的要件,但是这种危害结果的有无和大小,对认定有关的犯罪和量刑具有重要的实际意义,在认定中必须注意查明。

刑法中的危害结果具有如下特征:

第一,危害结果的客观性。从结果的哲学含义讲,结果是由一事物引起另一事物的现象。无论这种现象以什么形式出现,它都具有客观现实性。刑法上的危害结果尽管有其特定内涵,但必须以哲学上结果的概念为其理论依据。相对于哲学范畴的结果,刑法中的危害结果属于特殊结果,但它必然具有结果的一切特征,因而危害结果也只能是一种事实,一种客观存在的现实。有的论著认为,危害结果也包括可能造成的损害,这是不正确的。

第二,危害结果的因果性。危害结果的客观性,要求危害结果在内容上只能是一种现实的、客观存在的事实。但是,并非一切客观存在的事实都可以成为危害结果,而只有危害行为引起的事实,才可以成为危害结果。因此,任何客观存在的事实,其成因只要不是危害行为,就不是危害结果;没有危害行为,就谈不上危害结果。

第三,危害结果的侵害性。危害结果由危害行为引起,作为一种事实,它表明刑法所保护的社会关系即犯罪客体受到侵害。任何一种危害结果,都必然是危害行为对社会造成的一定的损害。但是,危害行为对社会造成的结果或事实,并不都是具有侵害性的。如盗窃行为在给他人造成财产损失的同时,对行为人或其家属来说不是损害,而是不法的财产增收。这就使得危害结果和"危害行为所造成的结果"之间有别。只有危害行为引起的对刑法所保护的社会关系具有侵害性的那些事实,才有成为危害结果的资格。申言之,危害结果是危害行为引起的具有刑法意义的对社会的损害事实。当危害结果是犯罪构成要件之结果时,它对犯罪的社会危害性起决定性作用,是作为定罪依据或认定犯罪完成形态是否成立之依据的结果;当危害结果不是犯罪构成要件之结果时,它对犯罪的社会危害性程度大小起影响作用,主要是作为量刑依据的结果。

第四,危害结果的多样性。危害结果作为危害行为对刑法所保护的社会关系侵害的一种事实,必然具有多样性。这是因为刑法所保护的社会关系、危害行为、行为对象、手段等,均具有多样性的特征。无论其表现为何种具体形式,只要是事实,而且是危害行为侵犯刑法所保护的社会关系所形成的事实,都可以成为危害结果。

【实例分析 6-4】

对上述内容,2008年司法考试曾作考查:关于危害结果的相关说法,下列哪一选项是错误的?

A. 甲男(25岁)明知孙某(女)只有13岁而追求她,在征得孙某同意后,与其发生性行为。甲的行为没有造成危害后果。

B. 警察乙丢失枪支后未及时报告,清洁工王某捡拾该枪支后立即上交。乙的行为没有造成严重后果。

C. 丙诱骗5岁的孤儿离开福利院后,将其作为养子,使之过上了丰衣足食的生活。丙的行为造成了危害后果。

D. 丁恶意透支3万元,但经发卡银行催收后立即归还。丁的行为没有造成危害后果。

分析如下:危害结果的认识既有刑法总则的理论分析,也有刑法分则的具体分析,总体而言危害结果应当具有前文所述的四个特征。选项A,行为人明知是不满十四周岁的幼女而与其发生性关系,不论幼女是否自愿,均应依照《刑法》第236条第2款的规定,以强奸罪定罪处罚。《刑法》第236条第2款规定,"奸淫不满十四周岁的幼女的,以强奸论,从重处罚"。所以A项所述的甲的行为是侵害了孙某的合法权益,已经造成了实际损害,所以A项的说法是错误的,应选。

选项B,《刑法》第129条规定,"依法配备公务用枪的人员,丢失枪支不及时报告,造成严重后果的,处三年以下有期徒刑或者拘役"。而B项中警察乙虽然在其枪支丢失后没有及时报告,但是清洁工捡到枪支后立即上交,没有造成重大人身伤亡后果,没有造成实际侵害,所以B项的说法是正确的,不选。

选项C,《刑法》第262条规定,"拐骗不满十四周岁的未成年人,脱离家庭或者监护人的,处五年以下有期徒刑或者拘役"。C项中丙诱拐5岁孤儿离开其监护场所(孤儿院),尽管该孤儿在丙的养育下过上丰衣足食的生活,但丙的行为仍然触犯了《刑法》第262条的规定,造成严重后果,所以C项的说法是正确的,不选。

选项D,《刑法》第196条规定,"有下列情形之一,进行信用卡诈骗活动,数额较大的,处五年以下有期徒刑或者拘役,并处二万元以上二十万元以下罚金;数额巨大或者有其他严重情节的,处五年以上十年以下有期徒刑,并处五万元以上五十万元以下罚金;数额特别巨大或者有其他特别严重情节的,处十年以上有期徒刑或者无期徒刑,并处五万元以上五十万元以下罚金或者没收财产:……(四)恶意透支的。前款所称恶意透支,是指持卡人以非法占有为目的,超过规定限额或者规定期限透支,并且经发卡银行催收后仍不归还的行为"。根据上述法条可知,D项中丁某的行为并没有造成实际侵害,没有造成危害后果,所以D项的说法是正确的,不选。

二、危害结果的主要分类

危害结果具有多样性的特征,为深入理解危害结果的内涵和意义,有必要研究危害结果的种类,从不同角度对其进行分类把握。刑法理论上从不同的角度,对危害结果所作的分类很多,如有形结果与无形结果、普通结果与加重结果、具体结果与抽象结果、目的结果与手段结果、主结果与次结果、单一结果与复杂结果、构成结果与非构成结果、物质性结果与非物质性结果、直接结果与间接结果、实害结果与危险结果等等。下面对理论和实践意义较为重要的危害结果的若干分类予以阐述：

(一) 物质性结果与非物质性结果

物质性结果与非物质性结果是按照危害结果的存在形态所作的划分。

所谓物质性结果，是指以通常可感知、可测量的形态存在的危害结果。例如，被害人已经死亡或身体受到的伤害；财物被损坏或改变其存在位置等。物质性结果具有直观性，人的感官可以直接感知。同时，人们通过数学、物理、医学等方法，可以具体确定危害程度。

所谓非物质性结果，是指以通常无法感知、无法测量的形态表现出来的危害结果。例如，被害人的名誉、人格受到损害，国家机关的威信受到损害等。这种危害结果，也是不以人的意志为转移的客观存在，只是不像物质性结果那样，具有直观性和可精确计量性。但是，它并不是不能为人们所认知，而是可以作出适当评估。如以人的名誉、人格受损害为例，人的精神损伤，总是通过被害人自身的外在表现反映出来，通过周围人的言谈、举止表现出来。通过对被害人和其周围人的外在表现的考查，根据社会价值观念，人们可以确定被害人的名誉、人格受到损害的程度。因此，非物质性结果，并不是无迹可寻、不可估算，只是同物质性结果相比，认定方式更为复杂、更为困难。

(二) 实害结果与危险结果

实害结果与危险结果是依据危害行为对犯罪直接客体是否造成现实的损害，而对危害结果所作的划分。

所谓实害结果，是指危害行为对犯罪客体所造成的现实损害。例如，过失行为引起的致他人死亡、重伤或者使公私财产遭受重大损失；盗窃数额较大的公私财物等，都是由实害结果构成的犯罪。实害结果既包括上述物质性结果，又包括非物质性结果，如对公民名誉、人格的损害，虽然是非物质性结果，但也是一种现实存在的损害。

所谓危险结果，是指危害行为使犯罪直接客体处于足以发生实害结果的危险状态。危险结果区别于实害结果的主要特征是：其一，实害结果未发生，且构成犯罪不以发生实害结果为要件；其二，客观上存在着发生实害结果的现实危险性；其三，这种现实危险性由危害行为所造成的某种事实表现出来。例如甲故意破坏了高速公路上的指示标志，足以使行驶中的车辆相撞或坠下高速公路，危害了车辆行驶安全，即使甲破坏指示标志的行为未实际引起车辆相撞等重大事故，但其行为存在着引起这种事故的高度现实危险性，甲的行为应当构成破坏交通设施罪。构成本罪并不要求实害结果发生，只要存在这种结果发生的现实危险性即可成立。

关于危险结果是否应当划分为抽象危险结果与具体危险结果，如丢失枪支不报罪的危险结果应属何种类型，在学者中有不同意见。持肯定论者认为，应当区分抽象危险结果与具体危险结果，前者指符合构成要件的危险行为一经施行，便存在一般危险状态，成为犯罪既遂；后者指危害行为施行后，是否已引起法定的特定危险状态，需要根据具体案情作出肯定判断，才能成立犯罪既遂。由于这种危险结果是刑法分则条文具体规定的,所以称为具体危险结果。持否定论者认为,抽象危险结果与具体危险结果的划分,是不科学的,抽象危险结果不可能成为结果的内容。结果是一种客观存在的事实,只能是具体的,不可能是抽象的;所谓抽象的危险是行为表现出来的产生特定结果的可能性,是行为的属性,而不是结果的属性;我国刑法条文中也根本不存在抽象危险犯的规定。我国学者对此问题的研究正在展开,有待进一步深入。

（三）直接结果与间接结果

直接结果与间接结果是依据危害结果同危害行为的联系程度,对危害结果所进行的划分。

所谓直接结果,是指危害行为直接引起的危害结果。也就是说,危害行为同危害结果之间存在内在直接联系。所谓内在直接联系,是指危害行为不仅存在产生某种危害结果的根据及充足条件,而且不经过其他联系中介即引起该种危害结果的发生。例如,甲故意枪击乙头部,致乙死亡。甲的行为同乙死亡之间,存在内在的直接联系,乙死亡即为直接结果。但是,应当明确,甲的杀人行为和乙的死亡结果,是两个复杂的自然发展过程。只是在刑法意义上,将它们从总体上来考查,一个为危害行为,一个为危害结果。因为二者之间没有其他中介因素介入,所以乙死亡是甲杀人行为的直接结果。直接结果在刑法中有重要地位,绝大多数犯罪由直接结果构成。

所谓间接结果,是指危害行为间接引起的危害结果。也就是说,危害行为同危害结果之间存在外在的间接联系,即二者通过其他中介因素相互联系。例如,甲为了防止自家种的南瓜被偷,在几个瓜中下了农药,并在地边立牌,说明瓜中有农药。乙认为甲是在吓唬人,不会在瓜中下毒,于是偷了一个大瓜,回家后送给丙。丙做好瓜菜,给孩子们吃,致使三个孩子中毒死亡。此案中,甲的下毒行为同孩子中毒死亡之间,是一种间接联系,因为其间介入了乙和丙的行为。否则,甲的行为不会直接引起三个孩子的中毒死亡。刑法中,介入危害行为与间接结果之间的因素有多种。主要有:其一,介入被害人行为,引起危害结果发生。其二,介入第三者行为,引起危害结果发生。其三,介入自然力,引起危害结果发生。其四,先后介入他人行为和自然力,引起危害结果发生。例如,甲伤害乙,乙到医院治疗时,医生丙不给予及时救治,致使乙因病菌感染而死亡。上述各种由于中介因素介入而引起的危害结果,对于作为初始原因的危害行为来说,都属于间接结果。

间接结果对于追究行为人的刑事责任有重要意义。它不仅是量刑轻重的重要依据,而且有时也是定罪的依据。例如,甲辱骂乙,乙在极为愤怒之下,喝敌敌畏身亡。乙自杀死亡虽然是甲的侮辱行为的间接结果,但是,对于甲的行为是否构成侮辱罪来说,起着关键的作用。因为,必须是"情节严重"的侮辱行为,才能构成侮辱罪,而侮辱行为造成的间接结果,是衡量情节是否严重的重要标准之一。再如,认定故意杀人罪是否成立,通常以直接结果为依据。但是,有时间接结果也是定罪依据。比如,甲为谋害乙,将乙家的小汽车的制动装置暗中破坏,致使乙驾车时车毁人亡。本案中,乙的死亡是甲的行为的间接结果,但是对于甲的行为是否构成故意杀人罪（既遂）来说,它起着至关重要的作用。由上述可见,间接结果有时可以成为构成犯罪所必需的结果。因此,在刑法中不可忽视对间接结果的研究。

三、危害结果的地位

危害结果在犯罪构成中具有特定的地位,主要有以下三个方面:

(一)危害结果是成立某些犯罪的必要要件,但并非全部犯罪的共同要件

在刑法理论上长期存在一个争议问题,即是否一切犯罪都需要具备危害结果,危害结果在犯罪客观要件中是共同要件还是非共同要件;如果是非共同要件,那么危害结果是哪些犯罪构成客观要件的因素?对此有两种截然对立的观点:有的认为危害结果是一切犯罪构成所必备的条件;另一种观点则认为并非所有的犯罪都以危害结果为构成要件,而只有部分犯罪的构成以危害结果为要件。我们认为,危害结果不是一切犯罪的共同要件。第一,从犯罪概念上看,社会危害性是犯罪的本质属性,但社会危害性是由多种因素反映出来的,危害结果只是反映社会危害性的一个因素。当危害结果以外的因素综合起来能够反映出行为的社会危害性达到了犯罪的严重程度时,立法者便不将危害结果规定为构成要件。反之,当危害结果以外的因素综合起来不能反映出行为的社会危害性达到了犯罪的严重程度时,立法者就会将危害结果规定为构成要件。第二,从法律规定上看,《刑法》第24条第1款规定:"在犯罪过程中,自动放弃犯罪或者自动有效地防止犯罪结果发生的,是犯罪中止。"该条明确规定,犯罪中止成立同时并没有发生犯罪结果(即危害结果),中止行为本身不是犯罪行为,但中止以前实施的行为是犯罪行为。所以,该条第2款又明确规定:"对于中止犯,没有造成损害的,应当免除处罚;造成损害的,应当减轻处罚。"显然,某些行为没有造成危害结果时也能成立犯罪。

(二)某些危害结果的发生可能导致此罪与彼罪的变化

例如,《刑法》第247条规定:"司法工作人员对犯罪嫌疑人、被告人实行刑讯逼供或者使用暴力逼取证人证言的,处三年以下有期徒刑或者拘役。致人伤残、死亡的,依照本法第二百三十四条、第二百三十二条的规定定罪从重处罚。"本条中原来规定的刑讯逼供与暴力逼取证言行为,在一般情况下应当构成刑讯逼供罪或者暴力取证罪,但是如果发生了致人伤残、死亡的结果,就应分别认定为故意伤害罪、故意杀人罪,并从重处罚。这表明,危害结果的内容不同可能成为区分此罪与彼罪的标准。

(三)危害结果的不同将影响量刑

例如,《刑法》第234条根据伤害行为造成的结果不同,规定了三个幅度的法定刑。故意伤害他人造成轻伤的,司法机关应选择3年以下有期徒刑或拘役这一法定刑幅度;造成重伤的,应选择3年以上10年以下这一法定刑幅度;造成死亡的,应选择10年以上有期徒刑、无期徒刑或者死刑这一法定刑幅度。三种不同的危害结果对应三种不同的法定刑幅度。

第四节　刑法上的因果关系

一、有关刑法上的因果关系的理论观点

"探索事物的原因乃是人类智慧的本性,在很早的古代哲学中就已经出现了原因与结果的概念,有的哲学家甚至把探求事物的因果关系视为最高的目标,认为找到一个原因胜过当一世国王。由是,对于因果关系的研究,在哲学史上一直作为一个重要的内容延续下来,构成人类因果思想的发展史。"①在刑法学领域,人们也一直致力于探索因果关系的奥秘,从而形成众多的因果关系理论。

(一) 国外刑法中的因果关系理论

1. 大陆法系因果关系理论

在大陆法系,"因果关系的理论,从斯求贝尔(Stubel)直到特雷格尔,经过了一个世纪,把刑法学界搞得热闹起来。整个 19 世纪,为刑法学的研究作出贡献的是德国,喜好抽象和理论的德国的国民性,把哲学引进到刑法中,从而形成了因果关系时代。"②在大陆法系刑法理论中,主要形成了以下因果关系理论:

(1) 条件说。该理论认为,行为与结果之间存在没有前者行为就没有后者结果的条件关系时,前者是后者发生的原因,因此,条件说的基本公式就是:没有前者行为就没有后者结果时,前者就是后者的原因。由于条件说借用条件关系公式证明原因关系,所有条件都是相等的原因,未对条件作区分,不仅使刑法因果关系无限扩大,而且也无法区分条件作用的大小,对认定刑法因果关系没有任何益处。

(2) 原因说。原因说是针对条件说不当扩大刑法因果关系范围的缺陷而提出的。该理论主张运用一定标准对必要条件进行选择,只有对结果产生重大作用的条件才是刑法上的原因。对于什么条件才可能是产生重大作用的条件即原因,又有必生原因说、优势原因说、最后原因说、最有力原因说、反则原因说、最先原因说、决定原因说等。由于原因说区分原因与条件,但没有提出合理的标准,同时,由于其承认只有一个原因,对共同犯罪或存在多个危害行为的情况认定发生困难,原因说也存在不可克服的缺陷,在大陆法系刑法理论中已没有什么地位。③

(3) 相当因果说。该说主张,凡属发生结果之条件,必须与结果有相当之关系。所谓相当关系,即依据一般常识经验,在通常情况下,皆认为某种行为能引起某种结果的发生,具有这种相当关系的条件与结果,就认为有因果关系。即一般情况下,有同一条件,均可发生相同结果的,则为结果的原因,反之,如果一般情况下,认为不会发生某

---

① 维之:《因果关系研究》,长征出版社 2002 年版,第 3 页。
② 〔日〕泷川幸辰:《犯罪论序说》,王泰译,法律出版社 2005 年版,第 29 页。
③ 参见张绍谦:《刑法因果关系研究》,中国检察出版社 2004 年版,第 27 页。

种结果的,那么,则该条件与结果不相当。决定某一行为是否为结果发生的相当条件,必须根据行为时的具体情况,综合考查来决定。相当因果说对条件说进行了限制,排除了明显不相当的条件。

2. 英美法系因果关系理论

在英美法系国家的刑法学界,也有与大陆法系中的条件说、相当因果说或原因说等类似的因果关系理论。英美刑法学界关于因果关系的公认理论是双层原因学说,即把原因分为两层:第一层是事实原因,第二层是法律原因。事实原因这一观念建立在直观基础上,根据民事侵权法理论,事实原因由"but-for"公式来表达,即"如果没有 A(B、C——)就没有 Z",则 A(B、C——)就是 Z 发生的事实原因。这一公式足以解决许多简单的因果关系问题,也是因果关系理论的客观基础。但该公式存在两个缺陷:第一个缺陷是不能包括共同原因,即如果两个以上彼此独立的因素共同(同时或先后)作用于同一对象产生一个结果,但又找不出哪一个是决定因素,则两个都不是结果的原因。如 AB 同时(不是共同犯罪)向 D 开枪,两个致命伤致 D 死亡,按"but-for"公式,A 和 B 都不是 D 死亡的原因。第二个缺陷是扩大了因果关系的范围。事实原因就是结果发生的条件,因此,事实原因只是因果关系理论的一个基础层次。法律原因是为限制事实的范围,从事实原因中筛选出一部分(即法律所关注的那部分)作为刑事责任的客观基础,第一层次是第二层次的物质基础,第二层次是刑法因果关系理论的核心。但哪些是法律原因?

为此又有四种学说:(1)近因说。所谓近因,一般认为就是没有被介入因素打破因果链的,当然地或者盖然地引起危害结果的事实原因。近因说对于一个行为直接引起损害结果的案件不会发生争议,但对危害行为发展过程中,介入了其他因素而导致某种危害结果,则认定起来较复杂。主要从两条规则考虑:一是介入因素与先在行为的关系性质是独立还是从属,如果是独立的,则先在行为不是原因,如果是从属的,则先在行为是原因。二是介入因素本身的特点是异常还是非异常,如果是异常的,则先在行为不是结果发生的近因,如果不是异常的,则先在行为是结果发生的近因。对以上两条规则的判断,其标准是"常识加公正"。(2)预见说。该说以行为人的主观认识为标准来筛选事实原因作为法律原因。(3)刑罚功能说。该说认为刑罚具有报应和威慑功能,因此,从事实原因中选择法律原因,应以实现刑罚的功能为标准,根据具体情况来决定。①(4)政策说。该说认为被告人的行为及他人的介入行为是否能成为法律上的原因,要根据刑事政策来确定,如果出于政策的考虑,必须要让某人对一危害结果承担刑事责任时,就应认为他人的行为是结果产生的原因,反之,则不是结果产生的原因。②

(二)我国刑法中的因果关系理论

在我国刑法理论中,关于因果关系的研究,主要有两个历史时期,在不同的时期,

---

① 参见储槐植:《美国刑法》(第二版),北京大学出版社 1996 年版,第 61—75 页。
② 参见张绍谦:《刑法因果关系研究》,中国检察出版社 2004 年版,第 15—18 页。

关于因果关系的主要学说有所不同。在20世纪90年代中期以前,主要有两种因果关系学说,即"必然因果关系说"和"必然偶然因果关系说"。我国刑法理论界长期围绕这两种因果关系展开争论。

1. 必然因果关系说

必然因果关系说认为,解决因果关系问题必须遵循的一个原则,就是原因和结果之间的联系的性质问题。根据辩证唯物主义,各种自然现象及各种社会现象之间的联系有必然的,也有偶然的,但就因果关系来说,则只能是必然的联系,它表现为一种现象引起另一种现象之间的内在的必然的联系。刑法上的因果关系表现在人所实施的社会危害行为和所发生的危害结果之间具有内在的、必然的联系。一个人的行为在所发生事件的具体条件下,如果不是必然地合乎规律地产生某种结果,而是在这一行为发生的过程中,偶尔与另一因果性的锁链联系在一起,以致发生了结果时,这个人的行为和这个结果之间就没有刑法意义上的因果关系。①

2. 必然偶然因果关系说

必然偶然因果关系说认为,任何一个客观事物,包括危害行为所造成的危害结果,都是必然性与偶然性的统一,必然性和偶然性都有它们的原因和根据。必然性是由事物内部的、根本原因决定的;偶然性是由事物外部的、非根据性的原因决定的;把必然性和偶然性的辩证统一所形成的结果分别联系(物自身中的本来联系)起来,就自然得出必然因果关系和偶然因果关系。这两种因果关系是客观存在的,必然因果关系是事物内部的、本质的原因与结果间的因果关系,偶然因果关系是事物外部的、非本质的原因与结果之间的因果关系。根据原因对结果所起作用的性质不同,分为必然因果关系与偶然因果关系。该观点认为,刑法中的必然因果关系是:某(某些)危害行为对危害结果的发生起了决定作用,包含了危害结果的本质,是危害结果产生的根据,在一定条件下,合乎规律地产生该结果,这个(这些)危害行为与危害结果之间是必然因果关系。刑法中的偶然因果关系是:某(某些)危害行为造成某危害结果,这一结果在发展中又与另外的危害行为或事件相竞合,合乎规律地产生了另一危害结果,先前的危害行为不是这最终结果的决定性的原因,不能决定该结果出现的必然性,最终的结果对于先前的危害行为来说,可能出现,也可能不出现,可能这样出现,也可能那样出现,它们之间是偶然因果关系。②

另外,在偶然必然性因果关系说中,还有一种观点,即高概率因果关系说,也即一个半因果关系说。该观点认为,刑法的因果关系应当以哲学上的两种因果关系形式为基础,但又不完全包括两种形式。刑法中的因果关系应当是全部(一个)必然因果关系加上一部分(半个)偶然因果关系,这部分偶然因果关系即高概率偶然因果关系。概率在大于0和小于1之间属于偶然性(可能性)范围,概率为1就是必然性,概率接近1

---

① 参见权新广:《试谈刑法中的因果关系》,载《政法研究》1963年第3期。
② 参见李光灿、张文、龚明礼:《刑法因果关系论》,北京大学出版社1986年版,第113—114页。

即为高概率的偶然因果关系。①

进入20世纪90年代中期以后,我国刑法理论界已对必然因果关系与偶然因果关系的争论进行了反思,以开阔的视野借鉴国外的研究成果,探索解决刑法因果关系的新路径。这一时期关于刑法因果关系的研究,出现了多种观点争鸣的局面。这些观点主要是对国外某种犯罪因果关系的理论表示赞同。如有的主张条件说;有的赞同相当因果关系说;有的持条件说、相当因果关系说互补说;有的持事实因果关系和法律因果关系双层次说;等等。我国目前关于因果关系的理论,呈现出百花齐放、百家争鸣的局面。

二、认定和处理刑法上的因果关系的常见问题

根据罪责刑相适应原则,一个人只能对自己的危害行为及其造成的危害结果承担刑事责任。因此,当危害结果发生时,要使某人对该结果负责任,就必须查明他所实施的危害行为与该结果之间具有因果关系。这种因果关系,是在危害结果发生时使行为人负刑事责任的必要条件。非常值得注意的是,有因果关系的,不一定有刑事责任,但有刑事责任的,肯定有因果关系。

【实例分析6-5】

对上述内容,可从2015年司法考试某考题中深化认识:关于因果关系,下列哪一选项是正确的?

A. 甲跳楼自杀,砸死行人乙。这属于低概率事件,甲的行为与乙的死亡之间无因果关系。

B. 集资诈骗案中,如出资人(即被害人)有明显的贪利动机,就不能认定非法集资行为与资金被骗结果之间有因果关系。

C. 甲驾车将乙撞死后逃逸,第三人丙拿走乙包中贵重财物。甲的肇事行为与乙的财产损失之间有因果关系。

D. 司法解释规定,虽交通肇事重伤3人以上但负事故次要责任的,不构成交通肇事罪。这说明即使有条件关系,也不一定能将结果归责于行为。

分析如下:

1. 关于A项。甲的跳楼砸人行为与乙的死亡之间,是引起与被引起的关系,这种因果关系是客观存在的。当然,甲对乙的死亡不一定需要承担刑事责任:(1)如果甲在跳楼自杀时,知道乙在楼下,明知自己的跳楼行为必然或者可能造成乙被砸死的结果,而希望或放任这种结果的发生,甲如果自杀不成功,则成立故意杀人罪;(2)如果甲在跳楼自杀时,应当预见自己的跳楼行为可能会发生砸到乙的后果,或者已经预见而轻信能够避免时,以致发生乙被砸死的结果,甲如果自杀不成功,则甲成立过失致人死亡罪;(3)如果甲在跳楼自杀时,对乙的出现完全无法预见,虽然最终造成乙被砸死

---

① 参见储槐植:《一个半因果关系》,载《法学研究》1987年第3期。

的结果,但甲无任何刑事责任,只是意外事件。但无论是上述哪一种情形,因果关系是客观存在的,这是不争的事实。此外,低概率事件与因果关系是否存在,并无直接关系。因此,A项的表述错误,不选。

2. 关于B项。在集资诈骗案件中,犯罪人的非法集资行为与被害人资金被骗的结果之间的因果关系,是客观存在的,至于出资人(即被害人)的动机,则对因果关系的认定不产生任何影响。因此,B项的表述错误,不选。

3. 关于C项。如后文所述,在因果关系发展过程中,如果出现了介入因素(通常包括自然事件、第三人的行为、被害人自身行为三种情况),而且介入因素对最终结果的作用力更大,则原行为与最终结果之间的因果关系被中断,否则因果关系依然存在。本案中,乙包中贵重财物被拿走的结果是客观存在的,但对该结果作用力更大的是第三人丙的侵害行为,而非甲的肇事行为。所以,甲的肇事行为与乙的财产损失之间没有因果关系。因此,C项的表述错误,不选。

4. 关于D项。刑法分则规定交通肇事罪是结果犯,在行为人负完全责任或主要责任的前提下,司法解释规定要求发生死亡1人以上或者重伤3人以上或者造成公私财产直接损失,无能力赔偿额30万元以上的结果。反之,虽然造成上述结果,但行为人对事故的发生只负次要责任或无任何责任的,则无须承担交通肇事罪的责任。但无论是否须要承担交通肇事罪的刑事责任,肇事行为与伤亡结果之间的因果关系,是客观存在的。如前所述,因果关系只是解决刑事责任的客观方面的问题,有因果关系的,不一定须要承担刑事责任,还须要考察行为人有无主观罪过以及罪过的形式如何。因此D项的表述正确,当选。

在实践中,对于危害行为与危害结果之间的因果关系,通常并不难确定。但是在某些案件中,由于犯罪情况复杂或者行为人有意制造混乱和假象,查明因果关系就必须依靠科学的分析和论证,有时还要借助科学技术的鉴定手段。在认定和处理刑法上的因果关系问题时,应当注意掌握一些基本观点和基本问题:

(一)因果关系的客观性

因果关系作为客观现象间引起与被引起的关系,它是客观存在的,并不以人们主观是否认识为前提。因此,在刑事案件中查明因果关系,就要求司法工作人员从实际出发,客观地加以判断和认定。在刑法理论上通常所说的刑法因果关系,则是指危害行为与危害结果之间客观的联系,并不涉及行为人的主观内容。通常所说的不惩罚所谓思想犯罪,也有因果关系的客观性在内。从历史的角度来看,很多国家古代都有惩罚"魇镇""诅咒""巫术"的犯罪,也有所谓的"魔女审判",很多时候缺乏对刑法上因果关系客观性的认识。进入现代社会,随着科学技术的发展,对刑法上因果关系客观性的认识也日趋复杂,如世界各国对于载有反社会、反文明的教唆引诱他人自杀、交流极端主义思想等内容的网站运营者是否要承担刑事责任,存在较多争议。

【实例分析6-6】

对因果关系的客观性,可从下面的分析中深化认识:关于因果关系的客观性,下列哪一选项是正确的?

A. 甲意欲使乙在跑步时被车撞死,便劝乙清晨在马路上跑步。乙果真在马路上跑步时被车撞死,甲的行为与乙的死亡之间具有因果关系。

B. 甲意欲使乙遭雷击死亡,便劝乙雨天到树林散步,因为下雨时在树林中行走容易遭雷击。乙果真雨天在树林中散步时遭雷击身亡,甲的行为与乙的死亡之间具有因果关系。

C. 甲对乙有仇,意图致乙死亡,便仿照乙的模样捏小面人,写上乙的姓名,在小面人身上扎针并诅咒49天时,乙因车祸身亡。甲的行为属于迷信,不可能致人死亡,所以甲的行为与乙的死亡之间没有因果关系。

D. 甲以为杀害妻子乙后,乙可以升天,在此念头支配下将乙杀死。后经法医鉴定,甲具有辨认与控制能力。但由于甲的行为出于迷信,所以甲的行为与乙的死亡之间没有因果关系。根据上述内容分析可知,只有选项C正确。

(二)因果关系的相对性

辩证唯物主义科学地说明,各种客观现象是彼此相互制约和普遍联系的"链条",在某一对现象中作为原因的,其本身又可以是另一种现象的结果;其中作为结果的,其本身也可以是另一现象的原因。即:原因与结果的区别在现象普遍联系的整个链条中只是相对的,而不是绝对的。因此,要确定哪个是原因哪个是结果,必须把其中的一对现象从客观现象普遍联系的整个链条中抽出来研究,在这时才能显现出一个是原因,另一个是结果。这里所研究的因果关系,只能是人的危害行为与危害结果之间的因果联系,这就是刑法因果关系的相对性。

认识因果关系的相对性,需要将可能承担刑事责任的部分与其他有关联部分进行有效分割。万事万物都在因果关系之中,实施危害行为从而导致危害结果或者产生其他应当承担刑事责任的因素的过程中,可能存在许多因果关系,但不能任意往前溯源,也不能任意往后推导。如行为人甲为了杀害被害人乙而计划购买枪支,但是缺乏足够的资金,遂去丙的店里打工赚取购枪费用。丙无意中得知甲的计划,但并没有劝止,仍然雇用甲并发给工资。甲不久凑够了钱后购买了一支枪,将乙杀害。是否可以认为如果没有丙的雇用,甲就不能凑够钱买枪,因而也就不会发生乙被甲枪杀的后果,所以丙需要承担一定的刑事责任?对此,应当坚持因果关系的相对性,看到丙的雇用行为并不能与乙被杀害的结果发生刑法上的因果关系。

(三)因果关系的时间序列性

所谓时间序列性,就是从发生时间上看,原因必定在先,结果只能在后,二者的时间顺序不能颠倒。因此,在刑事案件中,只能从危害结果发生以前的危害行为中去找原因。如果查明某人的行为是在危害结果发生之后实施的,那就可以肯定,这个行为与这一危害结果之间没有因果关系。当然,先于危害结果出现的危害行为,也不一定就是该结果的原因;在结果之前的行为只有起了引起和决定结果发生的作用,才能证明是结果发生的原因。

(四)因果关系的条件性和具体性

任何刑事案件的因果关系都是具体的、有条件的,一种行为能引起什么样的结果,没有一个固定不变的模式。因此,查明因果关系时,一定要从危害行为实施时的时间、地点、条件等具体情况出发来考虑。例如,某地曾发生一起日光灯管伤害案,甲、乙因琐事争吵,甲顺手从旁边拿起一根日光灯管砸在乙的头上。日光灯管碎裂后的细小碎片四溅,其中一些飞进旁边看热闹的丙的眼睛里,导致丙左眼失明,构成重伤。甲的行为与丙的重伤后果是否存在刑法上的因果关系?我们认为是存在的。在通常情况下,日光灯管虽然容易碎裂,但是不能对人身发生伤害后果,甲使用日光灯管敲打乙的头部,乙安然无恙。但是如上所言,一种行为能引起什么样的结果,没有一个固定不变的模式,查明因果关系时,一定要从危害行为实施时的时间、地点、条件等具体情况出发来考虑。在该事件中,甲的行为与丙的重伤后果需要从实施时的具体条件来判断,应当认为具有刑法上的因果关系。

(五)因果关系的必然性与偶然性

从实践中看,因果关系一般表现为两种现象之间有着内在的、必然的、合乎规律的引起与被引起的联系。这是因果关系基本的和主要的表现形式。通常也只有这样的因果关系,才能令人对其行为引起的结果负责任。但是,自然和社会现象是十分复杂的,除大量存在的必然联系的因果关系之外,客观上还可能发生偶然联系的因果关系(通常简称偶然因果关系)。后者所指的情况是某种行为本身不包含产生某种危害结果的必然性(内在根据),但是在其发展过程中,偶然又有其他原因加入其中,即偶然地同另一原因的展开过程相交错,由后来介入的这一原因合乎规律地引起了这种危害结果。这种情况下,先行行为与最终的危害结果之间的偶然联系,即称为偶然因果关系。在偶然因果关系的研究中,该现象也通常被称为介入的因果关系。对于介入的因果关系的分析,有多种观点:

1. 条件中断说

该观点认为介入因素在一定情况下可能中断原来的因果关系,需要从以下两个角度来考虑因果关系:一是从中断的因素是否能为人们所预见的角度。凡是介入因素事先难为人们所预见时,就可能中断因果关系;如果介入因素能为人们所预见,就不能中断因果关系。二是以介入因素是否独立于前一行为的角度。凡是独立于前一行为的,就可中断因果关系;凡是不独立于前一行为,而与前一行为相关者,就不能中断因果关系。这在一定程度上是从行为的客观作用来判断因果关系的,符合因果关系客观性的要求。但是上述观点受到严峻的挑战,对某些案例难以解释:如甲投毒欲杀害乙,乙中毒后痛苦不堪,恳求丙开枪将乙杀死,甲与丙的行为与乙的死亡之间有何因果关系。

2. 条件相当说

该观点认为如果介入的因素有异常性、对结果有凌驾性,那么介入的因素就会取代最初的行为,成为产生结果的主因。判断介入因素是否有凌驾性,该观点提出了如下的分析方法:首先判断最初出现的行为导致最后结果发生的可能性大小(概率),其次判断介入因素与最初行为有无关联,关联大小(是否大概率导致、依附出现),最后判断最初行为、介入因素对结果发生的影响力(作用力)大小。总体上须判断介入因素是异常还是正常:介入因素异常,则中断因果关系,原行为与后果之间没有因果关系;介入因素正常,则不中断因果关系,原行为与后果之间有因果关系。但该观点也受到较多的挑战,即判断异常的标准是来自事实,还是来自规范。例如,某毒药致死量是2克,甲意图杀害乙,投了2克毒药到乙的饮水中,丙也要杀害乙,投了3克毒药到乙的饮水中,结果乙毒发身亡。能不能认为丙的行为凌驾于甲的行为之上?对此,观点争议较多。当然,条件相当说能解释多数的常见问题。

【实例分析 6-7】

关于这一问题,可从下列2011年司法考试试题分析中深化认识。

关于因果关系,下列哪一选项是错误的?

A. 甲将被害人衣服点燃,被害人跳河灭火而溺亡,甲的行为与被害人死亡具有因果关系;

B. 乙在被害人住宅放火,被害人为救婴儿冲入宅内被烧死,乙的行为与被害人死亡有因果关系;

C. 丙在高速路将被害人推下车,被害人被后面车辆轧死,丙的行为与被害人死亡具有因果关系;

D. 丁毁坏被害人面容,被害人感觉无法见人而自杀,丁的行为与被害人死亡具有因果关系。

选项A,最初行为是甲放火,介入因素是被害人跳河灭火。一般情况下,放火后被害人均会寻找灭火措施,在紧急情况下跳河灭火并不出乎意料,并非异常因素,不中断因果关系。

选项B,最初行为是乙放火,介入因素是被害人为救婴儿冲入宅内。一般情况下,被害人均会救助婴儿,最初行为会大概率地导致介入因素,因此介入因素不中断因果关系。

选项C,最初行为是丙在高速路将被害人推下车,介入因素是后面车辆碾压。在高速路这种极其危险的环境中,被后车碾压死亡的概率极高,后车无过错(介入因素无过错),介入因素不中断因果关系。

选项D,最初行为是丁的伤害,介入因素是被害人自杀,自杀对于自杀者而言是意思自由的自决性行为(介入因素是自决行为),由自杀者本人负责,故而介入因素中断因果关系。所以选项D为答案。

（六）不作为犯罪的因果关系

关于不作为犯罪的因果关系，理论上存在较大的争议，但仍然可以找到某些共识：

其一，作为犯罪和不作为犯罪的因果关系有相同的一面。不作为是人的行为的一种表现形式，它不是"无"，而是一种客观存在的现象。因此，它也处于世界的普遍联系之中，是事物发展的一个环节，既是引起它的前一个现象的结果，又是它所引起的后一个现象的原因，同样具有原因力。不作为的原因力就在于它应当阻止而没有阻止事物向危险方向发展，以致于引起了危害结果的发生，它对危害结果的发生起了积极的作用。

其二，由于作为和不作为是两种不同的行为方式，不作为犯罪中的因果关系又有其特殊性：不作为犯罪因果关系的研究对象同作为犯罪不完全相同。不作为犯罪因果关系是研究客观上违反刑法规定的不作为即不履行特定的作为义务的行为同危害结果之间的因果关系，而且只是与特定作为义务有联系的不作为及其危害结果，才是刑法因果关系所要研究的原因和结果，否则就会无限扩大不作为犯罪因果关系的研究范围。在不作为犯罪中，引起危害社会结果发生的，除了行为人不履行特定的作为义务外，还可能存在着某种自然力或者他人行为的作用。也就是说，在行为人不作为之前或者同时在客观上就已经存在着或者潜在存在着可能发生危害社会结果的因果链条。这种因果链条恰恰是行为人特定作为义务的对象。我们只有把握了不作为犯罪及其因果关系的特殊性，才能进一步深入分析不作为是怎样成为刑法中的原因的。

（七）因果关系的复杂性

因果关系的复杂性，具体表现为"一果多因"或"一因多果"。

1."一果多因"

"一果多因"是指某一危害结果是由多个原因造成的。它最明显地表现在两种情况下：

一是在责任事故类过失犯罪案件中。事故的发生往往涉及许多人的过失，而且往往还是主客观原因交织在一起，情况非常复杂。确定这类案件的因果关系，就必须分清主要原因和次要原因、主观原因和客观原因等情况，这样才能正确解决刑事责任问题。

二是在共同犯罪案件中。共同犯罪中各个共犯危害行为的总和作为造成危害结果的总原因而与之有因果关系。但是根据我国刑法的规定，在分析案件时应该分清主次原因，即分清每个共犯在共同犯罪中所起作用的大小，并进而确定各个共犯刑事责任的大小。

三是在某些行为过程中存在一些介入因素，从而使得因果关系更加复杂。如生产销售有毒有害食品的行为人甲从种植环节就开始添加A违法添加剂，乙收购了甲种植的原料又添加了B违法添加剂制作了半成品，丙购买了乙制作的半成品，为了保鲜又添加了C违法防腐剂，最终导致消费者食用有毒有害食品而发生严重后果。对此，应当分析甲、乙、丙的责任,明确甲、乙、丙之间并非共同犯罪,而是具有介入因素的"一果多因"因果关系。

四是在司法实践中经常出现的被害人特殊体质案件。由于被害人具有特殊体质,在行为人通常的行为中对于一般人不可能造成危害的情况,可能对被害人造成严重伤害甚至死亡。如被害人有先天性心脏病、脑部发育异常、先天内脏异常、血友病等,行为人可能出于开玩笑或者一般的推搡,导致被害人受到严重伤害甚至死亡。对此,一般认为行为人的行为与被害人的死伤后果之间具有因果关系,但是否承担刑事责任,还须要分析其主观要件。

【实例分析6-8】

对上述内容,2008年司法考试曾出题考查:关于因果关系,下列哪些选项是正确的?

A. 甲乘坐公交车时和司机章某发生争吵,狠狠踹了章某后背一脚,章某返身打甲时,公交车失控,冲向自行车道,撞死了骑车人程某。甲的行为与程某的死亡之间存在因果关系。

B. 乙以杀人故意瞄准李某的头部开枪,但打中了李某的胸部(未打中心脏),由于李某是血友病患者,最后流血不止而死亡。乙的行为与李某的死亡之间没有因果关系。

C. 丙与同伙经预谋后同时向王某开枪,同伙射击的子弹打中王某的心脏,致王某死亡。由于丙射击的子弹没有打死王某,故丙的行为与王某的死亡之间没有因果关系。

D. 丁以杀人故意对赵某实施暴力,导致赵某遭受濒临死亡的重伤,赵某在医院接受治疗时,医生存在一定过失,未能挽救赵某的生命。丁的行为与赵某的死亡之间没有因果关系。

对此分析如下:

选项A,甲踹章某导致章某打甲,再导致公交车失控撞死骑车人,甲的行为与章某的行为共同导致了被害人的死亡结果,属于一果多因。由于甲踹他人,一般都会导致他人本能反抗,可以认为导致后者因素产生的可能性极大,从而新出现的因素不中断原有的因果关系,所以甲的行为与骑车人死亡结果之间存在因果关系。当然,章某也应承担刑事责任。本案原型参见《刑事审判参考》2002年总第28辑《陆某某、张某某以危险方法危害公共安全、交通肇事案——公交车司机离开驾驶岗位与乘客斗殴引发交通事故的如何定性》。司机章某构成以危险方法危害公共安全罪(故意危害公共安全),乘客甲构成交通肇事罪(过失危害公共安全)。

选项B,本案为特殊体质的因果关系,应认定有因果关系。

选项C,本案为共犯的因果关系,结果与两个行为人的实行行为有因果关系,则所有共同行为人均对结果负责。

选项D,本题考查的也是介入因果关系。医生的过失行为是介入因素,但由于其是"一定过失（轻微过失）"，并且丁的行为已致"濒临死亡的重伤"，所以医生的行为并不中断因果关系。丁的行为与死亡结果之间仍存在因果关系。

故答案应为选项 A。

2."一因多果"

"一因多果"是指一个危害行为可以同时引起多种结果的情况。例如，甲诽谤了乙，不但损害了乙的名誉、人格，还导致乙自杀身亡；丙放火烧毁了大片房屋，还烧死、烧伤多人。在一个行为引起的多种结果中，要分析主要结果与次要结果、直接结果与间接结果，这对于定罪量刑是有意义的。

认识和判定刑法因果关系的困难在于据果溯因，并且是根据危害结果追溯危害行为，进而研究刑法规定的危害行为与危害结果之间有无因果关系。从后来者的角度对已经发生的刑事案件分析其危害行为、危害结果及其因果关系，本身带有后人为主的思维定式。如果从表面上看，或根据我们的日常生活经验看，危害行为与危害结果似乎有因果关系，但根据科学知识或现代技术，该危害行为不可能引起该危害结果，则行为人不应对此承担刑事责任。但由于人类知识和认识的有限性，在某些特定情况下，行为人的行为与危害结果是否存在因果关系，根据当时的科学知识和技术不能得出肯定或否定其有无因果关系的存在时，如果行为人的行为又是危害社会的行为，往往会采取推定其有因果关系，从而追究行为人的刑事责任，如在我国发生较多的污染环境犯罪案件中判断疫学的因果关系等。对于现有知识和技术不能确定某（某些）行为与结果之间是否有因果关系时，则根据日常生活经验和常识，根据"科学加公正"的标准来判断。

第五节　犯罪的其他客观条件

任何犯罪都是在一定时间、地点并采取一定的方法（手段）实施的，危害行为的时间、地点和方法，通常情况下不是犯罪客观要件的组成部分。但是有些特定犯罪却由于法律的特殊规定，而使得行为的时间、地点和方法具有构成意义。

在法律把特定的时间、地点和方法明文规定为某些犯罪构成必备的要件时，这些因素就对某些行为是否构成该种犯罪具有决定性作用，即具有犯罪构成必备要件的意义。例如，《刑法》第 340 条和第 341 条的非法捕捞水产品罪和非法狩猎罪，就把"禁渔期""禁猎期""禁渔区""禁猎区""禁用的工具、方法"等规定为构成这些犯罪必备的条件，因而实施的行为是否具备这些因素，就成为这些案件里区分罪与非罪的重要条件。再如，按照《刑法》第 257 条的规定，只有用暴力方法干涉他人婚姻自由，才构成暴力干涉婚姻自由罪。在这里，是否用暴力方法干涉，就成为区分罪与非罪的标志。行为人如果没有使用刑法所规定的特定手段、方法或者工具实施行为，则不能认定为犯罪。

以上所列举的是刑法中行为的时间、地点和方法等要素对行为定罪的构成意义，同时我国刑法分则中还大量规定了犯罪的时间、地点和方法等要素对量刑的意义，如发生自然灾害时、公众场所、持枪持械等。有时，某些特定的犯罪时间、地点或者方法对量刑会发生重要的影响，如《刑法》第157条规定："武装掩护走私的，依照本法第一百五十一条第一款的规定从重处罚。"

第七章 犯罪主体

学习要求

了解：犯罪主体的概念

理解：犯罪主体的分类；自然人犯罪主体的刑事责任年龄

熟悉并能够运用：限制刑事责任年龄的规定；单位犯罪主体的认定条件

主要涉及的法条：

第十七条 【刑事责任年龄】已满十六周岁的人犯罪，应当负刑事责任。

已满十四周岁不满十六周岁的人，犯故意杀人、故意伤害致人重伤或者死亡、强奸、抢劫、贩卖毒品、放火、爆炸、投毒罪的，应当负刑事责任。

已满十四周岁不满十八周岁的人犯罪，应当从轻或者减轻处罚。

因不满十六周岁不予刑事处罚的，责令他的家长或者监护人加以管教；在必要的时候，也可以由政府收容教养。

已满七十五周岁的人故意犯罪的，可以从轻或者减轻处罚；过失犯罪的，应当从轻或者减轻处罚。

第十八条 【特殊人员的刑事责任】精神病人在不能辨认或者不能控制自己行为的时候造成危害结果，经法定程序鉴定确认的，不负刑事责任，但是应当责令他的家属或者监护人严加看管和医疗；在必要的时候，由政府强制医疗。

间歇性的精神病人在精神正常的时候犯罪，应当负刑事责任。

尚未完全丧失辨认或者控制自己行为能力的精神病人犯罪的，应当负刑事责任，但是可以从轻或者减轻处罚。

醉酒的人犯罪，应当负刑事责任。

第十九条 【又聋又哑的人或盲人的刑事责任】又聋又哑的人或者盲人犯罪，可以从轻、减轻或者免除处罚。

第三十条 【单位负刑事责任的范围】公司、企业、事业单位、机关、团体实施的危害社会的行为，法律规定为单位犯罪的，应当负刑事责任。

第三十一条 【单位犯罪的双罚原则】单位犯罪的，对单位判处罚金，并对其直接负责的主管人员和其他直接责任人员判处刑罚。本法分则和其他法律另有规定的，依照规定。

第一节 犯罪主体概述

一、犯罪主体的概念

犯罪主体是犯罪构成不可缺少的重要因素。要判断任何一个犯罪是否成立，都必须认定主体要件。从社会关系的承担者意义上看，犯罪主体就是犯罪的载体。因此，研究犯罪主体，对于犯罪构成理论及定罪实践都有重要而直接的意义。

我国刑法学界一般认为，我国的犯罪主体是指实施危害行为，依法应当负刑事责任的自然人和单位。对于我国犯罪主体的概念，可从以下三点理解：

1. 犯罪主体是自然人和单位

自然人是指人类中有生命存在的独立个体，其法律上的人格自出生时开始，至死亡时止。在中外古代的历史上，曾有过把有生命的非人类生物、已无生命的尸体或非生命的自然现象作为刑罚处罚的对象的刑事司法实践以及认为这些现象也可以犯罪的观念，这已为现代刑法所摒弃。其实，无论在现代还是古代的刑法中，自然人都是最基本的犯罪主体，也是最普遍的主体，即实施任何犯罪的主体首先都是自然人。

单位是我国刑法规定的与自然人相对的另一类犯罪主体。在现代社会的市场经济条件下，与自然人一样，各种社会组织也在民事和经济等活动中作为自身独立的主体，当这些独立的主体实施的行为严重危害社会时，理应与自然人一样承担刑事责任，从而成为犯罪主体。当然，由于自然人主体与单位主体的不同特点，刑法为其规定的承担刑事责任的方式也不完全相同。单位作为犯罪主体并承担刑事责任，这种法律后果不可避免地要在一定程度上波及该单位的每一个成员，但这与作为封建专制社会特定概念的"株连"有本质区别。株连是基于亲缘、邻里、职务等关系，要求某个或某些并没有从事犯罪活动的自然人为他人的犯罪承担连带的刑事责任，并予以具有人身性质的严酷刑罚，包括生命刑和身体刑。追究单位犯罪是针对其整体组织而不是其中具体的自然人，而且只适用财产刑。尽管刑罚的后果会影响到单位成员的利益，但这就如同同样会给单位成员造成不利影响的民事赔偿和违约金或行政罚款一样，并非株连。作为社会组织，单位总是由一定的人员组成的，单位的任何行为都是通过其一定成员的具体行为实施的，故在归根结底的意义上，实施危害行为的是自然人。

2. 犯罪主体是实施了危害行为的自然人或单位

任何犯罪都是一定的行为，任何行为都有实施者，犯罪主体就是危害行为的实施者。没有犯罪主体，就没有犯罪。具体的犯罪总是与特定的犯罪主体相联系，未实施危害行为者，就不是犯罪主体；未实施某种具体犯罪的危害行为者，就不可能是该种犯罪的主体。

3. 犯罪主体是应当负刑事责任的自然人或单位

刑事责任作为犯罪的法律后果，只能由危害行为的实施者来承担，实施犯罪行为的犯罪主体就是刑事责任的当然承担者。现代刑法实行罪责自负原则,坚决反对和禁止株连无辜。未实施任何犯罪的危害行为者,不负任何刑事责任;未实施某种具体犯罪的危害行为者,不能承担此种犯罪的任何形式的刑事责任。

自然人犯罪主体,就是具备刑事责任能力且实施了危害行为的自然人。自然人犯罪主体与自然人的概念既有联系也有区别:自然人犯罪主体必须由自然人构成,但并非任何自然人都是自然人犯罪主体,自然人犯罪主体是实施了危害行为并且在实施行为时具备刑事责任能力的自然人。由此,实施行为时是否具备刑事责任能力,是判断自然人是否符合自然人犯罪主体资格的基本条件。这个条件是由刑法总则有关条文明文规定的。

在刑法分则规定的罪名中,凡是以上述基本条件作为符合自然人犯罪主体资格的必要和充足条件的,为一般主体的犯罪;凡是在上述条件的基础上进一步要求自然人必须具备某种特定身份条件才符合自然人犯罪主体资格的,为特殊主体的犯罪。刑法理论上,可以把这两种犯罪中的主体相应地称作一般的自然人主体和特殊的自然人主体,简称为一般主体和特殊主体;可以把上述两个基本条件称为自然人犯罪主体的一般条件和自然人犯罪主体的特殊条件。自然人犯罪主体的一般条件是任何犯罪的自然人主体都必须具有的,而自然人犯罪主体的特殊条件是某些犯罪的自然人主体必须具有的。由于刑法总则规定了自然人犯罪的一般主体,故刑法分则不再重复规定,刑法分则只是对自然人犯罪的特殊主体加以规定。

二、犯罪主体要件的意义

犯罪行为是犯罪主体实施的行为,是犯罪主体的存在形式。而犯罪主体要件,是犯罪成立必不可少的条件。因此,研究犯罪主体要件,对于定罪量刑具有重要意义。

(一)犯罪主体要件是区分罪与非罪的标准之一

犯罪是行为人应负刑事责任的行为,犯罪主体必须具备的条件也是行为人对犯罪行为负刑事责任必须具备的条件。行为主体是否具备刑法规定的犯罪主体必须具备的条件,是行为是否构成犯罪的前提和基础。任何不具备犯罪主体要件的自然人或单位实施的行为,都不可能成为主体应负刑事责任的犯罪行为。例如,根据《刑法》第17条、18条的规定,任何犯罪的行为人都必须达到法定年龄,且具有辨认和控制自己行为的能力,如果行为人没有达到法定年龄,或者没有辨认或控制自己行为的能力,其行为就会因主体不负刑事责任而不成立犯罪。同理,刑法分则某些条文规定的犯罪,还要求具备特殊身份的人才能实施,如果不具备特殊的身份,其实施的行为就不可能成立该罪。如《刑法》第395条规定的巨额财产来源不明罪,其行为主体要件是国家工作人员的这一特殊身份,不具有此要件的人,不可能成立该种犯罪。所以,行为人是否符合刑法所规定的犯罪主体要件,是区别罪与非罪的标准之一。犯罪主体要件对于正确认定犯罪,划清罪与非罪的界限,具有相当重要的作用。

(二)犯罪主体要件是区分此罪与彼罪的标准之一

当刑法为某一种犯罪的主体规定了具体的条件时,行为主体是否符合该种犯罪特殊主体要件,就可能成为区分该罪与其他犯罪的标准。对某些危害行为,一般公民与具有特殊身份的人均可实施,但是,在某些情况下,一般公民与具有特殊身份的人实施相同的客观行为时,却反映出不同的性质,因而构成不同的犯罪。例如,同是"隐匿、毁弃或者非法开拆他人信件"的行为,如果行为主体为一般公民,则只能构成《刑法》第252条规定的"侵犯通信自由罪";如果行为主体是邮政工作人员,则可能构成《刑法》第253条第1款规定的"私自开拆、隐匿、毁弃邮件、电报罪"。又如,同是利用职务上的便利,收取他人财物的行为,如果行为人是非国有企业、公司的工作人员,其行为构成的是《刑法》第163条规定的"非国家工作人员受贿罪";如果是国家工作人员,其行为则应构成《刑法》第385条规定的"受贿罪"。

(三)犯罪主体要件是影响刑罚轻重的法定情节之一

犯罪主体要件的内容,既是行为人具有犯罪能力的标志,也是行为人承担刑事责任的重要根据。因为犯罪主体条件的具备,是行为人具备犯罪主观要件的前提,也是对犯罪人适用刑罚能够达到刑罚目的的基础。同时,在具备犯罪主体要件的同样情况下,行为人符合犯罪主体要件的具体情况也可能不同,而不同的具体情况又影响到刑事责任程度的大小或刑罚的轻重。因此,行为人符合犯罪主体要件的程度,将会影响行为人刑事责任的大小和刑罚的轻重。例如,《刑法》第17条第3款关于"已满十四周岁不满十八周岁的人犯罪,应当从轻或者减轻处罚";第18条第3款关于"尚未完全丧失辨认或者控制自己行为能力的精神病人犯罪","可以从轻或者减轻处罚";第19条关于"又聋又哑的人或者盲人犯罪,可以从轻、减轻或者免除处罚"等规定,都说明行为人符合犯罪主体要件的程度是可以决定刑罚轻重的法定标准。

第二节 刑事责任能力

一、刑事责任能力的概念

刑事责任能力,是指行为人构成犯罪和承担刑事责任所必需的,行为人具备的刑法意义上辨认和控制自己行为的能力。简言之,刑事责任能力就是行为人辨认和控制自己行为的能力。

我国刑法和刑法理论认为,刑事责任能力的本质,是人在行为时具备相对的自由意志能力,即行为人实施刑法所禁止的严重危害社会的行为,具备有条件的亦即相对自由的认识和进行抉择的行为能力。因此,刑事责任能力是行为人行为时犯罪能力与承担刑事责任能力的统一,是其辨认行为能力与控制行为能力的统一。

一般说来,对自然人主体而言,当人达到一定的年龄之后,智力发育正常,就自然具备了这种能力。但是,还有许多人达到了一定的年龄却不同于一般人,辨认和控制自己行为的能力可能因智力因素或精神状况、生理功能缺陷等原因而不具备、丧失或者减弱。具备刑事责任能力者可以成为犯罪主体并被追究刑事责任；不具备刑事责任能力者即使实施了客观上危害社会的行为，也不能成为犯罪主体，不能被追究刑事责任；刑事责任能力减弱者，其刑事责任也相应地适当减轻。刑事责任能力作为犯罪主体的核心和关键要件，对于犯罪主体的成立与否以及行为人的定罪量刑，具有至关重要的作用和意义。

刑事责任能力的内容，是行为人对自己行为所具备的刑法意义上的辨认能力与控制能力。明确这两种能力的含义及其相互关系，是正确把握刑事责任能力概念的需要。

刑事责任能力中的辨认能力，是指行为人具备对自己的行为在刑法上的意义、性质、后果的分辨认识能力。就是说，行为人有能力认识自己的行为是否为刑法所禁止、所谴责、所制裁。刑事责任能力中的控制能力，是指行为人具备决定自己是否以行为触犯刑法的能力。例如，达到一定年龄而精神正常的人，都有能力认识到自己若实施杀人、放火、强奸、抢劫、盗窃行为是要为刑法所禁止、所制裁的，都有能力选择和决定自己是否实施这些触犯刑法的行为。

刑事责任能力中的辨认能力与控制能力之间，存在着有机的联系。一方面，辨认能力是刑事责任能力的基础。只有对自己的行为在刑法上的意义有认识能力，才谈得上凭借这种认识能力而自觉有效地选择和决定自己是否实施触犯刑法的行为的控制能力。控制能力的具备是以辨认能力的存在为前提条件的，不具备辨认能力的未达刑事责任年龄的幼年人和患严重精神病的人，自然也就没有刑法意义上的控制能力。因而只要确认某人没有辨认能力，他便不具备控制能力，不存在刑事责任能力。另一方面，控制能力是刑事责任能力的关键。这表现为，在具有辨认能力的基础上，还需要有控制能力才能具备刑事责任能力，只要具备了控制能力就一定具备辨认能力；还表现在，人虽然有辨认能力，但也可能不具有控制能力而并无刑事责任能力。例如受不可抗力阻止的消防救火人员，即使他们因此而没有履行自己的职务行为，从而造成了严重的危害，也不能追究他们的刑事责任，其直接原因当然是他们不存在犯罪的主观心理态度。进一步从刑事责任能力的角度看，他们之所以不具备犯罪的主观条件，是因为他们虽有辨认能力但却丧失了当时控制自己行为的能力，因而也就根本没有刑事责任能力。可见，仅有辨认能力而没有控制能力，就没有了选择和决定自己行为的能力，就不成其为刑事责任能力；控制能力的存在又须以具备辨认能力为前提，因而不可能存在仅有控制能力而没有辨认能力的情况。总之，刑事责任能力的存在，要求辨认能力与控制能力必须齐备，缺一不可。

概括地说，影响和决定人的刑事责任能力程度即人在刑法意义上的辨认和控制自己行为的能力的有两个方面的因素：一是知识和智力成熟程度。人的知识和智力成熟与否，主要受到从幼年向成年成长的年龄因素的制约，此外也会受到学习知识、发展智力的某些重要器官生理功能的制约。二是精神，即人的大脑功能正常与否的状况。人的精神即大脑功能正常与否,受到人是否患精神疾病及精神疾病的种类、程度和特点的影响,有时还受到醉酒或者吸毒的影响。只有知识和智力成熟且精神正常的人,才在刑法意义上有能力辨认和控制自己的行为,才具有刑事责任能力。生活在人类社会中的自然人,达到一定年龄,且重要器官生理功能和大脑功能正常者,其知识和智力的发展就达到相当程度或成熟程度,因而必然不同程度地具有刑法所要求的辨认和控制自己行为的能力。所以,各国刑法都以一定的年龄为标志,规定了正常自然人具备刑事责任能力的界限。同时,刑法还对某些重要器官生理功能丧失者和精神病患者的刑事责任能力具备与否的问题,作出专门规定。

【实例分析 7-1】

对上述内容,可从 2015 年司法考试某考题深化认识:关于责任能力,下列哪一选项是正确的?

A. 甲在不满 14 周岁时安放定时炸弹,炸弹于甲已满 14 周岁后爆炸,导致多人伤亡。甲对此不负刑事责任。

B. 乙在精神正常时着手实行故意伤害犯罪,伤害过程中精神病突然发作,在丧失责任能力时抢走被害人财物。对乙应以抢劫罪论处。

C. 丙将毒药投入丁的茶杯后精神病突然发作,丁在丙丧失责任能力时喝下毒药死亡。对丙应以故意杀人罪既遂论处。

D. 戊为给自己杀人壮胆而喝酒,大醉后杀害他人。戊不承担故意杀人罪的刑事责任。

分析如下:

1. 关于 A 项。如后文所述,法定年龄应以行为时为基准进行计算。但是,如果行为人在发生结果时具有防止结果发生的义务,则可能根据不作为犯罪的时间进行计算。本案中,甲在不满 14 周岁时安放定时炸弹,炸弹于甲已满 14 周岁后爆炸并导致多人伤亡,应当认为,甲已满 14 周岁以后,对自己在不满 14 周岁时所安放的定时炸弹具有撤出的义务,或者说有义务防止自己的先前行为所造成的危害结果。据此,甲应承担不作为的爆炸罪的刑事责任。因此 A 项的表述错误,不选。

2. 关于 B 项。行为人在开始实施实行行为时具有责任能力与故意、过失,然后丧失责任能力,在无责任能力阶段实施的是另一性质的行为,由另一性质的行为导致了结果的发生,则行为人仅对前行为承担未遂犯的责任。据此,本案中的乙应承担故意伤害罪未遂的刑事责任。因此 B 项的表述错误,不选。

3. 关于 C 项。行为人只要开始实施实行行为时具有责任能力与故意、过失,丧失责任能力后所实施的行为性质与前行为的性质相同,而且结果与其行为之间具有因果关系,即使结果是在行为人丧失责任能力的情况下发生的,行为人也应负既遂犯的责任,而不应认定为犯罪未遂。据此,本案中的丙应承担故意杀人罪既遂的刑事责任。因此 C 项的表述正确,可选。

4. 关于 D 项。如后文所述,在生理性醉酒的情况下,行为人还具有责任能力,故对其实施的犯罪行为应当承担刑事责任。即使其责任有所减弱,但由于醉酒系由行为人自己造成的,故不得从轻或者减轻处罚。我国《刑法》第 18 条第 4 款规定:醉酒的人犯罪,应当负刑事责任。这意味着生理性醉酒的人应当负正常的刑事责任。据此,本案中的戊应承担故意杀人罪的刑事责任。因此 D 项的表述错误,不选。

二、刑事责任能力的分类

根据人的年龄、精神状况等因素影响刑事责任能力有无和大小的实际情况,各国刑法和刑法理论一般都对刑事责任能力采取三分法或四分法。三分法即将刑事责任能力分为完全刑事责任能力、完全无刑事责任能力以及处于中间状态的限定(减轻)刑事责任能力三种情况。四分法是除上述三种情况外,还有相对无刑事责任能力的情况。无论是三分法还是四分法,都承认在刑事责任能力的有无之间存在着中间态度的限定(减轻)刑事责任能力的情况。我国刑法采取四分法。

(一) 完全刑事责任能力

完全刑事责任能力,简称刑事责任能力或责任能力,其概念和内容在各国刑事立法中一般未予规定,而是由刑法理论和司法实践结合刑法中关于责任能力和限定责任能力的规定来加以明确和确认的。从外延看,凡不属刑法规定的无责任能力人及限定责任能力的人,皆属完全刑事责任能力人。凡年满 18 周岁、精神和生理功能健全而智力与知识发展正常的人,都是完全刑事责任能力人。完全责任能力人实施了犯罪行为的,应当依法负全部的刑事责任,不能因其责任能力因素而不负刑事责任或者减轻刑事责任。

(二) 完全无刑事责任能力

完全无刑事责任能力,简称完全无责任能力或无责任能力,指行为人没有刑法意义上的辨认或者控制自己行为的能力。根据现代刑事立法的规定,完全无刑事责任能力人一般是两类人:一是未达刑事责任年龄的幼年人;二是因精神疾病而没有刑法所要求的辨认或控制自己行为能力的人。按照我国《刑法》第 17 条、第 18 条的规定,完全无责任能力人,为不满 14 周岁的人和行为时因精神疾病而不能辨认或者不能控制自己行为的人。

(三) 相对无刑事责任能力

相对无刑事责任能力,也可称为相对有刑事责任能力或相对负刑事责任,是指行为人仅限于对刑法所明确限定的某些严重犯罪具有刑事责任能力,而对未明确限定的其他危害行为无刑事责任能力的情况。按照我国刑法从设立这一责任能力层次的立法例看,这种相对无责任能力人都是已超过完全无责任能力的年龄但又未达到成年的一定年龄段的未成年人。

(四) 减轻刑事责任能力

减轻刑事责任能力,又称限定刑事责任能力、限制刑事责任能力、部分刑事责任能力,是完全刑事责任能力和完全无刑事责任能力的中间状态,指因年龄、精神状况、生理功能缺陷等原因,而使行为人实施刑法所禁止的危害行为时,虽然具有责任能力,但其辨认或者控制自己行为的能力较完全责任能力有一定程度的减弱、降低的情况。现代各国刑法中,较为普遍地规定有减轻刑事责任能力的人,其外延主要是达到一定年龄的未成年人、聋哑人、盲人、因精神病而致辨认或控制行为能力有所减弱的精神障碍人。各国刑法一般都认为,限制责任能力人实施刑法所禁止的危害行为的,构成犯罪,应负刑事责任,但是其刑事责任因其责任能力的减弱而有所减轻,应当或者可以从宽处罚或免予处罚。

我国刑法明文规定的属于或可能属于限制刑事责任能力人的有四种情况:(1)已满14周岁不满18周岁的未成年人因其年龄因素的影响而不具备完全的刑事责任能力。(2)又聋又哑的人可能不具备完全的刑事责任能力。(3)盲人也可能不具备完全的刑事责任能力。(4)尚未完全丧失辨认或者控制自己行为能力的精神病人不具备完全的刑事责任能力。

第三节 自然人犯罪主体

自然人犯罪主体是最常见、也是最典型的犯罪主体类型,同时它还具有许多独特的要素,如刑事责任年龄、精神状态、醉酒、身份等,以下作逐一分析。

一、刑事责任年龄

(一)刑事责任年龄的概念

刑事责任年龄(简称责任年龄),是指法律所规定的行为人对自己实施的刑法所禁止的危害社会行为负刑事责任必须达到的年龄。刑事责任年龄的规定,是法律上对行为人应当对犯罪承担责任的能力存在与否的生理界限的推定。

犯罪是具备辨认和控制自己行为的能力者在其主观意志和意识支配下实施的危害社会的行为,而辨认和控制自己行为的能力决定于行为人智力和社会知识的发展程度,因而它必然受到行为人年龄的制约。年龄幼小的儿童尚不能正确认识周围事物和自己行为的性质和意义,也不具有承受刑罚的能力,若对他们实施的危害社会的行为作为犯罪追究,不符合我国刑法的性质和刑罚的目的。只有达到一定年龄,能够辨认和控制自己的行为,并能够适应刑罚的惩罚和教育的人,才能够要求他们对自己的危害行为依法负刑事责任。刑事立法根据人的年龄因素与责任能力的这种关系,确立了刑事责任年龄制度。可以说,达到刑事责任年龄,是自然人具备责任能力而可以作为犯罪主体的前提条件。

刑事责任年龄制度,就是从年龄上划定一个负刑事责任的范围。我国刑法中关于刑事责任年龄的规定,主要解决不同年龄人刑事责任的有无问题,同时也包含了对未成年的犯罪人从宽处罚的内容。司法实践中处理案件时,必须严格遵守这些规定。可见,研究刑事责任年龄问题,对于从理论上认识责任年龄与责任能力的关系,把握犯罪主体要件的本质,以及司法实践中正确定罪处罚,都有重要意义。

(二)我国关于刑事责任年龄的立法规定

刑事责任年龄在古今中外的刑事立法中都有所规定。近现代世界各国刑事立法关于刑事责任年龄的规定虽各有不同,但一般都是根据本国少年儿童成长的实际情况和同犯罪作斗争的需要,根据一个人从完全不具备到部分具备、完全具备辨认和控制自己行为的能力的逐步发展过程,把刑事责任年龄划分为几个阶段。不过,在划分的方法上并不完全相同。有的实行绝对无责任年龄和完全负责任年龄的两分制;有的实行绝对无责任年龄、相对无责任年龄、减轻责任年龄、完全负责任年龄的四分制等。目前多数国家刑法中的责任年龄制度都采用三分制或四分制。我国刑法根据我们国家一贯的对未成年人的危害行为以教育为主、惩罚为辅的政策为指导,从我国政治、经济、文化教育状况、未成年人的成长过程以及各类犯罪的情况等实际出发,并适当借鉴其他国家的立法经验,考虑刑法的世界发展趋势,在《刑法》第17条中对责任年龄作了较为集中的规定,把刑事责任年龄划分为完全不负刑事责任年龄、相对负刑事责任年龄与完全负刑事责任年龄三个年龄阶段。

1. 完全不负刑事责任年龄阶段

按照我国《刑法》第17条的规定,不满14周岁,是完全不负刑事责任年龄的阶段。一般地说,不满14周岁的人尚处于幼年时期,还不具备辨认和控制自己行为的能力,即不具备责任能力。因而法律规定,对不满14周岁的人所实施的危害社会的行为,一概不追究刑事责任。但应当注意,对于因不满14周岁不予刑事处罚的实施了危害社会行为的人,应依法责令其家长或监护人加以管教,也可视需要对接近14周岁,如12至13周岁的人由政府收容教养。此外,还可以根据《预防未成年人犯罪法》的规定送工读学校(专门学校)矫治。

2. 相对负刑事责任年龄阶段

按照我国《刑法》第17条第2款的规定,已满14周岁不满16周岁,是相对负刑事责任年龄阶段,也称相对无刑事责任年龄阶段。达到这个年龄阶段的人,已经具备了一定的辨别大是大非和控制自己重大行为的能力,即对某些严重危害社会的行为具备一定的辨认和控制能力。因此,法律要求他们对自己实施的严重危害社会的行为即"故意杀人、故意伤害致人重伤或者死亡、强奸、抢劫、贩卖毒品、放火、爆炸、投放危险物质罪"负刑事责任。此一年龄阶段的人如果实施的是上述8种犯罪以外的危害行为,并不负刑事责任,不具备犯罪主体资格。同样,对因不满16周岁而不予刑事处罚的实施了危害社会行为的未成年人,应依法责令其家长或者监护人加以管教,在必要的时候也可以由政府收容教养或根据《预防未成年人犯罪法》的规定送工读学校矫治。

需要注意的是,以上所列举的8种犯罪,指的是具体犯罪行为而不是具体罪名。如故意杀人,并不仅仅指的是故意杀人罪,还可能是在其他犯罪中进行杀人,也需要认定是故意杀人,如实施恐怖主义犯罪时的杀人等。对此,全国人大常委会法治工作委员会 2002 年 8 月 22 日在《对最高人民检察院关于已满 14 周岁不满 16 周岁的人承担刑事责任的范围问题的答复意见》中指出,现行《刑法》第 17 条第 2 款规定的 8 种犯罪,是指具体犯罪行为而不是具体罪名。即"犯故意杀人、故意伤害致人重伤或者死亡",是指只要故意实施了杀人、伤害行为并且造成了致人重伤、死亡后果的,都应负刑事责任。而不是指只有犯故意杀人罪、故意伤害罪的,才负刑事责任;也不是说绑架撕票的,就不负刑事责任。对司法实践中出现的已满 14 周岁不满 16 周岁的人绑架人质后杀害被绑架人、拐卖妇女、儿童而故意造成被拐卖妇女、儿童重伤或死亡的行为,依据刑法是应当追究其刑事责任的。同样,对因不满 16 周岁而不予刑事处罚的实施了危害社会行为的未成年人,应依法责令其家长或者监护人加以管教,在必要的时候也可以由政府收容教养。

【实例分析 7-2】

相对负刑事责任年龄阶段既是理论上的重要内容,也是司法实践中的常见问题,因而也是司法考试中多次进行考查的内容,对此可从下面的分析中加深认识。2010 年司法考试曾考查:甲(15 周岁)的下列哪一行为成立犯罪?

A. 春节期间放鞭炮,导致邻居失火,造成十多万元财产损失;
B. 骗取他人数额巨大财物,为抗拒抓捕,当场使用暴力将他人打成重伤;
C. 受意图骗取保险金的张某指使,将张某的汽车推到悬崖下毁坏;
D. 因偷拿苹果遭摊主喝骂,遂掏出水果刀将其刺成轻伤。

分析可知:选项 A,系失火行为,该行为不在《刑法》第 17 条第 2 款的规定之内,所以 15 周岁的人不承担刑事责任。选项 B,应承担故意伤害罪(致人重伤)的刑事责任。根据最高人民法院《关于审理未成年人刑事案件具体应用法律若干问题的解释》第 10 条,已满 14 周岁不满 16 周岁的人盗窃、诈骗、抢夺他人财物,为窝藏赃物、抗拒抓捕或者毁灭罪证,当场使用暴力,故意伤害致人重伤或者死亡,或者故意杀人的,应当分别以故意伤害罪或者故意杀人罪定罪处罚,即以手段行为定罪。选项 C,毁坏财物的行为系受被害人承诺行为,不具违法性。而对其中的帮助保险诈骗行为,该行为不在《刑法》第 17 条第 2 款的规定之内,所以 15 周岁的甲不承担刑事责任。选项 D,如将刺伤行为认定盗窃后为窝藏赃物、抗拒抓捕或者毁灭罪证而当场使用暴力,则根据前述最高人民法院《关于审理未成年人刑事案件具体应用法律若干问题的解释》第 10 条,不能构成抢劫罪。如认为后继伤害行为不具有此三项特定目的,而是单独行为,则先前行为即偷拿苹果系小偷小摸,即使成年犯因未达数额标准亦不构成犯罪;刺成轻伤系故意伤害轻伤,该行为不在《刑法》第 17 条第 2 款的规定之内,所以 15 周岁的甲不承担刑事责任。所以选项 B 为正确选择。

【实例分析 7-3】

2006 年司法考试试题:已满 14 周岁不满 16 周岁的人实施下列哪些行为应当承担刑事责任?

A. 参与运送他人偷越国(边)境,造成被运送人死亡的;
B. 参与绑架他人,致使被绑架人死亡的;
C. 参与强迫卖淫集团,为迫使妇女卖淫,对妇女实施了强奸行为的;
D. 参与走私,并在走私过程中暴力抗拒缉私,造成缉私人员重伤的。

分析如下:

A 选项与 B 选项中,"造成被运送人死亡"和"致使被绑架人死亡"均应解释为过失致人死亡,已满 14 周岁不满 16 周岁的人不承担刑事责任。如果是"杀害"运送人、被绑架人,则应承担故意杀人罪的刑事责任。C 选项,14—16 周岁的人,应对强奸行为承担刑事责任,按强奸罪定罪处罚,不对强迫卖淫行为承担刑事责任。D 选项,妨害公务罪可以包容故意伤害罪轻伤,但不能包容故意伤害罪重伤、死亡。根据《刑法》第 157 条第 2 款,对于已满 16 周岁的行为人而言,走私并暴力抗拒缉私造成轻伤以下结果的,应按走私罪和妨害公务罪数罪并罚;如果造成重伤的,则妨害公务罪应转化为故意伤害罪。本选项中暴力抗拒缉私,造成缉私人员重伤的,应按故意伤害(重伤)罪处理,已满 14 周岁不满 16 周岁的人应当承担刑事责任,以故意伤害(重伤)定罪。所以本题答案为选项 C 和 D。

在相对负刑事责任年龄问题上,德国、意大利、奥地利、日本等也将最低刑事责任年龄规定为年满 14 周岁。值得一提的还有英美法系国家和地区的立法例。与我国明确规定 8 类具体犯罪的立法例不同,英美法系国家大多对这一年龄阶段的行为人所能构成的犯罪的范围不作具体规定,由控方和辩方在诉讼中具体确定。如在英国,对 10 岁以上(含 10 岁)不满 14 岁的儿童,被推定为无实施犯罪行为的能力。但是与不满 10 岁一概为无犯罪行为能力的认定不同,对已满 10 岁不满 14 岁的儿童被推定为无实施犯罪行为的能力不再是绝对的,可以用证据进行反驳。如果控方能证明这一年龄段的行为人"在实施不法行为时有犯罪的明知",即能证明被告人了解其行为在法律上是错误的,或者至少了解这一行为在道德上是错误的,就可以否定"未成年人"这一辩护理由的成立。具体而言,控方可以通过被告人以前实施过某种同类犯罪的事实来证明这种犯罪的明知,尤其是如果他曾被认定犯有此罪的话,甚至可以通过被告人的家庭背景等情况来证明。

3. 完全负刑事责任年龄阶段

按照我国《刑法》第 17 条第 1 款的明文规定,"已满十六周岁的人犯罪,应当负刑事责任",这表明已满 16 周岁的人进入完全负刑事责任年龄阶段。由于已满 16 周岁的人的体力和智力已有相当的发展,具有了一定的社会知识,是非观念和法治观念的增长已经达到一定的程度,一般已经能够根据国家法律和社会道德规范的要求来约束自己,因而他们已经具备了基本的刑法意义上辨认和控制自己行为的能力。因此,我国刑法规定已满 16 周岁的人原则上可以构成刑法中所有的犯罪,要求他们对自己实施的刑法所禁止的一切危害行为承担刑事责任。但是,未满 18 周岁的未成年人犯罪,应当从轻或者减轻处罚。

(三)认定刑事责任年龄的若干问题

根据司法实践情况,切实贯彻刑事责任年龄制度,正确处理未成年人的违法犯罪案件,还应当明确以下三个问题:

1. 刑事责任年龄的计算问题

首先,刑事责任年龄应当是指实足年龄即周岁,这一点我国《刑法》第17条已明确作了规定。其次,周岁的具体起算。根据有关司法解释,可以明确:一是周岁应当一律按照公历的年、月、日计算。二是1周岁以12个月计。每满12个月即为满1周岁。三是每满12个月即满1周岁应以日计算,而且是过了几周岁生日,从第2天零时起,才认为已满几周岁。例如,行为人于1993年12月1日出生,至2007年12月2日零时为已满14周岁,至2009年12月2日零时为已满16周岁,至2011年12月2日零时为已满18周岁。因此,对14周岁生日当天实施危害行为的,应视为不满14周岁,不能追究刑事责任;对16周岁生日当天实施危害行为的,只能令其对法定的8种犯罪情形负刑事责任;对18周岁生日当天犯罪的,应视为不满18周岁,对其适用"从轻或者减轻处罚"的原则。上述"生日当天犯罪"问题,在刑法上追究刑事责任时特别需要注意。

2. 关于未成年人犯罪和处罚的法定年龄界限能否突破的问题

例如,对即将满14周岁,甚至差几天就满14周岁的人实施了故意杀人、故意伤害致人重伤或者死亡等行为,甚至造成了非常严重的危害结果的,可否作为犯罪追究刑事责任?对于即将满18周岁的人所犯罪行极其严重的,可否判处死刑?应当强调指出,法律在未成年人定罪和处罚问题上所规定的这种年龄界限,不能有任何伸缩性,这是我国刑法罪刑法定原则的必然要求。如果允许突破这种界限,刑法关于责任年龄的规定就失去了其限制作用,这明显违背法治原则。

3. 关于跨年龄段的危害行为的刑事责任问题

其中主要问题有两个:一是行为人已满16周岁后实施了某种犯罪,并在已满14周岁不满16周岁期间也实施过相同的行为,应否一并追究刑事责任?对此应当作具体分析。如果在已满14周岁不满16周岁期间所实施的是《刑法》第17条第2款规定的特定严重犯罪,则应一并追究刑事责任;否则,就只能追究已满16周岁以后犯罪的刑事责任。已满14周岁不满16周岁期间所实施的行为,如果与已满16周岁后实施的犯罪行为具有密切联系,则说明行为人的人身危险性较大,可以作为量刑情节予以适当考虑。二是行为人在已满14周岁不满16周岁期间,实施了《刑法》第17条第2款规定的特定严重犯罪,并在未满14周岁时也实施过相同行为,对此不能一并追究刑事责任,而只能追究行为人已满14周岁后实施的特定严重犯罪的刑事责任。同理,如果未满14周岁时实施的行为与已满14周岁后实施的犯罪行为具有密切联系,则表明行为人的人身危险性严重,量刑时应予以考虑。

二、精神状态

达到一定年龄而精神健全的人,由于其知识和智力得到一定程度的发展,因而其刑事责任能力即辨认和控制自己行为的能力就开始具备,并以达到成年年龄作为其责任能力完备的标志。但是,人即使达到负刑事责任的年龄,如果存在精神障碍尤其是存在精神病性精神障碍,就可能影响其责任能力,减弱甚至不具备这种责任能力,从而使其实施危害行为时的刑事责任也受到一定的影响。我国《刑法》第18条专门规定了精神病人的刑事责任问题,这是我国现阶段司法实践中解决实施危害行为的精神病人和其他精神障碍人刑事责任的基本依据。

1. 完全无刑事责任的精神病人

我国《刑法》第18条第1款规定:"精神病人在不能辨认或者不能控制自己行为的时候造成危害结果,经法定程序鉴定确认的,不负刑事责任,但是应当责令他的家属或者监护人严加看管和医疗;在必要的时候,由政府强制医疗。"根据这一规定,认定精神障碍者为无责任能力人,必须同时具备两个标准:

(1)医学标准。亦称生物学标准,简言之即实施危害行为者是精神病人,确切地讲,是指从医学上看,行为人是基于精神病理的作用而实施特定危害社会行为的精神病人。它应当包含以下几层含义或称条件:

第一,行为人必须是精神病人。精神病是由于人体内外原因引起的严重的精神障碍性疾病。对《刑法》第18条所称的"精神病"应注意从两个方面加以正确理解:一方面,对"精神病"应作广义的理解,即它包含多种多样的慢性和急性的严重精神障碍,立法上认为不便于也无必要一一列明各种精神病,而以"精神病"一词加以概括。另一方面,"精神病"又不同于非精神病性精神障碍,如神经官能症、人格障碍、性变态等。精神病患者的精神功能障碍会导致其辨认或控制行为的能力完全丧失,而非精神病性精神障碍人一般都不会因精神障碍而丧失辨认或控制行为的能力。因此,只有精神病人,才有可能成为《刑法》第18条规定的无责任能力人,非精神病性精神障碍人,则不属于《刑法》第18条所称之"精神病人",其中有些是限制(减轻、部分)责任能力人,另一些则是完全责任能力人。

第二,精神病人必须实施了特定的危害社会的行为,即实施了刑法所禁止的危害行为。如果这些危害行为是精神健全者实施的,就会构成犯罪和应负刑事责任。

第三,精神病人实施刑法所禁止的危害行为必须是基于精神病理的作用。这意味着,行为人的精神病于行为时须处于发病期,而不是缓解或间歇期。只有精神病人于行为时发病,才谈得上因精神病理的作用而致危害行为的实施。这意味着,行为人的精神病理与特定危害行为的实施之间具有直接的因果关系。

(2)心理学标准。亦称法学标准,是指从心理学、法学的角度看,患有精神病的行为人的危害行为,不但是由精神病理机制直接引起的,而且由于精神病理的作用,使其行为时丧失了辨认或者控制自己触犯刑法之行为的能力。所谓丧失辨认行为的能力,是指行为人由于精神病理的作用,在行为时不能正确地了解自己行为危害社会的性质及其危害后果。例如,精神分裂症患者实施杀人时,由于其精神病理的作用,不知道自己实施的是杀人行为及该行为会造成剥夺对方生命的结果,或者坚信自己是在反击一个要杀害自己的凶手。所谓丧失控制行为的能力,是指行为人由于精神病理的作用,不能根据自己的意志自由地选择实施或不实施危害行为,也往往表现为不能根据自己的意志选择和控制危害行为实施的时间、地点、方式与程度。如果精神病人所实施的行为与其精神病没有直接联系,就不能认为他没有辨认与控制自己行为的能力,而只有当他所实施的危害行为起因于精神病时,才可能认定其丧失辨认与控制自己行为的能力,而认定他为无责任能力人。

由上可见,我国《刑法》第18条关于精神病障碍人无责任能力的认定标准,采取的是医学标准与心理学(法学)标准相结合的方式,在心理学标准内容上,采纳的是丧失辨认能力或者控制能力的择一说。实施刑法所禁止的危害行为的精神障碍人,只有同时符合上述医学标准和心理学(法学)标准的,才应确认为无责任能力人,并按《刑法》第18条第1款的规定对其危害行为不负刑事责任。需要指出的是,上述医学标准与心理学标准相结合的判断结论,必须是经过法定程序鉴定确认的。

2. 完全负刑事责任的精神障碍人

依据我国《刑法》第18条的规定和有关的司法精神病鉴定实践及司法实践经验,责任能力完备而应完全负刑事责任的精神障碍人包括以下两类:

(1) 精神正常时期的"间歇性精神病人"。我国《刑法》第18条第2款明文规定:"间歇性的精神病人在精神正常的时候犯罪,应当负刑事责任。"我国司法精神病学一般认为,刑法中所说的"间歇性精神病",是指具有间歇发作特点的精神病,包括精神分裂症、躁狂症、抑郁症、周期精神病、分裂情感性精神病、癔症性精神病等。所谓"间歇性精神病人的精神正常时期",包括上述某些精神病(如癫痫性精神病)的非发病期。"间歇性精神病人"在精神正常的时候实施刑法所禁止的危害行为的,其辨认和控制自己行为的能力即责任能力完全具备,不符合无责任能力和限制能力所要求的心理学(法学)标准,因而法律要求行为人对其危害行为依法负完全的刑事责任。需要指出,根据《刑法》第18条第2款的规定,间歇性精神病人的行为是否成立犯罪,应以其实施行为时是否精神正常、是否具有辨认与控制自己行为的能力为标准,而不是以侦查、起诉、审判时是否精神正常为标准。如果间歇性精神病人实施危害行为的时候精神正常,具有辨认与控制自己行为的能力,即使实施行为后精神不正常的也应承担刑事责任。当然,在承担刑事责任的具体方式上,司法机关应根据行为人的实际情况酌情妥善处理。

(2) 大多数非精神病性精神障碍人。按照我国司法精神病学,非精神病性精神障碍的主要种类有:各种类型的神经官能症,包括癔症、神经衰弱、焦虑症、疑病症、强迫症、神经症性抑郁等;各种人格障碍式变态人格(包括器质性人格障碍);性取向失衡,包括露阴癖、恋物癖、恋童癖、性虐待癖等;情绪反应(未达到精神病程度的反应性精神障碍);未达到精神病程度的成瘾药物中毒与戒断反应;轻躁狂与轻性抑郁症;生理性醉酒与单纯慢性酒精中毒;脑震荡后遗症以及其他未达到精神病程度的精神疾患;轻微精神发育不全等。

非精神病性精神障碍人,大多数并不因精神障碍使其辨认或者控制自己行为的能力丧失或减弱,而是具有完备的责任能力,因而不能对其行为不负刑事责任,也不能对其行为负减轻的刑事责任,而应在原则上令行为人对其危害行为依法负完全的刑事责任。但在少数情况下,非精神病性精神障碍人也可成为限制责任能力人甚至无责任能力人,从而影响到减轻刑事责任或者不负刑事责任。

【实例分析7-4】

对上述内容,2011年司法考试曾作考查:甲患抑郁症欲自杀,但无自杀勇气。某晚,甲用事先准备的刀猛刺路人乙胸部,致乙当场死亡。随后,甲向司法机关自首,要求司法机关判处其死刑立即执行。对于甲责任能力的认定,下列哪一选项是正确的?

A. 抑郁症属于严重精神病,甲没有责任能力,不承担故意杀人罪的责任;

B. 抑郁症不是严重精神病,但甲的想法表明其没有责任能力,不承担故意杀人罪的责任;

C. 甲虽患有抑郁症,但具有责任能力,应当承担故意杀人罪的责任;

D. 甲具有责任能力,但患有抑郁症,应当对其从轻或者减轻处罚。

分析如下:抑郁症如不影响行为人的认识能力和控制能力,只属医学意义上的精神病,不属于刑法上的完全无刑事责任能力的精神病,应当认定具有刑事责任能力。也不属于"应当"从宽的情节,而只作为酌定量刑情节考虑。故C选项正确。

3. 限制刑事责任的精神障碍人

限制刑事责任的精神障碍人,又称减轻(部分)刑事责任的精神障碍人,是介乎无刑事责任的精神病人与完全刑事责任的精神障碍人中间状态的精神障碍人。我国《刑法》第18条第3款规定:"尚未完全丧失辨认或者控制自己行为能力的精神病人犯罪的,应当负刑事责任,但是可以从轻或者减轻处罚。"这里的"精神病人",从立法意图来说,应作广义的理解,一般包括以下两类:一是处于早期(发作前趋期)或部分缓解期的精神病(如精神分裂症等)患者,这类患者由于精神病理机制的作用使其辨认或控制行为的能力有所减弱;二是某些非精神病性精神障碍人,包括轻至中度的精神发育迟滞(不全)者,脑部器质性病变(如脑炎、脑外伤)或精神病(如精神分裂症、癫痫症)后遗症所引起的人格变态者,神经官能症中少数严重的强迫症和癔症患者等。根据《刑法》第18条第3款的规定,限制刑事责任的精神病人犯罪的,只是"可以"从轻或者减轻处罚,而不是应当从轻或者减轻处罚。在司法实践中,是否对限制刑事责任的精神病人从轻或者减轻处罚、从轻或者减轻的幅度如何掌握,应以行为人所实施的犯罪是否与辨认或控制行为能力减弱有直接联系、有多大的影响为标准。如果没有联系,则可以不予从轻或减轻处罚。

三、生理功能缺失

精神正常人的智力和知识将随着年龄的增长而发展,达到一定的年龄即开始具有刑事责任能力,达到成年年龄即标志着刑事责任能力的完备。但是,人也可能由于重要的生理功能(如听能、语能、视能等)的丧失而影响其接受教育,影响其学习知识和开发智力,并因而影响到其刑法意义上的辨认或控制行为能力的不完备。中外刑事立法和司法实践,不同程度地注意到了人的生理功能丧失,尤其是听能和语能丧失即聋哑对其刑事责任能力的影响问题,并在刑事责任上有所体现。我国《刑法》第19条规定:"又聋又哑的人或者盲人犯罪,可以从轻、减轻或者免除处罚。"这就是我国刑法中对生理功能缺陷者即聋哑人、盲人刑事责任的特殊规定。这一规定意味着,聋哑人、盲人实施刑法禁止的危害行为的,构成犯罪,应当负刑事责任,应受刑罚处罚,但又可以从轻、减轻或者免除处罚。

从理论与实践的结合上看,要正确适用我国《刑法》第19条关于聋哑人、盲人犯罪的刑事责任规定,应当注意以下几点:(1)本条的适用对象有两类:一是既聋又哑的人,即同时完全丧失听力和语言功能者,其中主要是先天聋哑和幼年聋哑者;二是盲人,即双目均丧失视力者,主要也是指先天和幼年丧失视力者。(2)对聋哑人、盲人犯罪坚持应当负刑事责任与可以适当从宽处罚相结合的原则。(3)正确适用对聋哑人、盲人犯罪"可以从轻、减轻或者免除处罚"的原则:对于聋哑人、盲人犯罪,原则上即大多数情况下要予以从宽处罚;只是对于极少数知识和智力水平不低于正常人、犯罪时具备完全能力的聋哑人、盲人(多为成年后的聋哑人和盲人),才可以考虑不予以从宽处罚;对于不但责任能力完备,而且犯罪性质恶劣、情节和后果非常严重的聋哑人、盲人犯罪分子,应坚决不予从宽处罚。对应予从宽处罚的聋哑人、盲人犯罪案件,主要应当根据行为人犯罪时责任能力的减弱程度,并同时考查犯罪的性质和危害程度,来具体决定是从轻处罚、减轻处罚还是免除处罚,以及从轻、减轻处罚的幅度。

四、醉酒

醉酒主要包括生理醉酒和病理性醉酒两类情况。由于病理性醉酒属于精神病的范畴,这里限于专门论述生理醉酒者的责任能力及其实施危害行为的刑事责任问题。生理醉酒,又称普通醉酒、单纯性醉酒,简称醉酒,是通常最多见的一种急性酒精中毒,多发生于一次性大量饮酒后,指因饮酒过量而致精神过度兴奋甚至神志不清的情况。生理醉酒的发生及其表现,与血液中酒精浓度及个体对酒精的耐受力关系密切。在生理醉酒状态下,人的生理、心理和精神变化大致可分为兴奋期、共济运动(即身体控制)失调期和昏睡期三个时期。现代精神医学和司法精神病学认为,生理醉酒不是精神病。实践表明,在生理醉酒的上述前两个时期,醉酒者对作为或不作为方式的危害行为均有能力实施,而且一般容易实施作为方式的危害行为,较为常见的如冲动性侵犯他人人身的杀伤行为和非法的性行为等;在第三个时期,作为方式与不作为方式的危害行为仍可以实施,但因为醉酒者往往昏睡,因而较少有能力实施作为方式的危害行为。

我国刑法把生理醉酒人与精神病人明确加以区分,在《刑法》第18条第4款规定:"醉酒的人犯罪,应当负刑事责任。"这一规定对于防止和减少酒后犯罪,维护社会秩序,具有重要的意义。生理醉酒人实施危害行为应当负刑事责任的主要根据在于:(1)精神医学和司法精神病学证明,生理醉酒人的辨认和控制行为能力只是有所减弱,但并未完全丧失,不属于无刑事责任能力人。(2)生理醉酒人在醉酒前对自己醉酒后可能实施危害行为应当预见到,甚至已有所预见,在醉酒状态下实施危害行为时具备故意或过失的犯罪主观要件。(3)醉酒完全是人为的,是可以戒除的。因此,对生理醉酒人犯罪应当追究其刑事责任。

对醉酒人犯罪案件处罚时,应当注意到行为人在醉酒前有无犯罪预谋,行为人对醉酒有无故意、过失的心理态度,醉酒犯罪与行为人一贯品行的关系,以及醉酒犯罪是否发生在职务或职业活动中等不同情况,予以轻重不同的处罚,以使刑罚与犯罪的醉酒人的责任能力程度及其犯罪的危害程度相适应。在这里值得一提的是德国和日本刑法上提出的原因自由行为理论。原因自由行为也称为原因中的自由行为,是指有责任能力的行为人在一时丧失责任能力的状态下实施了符合犯罪构成要件的行为,但对于是否陷入这种无责任能力的状态,行为人原本可以自由决定;如果是故意或者过失使自己处于无责任能力的状态,则行为人应承担刑事责任。比如,有病理醉酒病史的行为人为了杀人,事先大量饮酒,使自己处于无责任能力的病理醉酒状态,在此状态下实施杀人行为的,尽管在行为当时行为人并无刑事责任能力,但行为人仍应对此杀人行为承担刑事责任。

五、刑法上的身份

1. 身份的概念

身份本意是指人的出身、地位和资格,是指人在一定的社会关系中的地位,因而人人皆有其身份,而犯罪主体的身份有其独特的含义。按照刑法理论中较为通行的主张,所谓犯罪主体的身份,是指刑法所规定的影响行为人刑事责任的行为人人身方面特定的资格、地位或状态,如国家机关工作人员、军人、司法工作人员、辩护人、诉讼代理人、证人、依法被关押的罪犯、亲属等等。这些特殊身份不是自然人犯罪主体的一般要件,而只是某些犯罪的自然人主体必须具备的要件。

以主体是否要求必须具备特定身份为标准,自然人犯罪主体分为一般主体与特殊主体。刑法规定不要求以特殊身份作为要件的主体,称为一般主体;刑法规定以特殊身份作为要件的主体,称为特殊主体。

在刑法理论上,通常还将以特殊身份作为主体构成要件或者刑罚加减根据的犯罪称为身份犯。身份犯可以分为真正身份犯与非真正身份犯。真正身份犯是指以特殊身份作为主体要件,无此特殊身份该犯罪则根本不可能成立的犯罪。例如,《刑法》第

109条叛逃罪的主体必须是国家机关工作人员,因此,如果行为人不是国家机关工作人员,其行为就不可能成立叛逃罪。非真正身份犯,是指特殊身份不影响定罪但影响量刑的犯罪。在这种情况下,如果行为人不具有特殊身份,犯罪也成立;如果行为人具有这种身份,则刑罚的科处就比不具有这种身份的人要重或轻一些。例如,《刑法》第243条诬告陷害罪的主体,不要求以特殊身份为要件,即任何年满16周岁、具备刑事责任能力的自然人,均可构成本罪;但是,如果主体具备国家机关工作人员身份,依照《刑法》第243条第2款的规定,则应从重处罚。换言之,国家机关工作人员身份虽然不是诬告陷害罪的主体要件,但这种特殊身份却是诬告陷害罪从重处罚的根据。本节中论述的犯罪主体的特殊身份,既包括真正身份犯中的特殊身份,也包括非真正身份犯中的身份。

正确理解犯罪主体的特殊身份的含义,应当特别注意这样两个问题:(1)特殊身份必须是在行为人开始实施危害行为时就已经具有的特殊资格或已经形成的特殊地位或状态。行为人在实施行为后才形成的特殊地位,并不属于特殊身份。例如,《刑法》第291条规定的聚众扰乱公共场所秩序、交通秩序罪,法律规定只处罚首要分子,但我们并不能说该罪的主体为特殊主体,因为首要分子在此是指在聚众犯罪中起组织、策划、指挥作用的犯罪分子,这种地位或资格是在行为人实施犯罪后方形成的,并非特殊身份。事实上,任何达到刑事责任年龄、具备刑事责任能力的自然人,均可以聚集众人扰乱公共场所秩序、交通秩序而成为首要分子,该罪的主体是一般主体。如果把行为人在实施犯罪后才形成的特殊地位或状态也称之为特殊身份,那么在犯罪主体中区分一般主体与特殊主体就可能失去意义。按照此种看法,"犯罪的实施者"本身也是一种身份,如故意杀人罪的主体是实施杀人者;抢劫罪的主体是实施抢劫行为者,显然不妥。(2)作为犯罪主体要件的特殊身份,仅仅是针对犯罪的实行犯而言的,关于教唆犯与帮助犯,并不受特殊身份的限制。例如强奸罪的主体必须是男性,但这只是就实行犯而言的,不具有男性身份的妇女教唆或帮助男性实施强奸妇女行为的,可以成立强奸罪的共犯。

2. 身份的分类

犯罪主体的特殊身份,从不同角度可有不同的分类,主要有以下分类:

从形成方式上加以区分,犯罪主体的特殊身份可以有自然身份与法定身份之别。自然身份,是指人因自然因素所赋予而形成的身份。例如,基于性别形成的事实可有男女之分,有的犯罪如强奸罪仅男子可以单独成为犯罪的实行主体;再如,基于血缘的事实可形成亲属身份,有些犯罪的主体只能由具有此种身份者构成,如遗弃罪、虐待罪。法定身份,是指人基于法律所赋予而形成的身份。如军人、国家机关工作人员、司法工作人员、在押罪犯等等。自然身份和法定身份要成为犯罪主体的特殊身份,一般需要由刑法予以明确规定。这种分类的意义,并不在于直接说明犯罪主体特殊身份与刑事责任的关系,而在于通过对犯罪主体特殊身份的了解,进而准确而深刻地把握刑法设立此项规定的原义,这无疑会有助于正确地适用法律。例如,国家工作人员是一种法定身份,具有国家工作人员身份者总是由法律赋予一定的职责即权利和义务,刑法把国家工作人员规定为受贿罪主体的特殊身份条件,决不是为了惩罚国家工作人员收受他人财物的任何行为,而只是为了惩罚与其职责相联系而违反其职责的收受他人财物的行为。

根据犯罪主体的特殊身份对行为人刑事责任影响的性质和方式,可以分为定罪身份与量刑身份。定罪身份,即决定刑事责任存在的身份,又称为犯罪构成要件的身份。此种身份是某些具体犯罪构成中犯罪主体要件必须具备的要素,缺少这种身份,犯罪主体要件就不具备,因而也就没有该具体犯罪构成,不构成该种犯罪,不存在行为人应负该罪之刑事责任的问题,有此身份,犯罪构成中的主体要件就可具备,此时如果犯罪构成的主客观要件都存在,就可认定行为人的行为构成该罪并应负刑事责任。量刑身份,即影响刑事责任程度的身份,又称为影响刑罚轻重的身份。是指按照刑法的规定,此种身份的存在与否虽然不影响刑事责任的存否,但影响刑事责任的大小,其在量刑上,表现为是从重、从轻、减轻甚至免除处罚的根据。如《刑法》第349条第2款规定:"缉毒人员或者其他国家机关工作人员掩护、包庇走私、贩卖、运输、制造毒品的犯罪分子的,依照前款的规定从重处罚。"

3.犯罪主体特定身份对定罪量刑的意义

(1)影响行为的定罪是犯罪主体特殊身份的首要功能

第一,主体特殊身份的具备与否,是区分罪与非罪的标准之一。刑法规定某些犯罪的成立必须具备特殊身份的主体,就是要通过对犯罪主体特殊身份的要求和限定,来限制追究刑事责任的范围,以准确有效地打击那些达到犯罪程度的严重危害行为及其行为人。

第二,主体特殊身份具备与否,也是某些犯罪案件中区分和认定此罪与彼罪的一个重要标准。例如,同样是隐匿、毁弃或者非法开拆他人信件的行为,具有邮政工作人员身份并利用其职务便利实施者构成《刑法》第253条规定的私自开拆、隐匿、毁弃邮件、电报罪,一般公民则构成第252条的侵犯通信自由罪;同样是窃取或者骗取公共财物的行为,具有国家工作人员身份且利用其从事公务的便利实施者构成贪污罪,无此等身份的人则一般只能构成盗窃罪或诈骗罪。此类规定主要是通过对犯罪主体特殊身份的要求与否,来作为区分性质和危害程度不同的犯罪之间的界限。

第三,主体特殊身份影响无特殊身份者的定罪。这主要是无特定身份者与有特定身份者共同实施要求特殊主体之罪的情况。例如,一般公民可以与国家工作人员一起构成要求特殊主体的贪污罪的实行犯。

(2)犯罪主体的特殊身份对量刑也有一定的影响

这主要表现在:第一,在我国刑法中,对行为类似的特殊主体的犯罪一般都较一般主体的犯罪规定的刑罚重一些。例如,包含窃取、骗取行为的国家工作人员贪污罪的刑罚,重于一般主体的盗窃罪、诈骗罪的刑罚;军人战时造谣惑众罪的刑罚,重于非军人战时造谣扰乱军心罪的刑罚。这些要求特殊主体的犯罪之所以较一般主体的犯罪的刑罚重,当然不仅仅是基于主体的特殊身份,但主体的特殊身份无疑是影响行为社会危害程度并进而影响其刑罚轻重的重要原因之一。

第二,在我国刑法总则规范中,设有一些因犯罪主体的身份而影响刑罚轻重的规定。因主体身份影响刑罚从严的,例如,按照《刑法》第65条关于普通累犯以及第66条关于危害国家安全犯罪、恐怖活动犯罪、黑社会性质的组织犯罪累犯的规定,犯罪分子如果过去因犯罪被处以刑罚并符合一定条件的,即具有法定的累犯身份的,对其新的犯罪就要从重处罚,而且按照《刑法》第74条,对构成累犯者不得适用缓刑;因主体身份影响刑罚从宽的,例如《刑法》第49条关于"审判的时候怀孕的妇女,不适用死刑"的规定。

第三,在我国刑法分则中,规定对某些犯罪若行为人具有特殊身份的就要从重处罚。例如,《刑法》第243条第2款规定,国家机关工作人员犯诬告陷害罪的,从重处罚。此外,实践中时常还会遇到一些法无明文规定的犯罪人具有一定特殊身份的情况,如行为人具有领导干部身份、领导干部亲属身份、执法人员身份、家庭成员身份或者有先行的违法犯罪前科劣迹身份等。犯罪人的这些特殊身份应否影响其刑罚的轻重?我国刑法理论和司法实践经验认为,对这些特殊身份既不能因法无明文规定就一概不予考虑,也不能不加分析地一概予以从重或从轻量刑,而应当科学地考查不同的特殊身份对行为人的刑事责任程度大小有无影响,并据此来承认和体现行为人特定身份对量刑的意义,以使刑罚的轻重真正与从主体角度体现出来的责任程度相适应。

六、特殊身份群体的刑事处遇

特殊身份群体是指主体方面具有某种特殊身份的人群。在国内外刑法理论与实务中,特殊身份群体通常是指未成年人、老年人、孕妇等因生理原因而具有某种特殊自然身份的群体。与一般主体相比,这类群体犯罪因其特殊生理原因而具有一定的可宽宥性,如未成年人因生理、心理发育尚未成熟而需要予以从宽评价等。虽然这类群体中的某些人也有可能因其特殊生理原因而部分降低(或限制)了其刑事责任能力,但从立法的角度看,刑法对这类特殊身份群体犯罪予以宽宥主要是因为这些群体所具有的特殊生理原因而需要对其予以更人道的处遇。

1. 未成年犯罪人的刑事处遇

考虑到未成年人由其生理和心理特点所决定,既有容易被影响、被引诱走上犯罪道路的一面,又有可塑性强、容易接受教育和改造的一面,因此,从我国适用刑罚的根本目的出发并针对未成年违法犯罪人的特点,我国《刑法》在刑事责任年龄制度之外,还对未成年人犯罪规定了以下特殊处遇原则和措施:

第一,从宽处理的原则。《刑法》第17条第3款规定,已满14周岁不满18周岁的人犯罪,应当从轻或者减轻处罚。这是我国刑法对未成年人犯罪从宽处罚原则的规定。这一原则是基于未成年犯罪人责任能力不完备的特点而确立的,反映了刑罚与罪责相适应的原则以及刑罚目的的要求。正确理解对未成年人犯罪应当从轻或者减轻处罚这一原则的含义,是正确执行该原则的前提和基础。这一原则中的"应当",应理解为"必须""一律",而不允许有例外,即凡是未成年人犯罪都必须予以从宽处罚。从宽处罚是相对成年人犯罪而言的,即在犯罪性质和其他犯罪情节相同或基本相同的情况下,对未成年人犯罪要比照对成年人犯罪的处罚予以从轻或减轻处罚。所谓"从轻"处罚,就是在法定刑幅度内比没有未成年这个情节的成年人犯罪所应判处的刑罚适当轻一些。从轻处罚,应当在具体犯罪内部相应罪刑单位的法定刑幅度内从轻。所谓"减轻"处罚,《刑法》第63条已载明是"在法定刑以下判处刑罚",即低于相应法定刑的最低刑判处刑罚;减轻处罚,既可以是同一刑种内不同刑度(或数额)的减轻,也可以是减为该法定刑内没有的另外一种更轻的刑种。关于是从轻还是减轻以及从轻减轻的幅度,则由司法机关根据具体案件确定。

第二,不适用死刑的原则。《刑法》第49条规定,犯罪的时候不满18周岁的人不适用死刑。这里所说的"不适用死刑"是指不允许判处死刑,包括不允许判处死刑立即执行,也不允许判处死刑并宣告缓期两年执行,而不仅仅是说"不执行死刑",也不是说等满18周岁再判决、执行死刑。对未满18周岁的未成年人禁用死刑,这是一条刚性要求,不允许有任何例外。同时,这里所说的"不满18周岁"是指犯罪的时候不满18周岁,而不是指审判的时候不满18周岁。审判的时候已满18周岁但犯罪的时候不满18周岁的人,根据《刑法》第49条的规定,不得对其适用死刑。

第三,不成立累犯的原则。累犯是一种严厉的刑罚制度。根据《刑法》第65条、第74条和第81条的规定,对累犯,应当从重处罚,并且不得适用缓刑和假释。不过,为了体现对未成年人的宽宥,经《刑法修正案(八)》修订的《刑法》第65条第1款规定,被判处有期徒刑以上刑罚的犯罪分子,刑罚执行完毕或者赦免以后,在5年以内再犯应当判处有期徒刑以上刑罚之罪的,是累犯,应当从重处罚,但是过失犯罪和不满18周岁的人犯罪的除外。这里的"不满18周岁的人",既可以是犯前后两个罪时都不满18周岁,也可以是犯前罪时不满18周岁但犯后罪时已满18周岁。未成年人犯罪不成立累犯,既体现了对未成年人犯罪从宽处理的原则,也不限制对未成年犯罪人适用缓刑、假释,有利于促进未成年犯罪人的改造。

第四,从宽适用缓刑的原则。缓刑是一种非监禁化的处遇措施。被适用缓刑的犯罪分子,不需要关押,可以放在社会上进行改造,因此缓刑也被视为一种宽缓的刑罚制度。经《刑法修正案(八)》修订的《刑法》第72条规定,对于被判处拘役、3年以下有期徒刑的犯罪分子,如果犯罪情节较轻、有悔罪表现、没有再犯罪的危险并且宣告缓刑对所居住社区没有重大不良影响的,可以宣告缓刑,对其中不满18周岁的人,应当宣告缓刑。可见,在符合缓刑适用条件的情况下,对不满18周岁的未成年人,是"应当"宣告缓刑,而不是"可以"。这体现了对未成年犯罪人适用缓刑从宽的原则。

第五,免除前科报告义务。《刑法》第100条规定,依法受过刑事处罚的人,在入伍、就业的时候,应当如实向有关单位报告自己曾受过刑事处罚,不得隐瞒。这是一种前科报告制度。受过刑事处罚的人一旦向有关单位报告自己曾受过刑事处罚,将使自己在入伍、就业时处于不利地位。因此,它也是一种从严的制度。不过,《刑法修正案(八)》增设的《刑法》第 100 条第 2 款规定,犯罪的时候不满 18 周岁被判处 5 年有期徒刑以下刑罚的人,免除前款规定的报告义务。这在一定范围内免除了未成年犯罪人的前科报告义务,体现了对未成年人的宽宥,有利于促使未成年犯罪人更好地融入社会。

2. 老年犯罪人的刑事处遇

人的身心发展是一个渐进的过程。人进入老年期之后,身心功能逐渐衰弱,体能和精力显著减退,辨认能力、控制能力会有不同程度的减弱,对此需要社会予以更多的关心和照顾。这也是人道主义的要求。也正因为如此,经《刑法修正案(八)》修订的我国《刑法》基于老年人生理状况的特点,从刑罚适用的根本目的和刑罚人道主义出发,对老年人犯罪规定了以下特殊处遇措施:

第一,从宽处理的原则。《刑法》第 17 条之一规定,已满 75 周岁的人故意犯罪的,可以从轻或者减轻处罚;过失犯罪的,应当从轻或者减轻处罚。这里所说的"故意犯罪",是指《刑法》第 14 条规定的犯罪,包括直接故意犯罪和间接故意犯罪。"可以从轻或者减轻处罚",是指要根据老年人犯罪的具体情况,决定是否从轻或者减轻处罚,而不是一律必须从轻或者减轻处罚。即原则上,一般情况下要从轻或者减轻处罚,但也允许具有特别恶劣、严重情节的不予以从轻或者减轻处罚。过失犯罪是指《刑法》第 15 条规定的犯罪,包括疏忽大意过失犯罪和过于自信过失犯罪。"应当从轻或者减轻处罚"是指一律予以从轻或者减轻处罚,关于是从轻处罚还是减轻处罚,则需要结合案件的具体情况来决定。根据《刑法》第 17 条之一的规定,对老年人犯罪予以从宽处罚的条件是老年人犯罪时已满 75 周岁。如果犯罪时不满 75 周岁,即便审判时已满 75 周岁,也不能依照《刑法》第 17 条之一的规定对其从宽处罚。对犯罪时已满 75 周岁的老年人予以从宽处理,体现了我国刑法对老年人的特殊保护和人道对待。

第二,原则上不适用死刑。《刑法》第 49 条第 2 款规定,审判的时候已满 75 周岁的人,不适用死刑,但以特别残忍手段致人死亡的除外。这里规定的"审判的时候已满 75 周岁",是指按照《刑事诉讼法》的规定,在人民法院审判的时候,被告人年满 75 周岁。"以特别残忍手段致人死亡",是指犯罪致人死亡的手段令人发指,如以肢解、残酷折磨、毁人容貌等特别残忍的手段致人死亡。《刑法》的这一规定表明,我国对已满 75 周岁的老年犯罪人采取的是原则上不适用死刑,但对以特别残忍手段致人死亡的,也可以适用死刑。立法作这一规定,主要有两个方面的考虑:一是考虑到已满 75 周岁的人的生理能力、心理能力相对于一般成年人有很大的降低,人身危险性有所减弱,不需要也不宜对其适用死刑;二是还考虑到部分已满 75 周岁的人生理能力、心理能力良好,又以特别残忍手段致人死亡,如不对其适用死刑,难以平息社会矛盾。这是立法的一种权衡。从长远的角度看,我国应对老年人犯罪一概免死。

第三,从宽适用缓刑的原则。经《刑法修正案(八)》修订的《刑法》第 72 条规定,对于被判处拘役、3 年以下有期徒刑的犯罪分子,如果犯罪情节较轻、有悔罪表现、没有再犯罪的危险并且宣告缓刑对所居住社区没有重大不良影响的,可以宣告缓刑,对其中已满75周岁的人,应当宣告缓刑。这与不满18周岁的人适用缓刑的规定相类似。根据该规定,对于已满75周岁的人,只要符合缓刑的条件,就应当对其宣告缓刑。这是对老年犯罪人的一种宽宥,体现了刑罚人道主义的精神。

3. 犯罪孕妇的刑事处遇

与一般妇女相比,怀孕的妇女在生理上和心理上都具有一定的特殊性,如妇女在妊娠期间通常需要进行一系列的生理调整,以适应胎儿在体内的生长发育,并且因为怀孕,她们的行动往往又多有不便。因此,无论是从怀孕妇女的生理、心理特点的角度,还是从怀孕妇女正在孕育胎儿的角度,都应对怀孕的妇女予以特别的保护。经《刑法修正案(八)》修订的我国《刑法》对犯罪孕妇的刑事处遇规定了以下特殊措施:

第一,不适用死刑的原则。《刑法》第49条规定,审判的时候怀孕的妇女,不适用死刑。与未成年人不适用死刑一样,这里的"不适用死刑",是指既不适用死刑立即执行,也不适用死刑缓期两年执行。"审判的时候怀孕的妇女",是指在人民法院审判的时候被告人是怀孕的妇女,也包括审判前在羁押时已经怀孕的妇女。对于怀孕的妇女,在她被羁押或者受审期间,无论其怀孕是否违反国家计划生育政策、是否人工流产,都应视同审判时怀孕的妇女,不能适用死刑。怀孕的妇女在羁押期间自然流产后,又因同一事实被起诉、审判的,也应当视为审判时怀孕的妇女,不能适用死刑。对审判的时候怀孕的妇女不适用死刑,体现了我国刑法对怀孕妇女的特别保护。

第二,从宽适用缓刑的原则。经《刑法修正案(八)》修订的《刑法》第72条规定,对于被判处拘役、3年以下有期徒刑的犯罪分子,如果犯罪情节较轻、有悔罪表现、没有再犯罪的危险并且宣告缓刑对所居住社区没有重大不良影响的,可以宣告缓刑,对其中怀孕的妇女,应当宣告缓刑。根据这一规定,对符合缓刑条件的怀孕妇女,不是"可以宣告缓刑",而是"应当"。这有利于保护怀孕妇女的身心健康和胎儿的健康发育。

第四节 单位犯罪主体

一、单位犯罪的概念

单位犯罪是相对于自然人犯罪而言的一个范畴。我国1979年《刑法》中并没有单位犯罪的规定。1987年1月22日由第六届全国人大常委会第十九次会议通过的《海关法》第47条第4款规定:"企业事业单位、国家机关、社会团体犯走私罪的,由司法机关对其主管人员和直接责任人员依法追究刑事责任;对该单位判处罚金,判处没收走私货物、物品、走私运输工具和违法所得。"从而首次在我国法律中确认了单位可以成为犯罪主体。1988年全国人大常委会《关于惩治贪污罪贿赂罪的补充规定》和《关于惩治走私罪的补充规定》,分别规定有关企业事业单位、机关、团体可以成为受贿罪、行贿罪、走私罪、逃汇套汇罪和投机倒把罪犯罪的主体,第一次在专门的刑事法律中承认了单位犯罪。尔后,由全国人大常委会通过的《铁路法》和十余部单行刑法中,也有了单位犯罪的规定。

1997年修订的我国《刑法》,采用总则与分则相结合的方式确立了单位犯罪及其刑事责任,其中总则第二章第四节"单位犯罪"用两个条文规定了单位犯罪的总则性问题。

《刑法》第30条规定:"公司、企业、事业单位、机关、团体实施的危害社会的行为,法律规定为单位犯罪的,应当负刑事责任。"这是关于单位在多大范围内可以成为犯罪主体的规定。根据这一规定,所谓单位犯罪,一般是公司、企业、事业单位、机关、团体为本单位谋取非法利益或者以单位名义为本单位全体成员或多数成员谋取非法利益,由单位的决策机构按照单位的决策程序决定,由直接责任人员具体实施的,且刑法有明文规定的犯罪。单位犯罪的两个基本特征是:

第一,单位犯罪的主体包括公司、企业、事业单位、机关、团体。所谓"公司、企业、事业单位",根据1999年6月18日最高人民法院《关于审理单位犯罪案件具体应用法律有关问题的解释》,既包括国有、集体所有的公司、企业、事业单位,也包括依法设立的合资经营、合作经营企业和具有法人资格的独资、私营等公司、企业、事业单位。另外,个人为进行违法犯罪活动而设立的公司、企业、事业单位实施犯罪的,或者公司、企业、事业单位设立后,以实施犯罪为主要活动的,不以单位犯罪论处。盗用单位名义实施犯罪,违法所得由实施犯罪的个人私分的,依照刑法有关自然人犯罪的规定定罪处罚。

第二,只有法律明文规定单位可以成为犯罪主体的犯罪,才存在单位犯罪及单位承担刑事责任的问题,而并非一切犯罪都可以由单位构成。规定单位犯罪的"法律",指的是刑法分则性条文,包括刑法典分则及刑法典颁行后国家立法机关又根据实际需要制定的特别刑法如单行刑法和附属刑法规范。从我国刑法典分则的规定来看,单位犯罪广泛存在于危害公共安全罪,破坏社会主义市场经济秩序罪,侵犯公民人身权利、民主权利罪,妨害社会管理秩序罪,危害国防利益罪和贪污贿赂罪等章中,具体罪种约有一百四十余种。这些单位犯罪多数是故意犯罪,但也有少数属于过失犯罪。

【实例分析7-5】

根据上述内容,可从下面的分析中深化对单位犯罪的理解:关于单位犯罪,下列哪些选项是正确的?

A. 就同一犯罪而言,单位犯罪与自然人犯罪的既遂标准完全相同;

B.《刑法》第170条未将单位规定为伪造货币罪的主体,故单位伪造货币的,相关自然人不构成犯罪;

C. 2015年10月,经理赵某为维护公司利益,召集单位员工殴打法院执行工作人员,拒不执行生效判决的,成立单位犯罪;

D. 公司被吊销营业执照后,发现其曾销售伪劣产品20万元,对此,应追究相关自然人销售伪劣产品罪的刑事责任。

分析如下：

1. 关于A项。单位依赖于其成员而存在，如果没有成员，单位就不可能存在。单位犯罪虽然是单位本身的犯罪，但具体犯罪行为需要决定者与实施者，即相关的自然人。因此，就同一犯罪而言，单位犯罪与自然人犯罪的既遂标准完全相同。因此，A项的表述正确，当选。

2. 关于B项。单位犯罪具有法定性，换言之，如果刑法没有规定单位可以成为某罪的主体时，只能追究单位内相关自然人的刑事责任。根据《刑法》第171条的规定，伪造货币罪的主体只能是自然人，不能是单位。但是，如果单位实施伪造货币的行为的，应以伪造货币罪追究单位内相关自然人个人的刑事责任。因此，B项的表述错误，不选。

3. 关于C项。根据《刑法修正案（九）》的规定，拒不执行判决、裁定罪的主体，既可以是自然人，也可以是单位。但是，在《刑法修正案（九）》生效之前，该罪的主体只能是自然人。《刑法修正案（九）》颁布于2015年8月29日，生效于2015年11月1日。因此在2015年10月的行为应适用《刑法修正案（九）》之前的法律。换言之，应采取"该罪主体只能是自然人"的观点。根据上述B选项的解析，本案应以拒不执行判决、裁定罪追究经理赵某以及单位员工个人的刑事责任。因此，C项的表述错误，不选。

4. 关于D项。根据2002年7月9日最高人民检察院《关于涉嫌犯罪单位被撤销、注销、吊销营业执照或者宣告破产的应如何进行追诉问题的批复》，涉嫌犯罪的单位被撤销、注销、吊销营业执照或者宣告破产的，应当根据刑法关于单位犯罪的相关规定，对实施犯罪行为的该单位直接负责的主管人员和其他直接责任人员追究刑事责任，对该单位不再追诉。因此，D项的表述正确，当选。

综上，本题的正确答案是AD。

二、单位犯罪的处罚原则

对单位犯罪的处罚，世界各国刑事立法和刑法理论上主要有两种原则：一是双罚制，即单位犯罪的，对单位和单位直接责任人员（代表人、主管人员及其他有关人员）均予以刑罚处罚；二是单罚制，即单位犯罪的，只处罚单位或只处罚单位的直接责任人员。单罚制具体又分为转嫁制和代罚制两种类型：转嫁制是指，单位犯罪的，只对单位予以刑罚处罚而对直接责任人员不予处罚；代罚制是指，单位犯罪的，只对直接责任人员予以刑罚处罚而不处罚单位。

我国《刑法》第31条规定："单位犯罪的，对单位判处罚金，并对其直接负责的主管人员和其他直接责任人员判处刑罚。本法分则和其他法律另有规定的，依照规定。"这是我国刑法关于对单位犯罪处罚原则的规定。根据这一规定，对单位犯罪，一般采取双罚制的原则。即单位犯罪的，对单位判处罚金，同时对单位直接负责的主管人员和其他直接责任人员判处刑罚。在双罚制内部，又可以区分为两种情形：一是对直接责任人员的刑罚与自然人犯该罪时的刑罚相同。如《刑法》第140条规定的生产、销售伪劣产品罪,第151条规定的走私武器、弹药罪等。二是对直接责任人员的刑罚轻于自然人犯该罪时的刑罚。如《刑法》第191条规定的洗钱罪(单位犯罪时直接责任人员的法定最高刑为5年有期徒刑,而自然人犯罪时的法定最高刑为15年有期徒刑)等。但是,当刑法典分则和其他法律(特别刑法)另有规定不采取双罚制而采取单罚制的,则属例外情况。这是因为,单位犯罪的情况具有复杂性,其社会危害程度差别很大,一律采取双罚制的原则,并不能全面准确地体现罪责刑相适应原则和对单位犯罪起到足以警戒的作用。在我国刑法典分则中,有少数几种单位犯罪采取的即是单罚制。如《刑法》第161条规定的违规披露、不披露重要信息罪和第162条规定的妨害清算罪,都不处罚作为犯罪主体的公司、企业,而只处罚其直接责任人员。

【实例分析 7-6】

对上述内容,可从下面的分析中深化认识:关于单位犯罪,下列哪些选项是错误的?

A. 单位只能成为故意犯罪的主体,不能成为过失犯罪的主体;

B. 单位犯罪时,单位本身与直接负责的主管人员、直接责任人员构成共同犯罪;

C. 对单位犯罪一般实行双罚制,但在实行单罚制时,只对单位处以罚金,不处罚直接负责的主管人员与直接责任人员;

D. 对单位犯罪只能适用财产刑,既可能判处罚金,也可能判处没收财产。

分析如下:

1. 选项A说法错误。单位不仅可以成为故意犯罪的主体,也可以成为过失犯罪的主体,如《刑法》第137条规定的工程重大安全事故罪就是单位过失犯罪。

2. 选项B说法错误。单位犯罪不同于共同犯罪,单位犯罪是指单位本身犯罪,不是单位与直接负责的主管人员、直接责任人员的共同犯罪,直接负责的主管人员、直接责任人员的犯罪行为实际就是单位的行为。

3. 选项C说法错误。单位犯罪的单罚制是只处罚直接负责的主管人员与直接责任人员(有时只处罚直接责任人员),不处罚单位。

4. 选项D说法错误。《刑法》第31条规定,"单位犯罪的,对单位判处罚金,并对其直接负责的主管人员和其他直接责任人员判处刑罚。本法分则和其他法律另有规定的,依照规定"。据此可知,对于单位只能适用罚金刑,不能适用没收财产。

故上述四项均为错误。

三、单位犯罪刑事责任的新发展

2014年4月24日第十二届全国人民代表大会常务委员会第八次会议通过了《关于〈中华人民共和国刑法〉第三十条的解释》,这一解释规定:"全国人民代表大会常务委员会根据司法实践中遇到的情况,讨论了《刑法》第三十条的含义及公司、企业、事业单位、机关、团体等单位实施刑法规定的危害社会的行为,法律未规定追究单位的刑事责任的,如何适用刑法有关规定的问题,解释如下:公司、企业、事业单位、机关、团体等单位实施刑法规定的危害社会的行为,刑法分则和其他法律未规定追究单位的刑事责任的,对组织、策划、实施该危害社会行为的人依法追究刑事责任。"

  我国现行刑法主要针对经济领域规定单位犯罪,比如单位偷税、走私、生产假冒伪劣商品,侵犯知识产权和金融诈骗等,都要被追究刑事责任。然而近年来,司法机关反映现实生活中存在一些由公司、企业等单位实施的一些危害社会行为的情形,比如杀人、伤害、诈骗、盗窃等。由于刑法没有规定这些行为为单位犯罪,对于这些情况除了对单位依法追究相应的民事行政等责任外,是否要追究刑事责任?追究谁的刑事责任?该立法解释对此作出了肯定的规定。全国人大常委会法治工作委员会认为,刑法主要针对一些涉及经济领域的犯罪规定了单位犯罪。对一些传统的侵犯人身权利的犯罪,如杀人、伤害、抢劫、普通的诈骗、盗窃等,刑法分则没有规定单位犯罪。主要考虑的是,对这些犯罪不认为是单位犯罪,不由单位承担刑事责任,但对组织、策划、直接实施这些法律明文规定为犯罪行为的人,应当按自然人犯罪依法追究刑事责任。对这一问题作出法律解释,既符合立法的原意,适应惩治犯罪的需要,也有利于贯彻罪刑法定原则和维护法治统一。我们认为,该立法解释的出台,客观上扩大了刑法中有关单位犯罪的刑事责任范围,但与刑法其他有关单位犯罪规定条文的协调仍有待深入研究。

第八章 犯罪主观要件

> **学习要求**
>
> 了解：犯罪主观要件的基本内容；罪过的概念
> 理解：犯罪故意的概念；犯罪过失的概念；刑法上的意外事件与不可抗力
> 熟悉并能够运用：犯罪故意的判断；犯罪过失的判断；刑法上的认识错误
> 主要涉及的法条：
> 第十四条 【犯罪故意】明知自己的行为会发生危害社会的结果，并且希望或者放任这种结果发生，因而构成犯罪的，是故意犯罪。
> 故意犯罪，应当负刑事责任。
> 第十五条 【过失犯罪】应当预见自己的行为可能发生危害社会的结果，因为疏忽大意而没有预见，或者已经预见而轻信能够避免，以致发生这种结果的，是过失犯罪。
> 过失犯罪，法律有规定的才负刑事责任。
> 第十六条 【不可抗力和意外事件】行为在客观上虽然造成了损害结果，但是不是出于故意或者过失，而是由于不能抗拒或者不能预见的原因所引起的，不是犯罪。

第一节 犯罪主观要件概述

一、犯罪主观要件的概念与特征

（一）犯罪主观要件的概念

犯罪主观要件，是指犯罪主体对自己行为及其危害社会的结果所抱的心理态度。它包括罪过（即犯罪的故意与犯罪的过失之统称）以及犯罪的目的和动机。其中，行为人的罪过即犯罪的故意或者过失，是一切犯罪构成都必须具备的主观要件；[①]犯罪的目的只是某些犯罪构成所必备的主观要件，所以也称之为选择性主观要件；犯罪动机不是犯罪构成必备的主观要件，它一般不影响定罪，而影响量刑。

《刑法》第 14 条和第 15 条规定，各种犯罪在主观方面都必须具备犯罪的故意或者

---

① "罪过"这一术语源自苏联刑法理论。大陆法系国家的刑法对犯罪故意和犯罪过失有的统称为责任意思或责任条件，有的统称为责任形式或责任种类。英美法系国家的刑法则将其统称为犯意。参见马克昌主编：《犯罪通论》，武汉大学出版社 1999 年版，第 312 页。

犯罪的过失要件;第16条又从反面强调,行为虽然在客观上造成了损害结果,但不是出于故意或者过失心理态度的,就不构成犯罪。从而在法律上确认,犯罪的故意或过失,乃是认定行为人构成犯罪和应对犯罪负刑事责任的主观根据。那么,为什么构成犯罪和承担刑事责任者必须在主观上具备罪过?或者说,为什么一个实施危害行为的人在具备主观罪过时,要认定为犯罪并追究其刑事责任?以辩证唯物主义原理为指导的刑事责任理论认为,对于是否实施危害社会的犯罪行为,任何正常人都完全有选择的自由。实施或不实施犯罪行为,都是通过人的意志和意识的积极作用,通过相对自由的意志的选择和支配来实现的。行为人在自己处于一定条件下即具有相对自由的意志和意识的支配下,选择实施危害社会关系的犯罪行为,不但在客观方面危害了社会,而且在主观方面也具有了犯罪的故意或过失的心理态度,这种心理态度在国家面前产生了罪责。国家认定行为人的行为构成犯罪并追究刑事责任,首先是必要的和有效的,对其犯罪追究刑事责任和判处刑罚,不仅是一种惩罚,而且也可以促使他今后正确地进行意志选择,不要再选择实施危害社会的行为,这样就通过追究刑事责任和适用刑罚达到了预防犯罪的目的。相反,如果一个人所实施的行为虽然在客观上危害了社会,但从主观上看,行为不是由其故意或过失心理活动支配的,而是由于其意志和意志以外的原因导致,这就不能认定其在主观上对社会有任何故意或者过失危害的心理态度,这样认定其行为构成犯罪和追究其刑事责任就失去了合理性,定罪量刑也达不到预防犯罪的目的。因此,行为人主观方面在相对自由意志基础上产生的危害社会的故意或过失的心理态度,是追究其刑事责任的主观根据。

(二)犯罪主观要件的特征

犯罪主观要件具有以下特征:

1. 犯罪主观要件是法定要件

《刑法》第14条、第15条所规定的"故意犯罪""过失犯罪"的定义中,分别包括了犯罪故意和犯罪过失的心理内容;而在《刑法》分则条文中,更是以"明知""意图""以……为目的"和"过失……"来表明所列各条犯罪的特定心理态度。《刑法》第16条又从反面强调,行为虽然在客观上造成了损害结果,但不是出于故意或者过失的心理态度的,就不构成犯罪。从而在法律上确认,犯罪的主观方面是一切犯罪构成的必备条件,罪过是认定行为者构成犯罪和对犯罪应负刑事责任的主观根据。立法之所以如此,是因为只有在罪过心理支配下实施的危害行为,才具有刑法上的社会危害性,国家对这种行为者实施的刑事追究和刑罚惩罚才具有合理性与有效性。

2. 犯罪主观要件是行为主体实施危害行为时的心理态度

这里的"主观"是指支配行为者外在活动的意识、意志,属于心理态度的范畴,具有心理学的内容。但它又不是一般的主观心理态度,而是行为主体对自己实施的危害行为及其危害结果所持的心理态度,所以,它只能是行为主体实施危害行为时的心理态度。我们确定罪过的有无、罪过的形式与内容如何,都应以行为者实施行为时为准,而不能以行为前或者行为后为准。

3. 犯罪主观要件是支配行为者实施危害行为的心理态度

犯罪的主观方面是行为主体对自己实施的危害行为及其危害结果所持的心理态度,也就是说,这一行为是在行为者的主观心理态度支配下实施的。这就表明:一方面,行为者的客观上危害社会的活动,只有受到其主观故意或过失的心理态度支配时,才可能是刑法中的犯罪行为;另一方面,行为者的危害社会的故意或过失的心理态度只有表现为外在的危害行为时,才具有刑法上的意义,才能成为该行为构成犯罪的必备条件。犯罪心理态度永远只能表现在刑法所规定、所禁止的危害社会的行为中。如果某种心理态度尚未表现于外在的行为,或者尚未对危害行为起到直接的支配作用,说明它仍属于单纯的思想活动范畴,不能将其作为犯罪的主观方面对待。

4. 犯罪主观要件是具有特定内容的一种心理态度

犯罪主观要件是行为主体对自己的行为及其已经或者可能造成的危害结果所持的心理态度。其具体内容包括犯罪故意与犯罪过失(统称为罪过)、犯罪的目的与动机。其中,行为者的罪过是一切犯罪都必须具备的主观要件,因而也被称之为犯罪主观要件的必要要件;犯罪目的只是某些犯罪构成所必备的主观要件,因而也被称之为犯罪主观要件的选择要件;犯罪动机不是犯罪构成的主观要件,它一般不影响犯罪的成立,但会影响量刑。至于"意外事件""不可抗力""认识错误"等,则不是犯罪构成的要件内容,只是由于它们或与犯罪主观要件相关或可能改变行为者故意或者过失的心理,从而影响行为者的刑事责任,才有必要将其纳入犯罪主观要件予以研究。

二、罪过形式

犯罪主观要件的核心内容是罪过,无罪过即无犯罪。但基于不同的罪过而实施危害行为的主体,其主观恶性、人身危险性、反社会性的程度亦会有所不同,对其在法律上的评价也应有所不同。因而有必要对罪过的不同形式予以区分,并明确不同罪过形式的内涵与外延。

从罪过形式的角度看,我国刑法中的犯罪主要包括两种类型:一是只能由故意构成的犯罪,这样的犯罪很多,如危害国家安全罪、破坏社会主义市场经济秩序的绝大多数犯罪,侵犯财产的犯罪,侵犯公民民主权利的犯罪以及一些侵犯公民人身权利的犯罪等,都属此类;二是只能由过失构成的犯罪,如交通肇事罪、重大责任事故罪等。当然,有些犯罪既可由故意构成,也可由过失构成,如故意伤害罪(致人死亡),行为人对伤害后果是故意罪过,但是对死亡后果是过失罪过。故意还是过失,反映了犯罪人主观恶性的不同,并进而直接影响到犯罪社会危害性的大小和刑罚目的实现的难易。因而一般说来,刑法对故意犯罪和过失犯罪规定了轻重大不相同的刑罚。

【实例分析 8-1】

关于行为人是否具有刑法上须惩罚的罪过,可从 2012 年司法考试某考题深化认识:下列哪一行为构成故意犯罪?

A. 他人欲跳楼自杀,围观者大喊"怎么还不跳",他人跳楼而亡;

B. 司机急于回家,行驶时闯红灯,把马路上的行人撞死;
C. 误将熟睡的孪生妻妹当成妻子,与其发生性关系;
D. 作客的朋友在家中吸毒,主人装作没看见。

选项 A,自杀是自杀者本人创设的危险,围观者教唆、刺激其自杀的行为,不属刑法中的危害行为,不构成犯罪。从选项所给出条件来看,不足以判断为犯罪,也就无所谓故意或过失了。选项 A 不是故意犯罪。

选项 B 中,司机违反交通法规发生重大交通事故,构成交通肇事罪,属于过失犯罪,而非故意犯罪。选项 B 不是故意犯罪。

选项 C 中,从该项给出的信息来看,行为人不存在强奸的故意,且我国《刑法》没有过失强奸罪的规定,故认定为意外事件比较合适。选项 C 不是故意犯罪。

选项 D 中,吸毒行为发生的场所是在行为人自己家中,主人对场所具有支配管理地位,有阻止场所内吸毒行为发生的义务,其不履行该义务,构成不作为的犯罪,具有不作为的犯罪故意,所以选项 D 构成故意犯罪。

罪过形式在多数情况下是泾渭分明的,但也有少数犯罪既可以由故意构成,也可以由过失构成,即一种犯罪同时兼具两种罪过形式,有观点称之为"复合罪过形式"。还有些更特殊的情形,行为人实施某一犯罪行为时,同时具有故意与过失,有观点称之为"混合罪过"。如,故意伤害他人身体而致人死亡的情形,基于故意而伤害他人身体,但致其死亡却是因为过失。罪过形式上是故意还是过失,反映了犯罪者主观恶性程度的差异,进而直接影响到犯罪社会危害程度的大小与刑罚目的实现的难易程度,刑法对故意犯罪与过失犯罪规定了轻重大不相同的刑罚,对故意犯罪规定的刑罚明显重于过失犯罪。但对于复合罪过形式的犯罪,则又是设立同一的法定刑。

三、学习和研究犯罪主观要件的意义

学习和研究犯罪主观要件,对正确定罪与量刑都具有重要的意义。

(一) 在定罪方面

由于任何具体犯罪的罪过形式与罪过内容都是特定的,因此,研究犯罪主观要件有利于正确定罪。具体表现为:

1. 有利于区分罪与非罪的界限

无罪过即无犯罪,是我国刑法在定罪问题上的一个基本原则。只有在客观上实施了危害行为,同时主观上具有犯罪的故意或过失的罪过时,才能构成犯罪;如果虽然行为在客观上造成了某种损害结果,但行为主体在主观上并没有罪过,则该行为不构成犯罪。因此,犯罪的主观要件是区分罪与非罪的标准之一。

2. 有利于区分此罪与彼罪的界限

犯罪主观要件作为行为主体对实施危害行为及其所引起的危害结果所持的一种心理态度,既支配行为主体实施危害社会的行为,又支配行为主体实施危害行为的特

定方式、特定时间、特定地点等决定危害行为性质的多种因素。因而,罪过的形式、内容不同,危害行为的性质、方式、危害结果就有所不同,罪名也就不同。所以,可以根据不同犯罪所特有的主观要件的内容来区分此罪与彼罪的界限。如故意杀人罪与过失致人死亡罪,虽然在客观上都是非法剥夺他人生命,但前者是基于故意而后者是出于过失,正是由于支配行为的罪过形式不同而构成不同的犯罪。

3. 有利于区分一罪与数罪的界限

罪过的个数是确定犯罪的罪数的一个重要依据。行为者在一个罪过支配下所实施的一系列活动,在刑法上只认为是一个犯罪行为,构成一个罪;行为者在数个罪过支配下实施的数个行为,通常都以数罪论定。

(二)在量刑方面

犯罪主观要件是影响量刑轻重的重要依据。我国刑法对故意犯罪与过失犯罪通常都是规定轻重不同的法定刑。因此,通过查明犯罪的主观要件,正确确定了罪名,也就保证了正确适用轻重不同的法定刑。同时,犯罪故意的不同表现形式、犯罪动机、犯罪过失的严重程度等因素,是行为者主观恶性程度与人身危险性大小的重要表现,对犯罪的危害程度有着重要的影响,也直接影响到刑罚目的实现的难易程度,所以查明这些主观要件的因素,也就自然有利于贯彻罪责刑相适应原则。

第二节　犯罪故意

一、犯罪故意的概念

犯罪的故意是罪过形式之一,是故意犯罪的主观心理态度,也是最为常见的主观罪过心态。我国《刑法》第14条规定:"明知自己的行为会发生危害社会的结果,并且希望或者放任这种结果发生,因而构成犯罪的,是故意犯罪。"故意犯罪与犯罪的故意密切相关,但两者并非等同的概念,后者是一种罪过心理,前者是这种罪过心理支配下构成的犯罪行为。根据我国《刑法》第14条关于故意犯罪的规定,犯罪的故意,是指行为人明知自己的行为会发生危害社会的结果,并且希望或者放任这种结果发生的一种主观心理态度。

二、犯罪故意的构成要素

从内涵上分析,犯罪的故意包含两项内容或称两个要素:一是行为人明知自己的行为会发生危害社会的结果,这种"明知"的心理属于心理学上所讲的认识方面的因素,亦称意识方面的因素;二是行为人希望或者放任这种危害结果的发生,这种"希望"或"放任"的心理属于心理学上所讲的意志方面的因素。实施危害行为的行为人在主观方面必须同时具备这两个方面的因素,才能认定他具有犯罪的故意而构成故意犯罪。

关于故意的学说,或者是关于如何区别故意与过失的学说,刑法理论上起初有"希望主义"与"认识主义"之争:前者认为,只有当行为人意欲实现构成要件的内容时或希望发生危害结果时,才成立故意;后者认为,只要行为人对构成要件事实有认识或认识到可能发生危害结果时,就成立故意。这两种学说被认为均是从一个方面去区分故意与过失的,并且不恰当地缩小或扩大了故意的范围。

因而后来又出现了立足于希望主义的"容认说"与立足于认识主义的"盖然性说":前者认为,行为人只有在有实现构成要件的意思时,才成立故意,而这里的故意,并不以意欲、目的、希望为必要,只要行为人容认或放任危害结果的发生,就成立故意。后者主张,对于故意只能依据行为人对构成要件事实的认识来确定,即行为人认识到危害结果的发生具有盖然性(可能性很大),还实施该行为,就足以表明行为人是容认或放任危害结果发生的;行为人仅认识到危害结果发生的可能性的,就表明行为人没有容认或放任危害结果的发生。显然,"盖然性说"是想通过认识因素解决意志因素问题。

我国刑法采取的大体上是"容认说",即主张行为人认识到危害行为与危害结果,并希望或者放任危害结果发生的,就成立故意。这种主张之所以是科学合理的:首先,在行为人认识到危害行为与危害结果时,还放任危害结果的发生,就表明行为人不只是消极地不保护社会关系,而是对社会关系持一种积极的否认态度,故与希望结果发生没有本质区别。其次,"容认说"将主观恶性明显小于间接故意的过于自信的过失,排除在故意之外,又将间接故意归入故意之中,因而做到了宽窄适度。再次,"盖然性说"存在缺陷。认识因素的有无可以左右意志因素的有无,这表现在没有前者就没有后者。但是,认识因素的内容并不能决定意志因素的内容,行为人认识到结果发生的可能性大小,并不能直接说明他是希望或放任结果发生,还是希望结果不发生。况且,也难以判断行为人所认识的是结果发生的盖然性还是可能性。

总之,故意与过失这两种罪过形式的界限,是结合两个方面的因素来区分的:一是认识因素,即行为人对自己的危害行为及其结果有无认识和认识的程度如何;二是意志因素,即行为人对危害结果的态度如何。

1. 犯罪故意的认识因素

行为人明知自己的行为会发生危害社会的结果,这是构成犯罪故意的认识因素,是一切故意犯罪在主观认识方面必须具备的特征。如果一个人的行为虽然在客观上会发生甚至已经发生了危害社会的结果,但他本人在行为时并不知道自己的行为会发生这种结果,那就不构成犯罪的故意。从理论与实践的结合上看,对犯罪故意的认识因素,应当着重探讨和明确以下几点:

(1)如何理解明知的内容?《刑法》第14条在故意犯罪的概念里简略地表述为"明知自己的行为会发生危害社会的结果"。根据犯罪主观要件与犯罪的客观、客体要件的联系,明知的内容应当包括法律所规定的构成某种故意犯罪所不可缺少的危害事实,亦即作为犯罪构成要件的客观事实。具体说来包括三项内容:

第一,对行为本身的认识,即对刑法规定的危害社会行为的内容及其性质的认识。

一个人只有认识到自己所要实施或正在实施的行为危害社会的性质和内容,认识到行为与结果的客观联系,才能谈得上进一步认识行为之结果的问题。因此,要"明知自己的行为会发生危害社会的结果",必须首先对行为本身的性质、内容与作用有所认识。

第二,对行为结果的认识,即对行为产生或将要产生的危害社会结果的内容与性质的认识,如故意杀人罪的行为人认识到自己的行为会发生致使他人死亡的结果,盗窃罪的行为人认识到自己的行为会发生公私财物被其非法占有的结果。由于具体犯罪中危害结果就是对直接客体的损害,因而这种对危害结果的明确认识,也包含了对犯罪直接客体的认识。

第三,对危害行为和危害结果相联系的其他犯罪构成要件之要素事实的认识。对法定的犯罪对象要有认识,例如,盗窃枪支罪,要求行为人明知自己盗窃的对象是枪支;伪造货币罪,要求行为人明知自己要伪造的是国内外流通的货币。对法定的犯罪手段要有认识,例如,抢劫罪,要求行为人明知自己非法占有财物的行为是暴力、威胁或其他侵犯人身的特定手段,对法定的犯罪时间、地点要有认识,例如,非法捕捞水产品罪、非法狩猎罪,要求行为人明知自己是在特定的时期采用特定的方法来实施捕捞或狩猎行为。

(2)犯罪故意内容是否要求包含违法性认识?或者说法盲犯罪要不要惩罚?对此,理论见解不尽一致。我们认为,按照法律的规定,犯罪故意的认识因素表现为行为人"明知自己的行为会发生危害社会的结果",这显然是只要求行为人明知其行为及行为结果的危害性,而没有再要求行为人明知其行为及结果的刑事违法性,应当认为法律的这一规定是正确的。这是因为:

首先,我国刑法规范与我国社会的行为价值观、是非观是一致的,危害社会的行为及其结果达到一定严重程度就会被刑法所禁止、所制裁,具有正常理智的公民都会了解这一点。因此,对犯罪故意的认识因素要求行为人明知行为及其结果的危害社会性质就足够了,而不必再要求其明知刑事违法性。

其次,如果把认识因素要求为明知刑事违法性,要求行为人明确知道其行为和结果触犯刑法哪一条文,应怎样定罪判刑,这就不现实、不合理,使一般公民难以做到,甚至也难以确切地查明行为人是否真的具备或可能具备这种认识,而且也容易使有些人钻空子,借口不懂法律来实施犯罪并逃避罪责。当然也有例外情况。例如,某种行为一向不为刑法所禁止,后在某个特殊时期或某种特定情况下为刑法所禁止,如果行为人确实不知法律已禁止而仍实施该行为的,就不能说他是故意违反刑法,而且此时他也往往同时缺乏对行为及其结果的社会危害性的认识,这种情况下难以认定行为人具有犯罪的故意。

【实例分析 8-2】

对上述内容,可从下面的分析中深化认识:关于故意与违法性的认识,下列哪些选项是正确的?

A. 甲误以为买卖黄金的行为构成非法经营罪,仍买卖黄金,但事实上该行为不违反《刑法》。甲有犯罪故意,成立犯罪未遂。

B. 甲误以为自己盗窃枪支的行为仅成立盗窃罪。甲对《刑法》规定存在认识错误,因而无盗窃枪支罪的犯罪故意,对甲的量刑不能重于盗窃罪。

C. 甲拘禁吸毒的陈某数日。甲认识到其行为剥夺了陈某的自由,但误以为《刑法》不禁止普通公民实施强制戒毒行为。甲有犯罪故意,应以非法拘禁罪追究刑事责任。

D. 甲知道自己的行为有害,但不知是否违反《刑法》,遂请教中学语文教师乙,被告知不违法后,甲实施了该行为。但事实上《刑法》禁止该行为。乙的回答不影响甲成立故意犯罪。

分析如下：

1. 关于A项。甲误将无罪行为当作有罪行为,应以无罪行为论处。因此,A项的表述错误,不选。

2. 关于B项。甲知道自己盗窃枪支的行为成立犯罪,但误认为该行为成立盗窃罪而非盗窃枪支罪,因此,对甲应以法律的实际规定为准,即对甲认定为盗窃枪支罪。因此,B项的表述错误,不选。

3. 关于C项。甲虽然误认为《刑法》不禁止普通公民实施强制戒毒行为,但甲认识到了自己的行为剥夺了陈某的自由,具有非法拘禁的故意,应认定为非法拘禁罪。因此,C项的表述正确,当选。

4. 关于D项。行为人对法的状况产生疑问,意味着对行为的违法性产生疑问,但行为人没有真正地考虑该疑问,而是轻率地相信其行为具有合法性时,存在违法性的错误,而且该错误是可能避免的,行为人具备有责性。因此,D项的表述正确,当选。

综上,本题的正确答案是CD。

（3）如何理解明知自己的行为"会发生"危害社会的结果？所谓"会发生",包括两种情况：一种是明知自己的行为必然要发生某种特定的危害结果,如行为人甲将公民乙从十几层的高楼猛力推下,甲明知自己的行为必定致乙死亡；另一种是明知自己的行为可能要发生某种特定的结果,如行为人甲欲枪杀公民乙,但枪法不准,又没办法接近乙,只好在远距离开枪射杀,甲明知开枪可能打死乙,也可能打不死乙。

【实例分析8-3】

上述犯罪故意的认识内容,既是刑法理论的重要内容,也是司法实践中的常见问题,因而也在司法考试中多次出现。

如：关于故意的认识内容,下列哪一选项是错误的？

A. 成立故意犯罪,不要求行为人认识到自己行为的违法性；

B. 成立贩卖淫秽物品牟利罪,要求行为人认识到物品的淫秽性；

C. 成立嫖宿幼女罪,要求行为人认识到卖淫的是幼女；

D. 成立为境外非法提供国家秘密罪,要求行为人认识到对方是境外的机构、组织或者个人,没有认识到而非法提供国家秘密的,不成立任何犯罪。

分析如下:

选项 A,如前文分析,违法性认识不是犯罪故意的认识内容,以防止行为人借此逃避制裁。因此,成立故意犯罪,不要求行为人认识到自己行为的违法性。

选项 B、C,认识某种犯罪客体或对象的事实情况,是成立某种犯罪故意的条件之一。如果行为人没有认识到其行为所侵犯的客体或者对象的性质,就不可能具备该种犯罪故意。因此,成立贩卖淫秽物品牟利罪,要求行为人必须认识到自己贩卖的是淫秽的物品并且具有牟利的目的,否则不成立本罪。成立嫖宿幼女罪,要求行为人明知与其发生性关系的是不满14周岁的幼女。

选项 D,为境外非法提供国家秘密罪,要求行为人必须明知自己所掌握的是国家秘密或情报,而故意为境外机构、组织、个人非法提供,但倘若不知道对方为境外机构、组织、个人而提供的,可能成立故意或过失泄露国家秘密罪,而不是不成立任何犯罪。所以选项 D 错误。

【实例分析 8-4】

关于故意的认识内容,下列哪一选项是正确的?

A. 甲明知自己的财物处于国家机关管理之中,但不知此时的个人财物应以公共财产论而窃回。甲缺乏成立盗窃罪所必需的对客观事实的认识,故不成立盗窃罪。

B. 乙以非法占有财物的目的窃取军人的手提包时,明知手提包内可能有枪支仍然窃取,该手提包中果然有一支手枪。乙没有非法占有枪支的目的,故不成立盗窃枪支罪。

C. 成立猥亵儿童罪,要求行为人知道被害人是或者可能是不满14周岁的儿童。

D. 成立贩卖毒品罪,不仅要求行为人认识到自己贩卖的是毒品,而且要求行为人认识到所贩卖的毒品种类。

分析如下:

A 项中,一般情况下,盗窃自己的财物不成立盗窃罪,但是,如果盗窃本人已经被依法扣押的财物,或偷回本人已经交付他人合法持有或保管的财物,以致他人因赔偿责任而遭受财产损失,也构成盗窃罪。甲明知自己的财物处于国家机关管理之中,仍然采取秘密窃取的方式取回,可以成立盗窃罪。因此,A 项说法错误,不选。

B 项中,乙已经认识到自己的行为及其结果可能是盗窃枪支,而希望或放任该行为的发生,属于直接故意或间接故意,因此依然成立盗窃枪支的犯罪。B 项说法错误,不选。

C 选项中,猥亵儿童罪,是指以刺激或满足性欲为目的,用性交以外的方法对儿童实施的淫秽行为。本罪在主观方面表现为直接故意,间接故意和过失不构成本罪。因此,成立猥亵儿童罪,要求行为人知道被害人是或者可能是不满14周岁的儿童。C 项说法正确,应选。

D 选项中,贩卖毒品罪的主观方面是故意,明知是毒品而非法销售,或者以贩卖的目的而非法收买毒品的行为。因此,贩卖毒品的犯罪故意是要求行为人明知自己贩卖的是毒品,但是不要求行为人必须明知自己贩卖的毒品种类。D项说法错误,不选。

2. 犯罪故意的意志因素

行为人对自己行为所导致的危害结果的发生所抱的希望或者放任的心理态度,就是构成犯罪故意的意志因素。可见,犯罪故意的意志因素有希望和放任结果发生两种表现形式。所谓希望危害结果的发生,是指行为人对危害结果抱着积极追求的心理态度,该危害结果的发生,正是行为人通过一系列犯罪活动所意欲达到的犯罪目的。例如诈骗犯希望即积极追求非法占有他人财物这种危害结果的发生。所谓放任危害结果的发生,是指行为人虽然不希望、不是积极追求危害结果的发生,但也不反对和不设法阻止这种结果的发生,而是对结果的是否发生采取听之任之的心理态度。

3. 认识因素与意志因素的关系

犯罪故意内部的认识因素和意志因素之间具有密切的关系,并进而对犯罪故意的构成具有各自不同的重要作用。一方面,认识因素是意志因素存在的前提和基础,行为人对结果发生采取希望和放任的心理态度,是建立在对行为及其结果的危害性质明确认识的基础上的。唯有具有这种明确的认识,才谈得上对危害结果发生是持希望还是放任的心理态度,才会在持希望心理态度时确定行为的步骤和方法,并直接支配行为的实施,从而构成犯罪的故意。另一方面,意志因素又是认识因素的发展,如果仅有认识因素而没有意志因素,即主观上不是希望也不是放任危害结果的发生,也就不存在犯罪的故意,不会有故意犯罪的行为。总之,认识因素和意志因素是犯罪故意中的两项有机联系的因素,在认定构成犯罪的故意中缺一不可。其中,认识因素是意志因素的存在前提,也是犯罪故意成立的基础;意志因素则是在认识因素基础上的发展,是犯罪故意中具有决定性作用的因素,它对于把犯罪故意客观化即把犯罪思想变为犯罪行为,具有重要的主导作用。

三、犯罪故意的分类

按照行为人对危害结果所持的心理态度即故意的意志因素的不同,刑法理论上把犯罪故意区分为直接故意与间接故意两种类型。

(一)直接故意

犯罪的直接故意,是指行为人明知自己的行为必然或者可能发生危害社会的结果,并且希望这种结果发生的心理态度。按照认识因素的不同内容,可以把犯罪的直接故意区分为两种表现形式:

1. 行为人明知自己的行为必然发生危害社会的结果,并且希望这种结果发生的心理态度。用公式表示即为"必然发生+希望发生"。例如某甲想杀死某乙,在乙的饮水中投放了1克氰化钾,他明知这种毒物的致死量仅需0.01克,其投毒行为必然导致某乙死亡而仍决意为之,追求某乙死亡结果的发生,某甲的心理态度即为此种直接故意。

2. 行为人明知自己的行为可能发生危害社会的结果,并且希望这种结果发生的心理态度。直接故意的意志因素,是以希望危害结果的发生为其必要特征的。用公式表示即为"可能发生＋希望发生"。例如,某丙想投毒杀害某丁,丙、丁同住一个宿舍,丙在宿舍公用的饮水机中投放了毒药,该毒物曾在动物实验上诱发严重中毒反应而死亡。某丙想丁可能会饮用饮水机内的水,也可能不饮用饮水机内的水,但饮用的可能性很大。不久,丁饮用了饮水机内的水中毒身亡。某丙的心理态度即属第二种直接故意。

综上可见,直接故意的意志因素,是以希望危害结果的发生为其必要特征。

(二) 间接故意

犯罪的间接故意,是指行为人明知自己的行为可能发生危害社会的结果,并且放任这种结果发生的心理态度。间接故意在认识因素和意志因素特征上具体表现为:

1. 在认识因素上,间接故意表现为行为人认识到自己的行为"可能"发生危害社会结果的心理态度。即行为人根据对自身犯罪能力、犯罪对象情况、犯罪工具情况或者犯罪的时间、地点、环境等情况的了解,认识到行为导致危害结果的发生只是具有或然性、可能性,而不是具有必然性。这种对危害结果可能发生的认识,为间接故意的意志因素即放任心理的存在提供了前提和基础。如果明知自己的行为必然发生危害结果而决意为之,就超过了间接故意认识因素的范围,应属于直接故意。

2. 在意志因素上,间接故意表现为行为人放任危害结果发生的心理态度。所谓"放任",当然不是希望,不是积极地追求,而是行为人在明知自己的行为可能发生特定危害结果的情况下,为了达到自己的既定目的,仍然决意实施这种行为,对阻碍危害结果发生的障碍不去排除,也不设法阻止危害结果的发生,而是听之任之,自觉听任危害结果的发生。

在司法实践中,犯罪的间接故意大致表现为以下四种情况:

第一,行为人追求某一个犯罪目的而放任另一个危害结果的发生。例如,甲欲毒杀妻子乙,就在妻子盛饭时往妻子碗内投下了剧毒药。甲同时还预见到其妻子有可能喂饭给儿子吃而祸及儿子,但他因为杀妻心切,就抱着听任儿子也被毒死的心理态度。其妻子乙在吃饭时确实喂了儿子几口,结果母子均中毒死亡。此案中,甲明知投毒后其妻将食用有毒食物而中毒身亡并积极追求这种结果的发生,甲对其妻子构成杀人罪的直接故意无疑;但甲对其儿子死亡发生的心理态度就不同,他预见到的是儿子中毒死亡的可能性而不是必然性,他对儿子死亡结果的发生并不是希望,而是为了达到杀妻的结果而予以有意识的放任,这完全符合间接故意的特征,应构成杀人罪的间接故意。

第二,行为人追求一个非犯罪的目的而放任某种危害结果的发生。例如,某甲在林中打猎时,发现一只酣睡的猎物,同时又发现猎物附近有一个孩子在玩耍。根据自己的枪法和离猎物的距离,甲明知若开枪不一定能打中猎物,而有可能打中小孩。但某甲打猎心切,不愿放过这一机会,又看到周围无其他人,遂放任可能打死小孩这种危害结果的发生,仍然向猎物开枪,结果子弹打偏,打死了小孩。此例中,某甲明知自己的开枪打猎行为可能打中小孩使其毙命,但为追求打到猎物的目的,仍然开枪打猎,听任打死小孩这种危害结果的发生。某甲的行为具备了间接故意的认识因素和其特定的意志因素,因而构成犯罪的间接故意。

第三,突发性的犯罪,不计后果,往往是针对某一对象实施侵害的,放任更为严重结果的发生。例如,实践中经常发生一些青少年临时起意、动辄行凶、不计后果,捅人一刀即扬长而去并致人死亡的案件。这种案件里,行为人对用刀扎人必致人伤害是明知的和追求的,属于直接故意的范畴;对于其行为致人死亡的结果而言,虽然预见到可能性,但持的却不是希望其发生的态度,而是放任其发生的态度,这样,对于其行为造成他人死亡的结果而言,其认识特征是明知可能性,其意志因素是放任结果的发生,这完全符合犯罪间接故意的构成。

第四,行为人出于蔑视法纪、追求刺激等动机,实施某种具有危险性、危害性的行为,放任对不特定对象多种危害结果的发生或不发生。如行为人出于寻求刺激、无聊玩闹,向高度行驶的高铁车厢投掷啤酒瓶,而对其是否砸到人、是否砸伤人乃至是否砸死人听之任之,放任致人死伤结果的发生,即属此种情况。这种情况下,行为人对致人伤害或死亡结果发生的认识就是或然性的,即认识到致人伤亡结果发生的可能性;而在意志因素上,行为人并不是反对发生致人伤亡的结果,也不是积极追求并希望发生致人伤亡的结果,而是有意放任致人伤亡结果的发生,这是较为典型的间接故意心态。在此种情况下,若发生了致人伤亡的结果的,则行为人就构成间接故意的故意伤害罪或故意杀人罪。

(三)直接故意与间接故意的区别

犯罪的直接故意与间接故意同属犯罪故意的范畴,从认识因素上看,二者都明确认识到自己的行为会发生危害社会的结果;从意志因素上看,二者都不排斥危害结果的发生。这些相同点,说明和决定了这两种故意形式的共同性质。但是,犯罪的直接故意与间接故意又有着重要的区别:

1. 从认识因素上看,二者对行为导致危害结果发生的认识程度上有所不同。犯罪的直接故意既可以是行为人明知自己的行为必然发生危害结果,也可以是明知其行为可能发生危害结果。而犯罪的间接故意只能是行为人明知自己的行为可能发生危害结果。

2. 从意志因素上看,二者对危害结果发生的心理态度显然不同。直接故意是希望即积极追求危害结果的发生。在这种心理支配下,行为人就会想方设法,克服困难,创造条件,排除障碍,积极地甚至顽强地实现犯罪目的,造成犯罪结果。间接故意对危害结果的发生则不是持希望的心理态度,而是持放任的心理态度。"放任"就是对结果的发生与否采取听之任之、满不在乎、无所谓的态度,不发生结果他不懊悔,发生结果也不违背他的本意。在放任心理支配下,行为人就不会想方设法,排除障碍,积极追求或是努力阻止特定危害结果的发生。意志因素的不同,是两种故意区别的关键所在。

3. 特定危害结果的发生与否,对这两种故意及其支配下的行为定罪的意义也不相同。对直接故意来说,其行为性质与结果性质是同一的,其结果也是特定的,根据主客观相统一的定罪原则,只要行为人主观上有犯罪的直接故意,客观上有相应的行为,即构成特定的故意犯罪,危害结果发生与否不影响定罪,而只是在那些以结果为既遂要件的犯罪里是区分既遂与未遂形态的标志。对间接故意而言,特定的危害结果可能发生,也可能不发生,结果发生与否都不违背其意志,都包含在其本意中,因而要根据主客观相统一的原则,仅有行为而无危害结果时,尚不能认定行为人构成此种犯罪(包括其未遂形态),只有发生了特定危害结果才能认定构成特定的犯罪。即特定危害结果的发生与否,决定了间接故意犯罪的成立与否。例如,在行为人动辄行凶,捅人一刀就走,放任死亡结果发生的案件中,被害人未死亡的,行为人只对伤害负责任而不构成杀人罪;被害人死亡的,行为人负间接故意杀人罪的刑事责任。

第三节 犯罪过失

一、犯罪过失的概念

犯罪过失是过失犯罪的主观心理态度,它是与犯罪故意并列的犯罪主观罪过形式之一。根据我国《刑法》第15条关于过失犯罪的规定,犯罪过失是指行为人应当预见自己的行为可能发生危害社会的结果,因为疏忽大意而没有预见,或者已经预见而轻信能够避免的一种心理态度。

犯罪过失与犯罪故意存在着显著的区别。从认识因素上看,犯罪故意表现为行为人明知自己的行为必然或者可能发生危害结果的心理态度,而犯罪过失表现为行为人对危害结果的发生虽然应当预见到但实际上并未预见到,或者只是预见到在他看来并非现实的可能性。从意志因素上看,犯罪故意的内容是希望或者放任危害结果发生的心理态度,而犯罪过失则对危害结果的发生既不是希望也不是放任,而是排斥、反对的心理态度,只是由于疏忽大意或者过于轻信能够避免结果发生的主观错误心理支配下的过失行为而导致了结果的发生。简言之,犯罪故意对行为会导致危害社会的结果是明知故犯的心理态度;犯罪过失则是由于缺乏必要的谨慎导致危害社会结果的心理态度。因而犯罪故意所表明的行为人的主观恶性明显地大于犯罪过失。

基于犯罪故意与犯罪过失这两类罪过形式所表现的主观恶性的不同,并且联系到这两类罪过形式支配下的客观危害行为的不同,我国刑法认为,故意犯罪的危害性显然大于过失犯罪,因而对故意犯罪的惩处要比对过失犯罪严厉。

在过失犯罪的情况下,行为人负刑事责任的客观基础是其行为对社会造成的严重危害结果。但是,行为人并非自觉自愿地去危害社会,让其对自己行为造成的危害结果负刑事责任的主观根据在哪里?这个主观根据就在于:行为人本来能够正确地认识一定的行为与危害社会结果之间的客观联系,并进而正确选择自己的行为,避免危害社会结果的发生,但他却在自己意志的支配下,对社会利益和社会大众的安危采取了严重不负责任的态度,从而以自己的行为造成了严重危害社会的结果。总之,行为人的过失心理态度,就是其负刑事责任的主观根据。因此,就有充分的理由要求过失犯罪的行为人,对自己严重不负责任的态度支配的行为所造成的严重后果负刑事责任。

二、犯罪过失的类型

按照犯罪过失心理态度的不同内容,刑法理论上把犯罪的过失区分为过于自信的过失与疏忽大意的过失两种类型。

1. 过于自信的过失

过于自信的过失,是指行为人预见到自己的行为可能发生危害社会的结果,但轻信能够避免,以致发生这种结果的心理态度。过于自信的过失在认识因素和意志因素上的特征是避免义务和避免能力的统一:

(1) 在认识因素上,行为人已经预见到自己的行为可能发生危害社会的结果。如果行为人行为时,根本没有预见到自己的行为会导致危害结果的发生,则不属于过于自信的过失,而有可能属于疏忽大意的过失或意外事件。如果行为人预见到自己的行为必然发生而不是可能发生危害社会的结果,则属于犯罪直接故意的心理态度,而不是过于自信的过失。

(2) 在意志因素上,行为人之所以实施行为,是轻信能够避免危害结果的发生。所谓"轻信",就是说行为人过高地估计了可以避免危害结果发生的其自身的和客观的有利因素,而过低地估计了自己的行为导致危害结果发生的可能程度。正是这种轻信心理,支配着行为人实施了错误的行为而发生了危害结果;也正是这种轻信心理,使过于自信的过失得以成立并使之区别于其他罪过形式。

2. 疏忽大意的过失

疏忽大意的过失,是指行为人应当预见到自己的行为可能发生危害社会的结果,因为疏忽大意而没有预见,以致发生这种结果的心理态度。疏忽大意的过失也有两个特点,或者说包含了两个构成要素:一是"应当预见";二是因为疏忽大意而"没有预见"。应当预见是预见义务和预见能力的统一。应当预见是前提,没有预见是事实:

(1) 行为人应当预见到自己的行为可能发生危害社会的结果。所谓"应当预见",是指行为人在行为时负有预见到行为危害结果的义务。这也是疏忽大意的过失与意外事件的区别所在。这种预见的义务,来源于法律的规定,或者职务、业务的要求,或是公共生活准则的要求。预见的义务与预见的实际可能是有机地联系在一起的,法律不会要求公民去做他实际上无法做到的事情,而只是对有实际预见可能的人才赋予其预见的义务。行为人由于不可能预见而造成危害结果的,即使结果非常严重,也不能认定他对结果有过失而令其负刑事责任。

(2) 行为人由于疏忽大意,而没有预见到自己的行为可能发生危害社会的结果。

所谓没有预见到,是指行为人在行为当时没有想到自己的行为可能发生危害社会的结果。这种主观上对可能发生危害结果的无认识状态,是疏忽大意过失心理的基本特征和重要内容。行为人之所以实施行为,并且未采取避免危害结果发生的必要措施,以致发生了危害结果,是因为他根本没有预见到自己的行为可能发生这种危害结果。行为人当时的疏忽大意,使其行为时没有预见的可能。正是这种疏忽大意的心理,导致行为人在应当预见也能够预见到自己行为发生危害结果的情况下,实际上并没有预见,并进而盲目地实施了危害社会的行为,而且未采取必要的预防危害结果发生的措施,终致发生了危害社会的结果。法律规定惩罚这种过失犯罪,从客观方面看,是因为行为给社会造成了实际危害后果,从主观方面看,就是要惩罚和警戒这种对社会利益严重不负责任的疏忽大意的心理态度,以促使行为人和其他人戒除疏忽大意的心理,防止疏忽大意过失犯罪的发生。

3. 相关概念的区别

过于自信的过失与疏忽大意的过失,通称为过失,二者的行为人都违反了应尽的注意义务,都对危害结果的发生持否定的态度。二者的主要区别是:(1)疏忽大意的过失的行为人既未履行预见义务,也未履行避免义务;过于自信的过失的行为人履行了应尽的预见义务,但是未履行应尽的避免义务。(2)疏忽大意的过失的行为人没有预见自己的行为可能造成危害社会的结果;过于自信的过失的行为人则预见到自己的行为可能造成危害社会的结果。(3)疏忽大意的过失是由于行为人疏忽大意所致;过于自信的过失是由于行为人过于自信所致。

在刑法理论和司法实践中,过于自信的过失与间接放任的故意这两种罪过形态比较难以区分,具有一定的难度。犯罪的过于自信的过失心理与间接故意的心理,在认识因素上都预见到行为可能发生危害社会的结果,在意志因素上都不希望危害结果发生,因而二者容易混淆。但它们是性质截然不同的两种罪过形式,在认识因素和意志因素上都有着重要的区别:

(1)认识因素上有所不同。二者虽然都预见到行为发生危害结果的可能性,但他们对这种可能性是否会转化为现实性,即实际上发生危害结果的主观估计是不同的。间接故意的心理对可能性转化为现实性,并未发生错误的认识和估计,不是认为这种可能性不会转化为现实性,因而在可能性转化为现实性即发生危害结果的情况下,行为人的主观认识与客观结果之间并未产生错误,主观与客观是一致的。而过于自信的过失心理则不同,具有这种心理者虽然也预见到危害结果发生的可能性,但在主观上认为,由于他的自身能力、技术、经验和某些外部条件,实施行为时,危害结果发生的可能性不会转化为现实性,即他对可能转化为现实的客观事实发生了错误认识。在危害结果发生的情况下,其主观与客观是不一致的。

(2)意志因素上有重要区别。过于自信的过失与间接故意虽然都不希望危害结果的发生,但深入考察,二者对危害结果的态度仍是不同的。间接故意的行为人虽不希望结果发生,但也并不反对、不排斥危害结果的发生,因而也就不会凭借什么条件和采取什么措施,去防止危害结果的发生,而是听之任之,放任危害结果的发生。过于自信的过失的行为人不仅希望危害结果不要发生,而且希望避免危害结果的发生,即排斥、反对危害结果的发生。在预见到自己的行为可能发生危害结果的情况下,行为人仍然相信能够避免危害结果发生,因而实施该种行为,他必然是凭借了一定的自认为能够避免危害结果发生的因素,如行为人自身能力方面的技术、经验、知识、体力等因素,他人的行为预防措施,以及客观条件或自然力方面的有利因素等。结合以上两点尤其是认真考察行为人对危害结果的不同态度,就能够把过于自信的过失与间接故意这两种相近、易混淆但在性质上有本质区别的罪过形式正确区分开来。

【实例分析 8-5】

对上述内容,司法考试曾作过多次考查。例如 2010 年真题:甲、乙预谋修车后以假币骗付。某日,甲、乙在某汽修厂修车后应付款 4850 元,按照预谋甲将 4900 元假币递给乙清点后交给修理厂职工丙。乙说:"修得不错,零钱不用找了。"甲、乙随即上车。丙发现货币有假大叫"别走",甲迅即启动驶向厂门,丙扑向甲车前风挡,抓住雨刮器。乙对甲说:"太危险,快停车。"甲仍然加速,致丙摔成重伤。对于丙的重伤,甲的罪过形式是下列的哪种?

A. 故意; B. 有目的的故意;
C. 过失; D. 无认识的过失。

分析如下:

本题考查间接故意与过于自信的过失的区分。甲明知高速驾驶汽车,造成丙重伤的可能性极大,仍然加速行驶,而没有停车或减速避免结果,说明其不反对结果发生,应认定其放任结果产生,为间接故意。因而可以排除 C、D 选项。需要注意的是,B 选项有目的的故意实际上指的是直接故意,这将在后文有关犯罪目的的部分涉及。甲的罪过形式不是直接故意,即有目的的故意,因而也需要排除 B 选项。

实践中还有一种情况,表面上看起来似乎是行为人轻信能够避免危害结果的发生,但这种所谓"轻信"并没有实际根据,行为人所预想的避免结果发生的那种情况根本不会存在,或者虽然存在,但对防止结果的发生毫无意义或意义极小。可以说,他对危害结果的不发生完全是抱着侥幸、碰运气的心理态度。在这种情况下,如果行为发生危害结果,不是过于自信的过失,而是间接故意犯罪。例如,司机甲夜晚行车中因疏忽大意将乙撞成重伤,甲为了不让后面的来车很快发现肇事而得以争取时间顺利逃脱,将伤口流血不止并处于昏迷中的乙拖入路边小树林中,乙因伤口出血过多死亡。甲在案发后交代说,他虽然当时已预见到这样乙可能会因出血过多死亡,但他想乙也可能醒来呼救而获救,或者恰巧有人从林中小路行走时发现乙而将之救护,因而不一定死亡。即使能够查明甲的上述心理态度是属实的,也不能认定他对乙的死亡是过失。在此案中,甲对乙的死亡,虽然似乎也是凭借某种条件来加以防止,但这种防止没有任何实际根据,他完全是抱着侥幸、碰运气的心理,实际上是对乙死亡结果的发生抱有听之任之的放任心态,因而这种心理不是过于自信的过失,而是间接故意。

第四节 无罪过事件

一、无罪过事件的概念

按照《刑法》第16条的规定,"行为虽然在客观上造成了损害结果,但是不是出于故意或者过失,而是由于不能抗拒或者不能预见的原因所引起的,不是犯罪"。这种情况就是刑法理论中所说的无罪过事件。根据《刑法》的上述规定,目前我国刑法理论上公认的无罪过事件主要有两类:不可抗力和意外事件。在刑法理论上存在争议的另外一些无罪过事件还有:期待可能性与严格责任。

不能预见的原因,是指行为人对其行为发生损害结果不但未预见,而且根据其实际能力和当时的具体条件,行为时也根本不可能预见。

对于无罪过事件之所以不认为是犯罪,这是由我国刑法所坚持的主客观相统一的定罪原则所规定的。在这种情况下,虽然行为人在客观上造成了损害结果,但其主观上既不存在犯罪的故意,也不存在犯罪的过失,因而缺乏构成犯罪和负刑事责任的主观根据,不能认定为犯罪和追究刑事责任。如果这时对行为人定罪和追究刑事责任,就是"客观归罪",有悖于主客观相统一的刑事责任原则的要求。

无罪过事件具有以下三个特点:

1. 行为人的行为在客观上造成了损害结果。这一特点包括这样两层含义:一是损害结果与我国刑法所规定的犯罪结果相一致。如果行为人的行为在客观上并未造成这种危害结果,那么根本不必考察其行为是否属于意外事件,即可确定其行为不是犯罪。二是行为人的行为与损害结果之间存在着因果关系。如果损害结果并非由行为人的行为所引起的,也就根本不必考察其是否属于意外事件,即可确定其行为不构成犯罪。

2. 行为人在主观上须没有罪过,即不是出于故意或者过失。一个人的行为尽管在客观上造成了严重的损害结果,如果主观上没有罪过,既没有故意,也没有过失,就不能认为其行为构成犯罪,也就不负刑事责任。

3. 损害结果的发生须是由于不能抗拒或者不能预见的原因引起的。(1)由于不能抗拒的原因而引起危害结果。所谓不能抗拒的原因,是指行为人遇到了某种不可抗拒的力量,或某种无法克服的困难,明知将要引起危害结果发生,即使他想要加以避免,限于自身的能力、环境和条件,根本无法排斥和阻止发生这种危害结果。这种不可抗力可能来自自然灾害,如地震、山洪暴发等,也可能来自他人的侵害,也可能是由于某种突发的疾病而引起。(2)由于不能预见的原因而引起危害社会的结果。所谓不能预见的原因,是指行为人在其行为引起危害结果的当时,没有预见,而且根据当时的情况以及行为人的主观条件,他也不可能预见。

【实例分析 8-6】

值得注意的是,还须要区别无罪过事件与表面上有危害但实际上不需要刑法评价的某些刑法外现象,特别是道德现象或者纪律现象。对此可从 2012 年司法考试某考题中深化认识:下列哪些案件不构成犯罪?

　　A. 老师因学生不守课堂纪律,将其赶出教室,学生跳楼自杀;
　　B. 汽车修理工恶作剧,将高压气泵塞入同事肛门充气,致其肠道、内脏严重破损;
　　C. 路人见义勇为追赶小偷,小偷跳河游往对岸,路人见状离去,小偷突然抽筋溺毙;
　　D. 邻居看见 6 楼儿童马上要从阳台摔下,遂伸手去接,但未能接牢,儿童摔成重伤。

分析如下:

A 选项,学生跳楼自杀是学生自己制造的风险,与老师的行为没有刑法上的因果关系,老师的行为不是危害行为,更谈不上无罪过事件,不构成犯罪。

B 选项,"高压气泵塞入肛门充气"是高度危险行为,导致人死伤的概率极高,行为人对此也知晓。明知行为导致结果的可能性极高,又未采取有效的避免措施,应当认定为间接故意,构成间接故意的故意伤害罪。

C 选项,路人只"追赶"小偷,属于法律和道德都鼓励的见义勇为的行为,没有实施严重危及人身安全的行为,故而小偷跳河应当认定为小偷自己制造的风险,风险并非行为人制造,不负有法律的救助义务,不构成犯罪。况且行为人对于小偷突然抽筋也并不知情。

D 选项,邻居的行为降低了风险,而未升高或制造风险,不属危害行为,不构成任何犯罪。

二、无罪过事件的分类

(一) 不可抗力

不可抗力,是指行为在客观上虽然造成了损害结果,但不是出于行为人的故意或者过失,而是由于不能抗拒的原因所引起的。不可抗力事件具有三个特征:(1) 行为人的行为客观上造成了损害结果,与人无关的自然灾害等不属于刑法上的不可抗力事件。(2) 行为人主观上没有故意或者过失。(3) 损害结果由不能抗拒的力量所引起。"不能抗拒"包括两层含义:在认识因素上,行为人已经认识到自己的行为可能发生危害社会的结果;在意志因素上,行为人排斥、反对危害结果的发生,但是受主客观条件的限制,行为人不可能排除或防止危害结果的发生。不可抗力的具体来源多种多样,如动物受惊、他人的捆绑、杀害威胁等强力。在不可抗力为他人的强制时,应当注意这种强制是否达到足以使行为人完全丧失意志自由的程度,如果这种强制不足以使行为人完全丧失意志自由的,不能认定为不可抗力。

（二）意外事件

意外事件，是指行为在客观上虽然造成了损害结果，但不是出于行为人的故意或者过失，而是由于不能预见的原因所引起的。意外事件也具有三个特征：(1) 行为人的行为客观上造成了损害结果。(2) 行为人主观上没有故意或者过失。(3) 损害结果由不能预见的原因所引起。"不能预见"，是指当时行为人对其行为发生损害结果不但没有预见，而且根据其实际能力和当时的具体条件，行为人于行为时也根本无法预见。从认识因素上来讲，行为人没有认识到其行为会发生危害社会的结果；从意志因素上来讲，行为人对危害结果的发生持排斥、反对态度。不可抗力事件和意外事件的共同之处在于：(1) 行为人都对危害结果的发生持反对态度。(2) 主观上都没有故意或者过失。二者的区别在于认识因素上，不可抗力事件中的行为人已经认识到自己的行为会发生危害社会的结果；而意外事件中的行为人没有认识到自己的行为会发生危害社会的结果。

"不能预见的原因"所致的意外事件，与疏忽大意的过失有相似之处，二者都是行为人对有害结果的发生没有预见，并因此发生了这种结果。但是，它们更有着原则上的区别：根据行为人的实际认识能力和当时的情况，意外事件是行为人对损害结果的发生不可能预见、不应当预见而没有预见；疏忽大意的过失则是行为人对行为发生危害结果的可能性能够预见、应当预见，只是由于其疏忽大意的心理而导致了未能实际预见。因此，根据行为人的实际能力和当时的情况，结合法律、职业等的要求来认真考察其有没有预见的原因，对于区分意外事件与疏忽大意的过失犯罪至关重要，这是罪与非罪的原则区分。例如，某汽车司机正在行车，突然车外有几只马蜂飞进驾驶室，对着司机的手、脸部位蜇了数下，司机猝不及防，挥手扑打马蜂，双手离开方向盘致车辆失控，将车外数人撞死撞伤。车外数人的死伤是由于司机的行为造成的，但是司机对此没有故意或者过失，是由于马蜂突然的蜇袭这一不能预见的原因引起，这应属于意外事件。

【实例分析 8-7】

如何判断行为人的罪过有无，或者是意外事件，可从下列 2010 年司法考试考题中深化认识：关于罪过，下列哪些选项是错误的？

A. 甲的玩忽职守行为虽然造成了公共财产损失，但在甲未认识到自己是国家机关工作人员时，就不存在罪过。

B. 甲故意举枪射击仇人乙，但因为没有瞄准，将乙的名车毁坏。甲构成故意杀人未遂。

C. 甲翻墙入院欲毒杀乙的名犬以泄愤，不料该犬对甲扔出的含毒肉块不予理会，直扑甲身，情急之下甲拔刀刺杀该犬。甲不构成故意毁坏财物罪，而属于意外事件。

D. 甲因疏忽大意而致人死亡。甲应当预见而没有预见的危害结果，既可能是发生他人死亡的危害结果，也可能只是发生他人重伤的危害结果。

分析如下：

选项A，玩忽职守罪的罪过形式是过失，无需要求行为人对身份有明知。故选项A错误。当然，如果犯罪是故意犯罪中的身份犯（如滥用职权罪），因身份要素是客观必备要件，则成立该犯罪故意就必须要认识到身份要素。

选项B，属后文将要学习的对象认识错误，客观上乙未死亡，但甲的行为具有高度危险性，主观上具有杀人故意，构成故意杀人未遂。客观上乙的名车被毁，但甲对名车被毁只具有过失，我国刑法并没有过失毁坏财物的罪名，故甲构成故意杀人未遂一罪，选项B正确。

选项C，甲主观上具有毁坏财物的故意，只是对于毁不财物的因果发生过程产生认识错误，属于普通的因果发生过程认识错误。因财物毁坏的结果仍系其行为造成，具有因果关系，也是在毁财故意的支配下造成，前后两个动作是一个行为的两个组成部分，具体因果流程并不违背其意图，故认定为故意毁坏财物罪，选项C错误。

选项D，具体罪名的过失并不是抽象的，也有具体的认识、意志内容，过失致人死亡罪中的过失，要求对死亡结果有预见。仅对重伤结果有预见而对死亡结果没有预见，应认定为过失致人重伤罪，故选项D错误。

不可抗力事件和意外事件之所以不认为是犯罪，是由我国刑法所坚持的主客观相统一的定罪原则所决定的。在这种情况下，虽然行为人在客观上造成了损害结果，但其主观上既不存在犯罪的故意，也不存在犯罪的过失，因而缺乏构成犯罪和负刑事责任的主观根据，不能认定为犯罪和追究刑事责任。如果这时对行为人定罪和追究刑事责任，就是"客观归罪"，就有悖于主客观相统一的刑事责任原则的要求。

三、无罪过事件的争议

目前刑法理论上对于无罪过事件存在争议的问题主要有两种：期待可能性与严格责任。

（一）期待可能性

期待可能性是德日刑法中的重要理论问题。所谓期待可能性，是指根据具体情况，有可能期待行为人不实施违法行为而实施其他合法行为。期待可能性理论认为，如果不能期待行为人实施其他合法行为，就不能对行为人的行为进行非难，也就不存在刑法上的责任。期待可能性理论源自于1897年3月23日德国帝国法院对所谓"癖马案"的判决。该案的基本情况如下：被告人是马夫，从1895年起受雇于经营马车出租业的雇主。在受雇期间，被告人驾驭双马车，而其中一匹马有个较为恶劣的癖性，经常用尾巴绕缰绳，并用力压低缰绳。被告人与雇主对该马的缺点都清楚。1896年7月19日，被告人正驾驭时，该马在某街头，突然用马尾巴绕缰绳并用力下压，被告人虽然想拉缰绳控制该马，但未奏效，马向前飞跑，致行人受伤。检察官对马夫以过失伤害罪提起公诉，但原判法院宣告马夫无罪；检察官不服，提出上诉，案件移至德国帝国法院。该法院驳回了检察官的上诉,理由是:不能期待被告人不顾自己的职业损失、违反雇主的命令而拒绝使用此马,因此,被告人不负过失责任。是否具有期待可能性对于认定行为人主观上是否存在故意或者过失的罪过具有重要的意义。近年来,我国有学者主张将期待可能性理论引入我国刑法学中,如用来解释司法实践中的对已婚妇女因逃荒为求生存又与他人结婚而不以重婚罪追究该妇女刑事责任的做法。我们认为,期待可能性理论对于我国刑法中判断行为人主观上是否具有罪过具有一定的借鉴意义,但应否将其直接引入我国刑法学中尚有待于进一步研究。

(二)严格责任

在奴隶制和封建制刑法中,都曾存在过不问主观心态的结果责任,由结果责任到过错责任是近代法治进步的重要标志。"无犯意则无犯人"是英美刑法在确立过错责任原则之后用拉丁语表述的法律格言之一。但是,出于社会公共政策等因素的考虑,过错责任原则不断被突破,首先是在民事责任领域出现了严格责任,这在目前大陆法系、英美法系各国和地区都已非常普遍。英美法系国家则走得更远,将严格责任进一步引入了刑事责任领域,承认严格责任犯罪的存在。具体而言,英美法系刑法上承认严格责任犯罪主要是基于以下三个方面的刑事政策考虑:(1)是保证某些维护公众重大利益的法律得以实施的需要。在实践中,有一些犯罪(如公害犯罪),对公众利益具有很大的危害性,而对这些犯罪来说,要证明其主观上具有犯罪意图(故意或过失)往往是非常困难的。如果把犯罪意图规定为必备的犯罪构成要件,那么绝大多数案件都会因控方无法否认被告人无犯罪意图的抗辩而逃避处罚,这就会导致这些与公众重大利益密切相关的法律形同虚设而无法实施,这不符合公众利益。(2)是更加有效地预防特定犯罪的需要。鉴于某些犯罪与公众的重大利益紧密相关,法律将其规定为无罪过犯罪,能有效地防止这些犯罪。因为这些犯罪没有任何基于罪过进行无罪辩护的余地,相比规定要求罪过的犯罪的法律而言,这样更能使有关人员恪尽职守,促使其更加注意避免这些犯罪的发生。(3)是节约诉讼资源的需要。由于控方查明被告人是否具有犯罪意图以及具有何种具体的犯罪心理非常困难,而高等法院、地方法院的工作任务十分繁重,因而将这些难以认定犯罪意图的犯罪规定为无罪过犯罪,减轻了控方的证明责任,而节约了有限的诉讼资源,有利于提高司法效率。

关于严格责任的概念,至今也没有一个一致的说法。有的认为严格责任就是无罪过责任,即法律许可对某些缺乏犯罪心态的行为追究刑事责任;也有的认为,严格责任是一种不问主观过错的刑事责任。我们认为,严格责任并非是行为人主观上一定没有过错,只是在刑事诉讼中不去具体认定是否存在过错以及属何种过错类型。但无论如何理解,实行严格责任肯定可能出现对无罪过的行为追究刑事责任的情况。严格责任在我国刑法典中暂无规定,但是在某些司法解释中已初现端倪。2013年10月颁布的最高人民法院、最高人民检察院、公安部、司法部《关于依法惩治性侵害未成年人犯罪的意见》,其中有两条规定具有严格责任的因素。(1)该司法解释第19条第2款规定:"对于不满十二周岁的被害人实施奸淫等性侵害行为的,应当认定行为人'明知'对方是幼女。"该条文规定通过与《刑法》总则"明知"要素的连接来判断行为人性侵害不满12周岁幼女的构成强奸罪,表面上是认可了罪过责任形式,实际上通过司法操作流程认可了严格责任,具有部分严格责任的倾向。(2)该司法解释第21条规定:"对幼女负有特殊职责的人员与幼女发生性关系的,以强奸罪论处。对已满十四周岁的未成年女性负有特殊职责的人员,利用其优势地位或者被害人孤立无援的境地,迫使未成年被害人就范,而与其发生性关系的,以强奸罪定罪处罚。"该条文规定对幼女负有特殊职责的人员与幼女发生性关系的,以强奸罪论处,没有明文规定对幼女负有特殊职责的人员需要明知侵害的对象是幼女,主观上的罪过形式并不影响定罪。

第五节　犯罪的目的和动机

人的任何故意实施的行为,都是在一定的动机的支配下,去追求一定的目的。一般地讲,动机是指推动人以行为去追求某种目的的内在动力或内心起因,目的是在一定动机的推动下希望通过实施某种行为达到某种结果的心理态度。刑法学研究的动机和目的,不是人的一般故意行为的动机和目的,而是作为行为人故意犯罪活动主观因素的犯罪动机和目的。

犯罪目的,是指犯罪人希望通过实施犯罪行为达到某种危害社会结果的心理态度,也就是危害结果在犯罪人主观上的表现。例如,某人在实施盗窃行为时,就有非法占有公私财物的目的;实施故意杀人行为时,就有非法剥夺他人生命的目的;实施诬告陷害行为时,就有使受诬陷者受到错误的刑事追究的目的。犯罪目的通常存在于直接故意犯罪中,直接故意犯罪的主观方面包含着犯罪目的的内容;在间接故意犯罪或者过失犯罪中,一般认为不存在犯罪目的。直接故意犯罪的认识因素,表现为行为人决意实施犯罪行为并且希望通过犯罪行为达到某种危害结果的心理态度。其中,对发生危害结果的希望、追求的心理态度,就是犯罪目的的内容。由于直接故意犯罪主观方面都包含犯罪目的的内容,因而法律对犯罪目的一般不作明文规定,分析这些犯罪的构成要件便可明确其要求的犯罪目的。但是,对某些犯罪,刑法条文中又特别载明了犯罪目的。如《刑法》第152条规定的走私淫秽物品罪,特别规定了应"以牟利或者传播为目的";《刑法》第217条规定的侵犯著作权罪,特别规定了须"以营利为目的";《刑法》第363条规定的制造、复制、出版、贩卖、传播淫秽物品牟利罪,特别规定了必须"以牟利为目的"。这种规定的意义在于说明,这些犯罪不仅是故意犯罪,而且另外还要求有特定目的。

犯罪动机,是指刺激犯罪人实施犯罪行为以达到犯罪目的的内心冲动或者内心起因。行为人某种犯罪目的的确定,决不是无缘无故的,而是始终以一定的犯罪动机作指引的。例如,对直接故意杀人罪来讲,非法剥夺他人生命是其犯罪目的,而促使行为人确定这种犯罪目的的内心起因即犯罪动机,可以是贪财、奸情、仇恨、报复或者极端的嫉妒心理等。因此,如果不弄清犯罪的动机,就不能真正了解犯罪人为何去追求某种犯罪目的。

犯罪目的与犯罪动机既密切联系,又互相区别。二者的密切联系表现在:(1)二者都是犯罪人实施犯罪行为过程中存在的主观心理活动,它们的形成和作用都反映行为人的主观恶性程度及行为的社会危害性程度。(2)犯罪目的以犯罪动机为前提和基础,犯罪目的来源于犯罪动机,犯罪动机促使犯罪目的的形成。(3)二者有时表现为直接的联系,即它们所反映的需要是一致的,如出于贪利动机实施以非法占有为目的的侵犯财产犯罪即是如此。

犯罪目的与犯罪动机又是相互区别、不容混淆的。这主要表现为:(1)从内容、性质和作用上看,犯罪动机是表明行为人为什么要犯罪的内心起因,比较抽象,是更为内在的发动犯罪的力量,起的是推动犯罪实施的作用;犯罪目的则是实施犯罪行为所追求的客观危害结果在主观上的反映,起的是为犯罪定向、确定目标和侵害程度的引导、指挥作用,它比较具体,指向的是外在的具体犯罪对象和客体。(2)同种犯罪的犯罪目的相同,而且,除复杂客体犯罪以外,一般是一罪一犯罪目的;同种犯罪的动机则往往因人、因具体情况而异,一罪可有不同的犯罪动机。例如,盗窃罪的目的都是希望非法占有公私财物结果的发生的心理态度,但从犯罪动机上看,有的犯罪人是出于想追求腐化的生活,有的是迫于一时的生活困难,有的是为了偿还赌债,有的甚至是出于报复的心理。(3)一种犯罪动机可以导致几个或者不同的犯罪目的,例如出于报复的动机,可以导致行为人去追求伤害他人健康、剥夺他人生命或者毁坏他人财产等不同的犯罪目的;一种犯罪目的也可以同时为多种犯罪动机所推动,例如,故意杀人而追求剥夺他人生命的目的,可以是基于仇恨与图财两种犯罪动机的混合作用。(4)犯罪活动与犯罪目的在一些情况下所反映的需要并不一致,例如实施煽动分裂国家罪,行为人的动机可以出于物质的、经济的需要,而犯罪目的则反映了行为人精神的、政治的需要。(5)一般地说,二者在定罪量刑中的作用有所不同,犯罪目的的作用偏重于影响定罪,犯罪动机的作用偏重于影响量刑。(6)从犯罪动机和犯罪目的产生的逻辑顺序上而言,一般情况下,犯罪动机是犯罪人心理机构中最深层次的要素,犯罪目的则是犯罪人心理机构中比较表层的要素,犯罪动机在先而犯罪目的在后。

第六节 刑法上的认识错误

刑法学上所说的认识错误,是指行为人对自己的行为的刑法性质、后果和有关的事实情况不正确的认识。这种认识错误可能影响罪过的有无与罪过形式,也可能影响行为人实施犯罪的既遂与未遂,从而影响行为人的刑事责任,因而需要认真研究。刑法学上的认识错误可以分为两类:一是行为人在法律上认识的错误;二是行为人在事实上认识的错误。

(一)法律认识错误

行为人在法律上认识的错误,是指行为人对自己的行为在法律上是否构成犯罪、

构成何种犯罪或者应当受到什么样的刑事处罚的不正确理解。这类认识错误,通常表现为三种情况:

1. 假想的犯罪,即行为人的行为依照法律并不构成犯罪,行为人误认为构成了犯罪。如行为人把自己的通奸、小偷小摸等一般违法或不道德行为误认为是犯罪,而向司法机关"自首",或者行为人把意外事件、正当防卫、紧急避险行为误认为是犯罪而向司法机关自首。这种情况下,判断和认定行为性质的依据是法律,而不是行为人对法律的错误认识,并不因为行为人的错误认识而使行为本来的非犯罪性质发生变化,因而不能构成犯罪。

2. 假想的不犯罪,即行为在法律上规定为犯罪而行为人却误认为不构成犯罪。处理所谓"假想的不犯罪"的情况,原则上不能因为行为人对自己行为的法律性质的误解而不追究其应负的刑事责任,以防止犯罪分子借口不知法律而实施犯罪并逃避罪责。但是,在某些特殊情况下,如果行为人确实不了解国家法律的某种禁令,从而也不知道行为具有社会危害性的,就不能让其承担故意犯罪的刑事责任。

3. 行为人对自己行为的罪名和罪刑轻重的误解,即行为人认识到自己的行为已经构成犯罪,但对其行为触犯了刑法规定的何种罪名,应当被处以什么样的刑罚,存在不正确的理解。例如,行为人偷割正在使用中的电话线,依照法律构成破坏通讯设备罪,行为人却误以为构成盗窃罪。在这种情况下,行为人对法律的这种错误认识,并不影响其犯罪的性质和危害程度,应当按照他实际构成的犯罪及其危害程度定罪量刑。

(二)事实认识错误

行为人在事实上认识的错误,是指行为人对自己行为的事实情况的不正确理解。这类错误是否影响行为人的刑事责任,要区分情况:如果属于对犯罪构成要件的事实情况的错误认识,就要影响行为人的刑事责任;如果属于对犯罪构成要件以外的事实情况的错误认识,则不影响行为人的刑事责任。

事实认识错误,通常表现为以下几种情况:

1. 客体的错误:即行为人意图侵犯一种客体,而实际上侵犯了另一种客体。

2. 对象的错误:(1)具体的犯罪对象不存在,行为人误以为存在而实施犯罪行为,因而致使犯罪未得逞的,应定为犯罪未遂。如行为人误以野兽、牲畜、物品、尸体为人而开枪射杀的,应令其负故意杀人罪未遂的刑事责任;误将男性错认为女性进行奸淫,应认定为强奸未遂。(2)行为人误把非不法侵害人认为是不法侵害人而进行防卫,这类情况下显然不是故意犯罪,根据实际情况或是过失犯罪,或是意外事件。(3)具体目标的错误。如把甲当作乙而加以危害或伤害。这种对具体目标的错误认识,对行为人的刑事责任不发生任何影响,行为人仍应负故意杀人罪或故意伤害罪的刑事责任,因为甲和乙的生命、健康在法律上的价值一样,同样受法律保护。

如何判断对象的错误,存在两种观点:具体符合说与法定符合说。具体符合说认为,行为人所认识的事实与实际发生的事实具体地相一致时,才构成故意的既遂犯;法定符合说认为,行为人所认识的事实与实际发生的事实,只要在犯罪构成范围内是一致的,就成立故意的既遂犯。如:甲想杀乙,一枪造成乙重伤和站在旁边的丙死亡。按照具体符合说,应判定为对乙的故意杀人未遂和对丙的过失致人死亡数罪并罚;按照法定符合说则为故意杀人既遂。法定符合说认为:只要甲想杀人,杀的是人,在客观上杀了人,就构成既遂。而具体符合说认为:甲想杀的是特定人,如果特定人没死,就不构成既遂,特定人以外的伤亡只能定过失致人伤亡。两者的区别就是对象是否具体到某个特定的人上。具体符合说机械地理解行为与后果的对应关系,脱离刑法分则规定,因而存在诸多缺陷。目前我国刑法理论通说基本持法定符合说。

【实例分析 8-8】

对象的错误既是理论上的热点,也是司法实践中的常见多发问题,2014 年司法考试曾考查:关于对象认识错误,下列哪一选项是正确的?

A. 甲本欲电话诈骗乙,但拨错了号码,对接听电话的丙实施了诈骗,骗取丙大量财物。甲的行为属于对象错误,成立诈骗既遂。

B. 甲本欲枪杀乙,但由于未能瞄准,将乙身旁的丙杀死。无论根据什么学说,甲的行为都成立故意杀人既遂。

C. 事前的故意(可参见下文分析与"因果关系的错误")属于抽象的事实认识错误,按照法定符合说,应按犯罪既遂处理。

D. 甲将吴某的照片交给乙,让乙杀吴某,但乙误将王某当成吴某予以杀害。乙是对象错误。按照教唆犯从属于实行犯的原理,甲也是对象错误。

分析如下:

选项 A 中,甲打错电话误将丙当作乙实施了诈骗,并骗取了大量财物,虽然该行为对象错误,但是仍然在同一犯罪构成要件内,应认定为诈骗罪既遂。选项 A 正确。

选项 B 中,甲欲枪杀乙,因未瞄准而将丙杀死,属于打击错误。对于打击错误,具体符合说与法定符合说的认定不同。法定符合说认为,甲在主观上有杀人故意,客观上也导致他人死亡,成立故意杀人罪既遂。具体符合说认为客观事实与行为人的主观认识没有形成具体的符合,因此甲对乙承担杀人未遂的责任,对丙承担过失致人死亡的责任,二者属想象竞合犯,择一重罪处罚。选项 B 错误。

选项 C 中,抽象的事实认识错误,是指行为人所认识的事实与现实所发生的事实,分别属于不同的犯罪构成。事前的故意,是指行为人误认为第一个行为已经造成结果,出于其他目的实施第二个行为,实际上是第二个行为才导致预期的结果出现的情况。就事前故意而言,行为人主观意图实施的犯罪与实际实施的犯罪罪名相同,并未超出同一个犯罪构成,因此是具体的事实认识错误,而非抽象的事实认识错误。选项 C 错误。

选项 D 中,乙属于对象认识错误,但甲不属于对象错误,甲属于教唆犯,并未发生对象认识错误。选项 D 错误。

3. 行为实际性质的错误,即行为人对自己行为的实际性质发生了错误的理解。

例如,假想防卫,行为人把不存在的侵害行为误认为正在进行的不法侵害行为实行防卫而致人伤亡,由于行为人不存在犯罪的故意,因而不应以故意犯罪论处,而应根据具体情况,判定为过失犯罪或者意外事件。

4. 工具的错误或者称方法的错误,指的是主观设想的手段可以导致结果但实际上客观手段不能导致结果的情况。如行为人误把白糖、碱面等当做砒霜等毒药去毒杀人,误用空枪、坏枪、哑弹去射杀人,用诅咒的方法杀人,从而未能发生致人死亡的结果。在这类情况下,行为人具备犯罪的主客观要件,只是由于对犯罪工具实际效能的误解而致使犯罪行为未发生犯罪既遂时的犯罪结果,应以犯罪未遂追究行为人的刑事责任。

【实例分析 8-9】

工具上的认识错误或者方法的错误既是理论上的热点,也是司法实践中的常见多发问题。2013 年司法考试曾考查:关于犯罪故意、过失与认识错误的认定,下列哪些选项是正确的?

A. 甲、乙是马戏团演员,甲表演飞刀精准,从未出错。某日甲表演时,乙突然移动身体位置,飞刀掷进乙胸部致其死亡。甲的行为属于意外事件。

B. 甲、乙在路边争执,甲推乙一掌,致其被路过车辆轧死。甲的行为构成故意伤害(致死)罪。

C. 甲见楼下没人,将家中一块木板扔下,不料砸死躲在楼下玩耍的小孩乙。甲的行为属于意外事件。

D. 甲本欲用斧子砍死乙,事实上却拿了铁锤砸死乙。甲的错误属于方法错误,根据法定符合说,应认定为故意杀人既遂。

分析如下:

A 选项,"精准""从未出错",表明一般公众不可能预见结果。"乙突然移动身体",说明事发极其偶然。行为人未预见,公众也不可能预见,应属于意外事件。

B 选项,"甲推乙一掌",甲未预见到伤害、死亡结果,故而对于伤害、死亡结果均无故意,不能构成故意杀人罪、故意伤害罪。因在"路边"推,一般公众可以预见死伤可能性。行为人未预见死亡,一般公众可以预见,行为人对于死亡结果具有过失,构成过失致人死亡罪。

C 选项,甲"见楼下没人",说明甲认识到从楼上扔东西可能砸中人,有客观依据可以避免,属于过于自信的过失。

D 选项,方法错误指主观设想的手段可以导致结果但实际上客观手段不能导致结果的情况。斧子、铁锤都能砸死人,主观设想的手段、客观使用的手段导致相同的结果,不属"方法错误"。

因此,选项 A 为正确的选项。

5. 因果关系的错误,即行为人对自己所实施的行为和所造成的结果之间的因果关系的实际发展有错误认识。对此应按照主客观相统一的刑事责任原则的要求,分析和解决这种错误认识是否影响行为人的刑事责任。常见的情况有:

(1) 行为人误认为自己的行为已经产生了预期的犯罪结果,事实上并没有发生这种结果。如,甲欲杀害乙,一天趁乙不备向其头部猛砍数刀,乙当即倒地昏迷,甲以为乙已死亡而离去;不久,乙遇救未亡。这种情况不影响甲的行为构成故意杀人罪,但属于犯罪未遂。

(2) 行为人误认为预期的结果是自己的行为造成的,实际上是由行为人以外的其他原因造成的。如,甲欲杀害乙,某晚趁乙外出途中,藏在路边开枪击中乙,乙当即昏迷倒地,甲见乙不再动弹,以为乙已死亡而离去。不久,乙苏醒,慢慢爬到一条公路边求救。此时,丙驾驶汽车经过,由于丙边打瞌睡边开车,未注意到乙,汽车从乙身上轧过,当即致乙死亡。本案件中,丙当然构成了交通肇事罪;而甲虽然以为自己已开枪打死了乙,但仍不能认为甲的行为构成了故意杀人罪既遂,因为乙的死亡结果并不是甲的开枪杀人行为所直接造成的,所以,甲只应负故意杀人未遂的刑事责任。

(3) 行为人的行为没有按照其预期的方向发展及其预期的目的而停止,而是发生了行为人预期所追求的目标以外的结果。如,甲意图伤害乙,用水果刀向乙的腹部刺了一刀即逃去。由于这一刀刺破了肝脏,乙经抢救无效死亡。在这种情况下,虽然甲的行为已造成了乙死亡,但甲主观上并无杀死乙的故意而只有伤害乙的故意。所以,不能认定甲的行为构成故意杀人罪,甲只应承担故意伤害致人死亡的刑事责任。

(4) 行为人的行为已经引起预期的危害结果,构成要件已经提前实现,但行为人对其行为与结果之间的因果关系的发展进程认识错误。如,甲将乙从桥上推到河里,企图淹死不识水性的乙,乙也确实死亡,但他不是淹死的,而是从桥上掉下时头撞在石头上而死的。这种对因果关系发展的具体经过的认识,不属于犯罪故意的内容。所以,这种认识错误不影响行为人的刑事责任。上例中的甲仍应负故意杀人既遂的刑事责任。

(5) 行为人误以为自己当初的行为已经发生了预期的危害结果,为达到另一目的又实施第二个行为,事实上行为人所预期的危害结果是由第二个行为所造成的。如,甲意图勒死乙,将乙勒昏后,误以为乙已死亡,为逃避罪责,湮灭罪证,又将乙抛入河中,以致乙被淹死。这种情况,在西方刑法理论上通常被称为"事前故意"或韦伯的"概括故意"。在上例中,行为人主观上有杀人的故意,客观上实施了杀人行为,虽然被害人死亡的结果不是其前一行为直接造成的,而是其后一行为直接造成的,但这两个行为是紧密联系在一起的,实际上后一行为是前一故意行为的继续。所以,这种错误认识不影响其犯罪故意的成立,也不应影响其刑事责任,行为人仍应承担故意杀人既遂的刑事责任。但如果行为人为达到另一目的而实施的第二个行为可以单独构成犯罪,则其前一行为属于犯罪未遂,对行为人应以前一行为构成的故意罪未遂与后一行为构成的罪予以两罪并罚。如张三意图杀死李四,某日深夜窜至李四家,向熟睡中的李四头部猛砍数刀,致李四昏迷,张三误以为李四已死,为"毁尸"灭迹,又放火烧毁李四住房,结果李四被烧死,同时还烧毁了李四及其邻里数家人的房屋。此时,张三的前一行为应以故意杀人未遂论,后一行为应以放火罪论,对张三应以此二罪并罚。

【实例分析 8-10】

　　因果关系的认识错误同样是理论上的热点,也是司法实践中的常见多发问题。2011年司法考试曾考查:关于认识错误的判断(主要是因果关系的认识错误判断),下列哪些选项是错误的?

　　A. 甲为使被害人溺死而将被害人推入井中,但井中没有水,被害人被摔死。这是方法错误,甲的行为成立故意杀人既遂。

　　B. 乙准备使被害人吃安眠药熟睡后将其勒死,但未待实施勒杀行为,被害人因吃了乙投放的安眠药死亡。这是构成要件提前实现,乙的行为成立故意杀人既遂。

　　C. 丙打算将含有毒药的巧克力寄给王某,但因写错地址而寄给了汪某,汪某吃后死亡。这既不是对象错误,也不是方法错误,丙的行为成立过失致人死亡罪。

　　D. 丁误将生父当作仇人杀害。具体符合说与法定符合说都认为丁的行为成立故意杀人既遂。

　　分析如下:

　　选项 A 中,甲为了杀死被害人而将被害人推入水中,结果井中无水,被害人被摔死。这属于因果关系错误,而不是方法错误。选项 A 说法错误。

　　选项 B 中的情况就属于犯罪构成的提前实现,构成要件的提前实现,是指实际上提前实现了行为人所预想的结果。选项 B 说法正确。

　　选项 C 中,丙的行为属于具体的事实错误中的对象错误,即行为人把甲对象当作乙对象加以侵害,而甲对象和乙对象体现相同的法益,行为人的认识内容与客观事实仍属同一犯罪构成的情况。对于对象认识错误而言,无论采用具体符合说还是法定符合说,结果都是一样的。因此,丙的行为应成立故意杀人的既遂。选项 C 说法错误。

　　选项 D 中,丁的行为属于具体的事实错误中的对象错误,对于对象认识错误而言,无论采用具体符合说还是法定符合说,结果都是一样的。因此,丁的行为成立故意杀人既遂。选项 D 说法正确。

第九章 正当行为

> **学习要求**
>
> 了解：正当行为的概念；正当行为的分类
> 理解：紧急避险的概念
> 熟悉并能够运用：正当防卫的概念；正当防卫的认定；紧急避险的认定
> 主要涉及的法条：
>
> 第二十条 【正当防卫】为了使国家、公共利益、本人或者他人的人身、财产和其他权利免受正在进行的不法侵害，而采取的制止不法侵害的行为，对不法侵害人造成损害的，属于正当防卫，不负刑事责任。
>
> 正当防卫明显超过必要限度造成重大损害的，应当负刑事责任，但是应当减轻或者免除处罚。
>
> 对正在进行行凶、杀人、抢劫、强奸、绑架以及其他严重危及人身安全的暴力犯罪，采取防卫行为，造成不法侵害人伤亡的，不属于防卫过当，不负刑事责任。
>
> 第二十一条 【紧急避险】为了使国家、公共利益、本人或者他人的人身、财产和其他权利免受正在发生的危险，不得已采取的紧急避险行为，造成损害的，不负刑事责任。
>
> 紧急避险超过必要限度造成不应有的损害的，应当负刑事责任，但是应当减轻或者免除处罚。
>
> 第一款中关于避免本人危险的规定，不适用于职务上、业务上负有特定责任的人。

第一节 正当行为概述

一、正当行为的概念

正当行为，是指行为在客观上造成一定损害结果，形式上符合某犯罪的客观要件，但实质上既不具备社会危害性，也不具备刑事违法性的行为。

1. 正当行为外表上似乎符合某种犯罪构成特征。也就是说，这些行为形式上符合某种犯罪的客观要件，如妇女受到暴力的性侵害时，在与犯罪人的搏斗中将其打成重伤，医治无效而死亡。这种将他人打死的行为从表面上看与故意杀人罪的成立条件非常相似。但实际上，该妇女的行为属于正当防卫。正因为正当行为表面上看似乎构成了某种犯罪,且常会被误认为属于犯罪行为,刑法理论上才对其予以特别研究,以便将其与真正的犯罪区别开来。

2. 正当行为不具备社会危害性和刑事违法性,不符合犯罪构成。不仅对社会无害,而且大多数正当行为对社会是有益的。如消防员为了防止火灾蔓延,将火灾临近的房屋拆毁。这种行为虽然从局部来看破坏了一定数量的房屋,但却防止了火灾的蔓延,避免了不特定的房屋和其他生命财产的重大损失。显然,这种行为从大局来说是一种有益于国家和人民的行为。

3. 正当行为被法律所允许或者认可。正当行为从上述两个条件看,具有高度的合理性,但在罪刑法定的要求下,也需要得到法律的允许或者认可。"被法律所允许或认可",是指从法律角度看,各种排除犯罪性行为形式上符合法律所规定或认可的条件,内容上未超出法律所授权、同意、认可的范围。例如,正当的业务行为,只有在符合有关法律规定或认可的从业条件,遵守有关规章制度,并在法律和有关规章制度允许的范围内进行,才可能成为排除犯罪性的行为。相反,那些看似损害较小社会利益维护较大社会利益,但尚未得到法律允许或认可的行为(如在我国也得到较多知名人士支持的安乐死,或者在道义上能够得到普遍谅解的各种"大义灭亲"行为),或者那些不按法律所允许的程序,超出法律所授权、同意、认可范围的行为(如不遵守有关规章制度而造成重大责任事故的从业行为,或者明显超出必要限度造成重大损害的防卫行为),都由于不具备"为法律所允许或认可"的性质,而不得认定是正当行为。

二、正当行为的分类

现代世界各国刑法基本上都规定正当行为不负刑事责任。国内刑法学者称之为"正当化事由"或"排除社会危害性的行为""排除犯罪性的事由",名异实同。我国刑法明文规定的正当行为只有正当防卫和紧急避险两种。从国外刑法规定来看,还有执行命令的行为、正当业务行为、自救行为、自损行为、基于权利人承诺的行为、义务冲突等。上述种种行为,我国刑法虽没有明文规定,但刑事理论和司法实践中都是予以承认的。如果对正当行为进行简明分类,可以概括为法定的正当行为和非法定的正当行为。前者包括正当防卫、紧急避险。后者包括执行命令的行为、正当业务行为、自救行为、基于权利人承诺的行为和义务冲突等等。本章主要介绍我国刑法规定的正当防卫和紧急避险两种正当行为,其他的类型略作介绍。

(一)执行命令的行为

执行命令行为,是指在国家法律所认可的范围内,依照上级国家机关工作人员的命令而实施的行为。例如,武警狙击手执行公安局长的命令而对暴力劫持人质者实施的一枪爆头当场击毙行为,便属于执行命令的行为。执行命令行为之所以排除犯罪性,是因为部属执行上级的命令是其应尽的职责,它是国家机器和社会秩序得以正常运作的必要保障。因此,尽管某些执行命令的行为在外观上有时形同犯罪,但由于这类行为在实质上欠缺社会危害性,因而不能认为是犯罪。

（二）正当业务行为

正当义务业务行为，是指虽然没有法律、法令、法规的直接规定，但在社会生活中被认为是正当的业务上的行为。所谓业务，是指在社会生活上反复、继续实施的行为，并不要求一定是职业。正当业务行为之所以不成立犯罪，并不是因为其是"业务"就不成立犯罪，而是由于其"正当"才不够犯罪。所谓"正当"，即意味着行为本身是维持或者保护正当利益的行为。业务行为只要具有正当性，即使造成了一定的损害后果，也被认为是允许的。正当业务行为的种类繁多，并不固定，实践中较为常见的有：

1. 运动员的体育竞技。例如，摔跤、拳击、柔道等体育运动经常会造成对方运动员受伤。对此，只要是在遵循比赛规则的前提下进行，或者虽然违反比赛规则但属于轻过失的行为，一般不作为违法或犯罪处理。但是，行为人如果故意严重违反规则致他人伤亡的，则有追究其责任的必要。

2. 医师的治疗行为。治疗行为是指出于治疗的目的，采用医学上得到认可的方法对患者身心所实施的医疗措施。治疗行为中的截肢、摘取器官等外科手术，形似符合故意伤害罪的犯罪构成，但由于此类行为是基于患者健康的需要，各国刑法理论及实务中普遍将之作为正当业务行为处理，而不认为是犯罪。一般认为，治疗行为只要具备治疗的目的、医学适应性和医术正当性以及患者的同意三方面条件，就具有正当性。

（三）自救行为

自救行为，又称自助行为，是指法益受侵害者在通过法律程序或依靠国家机关不可能或者明显难以恢复权利的情况下，依靠自己的力量救济法益的行为。例如，受害人在抢夺犯逃跑的过程中，在来不及求助司法机关的情形下，追上抢夺犯将其打倒夺回财物的行为，就属于自救行为。在现代法治国家中，权利的救济一般只允许通过法律程序进行，原则上不允许自力救济或私力救济。但是，考虑到特殊情况下，如果坐等国家机关的公力救济已经不可能或非常困难，则只要该自力救济行为不发生动摇法律的稳定性和人们对法秩序的信赖，就应允许该自力救济行为的合法化。

（四）基于权利人承诺的行为

被害人承诺行为，又称权利人承诺行为或权利人同意行为，是指经有权处分某种权益的人的请求或同意，损害其合法权益的行为。许多国家刑法及理论认为，符合一定条件的被害人的承诺，可以排除损害行为的违法性或犯罪性。

这些条件包括：第一，承诺者对被侵害的法益具有处分权限，而且该处分权限有一定的限度；第二，承诺者必须对所承诺的事项的意义、范围具有理解能力；第三，承诺必须出于被害人的真实意志；第四，必须存在现实的承诺（现实上没有被害人的承诺，但是如果被害人知道事实真相后当然会承诺，在这种情况下，推定被害人的意志所实施的行为，就是基于推定的承诺的行为）；第五，承诺至迟必须存在于结果发生时；第六，经承诺所实施的行为不得超出承诺的范围。在我国也有观点认为，被害人承诺不能成立正当行为,特别是两种情形:其一,绝症患者请求放弃治疗,甚至要求他人提供速死之法,即安乐死的问题可否成为正当行为;其二,从事非法行为而承诺放弃自己的某些权益,如赌博时输个精光,押上自己的手指作为赌资,结果又输了,他人割去手指,是否可以成为正当行为。

【实例分析9-1】

对上述内容,可从下面的分析中深化认识:关于被害人承诺,下列哪一选项是正确的?

A. 儿童赵某生活在贫困家庭,甲征得赵某父母的同意,将赵某卖至富贵人家。甲的行为得到了赵某父母的有效承诺,并有利于儿童的成长,故不构成拐卖儿童罪。

B. 在钱某家发生火灾之际,乙独自闯入钱某的住宅搬出贵重物品。由于乙的行为事后并未得到钱某的认可,故应当成立非法侵入住宅罪。

C. 孙某为戒掉网瘾,让其妻子丙将其反锁在没有电脑的房间一星期。孙某对放弃自己人身自由的承诺是无效的,丙的行为依然成立非法拘禁罪。

D. 李某同意丁砍掉自己的一根小手指,而丁却砍掉了李某的大拇指。丁的行为成立故意伤害罪。

分析如下:

A项中,拐卖儿童行为中的被害人是赵某,其本身没有对拐卖进行承诺,即使被害人无承诺能力时,监护人可代为承诺。但是,本案涉及的拐卖儿童罪,无论是否承诺,均不能阻却违法性。由此甲的行为构成拐卖儿童罪。A项的说法错误,不选。

B项中,发生火灾时,乙的行为即是基于推定的钱某的承诺的行为,甚至可被认为是紧急避险,因此乙不成立非法侵入住宅罪。B项的说法错误,不选。

C项中,孙某处分的是自己的自由,且没有超过范围,符合被害人承诺的要件,因此构成犯罪的排除事由,丙的行为不构成非法拘禁罪。C项的说法错误,不选。

D项中,李某虽然同意丁砍掉他的小手指,但是没有同意丁砍掉他的大拇指,丁的行为超过了承诺的范围,成立故意伤害罪。D项的说法正确,当选。

(五)义务冲突

义务冲突是指在同时存在两个以上互不相容的义务时,行为人为了履行其中的某项义务,不得已不履行其他义务的行为。例如,律师为了维护当事人的合法权益,不得已隐瞒当事人没有被司法机关发现的其他犯罪事实,不履行告发义务,一般不构成包庇行为,便属于义务冲突。类似的,律师在法庭上为了维护被告人的合法权益,不得已泄露他人隐私的,同样属于义务冲突,而不属于紧急避险。之所以赋予义务冲突以正当化,主要是基于"优越利益原则"或"选择最小损害的原理"的考虑。

三、正当行为的意义

正当行为,具有重要的理论价值和实践意义。

1. 有利于理解犯罪的本质特征,更好地区分罪与非罪的界限。因为正当行为形式上符合某种犯罪构成的客观条件,但欠缺社会危害性和刑事违法性,故都不认为是犯罪。

2. 为公民划定明确的合法与非法的边界。对于行使法定权利、履行法定义务、促进社会进步和发展的行为确定为非罪行为,是一个理性社会的选择。

3. 有利于鼓励见义勇为,培养良好的社会道德。正当防卫是法律赋予公民与正在进行的不法侵害作斗争的积极手段,以此能有效而及时地打击各种违法犯罪行为;紧急避险是法律赋予公民在合法权益遭受危险时积极采取避险措施降低危害程度的权利,对广大公民在利益取舍时具有重要指导意义。

第二节 正 当 防 卫

一、正当防卫的概念

根据《刑法》第20条规定,正当防卫是指为了使国家、公共利益、本人或者他人的人身、财产和其他权利免受正在进行的不法侵害,而对不法侵害者实施的旨在制止其不法侵害且未明显超过必要限度的损害行为。

正确理解我国《刑法》规定的正当防卫的概念和内容,可以从以下三个方面来把握:

(一) 正当防卫是目的的正当性和行为的防卫性的统一

根据《刑法》规定,目的的正当性是指正当防卫行为的目的在于使国家、公共利益、本人或者他人的人身、财产和其他权利等合法权益免受正在进行的不法侵害。正当防卫的目的明确地揭示了正当防卫的社会政治内容:我国刑法中的正当防卫不仅是免除正当防卫行为的刑事责任的法律依据,而且是公民同正在进行的不法侵害作斗争的法律武器。正当防卫的目的在正当防卫的概念中占有主导地位,它对于理解我国刑法中的正当防卫的本质以及确定正当防卫的构成条件都具有重要的意义。行为的防卫性是指正当防卫具有防卫的性质,它对正在进行不法侵害的违法犯罪分子的人身或者财产所实施的暴力手段是基于保护国家、公共利益、本人或者他人的人身、财产和其他合法权利的需要而采取的,是对正在进行的不法侵害的反击。正当防卫目的的正当性和行为的防卫性之间具有密切的联系。首先,目的的正当性制约着行为的防卫性,它表明正当防卫不是报复侵害,更不是对不法侵害人的惩罚,而是一种有限度的防卫行为。其次,行为的防卫性体现着目的的正当性,是目的正当性的客观体现。它充分说明了正当防卫行为仅仅是一种在紧急情况下,为保护国家、公共利益和其他合法权利而采取的救济措施,因而具有一定的限度,这一限度就是正当防卫的目的得以实现的必要限度。离开了行为的防卫性,也就没有目的的正当性可言。

(二)正当防卫是主观上的防卫意图和客观上的防卫行为的统一

在正当防卫的情况下,防卫人主观上具有防卫意图。这里所谓的防卫意图,是指防卫人意识到正在进行的不法侵害,而为使国家、公共利益、本人或者他人的人身、财产和其他权利免受正在进行的不法侵害,对不法侵害人实行正当防卫的心理状态。因此,正当防卫行为在主观上区别于一般的违法行为。正当防卫行为在客观上对不法侵害人造成了一定的人身或者财产的损害,因此具有犯罪的外观。但是,正当防卫行为和犯罪行为在性质上有着内在本质的区别。我们只有通过正当防卫对不法侵害人造成一定的人身和财产的损害,因而具有不法或者犯罪的外观这一现象,看到正当防卫制止不法侵害,保护国家、公共利益和其他合法权利的本质,才能真正把握住正当防卫不负刑事责任的根据。正当防卫的主观上的防卫意图和客观上的防卫行为的统一,清楚地表明它不具备犯罪构成,这正是正当防卫不负刑事责任的理论根据。

(三)正当防卫是社会政治评价和法律评价的统一

正当防卫的目的是使国家、公共利益、本人或者他人的人身、财产和其他权利等合法权益免受正在进行的不法侵害,而且客观上具有制止不法侵害、保护合法权益的性质,因此,正当防卫没有法益侵害性,这是我国刑法对正当防卫的肯定性的社会政治评价。正当防卫不具备犯罪构成,没有刑事违法性,因此,正当防卫行为不负刑事责任,这是我国刑法对正当防卫的肯定性的法律评价。在这个意义上说,正当防卫是排除社会危害性和阻止刑事违法性的统一。

二、正当防卫的成立条件

正当防卫是公民依法享有的权利,行使正当防卫权利的诸条件的统一,就是正当防卫的成立条件。根据《刑法》第 20 条关于正当防卫的规定,正当防卫的成立条件应包括:

(一)防卫意图

我国《刑法》明确规定正当防卫的主观要件也即防卫意图是:"为了使国家、公共利益、本人或者他人的人身、财产和其他权利免受正在进行的不法侵害。"也就是说,防卫人对正在进行的不法侵害有明确的认识,并希望以防卫手段制止不法侵害以保护合法权益。具体来说,防卫意图可以包括两个方面的内容:

1. 对于正在进行的不法侵害的认识,即正当防卫的认识因素。这里所谓对不法侵害的认识,是防卫人意识到国家、公共利益、本人或者他人的人身、财产和其他权利等合法权益受到正在进行的不法侵害。因此,认识内容包括防卫起因、防卫人产生正当防卫意志的主观基础,是对客观存在的不法侵害的正确反映。没有正当防卫的认识,就不可能产生正当防卫的意志,也就没有防卫意图可言。

2. 对于制止正在进行的不法侵害的决意,即正当防卫的意志因素。正当防卫意志体现在对防卫行为的自觉支配或者调节作用,推动防卫人实施防卫行为,并且积极地追求保护国家、公共利益、本人或者他人的人身、财产和其他权利的正当防卫的目的。因此,防卫意图是正当防卫的认识因素和意志因素的统一。

防卫意图作为正当防卫构成的主观条件,对于正当防卫成立具有十分重要的意义。某些行为,从形式上看似乎符合正当防卫的客观条件,但由于主观上不具备防卫意图,因此不是正当防卫。例如,下列三种行为,不是正当防卫:

(1) 防卫挑拨,是指行为人出于侵害的目的,以故意挑衅、引诱等方法促使对方进行不法侵害,尔后借口防卫加害对方的行为。在防卫挑拨中,虽然存在着一定的不法侵害,挑拨人也实行了所谓的防卫,形式上符合正当防卫的客观条件。但由于该不法侵害是在挑拨人的挑逗下故意诱发的,其主观上具有犯罪意图而没有防卫意图,客观上实施了犯罪行为,因而依法构成犯罪。

(2) 相互斗殴行为,是指参与者双方在主观上都出于侵害对方的非法意图而实施的连续的相互侵害的行为。在互相斗殴的情况下,由于行为人主观上没有防卫意图,其行为也不得视为正当防卫。

(3) 为保护非法利益而实行的防卫。比如:行为人以防卫手段保护其赌资不被抢劫,行为人以防卫手段保护其走私货物不被盗窃等。这类行为明显缺乏防卫意图的正当性,不能成立正当防卫。因为他们所保护的利益不属于合法权益,不具备正当防卫的主观要件。认定这类行为时,对侵害者和防卫者要分别追究其法律责任,构成犯罪的应分别定罪量刑。

(二) 防卫起因

正当防卫的起因条件,是指存在着具有社会危害性和侵害紧迫性的不法侵害行为。不法侵害是正当防卫的起因,没有不法侵害就谈不上正当防卫。因此,防卫起因是正当防卫构成的客观条件之一。认定正当防卫的起因条件应注意三个方面:

1. 不法侵害的存在是现实的。不法侵害是客观真实存在的,而不是行为人臆想或推测的,这是正当防卫的前提。对于没有社会危害性的合法行为,即使从当事人的立场看具有某种侵害性,也不允许当事人进行正当防卫。如果行为人反击了主观臆测的"正在进行的不法侵害"人,则是假想防卫。

2. 不法侵害必须是不法行为。也就是说,不法侵害行为直接侵害国家、公共利益、本人或者他人的人身、财产和其他权利等合法权益,具有不法的性质。不仅限于犯罪行为,还包括违法行为。正当防卫作为国家救济的一种补充,是在紧急情况下才能启动的一道"闸门"。所谓"紧急情况"是指如不立即还击、制止,就会产生生命伤亡或财产损失。在这种迫在眉睫的紧急情况下,防卫人通常处于高度紧张、恐惧、愤怒的情绪状态中,很难立即对违法行为和犯罪行为作出明确的区分,并且在侵害的进行中两者并没有明显的界限,更何况一种行为是否是犯罪行为,不是由防卫者个人可以判定的,需要经过严格的诉讼程序才能最终确定。可见,正当防卫中的不法侵害不应只局限于犯罪行为,而应当包括有些违法行为在内。

3. 侵害紧迫性。这里所谓侵害紧迫性,一般来说是指那些带有暴力性和破坏性的不法行为,对我国刑法所保护的国家、公共利益、本人或者他人的人身、财产和其他权利等合法权益造成的侵害具有一定的紧迫性。不法侵害的内容极其广泛,如果不加限制,对任何不法侵害都允许正当防卫,不仅会造成防卫的滥用,而且也有违正当防卫的立法原意。正当防卫是一种带有进攻性、损害性的反侵害行为,是以给不法侵害人造成损害的方式进行的,因此,正当防卫只是针对那些具有积极攻击性、破坏性、紧迫性的不法侵害,在采取正当防卫可以减轻或者避免危害结果的情况下,才宜进行正当防卫,如杀人、伤害、抢劫、强奸、放火、决水、爆炸、破坏易燃易爆设备等行为。而对那些不具有暴力性和紧迫性的不法侵害行为(如普通的盗窃,对姓名权、肖像权的侵害,诈骗、贪污等行为)就不能进行正当防卫,而只能通过民事诉讼或者采取事前预防、事后补救、追捕、通缉等途径或手段来解决。因此,正当防卫中的不法侵害,通常是指性质严重、程度强烈、危险性大、后果立至的带有直接进攻性的违法、犯罪行为。

作为正当防卫起因的不法侵害,是具有法益侵害性的紧迫不法侵害。确切地说,是危害国家、公共利益、本人或者他人的人身、财产和其他权利,并且达到了一定的紧迫程度的不法侵害。只有在不法侵害是真实地发生的情况下,才存在正当防卫的问题。因此,对下列几种行为不能或不宜进行正当防卫:

(1)对合法行为不能进行正当防卫。即使从当事人的立场看具有某种危害性,也不允许当事人实行正当防卫。如对正当防卫行为不能实行反防卫,对紧急避险行为不能进行正当防卫。

(2)对防卫过当、避险过当的行为不宜进行正当防卫。

(3)对未成年人或者精神病人的侵害应区分情况处理正当防卫。对未到达刑事责任年龄的未成年人或不具有刑事责任能力的精神病人实施的侵害,在不知道侵害人身份的情况下,可以实施正当防卫;但在明知侵害人身份的情况下应当尽可能回避,不能实施正当防卫;在无法避开的情况下实施的防卫行为,可作为紧急避险处理。

(4)对意外事件不能实行正当防卫。

(5)假想防卫。一个人确实由于主观认识上的错误,实际上并不存在不法侵害,却误认为存在,因而对臆想中的不法侵害实行了所谓正当防卫,造成他人的无辜损害,这就是刑法理论上的假想防卫。我们认为,假想防卫属于刑法中的认识错误,具体地说,是行为人在事实上认识的错误,是行为人对自己行为的实际性质发生错误认识而产生的行为性质的错误。因此,对于假想防卫应当按照对事实认识错误的一般原则解决其刑事责任问题,即:① 假想防卫不可能构成故意犯罪。② 在假想防卫的情况下,如果行为人主观上存在过失,应以过失犯罪论处。③ 在假想防卫的情况下,如果行为人主观上没有罪过,其危害结果是由于不能预见的原因引起的,那是意外事件,行为人不负刑事责任。

【实例分析 9-2】

对上述内容,可从下面的分析中深化认识:甲深夜盗窃 5 万元财物,在离现场 1 公里的偏僻路段遇到乙。乙见甲形迹可疑,紧拽住甲,要甲给 5000 元才能走,否则就报警。甲见无法脱身,顺手一拳打中乙左眼,致其眼部受到轻伤,甲乘机离去。关于甲伤害乙的行为定性,下列哪一选项是正确的?

　　A. 构成转化型抢劫罪;
　　B. 构成故意伤害罪;
　　C. 属于正当防卫,不构成犯罪;
　　D. 系过失致人轻伤,不构成犯罪。

　　分析如下:本例考查防卫起因以及"黑吃黑"现象是否构成不法侵害。甲构成盗窃罪,后在离开现场1公里以外的地方才实施暴力,不是当场实施暴力,不构成转化型的抢劫罪。《刑法》第269条规定,"犯盗窃、诈骗、抢夺罪,为窝藏赃物、抗拒抓捕或者毁灭罪证而当场使用暴力或者以暴力相威胁的,依照本法第二百六十三条的规定定罪处罚"。据此可知,构成转化型抢劫罪的条件是"当场"使用暴力或以暴力相威胁,且目的是为了"窝藏赃物、抗拒抓捕或者毁灭罪证"。另外,乙见甲形迹可疑,要挟揭发罪行而向甲勒索财物,系"黑吃黑",构成敲诈勒索罪,是不法侵害行为,而不是公民扭送的合法行为。对于乙的犯罪行为,甲实施反击属于防卫,是为了保护财物而造成犯罪人轻伤,没有"造成重大损害",不属防卫过当,仍在正当限度之内,属于正当防卫。故选项C为合理。

(三) 防卫对象

　　正当防卫是通过对不法侵害人造成一定损害的方法,使国家、公共利益、本人或者他人的人身、财产和其他权利等合法权益免受正在进行的不法侵害的行为。正当防卫的性质决定了它只能通过对不法侵害人的人身或者财产造成一定损害的方法来实现防卫意图。正当防卫只能针对不法侵害者本人实行,不能及于第三者。至于不法侵害者是否达到法定刑事责任年龄、是否具有刑事责任能力,从原则上讲并不影响正当防卫的成立。但是,如果明知侵害者是无刑事责任能力的人并有条件用逃跑等其他方法避免侵害时,则不得实行正当防卫;如果不知道侵害者是无刑事责任能力人,或者不能用逃跑等其他方法避免侵害时,允许正当防卫。具体来讲,对于防卫第三者,应当根据以下三种情况处理:

　　1. 防卫第三者而符合紧急避险的条件的,应以紧急避险论,不负刑事责任。
　　2. 防卫第三者而出于侵害之故意的,应以故意犯罪论。
　　3. 防卫第三者而出于对事实的认识错误,但主观上具有过失的,应以过失犯罪论。

　　对动物的侵袭是否可以实施正当防卫,要具体分析。受到人豢养的或野生的动物侵袭,实施打击行为的属于紧急避险或民事上排除侵害的行为。如果有人利用动物来达到侵害他人的目的,防卫人打击动物的行为则属于正当防卫。

【实例分析9-3】

　　对于来自无刑事责任能力者特别是明显的精神病人的侵害,并且无法逃跑的情况下是否可以进行正当防卫,司法考试曾给出肯定的看法。例如,甲手持匕首寻找抢劫目标时,突遇精神病人乙持刀袭击。乙追赶甲至一个死胡同,甲迫于无奈,与乙搏斗,将其打成重伤。关于甲将精神病人乙打成重伤的行为,下列选项正确的是:

A. 甲的行为属于正当防卫,因为对精神病人的不法侵害也可以进行正当防卫;

B. 甲的行为属于紧急避险,因为"不法"必须是主客观相统一的行为,而精神病人没有责任能力,其客观侵害行为不属于"不法"侵害,故只能进行紧急避险;

C. 甲的行为属于自救行为,因为甲当时只能依靠自己的力量救济自己的法益;

D. 甲的行为既不是正当防卫,也不是紧急避险,因为甲当时正在进行不法侵害,精神病人乙的行为客观上阻止了甲的不法行为,甲不得针对乙再进行正当防卫与紧急避险。

司法考试命题者给出的答案是 A,命题者认为正当防卫并非对不法侵害行为的制裁,而是针对不法侵害所采取的保护利益的手段,故不能像制裁犯罪与违法行为那样,要求正当防卫所针对的不法侵害也具有主客观统一性。所以,对于没有达到责任年龄、不具有责任能力人的侵害行为,可以实施正当防卫。

(四)防卫时间

正当防卫只能在不法侵害正在进行之时实行,不能实行事前防卫和事后防卫。所谓不法侵害正在进行,是指不法侵害已经开始,尚未结束。不法侵害已经开始是指侵害人已经着手直接实行侵害行为,并且已经对法律保护的权益构成了现实的威胁。如果在不法侵害尚处于预备阶段或犯意表示阶段,对于合法权益的威胁并未达到现实状态时,就对其采取某种损害权益的行为的,属于事前防卫。

关于"已经开始"的认定标准,刑法理论界有三种代表性观点:(1)着手说。主张以实际着手的时间为不法侵害的已经开始。"着手"通常解释为行为人开始实施《刑法》分则条文所规定的某种具体犯罪构成要件的行为。(2)现场说。主张以不法侵害者进入实施侵害的现场的时间为不法侵害的已经开始。"现场"是指侵害行为实际发生的地点。这种观点认为,只要侵害人进入现场,被侵害人的合法权益即已直接面临实际危险,应当视为不法侵害已经开始。(3)临近说。主张对某些危险性较大的不法侵害,其已经开始的时间应当提前到预备行为转入着手实施的时间。通说认为,不法侵害何时开始,不是由防卫者可以控制的,在实践中的情况极为复杂,不可能也不必要采取统一标准,如果将上述三种学说综合,则较为合理,也便于操作。即在一般情况下,以"着手"为不法侵害的开始,其中不法侵害者进入实施侵害的现场是一个重要标志;对某些危险性特大、程度强烈、危害后果立至的严重暴力侵害,即使尚未实际着手,或者不法侵害者尚未进入现场,但只要根据当时的具体情况,在不法侵害的现实威胁已经十分明显,不实行正当防卫则无法避免危害时,也应认为不法侵害已经开始。例如,侵害人欲行爆炸且在携带爆炸物前往现场的途中。我们认为在确定不法侵害的着手,从而判断正当防卫的开始时间的时候,不能苛求防卫人,而是应该根据当时的主观和客观的因素全面分析。例如,对于入室犯罪来说,只要已经开始入室,未及实施其他侵害行为,也应当视为已经开始不法侵害。在个别情况下,不法侵害虽然还没有进入实行阶段,但其实施却已逼近,侵害在即,形势十分紧迫,不实行正当防卫不足以保护国家、公共利益、本人或者他人的人身、财产和其他权利等合法权益。在这种情况下,可以实行正当防卫。不法侵害尚未结束,是指不法侵害行为或其导致的危害状态尚在继续中,防卫人可以用防卫手段予以制止或排除。需要注意的是,如果不法侵害所导致的危险状态尚在继续中,但对不法行为人进行防卫并不能排除或制止危险状态,则应视为不法侵害已经结束,此时不能成立正当防卫。

我国《刑法》规定正当防卫的目的是使国家、公共利益、本人或者他人的人身、财产和其他权利等合法权益免受正在进行的不法侵害,因此,关于不法侵害的结束,通常应以不法侵害对合法权益所形成的现实危害是否排除为标准。在实践中,下列情形一般应视为不法侵害已经终止:

(1) 不法侵害已经完结。在某些场合中,不法侵害的实行行为虽然已经结束,但侵害人还未离开现场或刚离开现场,由侵害行为所造成的损失还可以挽回。此情况下仍可视为不法侵害尚未结束。例如,当场追击盗窃犯或抢夺犯,使用适度暴力的方法夺回被非法占有的财物,应认为是正当防卫。但仍需要注意,许多地方发生下列案件:行为人抢劫出租车司机完毕,将出租车司机捆绑后丢弃,离开现场。出租车司机挣脱绳索后,驾车追赶行为人,有的将行为人当场撞死或者撞伤,夺回被抢财物。

【实例分析9-4】

2007年司法考试曾出题:陈某抢劫出租车司机甲,用匕首刺甲一刀,强行抢走财物后下车逃跑。甲发动汽车追赶,在陈某往前跑了40米处将其撞成重伤并夺回财物。关于甲的行为性质,下列哪一选项是正确的?

A. 法令行为; B. 紧急避险; C. 正当防卫; D. 自救行为。

分析可知:本案中陈某是财产性犯罪。在这种犯罪中,虽然抢劫罪已经既遂,但行为人尚未完全离开现场,被害人完全来得及挽回损失,应当认为不法侵害尚未结束,可以实行正当防卫。所以甲在陈某逃走时驾车将其撞成重伤并夺回财物的行为,可以认定为正当防卫。

(2) 不法侵害人自动中止侵害。

(3) 不法侵害人已被人制服或者已经丧失继续实施侵害的能力。如果在不法侵害已经终止后,对侵害人进行的防卫,属于事后防卫。事后防卫和事前防卫一样,都是不符合正当防卫的时间条件的防卫不适时。对此可以视具体案件作为故意犯罪、过失犯罪或意外事件处理。

(五) 防卫限度

正当防卫必须没有明显超过必要限度造成重大损害。关于正当防卫的必要限度,在我国刑法学界主要有客观需要说、基本适应说和相当说三种主张。通说主张相当说,即正当防卫的必要限度,应当以有效地制止正在进行的不法侵害所必需为限度。如何确定正当防卫的必要限度应当采取一个综合的标准,从以下三个方面进行考查:

1. 不法侵害的强度。在确定必要限度时,首先需要考察不法侵害的强度。所谓不法侵害的强度,是指行为的性质、行为对客体已经造成的损害结果的轻重以及造成这种损害结果的手段、工具的性质和打击部位等因素的统一。对于不法侵害实行正当防卫,如果用轻于或相当于不法侵害的防卫强度不足以有效地制止不法侵害的,可以采取大于不法侵害的防卫强度。当然,如果大于不法侵害的防卫强度不是为制止不法侵害所必需,那就是超过了正当防卫的必要限度。

2. 不法侵害的缓急。不法侵害的强度虽然是考察正当防卫是否超过必要限度的重要因素,但我们不能把侵害强度在考察必要限度中的作用绝对化,甚至认为这是唯一的因素。在某些情况下,不法侵害已经着手,形成了侵害的紧迫性,但侵害强度尚未发挥出来,因此无法以侵害强度为标准,只能以侵害的紧迫性为标准,确定是否超过了正当防卫的必要限度。所谓不法侵害的缓急是指侵害的紧迫性,即不法侵害所形成的对国家、公共利益、本人或者他人的人身、财产等合法权利的危险程度。不法侵害的缓急对于认定防卫限度具有重要意义,尤其是在防卫强度大于侵害强度的情况下,考察该大于不法侵害的防卫强度是否为制止不法侵害所必需,更应以不法侵害的缓急等因素为标准。

3. 不法侵害的权益。不法侵害的权益,就是正当防卫保护的权益,它是决定必要限度的因素之一。根据不法侵害的权益在确定是否超过必要限度中的作用,为保护重大的权益而将不法侵害人杀死,可以认为是为制止不法侵害所必需,因而没有超过正当防卫的必要限度。而为了保护轻微的权益,即使是非此不能保护,造成了不法侵害人的重大伤亡,就可以认为是超过了必要限度。

【实例分析9-5】

对上述内容,可从下面的分析中深化认识:关于正当防卫的论述,下列哪一选项是正确的?

A. 甲将罪犯顾某扭送派出所途中,在汽车后座上死死摁住激烈反抗的顾某的头部,到派出所时发现其已窒息死亡。甲成立正当防卫。

B. 乙发现齐某驾驶摩托车抢劫财物即驾车追赶,两车并行时摩托车撞到护栏,弹回与乙车碰撞后侧翻,齐某死亡。乙不成立正当防卫。

C. 丙发现邻居刘某(女)正在家中卖淫,即将刘家价值6000元的防盗门砸坏,阻止其卖淫。丙成立正当防卫。

D. 丁开枪将正在偷越国(边)境的何某打成重伤。丁成立正当防卫。

分析如下:

1. A选项,罪犯已被制服,不法侵害已经结束,行为人甲不构成正当防卫,系在扭送过程中过失致人死亡。

2. B选项,齐某的死亡并非乙的防卫行为直接导致的,而是中间介入了意外事件,阻断了乙的防卫行为。危险系齐某本人制造,其死亡结果与乙的追赶行为无因果关系。乙的行为不是危害行为,故不能认定为正当防卫。

3. C选项,卖淫行为是行政违法行为,但不具有攻击性和紧迫性,不属具有紧迫性的不法侵害,因而此种不法行为不是正当防卫的起因。丙阻止他人的违法行为,系正当行为,但不属正当防卫。

4. D选项,偷越国(边)境为犯罪行为,但以打成重伤的方式进行阻止,明显超过必要限度,系防卫过当,而不是正当防卫。

故选项B为合理。

三、防卫过当及其刑事责任

（一）防卫过当的概念和特征

防卫过当是指防卫明显超过必要限度造成重大损害应当负刑事责任的行为。从总体上讲,防卫过当是一种非法侵害行为,但行为具有防卫的性质。因此,它的基本特征是:(1)在客观上实施了明显超过必要限度的行为,并对不法侵害人造成了重大的损害。(2)在主观上对过当行为及其结果具有罪过。关于防卫过当的罪过形式,通常认为只能是间接故意或者过失,而不可能是直接故意。因为,在防卫过当的场合,正当防卫目的和犯罪目的不可能同时在一个人头脑中并存。

（二）防卫过当的刑事责任

对防卫过当的定罪,理论界一致认为,防卫过当本身不是罪名,不能将防卫过当的行为笼统地定为"防卫过当罪"。应根据防卫人主观上的罪过形式及客观上造成的具体危害结果来确定罪名。

对防卫过当的量刑,我国《刑法》第20条第2款规定:"应当减轻或者免除处罚。"这是基于防卫过当的主客观因素决定了其社会危害性较通常犯罪的社会危害性要小。

根据我国刑法的规定和司法实践的经验,在对防卫过当量刑时,应考虑以下情节:

1. 过当程度。过当程度的大小体现了社会危害性程度,因而影响到防卫过当的量刑。

2. 防卫动机。在过当程度相同的情况下,其防卫行为是出于何种动机,例如是为了保护国家、公共利益,还是保护本人利益,显然影响对防卫过当的量刑。

3. 权益性质。正当防卫所保护的权益的性质,在对防卫过当量刑时,应该加以考虑。

4. 社会舆论。在对防卫过当量刑时,还要考虑社会影响,既不挫伤公民正当防卫的积极性,又要维护社会主义法治的严肃性。

【实例分析9-6】

对上述内容,可从下面的分析中深化认识:甲对正在实施一般伤害的乙进行正当防卫,致乙重伤(仍在防卫限度之内)。乙已无侵害能力,求甲将其送往医院,但甲不理会而离去。乙因流血过多死亡。关于本案,下列哪一选项是正确的?

A. 甲的不救助行为独立构成不作为的故意杀人罪;
B. 甲的不救助行为独立构成不作为的过失致人死亡罪;
C. 甲的行为属于防卫过当;
D. 甲的行为仅成立正当防卫。

分析如下:

该例可分为两个阶段:前一阶段行为是正当防卫(必要限度为重伤),后一阶段行为是不作为的故意杀人罪;将后一阶段造成的结果(故意致死),合并到前一阶段的正当防卫中,则可整体认为是不独立的间接故意致人死亡。例中已明示最高限度是重伤,故死亡超过了必要限度重伤,故而认定为防卫过当致人死亡。认定罪名时应当认定为防卫过当(故意杀人罪),只对过当结果(死亡减除重伤)负责,应当减轻或免除处罚。所以最合理的选项为C。

四、无过当防卫

所谓无过当防卫,有的称特殊防卫权,或无限防卫权,是指公民在某些特定情况下所实施的正当防卫行为,没有必要限度的限制,对其防卫行为的任何后果均不负刑事责任。我国《刑法》第20条第3款规定:"对正在进行行凶、杀人、抢劫、强奸、绑架以及其他严重危及人身安全的暴力犯罪,采取防卫行为,造成不法侵害人伤亡的,不属于防卫过失,不负刑事责任。"根据《刑法》这一条款的规定,对正在进行的严重危及人身安全的暴力犯罪实施正当防卫,不存在过当情形。无过当之防卫是一种特殊的防卫,其特殊性表现在以下两个方面:

(一)防卫客体的特殊性

无过当防卫的客体是行凶、杀人、抢劫、强奸、绑架以及其他严重危及人身安全的暴力犯罪。这里的行凶,是指使用凶器的暴力行凶,即对被害人进行暴力袭击,严重危及被害人的人身安全。在这种情况下,防卫人可以对之实行无过当之防卫。杀人,是指故意杀人,而且在一般情况下是指使用凶器,严重危及防卫人的生命安全的情形。对于那些采取隐蔽手段的杀人,例如投毒杀人等,事实上也不存在防卫的问题,更谈不上无过当之防卫。抢劫和强奸,是无过当防卫的客体。本书认为,这里的抢劫和强奸只限于使用暴力方法的抢劫和强奸。使用非暴力方法的抢劫和强奸不能成为无过当防卫的客体,如果超过正当防卫必要限度的,仍应以防卫过当追究刑事责任。至于绑架,一般情况下都是采用暴力方法的,因而可以实行无过当的防卫。在个别情况下,采用非暴力方法绑架的,也不允许实行无过当之防卫。刑法规定的其他严重危及人身安全的暴力犯罪,是一种概括性规定。这里的其他严重危及人身安全的暴力犯罪,是指与行凶、杀人、抢劫、强奸、绑架具有相当性的暴力犯罪。

（二）法律后果的特殊性

在一般情况下，正当防卫存在限度条件，超过必要限度的是防卫过当。根据我国刑法规定，防卫过当应当负刑事责任。但对于无过当防卫来说，即使防卫行为造成不法侵害人伤亡，也不构成防卫过当，不负刑事责任。由此可见，无过当防卫的法律后果具有特殊性，这种特殊性实际上是对防卫人的一种豁免，使防卫人解除后顾之忧，从而更为有效地保护本人或者他人的合法权益。

当然，这种防卫权的行使，也应当符合正当防卫的其他四个条件，只是在防卫限度上未作要求，同时，还应当注意其适用范围应严格限定在有限的罪种内。

现实生活中的防卫形式多种多样，面对不同的不法侵害情形，如何准确认定正当防卫及其他非正当防卫行为，司法实践及刑法理论界存在较大争议。因此，现实中同类案件却存在不同的处理结果，影响了司法统一性及法律的权威性，对此类案件进行必要的探讨，具有很大的现实意义。

例如 2005 年 12 月 15 日凌晨 1 时许，赵某（男，24 岁）下夜班后独自回家，路遇从网吧出来的张某、李某等五名男少年。张某等人即预谋向赵某索要财物，随后，李某故意上前与赵某相撞，张某等人借口李某被撞而拦住赵某，先以言语要挟，要求赵某将李某送去医院检查。当赵某道歉后继续前行时，张某、李某等人又从背后围追上来，欲殴打赵某劫取钱财。赵某遂用随身携带的菜刀挥舞两下，将冲在前面的张某砍中。后张某被送往医院，经抢救无效死亡。此案在审理过程中，对于被告人赵某的行为如何定性，存在多种观点：

第一种观点认为，赵某的行为不是正当防卫，而构成假想防卫。理由是：赵某在人身与财产安全尚未被侵害时挥刀砍人，其主观上应当能够明确知道自己的行为可能造成的后果；客观上，其行为也实际造成了他人因伤致死的恶果。

第二种观点认为，赵某的行为属于正当防卫，不应负刑事责任。理由是：事发时正值深夜，张某一行人从网吧出来，为获取上网所需钱财，物色独自行走的赵某，先故意上前碰撞赵某，此为寻衅滋事；后以言语威胁，要求赵某将"被撞"的李某送去医院检查，此为敲诈勒索。当赵某道歉后继续前行时，张某等人合伙从后面围追上来，准备殴打赵某并抢劫财物。赵某感到情况紧急，为了保护自身人身及财产安全而挥刀，此时，赵某不可能预见到自己的行为会发生什么样的后果，至于最终张某被砍中，经抢救无效死亡的结果，是赵某所不能预料的。因此，本案是正当防卫。

第三种观点认为，赵某的行为构成事前防卫。理由是：赵某对于防卫的时机把握不妥，在不法侵害尚未发生或者说还未到来时就预先防卫，显然构成故意伤害罪。

第四种观点认为，赵某的行为构成防卫过当。理由是：赵某挥刀的行为具有防卫的性质，但明显超出必要的限度，属于防卫过当。

那么问题是：（1）赵某的行为是不是假想防卫？（2）赵某的行为是不是事前防卫？（3）赵某的行为是不是防卫过当？是否要承担刑事责任？

本案牵涉到对不法侵害的正当防卫问题。为及时有效保卫国家、公共利益和公民的合法权益免受正在进行的不法侵害,我国刑法明确规定了正当防卫不负刑事责任,以法律的形式赋予公民正当防卫权,为公民在无法及时得到国家公权利保护的紧急情况下的私人救济提供了一种合法武器,这不仅有利于支持和鼓励公民积极同违法行为作斗争,同时也有利于预防犯罪。正当防卫所针对的行为必须是不法侵害,此处的不法侵害可以是达到犯罪程度的违法行为即犯罪行为,也可以是没有达到犯罪程度的违法行为,可以是单个人的不法侵害行为,也可以是数人共同侵权或行为。

上述四种观点争议的焦点,在于赵某的行为是否是防卫行为,是否超出必要的限度。因此,要对赵某的行为进行准确定性,就必须:一要解决是否存在不法侵害的事实认定;二要解决正当防卫与假想防卫、事先防卫、防卫过当的界定。通过对本案所涉法理知识与事实证据的梳理,我们赞同第四种观点,即赵某的行为属于防卫过当。理由如下:

1. 不法侵害客观存在,赵某的行为不是假想防卫

假想防卫是指行为人由于认识上的错误,在事实上不存在不法侵害的情况下,误认为有不法侵害的发生,而对对方实施所谓防卫而造成无辜损害的行为。假想防卫最大的特点在于,客观上没有不法侵害的存在,但由于假想防卫人认识上的错误而认为有不法侵害的存在,从而采取行为导致对方无辜受害。本案中,张某一行人多人凌晨从网吧出来,为寻找上网费用,而将下夜班单身行走的赵某选定为谋取财物的对象。张某等人对于谋取财物具有概括故意,要么是敲诈勒索,要么是抢劫。从事态发展来看,张某等人首先采取了敲诈勒索的行为,但在敲诈勒索未果时依然不死心,继续围追赵某,目的是要殴打赵某以强行劫取财物。因此,无论是先前的敲诈勒索行为,还是正在转化中的抢劫行为,都是不法侵害。本案有现实的不法侵害存在,赵某并没有认识上的错误,张某等人并非无辜的受害者,故本案不是假想防卫。

2. 赵某的行为不是事前防卫

事前防卫是防卫不适时的一种,防卫不适时是指行为人在不法侵害尚未开始或已经结束时实施的加害行为,包括事前防卫与事后防卫两种。行为人在不法侵害尚未开始的情况下,预先对有犯意表示、犯罪预备而尚未着手实施侵害的人加害,是事前防卫;而在不法侵害结束后采取的报复损害行为是刑法理论上的事后防卫。对于防卫不适时的处理一般遵循这样的原则,即在行为人对不法侵害是否正在进行发生认识错误的情况下,防卫不适时应作为过失犯罪或意外事件处理;如果行为人明知不法侵害尚未开始或已经结束而实施防卫行为的,应以故意犯罪追究刑事责任。

如前文所讨论的,本案的不法侵害是客观存在的,从直接表现的敲诈勒索不法行为,到继续演变的抢劫行为,其间存在不法侵害状态的演变及继续,不法侵害已经开始而且尚未结束,因此赵某的行为正好实施在不法侵害状态的存续期间,不是事前防卫。

3. 赵某的行为是防卫过当

我国《刑法》第 20 条共有 3 款,其中第 1 款规定了正当防卫,又称为一般防卫,第 2 款规定了防卫过当,而第 3 款则规定了特殊防卫,也称为无限防卫。对于一般防卫

而言,存在防卫过当的情形,而对于特殊防卫而言,则不存在防卫过当的情形。防卫过当具有正当防卫的大部分特征,只是在防卫强度上超出必要限度,从而应对其造成的重大损害承担刑事责任。本案中,赵某的行为是防卫过当,具体分析如下:

第一,本案不是特殊防卫。我国《刑法》第20条第3款规定的特殊防卫,是指对正在进行行凶、杀人、抢劫、强奸、绑架以及其他严重危及人身安全的暴力犯罪,采取防卫行为,造成不法侵害人伤亡的,不属于防卫过当,不负刑事责任。对于特殊防卫应从以下几方面来解读:第一、防卫范围是特定的。特殊防卫必须针对的是行凶、杀人、抢劫、强奸、绑架以及其他严重危及人身安全的暴力犯罪。特殊防卫所针对的不是一般侵害行为,而是遇到了犯罪行为的侵害才能实施,其中行凶、杀人、抢劫、强奸、绑架系指具体的犯罪手段,它们的特点是以暴力犯罪的形式出现,而且它们必须严重危及防卫人的人身安全,但并不要求达到构成具体的罪名。其中的暴力犯罪是指不法侵害人实施杀害、伤害或其他对人身实施的各种强制行为。第二,防卫时间是特定的。只有针对正在进行的严重暴力犯罪,才能允许实施特殊防卫。而所谓的正在进行是指暴力犯罪行为已经开始但尚未结束。如果在暴力犯罪行为尚未开始或者已经结束时实施防卫,就不构成特殊防卫。第三,防卫人的防卫目的必须在于保护人身安全。这与一般的正当防卫有别,特殊防卫的目的仅出于保护人身安全,而不包括财产安全。此处的人身安全可以是防卫人自己的,也可以是受到暴力犯罪行为侵害的其他人的。本案中,行为人仅是以碰撞、语言威胁的手段对赵某寻衅、勒索,并未实施杀害、伤害或其他对人身实施的各种强制的行为,尚不属于严重危及人身安全的暴力犯罪,故不符合特殊防卫的范围。

第二,本案是防卫过当。本案的不法侵害是客观存在的,并正在进行着,赵某面对歹徒的寻衅、勒索,为及时有效保卫自己的合法权益免受正在进行的不法侵害,进行防卫是正当的。但是,赵某的防卫行为明显超过了必要限度,造成了重大损害,应当负刑事责任。赵某面对碰撞、语言威胁的不法侵害而挥舞随身携带的菜刀进行防卫,从防卫行为的性质、手段、强度及造成的损害来看,其行为明显超出必要的限度,且实际造成了他人因伤致死的重大损害,构成防卫过当,应当负刑事责任。

综上,张某等人具有谋取财物的不法行为,被告人赵某面对不法侵害而挥舞随身携带的菜刀具有防卫的性质,但防卫过当,其行为明显超出必要的限度,已构成故意伤害罪,但应减轻处罚。

第三节 紧急避险

一、紧急避险的概念

根据《刑法》第21条第1款规定,紧急避险是指为了使国家、公共利益、本人或者他人的人身、财产和其他权利免受正在发生的危害,不得已而采取的损害另一较小合法权益的行为。从整体上说,紧急避险有益于社会统治秩序,故不负刑事责任。

紧急避险之所以不负刑事责任,是因为,从主观上看,实行紧急避险的目的,是为了使国家、公共利益、本人或者他人的人身、财产和其他权利免受正在发生的危险。从客观上看,它是在处于紧急危险的状态下,不得已采取的以损害较小的合法权益来保全较大的合法权益的行为。因此,紧急避险行为不具备犯罪构成,不负刑事责任。在我们社会主义国家,国家利益、公共利益和个人利益在根本上是一致的,因此,公民在法律所保护的权益遇到危险时,有权损害较小的权益以保护较大的权益,从而使合法权益可能遭受的损失减少至最低限度。所以,紧急避险对于保护国家利益、公共利益、本人或者他人的人身、财产和其他权利等合法权益具有重大的意义。

二、紧急避险的成立要件

为了避免滥用紧急避险,法律规定了紧急避险的各项要件。只有符合法定条件,才能排除其社会危害性,真正成为对社会有利的行为。

(一)避险意识

行为人必须有正当的避险意识,即避险人对正在发生的危险有明确的认识,并希望以避险手段保护较大合法权益的心理状态。避险意识包括避险认识和避险目的。避险认识,主要是对正在发生的危险的认识。具体来说包括认识到正在发生的危险的存在;认识到这种危险只能以紧急避险的方法来排除;认识到损害另一较小的合法权益可以达到避险目的;认识到避险行为的手段、强度、可能造成的后果等。避险目的,是行为人实施避险行为所希望达到的结果,也即为了保护合法权益免遭正在发生的危险的损害。为了保护某种非法利益而实施所谓的避险不构成紧急避险。

(二)避险起因

紧急避险的起因必须是合法权益面临现实危险;危险是指某种有可能立即对合法权益造成危害的紧迫事实状态。危险的来源主要有:(1)自然灾害造成的危害。(2)动物的袭击带来的危害。(3)人的非法侵害行为造成的危害。(4)人的生理、病理疾患。即生理、病理需要不能满足而威胁人的生命的危险。

危险的存在是客观现实的,而不是假想的、推测的。如果危险事实并不存在,而行为人误认为存在,进而实行所谓紧急避险的,刑法理论上称之为假想避险。对于假想避险,应根据行为人主观上有无过失而分情况予以处理。

(三)避险时间

紧急避险的时间条件,是指危险必须正在发生。所谓危险正在发生,是指已经发生的危险将立即造成损害或正在造成损害而尚未结束。其实质是合法权益正处于受威胁之中。对合法权益形成了紧迫的、直接的危险是认定紧急避险的重要条件。而且紧急避险只能在危险已经出现而又尚未结束这一时间条件下进行。如果危险尚未发生,还处于潜伏状态,是否出现还有或然性,或者危险已经结束,损害已经造成,行为人实行避险的,不属于紧急避险。这种危险尚未出现或者已经结束的情况下行为人实施的避险行为,理论上称为避险不适时,若造成合法权益重大损害的,应负刑事责任。

(四)避险对象

紧急避险的对象,只能是第三者的合法权益,即通过损害无辜者的合法权益来保全公共利益、本人或者他人的合法权益,而不是针对危险来源本身造成的损害。例如,在受到野兽袭击时,闯入他人住宅躲避的,属于紧急避险,但是如果直接造成野兽伤亡的,则不能成立紧急避险。

(五)避险限度

紧急避险不能超过必要限度造成不应有的损害。也就是说,紧急避险造成的损害必须小于所避免的损害。紧急避险的本质特征就是为了保全一个较大的合法权益,而将其面临的危险转嫁给另一个较小的合法权益,所以为了保护一个合法权益而损害的另一个合法权益,不能等于更不能大于所保护的权益。司法实践中,衡量两个合法权益的大小,应掌握以下标准:

1. 人身权利大于财产权利。一般情况下,不允许用损害他人生命和健康的方法实施紧急避险。

2. 在人身权利中,生命是最高权利。不能为了保护一个人的健康权利,而去损害第三者的健康甚至生命权利。但在现实中出现的损害某人生命来保全他人生命的案例,仍有较多争议。

3. 在财产权益中,应以财产价值进行比较,从而确定财产权利的大小。

4. 当公共利益与个人利益不能两全时,应根据权益的性质及内容确定权利的大小,并非公共利益永远高于个人利益。

(六)避险限制

紧急避险只能在迫不得已的情况下才能实施。所谓迫不得已,是指当危险发生之时,除了损害第三者的合法权益之外,不可能有其他方法来保全另一个合法权益。如果当时尚有其他方法可以避险,如有条件逃跑、报警或者直接对抗危险,进行正当防卫等,行为人却不采取,而对无辜的第三者造成了不必要的损害,不能构成紧急避险。之所以这样要求,是因为合法权益都是受法律保护的,不能轻易允许以损害一种合法权益的方法保护另一种合法权益。只有在不可能采取或者没有其他合理方法时,才允许紧急避险,这是紧急避险与正当防卫的重要区别。认定行为人是否迫不得已,一定要实事求是地分析危险发生时的客观情况(包括环境、时间、危险的紧急程度等),结合行为人的自身生理和心理状况(包括年龄、经验、体格、主观认识等),综合加以考虑,据此来判断行为人的避险行为是属于紧急避险,还是故意犯罪、过失犯罪或者意外事件。

(七)避险禁止

我国《刑法》第21条第3款规定,"关于避免本人危险的规定,不适用于职务上、业务上负有特定责任的人"。职务上、业务上负有特定的责任是指某些人依法承担的职务或所从事的业务活动本身,就要求他们与一定的危险进行斗争。需要指出的是,法律的这一禁止性规定并不意味着负有特定职责的人员一概不能避险。不同的避险禁止适用于不同的义务主体,如医生、护士没有义务在发生火灾时实施避险;在排险过程中,负有特定职责的人为避免本人危险也可以采取一定的避险措施,如消防队员在房屋即将倒塌时撤离火灾现场,不能认为在避险禁止范围内。

【实例分析 9-7】

紧急避险是刑法上的传统知识点,也是司法实践中的常见问题,司法考试中对此也经常予以考查。例如 2015 年司法考试某试题:鱼塘边工厂仓库着火,甲用水泵从乙的鱼塘抽水救火,致鱼塘中价值 2 万元的鱼苗死亡。仓库中价值 2 万元的商品因灭火及时未被烧毁。甲承认仓库边还有其他几家鱼塘,为报复才从乙的鱼塘抽水。关于本案,下列哪一选项是正确的?

A. 甲出于报复动机损害乙的财产,缺乏避险意图;
B. 甲从乙的鱼塘抽水,是不得已采取的避险行为;
C. 甲未能保全更大的权益,不符合避险限度要件;
D. 对 2 万元鱼苗的死亡,甲成立故意毁坏财物罪。

分析如下:

关于 A 项。本案中,首先,甲认识到了鱼塘边工厂仓库着火这一危险的存在,具有避险认识。其次,甲具有用水泵从鱼塘抽水灭火的意识。可见,甲是具有避险意图的。至于甲在众多鱼塘中只抽取了乙的鱼塘的水,系动机问题,不影响避险意图的存在。因此,A 项的表述错误,不选。

关于 B 项。紧急避险必须符合必要性条件,必须迫不得已才能实施,亦即,在利益面临正在发生的危险时,没有其他合理办法可以排除危险,只有损害另一较小或者同等法益,才能保护面临危险的法益。本案中,面对鱼塘边仓库着火这一危险,从鱼塘抽水灭火是唯一的选择,是不得已采取的避险行为,符合紧急避险的必要性条件。从本案案情来看,甲在从哪一家鱼塘抽水进行灭火的问题上,具有多种选择,但无论是选择哪一家,对整个社会而言,都没有增加新的损害。因此,甲虽基于报复动机从乙家的鱼塘抽水,但仍属于不得已而采取的紧急避险行为。因此,B 项的表述正确,当选。

关于 C 项。传统的观点认为,紧急避险造成的损害必须小于所保护的法益,如果等于或者大于,则属于避险过当。可能司法考试的观点是:紧急避险造成的损害即使等于所保护的法益,也不是避险过当,充其量只能认为这种避险行为没有实质意义。因此,为保护仓库内价值 2 万元的商品而造成鱼塘中价值 2 万元的鱼苗死亡,并未超过避险限度,不是避险过当。因此,C 项的表述错误,不选。

关于 D 项。结合前述分析,甲的行为应认定为紧急避险,系合法行为。因此,D 项的表述错误,不选。

三、避险过当及其刑事责任

（一）避险过当的概念和特征

避险过当，是指避险行为超过必要限度造成不应有的损害的行为。避险过当应负刑事责任。

避险过当具备避险性与过当性两重性。首先，行为人在主观上对避险过当行为具有罪过，而罪过形式只能是间接故意或者过失。司法实践中，避险过当的罪过形式通常是疏忽大意的过失。即行为人主观上应当预见自己的避险行为所损害的权益可能等于或者大于所保全的权益，因为疏忽大意而没有预见以致超过了必要限度造成了不应有的损害。其次，行为人在客观上实施了超过必要限度的行为，形成对合法权益的不应有损害，避险行为所损害的合法权益大于或者等于所保全的合法权益时，该行为就超过了必要限度，属于避险过当。

（二）避险过当的刑事责任

根据刑法规定，避险过当应当负刑事责任。但刑法并未规定避险过当为独立罪名，也未规定独立的法定刑。追究避险过当的刑事责任，应当根据行为人的主观罪过形式及过当行为特征，按照刑法分则中的相应条款定罪量刑。量刑时，需要考虑避险目的、罪过形式、保护权益的性质、过当程度等因素，根据《刑法》第 21 条第 2 款的规定，"应当减轻或者免除处罚"。

四、紧急避险与正当防卫的比较

紧急避险、正当防卫都是重要的刑法制度，理论上和实践中都很重要，应重点掌握其概念特征和构成要件，同时，还应注意正当防卫与紧急避险的相应特点的比较。

（一）正当防卫与紧急避险的相同点

1. 性质相同，两者都是法定的正当行为。
2. 目的相同，两者都是为了保护国家、公共利益、本人或他人的合法权益。
3. 前提相同，两者都必须是合法权益正在受到侵害时才实施。
4. 责任相同，两者超过法定的限度造成相应损害后果的，都应当负刑事责任。但应当减轻或者免除处罚。

（二）正当防卫与紧急避险的区别

1. 危险来源不同。紧急避险的危险来源包括人的不法侵害和自然力量、动物的侵袭以及人的生理、病理疾患；而正当防卫的危险来源通常只限于人的不法侵害。
2. 损害的对象不同。正当防卫针对不法侵害者本人，损害的是不法侵害者的利益，不允许损害无关第三者的合法利益，是正义与邪恶的较量；而紧急避险行为损害的是与造成危险无关的第三者的合法权益，是合法行为对他人合法权益的损害。
3. 行为限制不同。正当防卫旨在鼓励公民积极与犯罪和违法行为作斗争，公民只要面对正在进行的不法侵害就可以加以实施,即使能够用其他方法避免不法侵害(逃跑、报警、劝阻等),也允许进行正当防卫;而紧急避险要求"迫不得已",即只能在没有任何其他方法排除危险的情况下才能实施。

4. 行为的限度不同。正当防卫所造成的损害,既可以小于,也可以大于不法侵害行为可能造成的损害,其限度标准是要求为制止不法侵害所必须且损害不明显超过不法侵害;而紧急避险对第三者合法权益造成的损害,则只能小于危险可能造成的损害,不能大于也不能等于损害。

5. 主体的限定不同。正当防卫是每个公民的法定权利,是人民警察执行职务时的法定义务;紧急避险则不适用于职务上、业务上有特定责任的人。

第十章 故意犯罪过程中的犯罪形态

> **学习要求**
>
> **了解**：故意犯罪过程形态的概念
> **理解**：犯罪既遂的概念与认定；犯罪预备的概念与认定
> **熟悉并能够运用**：犯罪未遂的概念与认定；犯罪中止的概念与认定
> **主要涉及的法条**：
> 第二十二条 【犯罪预备】为了犯罪，准备工具、制造条件的，是犯罪预备。
> 对于预备犯，可以比照既遂犯从轻、减轻处罚或者免除处罚。
> 第二十三条 【犯罪未遂】已经着手实行犯罪，由于犯罪分子意志以外的原因而未得逞的，是犯罪未遂。
> 对于未遂犯，可以比照既遂犯从轻或者减轻处罚。
> 第二十四条 【犯罪中止】在犯罪过程中，自动放弃犯罪或者自动有效地防止犯罪结果发生的，是犯罪中止。
> 对于中止犯，没有造成损害的，应当免除处罚；造成损害的，应当减轻处罚。

第一节 故意犯罪过程形态概述

一、故意犯罪过程中的犯罪形态的概念

故意犯罪过程中的犯罪形态，是指在故意犯罪发生、发展和完成过程中，因主客观原因而停止下来的各种形态。故意犯罪一旦产生以后，必然在一定的阶段停止下来，不可能永远实施下去。故意犯罪停止的原因可能是因为犯罪实施完毕了，也可能是出于客观的原因而停止下来，还可能是出于行为人主观的原因而停止下来。无论出于何种原因而停止下来，犯罪行为就出现一定的形态，并且不可能再出现其他形态。

故意犯罪的形态可以分成两大类型：一是犯罪的完成形态，即犯罪既遂；二是犯罪的未完成形态，包括犯罪预备、犯罪未遂和犯罪中止。

二、故意犯罪形态与犯罪阶段的关系

犯罪阶段是根据犯罪发展的进程及性质，对犯罪过程所作的分段。犯罪过程可以

分为犯罪预备阶段(从犯罪预备行为开始,到犯罪实行行为着手)、犯罪实行阶段(从犯罪实行行为着手,到犯罪实行行为终了)和犯罪实行后阶段(从犯罪实行行为终了,到犯罪结果完成)等三个阶段。犯罪形态是一个静态的停止状态,一旦处于某一犯罪形态,犯罪行为就将停止,不会再发展成其他形态。犯罪阶段是犯罪行为一个相对发展的过程,行为人在这一过程中,可以从准备阶段转而进入实行阶段,最后达到犯罪完成阶段。

三、故意犯罪形态与犯罪构成

犯罪构成是指成立犯罪所必须具备的主客观要件的总和。犯罪构成是犯罪形态的基础,行为人所实施的犯罪行为只有在具备了某一犯罪所要求的犯罪构成要件的基础上,才能进一步讨论该犯罪处于何种停止形态。同时,犯罪形态进一步说明行为人所实施的犯罪行为是否完全具备刑法分则所规定的某一具体的犯罪所要求的全部要件,如果完全具备,则处于犯罪的完成形态,构成犯罪既遂。如果不完全具备全部要件,则处于未完成形态。犯罪形态进而进一步研究是何种原因使得犯罪处于未完成形态及属于何种未完成形态。

犯罪未完成形态是以犯罪成立为前提的,所以犯罪未完成形态也理所当然具备相应的犯罪构成要件。对于犯罪未完成形态与犯罪完成形态(即犯罪既遂)的犯罪构成要件之间的关系,学界有不同观点:

其一,修正犯罪构成要件说。即认为刑法分则规定的犯罪是以犯罪既遂为基本模式或标本的,其构成要件为基本构成要件,而犯罪预备、犯罪未遂和犯罪中止等犯罪的未完成形态是犯罪的特殊形态,其构成要件以刑法分则的基本犯罪构成要件为基础,再由刑法总则的有关规定加以补充或修正,故而犯罪的未完成形态的犯罪构成被称为——修正的犯罪构成。

其二,基本构成要件齐备说。即认为"不能以刑法总则规定了犯罪的预备、未遂与中止,而没有规定犯罪既遂为由,认为刑法分则规定的犯罪以既遂为模式,犯罪构成也以既遂为模式,刑法总则又对犯罪构成进行'修正'。……事实上,刑法总则是否规定犯罪既遂,只是立法技术问题,一些国家的刑法在总则中也规定了犯罪既遂。"[①]

四、犯罪未完成形态的存在范围

我国的刑法理论认为,由于犯罪构成的限制,并非一切犯罪中都存在犯罪的未完成形态。具体地说,犯罪的预备、未遂和中止形态,只可能发生于直接故意犯罪的发展过程中。在过失犯罪中,行为人对危害社会的结果持一种否定态度,没有犯罪意图,自然就谈不上为了犯罪创造条件,也不存在未得逞和放弃犯罪的问题。在间接故意犯罪中,由于行为人没有确定的犯罪意图,也不存在犯罪的形态问题,只是在这一个问题上

---

① 张明楷:《刑法学(上)》,法律出版社1997年版,第248页。

目前尚存争议。但一般来说,故意犯罪的形态只存在于直接故意犯罪的过程中。这是因为,过失犯罪和间接故意犯罪均要求以危害结果的实际发生为构成犯罪的必要条件,而犯罪的预备、未遂和中止都缺乏实际发生的危害结果,因而,对于过失犯罪和间接故意犯罪而言,只存在犯罪的成立与否问题,不可能发生犯罪的预备、未遂与中止等未完成状态的问题。

五、犯罪未完成形态的研究意义

研究犯罪的未完成形态,其理论和实践意义可以包括以下几个方面:

其一,定罪方面。一方面,犯罪未完成形态的研究关涉罪与非罪的问题,如过失犯罪和间接故意犯罪就不存在未完成形态,再如犯罪预备和犯意表示的区分(即前者是罪,后者非罪);另一方面,犯罪未完成形态的研究涉及此罪和彼罪的区分问题,如故意杀人未遂和故意伤害罪的区分(二者的外在结果可能都表现为被害人受伤)。

其二,量刑方面。行为人的主观罪过以及客观危害越大,刑事责任也就越大,量刑也就越重,而犯罪的各种未完成形态则在犯罪过程中表现出不同大小的主观罪过以及客观危害,可以说,对这方面进行研究的意义是比较明显的。

其三,理论方面。研究犯罪的未完成形态,以及相关的犯罪发生、发展、变化和终结的各种情况,一方面,有其相应的犯罪学、刑事政策学理论研究上的意义;另一方面,对刑法学理论研究来说,有关的研究有助于加深对故意犯罪的认识,并对犯罪构成等基础理论的深入研究有益。

第二节 犯罪预备

一、犯罪预备的概念与特征

(一)犯罪预备的概念

我国《刑法》第22条第1款规定:"为了犯罪,准备工具、制造条件的,是犯罪预备。"根据这一规定,犯罪预备是指行为人为了犯罪而准备工具、制造条件,但由于其意志以外的原因未能着手实施犯罪行为的故意犯罪的形态。作为犯罪预备,行为人的行为只是表现为事先的准备工作,并未真正着手实施犯罪。但目前学界普遍认为,上述规定是对犯罪预备行为本身的简要描述,而非犯罪预备(形态)的概念。原因在于:这一描述并未阐明犯罪预备作为一种犯罪未完成形态(或停止形态),其未完成(或停止)的原因如何。是犯罪人主动停止,还是被动停止?这一问题,在犯罪中止的法定概念中得到了答案:在犯罪预备阶段,犯罪人主动停止其犯罪行为的,为犯罪中止(即预备阶段的犯罪中止),从而犯罪预备的概念应当被界定于"被动停止"(即由于犯罪行为人意志以外的原因而被迫停止)的范围内。首先,《刑法》第22条第1款的规定可以看作犯罪预备的初步、基本概念,即这一简要描述初步明确了犯罪预备形态的最基本方面——犯罪预备行为,即主观上是"为了犯罪",客观上是"准备工具、制造条件"。其次,犯罪预备,是行为人为了犯罪,准备工具、制造条件,但由于行为人意志以外的原因而未能着手犯罪实行行为的犯罪未完成形态,从而将犯罪预备形态与犯罪预备阶段作了较为明确的划分。

（二）犯罪预备的特征

1. 客观特征。行为人为了实施犯罪而准备工具、制造条件。犯罪的预备行为就是行为人为了顺利实施犯罪行为而做准备工作,如为了将被害人杀死而准备毒药,为了抢劫银行而事先到银行进行情况调查等。行为人尚未着手实施犯罪,即行为人尚未着手实施犯罪的实行行为。犯罪的实行行为,是指刑法分则中规定的具体犯罪客观方面构成要件中所要求的行为。犯罪预备是在行为人进行实行行为之前即已处于停止状态,如故意杀人罪中行为人还未着手实施杀害他人的行为,抢劫罪中行为人尚未对被害人的人身及财产安全造成侵害。

2. 主观特征。行为人准备工具、制造条件是为了犯罪。所谓"为了犯罪"是指犯罪的目的,也就是有实施犯罪的意图。从大多数故意犯罪行为人实现犯罪的过程来看,都有一个预备阶段,而且有些犯罪必须经过预备阶段才能进入实施阶段。例如伪造货币,事先必须准备纸张、油墨、颜料和印刷设备等,否则就无法进行伪造。还有些犯罪则是经过预备后,实现犯罪意图的可能性就更大。犯罪预备无论其对实施犯罪的作用大小,目的都是相同的,就是为了便于完成犯罪。正是由于这一点充分体现了犯罪预备的主观恶性。这也是预备犯承担刑事责任的主观基础。

3. 犯罪的预备行为由于犯罪分子意志以外的原因被阻止在犯罪准备阶段。犯罪行为停止是迫于行为人意志以外的原因,而不是行为人主动、自愿的。换言之,行为人主观上想"着手犯罪实行行为",但外界条件不遂其愿,客观因素阻碍了其犯罪行为的进一步发展。而如果行为人主动、自愿地停止其犯罪行为,则成立预备阶段的犯罪中止。例如张三为杀人而准备了大量的毒药,尚未投放即被告发;李四埋伏在路旁伺机枪劫,未遇到被劫者就被警察抓获。

（三）犯罪预备的分类

1. 从刑事立法的角度看,可以将犯罪预备分为准备工具型犯罪预备和制造条件型犯罪预备。所谓"准备工具型犯罪预备",是指以准备犯罪工具为预备行为方式的一种犯罪预备类型。这是犯罪预备行为最常见的一种形式,故而也是法律特别加以规定的一种形式。所谓"制造条件型犯罪预备",是指除准备犯罪工具以外的其他为实施犯罪创造条件的犯罪预备类型。

2. 从司法实践的角度看,主要有以下几种行为:（1）进行犯罪前的调查行为。即调查犯罪场所和被害人行踪的行为。（2）前往犯罪地点的途中行为。即前往预定犯罪现场的行为。（3）守候被害人的行为。即行为人到达犯罪场所,守候被害人的行为。（4）跟踪被害人的行为。即犯罪分子跟踪、尾随被害人,准备寻找时机或到预定地点再予以加害的行为。（5）排除犯罪障碍的行为。如行为人为盗窃时不被人发现,事先将犯罪场所的照明线路切断的行为。(6)进行犯罪预谋的行为。即事先谋划犯罪,商定策划犯罪的方法、犯罪的地点、时间以及犯罪手段的选择、犯罪步骤的安排等。(7)练习犯罪技能的行为。即行为人为便于实施某种犯罪,于事先学习或练习犯罪技能。(8)勾结犯罪同伙的行为。勾结同伙亦即勾结共犯,是联络其他人一起犯罪,包括联系他人进行犯罪准备,或者参与犯罪实行,或者事后进行窝赃和逃避法律制裁等等。

二、犯罪预备与犯意表示的区别

犯罪预备与犯意表示截然不同。犯意表示是指行为人犯罪意图的表露,以口头、文字等表现形式,属于犯罪思想的范畴,尚未实施任何行为。而犯罪预备则是已经实施了犯罪的先期准备行为,即已经将犯罪意图以行为的方式予以体现。因此,犯意表示不能被认定为犯罪,而犯罪预备则构成犯罪,应受到刑罚惩罚。但随着现代社会的发展,有观点认为犯意表示也需要区分是否具有具体化的或者高度现实危险性的犯罪表示,如恐怖主义分子在视频上展示武器和攻击目标示意图,是否可以认为是犯罪预备。

三、预备犯的刑事责任

我国《刑法》第 22 条第 2 款规定:"对于预备犯,可以比照既遂犯从轻、减轻或者免除处罚。"根据这一规定,在对于预备犯追究刑事责任时,应注意以下几点:

1. 预备犯虽然在客观上实施了准备工具、制造条件的行为,但由于并未着手实施犯罪行为,因此其社会危害性一般说来大大低于既遂犯与未遂犯。本着罪责刑相适应原则和主客观相统一原则的基本精神,我国刑法对预备犯规定了比照既遂犯从轻、减轻或者免除处罚的从宽处罚形式,这一处罚也轻于对未遂犯的处罚。

2. 对预备犯定罪量刑,应同时引用刑法总则第 22 条以及刑法分则中具体犯罪条款的规定。在司法实践中,一般采用在罪名后加注犯罪形态的方法,如故意杀人罪(预备)、抢劫罪(预备)等。同时,在追究预备犯的刑事责任时,绝大多数预备犯应当比照既遂犯从轻、减轻或者免除处罚;对于一部分所述"情节显著轻微,危害不大"的预备犯,还可以根据《刑法》第 13 条但书的规定,依法不认为是犯罪。但对极少数造成严重危害,情节特别恶劣的预备犯,如部分危害国家安全罪的预备犯,也可以不从宽处罚。

3. 在具体对预备犯科处刑罚,决定是否从宽处罚以及从宽处罚的幅度时,应当综合考虑以下因素:(1)行为人所预备侵犯的客体、对象。(2)行为人所预备采取的行为方式、行为手段。(3)行为人的预备程度。(4)预备行为是否造成危害以及危害的大小等。

第三节 犯罪未遂

一、犯罪未遂的概念与特征

（一）犯罪未遂的概念

我国《刑法》第23条第1款规定："已经着手实行犯罪，由于犯罪分子意志以外的原因而未得逞的，是犯罪未遂。"从以上法律条文可以看出，所谓犯罪未遂，是指行为人已经着手实施犯罪，但由于其意志以外的原因而未得逞的故意犯罪形态。

（二）犯罪未遂的特征

1. 已经着手实行犯罪

所谓已经着手实行犯罪，是指行为人已经开始实施某一犯罪的实行行为，即行为人开始实施刑法分则条文中规定的某一具体的犯罪构成要件中的犯罪行为。着手实行犯罪，是犯罪未遂非常重要的特征之一，也是犯罪未遂形态与犯罪预备形态相区别的显著标志。那么，如何判断行为人是否着手实行犯罪呢？

关于"着手"的认定问题，学界长期以来争论不已，有关的争议学说包括：主观说认为，当犯罪行为人的危险性格或者犯罪故意被确认无疑时，便是着手。该说是以行为人的主观心意为着眼点的。形式客观说认为，当犯罪行为人开始实施刑法分则规定的犯罪构成要件行为时，就是着手。该说是以犯罪行为的形式客观事实——即法定的犯罪构成要件行为为着眼点的。实质客观说认为，当犯罪行为人开始实施具有发生犯罪结果的现实危险时，就是着手。该说是以犯罪结果的客观危险为着眼点的。折中说认为，着手的认定应当从主观和客观两方面来着眼。目前该说在中外刑法学界比较通行。

从主观上看，着手实行犯罪说明行为人的犯罪意图已经直接开始支配实行行为并通过行为充分表现出来。在一定程度上，通过其实行行为，可以非常明显地表露其犯罪意图，而不是像犯罪预备那样，其预备行为的主观意图服从于最终的犯罪意图。如行为人企图用毒药杀死被害人，其准备毒药的意图只是服从于其杀人意图，而仅仅这一行为本身并不足以表露犯罪人的真实意图。但如果行为人将毒药投入被害人食物之中，就说明其犯罪意图已开始直接支配其实行行为，因此我们可以从其行为中窥测出其杀人的犯罪意图。从客观上看，行为人已经开始直接实施具体犯罪构成客观方面的行为，其行为已经直接指向这一犯罪所要侵害的直接客体，而不同于只是为犯罪创造便利条件的犯罪预备。例如所谓的途中行为（行为人在前往犯罪现场的途中）、尾随行为（行为人尾随被害人伺机作案）、寻找行为（行为人寻找犯罪对象）、确认行为（行为人确认犯罪对象）、守候行为（行为人守候在作案现场意图对他人加以侵害）等。由于这些行为均非直接指向其犯罪行为意图侵害的直接客体，而只是为实行犯罪行为创造条件，因此不能认定是着手实施犯罪，只是犯罪预备行为。而当犯罪人挥刀向被害人头上砍去时,无论砍中与否,其行为已经直接指向被害人的人身权利,因此可以断定其行为已经着手实行。

2. 犯罪未得逞

根据我国《刑法》第 23 条的规定,犯罪未遂要求行为人在着手实行犯罪以后,犯罪未能得逞。而所谓犯罪未得逞,是指犯罪未能达到既遂形态,其行为未能完全具备构成某一犯罪所必需的全部要件。因此,结合犯罪既遂的有关规定,我们可以看出,犯罪未得逞事实上具有三种表现形式:对于结果犯而言,未得逞是指未能出现某一犯罪所必需的犯罪结果;对于行为犯而言,未得逞就是未能将法定的犯罪行为实施完毕;对于危险犯而言,未得逞就是未能造成法定的危险状态。需要注意的是,不能将犯罪未得逞简单地与未达到行为人的犯罪目的二者等同起来。

3. 犯罪未得逞是由于犯罪人意志以外的原因

犯罪未遂是由于犯罪人意志以外的原因而未得逞。在这里,"意志以外的原因"包括两方面的含义。首先,这种意志以外原因的出现是违背行为人的意愿的,例如被害人的反抗,遇到物质障碍,行为人自身缺乏相应的实施犯罪的能力,行为人错误地使用了犯罪工具等。这些情况的发生都是由于出乎行为人意料的原因造成的,因此称为行为人意志以外的原因。其次,"意志以外的原因"不仅仅是从主观上看来违背了行为人的意志,而且在客观上也足以阻碍其行为,使其不能够达到既遂。例如行为人在实施抢劫的过程中发现被害人是熟人而停止了犯罪,这一行为人意志以外的原因并不足以阻碍行为人完成其犯罪,因此就不能认为这一原因是符合犯罪未遂特征的行为人"意志以外的原因"。

【实例分析 10-1】

除了刑法总则的原则性规定之外,犯罪未遂的认识通常还需要结合刑法分则中关于犯罪的具体规定来把握。对此可从 2015 年司法考试某试题来加深认识:下列哪一行为成立犯罪未遂?

A. 以贩卖为目的,在网上订购毒品,付款后尚未取得毒品即被查获;

B. 国家工作人员非法收受他人给予的现金支票后,未到银行提取现金即被查获;

C. 为谋取不正当利益,将价值 5 万元的财物送给国家工作人员,但第二天被退回;

D. 发送诈骗短信,受骗人上当后汇出 5 万元,但因误操作汇到无关第三人的账户。

分析如下:

1. 关于 A 项。贩卖毒品罪,是指有偿转让毒品的行为,该罪的成立无须以牟利为目的。单纯地购买毒品的行为并不是犯罪行为,既然如此,购买毒品的行为就不是贩卖毒品的实行行为。换言之,出于贩卖目的而非法购买毒品的,属于贩卖毒品罪的预备行为。因此,A 项的行为应认定为犯罪预备,A 项不选。

2. 关于 B 项。首先,受贿罪的对象是财物,这里的"财物",是指具有价值的可以管理的有体物、无体物以及财产性利益。受贿罪的本质是以权换利的不正当交易,将能够转移占有与使用的财产性利益解释为财物,完全符合受贿罪的本质。B项中的现金支票,即属于财产性利益,完全可以成为受贿罪的对象。其次,受贿罪以取得财物为既遂标准。在收受贿赂的情况下,只要接受了贿赂,即使没有使用该贿赂的内容,例如收受支票后没有提取现金、收受购物卡后没有来得及购物,都应认定为受贿罪既遂。因此,B项的行为应认定为犯罪既遂,B项不选。

3. 关于C项。行贿罪,是指为牟取不正当利益,给予国家工作人员以财物的行为。行贿罪的既遂标准是将财物交付给国家工作人员。至于国家工作人员收受财物后如何处理,则是受贿罪的问题,与行贿罪的既遂已无任何关系。本案中,行贿方为谋取不正当利益,将价值5万元的财物送给国家工作人员,但第二天被退回,受贿方不成立受贿罪,但行贿方成立行贿罪既遂。因此,C项不选。

4. 关于D项。诈骗罪是财产性犯罪,是取得型犯罪,其既遂标准是犯罪人获得了被害人的财物。换言之,犯罪人的欺骗行为与被害人基于受骗而处分财物的行为之间,必须具有因果关系。本案中,犯罪人实施了欺骗行为,被害人也基于错误认识而处分了财产,但被害人却由于操作失误将5万元汇到了无关的第三人账户,犯罪人并未获得该5万元,应认定为诈骗罪未遂。

因此,D项当选。

二、犯罪未遂的类型

我国刑法对犯罪未遂根据不同的标准划分为两组不同的类型:实施终了的未遂与未实施终了的未遂;能犯未遂与不能犯未遂。

(一) 实施终了的未遂与未实施终了的未遂

刑法理论上以行为人犯罪行为是否实施终了,将犯罪未遂划分为实施终了的未遂与未实施终了的未遂。实施终了的未遂是指行为人将其犯罪行为实施完毕或自认为将其行为实施完毕,但由于其意志以外的原因而未得逞的未遂形态。如行为人实施投毒杀人的犯罪行为时,行为人将毒药投放后被被害人察觉而未得逞,即属于实施终了的未遂。未实施终了的未遂是指由于行为人意志以外的原因而未能将其犯罪行为实施完毕。如行为人在盗窃过程中被当场擒获。一般说来,实施终了的未遂所造成的社会危害性大于未实施终了的未遂,按照罪责刑相适应原则,对前者的处罚相应的要重于后者。

(二) 能犯未遂与不能犯未遂

根据行为人的行为能否实际上达到既遂为标准,可以将犯罪未遂分为能犯未遂与不能犯未遂。能犯未遂,是指行为人的行为实际上有可能达到既遂,但由于其意志以外的原因而未遂的形态。如行为人用刀杀人,将被害人刺成重伤后误以为被害人已经死亡,但被害人经抢救脱险。行为人的行为完全可能达到既遂,但由于其认识错误而未遂,因此属于能犯未遂。不能犯未遂是指由于行为人意志以外的原因使其犯罪行为事实上无法达到既遂的未遂形态。不能犯未遂可以分为工具不能犯和对象不能犯两大类。工具不能犯是指由于行为人的认识错误而使用了不能使其达到既遂的犯罪工具,如误用失效的毒药杀人,误用失灵的爆炸装置实施爆炸。对象不能犯是指由于行为人的错误认识,使得犯罪对象事实上不会受到犯罪行为侵害而使其无法达到既遂,或者犯罪对象的某种属性使得犯罪不能既遂。例如行为人误将尸体认为是活体加以侵害,误将男性认为是女性而意图实施强奸。

【实例分析 10-2】

对于不能犯未遂是否需要承担刑事责任,存在一定的争议。例如,因乙移情别恋,甲将硫酸倒入水杯带到学校欲报复乙。课间,甲、乙激烈争吵,甲欲以硫酸泼乙,但情急之下未能拧开杯盖。后甲因追乙离开教室。丙到教室,误将甲的水杯当作自己的杯子,拧开杯盖时硫酸淋洒一身,灼成重伤。关于本例,下列哪些选项是错误的?

A. 甲未能拧开杯盖,其行为属于不可罚的不能犯;
B. 对丙的重伤,甲构成过失致人重伤罪;
C. 甲的行为和丙的重伤之间没有因果关系;
D. 甲对丙的重伤没有故意、过失,不需要承担刑事责任。

分析如下:本事例考查犯罪未遂与不能犯的区分、故意过失的认定。

1. A 选项,考查犯罪未遂(预备)与不可罚的不能犯的区分。虽然客观情况是甲情急之下未能拧开杯盖,但显然当时有拧开的可能性,情急之下未能拧开是偶然因素,故而行为具有危害性,属于犯罪预备(即可认为泼硫酸是实行行为,拧杯盖是预备行为),而不是不可罚的不能犯。所以 A 选项说法错误。

2. B、C、D 选项,甲将危险物品硫酸带入学校后离开教室,没有预见到硫酸伤人的结果。但一般公众对于危险物品均有妥善保管义务,甲未尽妥善保管义务,属于没有预见危险而应当预见,对于伤人的结果具有过失。甲将硫酸置于教室的行为与丙的重伤之间具有因果关系,对该结果具有过失,构成过失致人重伤罪。

综上,选项 A、C、D 错误。

三、间接故意犯罪是否存在犯罪未遂

(一)间接故意犯罪是否有未遂的观点

旧中国法学家曾介绍说,意大利刑法理论否认间接故意犯罪有未遂,而荷兰、挪威、德国、奥地利等国的法律解释则主张间接故意犯罪有未遂。德国刑法学者李斯特(Franz von Liszt,1851—1919)、日本刑法学者大场茂马、泉二新熊等,以及旧中国法学家王觐等,也主张间接故意犯罪有未遂。苏联刑法理论基本上倾向于否定间接故意犯罪有未遂。其中,一些刑法教科书认为,受犯罪构成主观因素限制,间接故意犯罪逻辑上可能存在未遂,但在事实上很难确认,因此事实上只能对直接故意犯罪中的未遂

加以惩罚。另一些专著专论则批评说,间接故意犯罪在实际上和逻辑上都不可能存在未遂。例如,苏联著名刑法学家特拉伊宁认为,在间接故意犯罪的场合,既然行为人不希望发生犯罪结果,那么"从逻辑上"看,他也就不可能去预备实施或企图实施犯罪。

苏联刑法学者库兹涅佐娃也曾明确指出,间接故意犯罪在实际上和理论上都不可能存在未遂。从立法和司法实践上看,1958年《苏联和各加盟共和国刑事立法纲要》和《苏俄刑法典》均以第15条第2款规定:"凡直接以犯罪为目的的故意行为,如果由于犯罪人意志以外的原因而没有进行到底,就是犯罪未遂。"这就从强调犯罪未遂必然存在犯罪目的的角度,否认了间接故意犯罪有未遂。苏联的司法解释更明确了这种观点,例如,1975年6月27日苏联最高法院全体会议通过的《关于故意杀人案件审判实践的决议》中指出:"根据《苏联和各加盟共和国刑事立法纲要》第十五条的内容,杀人未遂只能存在于直接故意中。也就是说,当行为人的行为证明,也预见到会发生死亡,而且他也希望发生这种结果,只是由于不以犯罪人意志支配的原因,而没有产生致命结果时,才可能有杀人未遂。"

(二)从我国的立法实践上看,我国间接故意犯罪不存在犯罪未遂

我国《刑法》规定"已经着手实施犯罪,由于犯罪分子以外的原因而未得逞的,是犯罪未遂"。犯罪未遂主观特征的含义,是行为人造成特定的犯罪结果或完成特定犯罪行为的犯罪意志,因其意志以外原因的阻止而未能实现,这是未遂客观上不齐备犯罪构成要件的主观反映。间接故意犯罪主观要件的特点,并不表现为一定要造成特定犯罪结果的犯罪意志,即不是希望、追求特定结果的心理态度,而是表现为对自己的行为所可能造成的一定危害结果的发生与否"放任"的心理态度,即听之任之,发生与否都可以的心理态度。这样,行为人所放任的危害结果未发生时,这种结局也就是行为人放任心理所包含的。放任心理由其所包含的客观结局的多样性和不固定性所决定,根本谈不上"得逞"与否;"得逞"与否只能与希望的心理相联,即只能与追求特定犯罪结果发生或特定犯罪行为完成的心理相联。间接故意犯罪在主观上不符合犯罪未遂所具备的主观特征。犯罪未遂的客观特征,就是着手实行犯罪后未齐备犯罪既遂的客观要件,具体看或为未造成特定的犯罪结果,或为未完成特定的犯罪行为,这是主观犯罪意图"未得逞"的客观表现。间接故意犯罪由其主观"放任"心理支配,而在客观方面不可能存在未齐备犯罪既遂客观要件的情况。可见,犯罪未遂只有在有目的的直接故意犯罪发展过程中才会出现,而在没有目的的间接故意犯罪中是不可能出现犯罪未遂的。这是因为:

第一,未遂是犯罪人在实现犯罪目的的过程中,由于自己主观意志以外的原因"而未得逞"。可见,得逞与未得逞,是区分既遂与未遂的重要标准。"未得逞"的原因可能是多种多样的,有的是由于被害人的反抗;有的是由于他人的发现,也有的是由于第三者的阻止;还有的是由于犯罪工具的失效;或者是由于自然力的阻碍等等。例如:甲欲开枪杀死乙,乙奋力反抗,未被杀死,但受了重伤。在这种情况下,由于甲直接追求和希望的危害结果是乙的死亡,乙未被杀死而被重伤并不是甲的目的,也不是他所预料

之中的,而是由于甲主观意志以外的原因发生的,因而甲在主观上既不存在"放任"乙重伤结果发生的间接故意,也不存在"希望"乙重伤结果发生的直接故意,甲的目的就是要将乙杀死,因此,甲仍应负直接故意杀人未遂的责任,而不能认定为故意伤害既遂。在这时,不难看出,间接故意既然是对犯罪的结果采取"放任"的态度,因而就不会发生得逞与未得逞的问题,也就不会出现所谓"犯罪未遂"的问题。

第二,在间接故意的情况下,行为人对危害结果的发生,采取"放任"的态度,而不是追求和希望危害结果的发生,既然"不追求""不希望",因此,也就不存在"未得逞"即未遂的问题。例如:前例所说的甲开枪射击乙的同时,对于丙的可能被击中,所采取的放任态度,就属于这种情况。这个完全说明,既然丙的危害结果的发生,不是甲所希望的,也就不会出现未遂的问题。如果乙被击中死亡,就定甲为直接故意杀人的既遂;如果乙未被打死,而打死了丙或者打伤了丙,对乙定甲直接故意杀人的未遂,对丙定甲间接故意杀人或者间接故意伤害。总之,丙的死亡或者受伤,虽然不是甲所希望发生的,但都是甲所预见之中的,无论发生那种危害结果,都不违背他的意愿。所以,间接故意犯罪,是发生了什么样的危害结果,就按什么样的结果定罪,不存在未遂问题,打死了就定间接故意杀人,打伤了就定间接故意伤害,既没打死,也没有打伤,也就不存在追究刑事责任的事实根据和理论依据。

如果承认间接犯罪有未遂,不仅在理论上说不通,而且在实践中也是有操作困难的,那样就会扩大刑事责任的范围,在事实上也难取得证据。

四、未遂犯的刑事责任

我国《刑法》第 23 条第 2 款规定:"对于未遂犯,可以比照既遂犯从轻或者减轻处罚。"

从这一法律条款可以看出,一般而言,未遂犯可以比照既遂犯从轻或减轻处罚。但是对未遂犯的处罚并非绝对的要轻于对既遂犯的处罚。犯罪未遂,只是量刑时应当考虑的一个情节,对于极少数危害性并不小于既遂犯的未遂犯,对其处罚也可以与既遂犯相当。

第四节 犯 罪 中 止

一、犯罪中止的概念和特征

(一)犯罪中止的概念

我国《刑法》第 24 条第 1 款规定:"在犯罪过程中,自动放弃犯罪或者自动有效地防止犯罪结果发生的,是犯罪中止。"由以上法律规定我们可以看出,所谓犯罪中止是行为人在犯罪过程中自动放弃犯罪或者自动有效地防止犯罪结果发生的故意犯罪形态。

犯罪中止与犯罪未遂的关系紧密。在广义的犯罪未遂理论及立法例中,犯罪中止的概念从属于犯罪未遂的概念;而在狭义的犯罪未遂理论及立法例中,犯罪中止的概念与犯罪未遂的概念并列。我国刑法采取的是狭义的犯罪未遂立法例,即在我国刑法中,犯罪中止与犯罪未遂并列,同为犯罪未完成形态的重要一种。犯罪中止的刑法规制中包含着明确的刑事政策思想,即以"应当"免除或减轻刑罚来鼓励犯罪者及时中止犯罪,正所谓"回头是岸"。李斯特称犯罪中止制度是"为犯罪者架设的后退的金桥"。

(二) 犯罪中止的特征

根据我国刑法的有关规定,犯罪中止形态具有两种不同的类型,即自动放弃的犯罪中止和自动有效地防止犯罪结果发生的犯罪中止。

1. 自动放弃的犯罪中止

自动放弃的犯罪中止,是指行为人在犯罪过程中,自动放弃犯罪的犯罪中止类型。自动放弃的犯罪中止,必须具备以下三个特征:

第一,时间性。自动放弃的犯罪中止,是在犯罪过程中放弃犯罪。这是自动放弃的犯罪中止成立的前提条件。行为人只有在犯罪过程中才有可能放弃犯罪,而犯罪过程一旦结束,则在客观上已不可能放弃。这里的犯罪过程,既包括犯罪行为的实行阶段,也包括尚未着手实行犯罪的预备阶段。如果行为人已经达到既遂或由于意志以外的原因使犯罪停止于预备或者未遂形态,犯罪人就丧失了自动放弃犯罪的犯罪中止所要求的时间性这一前提条件。如行为人将窃得的财物交还失主,贪污犯主动退赃等,由于其行为已经达到了犯罪既遂,就不可能构成犯罪中止。这种自动恢复原状或主动赔偿损失的行为,只能作为量刑时一个从宽处罚的情节予以考虑。

第二,自动性。行为人出于自己的意愿停止了自认为可以继续实施的犯罪行为。这一点正是犯罪中止与犯罪未遂、犯罪预备相区别的根本所在。这里的自动性包括两方面的含义:一方面,行为人自认为可以将犯罪行为继续实施,至于客观上行为人能否将其犯罪行为继续实施,并不影响其自动性的特征。如果行为人的犯罪行为事实上能够继续进行,但行为人误以为犯罪已无法进行而放弃,则不具备自动性。另一方面,行为人出于本人意愿而放弃犯罪,至于放弃犯罪的原因,则不影响犯罪中止能否成立。无论是出于行为人本人的良知与悔悟,还是由于被害人的哀求,或者出于对法律制裁的恐惧,只要是出于行为人本人的意愿,是由其自主意志所决定的,均可认为符合自动性的要求。

第三,彻底性。即行为人彻底地放弃准备继续进行下去的犯罪。这一彻底性的特征,既表现为行为人主观上彻底打消了继续犯罪的意图,也表现为行为人客观上彻底放弃了自认为可以继续进行下去的犯罪。这种放弃,是坚决而又完全的,并不是犯罪行为的暂时中断。如果行为人因为准备不充分或者犯罪时机不够成熟等原因而暂停犯罪,准备等到条件适合时再继续实施,则不具备彻底性,因此不构成犯罪中止。需要注意的是,彻底放弃犯罪,是相对于行为人已经实施的犯罪行为而言,不能将其理解为以后不再实施同样的犯罪行为,也不能理解为日后不再实施任何犯罪行为。

【实例分析 10-3】

对上述内容,可从下面的分析中深化认识:甲架好枪支准备杀乙,见已患绝症的乙踉跄走来,顿觉可怜,认为已无杀害必要。甲收起枪支,但不小心触动扳机,乙中弹死亡。关于甲的行为定性,下列哪一选项是正确的?

A. 仅构成故意杀人罪(既遂);
B. 仅构成过失致人死亡罪;
C. 构成故意杀人罪(中止)、过失致人死亡罪;
D. 构成故意杀人罪(未遂)、过失致人死亡罪。

分析如下:

甲先后实施了两个行为,具有两个犯意:第一个行为是架好枪支准备杀乙,客观上是杀人的预备行为,主观上具有故意,主客观统一构成故意杀人罪;能达目的而不欲,自动放弃,属于故意杀人罪的主动放弃型中止。第二个行为是触动扳机行为,是致死行为,主观上是过失,主客观统一构成过失致人死亡罪。因死亡结果非因故意杀人的实行行为导致,不具因果关系,不属故意杀人罪既遂。本事例也不是因果关系错误中的结果延后发生,所以应当构成故意杀人罪(中止)、过失致人死亡罪,两罪并罚。所以 C 项为正确。

2. 自动有效地防止犯罪结果发生的犯罪中止

这种犯罪中止是指行为人出于自己的意志,有效地防止了犯罪结果的发生的犯罪中止形态。这种犯罪中止的类型要求具备以下特征:

第一,行为人既可以在犯罪过程中采取措施,有效地防止犯罪结果发生,也可以在犯罪行为实施完毕犯罪结果产生之前采取措施。例如,行为人投放毒药杀人后又将被害人送往医院进行抢救,使其脱离生命危险。因此,行为人开始实施犯罪行为到犯罪结果出现之前,可以采取任何措施避免犯罪结果的发生。这一点与自动放弃的犯罪中止所要求的时段性有些不同。犯罪实施终了之后就不存在放弃行为,但防止犯罪结果发生的措施仍然可以实施。

第二,自动性。行为人采取措施防止犯罪结果发生是出于本人意愿,犯罪结果最终没有发生是符合其主观意志的。

第三,有效性。行为人所采取的措施要能够有效地防止犯罪结果的发生。如果行为人虽然出于本人的意愿采取措施去防止犯罪结果的发生,但由于种种原因,防止措施未能奏效,犯罪结果最终仍然发生,则不具备有效性,因此应认定为犯罪既遂。但其所采取的防止措施可以被看成一个从宽处罚的情节,在量刑时予以考虑。

【实例分析 10-4】

对上述内容,可从下面的分析中深化认识:甲为杀乙,对乙下毒。甲见乙中毒后极度痛苦,顿生怜意,开车带乙前往医院。但因车速过快,车右侧撞上电线杆,坐在副驾驶位的乙被撞死。请问下列哪些选项是正确的?

A. 如认为乙的死亡结果应归责于驾车行为,则甲的行为成立故意杀人中止;

B. 如认为乙的死亡结果应归责于投毒行为,则甲的行为成立故意杀人既遂;

C. 只要发生了构成要件的结果,无论如何都不可能成立中止犯,故甲不成立中止犯;

D. 只要行为人真挚地防止结果发生,即使未能防止犯罪结果发生的,也应认定为中止犯,故甲成立中止犯。

分析如下:

1. 选项 A,中止行为应具有有效性,也就是要求危害结果不能发生。但若在中止行为进行过程中,出现介入因素,最终导致危害结果发生,这时要判断犯罪行为与危害结果有无因果关系,如果有因果关系,则构成犯罪既遂;如果没有因果关系,则构成犯罪中止或犯罪未遂;如果行为人的确采取了中止行为,则构成犯罪中止。因此,如果认为乙的死亡结果应归责于驾车行为,那么就意味着,乙的死亡与甲的投毒行为之间没有因果关系,由于甲采取了必要的手段阻止犯罪结果的发生,因而应认定甲的行为成立故意杀人中止。所以选项 A 正确。

2. 选项 B,如果乙的死亡结果归责于甲的投毒行为,那么作为既遂结果的标志已经出现,则甲的行为成立故意杀人罪的既遂。所以选项 B 正确。

3. 选项 C,虽然发生了构成要件的结果,但如结果与行为之间没有因果关系,则不能认定为既遂,此时行为人如真挚地防止结果发生,有中止行为,可以成立中止犯。所以选项 C 错误。

4. 选项 D,犯罪中止的成立与否并不取决于行为人防止结果发生的态度真挚与否,而取决于犯罪行为与结果的发生是否有因果关系、介入因素对结果发生的作用大小。犯罪中止的成立要求没有发生作为既遂标志的犯罪结果,如果介入因素切断了其原有行为而直接导致了被害人死亡的,则此时行为人成立犯罪中止。如果甲虽然非常真诚地希望不要发生危害结果,并且实施了补救行为,但乙依然因为其先前的施害行为而死的话,则甲依然构成故意杀人的既遂。所以,选项 D 错误。

综上,选项 A、B 正确。

理论上和司法实践中对于一种自动放弃可能重复的侵害行为属于何种形态,存在较多争议。自动放弃可能重复的侵害行为是指行为人实施了足以造成既遂危害结果的第一次侵害行为,由于其意志以外的原因而未发生既遂的危害结果,在有当时继续重复实施侵害行为的实际可能时,行为人自动放弃了实施重复侵害的行为,因而使既遂的危害结果没有发生的情况。如行为人持枪射击被害人,枪支中有 10 发子弹,连发 9 枪未击中被害人,要么因为突然出现大风,要么因为被害人弯腰,要么因为突然出现车辆遮挡等原因,行为人放弃了开第 10 枪,对此应当认定为何种形态?我们认为,自动放弃可能重复的侵害行为是中止而不是犯罪未遂,主要理由是:(1) 行为人对可能重复的侵害行为的放弃,是发生在犯罪实行未了的过程中,而不是在犯罪行为已被迫停止的未遂形态。(2) 行为人放弃可能重复的侵害行为是自动的,而不是被迫的。

(3) 由于行为人对可能重复的侵害行为自动而彻底的放弃,使犯罪结果没有发生,犯罪未达到既遂形态。

3. 犯罪中止形态的类型

(1) 预备中止、实行未终了的中止与实行终了的中止

预备中止,是指在犯罪的预备活动过程中,行为人在自认为可以继续实施犯罪活动的条件下,自动地将犯罪活动停止下来,不再继续实施犯罪预备行为或者没有着手实施犯罪实行行为的情况。

实行未终了的中止,是指行为人在实施犯罪实行行为的过程中,自动放弃了犯罪行为的继续实施和完成(多表现为自动停止了犯罪行为的实施,少数情况下还要进一步有效地防止犯罪结果的发生),因而使犯罪停止在未达既遂的状态。

实行终了的中止,是指行为人在实行行为终了以后,出于本意而以积极的行为阻止了既遂之犯罪结果的发生。

(2) 消极中止与积极中止

消极中止,即犯罪人仅需自动停止犯罪行为的继续实施便可成立的犯罪中止。

积极中止,即犯罪人不仅需要自动停止犯罪的继续实施,还需要以积极的作为行为去防止既遂的犯罪结果发生才能成立的犯罪中止。

二、特殊犯罪中止的认定

(一) 危险犯的犯罪中止形态

自从危险犯这一理论于20世纪80年代末被引入我国刑法研究领域以来,就一直作为刑法的一个新课题,备受刑法学者和法律工作者的关注。但对于危险犯这一概念,学界仁者见仁,智者见智,在某些问题上分歧较大。在我国,危险犯作为犯罪形态一进入学者们的研究视野,便被贴上"犯罪既遂"的标签,学者们经过争论,一致认为危险犯属于犯罪既遂形态,以至于各高校的刑法教科书几乎千篇一律地采用这一观点。但也有学者认为,它不仅存在既遂形态,而且存在其他的犯罪形态。危险犯概念的界定、法律适用以及危险犯的刑罚理论是否科学等一系列问题的研究,在司法实践中,对于危险犯的定罪量刑都有着十分重要的意义。因此,我们不得不打破传统的思维定式,从正义和公正的理念出发,对危险犯进行重新审视,对危险犯及其中止形态进行探讨。

(二) 共同犯罪人的犯罪中止

1997年11月,汽车司机陈某问轮胎厂工人夏某能否为他搞到汽车轮胎,他可按400元一只付费。夏某应允后,多次窥视工厂库房,伺机行窃。夏某感到一个人势单力孤,便向同厂青工李某透露自己的作案计划,问李某愿不愿意一起干,成功后平分赃款,李某当即表示同意。两人合谋,由李某去找熟人配一把"万能钥匙"。李某把"万能钥匙"配好后交给夏某。两人又商定当晚作案,约定深夜12点在库房门口见面,由夏某负责找一辆三轮车,李某在外望风,夏某进库房搬轮胎。李某下班回家后,左思右

想,感到此事不妥,万一被逮住,就要判刑坐牢,毁了一辈子。因此,李某临时打消了犯罪意念,未按约定时间前去行窃。当晚,夏某推着三轮车按时到现场,见李某迟迟不来,便一人用李某所配制的"万能钥匙"打开库房门,盗出四只轮胎,销赃获得1600元。事后夏某拿出200元给李某,李某坚持不要。

在上述案例中,有人认为,李某主观上慑于法律威严,害怕受到制裁而形成了犯罪中止的意思;客观上李某在预备阶段就停止了犯罪活动,没有按约定的时间去作案,对夏某作案获得的赃款也分文未取,符合犯罪中止的条件,应按犯罪中止处理。也有人认为,李某停止犯罪的行为不能算犯罪中止。因为李某与夏某是共同盗窃。在共同犯罪中,各个行为人的行为是一个整体,夏某盗窃行为既遂,其每个共犯的行为均应视为既遂。

这是一个共同犯罪中止认定的理论分歧问题。在共同犯罪既遂以前,如果全体共犯同时一致地中止共同犯罪,并有效地避免危害结果发生的,每个共犯均构成犯罪中止,对此没有争议。但对于个别共犯出于自己的意志而单独中止犯罪的,应当具备什么条件才能被认定为犯罪中止,争议较大。主要有以下几种观点:第一种观点认为,既然共同犯罪行为具有整体性特征,那么,其犯罪中止的有效性也只能以犯罪是否最后达到完成状态来确定。个别共犯意图中止犯罪,必须在停止自己犯罪的同时,迫使其他共犯停止实施共同犯罪行为,或有效地防止共同犯罪结果发生。倘若没有产生这种效果,共同犯罪终已完成时,个别共犯的犯罪中止就不能成立。第二种观点认为,共同犯罪行为虽具有整体性特征,但实际上是由每个共犯的独立行为组合而成的。其中个别共犯自动停止自己的犯罪,就与共同犯罪完全脱离了联系,之后与其他共犯的行为就不再有任何关联,因此,其自动停止犯罪就应视为犯罪中止。换言之,共犯只要停止自己的行为即可成立犯罪中止,而不论共同犯罪最后发展程度如何。第三种观点认为,除主犯外,其他共犯中止的有效性,应以行为人力所能及的范围为限。如果努力阻止其他共犯继续实行犯罪,但因能力有限而阻止无效的,仍可成立犯罪中止。第四种观点认为,共犯中止的有效性,应以他是否有效地切断自己以前的行为与危害结果之间的因果关系来确定。如果个别共犯以自己消极或积极的行为,确实已切断其以前的犯罪行为与以后的危害结果之间的因果关系,即使共同犯罪的危害结果最后由其他共犯促成,亦能成立中止犯。第五种观点认为,判断共犯中止有效性的标准是中止者必须使自己的行为与整体的共同犯罪行为解体,即主观上切断与其他共犯之间的共同故意联系,客观上抵消自己先前行为对共同行为所起的合力作用,使之消除对犯罪形成既遂的原因力。

我们认为,确定共犯中止有效性的标准,应当遵循两条原则:一要符合共同犯罪构成的一般原理;二要追求比较好的社会效果,尽量避免共同犯罪发展至完成状态,以有效地保护犯罪客体免遭实际侵害,同时尽可能地鼓励犯罪分子及时中止犯罪。

共同犯罪行为的整体性特征使之较单人犯罪有明显的特点:在实施共同犯罪前,各共犯必须先形成共同犯罪意志,这种共同意志使每个共犯主观上失去犯罪的孤立感和不安全感,相互强化犯罪心理;客观上各共犯均围绕着同一目标而实施共同犯罪行为,共同对危害结果的产生起原因力作用。在这一整体行为中,各共犯的行为不是孤立地、单线地与共同犯罪结果发生联系,相反,他们相互配合、互相影响,行为力量交互作用、互相渗透,结合在一起而有机地形成一种犯罪合力,共同促成危害结果发生。任何共犯自己的行为都可能融合有其他共犯行为的力量。因此,任一共犯仅是消极地停止自己的犯罪行为,并不一定能全部消除其先前行为在心理和行为上已经对整个共同犯罪行为所产生的积极作用,倘若其他共犯继续将共同犯罪实施完毕,引起犯罪结果产生,那么,在这一结果之中,仍可能包含了他先前行为的原因力作用。例如,为共同杀人而寻找并提供了毒药,后因害怕承担罪责没有参加杀人的实行,其他共犯仍然用此毒药将人毒死。且不说个别共犯这种消极的停止能否消除已对其他共犯犯罪心理所产生的强化作用,仅从客观上看,其他共犯用他找来的毒药把人毒死,在死人结果与找药行为之间就存在因果关系。找毒药者仅消极不去杀人并不能消除这种因果关系,那么将其认定为犯罪中止,显然不当,上述第二种观点有失偏颇。另外,虽然共同犯罪行为具有整体性特征,但也并不是说一旦形成这种整体行为,各个别共犯只要不阻断整个共同犯罪行为,永远也不可能再成立犯罪中止。否则,就等于堵塞了共犯中止犯罪之路,不利于促使共犯及时悔悟,停止犯罪。从犯罪构成角度分析,共同犯罪行为的形成并不等于共同犯罪的既遂,两者之间往往有一段距离,在此期间,个别共犯仍有机会采取措施,抵消自己先前行为对共同犯罪行为所产生的作用,使其消除引起危害结果产生的原因力。这种情况下,即使其他共犯后来仍将犯罪完成,所产生的犯罪结果中实际上已不再包含这些已停止犯罪的个别共犯先前行为的作用。如果仍让他们对共同犯罪的既遂状态承担责任,也不符合共同犯罪的构成原理。因此,第一种观点也不妥当。

第三种观点以行为人是否"力所能及"作为判断共犯中止有效性的标准,这本身就与犯罪中止"有效性"的内涵要求不一致。所谓中止有效性。是指犯罪人对自己先前所实施的危害行为实行中止后的客观效果而言的;而"力所能及",则指的是行为人能够用以阻止先前行为向前发展的主观能力,两者讲的根本就不是一个问题,不能以后者代替前者。在单独犯罪中,即使行为人在危害结果发生前积极地避免危害结果发生,但终因能力或条件所限而未能避免的,不能成立犯罪中止,那么对共同犯罪这种因"力所不及"而最终未能阻止共同犯罪完成的情况,自然不能一概认定为犯罪中止。

第四种观点侧重于共犯行为与危害结果间的因果关系是否被切断,较前几种观点有较大合理性。一旦这种联系被切断,共犯对危害结果也就丧失了承担责任的基础,认定为中止有效是恰当的。但此标准在表述上易引起歧义。首先,因果关系属于犯罪构成客观方面的要件之一,如果仅强调客观上因果关系的切断,而不问主观上共同故意联系是否断绝,过于片面;其次,所谓"切断因果关系",一般是在共同犯罪结果已经产生的情况下才能谈起。但在共同犯罪呈未遂状态情况下,危害结果本来就没有产生,因果联系没有变成现实,怎么能判断某个共犯的中止行为有无切断这种因果关系?

第五种观点对共犯中止有效性多种情况的具体阐述比较正确,但用"从共犯中解体"一词来说明犯罪中止的有效性也不甚准确。因为有些共同犯罪一旦着手实行,其行为整体性结合得就比较紧密,一些共犯先前行为的力量已融合于其他共犯行为之中,事实上已不可能再"解体"分离出去。这时,中止犯的成立只能以积极有效地阻止犯罪向完成状态发展,抵消自己先前行为所形成的原因力作用为要件。对这种中止犯罪以"解体"来说明就显得不甚确切。

从刑法理论分析,让每个共犯对共同犯罪结果承担刑事责任的根据,就在于每个人的行为都具有引起这种危害结果发生的原因力。这种原因力的作用表现在两个方面,一是客观上通过与其他共犯行为的密切配合而形成的引起危害结果产生的实在可能性;二是将各个共犯行为形成一个有机整体的共同犯罪意志对共同犯罪行为起支配作用。共犯中止的成立,就只能以其中止行为能有效地消除自己先前危害行为已经对共同犯罪行为所形成这种原因力为标准。只有这样,才能消除中止者对危害结果承担刑事责任的基础。根据共同犯罪形成的时间长短及行为发展的不同程度,联系每个共犯在共同犯罪中的地位、作用,进行具体分析可知,各个共犯行为所包含的这种原因力大小是有差别的,因而,对不同的共犯中止犯罪时所要求消除这种原因力的程度也不可能相同,而应区别不同情况予以不同对待。如果某个共犯只要消极停止自己的犯罪行为,就足以消除先前行为所形成的原因力,那么,其消极停止犯罪即可构成犯罪中止,无论其他共犯是否终将犯罪完成。例如,甲欲杀他人,以拳脚相加,逼其弟乙帮助望风,乙只得同意。在两人同去犯罪地点途中,乙因心中害怕,乘甲不备之际溜开,甲只得一人单独行动,将他人砍死。本案中,乙作为胁从犯,其犯罪意志受甲支配,虽答应提供望风帮助,但事实上并未实施望风行为。他退出共同犯罪,向甲表明他决意不再参与一起杀人。甲也知道乙已不听从自己使唤,只有单独行动。甲主观上确定已不具有共同犯罪的故意,客观上也是只身进行杀人,被害人的死亡与乙的行为之间已不具有因果联系。这表明乙消极地溜开,足以消除自己先前同意帮助甲杀人这一行为所形成的原因力。因此,尽管甲杀人既遂,乙也只应承担杀人中止的责任。

另外,如果某个共犯仅是消极停止犯罪尚不足以消除自己先前行为所形成的原因力时,就必须要求其实施积极的行为以有效地阻止其他共犯完成犯罪,或有效地避免整个共同犯罪危害结果的发生,也即通过消除整个共同犯罪行为的原因力来达到消除自己先前行为中所形成的原因力。例如,破坏共同犯罪完成必备的条件,说服其他共犯停止犯罪,同其他共犯作斗争,阻止他们继续犯罪,呼喊群众,协同制服其他共犯,或向被害人或司法机关报案,防止共同犯罪完成等等。只有实施类似的积极行为,并已确实阻止共同犯罪完成的,犯罪中止才能成立。否则,即使有积极阻止的行为,但终不能阻止共同犯罪向前发展的,不能以中止犯对待。

在前案中,李某确有中止犯罪的意思,但只是消极地退出了犯罪,没有采取积极的行为消除自己已经实施的帮助行为(提供"万能钥匙")对共同犯罪的原因力。实际上,夏某也是利用了李某帮他准备的"万能钥匙"打开库房,盗出了轮胎。因此,李某的消极退出,并未有效地防止结果的发生,不符合犯罪中止的条件。夏某盗窃既遂,其中也有李某帮助行为的作用。因此,李某也应对盗窃既遂承担刑事责任。至于其未要分文赃款和后来未去现场的事实,并不影响其犯罪既遂的成立,只是在量刑上可以考虑从轻处罚。

(三)犯罪中止与犯罪未遂的区别

犯罪中止区别于犯罪未遂的关键点是犯罪中止的自动性。如果说,犯罪未遂是由于犯罪分子意志"以外"的原因的话,那么,犯罪中止则是由于犯罪分子意志"以内"的原因,或者说,犯罪中止是犯罪行为人的意志所控制、抉择的结果。至于促使犯罪行为人作出相应的意志控制及抉择的各种不同缘由或动机,如真诚悔悟、良心发现、恻隐怜悯、改变主意、担心报应、害怕刑罚、争取宽大处理或者其他功利因素等,不影响犯罪中止的定性。例如,某甲欲图强奸某女,经该女劝说,因真诚悔悟而放弃。又例如,某乙欲图强奸某女,经该女哀求,因恻隐怜悯而放弃。再例如,某丙欲图强奸某女,但见该女正值经期,因嫌晦气而放弃。上述三例,犯罪行为人放弃犯罪的缘由或动机各不相同,但刑法对三者的定性相同——犯罪中止。对于犯罪中止自动性的考查,刑法学界经常引用"弗兰克公式"[①]:能达目的而不欲者,为中止;欲达目的而不能者,为未遂。弗兰克公式简明扼要地指出了犯罪中止与未遂的重要区别,但需要注意:"能达目的"是指行为人主观意义上的,即行为人"自认为"能达目的,还是指客观意义上的。该前提很重要,不明确就容易引起疑惑。例如,某甲误将硫酸铜作为砒霜投入某乙食物中,欲图将某乙毒死,某乙食后,呕吐不止,十分痛苦,某甲见状,自动将某乙送入医院抢救。该案中,硫酸铜并不能致人死亡,某甲的行为似乎应当为犯罪未遂(即因认识错误而导致的不能犯未遂),而某甲的救护行为又说明了某甲"自认为""能达目的而不欲",某甲的行为似乎应当认定为犯罪中止。对此,我们认为,弗兰克公式应当加上一个基本的前提,即"能达目的"与否,是指犯罪行为人主观意义上的,即"自认为"的。也就是说,如果犯罪行为人"自认为"可以将犯罪进行到底,即为弗兰克公式所定义的"能达目的"。那么,上述案例中,某甲的行为应当认定为犯罪中止。

三、犯罪中止的刑事责任

我国《刑法》第24条第2款规定:"对于中止犯,没有造成损害的,应当免除处罚;造成损害的,应当减轻处罚。"这样就将中止犯的处罚作了具体、明确的处理,即将"是否造成损害"作为对中止犯免除和减轻处罚的标准。这一规定,对于鼓励犯罪人中止已经开始的犯罪活动,有效防止犯罪结果的发生,促使犯罪人悔过自新具有非常重要的意义。

[①] 德国学者弗兰克(Frank)为区别犯罪中止和犯罪未遂而提出的"公式"。

第十章 故意犯罪过程中的犯罪形态

第五节 犯罪既遂

一、犯罪既遂的概念

犯罪既遂,是指行为人故意实施的行为已经具备了刑法分则对某一犯罪所规定的完成形态,也是按照分则条文规定的法定刑进行处罚的标准形态。

关于如何确定犯罪既遂,刑法学界主要有三种观点:一是犯罪目的实现说。认为应当以犯罪目的的实现与否作为认定犯罪既遂的标准,实现犯罪目的为犯罪既遂,未实现犯罪目的为犯罪未遂。二是犯罪结果发生说。认为应当以犯罪结果的发生与否作为认定犯罪既遂的标准,发生了犯罪结果的为既遂,反之则为犯罪未遂。犯罪目的实现说和犯罪结果发生说都有一定的道理,可以成为区分某些犯罪的既遂与未遂的标准。如故意杀人把被害人杀死,对于行为人来讲犯罪目的可能实现了,或者说犯罪结果发生了,是故意杀人罪的既遂。但是这两种观点并不能区分所有犯罪的既遂与未遂。刑法规定的有些犯罪不是以犯罪目的是否实现或犯罪结果是否发生为准。如盗窃罪、诈骗罪、赌博罪等,刑法规定了这些犯罪都是以特定的目的为必要条件的,但这些犯罪既遂的成立,并不要求犯罪目的的实现,只要实施了刑法规定的犯罪行为,即构成犯罪既遂。如果用犯罪目的的实现或结果的发生作为区分既遂与未遂的标准,就会得出错误的结论。因此前两种观点不具有普遍性。三是犯罪构成要件说,认为应当以犯罪构成要件是否齐备作为认定既遂的标准。具备了犯罪构成的全部要件,就是犯罪既遂。此种观点是刑法学界的通说,并且认为是解决犯罪既遂问题的科学理论。

【实例分析 10-5】

对上述内容,可从下面的分析中深化认识:关于故意犯罪形态的认定,下列哪些选项是正确的?

A. 甲绑架幼女乙后,向其父勒索财物。乙父佯装不管乙安危,甲只好将乙送回。甲虽未能成功勒索财物,但仍成立绑架罪既遂。

B. 甲抢夺乙价值1万元的项链时,乙紧抓不放,甲只抢得半条项链。甲逃走60余米后,觉得半条项链无用而扔掉。甲的行为未得逞,成立抢夺罪未遂。

C. 乙欲盗汽车,向甲借得盗车钥匙。乙盗车时发现该钥匙不管用,遂用其他工具盗得汽车。乙属于盗窃罪既遂,甲属于盗窃罪未遂。

D. 甲在珠宝柜台偷拿一枚钻戒后迅速逃离,慌乱中在商场内摔倒。保安扶起甲后发现其盗窃行为并将其控制。甲未能离开商场,属于盗窃罪未遂。

分析如下:

每个具体的故意犯罪,都有自己具体的既遂标准。因此,既遂的认定,实际多数为刑法具体犯罪的构成问题。

1. A选项,绑架罪的既遂标准是控制人质且人质脱离显著困难。本案中甲已控制了乙,已成立绑架罪既遂,送乙回家是既遂后的悔罪行为。A 选项说法正确。

2. B 选项,抢夺罪的既遂标准是控制住数额较大的财物,甲已控制住了半条项链,数额较大,构成抢夺罪的既遂。扔掉行为是对财物的处分行为,不影响既遂的认定。故 B 选项说法错误。

3. C 选项,在共同犯罪中,对于共同正犯而言:一人既遂,则全体既遂;对于狭义共犯(帮助、教唆犯)而言,有因果关系才既遂。具体到本选项中,考查的是帮助犯的既未遂认定,甲虽成立帮助犯,但从客观因果关系方面分析,甲的帮助行为即提供钥匙的行为对于实行犯乙盗车的得逞客观上并没有起到作用,与偷到汽车的结果没有因果关系。实行犯虽是既遂,但帮助犯应当认定为未遂。故 C 选项说法错误。

4. D 选项,盗窃罪的具体既遂标准对于小宗物品而言,控制于他人无法发现的隐蔽场所即为既遂,小小的钻戒拿在手里后放到口袋里即为既遂。本案中,行为人应当认定为犯罪既遂,故 D 选项说法错误。

二、犯罪既遂的主要形态

根据刑法分则对具体犯罪的完成形态的规定不同,犯罪既遂的形态也不同,刑法理论上主要有以下几种完成形态。

(一)结果犯

以发生特定的犯罪结果作为犯罪的完成形态。即行为人不仅实施刑法分则所规定的行为,而且只有在发生了法定的危害结果时,才能认定为犯罪的完成形态。一般情况下,犯罪结果的发生与犯罪目的实现是一致的。如故意杀人罪,行为人把被害人杀死了,就是故意杀人罪的完成形态,被害人的死亡结果也是犯罪人的犯罪目的。

(二)行为犯

以行为的实行或完成作为犯罪的完成形态。行为人只要实施了刑法分则所规定的行为,不论犯罪结果是否发生,犯罪人的犯罪目的是否实现,其行为本身就构成犯罪的完成形态。如诬告陷害罪,只要行为人实施了捏造犯罪事实、向司法机关做虚假告发的行为,不管被诬告者是否受到刑事追究,都构成诬告陷害罪的既遂。再如刑讯逼供罪、煽动分裂国家罪等,这类犯罪造成的损害结果大都是非物质性的、无形的。

(三)危险犯

以行为人的行为足以造成某种犯罪结果发生的危险状态作为犯罪的完成形态。危险犯的完成形态,要求行为人实施了刑法分则规定的某种犯罪行为,而且要足以造成发生某种后果的危险状态,并不要求实际发生某种结果。这类犯罪主要是危害公共安全罪中的几种特定犯罪,如破坏交通工具罪、破坏交通设施罪,都是以行为人的破坏行为足以使交通工具发生倾覆、毁坏危险,作为犯罪的完成形态。

(四)举动犯

按照法律规定,行为人一着手犯罪实行行为即告犯罪完成和完全符合构成要件,从而构成既遂的犯罪。主要分为以下两种情况:(1)原本为预备性质的犯罪构成。如我国刑法中的参加恐怖活动组织罪、参加黑社会性质组织罪等。(2)教唆煽动性质的犯罪构成。如我国刑法中的煽动民族仇恨、民族歧视罪,传授犯罪方法罪等。

【实例分析 10-6】

对上述内容,可从下面的分析中深化认识:关于犯罪停止形态的论述,下列哪些选项是正确的?

A. 甲(总经理)组织召开公司会议,商定逃税。甲指使财务人员黄某将一笔 500 万元的收入在申报时予以隐瞒,但后来黄某又向税务机关如实申报,缴纳应缴税款。单位属于犯罪未遂,黄某属于犯罪中止。

B. 乙抢夺邹某现金 20 万元,后发现全部是假币。乙构成抢夺罪既遂。

C. 丙以出卖为目的,偷盗婴儿后,惧怕承担刑事责任,又将婴儿送回原处。丙构成拐卖儿童罪既遂,不构成犯罪中止。

D. 丁对仇人胡某连开数枪均未打中,胡某受惊心脏病突发死亡。丁成立故意杀人罪既遂。

分析如下:

1. A 选项,本案涉嫌逃税罪(单位犯罪),逃税罪的实行行为是采取欺骗、隐瞒手段进行虚假纳税申报或者不申报;本案中单位已实施隐瞒手段,可认为是实行;因单位成员不配合而停止,对于单位而言构成未遂,对于自动停止的黄某而言,构成中止。

2. B 选项,假币在特定场合中可以被认定为刑法中的"财物",抢夺罪的既遂标准是控制住财物,抢夺得到了财物。行为人虽然具有具体认识错误,但不影响既遂的认定。因此乙的行为是既遂。

3. C 选项,对于拐卖儿童罪而言,"拐"的行为完成,亦即拐骗、绑架、收买、贩卖、接送、中转的行为之一完成,即为拐卖儿童罪的既遂,而无需卖出。本案中偷盗得到婴儿,认定为既遂,而不是中止。

4. D 选项,本选项所涉的是故意杀人罪,开枪行为是实行行为,与被害人特殊体质发生作用后导致死亡结果,认定有因果关系,故为既遂。

A、B、C、D 四项均为正确。

三、既遂犯的刑事责任

犯罪既遂的行为人是既遂犯,同时刑法分则对各种犯罪规定的刑事责任也都是以既遂犯为基准的,因此,对于既遂犯直接按照刑法分则有关条文的规定追究其刑事责任。既遂犯不但是其他犯罪形态定罪的依据,而且是其他犯罪形态量刑的依据。

第十一章 共同犯罪

> **学习要求**
>
> **了解**：共同犯罪的概念
> **理解**：共同犯罪的形式；共同犯罪人的分类
> **熟悉并能够运用**：共同犯罪人的刑事责任
> **主要涉及的法条**：
> 第二十五条 【共同犯罪概念】共同犯罪是指二人以上共同故意犯罪。
> 二人以上共同过失犯罪，不以共同犯罪论处；应当负刑事责任的，按照他们所犯的罪分别处罚。
> 第二十六条 【主犯】组织、领导犯罪集团进行犯罪活动的或者在共同犯罪中起主要作用的，是主犯。
> 三人以上为共同实施犯罪而组成的较为固定的犯罪组织，是犯罪集团。
> 对组织、领导犯罪集团的首要分子，按照集团所犯的全部罪行处罚。
> 对于第三款规定以外的主犯，应当按照其所参与的或者组织、指挥的全部犯罪处罚。
> 第二十七条 【从犯】在共同犯罪中起次要或者辅助作用的，是从犯。
> 对于从犯，应当从轻、减轻处罚或者免除处罚。
> 第二十八条 【胁从犯】对于被胁迫参加犯罪的，应当按照他的犯罪情节减轻处罚或者免除处罚。
> 第二十九条 【教唆犯】教唆他人犯罪的，应当按照他在共同犯罪中所起的作用处罚。教唆不满十八周岁的人犯罪的，应当从重处罚。
> 如果被教唆的人没有犯被教唆的罪，对于教唆犯，可以从轻或者减轻处罚。

第一节 共同犯罪概述

一、共同犯罪的概念

我国《刑法》第 25 条第 1 款明确规定："共同犯罪是指二人以上共同故意犯罪。"对于共同犯罪的概念，因共同犯罪的体系不同会有所差异。我国刑法中的共同犯罪的体系以主犯①为中心,而德、日等大陆法系国家以正犯为中心。共同犯罪是单独犯罪的相对概念,是犯罪的复杂形式。从违法性的层面来说,共同犯罪立法和理论所解决的问题是将违法事实归属于哪些人参与的行为。就具体案件而言,司法机关认定二人以上的行为是否成立共同犯罪,是为了解决二人以上行为的客观归责问题。②

二、共同犯罪的成立条件

关于共同犯罪的成立条件,刑法学界主要有以下几种观点:(1)行为共同说。此观点认为,共同犯罪是指熟人共同实施了行为,而不是共同实施特定的犯罪。或者说,各人以共同行为实施各人的犯罪时也成立共同正犯,在行为方面,不要求共同实施特定的犯罪,只要行为具有共同性就可以成立共同犯罪;在意思联络方面,也不要求数人必须具有共同实现犯罪的意思联络,只要就实施行为具有意思联络就可以成立共同犯罪。③(2)犯罪共同说。此观点认为,共同犯罪必须是二人以上共同实施特定的犯罪,即他们只能就完全相同的犯罪成立共同犯罪。(3)整体行为说。认为共同犯罪是参与人共同故意实施的行为,具有整体性,发生结果时所有行为都与结果有因果关系。共犯人既要对自己行为的直接结果负责,还要对与自己行为有因果关系的他人行为的直接结果负责。④(4)意思联络说。认为共同犯罪的根据在于各个行为人主观的意思联系与沟通,通过主观的沟通与协助,从而客观上也达到协助进行,使违法行为更加方便实行。(5)利用行为条件说。认为共同犯罪行为是相互利用他人的行为作条件,他人的行为就成了行为人行为所利用的客观条件之一,是行为人行为的组成部分,行为人应该对自己控制的其他共同犯罪人的行为引起的危害结果独立地承担刑事责任。只有为共同犯罪人主观罪过所能认识和控制的其他共同犯罪人的行为才可能成为其行为的组成部分。⑤通说认为,共同犯罪满足其客观条件和主观条件便能成立,即共同犯罪行为和共同犯罪故意。

(一)共同犯罪成立的客观条件

共同犯罪的成立必须要有共同的犯罪行为,即要有二人以上共同实行或者参与犯罪,此为共同犯罪成立的客观条件,是共同犯罪人承担刑事责任的客观基础。而所谓共同犯罪行为,是指各个共同犯罪人在参加共同犯罪时,不论其分工如何,参与程度如何,所有共同犯罪人的行为总是有机联系的,在整个犯罪链条中,各个共同犯罪人的行为和所发生的犯罪结果之间都具有因果关系。⑥共同犯罪的行为方式多样,在理论上可归纳分类如下:

---

① 参见我国《刑法》第26条:组织、领导犯罪集团进行犯罪活动的或者在共同犯罪中起主要作用的,是主犯。
② 参见张明楷:《刑法学》,法律出版社2011年版,第348页。
③ 同上书,第358页。
④ 参见张明楷:《刑法学》,法律出版社2007年版,第311页。
⑤ 参见陈世伟:《论共犯的二重性》,西南政法大学2006年博士学位论文,第1—18页。
⑥ 参见曲新久等:《刑法学》,中国政法大学出版社2008年版,第66页。

1. 实行行为

共同实行行为是指二人以上直接实行刑法分则规定的行为。二人以上共同实施犯罪时并不要求每一个人的行为都符合具体罪名的犯罪构成,只要符合构成要件中部分行为即可。例如,甲、乙二人商量实施盗窃,甲负责在门口望风,乙负责在屋内翻找财物,甲、乙二人构成共同犯罪。

2. 组织行为

组织行为是指组织者实施的指挥、策划、领导犯罪的行为。这些行为主要不是刑法分则所规定犯罪的实行行为,而是由刑法总则加以规定的。刑法分则里也有直接规定有组织犯罪的罪名,如《刑法》第120条规定了组织、领导、参加恐怖组织罪。有些组织者并不直接参与犯罪的实行行为,如抢劫集团的首要分子只在幕后起组织作用。对这种实施组织行为的首要分子定罪的时候,要结合刑法总则对于共同犯罪的规定。

3. 教唆行为

教唆行为是指故意引起他人产生犯罪意图的行为。教唆行为的形式是多样的,如劝说、请求、挑拨、刺激、利诱、威胁等方式。教唆既可以表现为口头形式,也可以用书面表达,还可以用打手势、使眼神等动作表达。

4. 帮助行为

帮助行为是指为其他共同犯罪人实行犯罪创造便利条件,在共同犯罪中起次要或者辅助作用的行为。在共同犯罪中,帮助行为可能表现为不同的形式。从帮助行为的形式划分,可以分为物质帮助和精神帮助。物质帮助是指在物质上、体力上提供帮助,如提供犯罪工具,查探被害人行踪,排除犯罪障碍等。精神帮助是指精神上、心理上的支持,如帮助实行犯出主意、想办法、支持打气以坚定其决心等。从帮助的时间划分,可以分为事前帮助、事中帮助、事后帮助。事前帮助是指事前为实行犯实行犯罪创造便利条件的行为。事中帮助是指在实行犯罪的过程中进行帮助。事后帮助指事后为实行犯隐匿犯罪证据或提供隐藏场所的行为,以事前有同谋为前提,否则不构成共同犯罪。

【实例分析 11-1】

在司法实践中,共同犯罪的行为是非常复杂的,应当根据具体犯罪和行为属性予以判断。例如,关于共同犯罪的行为,下列哪些选项是正确的?

A. 乙因妻丙外遇而决意杀之。甲对此不知晓,出于其他原因怂恿乙杀丙。后乙杀害丙。甲不构成故意杀人罪的教唆犯。

B. 乙基于敲诈勒索的故意恐吓丙,在丙交付财物时,知情的甲中途加入帮乙取得财物。甲构成敲诈勒索罪的共犯。

C. 乙、丙在五金店门前互殴,店员甲旁观。乙边打边掏钱向甲买一羊角锤。甲递锤时对乙说:"你打伤人可与我无关。"乙用该锤将丙打成重伤。卖羊角锤是甲的正常经营行为,甲不构成故意伤害罪的共犯。

D. 甲极力劝说丈夫乙(国家工作人员)接受丙的贿赂,乙坚决反对,甲自作主张接受该笔贿赂。甲构成受贿罪的间接正犯。

分析如下：

1. A选项，考查教唆行为。教唆行为的本质是制造新的犯意，在本案中，实行犯乙的杀人犯意是其本人制造的，在甲实施教唆行为之前乙就已有犯意，而并非甲的行为制造。故而甲不能构成教唆犯。

2. B选项，考查介入的帮助行为。甲在乙实施敲诈勒索罪行为终了之前，以共同故意加入，可成立敲诈勒索罪承继的共同犯罪(后文有详述)。

3. C选项，考查中立帮助行为构成帮助犯的条件。甲为对乙实施的具有紧迫性的重伤行为提供了帮助，可成立帮助犯。

4. D选项，考查间接正犯行为。对于身份犯罪而言，行为人具有特殊身份，才能成立正犯。间接正犯也是正犯的一种，也需要特殊身份。本案中甲无特殊身份，不构成受贿罪的间接正犯。同时，乙未实施受贿行为，甲也不构成教唆犯。

所以，A、B为正确选项。

(二) 共同犯罪成立的主观条件

共同犯罪主观上必须要有共同故意，此为成立共同犯罪的主观条件。通常所说共同故意，要具备两个因素：认识因素和意志因素。认识因素是指共同犯罪人不仅要认识到自己在故意实施犯罪，也要认识到还有其他犯罪人和自己一起共同实施犯罪。意志因素是指共同犯罪人明知共同犯罪行为会造成危害社会的结果，仍然希望或者放任这种危害结果发生。犯罪的共同故意使共同犯罪人之间的行为彼此联系，相互配合，共同完成犯罪。共同犯罪包括两层含义，一是各个共同犯罪人有共同的犯罪故意，二是各个共同犯罪人之间有意思联络。

常见的是事先共谋的共同犯罪，是指行为人在实施共同的危害行为之前，已经形成了共同的犯罪故意和意思联络。对于已经存在事先共谋并在该主观要件支配下实施了共同的危害行为的责任分配，总体上都认为形成共同犯罪。对于共谋而未实行者是否构成共同犯罪，存在两种不同观点。

如甲、乙上午9点共同约定好晚上7点在丙家附近会合，共同去丙家杀害丙。甲晚上7点持刀准时到丙家，而乙在上午9点多两人共谋完回家途中过马路闯红灯被车撞了，送医院抢救。甲晚上8点久候不耐，独自去丙家杀害了丙。对此，甲构成故意杀人罪无异议，对于乙的刑事责任则存在争议。一种观点认为，仅仅参与共谋，不构成共同犯罪。另一种观点认为，共谋而未实行，也构成共同犯罪。认为共同行为不仅指犯罪的实行行为，而且指犯罪的教唆行为或帮助行为，其中自然包括共谋行为。共谋是指数人就准备实施的犯罪进行谋议，它可能是对犯罪的教唆，也可能是对犯罪的帮助，因而共谋本身就是共同犯罪行为。

我们认为，对于有事先共谋而未有共同实行的情况，不能一概认为是共同犯罪或者不存在共同犯罪，需要根据具体案件情况予以分析：(1) 对于严重的侵害人身权利或者危害公共安全的行为,除共谋本身被依法认定为犯罪的以外,未实行的共谋者对其他实行人有激励、启发、教唆作用的,仍应当被认定为共犯。(2)但对于并不严重的其他行为,未实行的共谋者对全部实行行为作用不大的,可以不认定为共犯。如共谋实施诽谤他人的行为,因故未实行、作用不大的,可以不认定为共犯。

【实例分析 11-2】

本例考查共同犯罪人主观上发生不同的故意认识或者发生错误认识时的处理问题。甲、乙、丙共谋要"狠狠教训一下"他们共同的仇人丁,到丁家后,甲在门外望风,乙、丙进屋打丁。当时只有丁的好友田某在家,乙、丙错误地把体貌特征和丁极为相似的田某当作是丁进行殴打,遭到田某强烈反抗和辱骂,二人分别举起板凳和花瓶向田某头部猛击,将其当场打死。关于本案的处理,下列哪些判断是正确的?

A. 甲、乙、丙构成共同犯罪;
B. 甲、乙、丙均成立故意杀人罪;
C. 甲不需要对丁的死亡后果负责;
D. 甲成立故意伤害罪。

分析如下:

1. 本事例存在认识错误的问题。实行犯乙和丙将田某当作丁侵害,发生了具体对象认识错误,由于打的都是"人",按法定符合说,认定为犯罪既遂。

2. 本事例还存在发生不同故意认识的问题。甲、乙、丙的共同犯罪故意内容是"狠狠教训一下"丁,按一般人的语言习惯理解,应可包括故意伤害,但不能包括故意杀人,亦即,三人的共同犯罪故意内容是故意伤害。实际上,乙、丙的实行行为转化为故意杀人(朝他人头部猛击),则乙、丙的行为是犯意转化,构成故意杀人罪,此实行行为超过共犯故意,相对于甲而言属实行过限,甲对死亡结果的发生不承担故意责任。

3. 甲对死亡结果不承担故意责任,是否应当承担过失责任?回答是肯定的,因为甲有伤害的故意,在行为实行过程中由于伤害与杀害只有程度之别,很难把握分寸,甲可能对死亡结果反对,但应当预料到死亡结果可能发生,因此具有过失。

4. 由此,乙、丙构成故意杀人罪(既遂),甲构成故意伤害罪(既遂),属故意伤害罪(致人死亡),三人在故意伤害罪的范围内成立共同犯罪。故选项 A、D 正确,B、C 错误。

三、不成立共同犯罪的情况

(一)共同过失犯罪

共同过失犯罪要区别于过失共同犯罪。我国《刑法》第25条第2款规定:"二人以上共同过失犯罪,不以共同犯罪论处;应当负刑事责任的,按照他们所犯的罪分别处罚。"此处明确规定共同过失犯罪不按照共同犯罪处理。而过失共同犯罪是指二个以上行为人负有防止危害结果发生的共同注意义务,由于全体行为人的共同不注意,以致危害结果发生的一种共同犯罪形态。①

【实例分析 11-3】

对于过失共同犯罪是否属于共同犯罪存在争议。例如,甲、乙二人系某厂锅炉工。一天,甲的朋友多次打电话催其赴约,但离交班时间还有 15 分钟。甲心想,乙一直以来都是提前 15 分钟左右来接班,今天也快来了。于是,在乙到来之前,甲就离开了岗位。恰巧乙这天也有要事。乙心想,平时都是我去后甲才离开,今天迟去 15 分钟左右,甲不会有什么意见的。于是,乙过了正常交接班时间 15 分钟左右才赶到岗位。结果,由于交班时间差的半个小时内锅炉无人看管,致使锅炉发生爆炸,损失惨重。对于甲、乙行为的认定,下列哪些选项是正确的?

A. 属共同犯罪　　　　　　　　B. 属共同过失犯罪
C. 各自构成故意犯罪　　　　　D. 应按照甲、乙所犯的罪分别处罚

分析如下:

甲、乙均违反职责,对于结果的发生均有过失。并且甲、乙二人如有任何一人履行职责,就不会造成危害结果,只有在二人都不履行职责时,结果才能发生。所以是二人的共同行为导致了结果的发生,二人是共同过失犯罪,而非下文分析的同时犯。根据《刑法》第 25 条第 1 款的规定,共同犯罪是指二人以上共同故意犯罪,故二人不是共同犯罪。根据第 2 款规定,二人以上共同过失犯罪,不以共同犯罪论处;应当负刑事责任的,按照他们所犯的罪分别处罚。二人是共同过失犯罪,按所犯之罪分别处罚。选项 B、D 正确。

(二) 同时犯

同时犯是指二人以上没有意思联络,对同一对象同时或者接近同时实行同一的犯罪行为。同时犯可以分为一般同时犯和特殊同时犯。一般同时犯的各行为人之间没有意思联络,不属于共同犯罪,应当受到刑罚处罚的,分别按照各自实行的行为进行处罚。特殊同时犯是指二人以上在没有意思联络的情况下,在相近的时间或地点分别对同一被害人实施暴力导致被害人被伤害,但不能证明该伤害或者该伤害的轻重是由谁的暴力行为导致的情况。② 日本的刑法规定特殊同时犯可以按照共同正犯处理,我国没有这一规定。

(三) 间接正犯

间接正犯是指利用他人为工具来实现自己的犯罪意图的行为。间接正犯是直接正犯的相对概念。根据被利用人的性质,间接正犯行为主要包括以下类型:(1) 利用无责任能力人。如利用未成年人、精神病人实行犯罪行为来达到自己的犯罪意图。

---

① 参见孙国祥:《论共同过失犯罪》,载高铭暄、赵秉志主编:《新中国刑法学五十年》(上),中国方正出版社 2000 年版,654 页。

② 参见曲新久主编:《刑法学》,中国政法大学出版社 2011 年版,第 157 页。

(2) 利用他人无意的行为。如利用不知情的第三者实施犯罪行为以及利用他人过失实施犯罪行为。通常认为,间接正犯不属于共同犯罪。

【实例分析11-4】

15周岁的甲非法侵入某尖端科技研究所的计算机信息系统,18周岁的乙对此知情,仍应甲的要求为其编写侵入程序。关于本案,下列哪一选项是错误的?

A. 如认为责任年龄、责任能力不是共同犯罪的成立条件,则甲、乙成立共犯;

B. 如认为甲、乙成立共犯,则乙成立非法侵入计算机信息系统罪的从犯;

C. 不管甲、乙是否成立共犯,都不能认为乙成立非法侵入计算机信息系统罪的间接正犯;

D. 由于甲不负刑事责任,对乙应按非法侵入计算机信息系统罪的片面共犯论处。

分析如下:

《刑法》第285条规定非法侵入计算机信息系统罪,是指违反国家规定,侵入国家事务、国防建设、尖端科学技术领域的计算机信息系统的行为。

1. 关于A项。司法考试的观点认为:共同犯罪,是违法性层面的共犯,换言之,只要具有共同的违法性,即共同的犯罪行为,即使没有共同的有责性,即共同的罪名,也能成立共犯。本案中,15周岁的甲实施了非法侵入计算机信息系统罪的实行行为,18周岁的乙实施了该罪的帮助行为,二人具有共同的犯罪行为,成立共犯。因此,A项的表述正确,不选。

2. 关于B项。如A项分析所述,本案中的乙实施了非法侵入计算机信息系统罪的帮助行为,系帮助犯,帮助犯都是从犯,对共同犯罪起次要的、辅助的作用。因此,B项的表述正确,不选。

3. 关于C项。间接正犯,如上文所述,是指自己不亲自实施犯罪,而是利用他人实施犯罪的情况。由于间接正犯并不以自己的身体动作直接实现构成要件,故被利用者必须客观上实施了符合构成要件的违法行为。换言之,之所以肯定间接正犯的正犯性,是由于间接正犯与直接正犯、共同正犯一样,支配了犯罪事实,支配了构成要件的实现。本案中,15周岁的甲对自己实施的非法侵入计算机信息系统的行为具有完全的理解能力,18周岁的乙并未支配甲实施该行为。因此,C项的表述正确,不选。

4. 关于D项。如下文所述,片面共同犯罪也称为片面共犯,是指共同行为人的一方有与他人共同实施犯罪的意思,并帮助他人实施犯罪行为,但他人却不知其给予协助,因而是没有意思联络和同谋的情形。越来越多的观点将片面共犯认定为共犯,因为知情的一方为最终结果的发生提供了物理原因力或者心理原因力。片面共犯的"片面"一词,顾名思义,是指"单方"的意思。本案中,15周岁的甲实施的是非法侵入计算机信息系统罪的实行行为,18周岁的乙实施的是非法侵入计算机信息系统罪的帮助行为,双方互为知情,具有共同的意思联络,存在共谋,根本不存在片面共犯的问题。因此,D项的表述错误,当选。

（四）片面共同犯罪

片面共同犯罪也称为片面共犯，是指共同行为人的一方有与他人共同实施犯罪的意思，并帮助他人实施犯罪行为，但他人却不知其给予协助，因而是没有意思联络和同谋的情形。对于片面共犯是否是共同犯罪存在争议，我国刑法并没有对此进行明确规定。刑法理论上有肯定说和否定说两种见解。

否定说认为，共同犯罪的构成要件是二人以上基于共同意愿实施了共同犯罪，这种故意应该是全面的、相互的，如果是片面的故意，与共同犯罪的故意是相矛盾的，因此片面共同犯罪不属于共同犯罪。[①] 肯定说认为，根据我国刑法关于共同犯罪的规定和司法实践的客观要求，不能否认我国刑法中存在片面共同犯罪。[②]

我国刑法界比较普遍的观点认为，承认片面共同犯罪是共同犯罪并不违背我国刑法的共同犯罪理论，而且也符合实践的需要。事实上，有关片面共同犯罪的规定已经在我国刑法条文中有所体现。如我国《刑法》第198条第4款明确规定："保险事故的鉴定人、证明人、财产评估人故意提供虚假的证明文件，为他人诈骗提供条件的，以保险诈骗的共犯论处。"仔细分析这一条文，可以发现为他人诈骗提供条件的人有可能与实施诈骗者有通谋，也可能没有通谋而有意帮助实施诈骗者进行诈骗。

（五）共犯的过限行为

共犯的过限行为是指实行犯实施了超过共同犯罪人的故意以外的行为或者共同正犯人故意以外的行为。共犯的过限行为有两种情况：一是实行犯的行为超过了教唆者教唆的内容；二是共同正犯人中部分人的行为超过了共谋的范围。此种情况下超过犯罪故意实施其以外的犯罪，按照实施者实施的犯罪处罚。比如，甲、乙二人共谋盗窃，但是乙却在盗窃过程中实施了抢夺行为，由于该行为并不在共谋范围内，因此乙单独承担抢夺罪的责任。

【实例分析11-5】

甲、乙经共谋后到丙的住所对其实施了强奸。事后，甲趁丙不注意，将其钱包拿走。第二天，甲发现丙的钱包里有一张已经中了5万元的彩票，即兑了奖。就甲拿走被害人钱包和私自兑奖的行为而言，下列哪些选项是正确的？

A. 甲和乙成立盗窃罪的共同犯罪；
B. 甲单独对自己的行为承担刑事责任；
C. 甲的行为构成盗窃罪；
D. 甲的行为构成盗窃罪和诈骗罪，应实行数罪并罚。

分析如下：

1. 甲、乙共同犯罪的故意内容是强奸，并客观上实施了强奸行为，故二人对强奸

[①] 参见高格：《关于共同犯罪的几个理论问题的探讨》，载《吉林大学社会科学学报》1982年第1期。
[②] 参见陈兴良：《论我国刑法中的片面共犯》，载《法学研究》1985年第1期。

罪构成共同犯罪。

2. 可以兑奖的彩票具有财物属性,是盗窃罪的对象;甲趁人不注意而拿走,构成盗窃罪。根据最高人民法院《关于审理抢劫、抢夺刑事案件适用法律若干问题的意见》第8条,行为人实施伤害、强奸等犯罪行为,在被害人失去知觉或者没有发觉的情形下,以及实施故意杀人犯罪行为之后,临时起意拿走他人财物的,应以此前所实施的具体犯罪与盗窃罪实行数罪并罚。之后兑奖的行为属事后不可罚行为,被之前的盗窃行为吸收,不再单独处罚。

3. 由于盗窃不是共同故意的内容,甲单独实施是实行过限,乙不承担共同犯罪责任。故 B、C 为正确选项。

(六)事后通谋的窝藏行为、包庇行为

事后通谋的窝藏行为、包庇行为不构成共同犯罪。这是指犯罪人为已经实施完毕犯罪行为的人提供窝藏或者包庇等事后帮助的情形。这种情形由于不具备共同的犯罪故意和共同的犯罪行为,不成立共同犯罪。我国刑法分则当中已经将这种情形下实施的行为独立规定为犯罪,行为人根据具体情况可成立窝藏罪、包庇罪以及掩饰、隐瞒犯罪所得、犯罪所得收益等犯罪。

第二节 共同犯罪的形式

共同犯罪的形式以不同的标准,从不同的角度可以有多种划分方式。这种多种形式的划分可以帮助我们从不同的方面认识共同犯罪的特点、性质及其社会危害程度,司法工作者可以正确地区分、对待共同犯罪人。目前刑法理论界主要有以下几种对共同犯罪形式的划分。

一、任意的共同犯罪和必要的共同犯罪

以共同犯罪能否任意构成为标准,可以将其划分为任意的共同犯罪和必要的共同犯罪。任意的共同犯罪是指刑法分则规定的一人单独能够实施的犯罪,由二人以上共同实施的犯罪。从定义中可知,这种犯罪既可以由一人也可以由二人以上共同实施。对任意共同犯罪的行为人定罪量刑时,不仅要根据刑法分则的规定还要依据总论中关于共同犯罪的规定定罪量刑。必要的共同犯罪是指刑法分则规定的只能由二人以上共同实施的犯罪。这种犯罪不能由个人单独实施,定罪量刑只能根据刑法分则的规定进行。

根据我国刑法的相关规定,必要的共同犯罪常见的是聚合性共同犯罪。它是指以三人以上的聚合行为作为犯罪成立要件的一类犯罪。比如,聚众斗殴罪即为适例。这类共同犯罪的特点是:(1)人数较多,为三人以上。(2)行为人的目的相同。(3)犯罪过程中,行为人参与的程度和形态可能不同,如有的实施组织、策划或者指挥,有的只

是参与实施犯罪活动,有的是积极参与共同犯罪活动。值得强调的一点是,我国刑法分则规定了很多聚众性的犯罪,但是"聚众犯罪"并不一定就是"聚合性的共同犯罪"。如,聚众扰乱公共场所秩序、交通秩序罪,按照刑法的规定,该罪仅处罚"首要分子"。如果在"首要分子"只有一个的情况下,这种犯罪并不成立共同犯罪。

二、简单共同犯罪和复杂共同犯罪

根据共同犯罪人之间有无分工,可以将共同犯罪分为简单共同犯罪和复杂共同犯罪。简单共同犯罪是指各个共同犯罪人之间没有行为上的分工,即各共同犯罪人都直接地实行了某一具体的犯罪行为的情况。① 这里需要明确共同犯罪里的分工是指有人教唆、有人组织、有人实施、有人帮助、有人窝藏等所谓地位、作用上的分工,而不是指具体行为、动作上的分工。复杂共同犯罪是指共同犯罪人之间存在着不同分工,共同实施犯罪的情况。这种共同犯罪比较复杂,要对各个共同犯罪的具体行为具体分析而定罪量刑。

三、事前有通谋的共同犯罪和事前无通谋的共同犯罪

根据共同犯罪故意形成的时间,可以将共同犯罪分为事前有通谋的共同犯罪和事前无通谋的共同犯罪。这里的"通谋"是指共同犯罪人之间通过语言、文字或者动作等互相沟通犯罪意思而达成合意的过程。"通谋"的内容可能是拟定所实施的犯罪、犯罪方法、地点、时间、分工,也可能是犯罪后湮灭罪迹、分配赃物的方式等。"通谋"的具体形式可能表现为用语言进行谋议,或以文字交换意见,也可能表现为用具体的动作甚至是眼神。

事前有通谋的共同犯罪是指共同犯罪人的犯罪故意是在着手实行犯罪以前形成的。各个共同犯罪人在犯罪预备阶段就协商了有关共同犯罪的计划,这种类型的共同犯罪更容易达成,因而社会危险性也更大。事前无通谋的共同犯罪是指各个共同犯罪人在着手实施犯罪时或者在实行犯罪的过程中临时形成犯罪故意的情况。与事前有通谋的共同犯罪相比较,事前无通谋的共同犯罪社会危害性较小,多是偶发性犯罪。

四、一般共同犯罪和有组织的共同犯罪

以各共同犯罪人之间有无组织形式为标准,可以将共同犯罪分为一般共同犯罪和有组织的共同犯罪。一般共同犯罪是二人以上不具备严密组织形式的犯罪。他们为实施犯罪临时集合,通常实行犯罪一次或者数次后即解散。有组织的共同犯罪也称为犯罪集团。我国《刑法》第 26 条第 2 款规定:"三人以上为共同实施犯罪而组成的较为固定的犯罪组织,是犯罪集团。"刑法总则明确规定了犯罪集团的定义,犯罪集团是一种常见的形式,有必要对此进行深入研究。犯罪集团具有以下特征:(1) 人数是三人

---

① 参见刘宪权主编:《刑法学》(上),上海人民出版社 2012 年版,第 224 页。

以上。犯罪集团的成员至少在三人以上,现实中犯罪集团的人数可达到数十人、几百人。(2)具有一定程度的组织性。犯罪集团有明显的组织领导,有首要分子和普通成员。首要分子组织、领导犯罪,普通成员按照领导共同实施犯罪。(3)具有一定的稳定性。犯罪集团是为了经常性地共同实施犯罪而组成的组织,其成员基本固定,在实施一次犯罪后还会继续存在,具有较强的稳定性。(4)具有一定的犯罪目的性。犯罪集团的各个成员通常是基于共同实施一种或者几种犯罪而聚集、结合在一起。在追究犯罪集团各个成员的刑事责任时,要结合《刑法》第26条第3款的规定以及刑法分则的规定定罪量刑。

我国刑法分则对某些常见的有组织共同犯罪作了更为细致的规定,例如我国目前最为严密的犯罪集团可能是"黑社会性质的组织"。根据我国《刑法》第294条第5款的规定,"黑社会性质的组织应当同时具备以下特征:(1)形成较稳定的犯罪组织,人数较多,有明确的组织者、领导者,骨干成员基本固定;(2)有组织地通过违法犯罪活动或者其他手段获取经济利益,具有一定的经济实力,以支持该组织的活动;(3)以暴力、威胁或者其他手段,有组织地多次进行违法犯罪活动,为非作恶,欺压、残害群众;(4)通过实施违法犯罪活动,或者利用国家工作人员的包庇或者纵容,称霸一方,在一定区域或者行业内,形成非法控制或者重大影响,严重破坏经济、社会生活秩序"。这4个基本特征是经过近20年刑事司法实践的总结,是我们认定黑社会性质组织的基本法定标准。

目前司法实践中经常使用"犯罪团伙"这一概念。我国刑法只规定了犯罪集团和一般共同犯罪,而没有规定犯罪团伙,所以对于什么是犯罪团伙,实务界和理论界都存在着不同的看法。有的认为犯罪团伙就是犯罪集团,有的认为犯罪团伙是介于一般共同犯罪与犯罪集团之间的共同犯罪形式;有的认为犯罪团伙是犯罪集团与犯罪结伙的合称;有的认为犯罪团伙包括犯罪集团和一般共同犯罪。多数学者认为最后一种观点是可取的,即犯罪团伙是指三人以上结成一定组织或者纠合比较松散的共同犯罪形式。这样来界定犯罪团伙,既符合现有法律规定的精神,又符合刑事司法的实际情况。对犯罪团伙案件的处理,应当具体情况具体分析。根据法律的规定,能定为犯罪集团的,依照犯罪集团处理;否则,就依照一般共同犯罪处理。处理这类案件时,在判决、裁定以及其他法律文书中,要避免使用"犯罪团伙"的提法。

五、承继的共犯

承继的共犯是指在先行行为人的部分行为已经实施终了之后未达到既遂之前,后行行为人以共同犯罪的故意中途参与犯罪的形态。[①] 关于承继的共犯中后行行为人的中途参与行为是否对先行行为人的行为造成的结果承担刑事责任的问题,主要有两种学说:积极说和消极说。积极说认为后行行为人要对先行行为人的行为和结果承担

[①] 参见曲新久主编:《刑法学》,中国政法大学出版社2011年版,第171页。

责任,原因是先行行为人与后行行为人有犯罪意思的沟通,这种沟通发生在哪一阶段并不重要。消极说认为后行行为人对先行行为没有任何影响,只是利用了先行行为造成的影响和结果而实施了犯罪行为,后行行为人只需对自己参与的行为负责,承担部分责任。但是对于加重结果的承担,多数观点认为后加入的人对于先行行为的加重结果不负责。

【实例分析11-6】

关于共同犯罪的论述,下列哪一选项是正确的?

A. 甲为劫财将陶某打成重伤,陶某拼死反抗。张某路过,帮甲掏出陶某随身财物。二人构成共犯,均须对陶某的重伤结果负责。

B. 乙明知黄某非法种植毒品原植物,仍按黄某要求为其收取毒品原植物的种子。二人构成非法种植毒品原植物罪的共犯。

C. 丙明知李某低价销售的汽车系盗窃所得,仍向李某购买该汽车。二人之间存在共犯关系。

D. 丁系国家机关负责人,召集领导层开会,决定以单位名义将国有资产私分给全体职工。丁和职工之间存在共犯关系。

分析如下:

1. A选项,甲的抢劫犯罪尚未实施终了,张某加入,二人构成抢劫罪的共同犯罪,张某系承继的共同犯罪。但陶某的重伤结果是在张某加入之前发生的,是甲的行为造成的,对此张某不负责。A选项说法错误。

2. B选项,二人在非法种植毒品原植物行为实施之前即有共谋,应当认定构成共同犯罪。

3. C选项,事前无共谋,在他人实施盗窃犯罪既遂之后购买赃物,不构成共同犯罪,丙构成掩饰、隐瞒犯罪所得罪。

4. D选项,私分国有资产罪为单位犯罪,单位犯罪的行为人只是单位,其中责任人员与单位员工只是刑罚主体而不是犯罪主体,不构成共同犯罪。

故只有B选项正确。

第三节 共同犯罪人及其刑事责任

由于各共同犯罪人在共同犯罪中的地位、作用以及分工不尽相同,有必要对共同犯罪人进行分类,从而更准确地认定不同犯罪人的刑事责任。所谓"共同犯罪人的分类"是指按照一定的标准,将共同犯罪人划分为不同的类型,以期合理地定罪量刑。世界上绝大多数国家的刑法规定了共同犯罪人种类。

从各国的立法例来看,对各共同犯罪人的分类标准主要有三种:

1. 分工分类法

这种分类方法是以共同犯罪人在共同犯罪活动中的分工为标准。按照这种分类方法,共同犯罪人可以分为:正犯(包括共同正犯)、教唆犯、帮助犯。正犯为实施构成要件行为之人;帮助正犯实施犯罪的为帮助犯;教唆他人犯罪的为教唆犯。采用分工分类的国家,具体对共同犯罪人具体分为几种,也并不完全相同。有的国家采用二分法,分为正犯与从犯,如1810《法国刑法典》采用这种分类,其所谓的从犯包括教唆犯和帮助犯;1995年《澳门刑法典》也采用这种分类方法,其所谓的正犯包括实行犯和教唆犯。有的国家采用三分法,分为实行犯、教唆犯和帮助犯,如1975年《联邦德国刑法典》就采用这种分类方法,其正犯就是实行犯。有的国家采用四分法,将共同犯罪人分为实行犯、组织犯、教唆犯和帮助犯,如1960年《苏俄刑法典》、2003年《俄罗斯联邦刑法典》等均采用这种分类方法。

总的来讲,以分工为标准对共同犯罪人进行划分,比较客观地反映了共同犯罪人在共同犯罪活动中所实施的具体行为,因此便于认定各共同犯罪人的行为。但是,它未能揭示各共同犯罪人在共同犯罪活动中所起的作用,因此又不利于正确解决各共同犯罪人的刑事责任。

2. 作用分类法

这种分类方法是以共同犯罪人在共同犯罪活动中的作用为标准。按照这种标准,共同犯罪人分为主犯和从犯。采用作用分类的国家,具体对共同犯罪人分为几种,也不完全相同。有的采用二分法,分为主犯和从犯。根据这一划分,即使从犯实施属于构成要件的行为,只要对完成犯罪不起主要的支配作用,仍然属于从犯,如1967年《英国刑事法令》颁布实施以前采用这种分类。有的采用四分法,将共同犯罪人分为一级主犯、二级主犯、事前从犯和事后从犯。以作用为标准的分类,比较客观地反映了共同犯罪人在共同犯罪中所起作用的大小,从而反映了他们各自的社会危害程度,便于对他们量刑,解决其刑事责任;但它没有反映各共同犯罪人在共同犯罪活动中的分工,因此,在对共同犯罪人进行定罪时,也难以解决一些问题,如教唆他人犯罪,而他人并未实施所教唆的犯罪行为就是适例。

3. 混合分类法

这种分类方法是以共同犯罪人在共同犯罪活动中的作用为主、分工为辅为标准。按照这种分类标准,一般将共同犯罪人分为正犯(实行犯)、从犯(帮助犯)、教唆犯,有的国家还包括组织犯。

从根本上说,对共同犯罪人的分类是为了合理解决各共同犯罪人的刑事责任,更好地贯彻罪刑相适应原则。我国刑法在总结实践经验的基础上,吸收世界各国刑法中共同犯罪人分类的长处,将共同犯罪人分为主犯、从犯、胁从犯、教唆犯。其中,主犯、从犯、胁从犯是以共同犯罪人在共同犯罪中所起的作用大小为标准进行划分的,教唆犯则是按照分工分类法划分的共同犯罪人的种类之一。教唆犯具有一定的特殊性和复杂性,不宜简单地认定为主犯或者从犯,因而我国刑法将教唆犯与主犯、从犯和胁从犯并列,单独加以规定,并按照他在共同犯罪中所起的作用进行处罚。就这一点而言,我国刑法中对共同犯罪人的分类采取的是以共同犯罪人在共同犯罪活动中所起的作用为主兼顾分工的标准,即混合分类法。因此,根据我国刑法的规定,我国刑法学上研究的共同犯罪人的法定种类有四类:主犯、从犯、胁从犯和教唆犯。

一、共同犯罪人的种类

(一) 主犯

1. 主犯的概念

《刑法》第 26 条第 1 款规定:"组织、领导犯罪集团进行犯罪活动的或者在共同犯罪中起主要作用的,是主犯。"除了该种情况成立主犯外,《刑法》第 97 条规定:"本法所称首要分子,是指在犯罪集团或者聚众犯罪中起组织、策划、指挥作用的犯罪分子。"这种情况下的首要分子也是主犯。主犯包括三种情况:

第一,犯罪集团中的首要分子。这种主犯具有两个特征:(1) 只存在于犯罪集团当中。也可以说,没有犯罪集团,就没有这种主犯。这是犯罪集团首要分子成立的前提条件。(2) 必须实施了组织、领导犯罪集团进行犯罪活动的行为。这种主犯的行为主要表现为组织或领导。所谓"组织"是指纠集、串联他人从而建立犯罪集团;所谓"领导"是指指挥犯罪集团成员进行犯罪活动,决定犯罪集团的犯罪计划等。正由于主犯的组织或者领导行为,犯罪集团才得以存在和发展,因而这种主犯是整个犯罪集团的核心。从某种意义上讲,没有这种主犯,也就没有犯罪集团。所以这种主犯具有更大的社会危害性,历来是我国刑法打击的重点。犯罪集团中的首要分子,可能只有一人,也可能是多人。

第二,聚众犯罪中的首要分子。聚众犯罪不是犯罪集团,它是临时性纠集在一起,三人以上共同实施犯罪。其中进行组织、策划、指挥的人就是聚众犯罪中的主犯,即首要分子。我国刑法中的聚众犯罪有三种:第一种是全部成员可罚的聚众犯罪,即聚众进行犯罪活动的人均可构成犯罪的聚众犯罪,如《刑法》第 317 条规定的组织越狱罪、暴动越狱罪、聚众持械劫狱罪等。第二种是部分成员可罚的聚众犯罪,即参与违法犯罪活动的人中只有首要分子和积极参加者可以构成犯罪的聚众犯罪,如《刑法》第 290 条规定的聚众扰乱社会秩序罪、《刑法》第 292 条规定的聚众斗殴罪等。第三种是个别成员可罚的聚众犯罪,即只有首要分子才能构成犯罪的聚众犯罪,如《刑法》第 291 条规定的聚众扰乱公共场所秩序、交通秩序罪等。聚众犯罪中起主要作用的犯罪分子具体包括全部可罚的聚众犯罪中的首要分子及其骨干成员和部分可罚的聚众犯罪中的首要分子。在全部可罚的聚众犯罪中起组织、策划、指挥作用的首要分子以及首要分子之外在聚众犯罪中起主要作用的犯罪分子也属于主犯。在部分可罚的聚众犯罪中起组织、策划、指挥作用的首要分子也属于主犯。在个别可罚的聚众犯罪中,首要分子是该种犯罪的主体要件,其他参加者一律不构成犯罪,如果首要分子只有一个,则不存在区分主、从犯问题。如果首要分子有两个以上,则应当根据他们在共同犯罪中的作用而区分主、从犯。

第三,其他在共同犯罪中起主要作用的犯罪分子。其他在共同犯罪中起主要作用的犯罪分子是指主要的实行犯,这些实行犯既可能在犯罪集团中,也可能在聚众犯罪中,但主要是一般共同犯罪中的主要实行犯。在聚众犯罪和犯罪集团中,这些人虽然不是首要分子,但是是犯罪活动的积极参加者和主要实施者,在共同犯罪中起主要作用,是主犯。

综上,从《刑法》第97条的规定可以看出,首要分子有两种:第一种是指在犯罪集团中起组织、策划、指挥作用的犯罪分子,即犯罪集团的首要分子。这种首要分子与《刑法》第26条规定的首要分子相当,但由于它是刑法分则所规定的,在处理这类首要分子时,应当直接引用刑法分则的有关条文,不需要援引《刑法》总则第26条。第二种是指在聚众犯罪中起组织、策划、指挥作用的犯罪分子,即聚众犯罪的首要分子。首要分子和主犯的关系分为以下层次:首先,首要分子只存在于聚众犯罪和犯罪集团中,而主犯既可以存在于犯罪集团和聚众犯罪中,也可以存在于一般的共同犯罪中。其次,主犯不一定是首要分子。主犯的范围比首要分子大,主犯除了是在犯罪集团和聚众犯罪中起组织、领导作用的首要分子外,还包括在共同犯罪中起主要作用的犯罪分子。此外,在犯罪集团中,首要分子必定是主犯,在聚众犯罪中,首要分子却不一定是主犯。

2. 主犯的刑事责任

《刑法》第26条第3款规定:"对组织、领导犯罪集团的首要分子,按照集团所犯的全部罪行处罚。"第26条第4款规定:"对于第三款规定以外的主犯,应当按照其所参与的或者组织、领导的全部犯罪处罚。"

(二)从犯

1. 从犯的概念

《刑法》第27条第1款规定:"在共同犯罪中起次要或者辅助作用的,是从犯。"在司法实践中,除了个别的共同犯罪案件因共同犯罪人在犯罪中的作用相差不大,都被认为是主犯外,在多数共同犯罪的案件中,是存在着主犯和从犯的区别的,从犯是相对于主犯而言的。①

2. 从犯的种类

(1) 在共同犯罪中起次要作用的从犯。实行犯对共同犯罪的完成起决定作用,当共同犯罪有多个实行犯时,往往就会有主犯、从犯之分。起次要作用的从犯主要有三个方面的特征:第一,从犯在共同犯罪中处于从属地位,只接受任务,从事某一方面的犯罪活动。第二,从犯只参与一部分犯罪活动,在共同犯罪中不起主要作用。第三,相对于主犯,从犯所犯罪行较小,对犯罪结果所起的作用也较小。

(2) 在共同犯罪中起辅助作用的从犯。这里主要指的是帮助犯,不直接参加犯罪活动,只提供一定的帮助行为。具体表现在:调查被害人的行踪、住宅、处所,指示犯罪

---

① 参见刘宪权主编:《刑法学》(上),上海人民出版社2012年版,第229页。

对象或犯罪地点,探听或者传递有利于犯罪实施的条件。这些行为多发生在犯罪预备或者犯罪着手的最初阶段。此外值得注意的是,犯罪后的帮助行为,如窝藏、包庇罪犯,帮助窝赃、销赃,均成立单独犯罪,不发生从犯问题;但是事前有通谋的,则按照共同犯罪论处。① 这里的辅助行为既可以采取作为方式,也可以是不作为方式。对于帮助犯的性质,理论上存在共犯从属性说,即共犯(特别是帮助犯)的成立和罪名认定必须依附于正犯行为(通常是实行行为),不可独立于正犯行为而单独成立共犯。

【实例分析 11-7】

醉酒后的丙(血液中的酒精含量为 152 ml,醉酒标准为 100 ml)与丁各自驾驶摩托车"飙车",经过某公路路段发生事故,造成丙死亡。丁离开现场后,找到无业人员王某,要其假冒飙车者去公安机关投案。王某虽无替丁顶罪的意思,但仍要丁给其 5 万元酬劳,否则不答应丁的要求,丁只好付钱。关于此事中丁的行为的定性,下列选项错误的是?

A. 丁指使王某作伪证,构成妨害作证罪的教唆犯;
B. 丁构成包庇罪的教唆犯;
C. 丁的教唆行为属于教唆未遂,应以未遂犯追究刑事责任;
D. 对丁的妨害作证行为与包庇行为应从一重罪处罚。

分析如下:

其一,对于王某而言,其并无顶罪的意思,无作伪证的故意或包庇的故意,也无顶罪的行为,不能构成伪证罪,也不能构成包庇罪。其二,对于教唆者丁而言,按照共犯从属性说,因实行者未实施不法行为,教唆犯亦不能成立,所以丁不能构成教唆犯,不能构成包庇罪的教唆犯。因王某没有作证行为和作证意图,不属"证人"或可能成为证人的人,所以丁也不能构成妨害作证罪。故 ABCD 说法均错误。

3. 从犯的刑事责任

《刑法》第 27 条第 2 款规定:"对于从犯,应当从轻、减轻处罚或者免除处罚。"从犯在共同犯罪中不起主要作用,罪行比主犯轻,社会危害性也相对较小,因此对从犯采取必减的处罚原则。

(三)胁从犯

1. 胁从犯的概念

根据《刑法》第 28 条规定,胁从犯是指被胁迫参加犯罪的人。所谓被胁迫参加犯罪,是指行为人是在受到暴力威胁或者精神威胁的情况下而被迫参加犯罪活动。具体来讲,胁从犯有以下两个基本特征:(1) 行为人在主观上明知自己参加的是犯罪活动并且不愿意参与犯罪。这是认定胁从犯的前提条件。如果行为人被迫参与的不是犯罪活动,那么行为人无论如何也不能构成胁从犯。(2) 行为人客观上由于他人的胁迫

---

① 参见刘宪权主编:《刑法学》(上),上海人民出版社 2012 年版,第 229 页。

而实施了犯罪行为。正因为如此,行为人要对其参与的犯罪活动负刑事责任。

这里应当注意两个问题:(1)他人的胁迫对行为人自由意志的影响是相对而言的,即并没有完全使行为人丧失控制自己行为的可能。换言之,胁从犯虽然精神上受到了一定的强制,但仍然具有相应的意志自由,还可以在是否参与犯罪的问题上作出自己的选择和决定,只不过行为人为了使自己的健康、名誉或者其他利益免受侵害而选择了参与犯罪活动。这是胁从犯最基本的特征。如果行为人的身体或者精神受到强制而完全丧失了意志自由,主观上不具有故意或者过失,那么在这种情况下行为人的身体动静就不是危害行为,不能构成胁从犯,而是应当认定为意外事件。(2)注意将胁从犯与紧急避险区分开来。如果行为人受到的威胁是一种直接威胁国家、公共利益、本人或者他人的人身权利、财产权利安全的现实危险,为了保护较大的利益而被迫参与实施了损害较小利益的行为,这种情况下行为人的行为应当认定为紧急避险,而不能认定为胁从犯。

目前,对于如何认定共同犯罪中胁从犯的行为,我国刑法学界有着不同的看法。有人认为,胁从犯的行为只能是起"辅助作用"的帮助行为,而不可能是"实行行为"。有人认为,胁从犯的行为是被胁迫实施的"次要实行行为"和"帮助行为"。刑法规定的"被胁迫参加犯罪",当然是指参加共同犯罪,而共同犯罪行为的形式包括实行行为和帮助行为,无论是实施实行行为还是帮助行为,都属于参加犯罪。因此,不能认为胁从犯的行为只限于帮助行为。本书认为,后一种观点是合理的,一是从刑法关于胁从犯的规定中,并不能得出"胁从犯只能是帮助行为"的结论;二是司法实践中被胁迫实施实行行为而只能认定为胁从犯的情形并不在少数。

值得注意的是,从犯罪过程来看,被胁迫参与犯罪是一个不断变化的动态过程。随着行为人参与犯罪后所实施的犯罪活动的变化,胁从犯在犯罪活动中所起的作用也会发生相应变化,因此被胁从者也就可能发生转化。在现实生活中,有的共同犯罪人最初是由于被胁迫而参加犯罪的,后来往往变为自愿或者积极从事犯罪活动,甚至有的被胁从者在案件立案侦查时已经成为犯罪集团中的骨干分子。在这种情况下,我们就不能以胁从犯论处,而是应当按照行为人在共同犯罪中所起的是主要作用还是次要或者辅助作用,分别以主犯或者从犯论处。在司法实践中,尤其要注意从发展的角度合理认定行为人的行为,以防止放纵犯罪人。

2. 胁从犯的刑事责任

《刑法》第 28 条规定:"对于被胁迫参加犯罪的,应当按照他的犯罪情节减轻处罚或者免除处罚。"

胁从犯对社会的危害性较小,人身危险性也相对较小,所以对其采取必减的处罚原则。

(四)教唆犯

1. 教唆犯的概念

根据《刑法》第 29 条的规定,教唆他人犯罪的,是教唆犯。这里的教唆表现为:以授意、劝说、鼓动、引诱等方法使没有犯罪意图的人产生犯意并且实施犯罪行为。教唆犯并不亲自实施犯罪，而是通过教唆使他人产生犯意、实施犯罪。

构成教唆犯，须要具备两个条件：

（1）在客观方面，必须有教唆他人犯罪的教唆行为。教唆行为必须是具体的、明确的。另外，教唆行为必须是引起和决定被教唆人实施犯罪行为的原因。教唆行为与被教唆人实施的犯罪具有刑法上的因果关系。其一，教唆的对象必须是有相应刑事责任能力的人。如果行为人教唆无刑事责任能力的人实施犯罪活动，那就不能构成教唆犯，因为这种情况下行为人是在利用无刑事责任能力人实施犯罪行为。这是本书前面提到的间接正犯。其二，教唆行为的具体方式是多种多样的，法律对此并没有一一罗列。教唆既可能是口头的，也可能是书面的，甚至是诸如使眼色、做手势等示意性动作。实施教唆的方法也是多样的，如收买、嘱托、劝说、请求、利诱、命令、威胁、强迫等。"教唆"实际上是对社会生活中教唆犯林林总总的各种教唆方法和方式的高度抽象。因此，无论教唆犯采用何种具体的形式或者方法教唆，都不影响教唆犯的成立。上述教唆行为的具体方式或者方法都只能由作为构成。

只要行为人实施了唆使他人产生犯罪故意的教唆行为就足以构成教唆犯，并不要求行为人传授具体的犯罪方法。如果行为人不仅教唆他人犯罪，而且利用同一教唆行为传授所教唆之罪的具体犯罪方法，构成犯罪的，应当认定为"所教唆之罪"与"传授犯罪方法罪"，按照想象竞合犯择一重罪而处之。例如，行为人不仅教唆他人去实施盗窃行为，而且利用同一教唆行为中传授他人具体的盗窃方法和技术，构成犯罪的，则应当以盗窃罪和传授犯罪方法罪择一重罪而处之。如果行为人教唆他人所犯之罪与同一教唆行为传授的犯罪方法属于不同犯罪的，则应当以所犯之罪与传授犯罪方法罪数罪并罚。比如，行为人既教唆他人实施盗窃行为，又传授杀人的技巧，行为人就应当以盗窃罪与故意杀人罪数罪并罚。当然，如果教唆他人犯罪以后又传授犯罪方法，构成犯罪的，就直接对行为人所教唆之罪与传授犯罪方法罪实行并罚。

（2）在主观方面，必须有引起他人犯罪的故意。教唆犯的故意包括认识因素和意志因素。认识因素是指认识到被教唆者尚无犯意或者犯罪决心还不坚定。教唆犯只要具有教唆他人的故意并且实施了教唆行为，被教唆人是否真正实施了犯罪以及是否是因为其教唆而实施的犯罪，都不影响教唆犯的成立。

具体看，教唆犯的故意认识因素包括：第一，对于教唆对象的认识。首先，教唆人必须认识到被教唆人是达到刑事责任年龄、具有责任能力的人。如果行为人明知被教唆人不具有刑事责任能力而教唆其犯罪，不构成教唆犯，而是构成间接正犯。但如果行为因为认识错误，误把无刑事责任能力的人当作有刑事责任能力的人而教唆其犯罪，这种错误对教唆犯的故意不发生影响，仍然构成教唆犯。其次，教唆人必须认识到被教唆人还没有犯罪故意。如果教唆人已经认识到被教唆人有犯罪故意，而为之提供犯罪计划、犯罪工具的，可以视情况构成从犯或者帮助犯，而不构成教唆犯。如果教唆人不知道被教唆人已有犯罪故意仍然教唆其犯罪，不影响教唆犯的成立。第二，对于危害结果的认识。教唆人必须预见到自己的教唆行为将会引起被教唆人产生实行某种犯罪的故意,并进而去实施该种犯罪。这里教唆人预见的"某种犯罪"是指某种具体的犯罪(如盗窃罪、杀人罪等),至于该犯罪的时间、场所等则可以不在预见之列。第三,对于因果关系的认识。教唆人应当认识到自己的教唆行为与被教唆人产生犯罪故意之间存在因果关系,当然这种预见只能是概括的预见。这里有必要指出的是,只有被教唆人实行的犯罪与教唆人所预见的教唆之罪相一致时,才能成立该种共同犯罪情况的教唆犯。否则,教唆人预见到自己的教唆行为使被教唆人犯甲罪的故意,而实际上被教唆人实施了乙罪,被教唆人所实施的犯罪已经超出了教唆人故意的内容,因此教唆者只能构成他所预见的犯罪的教唆犯,而不能是他未预见到之犯罪的教唆犯。

教唆犯的故意意志因素是指教唆犯希望或者放纵被教唆者实施犯罪,产生危害结果。学界比较一致的看法是教唆犯的故意意志因素是希望,但对是否包括放任的心理态度则存在分歧。有的学者认为教唆犯的故意只能是直接故意,有的学者认为也可以是间接故意。

应当注意的是:第一,构成《刑法》第29条第1款的教唆犯,通常是出于直接故意,也可能出于间接故意,但出于间接故意的情况只能是个别的,并且只能在明知自己的教唆行为会引起他人产生实行该种犯罪的故意,并放任这种结果发生,他人因而实行了该种犯罪行为时才能发生。第二,构成《刑法》第29条第2款的教唆犯,只有出于直接故意才能构成。因为在这里,被教唆人没有犯被教唆的罪,也成立教唆犯。如果是出于间接故意,被教唆人是否犯被教唆的罪都不违背教唆人的本意,既然被教唆人没有犯被教唆的罪,也不违背教唆人的本意,那就不能认定构成教唆犯。

如果被教唆者实施了教唆内容以外的罪,教唆犯只对自己教唆的内容负责。另外,教唆的内容只要达到能够引起被教唆者的犯意即可,不需要教授具体的犯罪方法和指明犯罪对象。但是如果教唆者对犯罪方法和犯罪对象作了提示,则构成教唆犯和传授犯罪方法罪的竞合,应按照高度行为吸收低度行为的原则:凡是传授犯罪方法行为重于教唆行为的,就以传授犯罪方法罪论处;凡是教唆行为重于传授犯罪方法行为的,就以教唆犯论处。①

2. 教唆犯的刑事责任

《刑法》第29条规定:"教唆他人犯罪的,应当按照他在共同犯罪中所起的作用处罚。教唆不满十八周岁的人犯罪的,应当从重处罚。如果被教唆的人没有犯被教唆的罪,对于教唆犯,可以从轻或者减轻处罚。"

(1)"教唆他人犯罪的,应当按照它在共同犯罪中所起的作用处罚。"这里指的是被教唆人犯了被教唆的罪,教唆人与被教唆人成立共同犯罪的情况。所谓"被教唆人犯了被教唆的罪"是指被教唆人已经实施了犯罪的预备,或者已经着手实行犯罪而未遂,或者已经中止,或者已经完成犯罪而既遂。

---

① 参见刘宪权主编:《刑法学》(上),上海人民出版社2012年版,第234页。

对教唆犯"按照他在共同犯罪中所起的作用处罚"是指对教唆犯的处罚并不以共同犯罪中的实行犯为依据,而是应当依照教唆犯自己在共同犯罪中所起的是主要作用还是次要作用来决定。如果教唆犯在共同犯罪中起主要作用,就作为主犯处罚;如果起次要或者辅助作用,就作为从犯处罚。一般地说,由于教唆犯是犯意的发起者,没有教唆犯的教唆,实行犯就没有犯罪故意,也就不会有该种犯罪发生,因而,教唆犯在共同犯罪中通常起主要作用,特别是用命令、威胁、强迫等方法教唆后又提供重要帮助的,更是如此。所以,审判实践中对于教唆犯一般都作为主犯处罚。但在少数情况下,教唆犯在共同犯罪中起的作用也可能是次要的,如从犯的教唆,即教唆他人帮助别人实施犯罪,这种情况就应当作为从犯处罚。正因为教唆犯在实际生活中存在复杂的情况,我国刑法没有规定教唆犯一律按照主犯处罚。

(2)"教唆不满十八周岁的人犯罪的,应当从重处罚。"刑法这样规定的原因主要在于:首先,未成年人的思想还不成熟,具有很大可塑性,受不良影响,则可能走上违法犯罪的歧途。为了防止教唆犯对青少年的侵蚀,保护他们健康成长,所以规定对教唆不满18周岁的人犯罪的,应当从重处罚。其次,实践中的一些犯罪分子为了隐蔽自己,往往躲在幕后,教唆未成年人实施犯罪。这些教唆犯既教唆了他人犯罪,又腐蚀了未成年人的思想,制造了青少年犯罪者。这类教唆犯不仅主观恶性较深,而且造成的危害后果严重,因而应当从重处罚。

这里值得注意的是,教唆不满18周岁的人实施犯罪行为,才应当从重处罚。如果教唆人教唆不满14周岁的人犯罪,或者教唆已满14周岁不满16周岁的人实施《刑法》第17条第2款所规定的8种以外的行为的,应当以间接正犯论处,不成立教唆犯。

【实例分析11-8】

对于《刑法》第29条第1款规定,请问下列哪一种理解是错误的?

A. 无论是被教唆人接受教唆实施了犯罪,还是二人以上共同故意教唆他人犯罪,都能适用该款前段的规定;

B. 该款规定意味着教唆犯也可能是从犯;

C. 唆使不满14周岁的人犯罪因而属于间接正犯的情形时,也应适用该款后段的规定;

D. 该款中的"犯罪"并无限定,既包括一般犯罪,也包括特殊身份的犯罪,既包括故意犯罪,也包括过失犯罪。

分析如下:

1. 选项A中,如果被教唆者接受教唆实施了犯罪,教唆者与被教唆者构成共同犯罪,当然应当按照教唆者在共同犯罪中所起的作用处罚;如果二人以上共同故意教唆他人犯罪,那么这两个以上的教唆者也成立共同犯罪,也应当按照他在共同犯罪中所起的作用处罚。所以选项A说法正确。

2. 选项B中,教唆他人犯罪的,应当按照他在共同犯罪中所起的作用处罚:起主要作用的,按主犯处罚;起次要作用的,按从犯处罚。这就意味着教唆犯也可能是从犯。所以选项B说法正确。

3. 选项C中,从本条款规定来看,前段的规定以成立共同犯罪为条件,后段的规定不以成立共同犯罪为条件,因而教唆不满14周岁的人犯罪不成立共同犯罪、属于间接正犯时,也应适用本款后段的规定。所以选项C说法正确。

4. 选项D中,在我国,共同犯罪是指两人以上共同故意犯罪,共同过失犯罪不以共犯处理,因此本款中的"犯罪"仅指故意犯罪,不包括过失犯罪。所以,选项D说法错误。

(3)"如果被教唆的人没有犯被教唆的罪,对于教唆犯,可以从轻或者减轻处罚。"这是教唆犯独立性的表现。所谓"被教唆的人没有犯被教唆的罪"包括以下四种具体情况:第一,被教唆的人拒绝了教唆犯的教唆,也就是说根本没有接受教唆犯的教唆。第二,被教唆的人虽然当时接受了教唆,但随后又打消犯意而没有进行任何犯罪活动。第三,被教唆的人当时接受了教唆犯关于实施某种犯罪的教唆,但实际上被教唆人所犯的罪并不是教唆犯所教唆的罪。例如,甲唆使不满16周岁的乙强奸妇女丙,但乙只是抢夺了丙的财物1万元后即离开现场。甲应成立强奸罪的教唆未遂,而不能成立抢夺罪的教唆犯,因为被教唆的人在犯罪时超出了被教唆之罪的范围,教唆犯只对自己所教唆的犯罪承担刑事责任。第四,教唆犯对被教唆的人进行教唆时,被教唆的人已有实施该种犯罪的故意,即被教唆的人实施犯罪不是教唆犯的教唆引起的。这些情况,或者根本没有引起被教唆者实施犯罪的故意,或者实际上没有造成危害后果,或者虽然造成了危害结果,但与教唆犯的教唆行为不存在因果关系。但是由于教唆者在这些情形中主观上具有教唆故意,客观上又实施了教唆行为,所以成立独立的教唆犯。因此,在这些情形下,《刑法》第29条第2款规定,"对于教唆犯,可以从轻或者减轻处罚"。

二、共同犯罪与身份

身份在犯罪主体当中已经有所涉及。单独犯当中的身份可以分为真正身份犯和非真正身份犯。相对来讲,单独犯中的身份问题相对比较简单,而共同犯罪中的"身份"比较复杂。这主要是因为共同犯罪中的身份不仅影响非身份犯是否成立共犯,而且也影响着各个共同犯罪人的定罪量刑。

案例1:根据《刑法》第382条第1款的规定,贪污罪的主体只限于国家工作人员。现实案情却是,作为国家工作人员的A与非国家工作人员的B共同侵吞巨额国家财产。B是否成立贪污罪?如果成立,又该如何定罪量刑?

案例2:根据《刑法》第238条第1、4款的规定,一般具有刑事责任能力的人与国家机关工作人员均可构成非法拘禁罪。不过,国家机关工作人员利用职务便利实施非法拘禁的,应当从重处罚。实践中有这样的情形:作为非国家机关工作人员的A(比如联防队员)和警察B共同对C实施非法拘禁罪。A、B两人应当如何定罪量刑?对这些问题的回答与展开就是"共同犯罪与身份"要研究的问题。

在共同犯罪中常见的身份是所谓"构成身份"或者"定罪身份"。之所被称为"构成身份",是因为这种身份是犯罪构成要件,直接影响着成罪。如果不具有这种身份,即便具备了其他要件事实,也不能成立犯罪。这种犯罪被称为"真正身份犯"。案例1当中的贪污罪就是真正身份犯,而"国家工作人员"就属于构成身份。共同犯罪中的构成身份有以下问题值得探讨:

(一)无身份者教唆、帮助有身份者实施或者与其共同实施真正身份犯的问题

在案例1中,假定无身份者B是教唆或者帮助A实施贪污罪,B是否成立贪污罪?对此,我国《刑法》第382条第3款明确规定,与国家工作人员勾结,伙同贪污的,以共犯论处。换言之,B虽然不具有国家工作人员身份,但是由于其教唆或者帮助国家工作人员A贪污,同样侵害了法益,因此成立贪污罪的共犯。同时,如果B系教唆犯,应当按照其在共同贪污罪中所起的作用大小来量刑。

(二)无身份者与有身份者分别利用自己身份共同实行犯罪的问题

这一问题源于司法实践中国家工作人员与非国家工作人员分别利用自己的职务便利共同侵吞国家财产。对此,我国司法解释坚持"主犯定性说"。2000年发布的最高人民法院《关于审理贪污、职务侵占案件如何认定共同犯罪几个问题的解释》第3条规定:"公司、企业或者其他单位中,不具有国家工作人员身份的人与国家工作人员勾结,分别利用各自的职务便利,共同将本单位财物占为己有的,按照主犯的犯罪性质定罪。"具体来讲,假定在中外合资的甲公司中做会计的非国家工作人员A与国有公司委派到甲公司管理国有资产的经理B分别利用职务便利,共同侵占了甲公司1000万元人民币。为了解决A、B的定罪问题,首先需要确定谁的作用大。如果A的作用大,那么A、B两人成立职务侵占罪;如果B的作用大,那么A、B两人便成立贪污罪。但是,这样处理同样存在着两个疑问:一是无法分清作用大小时怎么办?二是实践中这样理解和适用刑法,是否颠倒了定罪与量刑的关系?因此,对于这一问题尚需要进一步研究。

第十二章 罪数形态

学习要求

　　了解：罪数形态的概念
　　理解：实质的一罪；法定的一罪；处断的一罪
　　熟悉并能够运用：想象竞合犯；结果加重犯

　　一罪与数罪形态，亦称罪数形态，指的是行为人的行为与构成犯罪之间的数量问题。行为人的行为是构成一罪，还是成立数罪，这在一般的情况下不难区分。但是，由于犯罪现象千姿百态，法律规定错综复杂，以至于有些犯罪形似数罪而实质上为一罪或法律规定为一罪以及在审判实务中被作为一罪来处理。因此，罪数问题或者说一罪还是数罪的问题，并不是一个简单的问题，而是司法实践中常常会遇到的一个难题，也是刑法理论上需要深入研究的一个重要问题。

　　从理论上研究罪数形态就是罪数形态理论。罪数形态理论可以分为两种：一种是法定罪数形态研究，即对刑法明确规定的罪数形态进行研究。比如，在欧洲以及日本等国，均在刑法中明确规定了罪数形态的认定与处理方法。学者们对于刑法规定的研究就属于法定罪数形态研究。另一种是非法定罪数形态的研究。这种研究更多是对司法实践中的罪数形态的一种理论展开。我国刑法中的罪数形态理论研究就属于这一类。因此，我国罪数形态理论的基本任务就是从罪数之单复的角度描述行为人所实施的行为符合犯罪构成的个数，明确各种罪数的认定与处理方法，从而为合理的定罪量刑确立基本方法。因此，罪数形态理论实际上既具有整个刑法理论体系当中犯罪论的内容，也有刑罚论的内容，是犯罪论与刑罚论两者在实践中具体运用的体现。

第一节　罪数判断的标准

一、犯罪构成标准

　　目前以犯罪构成作为罪数判断的标准是我国刑法学界的通说。确定以犯罪构成为标准划分一罪与数罪，主要基于以下几点理由：第一，犯罪构成标准说在罪数领域贯彻了犯罪构成理论。第二，犯罪构成标准说坚持了主客观相统一的原则。第三，犯罪构成标准说体现了罪数判断上的排他性原则。第四，犯罪构成标准说贯彻了罪刑法定主义原则。① 第五,在我国刑法学中,以犯罪构成决定犯罪个数,是有理论和立法依据的。② 第六,犯罪构成标准说克服了其他区分一罪与数罪标准的各种学说的弊端,在实践中容易为多数司法工作人员所理解。③

有学者认为,区分一罪与数罪时,虽然原则上应以犯罪构成为标准,但同时也要考虑刑罚的特殊规定,参照合理的司法实践经验。具体地说,在以犯罪构成标准说为基础的同时,还要综合考虑以下几点:第一,对几次相同的犯罪行为能否进行一次评价?第二,对一个犯罪行为的法律评价能否包含对另一犯罪行为的法律评价?第三,是否只对一个法益造成侵害?第四,行为是否具有持续性与连续性?第五,相关法条所规定的法定刑升格的条件是否包括了数行为?④

有学者支持犯罪构成标准说,但认为我国传统的罪数理论在一罪与数罪的判断标准问题上存在以下两点值得讨论之处:

1. 我国传统的罪数理论对大陆法系刑法理论中的"一罪与数罪的判断标准"所进行的评判有失公允。(1)对行为说、犯意说、法益说所进行的批判有失公允。第一,行为说、法益说、犯意说的倡导者都是罪刑法定主义的支持者。第二,前述学说的倡导者都认为,构成要件的要素既包括主观要素也包括客观要素。第三,日本刑法学者的学术特色决定了罪数判断的构成要件标准。第四,不同学派之争的分野并不会导致他们"孤立地以任何一个要素或某一部分作为决定一罪与数罪的标准"。第五,行为说、犯意说、法益说是针对实证法上的"科刑一罪"或者说"从一重罪处理"所进行的解释。(2)对构成要件标准说所进行的评判有失公允。构成要件标准说首次以一种综合的姿态,以犯罪构成为切入点试图解决一罪与数罪区分的标准问题,应给予充分肯定。而且,构成要件已经使犯罪类型化,违法性与有责性对于区分一罪与数罪已经不起作用。

2. 我国传统罪数理论在罪数的判断标准上没有很好地坚持犯罪构成说。必须注意刑法规定的犯罪构成可能表现为单一构成、复合构成和复杂构成。⑤

有学者认为,罪数论的任务重在解决罪数的处罚问题,只是在此之前,必须先行解决行为事实构成一罪或数罪的问题,而这又衍生出罪数的判定问题。罪数判断的实质是检视行为事实与犯罪构成是否相符合的过程,以犯罪构成作为罪数判断的基准,不但能彻底坚持主客观相统一原则,而且在逻辑上也具有自洽性。同时,罪数判断的关键是对行为要素的判断,应当以构成要件的行为单数作为行为要素的基本判断标准。构成要件的行为单数在具体的适用上,还应当借助司法经验、理论学说等知识体系加以诠释。对此,以下命题基本上是成立的:第一,行为事实不能裁剪切分,只符合一个

---

① 参见吴振兴:《罪数形态论》,中国检察出版社1996年版,第17—18页。
② 参加马克昌主编:《犯罪通论》(修订本),武汉大学出版社1999年版,第617页。
③ 参加高铭暄主编:《新中国刑法学研究综述(1949—1986)》,河南人民出版社1986年版,第375页。
④ 参见张明楷:《刑法学》(第3版),法律出版社2007年版,第364—365页。
⑤ 参见陆诗忠:《我国罪数理论之基本问题研究》,载《法律科学》2007年第2期。

犯罪构成要件的,则为一行为,如自然意义的行为单数;第二,行为实施虽能裁剪切分,但从观念上更适宜整体评价的,则应为一行为,如举动犯的行为;第三,行为实施虽能裁剪切分,且每个部分均符合不同或者相同的犯罪构成要件,但对行为要素存在重复计算或评价的,则在评价上应为一行为,如想象竞合犯的行为;第四,行为实施能够裁剪切分,每个部分均符合不同或者相同的犯罪构成要件,且不存在重复计算的,应为数行为。但是,如果数个构成要件之间存在包容关系,行为事实在整体上符合某一特定犯罪构成要件的,则应从整体上加以评价,认定为一行为,如结合犯的行为。[1]

二、其他标准

(一) 罪名标准

有学者认为,一罪与数罪的区分,不能简单地看行为人实施犯罪行为的次数,关键是看行为人实施犯罪行为所触犯的刑法所规定的罪名。当行为人一次或两次以上的个别行为触犯一个罪名或同一罪名的,就是一罪;当行为人两次以上的个别行为触犯两个以上的独立罪名的,就是数罪。[2]

(二) 行为标准

有学者认为,认定罪数只能以犯罪行为的个数为根据。行为人实施了一个行为,成立一个罪名;实施了数个行为,则成立数罪。一个行为不能成立数罪,数个行为(除法律的特殊规定外)也不能成立一罪。如果以犯意、法益、自然行为的个数认定罪数,常常会捉襟见肘。对同一犯罪情况或犯罪事实的罪数,几种学说有时会得出相同的结论,有时会得出不同的结论。这种理论现象并不能说明各种学说可以并存或通融,而恰恰说明它们都有不科学的一面。[3]

(三) 双层系统标准

有学者认为,犯罪构成标准是几种罪数判断标准中最合理、最科学的标准,但却不能解决一切罪数问题。在犯罪构成理论这一解决规则罪数的判断系统之外,还需创设出一套专门解决犯罪构成理论所不能或不宜解决的不规则罪数问题的判断系统。由实质的一罪、法定的一罪、处断的一罪三部分组成的特殊罪数形态,就是在这一背景下应运而生的。因此,就罪数判断而言,应形成两大判断系统。犯罪构成理论是第一判断系统,又可称为基本判断系统。特殊罪数形态则是第二判断系统,又可称为例外判断系统,它是专门为解决不能或不宜用犯罪构成理论确定单复的特殊犯罪样态而设计的,并且以罪责刑相适应原则和司法效率原则作为该系统的设计依据。[4]

---

[1] 参见叶良芳:《罪数论的体系性反思与构建》,载《浙江大学学报》(人文社会科学版)2007年第4期。
[2] 参见高铭暄主编:《新中国刑法学研究综述(1949—1986)》,河南人民出版社1986年版,第375—376页。
[3] 参见杨福盛:《罪数新探》,载《政法论坛》1993年第5期。
[4] 参见莫晓宇:《罪数理论的体系性思考》,载《中国刑事法杂志》2002年第2期。

(四) 犯罪构成客体重合性标准

有学者认为,犯罪构成不是罪数的判断标准。因为所有犯罪竞合形态都是以行为实现复数的犯罪构成为前提的,要彻底坚持犯罪构成标准必然导致罪数评价结论的不合理,要保持罪数评价的合理性必然要求颠覆犯罪构成的标准。犯罪构成只能说明行为具有可罚性,不能说明行为可罚性的数量。犯罪构成的功能在于判断行为是否构成犯罪,而罪数论的目的是在行为构成犯罪的前提下,判断应以一罪处罚还是以数罪并罚。罪数判断的标准应当是犯罪构成客体的重合性。成立客体的重合性,应当具备两个方面的条件:一是必须侵犯同一法益,二是必须是对法益的同一次侵犯。若多个犯罪构成是在对同一法益的同一次侵犯过程中实现的,则此多个犯罪构成的客体具有重合性;若多个犯罪构成是在对不同的法益的侵犯过程中分别实现的,或者是在对同一法益的多次侵犯过程中分别实现的,则此多个犯罪构成不具有重合性。对于任何犯罪竞合形态,若行为实现的多个犯罪构成的客体具有重合性,则属于一罪;若行为实现的多个犯罪构成的客体不具有重合性,则属于数罪。

与犯罪构成相比,新的罪数标准具有一系列的优越性:第一,新的罪数标准能够说明行为竞合形态数罪的本质,能够更好地贯彻全面评价原则。第二,新的罪数标准能够说明评价竞合形态一罪的实质,能够更好地贯彻禁止重复评价原则。第三,根据新的罪数标准,所有犯罪竞合形态只有一罪和数罪两大类型。凡是属于一罪的犯罪竞合形态都应当从一罪处断,凡是属于数罪的犯罪竞合形态都应当数罪并罚,不存在所谓处断的一罪的暧昧形态,由此能够更好地构建罪数的体系。①

第二节 罪数的判断方法

一、三分法

有学者认为,非数罪并罚的情况,或者叫做不适用数罪并罚原则的情况可以分为三类:(1)一行为在刑法上规定为一罪或处理时作为一罪的情况。其中包括继续犯、想象竞合犯、加重结果犯。(2)数行为在刑法上规定为一罪的情况。其中包括惯犯和结合犯。(3)数行为在处理时作为一罪的情况。其中包括连续犯、牵连犯和吸收犯。②

有学者认为,一罪类型可以分为三类:(1)实质的一罪。包括想象竞合犯、结果加重犯、继续犯、接续犯和法规竞合犯。(2)法定的一罪。包括结合犯和惯犯。(3)处断的一罪。包括连续犯、牵连犯和吸收犯。③

有学者同样采取这种三分法,但具体一罪类型的内容略有不同:(1)实质的一罪,

---

① 参见庄劲:《犯罪竞合:罪数分析的结构与体系》,法律出版社2006年版,第95—96页。
② 参见高铭暄:《论我国刑法中的一罪或数罪》,载《政法论坛》1982年第2期。
③ 参见吴振兴:《罪数形态论》,中国检察出版社1996年版,第44—47页。

包括继续犯、想象竞合犯和结果加重犯。(2) 法定的一罪,包括结合犯和惯犯或集合犯。(3) 处断的一罪,包括连续犯、牵连犯和吸收犯。①

有学者认为,一罪可以分为:(1) 单纯一罪,包括继续犯和法规竞合犯。(2) 实质一罪,包括结合犯、结果加重犯和吸收犯。(3) 裁判上一罪,包括想象竞合犯、连续犯和牵连犯。②

有学者认为,按照犯罪的性质可以将一罪分为三类:(1) 单纯的一罪,包括继续犯和想象竞合犯。(2) 法定的一罪,包括转化犯、结果加重犯、惯犯和结合犯。(3) 处断的一罪,包括连续犯、牵连犯和吸收犯。③

二、两分法

有学者认为,一罪类型包括两类:(1) 单纯的一罪,包括单一犯、吸收犯、结合犯、继续犯、集合犯(营业犯、常业犯、惯犯)、结果加重犯、法规竞合犯等。(2) 处断上的一罪,包括想象竞合犯、连续犯、牵连犯。④

有学者认为,应当在典型一罪和典型数罪之外构建"罪数不典型"的概念。所谓罪数不典型,是指犯罪要件组合数不标准形态。在内涵上,罪数不典型就是既非典型一罪也非典型数罪而被当作(立法规定为或者司法认定为)一罪处罚的犯罪构成形态。在外延上,罪数不典型包括两大类:(1) 一行为因行为延展性而形成的罪数不典型,表现为一行为先后或同时产生两个以上结果、触犯两个以上罪名(想象竞合犯),或者是一行为在发展过程中出现性质转化从而改变行为起初实行时的罪名(转化犯)。(2) 数行为因行为整合性而形成的罪数不典型。整合性表现为行为的惯性,或者表现为行为的连续性,或者表现在行为之间的结合关系上,或者表现在行为之间的吸收关系上。这类罪数不典型主要有惯犯、结合犯、连续犯和吸收犯。

罪数不典型依刑法分则性条文有无规定为准,可分为:(1) 法律规定的罪数不典型,包括惯犯、结合犯、转化犯。(2) 处理认定的罪数不典型,包括想象竞合犯、连续犯、吸收犯。⑤ 罪数不典型在外延上包括两大类:一类是一行为因行为的延展性而形成的罪数不典型,主要有想象竞合犯和转化犯;另一类是数行为因行为整合性而形成的罪数不典型,主要有持续犯、集合犯、连续犯和牵连犯。⑥

有学者认为,一罪的种类应分为:(1) 实质的一罪,即一罪名规定中只包含一个犯罪构成,诸如想象竞合犯、法条竞合犯、吸收犯、结果加重犯、单一的行为犯和结果犯均可囊括其中。(2) 形式的一罪,即一罪名规定包含了数个犯罪构成,如果现实生活中

---

① 参见赵秉志主编:《刑法新教程》,中国人民大学出版社2001年版,第264—289页;高铭暄、马克昌主编:《刑法学》,北京大学出版社、高等教育出版社2000年版,第289页。
② 参见马克昌主编:《犯罪通论》,武汉大学出版社1999年版,第619页。
③ 参见陈兴良:《刑法适用总论》(上卷),法律出版社1999年版,第646—647页。
④ 参见顾肖荣:《刑法中的一罪与数罪问题》,学林出版社1986年版,第11页。
⑤ 参见储槐植:《论罪数不典型》,载《法学研究》1995年第1期。
⑥ 参见吴菊萍:《罪数不典型问题研究》,中国政法大学2003届硕士论文,第18页。

的行为事实同样符合这数个犯罪构成,就形成了实质的数罪。但是,由于这数个犯罪构成共存于一个罪名规定之中,根据"循名定罪"的原则,也只能认定为一罪,诸如连续犯、结合犯、部分的牵连犯均可囊括其中。①

有学者认为,罪数论体系中除典型的一罪和数罪外,还包括:(1)法定处罚的一罪,包括加重犯和吸收犯。(2)酌定处罚的一罪,包括想象竞合犯、牵连犯、选择一罪和同种数罪。②

有学者将一罪分为两类:(1)本来的一罪(实质的一罪),包括继续犯、集合犯、不可罚的事后行为和法条竞合犯。(2)拟制的一罪,包括想象竞合犯、结合犯、连续犯、吸收犯和牵连犯。③

有学者认为,应将一罪划分为两种基本类型:(1)单纯一罪。行为人所实施的危害行为触犯单一犯罪构成的,为单纯一罪。应该说,单纯一罪的范围是相当宽泛的。我国刑法所规定的绝大多数犯罪的构成模式是单一的犯罪构成,决定了现实的犯罪形态也都是单纯的一罪。传统刑法理论中所探讨的结果加重犯、接续犯都能归入单纯一罪之中。(2)复杂一罪。复杂一罪在我国刑法中仅是个别现象,它所触犯的犯罪构成是复合的犯罪构成。有学者同时认为,继续犯、集合犯、吸收犯以及结合犯不应纳入罪数研究的范畴。④

有学者认为,罪数的具体形态确立应以行为事实为标本,以行为事实为范围。对具有不同特征、不同结构的行为事实进行组合分类,是确定罪数形态的基本路径。整体上可以将罪数分为一罪与数罪,一罪又可分为典型一罪与非典型一罪,数罪又可分为典型数罪与非典型数罪。(1)典型一罪,包括即成犯、举动犯、接续犯、徐行犯、状态犯。(2)非典型一罪,包括想象竞合犯、结果加重犯、继续犯、结合犯、复行为犯、集合犯、吸收犯、转化犯。⑤

综上,究竟何为一罪而何为数罪,不仅不同国家的刑法中规定不同,学术上见解不一,而且在同一国家的立法中和理论上也不是完全一致的。以我国为例,刑法对牵连犯在有些情况下规定为数罪,在其他情况下则未作这样的规定,而要求或者默许审判机关对其按一罪处理,刑法理论上对一罪与数罪各自的范围和种类也多有不同意见。我国刑法学界的通说是将一罪分为三类:一是实质的一罪,即一行为在刑法中规定为一罪或者处理时作为一罪的情况,具体包括继续犯、想象竞合犯与结果加重犯三种;二是法定的一罪,即数行为在刑法中规定为一罪的情况,具体包括结合犯与集合犯两种;三是处断的一罪,即数行为处理时作为一罪的情况,具体包括连续犯、牵连犯和吸收犯三种。

---

① 参见杨兴培:《论一罪的法律基础和事实基础》,载《法学》2003年第1期。
② 参见阮齐林:《论构建适应中国刑法特点的罪数论体系》,载《河南师范大学学报》(哲学社会科学版)2006年第3期,第66—67页。
③ 参见张明楷:《刑法学》(第3版),法律出版社2007年版,第366—379页。
④ 参见陆诗忠:《我国罪数理论之基本问题研究》,载《法律科学》2007年第2期。
⑤ 参见叶良芳:《罪数论的体系性反思与构建》,载《浙江大学学报》(人文社会科学版)2007年第4期。

第三节　一罪的类型

一、实质的一罪

实质的一罪也可称为绝对的一罪,由于行为人事实上只实施了一个刑法意义上的危害行为,行为本身无法被评价为数个犯罪行为,故法律只能顺其"实质"地规定为一罪,并且在司法认定过程中也只能确定为一罪,在处理时无论如何只能认定为一个犯罪而不可能成立数罪。

实质的一罪包括继续犯、想象竞合犯和结果加重犯三种。

（一）继续犯

继续犯（也称持续犯）是指危害行为一经实施,原则上就已经构成犯罪,且该犯罪的行为及不法状态必然在较长时间内持续的一类犯罪。具体而言,继续犯具有以下两个根本特征:

1. 当行为人的危害行为一着手实施,该行为原则上即成立犯罪。如非法拘禁他人,从行为着手之时起原则上即可认定为犯罪;至于该行为是否实际地进入持续状态以及持续状态的长短,一般不影响犯罪的成立,而只是量刑的酌定情节。

2. 构成犯罪的危害行为及其不法状态必然在较长时间内延续。这是由行为人实施该类犯罪的目的所决定的,否则实施该行为便会失去意义。以通常的重婚罪为例,A在其原有法定婚姻关系并未解除的情况下又和B到民政部门登记结婚,从登记结婚之日起A、B两人的行为均已构成重婚罪,并且重婚罪之重婚状态（而非结果状态）必然会在长时间内持续。可以看出,正是经由这种重婚状态的"持续"而导致行为人的重婚犯罪目的完全实现。

由于继续犯是同一行为持续不断地侵犯同一个直接客体,无法从时间上将其分离为数行为看待,所以实质上它只有一个犯罪行为。认定继续犯的意义在于肯定它是一罪而不是数罪,并且其追诉期限"从犯罪行为终了之日起计算"（《刑法》第89条第1款）。

同继续犯直接相关的一种罪数形态是徐行犯。徐行犯是指由于危害行为的不断重复实施形成量的积累从而引起质变而成立的犯罪。它有两个特点:（1）行为人多次重复实施同一种危害行为,仅看每一次的行为均不构成犯罪而只属一般违法行为。如行为人多次参与赌博,单看每一次的行为均不可能构成犯罪。（2）多次行为量的累积而形成严重后果,数个一般违法行为质变为一个犯罪行为。以虐待罪为例,任何一次性的虐待行为都不可能构成虐待罪（可能构成故意伤害罪或其他犯罪）,而必须是长时期、经常性地实施虐待行为才可能构成虐待罪。又如,公共汽车售票员每天侵吞20元票款,长期违法行为量的累积便可能构成职务侵占罪。再如《刑法》第303条规定的"以赌博为业"所构成的赌博罪,也属徐行犯。

徐行犯在犯罪构成客观要件上只存在一个危害行为(数个一般违法行为的集合),仅看每一次的行为均不属刑法意义上完整的危害行为,所以实质上它也只有一个犯罪行为,只能作一罪处理。

(二) 想象竞合犯

想象竞合犯又可称为结果竞合犯,是指一个危害行为同时造成了数个危害结果,而该行为与不同危害结果的分别组合则触犯不同罪名的情况。例如,某甲趁一妇女不备,从后冲上前夺过妇女手中提袋(内装现金2000元)逃走。该妇女受惊跌坐在地上,形成尾椎压缩性骨折,为重伤。该案中某甲只实施了一个危害行为,却造成了两个不同的危害结果。当该行为与财产损失的结果组合时,构成了抢夺罪;当该行为与重伤结果组合时,又构成了过失致人重伤罪。同一行为因危害结果的意义不同而获得不同的罪名评价,于是一个行为便基于数个结果的不同而产生行为性质的竞合关系。想象竞合犯有四个特点:

1. 行为人只实施了一个危害行为,行为本身是无法分离作数行为看待的。如行为人开枪杀人,子弹穿透人体后又击中油罐引起爆炸;虽造成两个危害结果,但行为在自然形态上却只有一个。从形式上看,想象竞合犯的一行为可能是单一的动作,也可能是由一系列的动作组合而成,只要在通常意义上观察属于一行为即可。

2. 造成了数个刑法意义上的危害结果。想象竞合犯从现象上看,是由于一个行为同时引起数个结果而导致竞合,属于典型的结果之竞合;而之所以一行为会引起数结果,又是由于事物之间的相互关联性。成立想象竞合犯的数结果都必须是刑法意义上的危害结果,即都达到相当严重程度且为刑法所规定,并且两个结果分别具有不同的构成要件意义。如果一行为造成之数结果,一为刑法上的危害结果,一为轻微危害结果或虽程度严重但却不属某一构成要件之结果,则不存在想象竞合犯的问题,因并不能齐备两个以上的犯罪构成,故无讨论罪数之必要。

3. 行为人对数结果分别具有故意或过失的罪过。按照主客观相统一的原则,任何犯罪的成立都必须齐备主客观要件。在想象竞合犯中,行为人对自己行为造成的数结果必须分别都具有罪过,即对数结果都有所考虑或应当考虑。这是想象竞合犯"想象"的主要内容。对想象竞合犯,在现象上观察属于数结果之间的竞合,但由于对犯罪的评价必须具备罪过要件,而罪过在根本上又是行为人对自己行为之危害结果的态度,故想象竞合犯在实质上属于罪过(想象)的竞合。如果行为人对两个危害结果其中的一个结果没有罪过,则不属想象竞合犯,不可能对该结果作出单独的有罪评价。如行为人开枪杀人,子弹穿透人体后又击中油罐引起爆炸。如果该行为人根本无从知晓油罐的存在,则不存在对油罐爆炸危害结果的故意或过失的问题,所以并不属于想象竞合犯。

4. 一行为与不同危害结果的分别组合触犯不同的罪名。想象竞合犯的前提是行为人只实施了一个危害行为,而该行为同时引起了两个以上的危害结果,并且行为人对两个结果分别具有故意或过失的罪过。当该行为与不同结果分别组合时,则各自符合两个不同犯罪构成之规定,如前述抢夺一案例。如果触犯的是同一罪名,则一般无须讨论竞合问题。如甲开枪打死乙,子弹穿透乙的身体又打死丙。该例中由于并不存在不同质犯罪的竞合问题,在处理上直接定一罪从重处罚即可。

【实例分析12-1】

对上述内容,可从下面的分析中深化认识:关于想象竞合犯的认定,下列哪些选项是错误的?

A. 甲向乙购买危险物质,商定4000元成交。甲先后将2000元现金和4克海洛因(折抵现金2000元)交乙后收货。甲的行为成立非法买卖危险物质罪与贩卖毒品罪的想象竞合犯,从一重罪论处。

B. 甲女、乙男分手后,甲向乙索要青春补偿费未果,将其骗至别墅,让人看住乙。甲给乙母打电话,声称如不给30万元就准备收尸。甲成立非法拘禁罪和绑架罪的想象竞合犯,应以绑架罪论处。

C. 甲为劫财在乙的茶水中投放2小时后起作用的麻醉药,随后离开乙家。2小时后甲回来,见乙不在(乙喝下该茶水后因事外出),便取走乙2万元现金。甲的行为成立抢劫罪与盗窃罪的想象竞合犯。

D. 国家工作人员甲收受境外组织的3万美元后,将国家秘密非法提供给该组织。甲的行为成立受贿罪与为境外非法提供国家秘密罪的想象竞合犯。

分析如下:

1. A选项,想象竞合犯的成立首先要求只有"一个行为",本案中,非法买卖危险物质与以毒品折价的行为,只在小部分范围内重合,应当认定为两个自然行为。故应数罪并罚,而不认定为想象竞合犯。

2. B选项,本案中甲构成绑架罪,该结论正确。但B选项中对于绑架罪和非法拘禁罪的关系理解有误,因绑架罪的客观行为包容非法拘禁,二者之间是整体法与部分法的法条竞合关系,而不是想象竞合关系。

3. C选项,甲之前实施的是抢劫罪的实行行为(被害人已喝下茶水,人身权益受到即刻侵害,故认定为实行),但未造成轻伤或取财结果,主观上有抢劫故意。之后实施的是盗窃罪的实行行为,主观上犯意转化为盗窃故意。取财结果与抢劫的行为没有因果关系,而是盗窃所得。理论上可认为是两个行为分别触犯两罪:抢劫罪的未遂犯、盗窃罪的既遂犯。由于有二个行为,二个行为是分别实施的,并无重叠,故而不认为是想象竞合犯,而是两罪并罚。

4. D选项,受贿行为与为境外非法提供国家秘密的行为明显可区分为两个自然行为,而不是一个行为,故而不属想象竞合犯,应当数罪并罚。

所以上述四个选项均为错误。

想象竞合犯在处断时由于只存在一个危害行为,属于实质的一罪,只能定一罪处罚。依据罪刑法定原则和罪刑相适应原则的要求,想象竞合犯由于完全符合两个犯罪构成之规定,故应在竞合的数罪名中选择一个最重之罪定罪处理,其余危害结果应作为该罪的酌定从重量刑情节考虑,即所谓的"从一重"处断。

(三)结果加重犯

结果加重犯,是指法律规定的一个犯罪行为(基本犯罪构成),由于发生了基本犯罪构成以外的严重结果,法律规定加重其法定刑的情形。我国刑法规定的故意伤害致人死亡,暴力干涉婚姻自由致人死亡,虐待家庭成员致人重伤、死亡等,都是典型的结果加重犯。结果加重犯具有如下特征:

1. 行为人只实施了一个基本犯罪行为。这是结果加重犯只成立一罪的前提。如果加重结果系另一行为所引起,就不是结果加重犯。

2. 该行为在基本犯罪结果的基础上引起了加重结果。通常情况下,每一犯罪构成中都包含着一种同危害行为相适应的基本结果,如故意伤害罪的结果为轻伤或重伤。但由于客观事物之间紧密的关联关系,此结果往往会向彼结果转化,从而出现与基本结果不相一致的加重结果。如重伤的结果极易导致死亡,《刑法》第234条故意伤害罪中规定的死亡结果即属加重结果。

3. 法律规定加重其法定刑,而不是改变其罪名。法律针对一些出现加重结果机率较高的犯罪,专门规定加重结果的单独要件,并相应规定加重的法定刑。如果一个犯罪行为出现了与该犯罪的性质不相一致的加重结果,刑法规定按照另一重罪论处,就不属于结果加重犯。如《刑法》第292条规定的聚众斗殴罪,如果致人重伤、死亡的,应按照故意伤害罪或故意杀人罪定罪处罚,不再定聚众斗殴罪。

这里需要注意的是,应当将"结果加重犯"与我国刑法中的"转化犯"相区别。所谓"转化犯",是指刑法明确规定某种行为在导致特定种结果时发生罪质转化的情形。比如,《刑法》第247条规定,"刑讯逼供致人死亡"就不再以"刑讯逼供罪"定罪量刑,而应当论以"故意杀人罪"。可以看出,"转化犯"不存在罪数问题,而是在出现法定结果之后直接按照转化后的罪名定罪量刑。有些条文当中既规定有"结果加重犯",也有"转化犯"。比如,根据我国《刑法》238条第2款的规定,"非法拘禁致人死亡"是"结果加重犯",而"非法拘禁使用暴力致人死亡"则需要按照故意杀人罪处理。因此,这需要我们根据法律规定作出选择。

【实例分析12-2】

结果加重犯是刑法中的重要知识点,也是司法实践中的常见多发现象,司法考试也多次予以考查。如下题:关于结果加重犯,下列哪一选项是正确的?

A. 故意杀人包含了故意伤害,故意杀人罪实际上是故意伤害罪的结果加重犯。

B. 强奸罪、强制猥亵妇女罪的犯罪客体相同,强奸、强制猥亵行为致妇女重伤的,均成立结果加重犯。

C. 甲将乙拘禁在宾馆20楼,声称只要乙还债就放人。乙无力还债,深夜跳楼身亡。甲的行为不成立非法拘禁罪的结果加重犯。

D. 甲以胁迫手段抢劫乙时，发现仇人丙路过，于是立即杀害丙。甲在抢劫过程中杀害他人，因抢劫致人死亡包括故意致人死亡，故甲成立抢劫致人死亡的结果加重犯。

分析如下：

1. 关于 A 项。故意杀人与故意伤害并非对立的关系，而是包含的关系。确切地说，杀人行为包含伤害行为，杀人故意包含了伤害故意。但是，不能据此就简单地认为，故意杀人罪就是故意伤害罪的结果加重犯。故意伤害罪是结果犯，其既遂标准是出现轻伤的结果，至于重伤、死亡，则是该罪的结果加重犯。因此，正确的说法应该是：故意伤害致人重伤、故意伤害致人死亡是故意伤害罪的结果加重犯。因此，A 项的表述错误，不选。

2. 关于 B 项。强奸罪和强制猥亵妇女罪的犯罪客体都是被害妇女的性的自主决定权，二者不是对立关系，而是特别关系。根据《刑法》第 236 条第 3 款第 5 项的规定，强奸致使被害妇女重伤、死亡或者造成其他严重后果的，应认定为强奸罪的结果加重犯。根据《刑法》第 237 条的规定，强制猥亵、侮辱妇女的，处 5 年以下有期徒刑或者拘役；聚众或者在公共场所当众犯该罪的，处 5 年以上有期徒刑。由于结果加重犯具有法定性，凡是法律没有明文规定的，即使结果再严重，也不得认定为结果加重犯，因此，强奸行为致妇女重伤的，成立强奸罪的结果加重犯。但是，强制猥亵行为致妇女重伤的，由于没有被《刑法》第 237 条明文规定，故不得认定为结果加重犯。因此，B 项的表述错误，不选。

3. 关于 C 项。非法拘禁罪的结果加重犯，是指非法拘禁致人重伤、死亡，即非法拘禁行为本身致被害人重伤、死亡。重伤、死亡结果与非法拘禁行为之间必须具有直接必然的因果关系时，才能成立非法拘禁罪的结果加重犯。行为人在实施基本行为之后或之时，被害人自杀、自残，或由于自身过失等造成伤残、死亡结果的，因缺乏直接性要件，不得认定为结果加重犯。本案中，乙因无力还债而于半夜跳楼身亡，该死亡结果并不是甲的行为所直接引发的，因此，甲的行为不成立非法拘禁罪的结果加重犯。因此，C 项的表述正确，当选。

4. 关于 D 项。抢劫致人死亡，是抢劫罪的结果加重犯。这里的"致人死亡"，既可以是故意致人死亡，也可以是过失致人死亡。换言之，抢劫罪的手段行为与强取财物的目的行为，无论哪一个行为导致死亡的，都可认定为抢劫致人死亡。例如，为了强取财物，所实施的暴力手段行为直接导致被害人死亡的，在取财过程中使用暴力导致被害人死亡的，在事后抢劫过程中对抓捕者使用暴力致使其死亡的，都属于抢劫致人死亡。但是，抢劫罪的手段行为与强取财物的目的行为之外的行为造成死亡结果的，则不属于抢劫致人死亡。本案中，甲在抢劫乙的过程中发现仇人丙路过，将丙杀死的行为，并非抢劫行为，而是另起犯意的故意杀人行为，并非抢劫致人死亡的结果加重犯。因此，D 项是错误的，不选。

二、法定的一罪

法定的一罪和处断的一罪均为"相对的一罪",是相对于法律的特别规定或相对于司法的处断而被确定为一罪。"相对的一罪"在评价上本来就是数个罪,只是基于某种价值考量对这些罪不进行并罚而已。

法定的一罪指的是行为人事实上实施了数个危害行为,并且单看每一行为一般也已经构成犯罪;刑法针对这类极易重复出现的犯罪,出于简化司法定罪的考虑(定数罪给予并罚十分繁琐),专门另行规定一个新的罪名,将事实上的数罪全部囊括,并相应规定加重的法定刑,要求司法定罪只作一罪处理。

(一)结合犯

结合犯是指刑法将本来独立规定的不同罪名并列在一起,规定为一个新罪名的情况。结合犯的成立公式为:A罪名+B罪名=C罪名。其中,A、B两罪称为被结合之罪;C罪为结合之罪。结合犯的特点在于:

1. 本来存在数个符合不同犯罪构成的行为——被结合行为。可以看出,行为人事实上实施的是数个行为,也触犯了数个不同罪名(异种数罪)。比如,行为人既抢劫又强奸被害人。

2. 刑法将不同罪名结合起来而成一个新罪名。如《日本刑法》第241条规定的强盗强奸罪,便是由"强盗罪"(相当于我国的抢劫罪)和"强奸罪"两个罪名结合而成。之所以需要组合新罪名,其立法意图在于被结合之行为在现实当中连续出现的几率较高,以数罪并罚方式反而难以实现从重处罚(数罪分别量刑则实际的宣告刑可能较低),于是立法上将数罪名规定为一个新罪名,并规定极重的法定刑(《日本刑法》规定强盗强奸罪的起刑点为十年以上有期徒刑),从罪名的选用上即可做到给予针对性的打击并警示社会。

3. 一旦被结合之罪结合起来便具有了自己的独立构成的新罪,与被结合之罪不是一种简单的被包含与包含关系。正因为其独立的犯罪构成,日本学者将结合犯称为"本来一罪"。结合犯的所有形态,如共同犯罪、未完成形态等均应以此独立构成为准。

由于结合犯是一个外来的概念,为遵从约定俗成的学术规则,凡不属于数罪名简单排列组合成新罪名的,均不应认为是结合犯。若作此理解,除了1991年全国人大常委会通过的《关于严惩拐卖、绑架妇女、儿童的犯罪分子的决定》中规定的绑架勒索罪属于较为典型的结合犯之外,我国1979年刑法与1997年刑法均无结合犯的规定。

(二)集合犯

集合犯,是指行为人以犯不定次数的同种犯罪为目的,实施了数个性质相同的犯罪行为,刑法却规定作为一罪论处的犯罪形态,包括常业犯、营业犯、常习犯。对集合犯,日本刑法理论界进行了深入的研究,有学者指出:"集合犯是构成要件本身预想有数个同种类的行为。例如,常习犯的场合,常习赌博者即使实施数次赌博行为,只能构成常习赌博一罪。又如营业犯的场合,即使反复实施未经准许的医业行为,仍不过成立未经准许医业罪一罪。"我国刑法理论以往对集合犯缺乏研究,而将有关问题纳入惯犯概念中讨论。考虑到1997年修订的《刑法》取消了惯犯的概念且新增加了一些营业犯的规定,因此这里借鉴国外刑法理论,对集合犯的问题加以论述。一般而言,集合犯具有如下特征:

1. 成立集合犯,必须是行为人以实施不定次数的同种犯罪行为为目的。这是集合犯主观方面的特征。之所以将集合犯的主观目的归纳为实施不定次数的同种犯罪行为,是因为实际中的集合犯均不是意图实施一次犯罪即行结束,而是预期实施不定次数的同种犯罪行为。例如,《刑法》第336条规定的非法行医罪,行为人就是意图实施不定次数的非法行医行为。据此,对主观上明确以实施一次行为为目的的,不能认定为集合犯。

2. 集合犯通常实施了数个性质相同的犯罪行为。集合犯不仅在主观上具有实施不定次数的同种犯罪行为的意图,而且在客观上通常也实施了数个性质相同的犯罪行为,如多次实施非法行医行为,以赌博为业行为等等。这里之所以使用"通常"这一修饰词,是因为虽然在大多数情况下集合犯都是实施了多个性质相同的犯罪行为,但也有例外,如非法行医的行为人即便只是一次非法行医,只要是有造成就诊人身体健康遭受严重损害等严重情节的,也成立非法行医罪。

3. 集合犯必须是刑法所规定的。集合犯是法定的一罪,故只有在刑法将可能被反复实施的数个性质相同的犯罪行为规定为一罪的场合,才会有集合犯存在。而正因为刑法将可能被反复实施的数个性质相同的行为规定为一罪,才导致行为人虽然实施了数个同种犯罪行为,但在法律上仍然受一罪评价的结论。例如前述非法行医罪,由于《刑法》第336条规定的构成要件包括了可能被反复实施的数个非法行医行为,所以无论行为人实施了多少次非法行医行为,都只成立一罪。需要说明的是,集合犯与前面提到的继续犯以及后面将要论述的连续犯有相似之处。从犯罪的时间上可能存在一定的过程来讲,集合犯与继续犯较为近似,区别在于:集合犯在多数情况下是由数个性质相同的犯罪行为组成,且行为之间存在时间上的间隔,所以通常而言为数行为因法律的规定而成立一罪;继续犯则是单一行为处于不间断的持续之中,故因其属一行为而成立实质的一罪。就数个性质相同的行为成立一罪来讲,集合犯又与连续犯颇为近似,但集合犯是数个性质相同的行为因刑法的规定而构成一罪,即法定的一罪;连续犯则表现为连续实施的数个性质相同的行为均独立构成犯罪,即实为数罪而只是作为一罪来处理,所以属于处断上的一罪。

根据我国刑法的规定,集合犯可分为两种情况:一种是常业犯,另一种是营业犯。

常业犯,是指以一定的行为为常业的犯罪。详言之,常业犯是指行为人意图实施多次性质相同的犯罪行为,而法律也规定以反复实施同种犯罪行为为构成要件的犯罪。就这种集合犯而言,实施一次行为的,还不能成立犯罪,只有反复实施性质相同的行为,才能构成该罪。例如我国《刑法》第303条规定的因"以赌博为业"而构成的赌博罪就是这样的情况。如果行为人只是偶尔参与赌博,不是以赌博为业的,则不成立赌博罪。

营业犯,是指意图以反复实施一定的行为为业的犯罪。它与常业犯的区别在于:就常业犯而言,实施一次不能成立犯罪,必须是反复实施性质相同的行为,才构成犯罪;而对于营业犯来说,只要是意图以反复实施某种犯罪行为为业,即便实际上只实施了一次犯罪行为,同样可以构成本罪。例如,《刑法》第363条第1款规定的制作、复制、出版、贩卖、传播淫秽物品牟利罪,只要行为人在牟利目的的驱使下意图反复实施制作、复制、出版、贩卖或者传播淫秽物品行为的,即使实际上仅实施了一次这种行为,也可能构成该种犯罪。

由于集合犯属于法定的一罪,刑法分则中明文规定对其以一罪论处。因而对成立集合犯的,无论行为人实施了多少次性质相同的犯罪行为,均应认定为一罪并在法律明文规定的相应量刑幅度内予以处罚,不能数罪并罚。

三、处断的一罪

处断的一罪指的是,行为人事实上实施的是数个危害行为,并且以刑法规定的犯罪构成衡量每一行为也已经构成犯罪,属于事实上的数罪,如果机械简单地执行刑法则应定数罪并给予并罚,但司法定罪中却出于策略及效果的考虑,只定一罪为宜。

(一)连续犯

连续犯,是指出于数个同一的犯罪故意,连续多次实施数个性质相同的犯罪行为,触犯同一罪名的犯罪形态。连续犯的特点在于:

1. 连续犯的数个行为均受到连续的同一犯罪故意的支配。具体来讲,第一,行为人具有数个同一的犯罪故意。"数个同一的犯罪故意"既包括具有准备实施数个犯罪的详细计划的具体故意,也包括具有准备实施若干犯罪的大致考虑的概括故意。例如:某甲欲报复杀害乙全家7口人,事先经过精心策划准备,于一晚连续奔袭3处持斧分别砍死其中6人。这为同一的具体故意。又如:从2000年9月起直至2003年8月,杨新海曾横跨皖豫鲁冀4省,疯狂作案26起,杀死67人、伤10人、强奸23人,其在作案初期阶段对以后的行为只是有一种意向性的考虑,全案为同一的概括故意。第二,数个相同的犯罪故意存在着连续性,即"连续意图"。所谓连续意图,是指行为人对于即将实施的一系犯罪行为存在连续性的认识,并基于此认识追求结果发生的主观心理态度。第三,连续犯的意图存在着连续性,一般来讲其形成都是有预谋的。由于连续的过失犯罪不存在事先对于连续行为的认知,不能形成连续意图,因此不能成立连续犯。当然,"间接故意"是否存在着这种连续是值得研究的。

2. 连续犯必须连续实施了数个符合犯罪构成的行为。换言之,连续犯数个行为都构成一个单独犯罪。如果连续犯当中存在着一个非独立的犯罪行为,就不能成立连续犯。比如,A在一天之内,先是造成B轻伤,接着造成C轻微伤,尔后又造成D重伤。由于致B轻微伤并不成立犯罪,A实施的三个连续伤害行为并不能单独构成犯罪,不成立连续犯。

3. 连续犯所构成的每个独立犯罪之间必须具有连续性。这是连续犯同其他并罚同种数罪的根本区别之一。关于各个犯罪之间的连续性判断,刑法理论上存在着"主观说"和"客观说"两种观点。"主观说"认为,应当以行为人的主观意思为标准判断犯罪有无连续性。"客观说"认为,应当以行为人所实施的危害行为性质或者特征为标准判断犯罪之间有无连续性。这种争论是具有实践意义的。根据我国刑法理论通说,认定数个犯罪行为之间是否具有连续性,应当坚持主观与客观相统一的刑法基本原则,以反映犯罪故意与犯罪行为对立统一特性的连续意图及其所支配的犯罪行为的连续性作为标准,即基于连续意图支配下的数个同一犯罪故意,在一定时期之内连续实施了性质相同的数个足以单独构成犯罪的危害行为,数个犯罪之间就存在连续性。

4. 数行为均触犯同一罪名。连续实施的行为只有触犯同一具体罪名的,才是连续犯。如果行为分别触犯不同罪名,如行为人出于非法占有他人财物的故意,连续实施数个犯罪行为,有的行为触犯盗窃罪的罪名,有的触犯抢夺罪的罪名,则不是连续犯。这里需要强调指出的是,虽然我们强调连续犯的数个行为均构成独立的同一犯罪,并不意味着行为人一定要针对同一个犯罪对象。行为人可以针对同一对象,也可以针对不同对象实施连续的行为,不能以对象是否同一来决定行为的同质性。

由于连续犯属于事实和法定的数罪(同种数罪的一种),本应数罪并罚,但司法定罪中出于策略的考虑,对同一罪名反复多次定罪似无必要,定一罪从重处罚为宜。但个别情况下,由于某些罪名的法定刑太低(如《刑法》第252条规定的侵犯通信自由罪,法定最高刑只为一年有期徒刑),为切实贯彻罪刑法定和罪刑相适应的基本原则,对连续犯也可数罪并罚。

另外,我国刑法对有些连续犯直接规定为一罪给予从重处罚。如《刑法》第263条将"多次抢劫"的情况明文规定为定一罪,并适用加重的法定刑。此情况下的连续犯已不属"处断的一罪",而是"法定的一罪"。

这里需要注意连续犯与继续犯、惯犯以及同种数罪的区别:

(1) 连续犯与继续犯的区别。两者的主要区别表现为:第一,从符合犯罪构成的行为数量上来讲,连续犯是连续实施数个性质相同的犯罪行为,存有数个独立的且符合犯罪构成的行为;而继续犯是以一个行为持续侵害同一或相同客体,特点是只有一个符合犯罪构成要件的行为。第二,从主观罪过数量来看,连续犯存在连续的数个相同的罪过,每个罪过支配一个行为;而继续犯只存在一个罪过,支配行为全过程。第三,连续犯多次实施的数个性质相同的犯罪行为虽然在一定时间之内具有连续进行的特征(不管隔得多近),但数个犯罪行为之间具有时间间隔性或以时间为标准的可分离性;而继续犯所实施的一个犯罪行为在一定时间之内处于不间断存在的状态,因此无时间间隔。第四,连续犯每个行为都是独立成罪的,因此每个罪的既遂总是行为终了后;而继续犯则是行为既遂之后还未终了。第五,连续犯的犯罪行为与其可能造成的不法状态并不一定同步,而继续犯中两者则是始终相伴相随的。

(2) 连续犯与惯犯的区别。两者的区别表现为:第一,在我国刑法中,连续犯属于数行为在刑法上被规定为一罪的犯罪形态,即法定的一罪。它不受刑法明确规定的限制,刑法分则中除了惯犯之外的犯罪都可能成立连续犯。而惯犯则不同,它需要刑法分则作出明确规定。第二,构成连续犯的数个犯罪行为,必须基于连续意图支配下的数个同一的犯罪故意;而构成惯犯的数个犯罪行为虽然必须出自数个独立的犯罪故意,但并不受连续意图所支配。第三,连续犯必须实施数个足以单独构成犯罪的危害行为,而成立惯犯的数个危害行为则不需要。第四,构成连续犯的数个相对的犯罪之间,必须具有连续性;而惯犯并无此要求。第五,从处断方式来看,连续犯是处断的一罪,司法实践中对连续犯从重处罚;而惯犯是法定的一罪,须要按照刑法分则的规定来处罚。

(3) 连续犯与狭义同种数罪的区别。同种数罪,是指触犯同一罪名的数罪,属于数罪类型。同种数罪有广义狭义之分:从广义来讲,同种数罪包括了连续犯和连续犯之外的同种数罪;从狭义来讲,同种数罪只包括连续犯之外的同种数罪。此处须要区分的是连续犯与狭义同种数罪。二者主要存在以下两点区别:第一,连续犯主客观上强调故意与行为的连续和同一。成立连续犯,主观故意上必须具有连续意图,客观上行为也必须具有特定的连续性。而这一点是狭义同种数罪不具备的。第二,从处罚方式上看,连续犯属于处断上的一罪或无须并罚的数罪,而狭义的同种数罪则有所不同。对于判决宣告以后、刑罚尚未执行完毕以前,如果发现同种漏罪和再犯新罪的,应当按照相关规定数罪并罚。

(二) 牵连犯

牵连犯,是指以实施某一犯罪为目的,而其犯罪的方法或结果又触犯其他罪名的情况。牵连犯的特点在于:

1. 行为人出于一个犯罪目的。在牵连犯中牵连到数个行为,但不论是手段行为还是结果行为,最终都服务于或附属于一个目的行为,围绕特定的犯罪目的而进行。如果行为人出于不同的目的,实施了数个行为,则不属牵连犯。

2. 行为人实施了数个危害行为,且数行为分别都独立成罪。即除了目的行为独立成罪外,手段行为或结果行为也独立符合刑法所规定的某一犯罪构成。如果行为人只实施了一个行为,或者实施的数行为有的能够单独成罪,有的不能够单独成罪,则并无讨论牵连犯之必要。如某甲伪造某学会印章诈骗赞助款3万元,由于某甲的伪造行为情节显著轻微尚不构成犯罪,故不存在牵连犯问题。由此可看出,牵连犯属于事实和法律上的数罪。

3. 数个犯罪行为之间必须具有方法上或结果上的紧密联系。这一点可以将牵连犯同吸收犯区别开来。牵连犯一定具有两个以上的犯罪行为,在两个行为中,一个是目的行为,另一个是方法行为或结果行为,方法行为或结果行为都紧紧服从或派生于目的行为,即具有必然性的牵连关系。由此可以将牵连犯分为方法牵连犯和结果牵连犯两种类型。如入室进行盗窃、抢劫或强奸,单看入室行为就构成非法侵入住宅罪,此为方法牵连犯("方法"取广义)。又如盗窃枪支得逞后又予以私藏,单看私藏行为就已经构成私藏枪支罪,此为结果牵连犯。

4. 刑法分则中没有规定对存在牵连关系的数行为进行数罪并罚。根据我国刑法分则的规定,一些具有牵连关系的行为须要数罪并罚。比如,《刑法》第 157 条第 2 款规定,"以暴力、威胁方法抗拒缉私的,以走私罪和本法第二百七十七条规定的阻碍国家机关工作人员依法执行职务罪,依照数罪并罚的规定处罚"。又如,《刑法》第 198 条第 1、2 款规定,投保人、被保险人故意造成财产损失的保险事故,骗取保险金的或者投保人、受益人故意造成被保险人死亡、伤残或者疾病,骗取保险金的,同时构成其他犯罪的,依照数罪并罚的规定处罚。这些条文当中的数行为尽管存在着手段与目的的牵连关系,但由于刑法分则已经明确数罪并罚,不能认定为牵连犯。

虽然牵连犯的数个行为可以独立为数个犯罪,但由于对行为人而言只具有一个确定的犯罪目的,其在犯罪构成上的数行为事实上又是一个完整案件的不同环节,所以不宜分开来论以数罪。牵连犯的处断原则一般为"从一重罪处断",在牵连的数罪中选择一个最重之罪处罚。

【实例分析 12-3】

对上述内容,可从下面的分析中深化认识:以下关于牵连犯的说法,正确的有哪几项?

A. 甲承租乙的居屋后,伪造身份证与房产证交于中介公司,中介公司不知有假,为其售房给不知情的丙,甲获款 300 万元。甲伪造居民身份证罪、伪造国家机关证件罪与诈骗罪之间有牵连关系。

B. 乙公司虚开用于骗取出口退税的发票,并利用该虚开的发票骗取数额巨大的出口退税,其行为构成虚开用于骗取出口退税发票罪与骗取出口退税罪,实行数罪并罚。

C. 丙为杀人而盗窃枪支,未及实施杀人行为而被抓获,丙的行为构成故意杀人(预备)罪与盗窃枪支罪的想象竞合犯,而不是牵连犯。

D. 甲在一豪宅院外将一个正在玩耍的男孩(3 岁)骗走,意图勒索钱财,但孩子说不清自己家里的联系方式,无法进行勒索。甲怕时间长了被发现,于是将孩子带到异地以 6000 元卖掉。对甲应当以绑架罪与拐卖儿童罪的牵连犯从一重处断。

分析如下:

1. 选项 A,在客观上,伪造居民身份证是诈骗的通常手段,在主观上,甲伪造居民身份证的目的是用于诈骗,故两行为之间存在手段与目的的牵连关系,系牵连犯,故选项 A 正确。

2. 选项 B,根据 2002 年最高人民法院《关于审理骗取出口退税刑事案件具体应用法律若干问题的解释》第 9 条,实施骗取出口退税犯罪,同时构成虚开增值税专用发票等犯罪的,依照处罚较重的规定定罪处罚,属牵连犯,择一重处,不能实行数罪并罚。

3. 选项 C,丙为杀人而准备犯罪工具,属于故意杀人罪的预备犯,其准备工具行为即盗窃枪支,又触犯了盗窃枪支罪,属于一行为触犯数罪名的情况,成立想象竞合犯,从一重处理,故选项 C 正确。为何不是牵连犯?因为杀人行为尚未实行着手,本案只有一个实行行为。牵连犯是数个实行行为之间有牵连关系的情况。

4. 选项 D,甲以勒索钱财为目的绑架男孩,已经控制了小孩,绑架罪既遂。之后,甲另起出卖儿童以换取身价的犯意,属另起犯意,并着手实施,另行构成拐卖儿童罪。两罪之间没有手段与目的关系,不是牵连犯,而应当数罪并罚。如果起初以出卖为目的而绑架(拘禁)该儿童,应当是法条竞合,以拐卖儿童罪一罪论处。

所以,A、C 项关于牵连犯的表述为正确。

牵连犯与继续犯应当加以区别。两者的主要区别在于:

第一,继续犯只能由一个犯罪行为构成,而牵连犯必须实施两个以上各自独立的犯罪行为。这可以说是两者最为实质的区别。

第二,继续犯只持续侵害同一或相同直接客体,因而只触犯一个罪名,构成一罪;而牵连犯触犯两个以上罪名,目的行为与方法行为或结果行为都各自具备犯罪构成的全部要件,独立构成犯罪。

第三,从处罚方法来看,继续犯属于实质一罪,直接按照刑法分则规定处罚;而牵连犯则属于处断上的,对其应按照数罪中最重的一罪处罚。

(三) 吸收犯

司法定罪中,除连续犯和牵连犯外,对事实上的数罪还有一些情况不宜数罪并罚,只能作一罪处理。这些情况便以吸收犯予以全部囊括。

所谓吸收犯,是指行为人实施了数个犯罪行为,司法定罪中出于多方面策略的考虑,因行为人符合的犯罪构成之间具有特定的依附与被依附关系,从而导致其中一个不具有独立性的犯罪行为,被另一个具有独立性的犯罪行为所吸收且仅仅成立吸收罪名的犯罪形态。具体来讲,吸收犯具有以下基本特征:

1. 行为人必须实施了数个符合犯罪构成的行为。首先,行为人实施了数个行为,单一行为不存在吸收的问题。其次,复数的行为均符合犯罪构成。数行为中只要有一个行为不符合犯罪构成,也不成立吸收犯。从这个意义上讲,吸收犯实质上讲的是"罪的吸收"。最后,吸收犯的复数行为必须具有基本同质性。比如,同样是侵犯国家对于货币管理秩序的犯罪,伪造货币并加以运输的行为就属于同质行为。为了保证行为的同质,存在吸收关系的数个行为都必须侵犯同一或相同的直接客体,并且有同一的具体犯罪对象。前例中行为人的数个行为侵犯了同样的客体,犯罪对象也都指向假币。

2. 行为人实施的数个独立犯罪行为,必须存在内在的独立性非独立性的对立统一特性,而形成一种吸收关系。这是吸收犯的根本特征。我国刑法理论通说认为,把握吸收犯的这一特征,需要从以下几方面着手:第一,在行为人实施的数个犯罪行为中,一个犯罪行为不具有独立性,而另一犯罪行为具有独立性。不具有独立性的行为因为某种原因依附于具有独立性的行为。第二,吸收的动力源于数罪之间属于同类行为。这是吸收犯"吸收原则"的根据。

3. 尽管存在数个行为,但是数个行为只能基于一个犯意,如果有目的作为犯罪构成要件的话,行为人只能实现一个具体的犯罪目的。

依据吸收犯的上述基本特征,结合刑事立法和司法实践,吸收犯主要可分为以下几类:

第一,重行为吸收轻行为。在事实上存在的一些异种数罪中,不同犯罪往往有轻重之分;对其中有些轻罪,无论从定罪(针对性打击)还是从量刑(罪刑相适应)的角度看,都无必要单独处理,于是对轻罪便予以吸收。如某甲因某乙与其妻通奸,便伺机杀死了某乙。某甲杀人后仍不解恨,又从乙的尸体上割下器官挂在树上以泄愤。某甲的行为便构成故意杀人罪和侮辱尸体罪两罪,但显然对后一轻罪在处理时出于社会效果考虑并无必要再定罪名。

第二,实行行为吸收预备(未遂)行为。这里的实行行为和预备(未遂)行为,应理解为并无必然的牵连关系,否则只能认为是牵连犯(如入室抢劫);并且,预备行为是成立犯罪预备的,否则无需讨论罪数问题。例如,甲、乙、丙三人经精心策划,准备以秘密方法撬开某信用社保险柜窃取现金,事前为盗窃做了大量的制造条件工作。当晚由丙出面约值班员杨某到离值班室30米外的一住房内赌博。杨某当晚因醉酒贪睡拒绝离开,甲等人经商议临时改变主意,冲进值班室将杨某扼死,然后撬开保险柜抢走现金8万余元。该案中甲、乙、丙三人的行为既构成盗窃罪(预备),也构成了抢劫罪(既遂),但在处理时就只需对实行行为的抢劫罪定罪,属于预备行为的盗窃罪完全可略去不计。进一步从犯罪停止形态来讲,实践中可能存在既遂犯吸收预备犯、未遂犯的情形,也存在未遂犯吸收预备犯的情形。前例中,如果行为人抢劫罪未遂的话,仍然可以抢劫罪的未遂吸收盗窃罪的预备行为。

第三,主行为吸收从行为。有的案件,对行为人所实施的数行为在分别定性后,其数行为的不同性质处于一种冲突关系之中,对此只能在数行为中选择其主行为定性处理,从行为便被吸收。如某甲欲枪杀某乙,在开第一枪未打中后感到害怕并产生悔意,于是自动放弃了能够重复侵害的第二枪。某甲的前一行为为犯罪未遂,后一行为为犯罪中止,由于两种形态在定罪上处于冲突关系,于是只能选择对案件实际结果起决定性作用的后行为处理。又如,行为人先被胁迫参加犯罪,加入共同犯罪的后期却起了主要作用。行为人的前一行为为胁从犯,而后来的行为却为主犯,两者相冲突则只能选择主行为定为主犯。

对于吸收犯,应当按照吸收之罪处断,不实行数罪并罚。

【实例分析12-4】

对上述内容,可从下面的分析中深化认识:下列哪些情形属于吸收犯?
A. 制造枪支、弹药后又持有、私藏所制造的枪支、弹药的;
B. 盗窃他人汽车后,谎称所盗汽车为自己的汽车出卖他人的;
C. 套取金融机构信贷资金后又高利转贷他人的;
D. 制造毒品后又持有该毒品的。

分析如下：

1. 选项 A、选项 D，制造违禁物品后又对其持有、私藏，之后可以构成犯罪的持有、私藏行为，是之前制造违禁物品行为的必经阶段与当然发展，所以是典型的吸收犯。

2. 选项 B，前行为盗窃汽车构成盗窃罪，但后行为谎称自己为车主将汽车卖予他人的行为，不能单独构成犯罪，不是吸收犯。(1) 首先，就本选项而言，后行为虽有诈骗的行为，但不能造成收买者财产受损，没有侵害新的法益，不能单独构成诈骗罪。(2) 如果是盗窃后又毁坏、侵占后又谎称被盗欺骗物主而免除返还义务，后行为可以被认为是欺骗，同时被认为是不可罚的事后行为，这与选项 B 不同。当然，盗窃仿真品（自身价值已达到数额较大）而后又冒充文物卖给他人而骗取钱财的，后行为可构成诈骗罪，由于侵害新的法益，应数罪并罚，也与选项 B 不同。(3) 如果认为本犯掩饰、隐瞒犯罪所得、犯罪所得收益，不能单独构成掩饰、隐瞒犯罪所得、犯罪所得收益罪，则本犯将汽车卖予他人的行为也不能构成犯罪。吸收犯的成立要求前后数个行为触犯数个罪名，选项 B 不符合此条件，所以不能成立吸收犯。

3. 选项 C，根据《刑法》第 175 条，以转贷牟利为目的，套取金融机构信贷资金高利转贷他人，违法所得数额较大的，构成高利转贷罪。故选项 C 只能构成一个罪，即高利转贷罪。两个动作中，套取贷款行为是实行行为，转贷行为是主观目的转化为客观行为，只符合一个构成要件，所以也不能认定为吸收犯。

无论是从理论上还是在实践当中，吸收犯与牵连犯、想象竞合犯、连续犯等罪数形态都存在界分困难。因此，我们需要对这些罪数形态进行理论上的区分。

(1) 吸收犯与牵连犯的区分。按照我国刑法理论通说，两者主要存在以下区别：

第一，主观方面的差别。吸收犯必须基于一个犯意，为了实现一个具体的犯罪目的而实施数个犯罪行为，犯意的同一性和单一性，是吸收犯的显著特征之一。而牵连犯的数个行为始终受到一个目的的制约，形成了与牵连犯罪的目的行为、方法行为、结果行为相对应的数个犯罪故意，故意的异质性和复数性，是牵连犯的构成特征之一。

第二，数个犯罪行为的特定关系的形成原因不同。成立吸收犯所必需的吸收关系，是以非独立性之罪依附于独立性之罪为表象，即数个犯罪行为所符合的种类不同，但基本性质一致的犯罪构成之间固有的依附与被依附关系。本书以为，这种依附与被依附关系，从价值层面来看，是一种诉讼便宜的考量，因为"依附与被依附关系"是否存在是依靠司法者根据个案所作出的判断。而牵连犯所必需的牵连关系，是以牵连意图为核心，其数个行为存在着特定的手段与目的、原因与结果关系。它与"依附和被依附关系"存在着很大不同。比如，盗窃财物后发现枪支并加以藏匿的行为，实际上就存在着原因（盗窃）与结果（非法持有枪支）的关系，成立牵连犯。这两个行为就不存在"依附与被依附关系"。

第三，数个犯罪性质不同。吸收犯始终考量数行为之间的同质性，侵犯直接客体和犯罪对象的同一性。而牵连犯则存在数罪之间的非同质性，也不需要侵犯同一直接客体和犯罪对象。

第四,处断原则不同。吸收犯的处断原则,仅以吸收之罪论处,对被吸收之罪置之不论;而牵连犯的处断原则,则为择一重处。

(2)吸收犯与想象竞合犯之区别。两者可以从以下几个方面加以区分:

第一,行为数量不同。吸收犯具有数个同质的犯罪行为,而想象竞合犯只有一个行为。

第二,主观罪过不同。吸收犯存在一个确定的故意内容。正是这个确定的故意内容体现出数个行为的同质性。而想象竞合犯可以表现数个不同的罪过,且罪过也不限于故意。比如,行为人实施了一个射击行为,致一人死亡,同时伤害一人,且引爆了储气罐。本案中,行为人可能存在故意、过失两种以上的罪过。

第三,犯罪性质要求不同。吸收犯始终要求数个罪的基本同质性,而想象竞合犯却是触犯数个不同的罪名,不具有同质性。

第四,从处断原则来看,吸收犯属于按照吸收罪来处断,而想象竞合犯是按照择一重处的原则处断。

(3)吸收犯与连续犯的区别。两者可以从以下几个方面加以区分:

第一,主观方面连续性和概括性存在差别。虽然吸收犯与连续犯都存在着故意的同一性,但是吸收犯的同一故意并不存在连续性、概括性,而连续犯的同一故意必须具有连续性、概括性。

第二,犯罪对象的区别。吸收犯的数个犯罪行为,必须作用于同一的具体犯罪对象,而连续犯则不需要具备这一条件。比如,2009年11月27日发生于北京大兴区的"灭门案"当中,A就基于杀死自己父母、妹妹、两个小孩以及妻子的连续故意,将自己家的6口人杀害。本案中,A所针对的6个犯罪对象是不同的。

第三,数个独立犯罪行为关系不同。吸收犯存在着特定的依附与被依附关系,而连续犯只存在连续关系。

第四,处断原则的区别。吸收犯按照吸收之罪处断;而连续犯则需要按一罪从重处罚。

(4)吸收犯与不可罚的事后行为。不可罚的事后行为或者称为事后不可罚行为,是指在状态犯的场合,利用之前犯罪行为导致的状态或结果的事后行为。如果孤立地看,之后的行为符合其他犯罪的犯罪构成,具有可罚性;但由于已被之前犯罪行为或状态犯所包括评价,故对其实施的事后行为,没有必要另认定为其他犯罪单独予以处罚。事后不可罚行为的特征为:同一对象,同一法益,前行为已作评价。通常的表现形式有:实施财产犯罪之后针对赃物的持有、处分、毁坏行为;非法取得财产凭证、单据、票据之后的兑现行为;以非法手段取得违禁品后对违禁品的持有、使用行为。

【实例分析 12-5】

根据上述分析,结合下列说法的正确与否来深化对该方面的认识:

A. 甲发现盗得的汽车质量有问题而将汽车推下山崖,成立盗窃罪与故意毁坏财物罪,应当实行并罚。

B. 郑某等人预谋抢劫银行运钞车,为方便跟踪运钞车,先杀害一车主,将其面包车开走,后多次开面包车跟踪某银行运钞车。摸清运钞车规律后,将面包车推下山崖,则郑某等人事后毁坏面包车的行为属于不可罚的事后行为。

C. 甲翻进陈某家院落,从厨房偷走陈某50克纯冰毒。甲拿出其中40克冰毒,让乙将它和80克其他物质混合,冒充120克纯冰毒卖出。则甲让乙卖出冰毒应定性为甲事后处理所盗赃物,对此不应追究甲的刑事责任。

D. 甲盗窃乙的存折后,假冒乙的名义从银行取出存折中的5万元存款,甲的行为构成盗窃罪与诈骗罪,应两罪并罚。

分析如下:

1. 选项A。在触犯罪名方面,前一行为是以非法占有为目的盗窃,触犯盗窃罪;后一行为触犯故意毁坏财物罪。在罪数方面,发现盗得的汽车质量有问题而将汽车推下山崖,触犯盗窃罪与故意毁坏财物罪。但由于符合同一对象、对一法益、前行为已评价的特征,应当认定为事后不可罚,只按盗窃罪一罪论处,不数罪并罚。所以A项说法错误。

2. 选项B。在触犯罪名方面,先后实施了两行为,即抢劫、毁坏行为,实施两行为时的主观目的分别是非法占有目的、毁坏目的。按照主客观统一方法考察,应当分别触犯两罪:抢劫罪、故意毁坏财物罪。在罪数层面,两行为针对同一对象(同一汽车),侵害同一法益(财产权),前行为评价为抢劫既遂时已包容了后行为的处分毁坏,所以认为之后的故意毁坏财物行为属于不可罚的事后行为,最终认定构成抢劫罪一罪。所以B项说法正确。

3. 选项C。甲的前行为触犯盗窃罪,后行为触犯贩卖毒品罪的教唆犯。因前行为侵害的是财产法益,后行为侵害的是社会秩序,前后两行为侵害的不是同一法益,不认为是事后不可罚行为,应当数罪并罚。《最高人民法院全国部分法院审理毒品犯罪案件工作座谈会纪要(2008年)》第1条第6款规定:"盗窃、抢夺、抢劫毒品后又实施其他毒品犯罪的,对盗窃罪、抢夺罪、抢劫罪和所犯的具体毒品犯罪分别定罪,依法数罪并罚。"所以C项说法错误。

4. 选项D。在触犯罪名方面,前一行为是盗窃(盗窃财产凭证),后一行为是诈骗罪("三角诈骗",骗银行而取得乙的钱)。在罪数方面,后一行为是前一行为的兑现行为,最终都是针对存折上的钱,后行为是事后不可罚行为。根据最高人民法院、最高人民检察院《关于办理盗窃刑事案件适用法律若干问题的解释(2013年)》第5条,应当以盗窃罪一罪论处。所以D项说法错误。

综上,只有B项说法正确。

第三篇

责任论

第十三章　刑事责任

> **学习要求**
> **了解**：刑事责任的概念
> **理解**：刑事责任的根据与功能
> **熟悉并能够运用**：刑事责任的实现方式

刑事责任是刑法理论中的一个根本性问题，对这一问题的深入研究不仅有利于推动中国刑事法学理论体系的完善，也是推动刑事法治建设的必然要求。关于刑事责任问题，主要集中在刑事责任的概念、刑事责任的根据、刑事责任的功能、刑事责任的实现与终结等主题。

第一节　刑事责任概述

一、刑事责任的概念

关于什么是刑事责任，理论界有不同的学说和界定。在大陆法系，关于刑事责任的概念主要有三种理论观点：（1）非难说，即刑事责任是一种刑法上的"非难性"；（2）答责性说，即刑事责任的本质应当是针对违法的"答责性"；（3）法律地位说，即刑事责任应当被理解为必须接受与刑法相关联的一定负担的法律地位。非难说将刑事责任的概念仅局限于德日三阶层犯罪构成理论的"有责性"之层面上；答责性说试图建立起行为人之违法行为与应承担相应刑事责任之间的因果关系；法律地位说明显比非难说的外延要广。[①]

在我国和苏联的刑法理论中，对什么是刑事责任，意见分歧极大。概括起来，主要有以下几种观点：（1）**法律后果（承担）说**，认为刑事责任是行为人由于实施犯罪行为而引起的法律后果（或法律后果的承担）。如《中国大百科全书·法学》认为：刑事责任是"犯罪主体实施法律禁止的行为所必须承担的法律后果，这一责任只由实施犯罪行为的人承担"[②]。（2）**法律义务说**，认为刑事责任是一种法律义务（或惩罚义务）。如有

[①] 参见吴娜：《德日刑事责任理论探析》，载《法制博览》2015年第12期（中）。
[②] 中国大百科全书出版社编辑部编：《中国大百科全书·法学》，中国大百科全书出版社1984年版，第668页。

的论者说:"所谓刑事责任就是犯罪人因其犯罪行为根据刑法规定应向国家承担的体现着国家最强烈否定评价的惩罚义务。"① (3) **否定评价(谴责)说**,认为刑事责任是法院对犯罪行为和犯罪人的否定评价和谴责。如有的论者说:"所谓刑事责任,就是指犯罪人因其实施犯罪行为而应当承担的国家司法机关依照刑事法律对其犯罪行为及其本人所作的否定性评价和谴责。"② (4) **法律关系说**,认为刑事责任是一定法律关系的总和。如苏联学者A. H. 马尔采夫写道:"刑事责任是刑事的、刑事诉讼的以及劳动改造的法律关系的总和。"③ (5) **法律责任说**,认为刑事责任是一种特殊的法律责任。如有的论者认为:"刑事责任,就是实施违反刑法规范的行为人应承担的接受国家审判机关以刑罚处罚相威胁对其本人及其行为进行否定性评价的责任。"④

刑事责任是法律责任的一种。所谓法律责任,就是行为人的违法行为必然产生的法律后果。它必须有相应的法律规范为前提,没有法律规范就谈不上违法,任何法律责任都是由于实施了法律禁止行为而产生的,违法行为是产生法律责任的根据。法律责任与法律制裁相联系,法律制裁也称法律强制措施,它是实现法律责任的方法。法人或自然人拒不履行法律义务,或实施了法律所禁止的行为,国家专门机关根据法律规定,追究其法律责任,依法予以相应的法律制裁,或强制其履行义务,或实施惩罚措施。追究法律责任、实施法律制裁只能由国家专门机关执行,具有国家强制性。根据违法的性质、程度的不同,法律责任又可分为民事责任、行政责任和刑事责任三种。其中,刑事责任是依照刑事法律规定,行为人实施刑事法律禁止的行为所必须承担的法律后果。

本书认同马克昌先生对刑事责任的概念界定,即刑事责任是基于实施犯罪行为而产生,由代表国家的司法机关追究的,实施犯罪行为的人依法承担的接受刑事法律规定的惩罚和否定的法律评价的责任。⑤

二、刑事责任的特征⑥

刑事责任的基本特征如下:

(一)刑事责任是一种法律责任

"责任"在现代汉语中有多种含义,但在这里的含义是"没有做好分内应做的事,因而应当承担的过失"。在社会生活中,没有做好分内应做的事,应当承担的责任是多种多样的,如道德责任、纪律责任、法律责任等等。刑事责任是法律责任之一,与道德责任、纪律责任具有根本的区别。道德责任,承担道德的谴责;纪律责任,承担纪律的制

---

① 赵炳寿主编:《刑法若干理论问题研究》,四川大学出版社1992年版,第11—13页。
② 何秉松主编:《刑法教科书》,中国法制出版社1993年版,第353、388—389页。
③ 西南政法学院编印:《苏联刑法论文选》(第一辑),1983年,第184页。
④ 赵秉志主编:《刑法新探索》,群众出版社1993年版,第212页。
⑤ 参见马克昌:《论刑事责任与刑罚》,载《法制与社会发展》1996年第2期。
⑥ 同上。

裁；法律责任，承担法律规定的强制后果。刑事责任是一种最严厉的法律责任。

（二）刑事责任是由于实施犯罪行为而产生的法律责任

实施犯罪行为是刑事责任产生的前提；没有实施犯罪行为，就不可能产生刑事责任。"无犯罪则无刑事责任"，是现代刑法公认的原则。刑事责任总是同犯罪行为联系在一起的，这里所说的犯罪行为，不只是犯罪客观方面的行为，而是犯罪的主客观要件的统一。只有实施了犯罪行为，才产生刑事责任。刑事责任是实施犯罪行为的必然结果。

（三）刑事责任是依照刑事法律承担的法律责任

刑事责任是由于实施犯罪行为而产生的，而犯罪是由刑法规定的。刑法既规定了犯罪，也规定了构成犯罪应承担的刑事责任。实施犯罪行为，就应依照刑法规定承担相应的刑事责任。同时，行为人的刑事责任，只有依照刑事诉讼法进行一定的诉讼程序才可能实际承担；不依照刑事诉讼法进行诉讼程序，犯罪人的刑事责任就不可能实现。

（四）刑事责任是由实施犯罪行为的人承担的法律责任

我国刑法坚持罪责自负、反对株连的原则，所以刑事责任是只有实施犯罪行为的人才承担的责任；没有参与实施犯罪，即使与犯罪人有这样或那样的社会关系，也谈不到刑事责任问题。我国刑法原来只规定自然人犯罪的刑事责任，随着商品经济、市场经济的发展，法人犯罪（单位犯罪）的现象日趋严重，因而我国单行刑事法律中陆续规定了一些法人犯罪的刑事责任。这里所说的实施犯罪行为的人，既指实施犯罪的自然人，也包括实施犯罪的法人。

（五）刑事责任是由代表国家的司法机关追究的法律责任

刑事责任是犯罪人向国家所负的责任，它表现了犯罪人与国家之间的关系，国家则由其司法机关代表追究犯罪人的刑事责任。这里所说的司法机关，既指审判机关，也指检察机关。因为在我国，根据《刑事诉讼法》，"对于犯罪情节轻微，依照刑法规定不需要判处刑罚或者免除刑罚的，人民检察院可以作出不起诉决定"；该不起诉决定是有罪宣告，也是追究刑事责任的一种形式。

（六）刑事责任是以接受刑事法律规定的惩罚和否定的法律评价为内容的法律责任

刑事责任不是承担一般的惩罚，也不只是承担否定的道德评价；因为它说明不了刑事责任的特有性质。刑事责任是承担刑法规定的惩罚——主要是刑罚惩罚，也包括非刑罚处理方法的惩罚；同时还包括刑法和刑事诉讼法对犯罪行为和犯罪人的单纯的否定法律评价，即免予处罚和不起诉（因犯罪情节轻微，不需要判处刑罚或者免除刑罚而作出的不起诉；因被附条件不起诉的未成年人经过考验期作出的不起诉；因刑事和解而作出的不起诉）。至于承担刑法规定的惩罚，自然也包含对犯罪行为和犯罪人的否定的法律评价。可以说，接受刑事法律规定的惩罚和否定的法律评价，是刑事责任的本质。

第二节 刑事责任的根据

一、外国的观点

刑事责任的根据,是大陆法系国家刑事责任理论中最核心的问题,可以说各种刑事责任的学说都是围绕着刑事责任的根据而形成的。德日大陆法系刑事责任理论经历了从刑事古典学派的"道义责任论"、社会学派的"社会责任论"到当代的刑事责任理论的演变。

早期康德的"道义责任论"主张,凡是有理性的人,都是自由意思的主体,如果根据自由意思而实施了违法行为,就应当受到道义上的谴责。费尔巴哈的"心理强制说"为"自由意志"说提供了有力支撑。社会责任论的代表人物是菲利、李斯特等,他们基于实证主义理论框架建立了新刑法理论,认为违法行为是行为人社会危险性的表现,推翻刑事古典学派的道义责任论,提出具有社会危险性的人应该受到社会防卫处分,这就是责任。

当代刑事责任理论是价值论和规范责任论相结合意义上的行为之"可非难性"理论,即发展健全的理性人具有善恶分辨能力。但是,其意志并非绝对自由,而是受到素质、社会环境等各种因素的影响,当这些影响因素不足以影响行为人的具体判断,行为人据此实施的违法行为,才受到法律追究,即具备"非难可能性"。[①]

二、中国的观点

刑事责任的根据也是我国刑事责任理论中最为关注的问题和最具争议的问题。关于刑事责任的根据,我国刑法理论界主要有以下几种具有代表性的观点:犯罪构成要件说、行为说、犯罪说、行为符合构成要件说、犯罪构成事实说、主体选择性说、社会危害性说、犯罪观与刑罚观说等。以上各观点可以被看做刑事责任单一根据说的代表性观点。

在20世纪80年代研究刑事责任的时候,大多数关于刑事责任根据的观点都坚持单一根据说,尤其是犯罪构成的唯一根据说曾在80年代成为通说的观点,这与当时我国刑法理论基本上沿袭苏联模式的历史背景有着必然的联系。在90年代研究刑事责任的时候,虽然仍有人继续坚持认为刑事责任的某种唯一根据,但更多的人认识到刑事责任的根据不可能是唯一的,因而开始从多方面探求其根据。因此,形成了刑事责任的综合根据说。

综合根据说的代表性观点主要有:第一,可以从哲学上和法学上探讨刑事责任的

---

① 参见吴娜:《德日刑事责任理论探析》,载《法制博览》2015年第12期(中)。

根据。刑事责任的哲学根据,首先在于犯罪人是基于自己的主观能动性实施了犯罪行为。刑事责任的法学根据不仅是多方面的,而且是多层次的。刑事责任的法学根据之一是犯罪的社会危害性,是行为人对自己实施的行为负刑事责任的实质根据;刑事责任的法学根据之二是刑法规定的犯罪构成,是行为人对自己所实施的行为负刑事责任的法律根据。① 第二,还有学者认为,在确定刑事责任根据的过程中,应当引入刑事责任要素的概念,通过确定刑事责任要素的构成来确定刑事责任的根据,该要素即为刑事责任的客观要素、主观要素和行为人要素。② 第三,危害性与危险性统一根据说,即犯罪行为的危害性和犯罪人的人身危险性共同构成刑事责任的根据。第四,罪过说。该说提出,从国家角度来看,维护基本的社会利益,保护全体社会成员的基本人权是国家设定刑事责任第一个层次的根据;从行为角度看,犯罪行为对社会的威胁是设立刑事责任第二个层次的根据;从行为人角度看,消极的人格态度是产生危害也是决定刑事责任的第三个层次的根据,可以进一步将刑事责任的根据统一于罪过。③ 还有一些学者将刑事责任的根据分为决定刑事责任有无的根据和决定刑事责任大小的根据等。

从我国关于刑事责任根据的研究状况可以看出,立足点不同、出发点不同,是形成各种单一根据说观点及其互相争议的主要原因。刑事责任作为由国家强制行为人承担的一种责任,既然涉及国家和行为人两个主体,无论是国家强制行为人承担刑事责任,还是行为人应当承担刑事责任,其决定因素不可能是唯一的,而应该是一系列因素的总和。

在考察刑事责任根据的时候,应该分层次进行。首先,应该从刑事责任的来源及落脚点两个方向来考察刑事责任存在的理由和依据,即从国家方面来确定国家具有追究刑事责任的理由、依据,从行为人方面来确定其应该承担刑事责任的理由和依据。其次,考察哪些要素决定了这些理由和依据,使其成为刑事责任的根据。最后,考察为什么这些要素是决定刑事责任存在根据的基础,即从哲学角度、事实角度和法律角度来对其进行分析论证。

本书认为,从国家方面考虑,刑事责任的根据即为国家能够追究并强制行为人承担刑事责任的正当性理由;从行为人方面考虑,刑事责任的根据即为行为人应当承担刑事责任的义务来源及其不可避免性的原因。国家具有的追究行为人刑事责任的依据是国家的统治权,因而宏观地讲,国家制定刑法规定犯罪及刑事责任的立法权及刑事司法权即为国家追究刑事责任正当性理由的依据,它们就是构成国家追究刑事责任根据的基础;行为人应当承担刑事责任是因为其违背了遵守国家刑事法律规定的义务,因此行为人对刑法的违反是其承担刑事责任的基本原因,决定这一原因的基础即为行为人负有的遵守国家刑事法律规定的义务。从这个层面上分析,刑事责任的根据是国家与行为人之间的特定的刑事法律关系,包括立法关系和司法关系。立法关系是

---

① 参见李永升:《刑法学的基本范畴研究》,重庆大学出版社 2000 年版,第 231—234 页。
② 参见张智辉:《论刑事责任根据之争》,载《公安大学学报》1995 年第 6 期。
③ 参见张婉秋:《刑事责任根据之新界说》,载《西南石油大学学报》(社会科学版)2015 年第 5 期。

指国家依据其立法权规定犯罪及刑事责任并由此确定行为人服从和遵守这些规定的义务,即国家制定刑法规范的刑事立法权与行为人作为国家公民必须承担遵守国家法律的义务关系,这一关系可以被看作权力能力与义务能力层次上的关系;司法关系,是指为了维护国家的刑事法律,国家司法机关依据刑事法律规定对违反刑事法律规定的行为人追究刑事责任以实现其司法权,与行为人因为违背其遵守刑事法律规定的义务而接受司法机关刑事处罚的义务关系,这一关系可以被看作现实层次上的关系。

国家与行为人之间的刑事法律关系成为刑事责任的根据,其基础即为其中的义务。行为人应当承担并接受国家对其追究刑事责任的义务必须具备以下要素:第一,行为人具有义务能力,即行为人具有遵守国家刑事法律规定的能力,而这一能力在刑法中表现为行为人的刑事责任能力。任何义务都必须首先建立在义务能力的基础上,因此具有刑事责任能力是国家设立并要求行为人承担刑事责任的基本要素。第二,行为人实施了违反刑事法律规定的行为,即犯罪行为。国家通过刑事立法禁止犯罪,并通过刑事司法制裁犯罪。犯罪行为的实施表明行为人违反了其遵守刑事法律规定的社会义务,因此犯罪行为的实施即为行为人承担刑事责任的事实要素,因而也就是刑事责任根据存在的客观要素。第三,行为人具有实施犯罪行为的主观罪过,即行为人在具有责任能力,并具有不实施犯罪行为期待可能性的情况下,故意或过失地实施了刑法所禁止的犯罪行为。这一故意或过失反映了行为人的主观恶性,而这一主观恶性即违背了行为人遵守刑事法律规定的道义责任,因此罪过即为刑事责任根据存在的主观要素。

综上所述,刑事责任的根据应当来源于刑事责任的构成要素,这些要素即为责任能力要素、客观事实要素和主观要素。由于这些要素分别包含着道义责任和社会责任,而且这些要素又都确定于国家制定的刑事法律中,它们决定了刑事责任存在的法律根据和事实根据。国家刑事法律的制定源自国家与公民之间形成的刑事法律关系,刑事法律关系的产生和存在又来自国家与公民之间的基本关系。因此可以说,刑事法律关系是刑事责任存在的政治、哲学根据。

第三节　刑事责任的功能

刑事责任是与犯罪、刑罚存在密切联系而又相互区别的独立实体。刑事责任的功能主要体现在理论体系上、立法上、司法上与犯罪、刑罚之间的关系如何处理上。

一、刑事责任与刑罚的异同

刑事责任与刑罚是两个不同的概念,但两者有很多相同之处:(1) 两者都由国家最高权力机关在刑法中加以规定。全国人民代表大会制定的刑法,既规定了刑事责任,也规定了刑罚的种类、体系以及各种犯罪的法定刑。可见刑事责任和刑罚都是最高权力机关制定的,并且都规定在刑法之中。(2) 两者都以犯罪为前提。无犯罪则无刑事责任,无犯罪则无刑罚,已成为我国刑法学界的共识。也可以说,犯罪是因,刑事责任和刑罚都是果。尽管可以认为刑罚是由于刑事责任而产生,不是直接由犯罪而产生,但因为刑事责任是由于实施犯罪行为而产生,所以归根结底,刑罚还是犯罪的必然结果。如果从刑法分则的规定看,犯罪与刑罚毕竟表现为直接的因果联系。(3)两者都体现国家与犯罪人之间的法律关系。就刑事责任来说,国家有依法追究犯罪人的刑事责任的权力,犯罪人有依法承担刑事责任的义务;就刑罚而言,国家有依法判处犯罪人刑罚的权力,犯罪人则有依法接受被判刑罚的义务。

刑事责任与刑罚这两个概念的区别在于:(1)刑事责任是一种法律责任,刑罚是一种强制方法。前者表明犯罪人有义务接受国家对他的追究,是法律上的观念形态,因而比较抽象;后者可以对犯罪人实际科处,是能够操作的惩罚手段,因而比较具体。(2)刑事责任可以由审判机关和检察机关使犯罪人实际承担,刑罚只能由审判机关对犯罪人裁判科处。前者既可以由人民法院通过审判使犯罪人承担,也可以由人民检察院通过不起诉使犯罪人承担;后者人民检察院虽然有请求权,但裁量权即裁判科处刑罚的权力,只有人民法院才能行使。(3)刑事责任是以犯罪人接受刑法规定的惩罚和否定的法律评价为内容,刑罚是以剥夺犯罪人一定的法益为内容。刑事责任虽然包括刑罚,但除刑罚外,还有非刑罚处理方法,即免予处罚和不起诉;刑罚只是刑事责任的内容之一,刑事责任的内容大于刑罚。所以在刑罚论中,不能不论述非刑罚处理方法,因为它也是刑事责任的内容之一,或者说是辅助刑罚实现刑事责任的一种方法。

刑事责任与刑罚具有密切的关系:(1)刑事责任的存在是刑罚的前提。没有刑事责任,绝不可能适用刑罚,只有存在刑事责任,才可能适用刑罚。因而一般言之,可以说刑事责任的有无决定刑罚的有无。(2)刑事责任的大小与刑罚的轻重成正比。影响刑事责任大小的因素,首先是犯罪行为的社会危害性程度(如杀人罪重于伤害罪),除此之外,还包含影响行为社会危害性程度的各种情节乃至反映人身危险性的情节。综合上述情况确认刑事责任大的,刑罚就重;刑事责任小的,刑罚就轻。因而可以说刑事责任的大小决定刑罚的轻重。(3)刑事责任主要通过刑罚予以实现。如前所述,刑事责任虽然可以通过其他形式如非刑罚处理方法等实现,但刑罚毕竟是刑事责任实现的主要形式。在大多数情况下,追究一个人的刑事责任,最终结果就是按照犯罪人的刑事责任的大小,判处适当的刑罚。因而可以说,适用刑罚在实现刑事责任中起着特别重要的作用。

二、刑事责任的理论体系功能

刑事责任在刑法理论体系中占据一席之地,是不争的事实。但是关于刑事责任理论在刑法学体系中的地位,则论述不一。有学者将其概括为以下三种模式[①]:

---

① 参见张旭:《关于刑事责任的若干追问》,载《法学研究》2005年第1期。

(一)添加模式

该模式将刑事责任部分单独作为一节或者一章引入刑法总论,不改变原有刑法学体系。一种观点认为,刑事责任论在价值功能上具有基础理论的意义,应作为刑法学的基础理论置于犯罪论之前,并作为刑法的基本原理来把握,如在"刑法的性质和任务"一章中专门设立"刑事责任"一节。① 一种观点认为,犯罪、刑事责任、刑罚是各自独立又相互联系的三个范畴,刑事责任则是介于犯罪与刑罚之间,联结犯罪与刑罚的纽带,因此,应将刑事责任设为一章,置于犯罪论之后、刑罚论之前,采取犯罪论—刑事责任论—刑罚论的体系。这种观点得到大多数人的认同,成为通说。②

(二)修正模式

该模式将刑事责任引入刑法学体系的同时,对原有的刑法学体系进行调整。一种观点认为,犯罪是刑事责任的前提,刑事责任是犯罪的法律后果,刑罚、非刑罚处罚方法以及刑事责任的其他实现形式,都是刑事责任的下位概念,是从属于刑事责任的。因此,刑事责任论应当取代刑法学总论中的刑罚论,从而形成刑法论、犯罪论、刑事责任论三者并列的格局,如张明楷在《刑事责任论》一书中坚持这样的立场。一种观点认为,犯罪是追究刑事责任的前提和基础,刑事责任则是犯罪及其他因素的有机整合,刑事责任是决定刑罚的唯一根据,有犯罪未必有刑罚,但是,一定会有刑事责任。因此,罪责的辩证关系才是刑法研究的主要对象和基本规律,进而,提出刑法导论、刑法论、犯罪论、刑事责任论、定罪论、量刑论、行刑论、罪刑各论的新体系。③

(三)替代模式

该模式在刑法基本理论研究中不直接使用"刑事责任"一词,而是在"责任论"部分涉及相关内容,如有论者认为,责任概念根据其适用的不同特点,在理论上可以分为责任原则、刑罚成立责任和刑罚裁量责任三个理论范畴。其中刑罚成立责任是指应受谴责性在具备了哪些前提时具有可罚性,刑罚裁量责任是指所有对量刑发生影响的行为的应受谴责性因素。④

三、刑事责任的立法功能和司法功能

刑事责任的功能何在?它与犯罪和刑罚的关系如何?对此问题应当从刑事立法和刑事司法角度分别加以探究。

(一)从刑事立法角度看刑事责任对犯罪、刑罚的指导功能

在刑事立法上,统治阶级以其刑事责任观指导其犯罪观,对那些认为严重危害其

---

① 参见胡新主编:《新编刑法学》(总论),中国政法大学出版社1990年版。
② 参见高铭暄、马克昌主编:《刑法学》,北京大学出版社、高等教育出版社2000年版,第211页;马克昌:《刑事责任的若干问题》,载《郑州大学学报》(哲学社会科学版)1999年第5期。
③ 参见李晓明主编:《刑法学》(上),法律出版社2001年版。
④ 参见李海东:《刑法原理入门》,法律出版社1998年版,第101页。

利益和统治秩序而须要追究行为人刑事责任的行为,按照确定刑事责任的要求宣布为犯罪,并规定一定的构成要件;同时,统治阶级也以其刑事责任观及刑事责任观所决定的犯罪观指导其刑罚观,按照犯罪情况规定是否必须适用刑罚,以及应适用刑罚的种类、轻重程度和刑罚运动中即刑罚实际执行中的调整制度(减刑、假释、赦免等制度。)可见,在立法上,刑事责任问题决定犯罪和刑罚问题。

(二)从刑事司法角度看刑事责任对犯罪、刑罚的调节功能

行为是否构成犯罪,决定行为人应否负刑事责任。一个人实施刑法所规定的犯罪,即其行为具备了刑法中的某种犯罪构成要件,他就应当负刑事责任,刑事责任产生于犯罪,是犯罪所引起的必然法律后果。即犯罪的存否决定刑事责任的存否,犯罪的危害程度决定刑事责任的程度。进一步看,刑事责任又与刑事制裁(刑罚)存在着内在的联系,刑事责任决定刑事制裁(刑罚),刑事责任是刑事制裁(刑罚)的适用标准。这主要表现在:从质上看,刑事责任的存否决定刑罚的存否。刑事责任是刑罚的前提,无刑事责任即无刑罚;存在刑事责任就存在应受刑罚惩罚性,刑事责任通常以刑罚为其法律后果。从量上看,刑事责任的程度是决定是否实际判处和执行刑罚以及实际适用刑罚轻重的标准。刑事责任程度很轻的,可以在应受刑罚处罚的前提下免予刑罚处罚,或者在判处较轻刑罚的前提下宣告缓刑,在缓刑考验期内符合法定条件即其刑事责任程度未加重,就不再实际执行刑罚;由刑事责任程度所决定而必须实际判处和执行刑罚的,其判处和执行的刑罚之轻重也要与刑事责任程度轻重相协调,责任重则刑罚重,责任轻则刑罚轻。此外,刑事责任还以刑罚为其主要体现形式,即刑罚往往伴随刑事责任,刑事责任主要通过刑罚来实现。一句话,刑事责任决定刑罚。可见,在司法上,刑事责任扮演的是决定于犯罪而又决定刑罚的角色,是介于犯罪和刑罚之间,对犯罪和刑罚的关系起调节作用的调节器。

刑事责任作为一种特定的法律责任,体现着刑事法律关系和刑事法治原则。从刑事法律关系看,刑事责任实质上是犯罪人与以司法机关为代表的国家之间所发生的刑事权力义务关系。由此可以引申出,刑事责任只能由实施犯罪的人承担,只能对犯罪行为人加以追究的原则。从刑事法治的要求看,犯罪人承担刑事责任,国家司法机关追究、确定和解决犯罪人的刑事责任,都只能根据刑法、按照刑事诉讼法的程序和刑罚执行法的规定来行事,而不能违背这些刑事法律。

第四节 刑事责任的实现与终结

一、刑事责任的实现

(一)刑事责任的阶段

从动态发展角度来看,刑事责任可以分为以下四个阶段:

第一阶段:从实施犯罪行为时刻起,到对犯罪行为人实施刑事诉讼强制措施或被

当作刑事被告人由人民检察院提起公诉及对自诉案件的刑事被告人开庭审判时止。在这一阶段的犯罪行为人负有刑事责任,但尚未实现。

第二阶段:从第一阶段结束时刻起,到人民法院的有罪判决生效或人民检察院作出认定有罪的不起诉决定时止。这一阶段的刑事责任是通过刑事诉讼强制措施实现的,犯罪行为人以嫌疑犯或刑事被告人身份正被追究刑事责任。刑事责任的实现还处在不确定状态。

第三阶段:从人民法院有罪判决生效,对犯罪人执行刑罚等刑事强制措施开始,到执行完毕或赦免时止。这是主要阶段,刑事责任是通过剥夺犯罪人的某种权益的刑罚或其他刑事强制措施实现的。

第四阶段:从刑罚执行完毕到刑事责任消灭时止。刑事责任是通过行政强制措施或其他强制措施实现的。

(二)刑事责任的解决方式

刑事责任的实现,确切地说,就是国家司法机关通过一定的实际活动,采取各种强制措施,使犯罪人实际地承担刑事法律后果,并使否定的道德和法律的评价及谴责得以实现。在我国刑法中,实现刑事责任的方法除刑罚外,还有非刑处置。所谓非刑处置,又称非刑罚处置方法。① 按照我国刑法的规定,刑事责任的解决即处理或处置,根据不同的情况可以分别采取几种不同的方式与途径。

第一,定罪判刑方式。对犯罪人在作出定罪判决的同时予以刑事制裁,即适用刑罚,这是实现刑事责任的方式,只有人民法院在其有罪判决中才有权适用这种方式解决行为人的刑事责任。

第二,定罪免刑方式。确定有罪而免除刑罚适用的处罚,这是解决行为人刑事责任的另一种方式。这种处理方式,通过有罪的认定而确定了行为人刑事责任的存在,宣告了国家对行为人的刑事否定评价,确认行为人因其犯罪行为而应受刑罚处罚;但是,由于其刑事责任程度比较轻微,不需要以刑罚的适用来作为其刑事责任的法律后果,来实现其刑事责任,因而免除其刑罚。

第三,消灭处理方式。刑事责任的消灭处理,是指本来行为人的行为已经构成犯罪,应负刑事责任和应受刑罚处罚,但是由于存在法律规定的实际阻却追究行为人刑事责任的事实,使刑事责任归于消灭,即行为人不应再负刑事责任和不应受刑罚处罚。这也是客观上原本存在的刑事责任的一种解决和处罚方式。

第四,转移处理方式。即刑事责任的转移处理,这种解决方式,只能对享有外交特权和豁免权的外国人适用。②

二、刑事责任的终结

对于如何理解刑事责任的终结,理论上主要存在着两种不同观点的争论。

---

① 参见陈兴良主编:《刑事法总论》,群众出版社2000年版,第368页。
② 参见赵秉志:《刑事责任基本理论问题研讨》,载《中央政法管理干部学院学报》1995年第1期。

一种观点认为,刑事责任的终结包括两种情况:一是因刑事责任的实现而终结,终结时间由于刑事责任实现的方式不同而不同:以刑罚为实现方式的,终结时间是刑罚执行完毕或赦免之时;以非刑罚处理方法为实现方式的,终结时间为非刑罚处理方法执行完毕之时;以免予刑罚处罚为实现方式的,终结时间为法院有罪判决发生法律效力之时。二是因刑事责任的消灭而终结。刑事责任的消灭有犯罪人死亡、犯罪已过追诉时效、告诉才处理的犯罪、没有告诉或撤回告诉。终结时间就是上述情况出现之时。

另一种观点认为,刑事责任的终结是指刑事责任的实现,而刑事责任的消灭是没有追究其刑事责任,二者的性质和效果完全不同,所以认为刑事责任的消灭也是刑事责任的终结,这就将两种不同性质、不同效果的情况混为一谈。[①]

本书认为第一种观点是正确的。因为刑事责任可以因其实现而终结,也可以因其消灭而终结。例如,犯罪在未过追诉时效时,犯罪人的刑事责任时刻都处于可以追究之中;如果已过追诉时效,刑事责任即归于消灭,不能再予以追究,这在事实上也就是犯罪人的刑事责任已经终结,与刑事责任实现,不再追究行为人的刑事责任,在这一根本点上并无差别。

三、刑事责任的发展动向

关于刑事责任问题,目前值得关注的是刑事责任实现方式多元化的争议,该争议一定程度上反映了刑事责任的发展新动向。

刑事责任的实现方式,就国家而言,是指追究行为人刑事责任的具体方法,国家通过这种方法使刑事责任由应然变化为实然;就犯罪人而言,是指犯罪人承担刑事责任的具体方法,通过这种方法使犯罪人对由其犯罪行为引起的刑事责任从抽象变为现实。我国1979年刑法规定了多元化的刑事责任实现方式,即除判处刑罚之外,将判处非刑罚处罚的方法和单纯宣告有罪规定为刑事责任的实现方式。1997年刑法仍然沿用多元化刑事责任实现方式。

对此,有学者提出质疑,认为多元化的刑事责任实现方式与刑法和刑法理论的诸多范畴发生冲突,甚至出现了矛盾。主要表现如下:一是多元化的刑事责任实现方式与刑法的发展态势相矛盾。与过去的犯罪化的刑法现实相比较,当代中国刑法发展的态势是非犯罪化。二是多元化的刑事责任实现方式与犯罪的基本特征相矛盾。无论从刑法理论通说所主张的社会危害性是犯罪的本质特征的观点出发,还是从反对者所主张的应受刑罚惩罚性是犯罪的本质特征的观点出发,都无法得出非刑罚方法和单纯宣告有罪可以是犯罪的法律后果。三是多元化的刑事责任实现方式与刑事责任的性质相矛盾。在所有的法律责任中,刑事责任是最严厉的法律责任。刑事责任的严厉性只能体现在刑事责任的实现方式上。如果允许非刑罚处罚的方法和单纯宣告有罪是刑事责任的实现方式,那么刑事责任的严厉性何以体现?因而,多元化的刑事责任实

[①] 参见赵秉志主编:《刑法争议问题研究》(上卷),河南人民出版社1996年版,第586—587页。

现方式与具有严厉性的刑事责任存在着冲突。四是多元化的刑事责任实现方式与诉讼的效益原则相矛盾。五是多元化的刑事责任实现方式与刑罚预防犯罪的功能相矛盾。通过分析,在我国应当构建一元化的刑事责任实现方式。非刑罚处罚方法应当回到自己的"家园",在自己应有的领域发挥作用。①

这种质疑代表了一种声音,但是,实际上,刑事责任实现方式多元化是当今世界各国刑法的发展方向之一,中国也不例外。一方面,在实体法中增设非刑罚措施。2015年《刑法修正案(九)》在刑法第37条后增加一条,作为第37条之一:"因利用职业便利实施犯罪,或者实施违背职业要求的特定义务的犯罪被判处刑罚的,人民法院可以根据犯罪情况和预防再犯罪的需要,禁止其自刑罚执行完毕之日或者假释之日起从事相关职业,期限为三年至五年。被禁止从事相关职业的人违反人民法院依照前款规定作出的决定的,由公安机关依法给予处罚;情节严重的,依照本法第三百一十三条的规定定罪处罚。其他法律、行政法规对其从事相关职业另有禁止或者限制性规定的,从其规定。"另一方面,在程序法中增设更多的替代措施和转移处理机制,2012年修正的《刑事诉讼法》增设未成年人的附条件不起诉制度、刑事和解制度等特别程序,扩大了不起诉的适用范围,强化检察机关的自由裁量权,为非刑罚化方式解决刑事责任问题提供更多的途径和机制。

---

① 参见苏永生:《刑事法治视域中刑事责任实现方式之选择》,载《青海师专学报》2004年第6期。

第十四章 刑罚概说

> **学习要求**
> **了解**：刑罚的概念；刑罚权的概念
> **理解**：刑罚的功能
> **熟悉并能够运用**：刑罚的目的

第一节 刑罚的概念

一、刑罚的定义与特征

刑法学界对刑罚的定义有着多种观点。有的认为刑罚是国家最高权力机关在刑法中制定的赋予"刑罚"名称，用以惩罚实施犯罪行为的人，由法院依法判处、特定机构执行的最严厉的强制方法。有的认为刑罚是掌握国家政权的统治阶级为了防止犯罪行为对其社会利益的侵犯，根据刑事立法，对犯罪人适用的建立在剥夺性痛苦基础上的最严厉的强制措施。有的认为刑罚是刑法规定的由国家审判机关依法对犯罪分子所适用的剥夺或限制其某种权益的最严厉的法律强制方法。有的认为刑罚是刑法规定的、由法院通过刑事诉讼程序依法决定对犯罪人适用的严厉制裁，用以表达国家和社会对于犯罪行为和犯罪行为人的否定性评价和谴责。日本学者牧野英一认为：刑罚是对不法行为作出法律上的效果给个人科处的法益的剥夺。宫内裕认为：刑罚是对以犯罪为要件的犯罪行为人由法院所加的国家的强制手段，是以一定的善恶为内容的手段。

本书认为，刑罚不仅有其法定性，更有其严厉性和适用对象的特定性。因此，刑罚是刑法规定的由国家审判机关依照刑事法律对犯罪人所适用的限制或剥夺其某种权益的最为严厉的强制性法律制裁方法。它具有下列特征：

1. 本质上的严厉性，即刑罚是最为严厉的强制措施。它是以限制和剥夺犯罪人的权利和利益为内容的。它不仅可以剥夺犯罪人的财产权利和政治权利，而且可以限制或剥夺其人身自由，甚至还可以剥夺其生命。这种严厉性正是刑罚区别于其他法律制裁方法的本质特征。

2. 适用对象的特定性，即刑罚只能适用于犯罪人。它是以犯罪人为唯一对象的强制措施。犯罪与刑罚具有法律上的逻辑联系,没有犯罪也就没有刑罚。因而,适用刑罚必须以行为人的行为构成犯罪为前提。只有经人民法院判决确认有罪的自然人和法人,才能对其适用刑罚。这既是加强社会主义法治的必然要求,也是使无辜的人不受刑罚的重要保障。

3. 根据的法定性,刑罚的根据在于刑法的明文规定。依照《刑法》第3条罪刑法定原则的要求,哪些行为构成犯罪及其应该受到怎样的刑罚处罚都必须由刑法事先作出明文规定。这就是说,刑法的明文规定是人民法院对犯罪人作出最终判决的唯一根据。

4. 适用主体的单一性,刑罚只能由人民法院依法行使。依照有关法律规定,只有人民法院可以依法独立行使审判权,而定罪量刑是属于国家审判权的一项重要内容。因此,除人民法院外,其他任何机关、团体或个人都无权对公民适用刑罚。

二、刑罚的本质

刑罚的本质包括刑罚的社会政治本质和法律本质两个方面。刑罚的社会政治本质是指刑罚的阶级本质。与法律的本质一样,刑罚的阶级本质是由国家的性质决定的,是阶级专政的工具。

刑罚的法律本质是刑罚所特有的与其他法律制裁方法相区别的内在属性。对于刑罚的法律本质,西方学者有许多不同的见解。报应刑论认为,犯罪是一种恶行,刑罚在本质上是对这种恶行的报应。目的刑论认为,刑罚不仅是对已然之罪的报应,又是对未然之罪的预防。这些见解虽然都各有其合理性,但报应刑论否认刑罚的目的,目的刑论将刑罚的本质与刑罚的目的混为一谈,因而都未能对刑罚的本质给予科学的说明。相对而言,报应刑论认识到刑罚是对已然之罪的报应,有其可取之处。从这一点上,可以把刑罚与保安处分①区别开来,因为保安处分只是犯罪的预防措施。值得指出的是,《刑法修正案(八)》将《刑法》第38条第2款、第3款修改为:"判处管制,可以根据犯罪情况,同时禁止犯罪分子在执行期间从事特定活动,进入特定区域、场所,接触特定的人……对判处管制的犯罪分子,依法实行社区矫正。"这种措施同样是以已然之罪为前提的惩罚措施,而非简单的犯罪预防手段。我们也能够把刑罚与其他法律制裁方法区别开来,因为刑罚是对犯罪的报应,而其他法律制裁方法是对违法行为的报应。报应刑论也与近代刑法理论界公认的"无犯罪则无刑罚"的原则是一致的。因此,本书赞成刑罚的本质是对犯罪的惩罚的观点。

应当指出的是:第一,不能把刑罚的本质简单地说成是报应,刑罚报应的根据只能是已然之罪,刑法也只有对已然之罪进行报应才有其正当根据。第二,讲刑罚的本质

---

① 保安处分是学界近期使用较多的概念,指的是以特殊预防为目的,以人身危险性为适用基础,对符合法定条件的特定人所采用的,以矫正、感化、医疗等方法,改善适用对象,预防犯罪的特殊措施。刑法上用以补充或代替刑罚以维护阶级统治的措施。它适用的对象不限于有犯罪行为的人,也包括有犯罪嫌疑或妨害社会秩序嫌疑的人。

是对已然之罪的报应,不是说刑罚是摧残、折磨犯罪人的报复手段。刑罚只有与犯罪的客观危害以及与犯罪人的主观恶性相适应,在符合社会存续需要、维护道德秩序需要与维护法律秩序需要、符合刑罚的预防犯罪目的的限度内才是合理的,超出这个限度的刑罚就会丧失其正当性。第三,讲刑罚的本质是对已然之罪的报应,并不否认刑罚具有教育功能,不否认刑罚有其目的。刑罚的本质与刑罚的目的、刑罚的功能是不同的概念,不能混为一谈。第四,刑罚与其他法律制裁方法的区别,并不在于其严厉程度,而在于其对象不同。我们很难说行政拘留、司法拘留就一定比管制轻,也不能说罚款就一定比罚金轻。在同为剥夺或者限制自由、同为剥夺财产的情况下,即在受制裁的人被剥夺或者限制的权益的内容相同的情况下,只有根据刑法的规定适用于犯罪人的具有"刑罚"名称的制裁措施才是刑罚。理论界一般认为,刑罚是最严厉的制裁方法,这是从抽象的意义上讲的,具体到个案可能并非如此。

三、刑罚与其他法律强制方法的区别

刑罚是国家制定的一种法律强制方法,但不是国家唯一的法律制裁方法。在我国,为了调整社会关系,维护法律秩序,保护国家和人民的利益,国家除了适用刑罚这一法律强制方法以外,还运用其他各种法律强制方法,诸如行政强制方法、民事强制方法、诉讼上的强制方法等。所有这些法律强制方法都体现了国家权力,并共同调整着社会关系,刑罚只是整个法律制裁体系中的一种,它与其他法律强制方法的主要区别有:

1. 严厉程度不同。刑罚是各种法律制裁中最为严厉的一种,它涉及对人的生命、自由、财产、资格的限制或剥夺。惩罚的严厉性正是刑罚的法律本质,这种严厉性不仅表现在刑罚给犯罪人以有形的损害,即犯罪人某些权益的丧失,还表现在刑罚同时给犯罪人以无形的谴责,即否定的政治评价和道义上的谴责。而其他法律制裁一般不涉及人身自由的问题,更绝对排除对生命的剥夺,它们的严厉程度都轻于刑罚处罚。例如,民事制裁方法仅限于停止侵害、排除妨碍、消除危险、返还财产、恢复原状等;行政制裁方法只限于警告、记过、开除、罚款等。虽然行政处罚中的劳动教养、行政拘留和刑事诉讼上的强制措施也涉及公民的人身自由,但属临时性的限制措施,与刑罚自由刑的性质不同,法律后果也不一样。

2. 适用对象不同。刑罚以犯罪人作为特定的适用对象。任何人只要触犯刑律、构成犯罪,则应当且必须依法追究其刑事责任,结果往往是适用刑罚。如果行为人只是实施了一般的违法行为,仅仅违反了国家的民事法规、行政法规、经济法规等,尚未达到犯罪所要求的严重程度,则只能相应地适用其他的法律制裁措施。

3. 适用机关不同。刑罚只能由国家刑事审判机关依法行使,在我国只能由最高人民法院、地方各级人民法院和各专门人民法院的刑事审判部门行使。而民事制裁由国家审判机关的民事审判部门适用,行政制裁由国家行政机关适用。

4. 适用根据不同。人民法院必须依照刑法关于犯罪与刑罚的有关规定和刑事诉

讼法规定的诉讼程序，对犯罪人适用刑罚。而对一般违法人适用民事制裁和行政制裁，则分别依据民事实体法和民事诉讼法、行政实体法和行政诉讼法。在一定程度上，法律根据的不同往往也决定了处罚性质的差别。

5. 法律后果不同。受过刑罚处罚的人，在法律上和事实上被视为有前科的人。受过刑罚处罚的人，有的将在一定期限内甚至终身被剥夺从事某种职业的资格；当其重新犯罪时，可能要受到比初犯者更为严厉的处罚。《刑法修正案（九）》创设了第37条之一，该条即规定上述的职业禁止："因利用职业便利实施犯罪，或者实施违背职业要求的特定义务的犯罪被判处刑罚的，人民法院可以根据犯罪情况和预防再犯罪的需要，禁止其自刑罚执行完毕之日或者假释之日起从事相关职业，期限为三年至五年。"

第二节 刑 罚 权

一、刑罚权的概念

关于刑罚权的概念，学界也有不同的表述。有学者认为，刑罚权是国家基于独立主权对犯罪人实行刑事制裁的权力。也有学者认为，刑罚权是国家基于统治权依法对实施犯罪行为的人实行刑罚惩罚的权力。还有人认为，刑罚权是国家就犯罪对犯罪人进行处罚的权能。

本书认为，刑罚权是指创制和运用刑罚的权力，是国家统治阶级所垄断的统治权的重要组成部分，其本身包括制刑权、求刑权、量刑权和行刑权。

制刑权是指国家在刑事立法活动中创制刑罚的权力。我国的这项权力由全国人民代表大会及其常设机关（即全国人民代表大会常务委员会）行使。创制刑罚的主要内容包括：第一，建立刑罚体系以及与之相配套的各种刑罚制度，为具体的犯罪设立相应的法定刑。第二，修改、补充、完善现行立法中的刑罚制度、法定刑和刑种。第三，对与刑罚有关的问题作出解释。

求刑权是根据刑事责任理论，国家有权对犯罪人提出承担刑事责任的要求，进而提出适用刑罚的要求。所谓责任，是一种责任要求者与责任者之间要求与被要求的关系。责任要求者有权力对责任者提出要求，责任者有义务履行要求者的要求，承担所建立起来的责任关系的后果。刑事责任是一种责任要求者（国家）与责任者（犯罪人）之间的刑事上的要求与被要求关系。这种关系通过国家公布刑事法律及行为人违反刑事法律而建立起来。它的建立有两个必要的前提条件：一是国家公布刑事法律、建立刑事法律关系；二是对刑事法律关系的触犯，即犯罪人实施了刑事法律所禁止的行为。这种刑事责任建立以后，国家就成为刑事责任的要求者，犯罪人就成为刑事责任的责任者。国家有权对犯罪人提出承担刑事责任的要求，而犯罪人有义务履行这种刑事责任，承担刑事责任的后果。由此可见，刑事责任就是国家通过公布刑事法律并用强制力要求触犯刑事法律的犯罪人承担刑事法律后果的一种刑事上的要求与被要求关系。

量刑权是指对犯罪人进行裁量刑罚的权力,这一权力在人民法院审理案件并对犯罪人作出和确认有罪判决的阶段适用,只能由人民法院行使。量刑权主要包括以下内容:第一,在查明案件事实的基础上,依法决定对犯罪人是否适用刑罚。第二,在确定犯罪事实和情节后决定适用何种刑罚和多重的刑罚。量刑活动是求刑的落实,又是行刑的依据,因此是适用刑罚的关键环节。

行刑权是指根据已发生法律效力的判决,强制犯罪人接受刑罚处罚的权力。行刑权作为一项独立的基本刑罚权能,是"现实的"刑罚权,在刑罚权的运用过程中,具有独特的实践意义。行刑是监狱行使行刑权,实施生效的刑事裁判对罪犯所判处的刑罚的刑事司法活动,以实现刑罚的内容为根本任务。监狱的行刑权在其执行刑罚活动中得到实现。行刑权的范围受制于刑罚的内容,行刑权应当以实现刑罚的内容为限。行刑权包括实体性和程序性两个方面的内容。对于前者,理论界和刑事司法实际部门中存在这样一种观点:监狱对罪犯的狱政管理、强制劳动和教育改造等项活动,是监狱内部对罪犯的教育和事务性行政管理,不属于刑罚执行活动。监狱执行刑罚及其接受检察机关法律监督的范围限于《监狱法》第三章"刑罚的执行",除此之外便不属于"监狱执行刑罚"法律监督的范围,而是监狱的"内部行政管理"。本书认为,《监狱法》明确规定了监狱的刑罚执行机关的性质,因此,《监狱法》中所确定、规范的监狱活动都应当属于刑罚执行活动。后者是对刑罚变更执行的建议权、决定权和批准权。如收押权、减刑、假释的建议权、监外执行的批准权等。

制刑权、求刑权、量刑权和行刑权四者的总和构成了统一的刑罚权,它们之间是一种互相制约、分工配合的关系,其中任何一种权力都不能单独作为刑罚权而存在。

刑罚创制权、刑罚适用权和刑罚执行权三项基本权能,构成了刑罚权运行结构的基本框架。侦查权和起诉权属于刑罚适用权活动过程的一个部分,从其"犯罪与刑罚"活动的性质上讲,二者也是刑罚权的组成部分,都属于对犯罪行使追诉权的范畴。在刑罚权的基本权能结构中,除立法机关制刑权的决定意义外,审判权是其前提和核心。审判权是司法权的象征和代表,执行权则是其关键和根本。

二、刑罚权的根据

任何一个国家,不论其社会制度、国力强弱和国土大小,都有权对触犯刑律的行为依法予以惩治。对于这种权力,即刑罚权存在的理由或根据,中外法学家曾有很多不同的阐述,其中颇具代表性的几种理论如下:

1. 神权论。这种理论起源于古代,至今仍有支持者。神权论主张刑罚权是神授予的,是正义的体现,国家秩序是神意的表现,侵犯它就是亵渎神意,神就委托其世俗代表,即国家对加害者予以惩处。这一理论的致命弱点是缺乏科学依据,其实行结果必然是某些代理人假借神意来剥夺被统治者的自由权利,使公民的合法权利得不到保障。

2. 社会契约论。这种理论最初由古希腊哲学家伊壁鸠鲁(Epicurus,前341—前270)提出,17世纪至18世纪被欧洲资产阶级启蒙学者所推崇并广泛加以传播。其代表人物首推意大利刑法学家贝卡利亚,他以社会契约论为指导在其代表作《论犯罪与刑罚》一书中全面论述了刑罚权的根据,主张国家权力(包括刑罚权)来自于人民,封建专制统治是不符合人的本性和自然法的;国家权力是有限的,人之生存权利则是神圣的。这种大胆的论证在资产阶级大革命的前夜,无疑是历史的进步。但社会契约论并不符合历史的实际,因为国家并不是根据人们的社会契约而产生的。

3. 功利论(又称必要论)。"功利"一词意为功用、功效,同时还泛指人类幸福。这一理论从维护社会秩序的必要性角度寻找刑罚权的根据,有其合理性的一面。但是,它用抽象的人类幸福来说明刑罚的产生,不仅无法真正地阐述刑罚权的根据,反而掩盖了它的阶级本质。

4. 混合论(又称折中论)。这种理论认为刑罚权的发生固然来自社会的"抵抗权",同时也不能忽视法律是以"正义"为理论基础的。刑法之所以处罚犯人,不仅是基于他的行为有害于社会的生存,有"抵抗"的必要,而且也是为了"正义"的实现。混合论试图从实证派所主张的维护社会生存条件与正义的相互联系中说明刑罚权存在的理由,但它离开了社会物质生活条件,这种尝试注定是失败的。

本书认为,对于刑罚权的根据问题,必须坚持用马列主义观点加以说明。按照马列主义观点,物质的生产方式制约着整个社会生活、政治生活和精神生活的过程。犯罪与刑罚是阶级社会所特有的现象,它们产生于相同的条件。犯罪是对社会生存条件的违反,而刑罚则是社会用以对付违反人民权益行为的一种自卫手段。出于对付违反社会生存条件的行为的现实需要,国家作为公共权力产生的同时,自然就拥有了刑罚权,这就是刑罚权的一般根据。刑罚权是一种制裁犯罪人的权力。对犯罪人适用刑罚以及执行刑罚是一种制裁,是行使刑罚权的一种表现,而确定或宣布某种行为构成犯罪,也是行使刑罚权的一种表现。因此,刑罚权不是法律规范上所确认的权力,而是位于刑法规范之上并支配刑法规范的范畴。它首先是一种客观事实,而不是一种法律现象,产生这种事实的标志是国家的出现。因此,刑罚权是一种国家的权力,是一种特权,是伴随着私有制产生、发展、变化的一种维护现实利益的特权,是国家的职能表现。

三、刑罚构成的三要素

(一) 有责性

刑罚之所以存在,缘起于犯罪的存在,无论刑罚的正当性是立足于已然犯罪还是未然犯罪,刑罚是犯罪天生的伴生物是一个客观事实。有鉴于此,本书认为,犯罪的有责性是刑罚的第一要素,或者说是基础性要素、起点要素。这里的有责性是指基于犯罪行为和犯罪人的道义责任和刑事法律责任的同向运动而产生的合力性责任认定。

首先,刑罚以不快结果施加于犯罪人是一种道义责任的判定。国家设置刑罚,对悖理乱常之罪行加以制裁,亦无非本于道义理由,代表社会公意,以严重之谴责施诸犯罪人而已。因此刑罚之轻重,亦无非与犯罪行为可受社会非难之程度相适应,方足以表彰正义。不快结果从本质上来说是一种痛苦,它不仅是给犯罪人带来的痛苦,其实也是社会在迫不得已的情况下自身运行的阵痛,因为刑罚剥夺犯罪人的自由意在平衡受害人的自由损害和维护社会秩序,这种"剥夺"与"平衡"是一种道义上的选择。因此,近现代众多的预防论学说否定刑罚的道义评价而单纯主张犯罪的决定论观点有失武断。

其次,不快结果的施加又是刑事法律责任的判定。在刑罚构成要素的视阈内,道义责任对犯罪的评判是基础,是触及犯罪人和社会上一般人刑罚观念的问题,而刑事法律责任对犯罪的评定则是具体的、显性的。这里必须说明的是,使用刑事法律责任这一术语,目的在于区分刑事责任这一被我国刑法学界广泛采用的概念。本书所提出的刑罚构成视阈内的刑事法律责任,是指不快结果的施加在刑事立法中体现出来的追溯性后果评定,如财产性犯罪在刑法上可能相应地施加罚金刑这一不快结果,便是刑事法律责任的评定。刑事法律责任作为追溯性后果评定结果,其前提是犯罪的存在和可罚性,其归宿是施加不快结果,即遵循"犯罪—刑事法律上的可罚性—不快结果施加"的逻辑结构。由此可见,刑罚构成要素离开刑事法律责任的判定,就没有了对犯罪施加不快结果的中间链条和理性凭借。

再次,犯罪的有责性必须是道义责任和刑事法律责任的同向运动产生的合力性责任,在道义上对自由的"剥夺"与"平衡"进行权衡之后施加于犯罪人的不快结果之量度,必须昭示于刑事法律中犯罪与刑罚对应值的量度上,刑罚的有责性才得以表现。申言之,评价刑罚本身正当与否,在责任上必须以道义责任和刑事法律责任的同向运动产生的合力为参照系,单纯从道义责任上评定会导致刑罚的恣意性,单纯以刑事法律责任评定则有专擅之嫌。必须是既从本质上(道义责任)又从内容上(刑事法律责任),既从质上(道义的)又从量上(刑事法律的)对刑罚的有责性进行综合评定,才能真正科学地揭示刑罚施加不快结果的正当性。

(二) 有意性

刑罚的有意性是指立法与司法适用机关决定施加犯罪人不快结果程度的量化标准时所依据的客观责任之外的主观价值取向要素。任何刑罚作为施加于犯罪人的不快结果,除了源于其本质上的有责性这一定性因素之外,必然糅合着创制和适用刑罚的意向性要素。这种意向性要素一方面是刑罚为什么要施加于已然犯罪的犯罪人以及施加多大刑罚的量度;另一方面也要考虑未然之罪和防止犯罪再次发生而施加于犯罪人刑罚的量度。前者意向性量度标准立足于犯罪有责性大小,这在前文业已述及,在此不赘;后者的意向性量度标准则是立足于犯罪有责性因素之外的社会化因素,其旨趣在于创制与适用刑罚机关惩罚有责性犯罪所要达到的社会正义与秩序目的而施加已然之罪的刑罚量度加减,这一点也正是近现代功利学派极力论证并争鸣不断的问题。剥夺犯罪人能力说认为,刑罚存在在于剥夺犯罪人再犯之能力,而剥夺的种类及程度则由已然之罪所表现出来的人身危险性来衡量;矫正说认为刑罚设置的种类及刑度以达到矫正犯罪人复归社会为限;个别预防综合说认为"矫正可以矫正的,不能矫正的不使为害";一般预防学说更是主张以达到防卫社会目的权衡刑罚的种类及程度。

这些学说之所以否认刑罚之有责性基础而主张刑罚功利目的,说到底就是在极力阐释刑罚本身的有意性要素。本书认为,没有意性的刑罚创制和适用是不可能的,报应说所主张刑罚存在观蕴涵的是刑罚有意性不快结果施加的基本量度,而功利说所主张的刑罚存在观则蕴涵的是刑罚有意性施加的加减量度,两者共同构成了刑罚本身的量度标准和内在结构,共同决定刑罚存在的量的规定性,它同刑罚之有责性是刑罚质的规定性一起构成刑罚的存在根据和基础,其中刑罚量的规定性即刑罚创制和适用的有意性又是受犯罪的有责性这一内在要素决定的。

(三) 不快结果

刑罚作为强加于犯罪人身上的一种痛苦,尽管这种痛苦的量度受犯罪有责性的制约和适用刑罚有意性因素的决定,但其终归还是要以造成犯罪人的痛苦为核心和基点。换言之,施加犯罪人以痛苦,于其身、于社会从实质意义上讲都是不快结果,没有造成这种不快结果便不可能称其为刑罚。

四、刑罚改革的方向是非刑罚化

非刑罚化是当代世界刑法改革的主题之一,作为现代刑法基本刑事政策的刑法谦抑原则的直接要求。刑法谦抑原则还要求严格收缩法定刑罚圈,严格控制对犯罪行为适用刑罚的条件,在能不适用刑罚、采用其他非刑罚处理手段也能达到预防和控制犯罪的目的时,排除刑罚的适用,改用非刑罚处理手段。通过非刑罚化对刑罚进行实质限制的方式和途径主要是:通过规定免刑制度和免除处罚情节,对刑罚的适用范围进行实质限制;通过非刑事制裁措施,对刑罚的适用范围进行实质限制;通过保安处分,弥补刑罚功能的不足,限制刑罚的适用范围。

非刑罚化对传统的报应性刑罚提出了根本性挑战,改变了人们长期以来固守的有罪必罚的报应观念,推动了社会对于犯罪和罪犯的态度的改变,同时也节约了国家刑罚资源的投入,使现代社会对付犯罪的反应方式在趋向多样化的同时,更趋向人道、文明、经济的选择。各国对轻微犯罪以及中等严重程度的犯罪广泛适用非刑罚制裁措施的实践效果表明,社会对这些不严重威胁社会秩序和公共福利的犯罪采取较以往更为宽容的态度,并没有导致犯罪率的明显上升。相反,由于非刑罚制裁措施的独立或辅助适用,在很大程度上避免了传统刑罚特别是短期剥夺自由刑的种种弊端,从而有效地控制了一段时期以来累犯率和再犯率明显上升的局面,总体上保持了犯罪形势的相对稳定。

非刑罚化运动代表了现代社会宽容刑事犯罪的最新趋向,但是,不能因此认为非刑罚化已经成为现代西方刑事政策的主导方面。事实上,基于目的刑观念和成本—效益观念的现代西方国家的刑事政策,在强调对轻微犯罪甚至一般犯罪非刑罚化的同时,也十分重视集中有限刑罚资源严厉惩罚严重犯罪。

五、刑事被害人国家补偿制度

刑事被害人国家补偿制度是指在刑事案件中对于被害人无法通过普通的刑事赔偿途径获得加害人赔偿,其正常的工作、生活无法保障、急需救济帮助的情形下,由国家给予被害人一定的物质帮助,使其尽快脱离被害后的窘迫状态,复归正常社会生活的一种法律制度。自20世纪60年代开始,世界上许多国家就相继建立了刑事被害人国家补偿制度。新西兰率先颁布了世界上第一部《刑事被害补偿法》。亚洲国家中日本最早于1980年建立了刑事被害人补偿制度。经过近半个世纪的发展,许多国家在刑事被害人国家补偿制度立法方面已经有了长足的发展。特别在西方发达国家,刑事被害人国家补偿制度已经成为国家政治制度的重要组成部分。而我国目前尚未建立起刑事被害人国家补偿制度。在此背景下,近几年来,法学界对被害人补偿制度进行了深入系统的研究。刑事案件中保障人权既包括对犯罪嫌疑人、被告人、罪犯权利的保障,也应当包括对被害人和其他诉讼参与人权利的保障,忽视哪一方面,都违背刑事诉讼法的宗旨。文明的社会应当是一个公平的社会,虽然没有绝对公平的社会,但是社会应追求公平,使公平的程度最大化,尽可能地实现公平。建立被害人国家补偿制度,对被害人给予精神抚慰和经济援助,展现国家对被害人的人文关怀,可以使失衡的天平重新平衡,缺失的公正重新找回,促进社会公正的全面实现。关于刑事被害人遭受犯罪侵害后,国家是否有责任,应否负责任,理论界和实务界已形成共识:国家要负责任,这是因为国家作为一个政权组织,要保护每一个公民的合法权益;国家能否给予刑事被害人必要的物质补救,根据我国现在的经济状况、法治发展状况,国家完全有可能对刑事被害人进行补救。

第三节 刑罚的功能

刑罚的功能是指刑罚在社会生活中所发挥的积极作用。刑罚适用的对象虽然只能是犯罪人,但刑罚不仅对犯罪人产生直接的影响,同时对社会其他成员也不可避免地产生直接或间接的影响。刑罚的功能具有多向性,并表现为多种形式。根据刑罚作用对象的不同,其功能可以分为以下三个方面:

一、刑罚对犯罪人的功能

刑罚对犯罪人有以下一些功能:

1. 惩罚功能。惩罚是刑罚的本质属性,也是刑罚所固有的重要功能。刑罚的惩罚功能具体表现为对犯罪人施加某种人身强制、权利剥夺和限制以及心理影响。无论何种刑罚,一经实际执行,就必然要剥夺或限制受刑人的某些权益,使其亲身体验受刑之苦。如果刑罚不能给犯罪人造成身体和精神上的痛苦,或者刑罚所造成的痛苦小于因犯罪而带来的利益和快乐,那么,刑罚就不能有效地遏止犯罪。

2. 个别威慑功能。刑罚的个别威慑功能,是指刑罚对犯罪人所产生的威吓遏制作用。它通常分为行刑前的威慑、行刑时的威慑和行刑后的威慑。实践中具体表现为:犯罪人在犯罪预备或犯罪实行过程中,因对刑罚的畏惧而主动停止犯罪,或者犯罪后为争取宽大处理而自动投案自首;犯罪人在刑罚实际执行的过程中,亲身体验受刑的痛苦,认识到犯罪是要付出沉重代价的,因而对刑罚产生畏惧心理;犯罪人在刑罚执行完毕后,再度萌发犯罪动机时,因受过行刑之苦,可能会由于一种本能的条件反射式的畏惧而自觉抑制自己的犯罪动机,放弃再次犯罪。实践表明,威慑的心理效应在一定程度上有遏制犯罪人再次犯罪的作用。

3. 感化功能。刑罚的感化功能是指制定、适用和执行刑罚的过程中对犯罪人的宽大处理与人道待遇对犯罪人的思想和心理所产生的触动和教育作用。这一功能主要体现在两个方面:其一,在刑罚的制定和适用上,我国刑法根据惩办与宽大相结合的刑事政策,规定了一系列从轻、减轻或者免除处罚的量刑情节以及自首、缓刑、减刑、假释、死缓等刑罚制度,通过依法对犯罪人从宽处理,在一定程度上能够消除犯罪人的抵触情绪,产生强烈的感召力,促使犯罪人积极地接受改造。其二,行刑期间,依照我国监狱法规的规定,采取一些体现人道待遇和关心爱护犯罪人的措施,满足犯罪人的正当要求,使之切身感到国家和社会对他们的关心和帮助,从而安心改造,甚至于自觉改造,达到刑罚改造人的目的。

4. 教育改造功能。刑罚的教育改造功能是指刑罚执行过程中通过对犯罪人进行思想教育、劳动改造等各种手段,使其转变为对社会有用的新人。我国在刑罚执行过程中对犯罪人坚持"惩罚与教育相结合"的原则,通过政治思想教育、文化知识教育、劳动生产教育、职业技术教育等手段对犯罪人进行教育。在不断强化的教育改造过程中,使犯罪人端正思想,树立正确的人生观和世界观,矫正不劳而获的恶习,养成自食其力的良好习惯,掌握一定的生产技能,为其重返社会创造条件。

刑罚对犯罪人的惩罚、威慑、感化和教育改造功能是密切联系、同时并存、不能彼此替代的。

二、刑罚对被害人的功能

犯罪是具有一定社会危害性的行为。任何一种犯罪的实施都会直接或间接地给受害对象及其家属造成一定的损害,如生命的丧失、身体的伤害、自由的限制、财产的损失、名誉的损害、精神的折磨等,引发他们心理上的痛苦、恐惧、愤怒、仇恨等情绪反应,以及要求国家严厉惩罚犯罪行为的强烈愿望。国家通过对犯罪人适用和执行刑罚,满足被害人正当、合理的要求,以实现以下功能:

1. 安抚功能。刑罚的安抚功能是指人民法院通过对犯罪人适用刑罚,抚慰被害人及其亲属的情绪和精神创伤,减轻由于犯罪人的行为给他们造成的痛苦。

2. 补偿功能。刑罚的补偿功能是人民法院在对犯罪人判处刑罚的同时,要求犯罪人必须对被害人因其犯罪行为造成的经济损失给予赔偿。广义的补偿包括经济补偿和精神补偿。目前精神补偿在刑法中没有明确规定,只是通过人民法院对犯罪人判处刑罚加以体现。根据法律有关规定,经济补偿在实践中主要包括犯罪人给被害人造成的直接损失,如医疗费、误工工资、安葬费等以及部分间接损失。

刑罚的安抚和补偿功能是刑罚固有的功能,具有积极的社会效应。

三、刑罚对其他社会成员的功能

刑罚对其他社会成员有以下功能:

1. 一般威慑功能。它是指通过刑罚的创制和适用对社会上的潜在犯罪人所产生的警戒作用,包括立法威慑和司法威慑两个方面的内容。前者是指国家立法机关制定刑罚,明确刑罚是犯罪的必然法律后果,并具体列举各种犯罪所应当受到的刑罚处罚,使社会上潜在的犯罪人望而生畏,悬崖勒马。后者是指通过人民法院对犯罪人适用和执行刑罚,使潜在犯罪人从中得到警戒,对犯罪的应受惩罚性有更加具体而感性的认识,从而慑于受刑之苦而不敢轻易以身试法。

2. 教育鼓励功能。它是指通过制定和适用刑罚,对社会上的广大公民起到法治宣传教育和鼓舞激励作用。它具体表现为两个方面:其一,通过对犯罪人适用刑罚,肯定守法行为,否定犯罪行为,宣传法律知识,提高人民群众的法律意识,增强法治观念。其二,通过对犯罪人适用刑罚,打击犯罪,伸张正义,鼓励公民自觉地同犯罪作斗争,保护自己或社会利益,由此动用强大的社会力量,达到对犯罪进行有效的社会控制的目的。

总之,我国刑罚三个方面的功能是一个有机联系的整体,既相辅相成,又各有侧重。各种功能的正常发挥是刑罚达到最佳社会效果、实现刑罚目的的前提条件和重要保障。

第四节 刑罚的目的

刑罚的目的,集中体现着统治阶级制定刑罚、适用刑罚、执行刑罚的方针、政策和指导思想,是整个刑罚理论体系的基础,也是刑罚制度的核心问题,历来受到统治阶级和法学家们的重视。涉及刑罚目的所指的表述,目前大致有三种方法:第一,适用说。此说认为刑罚的目的指的是"适用"刑罚的目的。第二,制定和适用说。此说认为刑罚的目的是指国家"制定"刑罚和"适用"刑罚的目的。第三,广义和狭义说。此说认为刑罚的目的有广义和狭义之分。广义上指的是一个国家通过制定刑罚、适用刑罚、执行刑罚所追求的结果,它包括国家刑事立法、刑事审判和刑罚执行所期望达到的目的;狭义上指的是我国人民法院对犯罪人适用刑罚的目的,只限于量刑和执行刑罚所追求的目的。

我国学界关于刑罚目的也存在着不同的学说:

1. 教育改造说认为刑罚目的是教育改造犯罪人,这是由我国社会主义性质决定的,惩罚只是手段,刑罚目的只能是通过刑罚和制裁犯罪人来教育改造他们。

2. 惩罚改造说认为刑罚具有教育改造犯罪人的目的,同时又具有惩罚犯罪人的目的,因为对少数罪犯适用刑罚不能不部分地以惩罚和报复为目的。

3. 双重预防目的说认为我国刑罚的目的是预防犯罪,具体表现为两个方面,即特殊预防与一般预防,前者是指通过对犯罪人适用刑罚防止其再次犯罪;后者是指通过制定、适用、执行刑罚,防止社会上一般人犯罪。

4. 惩罚功能充分发挥说主张刑罚的目的是追求刑罚功能的充分发挥,明确地说便是最大限度地预防犯罪。

5. 直接目的与根本目的说认为刑罚目的有直接目的与间接目的之分。刑罚的直接目的包括:惩罚犯罪,伸张社会正义;威慑犯罪分子和社会上不稳定分子,抑制犯罪意念;改造犯罪分子,使其自己遵守社会主义法律秩序;刑罚的根本目的是预防犯罪,保卫社会。

6. 直接目的与终结目的说认为刑罚的直接目的是"惩罚、威慑、安抚、改造、教育",终极目的是"保卫社会主义生产力和生产关系"。

7. 主要方面与次要方面说认为刑罚的主要方面是特殊预防,次要方面是报应即处罚,并且认为一般预防不是刑罚的目的。

8. 直接目的、间接目的与根本目的说认为,刑罚的直接目的包括:特殊预防目的,即通过对犯罪分子适用刑罚,剥夺他们继续犯罪的条件,并将其改造成为守法的公民,不再重新犯罪;一般预防目的,即通过对犯罪分子适用刑罚,用刑罚威慑警戒社会上的不稳定分子,防止他们走上犯罪之路;教育人民群众自觉地遵守法律,鼓励他们同犯罪作斗争,即通过对犯罪分子适用刑罚,提高人民群众的法治观念,教育他们自觉地遵守法律,并鼓励他们同犯罪作斗争。刑罚的间接目的是借助于适用刑罚所追求的附带积极效果,即堵塞漏洞和铲除诱发犯罪的外部条件。刑罚的根本目的是我国《刑法》第1条所规定的"惩罚犯罪,保护人民"。

9. 刑罚目的二元说认为刑罚的目的是报应与预防相统一,并且在总体上以报应为主要目的,预防为附属目的,但在刑事活动中的各个阶段,报应与预防两个目的的主次地位会有所不同。

上述不同的学说和观点,都是在从不同的角度探索刑罚的目的,因此都有一定的合理性。本书认为,刑罚的目的是指国家通过制定刑罚、适用刑罚和执行刑罚所预期达到的某一种结果的心态,是对刑罚的一种期望。这一心态和期望,具体是通过特殊预防和一般预防两个方面来实现的。

一、特殊预防

特殊预防是指通过对犯罪人适用刑罚,惩罚改造犯罪分子,以预防其重新犯罪。它包括三个方面的内容:一是剥夺犯罪分子的再犯能力,使其丧失重新犯罪的条件。例如,剥夺犯罪分子的生命,使其永远不可能再犯罪;剥夺犯罪分子的自由或财产,限制其自由，剥夺其一定的资格，也可以使其在一定条件下丧失重新犯罪的能力。这是特殊预防的最低目的。二是对犯罪分子实行心理强制，使其不敢或不愿重新犯罪。对犯罪人适用刑罚，意味着犯罪人的一定权益受到限制或者剥夺，因此必然遭受一定的痛苦，出于趋利避害的本能，犯罪人往往也不敢或不愿意重新犯罪。三是改造犯罪分子成为新人。这主要是通过行刑过程中的思想教育、文化教育、职业技术教育等工作来实现的。它是特殊预防的最佳效果。

刑罚的特殊预防目的的实现，取决于多种因素。因此，不能寄希望于仅凭刑罚即可实现预防重新犯罪的目的。仅就刑罚制度本身而言，在刑罚的创制阶段，应当充分贯彻罪责刑相适应原则，确立科学、公正的罪、责、刑关系，实现刑罚功能的合理配置；在刑罚适用阶段，刑罚应当是及时的、公正的、不可避免的、人道的；在行刑阶段，刑罚的执行应当是人道的，应当贯彻惩罚与教育相结合、生产劳动与思想改造相结合的方针，但又要使犯罪人感受到一定的痛苦。如果犯罪人的待遇比普通公民的正常生活还要好，犯罪人感受不到犯罪给自己带来的不利后果，刑罚的特殊预防功能就不可能实现。

二、一般预防

一般预防是指通过对犯罪人适用刑罚，教育和警告社会上的不稳定人员，预防他们走上犯罪的道路。通过刑罚的创制，发挥刑罚的鉴别功能与威慑功能，可以使欲犯罪者不愿或不敢犯罪；通过适用刑罚，既可以安抚被害人，防止他们对犯罪人进行报复，又可以警告社会上的不稳定分子，促使他们悬崖勒马；通过执行刑罚，使犯罪人遭受一定的痛苦，也会对社会上的不稳定分子起警戒作用。适用和执行刑罚，还可以鼓励广大人民群众同犯罪作斗争，形成预防犯罪的群众基础，这是预防犯罪的依靠力量。

刑罚一般预防目的的实现，也是多种因素综合作用的结果。仅从刑罚的创制、适用与执行来说，刑罚的公正性、公开性、及时性和不可避免性是实现刑罚一般预防目的时应当考虑的主要因素。

由于特殊预防和一般预防的预防对象不同，导致了二者在实现方式上的差异。特殊预防的方式侧重于刑罚的物理性强制和由此而产生的精神威慑，而一般预防的方式主要通过刑罚的威慑、教育和鼓励功能表现出来。具体来说，刑罚威慑的矛头仅仅指向少数潜在的犯罪人，对其他更多的社会成员，则是通过惩罚犯罪，使其在接受法治教育的同时，也受到同犯罪作斗争的激励。特殊预防和一般预防是我国刑罚目的的基本内容，是预防犯罪的两种手段，应当是相互联系、同时出现的，在适用刑罚时不可厚此薄彼。或者说，刑罚的特殊预防与一般预防目的是对立统一的。两者的对立体现在：有时候适用较重的刑罚方可达到特殊预防目的，而这种刑罚对一般预防来说是不必要的；有时候适用较轻的刑罚即可达到特殊预防的目的，而从一般预防的目的出发，这种刑罚是不够的。两者的统一体现在：它们都是我国刑罚直接目的的不可偏废的两个方面，两者的实现都有赖于刑罚功能的充分发挥。

第十五章 刑罚的体系与种类

> **学习要求**
>
> **了解**：我国刑罚的体系
> **理解**：我国刑罚的种类；非刑罚处理方法
> **熟悉并能够运用**：主刑的种类及其具体适用；附加刑的种类及其具体适用；
> **主要涉及的法条**：
> 第三十三条 【主刑种类】主刑的种类如下：
> （一）管制；
> （二）拘役；
> （三）有期徒刑；
> （四）无期徒刑；
> （五）死刑。
> 第三十四条 【附加刑种类】附加刑的种类如下：
> （一）罚金；
> （二）剥夺政治权利；
> （三）没收财产。
> 附加刑也可以独立适用。

第一节 刑罚的体系

刑罚体系是指刑法所规定的按一定次序排列的各种刑罚方法的总和。刑罚体系由多种刑罚方法构成，这主要是由犯罪行为的多样性决定的，同时也是刑罚公正性所要求的。如果刑罚方法过于单一，不仅无法适应犯罪情况的不同变化，而且也不可能真正做到重罪重罚、轻罪轻罚、罪刑相适应。

我国刑罚体系的确立，经历了漫长的岁月。早在中华人民共和国成立之前，在红色苏区就已设定了多种刑罚，在此基础上，逐渐发展完善形成了现行刑罚体系。可以说，现行刑罚体系是在长期同犯罪作斗争的经验总结的基础上，经过刑罚科学理论的论证建立起来的。

一、刑罚体系的结构

我国《刑法》第 32 条规定,刑罚分为主刑和附加刑两大类。主刑包括管制、拘役、有期徒刑、无期徒刑和死刑 5 种;附加刑包括罚金、剥夺政治权利、没收财产 3 种。

根据《刑法》第 35 条的规定,还有只适用于犯罪的外国人的刑罚方法——驱逐出境。它是刑罚体系之外的一种刑罚方法,其适用对象只能是犯罪的外国人。其适用的方法既可独立适用,也可以附加适用。这一刑罚方法是对我国现行刑罚体系的必要补充。

现行《刑法》在"刑罚的种类"这一节中,除规定了各种刑罚方法外,还在《刑法》第 37 条中规定:"对于犯罪情节轻微不需要判处刑罚的,可以免予刑事处罚,但是可以根据案件的不同情况,予以训诫或者责令具结悔过、赔礼道歉、赔偿损失,或者由主管部门予以行政处罚或者行政处分。"这些非刑罚方法的处理规定,对维护社会治安秩序,加强人民内部的团结大有裨益。

我国刑罚体系的结构具有以下一些特征:

1. 刑罚体系的构成要素是具体的刑罚方法即刑种

体系由要素构成。刑罚体系的构成要素是具体的刑罚方法,没有具体的刑罚方法,就不可能形成刑罚体系。

2. 构成刑罚体系要素的刑罚方法是经过立法者选择而确定的

刑罚体系由哪些刑罚方法构成,是由立法者选择确定的。我国的刑罚方法是立法者在总结我国长期以来各种刑事立法规定的刑罚种类、运用效果及其立法经验的基础上选择确定的。这种选择确定的过程是一个发展过程。根据现行《刑法》的规定,我国刑法中的刑罚方法分为主刑和附加刑。主刑包括管制、拘役、有期徒刑、无期徒刑和死刑;附加刑包括罚金、剥夺政治权利、没收财产。驱逐出境作为主刑和附加刑之外的一种独立的刑种。

3. 构成刑罚体系要素的各刑罚方法是依照一定的标准排列的

刑罚体系不是主刑和附加刑的简单拼凑,而是立法者按照一定的标准进行排列的,在我国刑法中的刑罚体系里,主刑和附加刑都是按照各自的严厉程度由轻到重依次排列的。

4. 刑罚体系是由刑法明文规定的

罪刑法定原则决定了刑罚体系必须由刑法明文规定。首先,构成刑罚体系要素的刑罚方法是由刑法明文规定的,刑法没有明文规定的刑罚方法不是刑种。其次,主刑与附加刑的分类是由刑法明文规定的。最后,刑罚种类的先后排列是由刑法明文规定的。

二、刑罚体系的特点

我国的刑罚体系具有以下一些特点:

1. 要素齐全、结构合理。我国刑罚体系体现了我国刑罚方法的多样性和体系结构的科学性。我国刑罚体系中规定了轻重不同的各种刑罚方法。这些刑罚方法依照其本身的特性,首先分为主刑和附加刑,然后依照刑罚方法的轻重次序全部由轻到重排列;各个刑罚方法互相区别而又互相衔接,组成刑罚方法的严密体系。

2. 体现政策。我国刑罚体系体现了惩办与宽大相结合、惩罚与改造相结合的刑事政策。惩办与宽大相结合的基本精神是根据犯罪和犯罪人的不同情况,具体分析,区别对待。这一精神首先从刑法规定的刑罚种类中得到体现。另外,刑罚方法的适用及执行过程也全面地贯彻了上述精神。比如死刑的严格限制适用、死缓制度的实行、劳动改造政策的落实等,不仅使犯罪人感受到刑罚的惩罚性,同时也提供给他们重新做人的机会。

3. 体现方针。我国刑罚体系体现了依靠专门机关与人民群众相结合的同犯罪作斗争的方针。其主要内容有二:(1)依靠司法机关依法制裁犯罪人。(2)动员人民群众对受刑人进行监督、教育,上下结合,有效地改造犯罪人。我国刑罚方法中规定的管制,就是将犯罪分子置于公安机关的管理和人民群众的监督之下进行劳动改造的刑罚方法。

4. 内容合理、方法人道。我国刑罚体系体现了社会主义人道主义的精神。我国刑罚体系以自由刑为核心,完全排除了摧残罪犯的肉体刑和侮辱、贬低犯人人格的羞辱刑。我国刑罚体系虽留有死刑,但刑法明文规定,对于犯罪时不满18周岁的人和审判时怀孕的妇女,不适用死刑。被判处有期徒刑和无期徒刑的犯人在监狱中享受人道的待遇,禁止体罚虐待、侮辱打骂等。这些规定都是我国刑罚体系的社会主义人道主义精神的具体体现。

第二节 主 刑

主刑,又称基本刑罚,是对犯罪人主要适用的刑罚方法。其特点是只能独立适用,而不能附加于其他刑罚方法适用;对同一犯罪人的一种犯罪,一次只能适用一种主刑,而不能同时适用数种主刑。

《刑法》第33条规定:"主刑的种类如下:(一)管制;(二)拘役;(三)有期徒刑;(四)无期徒刑;(五)死刑。"

一、管制

管制是指对犯罪分子不予关押,但限制其一定自由,对其实行社区矫正的刑罚方法。

1. 适用对象。在我国的刑罚体系中,管制是最轻的一种主刑,也是我国刑法的独创。新中国成立初期,管制既是人民法院适用的刑罚方法,也是公安机关采用的行政处分,自1956年11月16日起才一律由人民法院依法判决。最初主要适用于反革命分子,后来逐渐扩大到其他犯罪分子。现在管制主要适用的对象是罪行较轻,不予关押也不致危害社会的犯罪分子。如侵犯公民人身权利、民主权利、财产权利等罪中的轻微罪行。有些犯罪没有规定适用管制这种刑罚方法,如破坏社会主义市场经济秩序罪和军人违反职责罪等。

2. 管制期限。《刑法》第38条第1款规定:"管制的期限,为三个月以上二年以下。"《刑法》第69条规定:在数罪并罚的情况下,管制最高不能超过3年。

3. 管制犯在管制期间应遵守的规定。《刑法》第39条规定:"被判处管制的犯罪分子,在执行期间,应当遵守下列规定:(一)遵守法律、行政法规,服从监督;(二)未经执行机关批准,不得行使言论、出版、集会、结社、游行、示威自由的权利;(三)按照执行机关规定报告自己的活动情况;(四)遵守执行机关关于会客的规定;(五)离开所居住的市、县或者迁居,应当报经执行机关批准。"

4. 管制犯的政治权利。管制本身不包含剥夺政治权利的内容。被判处管制的犯罪分子如果需要剥夺政治权利,则应附加判处。根据《刑法》第55条第2款的规定:"判处管制附加剥夺政治权利的,剥夺政治权利的期限与管制的期限相等,同时执行"。凡是没有附加判处剥夺政治权利的犯罪分子,在管制期间仍然享有政治权利。

5. 工作权利。《刑法》第39条第2款规定:"对于被判处管制的犯罪分子,在劳动中应当执行同工同酬。"国家行政机关工作人员被判处管制,其职务自然撤销,是否收回,由原单位根据其犯罪性质研究决定。不予收回的,办理开除手续。收回的,安排参加劳动或临时性工作,参照被判处刑罚宣告前该服刑人的临时工资标准,发给适当报酬。管制期间悔改表现好的,期满解除管制后可以分配正式工作,重新确定工资等级;表现不好的,予以开除。

6. 禁止令。根据《刑法》第38条第2款的规定,法院在判处管制时,还可以根据犯罪情况,同时判令犯罪分子在执行期间不得从事特定活动,不得进入特定区域、场所,不得接触特定的人。违反这些禁止令的,由公安机关依照《治安管理处罚法》的规定处罚。

【实例分析15-1】

根据上述内容,请判断下列说法正确与否:

A. 甲因盗掘古墓葬罪被判刑7年,在执行5年后被假释,法院裁定假释时,可对甲宣告禁止令;

B. 乙犯合同诈骗罪被判处缓刑,因附带民事赔偿义务尚未履行,法院可在禁止令中禁止其进入高档饭店消费;

C. 丙因在公共厕所猥亵儿童被判处缓刑,法院可同时宣告禁止其进入公共厕所;

D. 丁被判处管制,同时被禁止接触同案犯,禁止令的期限应从管制执行完毕之日起计算。

分析如下:

1. A选项,禁止令适用的对象只包括被判处管制、被宣告缓刑的犯罪人,不包括被裁定假释的犯罪人。

2. B选项,根据有关规定,附带民事赔偿义务未履行完毕,违法所得未追缴、退赔到位,或者罚金尚未足额缴纳的,禁止从事高消费活动。

3. C选项,禁止令禁止的内容不能严重影响一般的日常生活,前述"禁止进入特定区域、场所"不包括此项内容。

4. D选项,禁止令的期限,从管制、缓刑执行之日起算。

综上,只有B选项正确。

7. 管制刑满的解除。《刑法》第40条规定:"被判处管制的犯罪分子,管制期满,执行机关应即向本人和其所在单位或者居住地的群众宣布解除管制。"附加剥夺政治权利的,应同时宣布恢复政治权利。《刑法》第41条规定:"管制的刑期,从判决执行之日起计算;判决执行以前先行羁押的,羁押一日折抵刑期二日。"这种规定是合理的,因为管制仅是限制自由而非剥夺自由,判决执行以前先行羁押本身是剥夺自由。

8. 对被判处管制刑的犯罪分子实行社区矫正。

二、拘役

拘役是指短期剥夺犯罪分子的人身自由,就近强制实行劳动改造的刑罚方法。

1. 适用对象。拘役属于短期自由刑,是介于管制和有期徒刑之间的一种轻刑,但适用很广,适用范围仅次于有期徒刑,主要适用的对象是罪行较轻,但又必须实行短期关押的犯罪分子。

2. 拘役期限。《刑法》第42条规定,"拘役的期限,为一个月以上六个月以下。"拘役刑期的下限与行政拘留的最高延长期限1个月相衔接。上限与有期徒刑的最低期限相衔接,这样使刑罚体系更加严密。《刑法》第69条规定,数罪并罚时,拘役最高不能超过1年。

3. 拘役执行机关和执行内容。《刑法》第43条规定,"被判处拘役的犯罪分子,由公安机关就近执行。在执行期间,被判处拘役的犯罪分子每月可以回家一天至两天;参加劳动的,可以酌量发给报酬。"所谓就近执行,是指由受刑人所在地的县、市或市辖区的公安机关设置的拘役所执行。尚未设立拘役所的,可放在就近的监狱、劳改队或看守所内执行。但拘役犯应与其他犯人分管分押,并组织他们参加一些生产劳动。所谓酌量发给报酬,既区别于其他剥夺自由刑的无报酬,也区别于管制刑的同工同酬,是指公安机关根据各人的服刑表现、生产技能和劳动收入等情况,分别发给适当的报酬。

4. 刑期计算。《刑法》第44条规定,"拘役的刑期,从判决执行之日起计算;判决执行以前先行羁押的,羁押一日折抵刑期一日。"

5. 拘役与刑事拘留、行政拘留和民事拘留的区别。拘役与刑事拘留、行政拘留和民事拘留虽有相似之处,但它们之间有明显的区别:(1)性质不同。拘役是刑罚方法;刑事拘留是刑事诉讼中的一种强制措施;行政拘留是一种最严厉的行政处罚措施;民事拘留是司法行政措施。(2)适用对象不同。拘役适用于犯罪分子;刑事拘留适用于具有法律规定的以下几种情形之一:罪该逮捕的现行犯或重大嫌疑分子;行政拘留适用于违反治安管理法规,尚未达到犯罪程度的违法分子;民事拘留适用于妨害民事诉讼程序的人。(3)适用机关不同。拘役和民事拘留由人民法院适用;刑事拘留和行政拘留由公安机关适用。(4)法律依据不同。拘役根据刑法而适用;刑事拘留根据刑事诉讼法和逮捕拘留条例而适用;行政拘留根据治安管理处罚条例而适用;民事拘留根据民事诉讼法而适用。

三、有期徒刑

有期徒刑是指剥夺犯罪分子一定期限的人身自由,在监狱或者其他执行场所强制进行教育改造和劳动改造的刑罚方法。

1. 适用对象。有期徒刑属于有期自由刑,刑期幅度大,适用面最广,较轻的犯罪可判处较短的有期徒刑,较重的犯罪可判处较长的有期徒刑,因而在我国刑罚体系中居于中心地位。在现行《刑法》中,凡设有法定刑的分则条文,都规定着有期徒刑。因此,有期徒刑可适用所有犯罪的犯罪分子。

2. 刑期。《刑法》第 45 条规定:"有期徒刑的期限,除本法第五十条、第六十九条规定外,为六个月以上十五年以下。"根据该条规定,有期徒刑的法定刑期为 6 个月以上 15 年以下。但如出现《刑法》第 50 条和第 69 条规定的情况,则为例外,即:(1)判处死刑缓期执行的罪犯,在死刑缓期执行期间,如果确有重大立功表现,2 年期满以后,可减为 15 年以上 20 年以下有期徒刑。这就是说,对被判处死刑缓期执行的罪犯,如符合减轻情节,有期徒刑的刑期最高可到 20 年。(2)刑法条文中没有直接规定无期徒刑的减刑幅度,但根据《刑法》第 50 条对被判处死刑缓期执行的精神,被判处无期徒刑的罪犯,如果符合减刑条件,当然也可以减为 20 年或 20 年以下有期徒刑。(3)《刑法》第 69 条规定的是在数罪并罚的情况下,有期徒刑总和刑期不满 35 年的,最高不能超过 20 年,总和刑期在 35 年以上的,最高不能超过 25 年。

3. 执行机关和执行场所。《刑法》第 46 条规定:被判处有期徒刑的犯罪分子,在监狱或者其他执行场所执行;凡有劳动能力的,都应当参加劳动,接受教育和改造。

4. 刑期计算。《刑法》第 47 条规定:"有期徒刑的刑期,从判决执行之日起计算;判决执行以前先行羁押的,羁押一日折抵刑期一日。"这里的"判决执行之日"是指人民法院签发执行通知书之日,即把罪犯交付监狱或其他执行场所执行之日。

5. 有期徒刑与拘役的区别。有期徒刑与拘役虽然同属于剥夺自由刑,但二者之间存在明显的差异:(1)适用对象不同。有期徒刑既适用于罪行较轻的罪犯,也适用于罪行较重的罪犯;而拘役则只适用于罪行较轻的罪犯。(2)执行场所不同。有期徒刑是由劳动改造机关负责在监狱或者其他劳动改造场所执行;而拘役是由公安机关在就近设置的拘役所执行。(3)刑期及其幅度不同。有期徒刑的期限为 6 个月以上 15 年以下,数罪并罚时最高不超过 25 年,刑期长,起点高,幅度大;拘役的期限为 1 个月以上 6 个月以下,数罪并罚时最高不能超过 1 年,刑期短,起点低,幅度小。(4)执行期间待遇不同。被判处有期徒刑的罪犯,凡有劳动能力的,一律实行无偿的强制生产劳动,不享受每月回家休假的待遇;被判处拘役的罪犯,每月可以回家 1 至 2 天,参加劳动的,可以酌量发给报酬。(5) 法律后果不同。被判处有期徒刑的罪犯,刑罚执行完毕或者赦免之后,在 5 年之内再犯应当判处有期徒刑以上刑罚之罪的,构成累犯,从重处罚;被判处拘役的罪犯,除危害国家安全罪外,刑罚执行完毕或者赦免以后,不论何时再犯新罪,都不构成累犯。

四、无期徒刑

无期徒刑是指剥夺犯罪分子终身自由,在监狱或者其他执行场所强制进行教育改造和劳动改造的刑罚方法。它属于剥夺终身自由刑。

1. 适用对象。无期徒刑是仅次于死刑的一种最严厉的刑罚方法,其适用的对象是罪行严重,但不必判处死刑,而必须与社会永久隔离的犯罪分子。

2. 执行机关和执行场所。《刑法》第 46 条规定:被判处无期徒刑的犯罪分子,在监狱或者其他执行场所执行;凡有劳动能力的,都应当参加劳动,接受教育和改造。

3. 执行。无期徒刑虽然是剥夺罪犯终身自由的刑罚,但被判处无期徒刑的罪犯真正服刑终身的很少。只要他们认罪服法、积极改造、改恶从善,就会有改过自新的机会。实践中,绝大多数被判处无期徒刑的罪犯,在刑罚执行一定期限以后,由于确有悔改或立功表现而获得减刑或者假释的宽大处理。由此可见,我国刑法规定的无期徒刑,其目的并非惩罚或报复,而是为了教育改造罪犯,使其走上自新之路。

4. 无期徒刑与有期徒刑的区别。无期徒刑与有期徒刑虽然都属于自由刑,但二者之间存在重要的区别:(1) 期限不同。无期徒刑是剥夺罪犯的终身自由;而有期徒刑是剥夺罪犯一定期限的自由。(2) 严厉程度不同。无期徒刑是仅次于死刑的严厉刑罚,刑期要长于有期徒刑的最高刑期;而有期徒刑是介于拘役和无期徒刑之间的刑罚,它的严厉性要轻于无期徒刑。(3) 适用对象不同。无期徒刑只适用于罪行严重,但不必判处死刑的罪犯;而有期徒刑由于其刑期幅度很大,所以既可适用于罪行严重的罪犯,又可适用于罪行较轻的罪犯。(4) 是否附加剥夺政治权利的不同。被判处无期徒刑的犯罪分子,必须附加剥夺政治权利终身,而被判处有期徒刑的犯罪分子不一定附加剥夺政治权利。

5. 关于无期徒刑的存废之争论。世界各国的刑法学界早已存有争论,肯定者和否定者均阐述了各自针锋相对的观点和理论。现在已有一些国家在立法上废除了无期徒刑,但大多数国家仍然保留无期徒刑。我国刑罚体系中规定无期徒刑这一刑种,不仅能够有效地遏制某些重大刑事犯罪,而且可以填补死刑与有期徒刑最高期限之间的空隙,从而得以贯彻"少杀"政策,减少死刑的适用,因此是不可或缺的。

6. 关于无期徒刑执行中的"终身监禁"。《刑法修正案(九)》增加了第 383 条第 4 款的规定,对犯贪污罪,数额特别巨大被判处死刑缓期执行的,法院根据犯罪情节等情况可以同时决定在其死刑缓期执行期满依法减为无期徒刑后,终身监禁,不得减刑、假释。按照《刑法》第 386 条的规定,对犯受贿罪的,根据受贿所得数额及情节,依照《刑法》第 383 条的规定处罚。由此可见,终身监禁的适用范围为:从罪名来看,只适用于贪污罪、受贿罪;从犯罪情节来看,对贪污、受贿犯罪是否适用终身监禁,应按照不同情节轻重、不同社会危害性大小而予以分别对待,只适用于犯罪"数额特别巨大,并使国家和人民利益遭受特别重大损失的,处死刑,并处没收财产"的情形。该终身监禁方式应当属于无期徒刑的特殊执行方式,属于在死缓变更后的无期徒刑中没有减刑假释可能的执行方式,而不是新的刑种。

五、死刑

死刑即生命刑,是剥夺犯罪分子生命的刑罚方法,是最严厉也是历史最悠久的一种刑罚方法,亦被称为极刑。死刑包括死刑立即执行和死刑缓期二年执行两种情况。

死刑以生命为剥夺对象,而生命是人之根本,被剥夺后永远无法恢复,因此早在文艺复兴时期,著名的资产阶级刑法学家、刑事古典学派的创始人贝卡里亚就最先提出了废除死刑的主张,在当时产生了强烈的反响。意大利的威尼斯于 1786 年率先废除了死刑,随后奥地利在第二年也采取了行动。长期以来,关于死刑废除的理论与实践产生了广泛的世界性影响,许多国家已先后废除了死刑。现今世界各国的死刑立法呈现出以下一些新的特点:(1) 在立法中彻底废除死刑,如法国、德国等 30 多个国家。(2) 对普通刑事犯罪废除死刑,只对叛国罪或某些军事犯罪保留死刑,如英国、意大利等十几个国家。(3) 立法上仍保留死刑,但实践中在很长时期内从未适用或执行过死刑,如比利时、爱尔兰。(4) 保留死刑,但普遍缩小死刑适用的范围,只限于一些最严重的犯罪。很多国家还明确禁止对一些特殊对象适用死刑,如未成年人、特别年长者、孕妇、精神病人等。

目前,我国对于死刑的基本立场是:保留死刑并逐步限制和减少死刑,坚持少杀。我国保留死刑的原因主要有:(1) 现实生活中还存在着极其严重的一些犯罪,保留死刑有利于惩治这些犯罪,从而保护国家和人民的重大利益。(2) 保留死刑有利于我国刑罚目的的实现。(3) 保留死刑符合我国现阶段的社会价值观念,为广大公民所支持,具有满足社会大众安全心理需要的功能。

我国坚持少杀政策的原因主要有:(1) 大量适用死刑不符合我国的社会主义性质。(2) 死刑的威慑力来源于死刑适用的必要性和谨慎性。(3) 生命的丧失具有不可恢复性,死刑的错误适用必将导致不可挽回的损失。(4) 限制死刑是当今世界发展的趋势,坚持少杀政策为顺应这一趋势所必须。

死刑的适用须要注意以下方面:

1. 适用对象。死刑只适用于罪行极其严重的犯罪分子。所谓"罪行极其严重",是指犯罪行为对国家和人民利益危害特别严重、情节特别恶劣。在《刑法》分则中,对可以适用死刑的犯罪,都作了"对国家和人民利益危害特别严重、情节特别恶劣""情节特别严重""危害特别严重""造成后果特别严重""致人重伤、死亡""致使公私财物遭受重大损失"等规定,以限制死刑的适用。

2. 我国对适用死刑的限制。我国对死刑的一贯政策是"保留死刑,坚持少杀,严禁滥杀,防止错杀"。我国从死刑的立法和司法实践中都对死刑的适用进行了严格的限制。这主要表现在:(1)死刑适用罪行的限制。《刑法》第48条规定:"死刑只适用于罪行极其严重的犯罪分子。"(2)死刑适用对象的限制。《刑法》第49条第1款规定:"犯罪的时候不满十八周岁的人和审判的时候怀孕的妇女,不适用死刑。"第2款规定:"审判的时候已满七十五周岁的人,不适用死刑,但以特别残忍手段致人死亡的除外。"(3)从死刑适用性质上进行限制。《刑法修正案(八)》取消了近年来很少适用的13个经济性非暴力犯罪的死刑,比如:走私文物罪、走私贵重金属罪、盗窃罪等。《刑法修正案(九)》取消以下九个死刑罪名:走私武器、弹药罪,走私核材料罪,走私假币罪,伪造货币罪,集资诈骗罪,组织卖淫罪,强迫卖淫罪,阻碍执行军事职务罪,战时造谣惑众罪。我国的死刑罪名目前降至46个。(4)死刑核准程序的限制。《刑法》第48条第2款规定:"死刑除依法由最高人民法院判决的以外,都应当报请最高人民法院核准。死刑缓期执行的,可以由高级人民法院判处或者核准。"(5)运用死刑缓期执行制度控制死刑立即执行的实际范围。死刑缓期执行制度(简称"死缓"),是死刑的一种执行制度,而不是一种独立的刑种。《刑法》第48条第1款规定:"……对于应当判处死刑的犯罪分子,如果不是必须立即执行的,可以判处死刑同时宣告缓期二年执行。"

3. 死刑缓期执行的条件、处理方法和刑期计算。适用死缓的条件:一是"应当判处死刑"。这是宣告死缓的前提条件。二是"不是必须立即执行死刑"。根据案件的具体情况,可以不立即执行死刑。根据审判实践经验,应当判处死刑,但是具有下列情形之一的,可以视为"不是必须立即执行":(1)在共同犯罪中,罪行不是最严重的或者其他在同一或同类案件中罪行不是最严重的。(2)罪犯后投案自首、立功或者有其他法定可以从轻情节的。(3)被害人的过错导致被告人激情犯罪或者有其他表明犯罪人容易改造的情节的。(4)有令人怜悯的情节的。(5)有其他应当留有余地的情况的。

《刑法》第50条规定了对被判决死缓的三种处理方法:(1)在死缓期间如果没有故意犯罪的,2年期满后,减为无期徒刑。(2)如果有重大立功表现,2年期满后,减为25年有期徒刑。(3)如果故意犯罪,情节恶劣,查证属实的,报请最高人民法院核准,执行死刑。对于故意犯罪未执行死刑的,死刑缓期执行的期间重新计算,并报最高人民法院备案。

根据《刑法》第50条规定,对于被判处死刑缓期执行的累犯以及因故意杀人、强奸、抢劫、绑架、放火、爆炸、投放危险物质或者有组织的暴力性犯罪被判处死刑缓期执行的犯罪分子,人民法院根据犯罪情节等情况可以同时决定对其限制减刑。

《刑法》第51条规定:"死刑缓期执行的期间,从判决确定之日起计算。死刑缓期执行减为有期徒刑的刑期,从死刑缓期执行期满之日起计算。"

4. 关于死刑存废之争。死刑应当废除还是应当保留是一个热点话题。有人认为应当废除死刑,有人认为必须保留死刑。双方思想互相交锋,观点往返碰撞,各抒己见,莫衷一是。自从刑事古典学派的代表、意大利刑法学家贝卡里亚在两百多年前提出废除死刑的观点以来,有关死刑存废的争论就一直未曾停息过。随着社会的不断进步与文明的不断发展,刑事制裁中的轻刑化思想逐渐被人们接受。与此相应,死刑的适用也越来越多地受到各界有识之士的质疑,据统计,目前在世界范围内已有111个国家和地区在法律上或事实上废除了死刑。

本书认为,死刑存废问题的争论不会在短期内得出一个结果,在我国,死刑短期内也不可能废除。但是就争论本身而言,对于启发人们的理性思考与激发人们的人道主义精神,对于促进我国法治的发展与进步,都具有重要意义。刑罚作为一种社会现象,有着某种不依人的意志而转移的客观规律。伴随着人类文明的发展,刑罚必然不断由严酷趋向宽缓,由肉体惩罚转向改造灵魂,由消极地惩罚过去变为积极面向未来,废除死刑也已经成为社会文明发展程度的一个重要标志。有理由相信,随着社会的全面进步,死刑在我国必将成为历史。

第三节 附 加 刑

附加刑,又称从刑,是补充主刑适用的刑罚方法。附加刑既可以作为主刑的附加刑适用,又可以独立适用。独立适用时多用于较轻的犯罪。

《刑法》第34条规定:"附加刑的种类如下:(一)罚金;(二)剥夺政治权利;(三)没收财产。"另外,《刑法》第35条规定的"驱逐出境",也可以附加适用。

一、罚金

(一)罚金刑的基本制度

罚金是人民法院判处犯罪分子向国家缴纳一定数额金钱的刑罚方法。

1. 适用对象。罚金是一种具有较为悠久历史的刑罚方法,其渊源可以追溯到原始社会末期的赔偿金和赎罪金,但直至近代才有较大的发展。罚金在西方国家是一种非常重要、适用极为广泛、实际适用率也非常高的主要刑罚方法。在我国,罚金主要适用于贪利性质的犯罪或与财产有关的犯罪。另外,还有一些妨害社会管理秩序的犯罪适用罚金刑。

2. 罚金的数额。关于罚金的具体数额,目前世界各国的刑法规定很不相同,有少数国家不规定罚金数额,我国1979年颁布的《刑法》即属此类。有些国家在总则中规定上限,在分则中规定下限;有的国家在总则中规定罚金数额,有的国家在分则中规定。我国1997《刑法》总则中没有规定罚金的具体数额,《刑法》第52条仅规定:"判处罚金,应当根据犯罪情节决定罚金数额。"但在分则中改变了1979年《刑法》只规定处罚金刑而无任何金额规定的模式。有的分则条文规定罚金按非法金额比例而定。如《刑法》第142条规定:"生产、销售劣药,对人体健康造成严重危害的,处三年以上十年以下有期徒刑,并处销售金额百分之五十以上二倍以下罚金。"有的分则条文具体规定罚金的上下限,如《刑法》第 173 条规定:"变造货币,数额较大的,处三年以下有期徒刑或者拘役,并处或者单处一万元以上十万元以下罚金。"这种修订充分适应目前市场经济的形成和继续发展,更有利于依法治国。不管是按非法所得金额或非法经营额的比例缴纳,还是规定上下限的数字,在决定罚金刑的具体数额时,仍须按《刑法》第 52 条规定,根据犯罪情节决定罚金数额,这也充分体现罪刑相适应的原则,也就是结合每一案件的具体情况,如犯罪手段、犯罪行为的后果、违法所得的数额、共同犯罪中所起的作用、犯罪人本身的特征以及犯罪情节的轻重等决定罚金数额。此外,在具体适用时,还应当考虑犯罪人本人的经济状况,以避免罚金数额过大罪犯无力负担造成执行的困难。

罚金数额的立法规定有五种模式:(1)比例制,即不规定具体的罚金数额,而是根据犯罪数额的一定比例确定罚金的数额。(2)倍数制,即不规定具体的罚金数额,而是根据犯罪数额的一定倍数确定罚金的数额。(3)比例兼倍数制,即不规定具体的罚金数额,而是根据犯罪数额的一定比例和倍数确定罚金的数额。(4)特定数额制,即明确规定罚金的数额。(5)抽象罚金制,即只抽象地规定判处罚金。

罚金数额的司法确定应注意三个方面:(1)决定罚金的数额必须以犯罪情节为根据。(2)应酌情考虑犯罪人的经济状况。(3)决定罚金的数额时还要考虑罚金能否起到惩罚与改造犯罪人的作用。

3. 罚金的适用方式。根据我国《刑法》分则中的有关规定,罚金的适用方式有以下几种:(1)选处罚金,即将罚金作为一种选择的法定刑与主刑并列,在某些情况下附加刑只能单独适用,而不能附加适用。(2)单处罚金,即对犯罪分子只能处罚金,而不能判处其他刑罚。在我国刑法中,只能对单位犯罪单处罚金。(3)并处罚金,即在对犯罪分子判处主刑的同时附加适用罚金刑,并且必须予以附加适用。(4)单处或者并处罚金,即罚金既可以单独适用,也可以附加主刑适用。

4. 罚金的缴纳。《刑法》第 53 条规定:"罚金在判决指定的期限内一次或者分期缴纳。期满不缴纳的,强制缴纳。对于不能全部缴纳罚金的,人民法院在任何时候发现被执行人有可以执行的财产,应当随时追缴。由于遭遇不能抗拒的灾祸缴纳确实有困难的,经人民法院裁定,可以延期缴纳、酌情减少或者免除。"罚金的缴纳有以下五种方式:(1)限期一次缴纳。通常对罚金数额不大或者虽然数额较大,但缴纳不困难的,要求犯罪分子按照判决确定的数额和指定的期限一次缴纳完毕。(2)限期分期缴纳。它适用于罚金数额较大,一次缴纳有困难的情况。(3)强制缴纳。人民法院规定缴纳罚金的期限届满后,犯罪分子有缴纳罚金的能力而不缴纳的,人民法院可以依照《刑事诉讼法》第 160 条之规定,采取查封、变卖犯罪分子的财产,或者通过犯罪分子所在单位扣发工资等措施,迫使犯罪分子缴纳。(4)延期缴纳、酌情减少或者免除缴纳。如果犯罪分子由于遭遇不可抗拒的灾祸,按原判决的罚金缴纳确有困难的,经犯罪分子申请,人民法院查证属实后,可以根据灾祸的轻重,酌情减少或者免除缴纳。(5)随时缴纳。即对于不能全部缴纳罚金的,法院在任何时候发现被执行人有可以执行的财产,随时都可以追缴。

5. 罚金与行政罚款的区别。罚金是人民法院对犯罪分子适用的刑罚;而行政罚款是公安机关或其他有关机关(如海关、税务机关、工商机关等)对违反治安管理法规或经济法规、行政管理法规但尚未达到犯罪程度的违法分子所适用的行政处罚。

6. 罚金与赔偿损失的区别。赔偿损失是人民法院对犯罪分子适用的一种民事制裁方法,而不是刑罚方法;赔偿损失所支付的金钱并不像罚金那样收归国库,而是交给被害人以补偿其所遭受的经济损失。

(二) 罚金刑制度完善

罚金刑制度改革,是21世纪各国刑罚改革的重点。针对我国现行罚金刑制度存在的不足,可借鉴各国罚金刑制度改革的经验,完善我国的罚金刑制度:

1. 提高罚金刑在刑罚结构中的地位,将罚金刑上升为主刑。我国现行刑法仅规定罚金为附加刑,罚金刑在刑罚结构中的地位偏低。尽管按照刑法规定,附加刑既可附加适用,也可独立适用,罚金刑的附加刑地位似乎不影响其广泛适用。但是,是否将附加刑上升为主刑,涉及刑事立法的价值导向。刑事立法明确规定罚金刑为主刑,表明立法者认为罚金是对罪犯适用的主要刑罚方法之一。立法者的这种认识必然会影响司法者对待罚金刑的态度,从而引起司法者对罚金刑的重视。罚金刑上升为主刑后,也不会妨害其和自由刑并科。德国、法国、日本刑法典将罚金刑上升为主刑后,都规定罚金可以和自由刑并科。

2. 扩大罚金刑的适用范围。我国现行刑法规定罚金仅适用于贪利性犯罪和个别妨害社会管理秩序的犯罪,适用范围过于狭窄。借鉴当今世界各国扩大罚金刑适用范围的经验,对过失犯罪、所有贪利性犯罪(包括法人犯罪、财产犯罪、经济犯罪和其他具有图利目的或动机的犯罪)以及一部分危害不大的故意犯罪,都规定可以适用罚金刑。

3. 完善罚金数额的确定原则。当今世界各国刑法,确定罚金数额的原则有普通罚金制、比例罚金制、无限额罚金制和日额罚金制四种。我国现行刑法典关于罚金数额的规定可以归入无限额罚金制和比例罚金制。本书主张废除现行刑法典的无限额罚金制,在确定罚金数额时,应当根据犯罪性质、犯罪情节以及犯罪分子的缴纳能力决定罚金的数额。

4. 改革罚金刑的适用方式。当今世界各国刑法中,罚金刑的适用方式共有专科罚金、选科罚金、并科罚金、易科罚金和附科罚金五种。我国刑法仅规定可以选科和并科,适用方式比较单一。我们设想,在修改刑法时,根据犯罪的性质和情节,对危害不大的过失犯罪专科罚金,对一般过失犯罪和轻微故意犯罪选科罚金,对其他犯罪并科罚金,并在刑法总则中规定易科罚金制和附科罚金制,将有助于充分发挥罚金刑的功能,同时能有效克服短期自由刑的弊端。

5. 完善罚金刑的执行制度。罚金刑执行难是困扰罚金刑制度、影响其效能的一大世界性难题。为了保障罚金刑的执行,各国除加强罚金刑的执行力度外,更从立法入手完善罚金刑的执行制度。如在定期缴纳或分期缴纳制度的基础上,发展了延期缴纳、缓期缴纳(相当于罚金刑的缓刑)和逐日缴纳制度;强化罚金刑的执行保障措施,在规定罚金减免缴纳制度的同时,完善强制缴纳制度,有的还规定了以自由劳动偿付罚金、罚金易科劳役、罚金易科自由刑的制度。为保障我国罚金刑的执行,须要在现行的罚金刑执行制度基础上,增设延期缴纳制度和缓期缴纳制度。在条件成熟时也可规定罚金易科劳役或自由刑制度。有人主张以自由劳动偿付罚金,不失为罚金缴纳确有困难而又不具备减免条件时比较现实可行的选择。

二、剥夺政治权利

(一)剥夺政治权利的基本制度

剥夺政治权利,是剥夺犯罪分子参加国家管理和政治活动权利的刑罚方法。

1. 适用对象。剥夺政治权利适用的对象比较广泛,既可以作为一种较严厉的刑罚方法附加适用于性质严重或危害较大的犯罪,也可以作为一种轻刑独立适用于危害性不大的犯罪。

(1)附加适用剥夺政治权利的情况规定于刑法总则,具体又分两种情况:① 必须附加剥夺政治权利的情况。包括:第一,根据《刑法》第56条规定,"对于危害国家安全的犯罪分子应当附加剥夺政治权利"。第二,根据《刑法》第57条规定,"对于被判处死刑、无期徒刑的犯罪分子,应当剥夺政治权利终身"。② 可以附加剥夺政治权利。《刑法》第56条规定:"对于故意杀人、强奸、放火、爆炸、投毒、抢劫等严重破坏社会秩序的犯罪分子,可以附加剥夺政治权利。"在司法实践中,对于故意伤害、盗窃等严重破坏社会秩序的犯罪,犯罪分子主观恶性较深,犯罪情节恶劣,罪行严重的,也可以附加剥夺政治权利。

(2)独立适用剥夺政治权利的犯罪规定在刑法分则中,主要适用于罪质较严重的犯罪或者罪质严重但是情节较轻的犯罪,如《刑法》第103条、104条、105条、107条、109条、111条、238条、246条、249条、256条、290条、294条、296条、299条、371条、372条和375条等。剥夺政治权利可以单独判处,也可以附加适用。只有上述分则中明文规定可以独立适用剥夺政治权利的犯罪,才能单独适用。

2. 剥夺政治权利的内容。《刑法》第54条规定:"剥夺政治权利是剥夺下列权利:(一)选举权和被选举权;(二)言论、出版、集会、结社、游行、示威自由的权利;(三)担任国家机关职务的权利;(四)担任国有公司、企业、事业单位和人民团体领导职务的权利。"

3. 剥夺政治权利的期限。根据刑法的规定,剥夺政治权利的期限有以下四种情况:(1)剥夺政治权利终身。《刑法》第57条第1款规定:"对于被判处死刑、无期徒刑的犯罪分子,应当剥夺政治权利终身。"(2)剥夺政治权利的期限与管制的期限相等。《刑法》第55条第2款规定:"判处管制附加剥夺政治权利的,剥夺政治权利的期限与管制的期限相等,同时执行。"(3)1年以上5年以下。根据《刑法》第55条第1款之规定,除死刑、无期徒刑和管制附加剥夺政治权利的以外,独立适用或者判处有期徒刑、拘役附加适用,剥夺政治权利的期限为1年以上5年以下。(4)3年以上10年以下。《刑法》第57条第2款规定:"在死刑缓期执行减为有期徒刑或者无期徒刑减为有期徒刑的时候,应当把附加剥夺政治权利的期限改为三年以上十年以下。"

4. 剥夺政治权利的刑期起算和执行。共有四种不同的情况:(1)独立适用剥夺政治权利时,从判决执行之日起计算并执行。(2)《刑法》第55条第2款规定:"判处管制附加剥夺政治权利的,剥夺政治权利的期限与管制的期限相等,同时执行。"(3)判处有期徒刑、拘役附加剥夺政治权利的,剥夺政治权利的期限,根据《刑法》第58条规定:"从徒刑、拘役执行完毕之日或者从假释之日起计算;剥夺政治权利的效力当然施用于主刑执行期间。"如果被判处拘役、有期徒刑但未附加剥夺政治权利的,犯罪分子在服主刑期间,应视为有政治权利。依据1983年3月5日全国人大常委会《关于县级以下人民代表大会代表直接选举的若干规定》,"被判处有期徒刑、拘役、管制而没有附加剥夺政治权利的","准予行使选举权"。(4)判处死刑、无期徒刑的,附加剥夺政治权利终身,从主刑执行之日起执行,遇有死缓减为有期徒刑或者无期徒刑减为有期徒刑时,剥夺政治权利应改为3年以上10年以下,刑期从减刑后的有期徒刑执行完毕之日或假释之日起计算并执行。在有期徒刑执行期间,罪犯自然不享有政治权利。

5. 执行。剥夺政治权利由公安机关执行。执行期满,应当由执行机关通知本人,并向有关群众公开宣布恢复政治权利。恢复政治权利后,原先被剥夺政治权利的人一般来说就应重新享有法律赋予公民的各项政治权利。《刑法》第58条第2款规定:"被剥夺政治权利的犯罪分子,在执行期间,应当遵守法律、行政法规和国务院公安部门有关监督管理的规定,服从监督,不得行使本法第五十四条规定的各项权利。"

(二)资格刑制度完善

我国刑法规定的资格刑制度相对比较落后,仅规定了剥夺政治权利、驱逐出境等,且在刑罚结构中处于附加刑的地位。其存在的突出问题是:(1)剥夺政治权利的政治色彩过浓,内容过于宽泛,没有严格的法律界限。(2)资格刑刑种欠缺,不能形成一个完整的资格刑刑罚体系。(3)资格刑执行制度不健全。针对我国资格刑制度存在的上述缺陷,本书认为应从以下几个方面进行改进和完善:

1. 取消剥夺政治权利,设立剥夺选举权和被选举权。取消原剥夺政治权利刑中关于剥夺言论、出版、结社、集会、游行、示威自由的规定,取消现行《刑法》第54条的规定,对被判处死刑立即执行的罪犯不再适用资格刑。对被判处死刑缓期两年执行和无期徒刑的罪犯,附加适用这两种资格刑。对被判处有期徒刑及以下刑罚的罪犯,则仅在必要的时候,附加适用这两种或一种资格刑。

2. 规定剥夺担任一定公职的权利。目前我国刑法剥夺的政治权利中有剥夺犯罪分子担任国家机关职务的权利和担任国有公司、企业、事业单位和人民团体领导职务的权利。本书建议在立法上作相应的规定。

3. 剥夺从事一定职业的权利。目前我国刑法中已有初步适用禁止从事一定职业的规定,但是规定不明确,相比较我国《教师法》《律师法》和《公司法》中的规定则较为粗略,刑法可以将这些相应的规定纳入进来。增设单位犯罪的资格刑,禁止从事特定职业或活动、解散犯罪法人、禁止犯罪法人从事特定业务三种资格刑。禁止从事特定职业或活动,一般应当是禁止从事与犯罪相关的职业或活动,如对重大交通肇事犯,附加禁止其再从事驾驶业务等。解散犯罪法人是对犯罪法人适用的最严厉的刑罚方法,相当于对犯罪的自然人适用死刑。这种资格刑一般应当规定为主刑。禁止犯罪法人从事特定业务是指禁止犯罪法人永久或在一定期限内从事一种或几种业务活动,这种刑罚既可附加适用,也可独立适用。

4. 扩大驱逐出境、限制居住地和限制去特定地等。可以将这些资格刑适用于一般犯罪主体。具体适用范围可限制在对被判处三年以上有期徒刑、无期徒刑或死刑的故意犯罪罪犯附加适用。

5. 建立资格刑执行制度和复权制度。第一,建立资格刑减免制度和缓刑制度。资格刑附加适用时,一般应在主刑执行完毕后执行。如果罪犯在主刑执行期间表现良好甚至已经完全改造好,就没有必要在主刑执行完毕后继续执行原判资格刑。建立资格刑减免制度和缓刑制度,可以防止资格刑适用的过剩。第二,建立资格刑执行的监督考察制度。具体设想是,明确规定人民法院是资格刑的执行机关,人民法院得在必要的时候委托被适用资格刑的罪犯所在的单位、主管机关或行政执法部门监督考察资格刑的执行情况。第三,建立资格刑的复权制度。资格刑复权制度是指资格刑执行完毕或免除执行后恢复罪犯被剥夺的权利或资格的制度。一般仅适用于有期限的资格刑和能够恢复权利或资格的资格刑。资格复权应当由人民法院宣告。

三、没收财产

没收财产,是把犯罪分子个人所有财产的一部分或全部强制无偿地收归国有的刑罚方法。

1. 适用对象。没收财产主要适用于罪行比较严重的犯罪分子。刑罚分则中适用没收财产较多的是第一章危害国家安全罪、第三章破坏社会主义市场经济秩序罪和第五章侵犯财产罪。

2. 没收财产的范围。《刑法》第59条第1款规定:"没收财产是没收犯罪分子个人所有财产的一部或者全部。没收全部财产的,应当对犯罪分子个人及其扶养的家属保留必需的生活费用。"本条第2款还规定:"在判处没收财产的时候,不得没收属于犯罪分子家属所有或者应有的财产。"这一规定贯彻了"罪责自负,不株连无辜"的精神。所谓犯罪分子个人所有财产,是指犯罪分子本人实际所有的一切财产及其在共有财产中应得的份额。至于具体没收财产的一部分还是全部,应由人民法院根据犯罪分子的犯罪性质、犯罪情节和案件的具体情况决定,并在判决书中具体指明没收财产的名称、数量,以便于执行。所谓犯罪分子家属所有财产,是指犯罪分子家属本人实际上所有而不是名义上所有的财产。所谓犯罪分子家属应有的财产,是指共有财产中其家属应当享有的那部分财产。对于依靠犯罪分子为生,又无其他生活来源的家属,在没收犯罪分子的财产时,必须给他们留出必要部分,以维持其正常生活。

3. 没收财产的适用方式。根据刑法分则的规定,没收财产的适用方式有以下几种:(1)与罚金刑选择并处。即没收财产与罚金作为选择性的两种附加刑供附加主刑适用,审判人员可以选择没收财产附加主刑适用,也可以选择罚金附加主刑适用,二者必选其一。例如,根据《刑法》第363条的规定,以牟利为目的,制作、复制、出版、贩卖、传播淫秽物品,情节特别严重的,处10年以上有期徒刑或者无期徒刑,并处罚金或者没收财产。(2)并处。即没收财产必须附加主刑适用,审判人员没有取舍之余地。例如,根据《刑法》第239条的规定,以勒索财物为目的绑架他人或者绑架他人作为人质,致使被绑架人死亡或者杀害被绑架人的,处死刑,并处没收财产。(3)可以并处。即没收财产可以附加主刑适用,也可以不附加主刑适用,是否附加主刑适用,由审判人员酌情决定。例如,根据《刑法》第390条的规定,对犯行贿罪,情节特别严重的,处10年以上有期徒刑或者无期徒刑,可以并处没收财产。

上述没收财产的适用方式表明,没收财产实际上只能附加适用,而不能独立适用。可见,《刑法》总则第34条第2款所规定的"附加刑也可以独立适用"目前并不适用于没收财产刑。

4. 没收财产以前犯罪分子所负的正当债务问题。《刑法》第60条规定:"没收财产以前犯罪分子所负的正当债务,需要以没收的财产偿还的,经债权人请求,应当偿还。"据此,可以得出,犯罪分子所欠的正当债务可以从没收的财产中偿还,但必须具备以下条件:(1)必须是查封财产以前犯罪分子所负的债务。查封过程中或者查封以后所负的债务不能以没收的财产偿还。(2)必须是正当债务。非正当债务不得偿还,如赌债。(3)必须经债权人提出请求,并查证属实。如果债权人未提出请求,或者虽提出请求,但根据不充分的,不能偿还。(4)必须在没收的财产份额之内,按一定的顺序偿还。如果没收的财产中有被犯罪分子非法占有的公民个人财产,经原主请求,查证属实后,应当把原物退还原主。

5. 没收财产的执行。根据《刑事诉讼法》第261条规定,"没收财产的判决,无论附加适用或者独立适用,都由人民法院执行;在必要的时候,可以会同公安机关执行"。

6. 没收财产与没收犯罪物品的区别。犯罪分子违法所得的一切财物,应当予以没收。没收犯罪的物品有三种情况:(1)犯罪分子违法所得的财物。(2)违禁品,指国家禁止私人制造或持有的物品,如枪支、毒品、淫秽物品等。(3)供犯罪所用的财物,指犯罪时使用的工具和进行犯罪活动的资本,如杀人凶器等。

7. 没收财产与罚金的区别。(1)适用对象不同。没收财产主要适用于危害国家安全罪和破坏社会主义市场经济秩序罪、侵犯财产罪、妨害社会管理秩序罪、贪污贿赂罪中情节较重的犯罪;而罚金适用于情节较轻的贪利性犯罪。(2)内容不同。没收财产是剥夺犯罪分子个人现实所有财产的一部或者全部,既可以是没收金钱,也可以是没收其他财物;而罚金则是剥夺犯罪分子一定数额的金钱,这些金钱不一定是现实所有的。(3)执行方式不同。没收财产只能是一次性没收,不存在着分期执行或减免的问题;而罚金可以分期缴纳,如果缴纳确有困难,还可以减免。

四、驱逐出境

驱逐出境,是强迫犯罪的外国人离开中国国(边)境的刑罚方法。

1. 适用对象。《刑法》第35条规定:"对于犯罪的外国人,可以独立适用或者附加适用驱逐出境。"所谓外国人,是指具有外国国籍的人和无国籍的人。根据这一规定,驱逐出境属于附加刑。驱逐出境所适用的对象是特定的,即只能是犯罪的外国人。

2. 驱逐出境与《外国人入境出境管理法》中规定的"驱逐出境"的区别。(1)性质不同。前者是一种刑罚方法;而后者是一种行政处罚措施。(2)适用对象不同。前者适用于在我国境内犯罪的外国人;后者适用于违反《外国人入境出境管理法》的规定,情节严重的外国人。(3)主管机关和判处的程度不同。前者由人民法院依照刑事诉讼法规定的程序进行判决;后者由地方公安机关依照有关规定的程序上报,由公安部作出决定。(4)执行的时间不同。前者独立适用时从判决确立之日起执行,附加适用时从主刑执行完毕之日起执行;后者从决定确立之日起立即执行。

第四节　非刑罚处理方法

非刑罚处理方法,是指人民法院对犯罪分子适用的刑罚以外的其他处理方法。非刑罚处理方法的特点是,对犯罪分子适用,但不具有刑罚性质。根据我国刑法的规定,非刑罚处理方法可以分为:

一、经济性的处理方法

1. 赔偿经济损失。它是刑事审判中附带的民事强制处分。《刑法》第36条规定:"由于犯罪行为而使受害人遭受经济损失的,对犯罪分子除依法给予刑事处罚外,并应根据情况判处赔偿经济损失。"

2. 赔偿损失。根据《刑法》第37条规定,人民法院对犯罪情节轻微不需要判刑的犯罪人,责令其向被害人支付一定数额的金钱,以弥补被害人因犯罪行为而遭受的损失。

应注意把握经济性的处理方法的适用条件:一是被害人的经济损失必须是由犯罪分子的犯罪行为造成的,二是适用的对象是依法被判处刑罚的犯罪分子。

二、教育性的处理方法

1. 训诫。训诫是人民法院对犯罪情节轻微不需要判刑的人,以口头的方式对其当庭公开进行谴责的教育方法。

2. 责令具结悔过。它是人民法院责令犯罪情节轻微不需要判刑的人用书面方式保证悔改,以后不再重新犯罪的教育方法。

3. 赔礼道歉。它是人民法院责令犯罪情节轻微不需要判刑的人公开向被害人当面承认错误,表示歉意的教育方法。

三、行政性的处理方法

它是指人民法院根据案件的情况向犯罪人所在单位提出行政处分的司法建议,而由主管单位给予犯罪人适当处分的方法。行政处分包括警告、记过、撤职、降级、开除等。

应当注意把握教育性的处理方法和行政性的处理方法:一是适用的对象是由于犯罪情节轻微不需要判处刑罚而被免予刑事处罚的犯罪分子,二是根据案件的具体情况需要对犯罪分子给予适当的处理。

四、职业禁止

《刑法》第 37 条之一规定:"因利用职业便利实施犯罪,或者实施违背职业要求的特定义务的犯罪被判处刑罚的,人民法院可以根据犯罪情况和预防再犯罪的需要,禁止其自刑罚执行完毕之日或者假释之日起从事相关职业,期限为三年至五年。被禁止从事相关职业的人违反人民法院依照前款规定作出的决定的,由公安机关依法给予处罚;情节严重的,依照本法第三百一十三条的规定定罪处罚。其他法律、行政法规对其从事相关职业另有禁止或者限制性规定的,从其规定。"

五、前科报告制度

依法受过刑事处罚的人,在入伍、就业的时候,应当如实向有关单位报告自己曾受过刑事处罚,不得隐瞒。

犯罪的时候不满 18 周岁被判处 5 年有期徒刑以下刑罚的人,免除前款规定的报告义务。

第五节　完善我国现行刑罚体系的基本思路

一、调整刑罚结构

关于刑罚结构的调整,其内容不外乎是将某些刑罚从主刑调整到附加刑中,或者相反。而此方面的分析主要集中于是否将罚金上升为主刑的问题。从理论上看,存在否定说与肯定说两种认识。① 从具体的刑法立法例来看,罚金的地位在各国刑罚体系中各有不同。总体而言,大多数国家将罚金规定为主刑,也有部分国家将其同时规定

---

① 参见郭理蓉:《刑罚政策研究》,中国人民公安大学出版社 2008 年版,第 122 页。

为主刑与附加刑,少数国家将其规定为附加刑。而从世界各国的立法趋势来看,越来越多的国家将罚金作为主刑予以规定。之所以出现这种情形,主要是因为罚金具有自由刑所不具有的开放性特征,完全避免犯罪人之间的交叉感染,对经济型犯罪的行为人有较强的威慑作用与惩罚功能,因而在经济时代具有相当的有效性。① 对于我国而言,将罚金规定为主刑,就较大地增强了刑罚体系的开放性,也意味着单位犯罪不再缺乏主刑,但可能遇到不能同时将罚金与其他刑罚同时适用的问题(尤其是将没收财产予以废止的情况下)。可以参考有些国家的规定,不再将刑罚分为主刑、附加刑,只是根据犯罪的实际情况在刑法典分则中配置适当的刑罚。例如,泰国刑法典就是不区分主从刑,仅列举刑罚种类。我国其实也没有必要非得区分主刑、附加刑,仅列举刑罚种类及对具体犯罪配置作为法定刑的规则,完全能够适应现实司法实践的需要。不过,需要指出的是,罚金刑的弊端主要在于难以适应犯罪人经济状况各个不同的实际情况,存在难以执行的问题。解决该问题的主要途径是改进罚金的执行方式,而非简单地将罚金予以废止。

在刑罚结构调整方面,还需要附带分析的一个问题是,在刑法典中明确规定内容相同之刑事处罚与民事处罚、行政处罚的衔接关系。首先,在对犯罪人判处罚金的情况下,不仅按照《刑法》第 36 条第 2 款的规定,先让犯罪人承担对被害人一方的民事赔偿责任,而且也要允许犯罪人的合法债权人以犯罪人缴纳罚金的财产对自己偿付债务,即将《刑法》第 60 条的规定也吸收到罚金的执行过程中。其次,对于因同一事实先接受剥夺或者限制人身自由的行政处罚的人,若对该行为追究刑事责任,那么,应该将其已经被剥夺或者限制人身自由的期间计算到后来判处的刑罚中。目前,有关司法解释对该问题作出了规定,但缺乏统一的规定,不利于维护犯罪人的合法权益,对罪刑法定原则的贯彻也不够彻底。因而,应该由刑法典作出规定。

二、增补刑罚种类

关于在我国刑法典中增加新的刑罚种类,理论上进行了相当深入的研究。② 从内容上看,这些研究在思路上基本上都是将刑法典所规定的现行刑罚体系完全推倒,另起炉灶,重新设计刑罚体系。尽管其中很多分析不无道理,但是,其中某些设想缺乏一定的可行性,难以在短期内成为刑法规范。笔者认为,刑罚种类的增补应该立足于刑法典关于刑罚体系的现行规定,既要注意根据现实需要对现行刑罚体系进行适当的调整,又要注意与刑法典的现有规定进行恰当的衔接。基于此考虑,本书认为,在我国现行刑罚体系中,可增补强制社会服务和保安处分两种刑罚。

首先,增设强制社会服务,改进管制。缓解监狱人满为患的压力,但又保持刑罚对犯罪人的惩罚性质,是各国司法机关都要面临并需要有效解决的共同问题。社区服务令就是在这样的背景下出现的。20 世纪 70 年代末 80 年代初,社区服务令是针对监

---

① 参见高铭暄、赵秉志主编:《刑罚总论比较研究》,北京大学出版社 2008 年版,第 231 页。
② 参见赵秉志:《刑法争议问题研究》,河南人民出版社 1996 年版,第 211 页。

狱人满为患问题的一个解决方案,及对犯罪人应更好地融入社区的顾虑的一种反应措施。该措施起先被视为罚金刑的一种替代安排,但是,现在被认为是替代关押性刑罚措施的。社区服务令要求犯罪人在社区内做一定时间(以小时为计算单位)的工作,可以被视为正常量刑过程的一部分内容。现在人们已经认识到,社区服务令比一个监禁判决更有意义,更为有效,且更加经济。① 除此之外,该措施所具有的开放性特征也有利于犯罪人的重新社会化,符合行刑社会化的要求。因此,本书认为,可吸取社会服务令的合理之处,在我国刑法典中规定强制社会服务,即判处犯罪人在一定期限内从事公益的社会服务,从而改进管制,增强其强制性。

其次,改造劳动教养,增设保安处分。目前我国的劳动教养制度存在着性质定位模糊、收容对象宽泛、内容过于严厉、审批程序不严、当事人缺乏必要的司法救济、期限过长等弊端。从价值理念上看,它不符合现代法治国家保障人权的观念,有违公平、正义原则;从法律根据上看,它与我国的《立法法》直接相违背,与《治安管理处罚法》《行政处罚法》不相协调,明显不符合国际人权公约的要求,背离了依法治国的内在需求。劳动教养制度设计的严重缺陷带来了操作、执行过程中出现的种种诟病,成为国际社会指责我国法治现代化和人权保障状况的焦点之一。劳动教养作为"强制性教育改造"的初衷,已经被其现实运作过程中所体现出来的严厉处罚性所取代;作为"安置就业的一种办法"的最初考虑,则更是荡然无存。可以说,劳动教养作为我国控制社会秩序的重要手段,其具体实施过程中所造成的对法治原则和正义理念的不良影响,已超过它对于维护社会治安所能发挥的积极作用。② 因此,正是存在这些弊端,为全面保障劳动教养适用对象的合法权益,理论上多主张将劳动教养改造为保安处分,规定于刑法典中,在程序上由人民法院来适用。保安处分在范围上自然不限于类似于劳动教养这样形式的限制人身自由。目前,世界上很多国家在刑法典中明确规定了保安处分,从而将适用于实施了严重危害行为但不构成犯罪之行为人的各种措施予以司法化。这种模式值得我国借鉴,因为它不仅有利于将劳动教养予以司法化,而且还有助于将其他类似于劳动教养的较长期地限制人身自由的行政强制措施也予以司法化,实现刑事法治与行政法治的有效协调。

三、增加配刑制度

没有抽象而孤立存在的刑罚。从立法上看,刑罚被配置于具体的犯罪,作为法定刑;从司法上看,刑罚在犯罪人被定罪之后经司法机关的裁量成为宣告刑。刑罚与具体犯罪有着紧密的联系,没有脱离具体犯罪而存在的刑罚。刑法典仅仅对司法机关如何裁量刑罚作出了明确、详细的规定,形成了我国刑法典中较为完善的刑罚裁量制度。至于刑罚该如何配置于具体的犯罪,刑法典则没有作出全面的规定。作为刑法基本原

---

① 参见赵秉志、杨诚主编:《中国劳动教养制度的检讨与改革》,中国人民公安大学出版社 2008 年版,第 187 页。
② 参见赵秉志等:《中国劳动教养制度司法化改革论纲》,载《检察日报》2003 年 6 月 25 日第三版。

则之一,《刑法》第 5 条所规定的罪责刑相适应原则也是立法者对具体犯罪配置法定刑应该遵循的指导思想,即在对具体犯罪规定法定刑时,立法者同样需要考虑到,刑罚的轻重应当与犯罪分子所犯罪行和承担的刑事责任相适应。这与理论上对法定刑配置问题的研究也基本上是一致的。对于法定刑配置问题,理论上的研究主要有两种模式:第一是对具体犯罪的法定刑配置之合理性进行分析,例如,对重大责任事故罪的法定刑配置是否合理进行分析。① 就刑法典分则罪刑条文所规定的所有犯罪之法定刑问题进行研究的代表性著作是白建军教授的《罪刑均衡实证研究》。第二是专门就对具体犯罪配置法定刑的问题进行深入分析,周光权教授的《法定刑研究》是此方面的代表性著作。在这些研究中,刑罚与犯罪的均衡性成为关键问题,从而充分地表明罪责刑相适应原则对于法定刑配置的基础性意义。

---

① 参见刘守芬、申柳华:《重大责任事故罪法定刑配置研究》,载《河南大学学报》(社会科学版)2006 年第 4 期。

第十六章 刑罚裁量

> **学习要求**
>
> 了解：量刑的概念
> 理解：量刑的情节
> 熟悉并能够运用：量刑的原则
> 主要涉及的法条：
> 第六十一条 【量刑的事实根据与法律依据】对于犯罪分子决定刑罚的时候，应当根据犯罪的事实、犯罪的性质、情节和对于社会的危害程度，依照本法的有关规定判处。
> 第六十二条 【从重处罚与从轻处罚】犯罪分子具有本法规定的从重处罚、从轻处罚情节的，应当在法定刑的限度以内判处刑罚。
> 第六十三条 【减轻处罚】犯罪分子具有本法规定的减轻处罚情节的，应当在法定刑以下判处刑罚；本法规定有数个量刑幅度的，应当在法定量刑幅度的下一个量刑幅度内判处刑罚。
> 犯罪分子虽然不具有本法规定的减轻处罚情节，但是根据案件的特殊情况，经最高人民法院核准，也可以在法定刑以下判处刑罚。

第一节 刑罚裁量概述

一、刑罚裁量的概念

刑罚裁量又称量刑，指在定罪以后，对犯罪人裁量适用刑罚的活动。[①]

刑事审判活动有两个基本环节：一是定罪；二是量刑。定罪就是确定行为人行为的性质，即在查清事实的基础上，确定行为人是否构成犯罪，构成什么罪。量刑是在定罪的基础上进一步确定是否须要对犯罪人判处刑罚，如具需要判刑，应当判处何种刑罚、多重刑罚以及所判的刑罚是否必须立即执行。

刑罚的裁量权是人民法院刑事审判权的重要组成部分。根据我国宪法及有关法

---

① 参见陈兴良：《本体刑法学》，商务印书馆2001年版，第749页。

律规定,刑事审判权专属人民法院行使,量刑的主体只能是人民法院。

二、刑罚裁量的内容

刑罚裁量包括以下主要内容:

第一,确定是否要对犯罪人判处刑罚。行为人构成犯罪是刑罚裁量的前提。但是,并非对所有的犯罪人都有判处刑罚的必要。《刑法》第37条规定:"对于犯罪情节轻微不需要判处刑罚的,可以免予刑事处罚,但是可以根据案件的不同情况,予以训诫或者责令具结悔过、赔礼道歉、赔偿损失,或者由主管部门予以行政处罚或者行政处分"。由此可见,刑罚处罚并非犯罪行为的唯一处罚手段。同时,刑法还规定了一些"可以"或者"应当"免除刑罚处罚的情况,例如预备犯、中止犯、从犯、胁从犯、防卫过当、避险过当等等。因此,量刑的首要任务就是确定行为人的犯罪情节是否轻微,是否具备免予刑事处罚的条件,进而决定是否要对犯罪人处以刑罚。

第二,确定对犯罪人所判处的刑种与刑度。在决定须要对犯罪人处以刑罚的基础上,要确定用哪种刑罚对犯罪人进行处罚,以及施以何种程度的处罚。我国刑法对各种犯罪的处罚,除了极个别绝对确定的法定刑之外,绝大多数都是配置多种刑种与刑度的相对确定的法定刑。因此,人民法院就须要在法定刑的范围之内,确定对犯罪人适用哪一种刑罚,以及处以怎样轻重程度的刑罚。

第三,确定是否应当立即执行刑罚。一般而言,人民法院所作出的判决,一旦产生法律效力,就应当立即执行。但是,为了更好地改造罪犯,给其一个悔过自新、重新做人的机会,我国《刑法》规定对被判处3年以下有期徒刑以及拘役的罪犯,可以有条件地不予执行。同时,对于被判处死刑的罪犯,如果不是必须立即执行的,可以缓期两年执行。因此,人民法院的量刑工作的另外一项基本内容就是确定对犯罪人所判处的刑罚是否必须立即执行。

三、刑罚裁量的意义

量刑是刑事审判活动的基本内容之一,只有通过量刑活动,才能使刑法的任务得以完成,刑罚的目的得以实现。具体而言,刑罚裁量工作的重要意义体现在以下几个方面:

(一)刑罚裁量是实现刑法的目的和任务的重要途径

我国刑法的目的是惩罚犯罪,保护人民。我国刑法的最根本的任务是保卫国家和人民的利益。要实现刑法的目的和任务,就必须通过对犯罪人定罪量刑的途径完成。通过正确的定罪和恰当的量刑,使犯罪行为得到惩处,人民群众的人身、财产以及国家的、公共的利益得到保障,从而实现刑法的目的与任务。

(二)刑罚裁量是实现刑罚目的的重要手段

刑罚的目的在于预防犯罪,要有效地预防犯罪,必须做到恰当地量刑。针对犯罪行为进行的量刑工作,能够使犯罪人受到应有的惩罚,感受到法律的威严和公正,使犯罪人能够认罪服法,端正改造态度,刑满释放后也不会再危害社会,从而达到刑罚特殊预防的目的;同时,通过量刑工作,使社会上一些有犯罪倾向的人因为法律的警戒与威慑作用,不敢轻易地以身试法,从而实现刑罚一般预防的目的。

(三)刑罚裁量是贯彻刑法基本原则的重要环节

罪责刑相适应原则是我国刑法的基本原则之一,这一原则要求犯罪人所实施的犯罪行为的社会危害性程度与犯罪人所承担的刑事责任的大小和刑罚的轻重程度相对应,做到重罪重判,轻罪轻判,罚当其罪。要充分贯彻这一原则,就要求刑罚的裁量必须科学严谨,紧密地与犯罪的社会危害与刑事责任结合起来,使刑罚真正发挥其应有的作用。

(四)刑罚裁量是落实我国刑事法律政策的重要保证

我国的刑事政策是惩办与宽大相结合,惩罚与教育改造相结合。恰当合理地量刑,不枉不纵,不偏不倚,无疑可以保证这一刑事政策真正得到落实。

第二节 量刑的原则

《刑法》第 5 条规定:"刑罚的轻重,应当与犯罪分子所犯罪行和承担的刑事责任相适应"。第 61 条规定:"对于犯罪分子决定刑罚的时候,应当根据犯罪的事实、犯罪的性质、情节和对于社会的危害程度,依照本法的有关规定判处"。由此,根据我国刑法的有关精神,可以把刑罚裁量的原则概括为:以犯罪事实为依据,以刑事法律为准绳。

一、以犯罪事实为依据

犯罪事实是追究犯罪人刑事责任的基础,也是量刑的基础。没有犯罪事实的存在,就无所谓对行为人裁量刑罚。因此,刑罚的裁量必须以犯罪事实为依据。人民法院只有在确定犯罪事实的基础上,才能确定其行为的性质,才能进一步确定如何裁量刑罚。因此,以犯罪事实为依据是刑罚裁量的前提。要充分贯彻这一原则,必须从以下几个方面入手:

(一)查清犯罪事实

犯罪事实是量刑的客观基础,只有在查清犯罪事实的基础上,才能够正确地分析行为的性质及其危害,才能正确地适用刑罚。

(二)确定犯罪性质

确定犯罪性质,就是定罪。犯罪的性质不同,其社会危害性及其程度自然也不相同,因此,对其作出的刑罚处罚也就存在着差异,每一个具体的罪名都有符合其自身特点的法定刑。因此,人民法院必须在查清犯罪事实的基础上,确定犯罪行为的真实性质,做到正确定罪。正确定罪,才能保证正确量刑。

(三)正确分析犯罪情节

犯罪情节是人民法院在量刑时须要考虑的一个重要因素,由于犯罪情节的不同,犯罪的社会危害性会体现出很大的差异。同样是杀人,出于义愤而实施的杀人行为与为泄私愤而实施的杀人行为在量刑时就可能因为社会危害性的差异而出现不同的判决结果。同样的盗窃行为因为各自盗窃数额的不同,在量刑时也会有差异。而导致这些差异的正是不同的犯罪情节。因此,人民法院在量刑时,还必须充分考虑与分析各种犯罪情节,综合考虑犯罪的社会危害性。在此基础上,才能够保证罪责刑相适应。

二、以刑事法律为准绳

以刑事法律为准绳,是指在查明犯罪事实的基础上,严格按照刑法有关规定对行为人的犯罪行为进行裁量。具体表现为以下几点:

(一)严格按照刑法总则关于刑罚体系的规定适用刑罚

我国刑罚的体系是由刑法总则确定的,因此,在对犯罪分子确定处以何种刑罚时,必须严格按照刑法总则所确定的刑罚体系适用刑罚,对犯罪分子所判处的刑罚必须在刑罚体系的范围之内,不得超出刑法的规定自行设置处罚措施。

(二)严格按照有关法定量刑情节的规定适用刑罚

要做到依法量刑,必须严格按照法定的量刑情节适用刑罚。要明确各种量刑情节的意义、内容及其功能和法律效力,例如明确哪些是从严处罚的情节,哪些是从宽处罚的情节;哪些是命令性的情节,哪些是授权性的情节;哪些是单功能的情节,哪些是多功能的情节。只有这样,才能保证刑法的各项法定量刑情节在司法实践中真正发挥作用。

(三)严格按照刑罚的各种裁量制度适用刑罚

为了保障刑罚能够更好地发挥作用,我国刑法还规定了刑罚的裁量制度,如累犯、自首与立功、数罪并罚、缓刑等。因此,在量刑时,必须严格按照相关的刑罚裁量制度的规定,对符合累犯、自首等裁量制度所规定条件的罪犯,按照法律的有关规定量刑。

(四)严格按照刑法分则对犯罪所确定的法定刑适用刑罚

每一个具体的罪名,刑法分则都规定了相应的法定刑,明确了刑种以及刑度,这是量刑的基础。在对犯罪分子量刑的时候,不得脱离刑法分则的规定,任意确定刑种;也不得在刑法分则所规定的量刑幅度之外任意确定刑度。

第三节 量刑情节

一、量刑情节的概念

量刑情节,是指审判机关对犯罪分子量刑时,决定刑罚的轻重或者免除处罚的主客观事实依据。

量刑的情节,应当具备以下特征:

首先,量刑情节是定罪情节之外的,表明行为的社会危害性以及行为人人身危害性程度的主客观事实依据。

其次,量刑情节是使刑法发挥作用的主客观事实依据。

最后,有的量刑情节既包括罪前情节,也包括罪中情节和罪后情节。

二、量刑情节的分类

量刑情节所包含的内容非常广泛,涉及不同方面。根据不同的分类标准,可以对量刑情节进行以下几种分类:

(一)法定量刑情节

这是以量刑情节是否有刑法明文规定作为分类的标准。所谓法定量刑情节,是指由刑法明文规定的,在量刑时应当予以适用的情节。

根据法定量刑情节在刑法中的分布情况,可以将法定的量刑情节分为总则情节和分则情节,具体由以下情节组成:

1. 应当从重处罚的情节:

(1)教唆不满18周岁的人犯罪的。(《刑法》第29条)

(2)累犯。(《刑法》第65条)

(3)策动、胁迫、勾引、收买国家机关工作人员、武装部队人员、人民警察、民兵进行武装叛乱或者武装暴乱的。(《刑法》第104条)

(4)与境外机构、组织、个人相勾结,实施分裂国家、煽动分裂国家罪、武装叛乱、暴乱罪、颠覆国家政权罪、煽动颠覆国家政权罪。(《刑法》第106条)

(5)掌握国家机密的国家工作人员犯叛逃罪的。(《刑法》第109条)

(6)武装掩护走私的。(《刑法》第157条)

(7)伪造货币并出售或者运输伪造的货币的。(《刑法》第171条)

(8)奸淫不满14周岁的幼女的。(《刑法》第236条)

(9)猥亵儿童的。(《刑法》第237条)

(10)在非法拘禁中,殴打、侮辱被拘禁人的。(《刑法》第238条)

(11)国家机关工作人员利用职权犯非法拘禁罪的。(《刑法》第238条)

(12)国家工作人员犯诬告陷害罪的。(《刑法》第243条)

(13)司法工作人员滥用职权犯非法搜查罪或者非法侵入住宅罪的。(《刑法》第245条)

(14)司法工作人员犯刑讯逼供罪或者暴力取证罪,致人伤残、死亡的。(《刑法》第247条)

(15)虐待被监管人员,致人伤残、死亡的。(《刑法》第248条)

(16)私自开拆、隐匿、毁弃邮件、电报而窃取财物的。(《刑法》第253条)

(17) 冒充人民警察招摇撞骗的。(《刑法》第 279 条)

(18) 引诱未成年人参加聚众淫乱活动的。(《刑法》第 301 条)

(19) 司法工作人员犯妨害作证罪；帮助毁灭、伪造证据罪的。(《刑法》第 307 条)

(20) 盗伐、滥伐国家级自然保护区的森林或者其他林木的。(《刑法》第 345 条)

(21) 利用、教唆未成年人走私、贩卖、运输、制造毒品，或者向未成年人出售毒品的。(《刑法》第 347 条)

(22) 缉毒人员或者其他国家机关工作人员掩护、包庇走私、贩卖、运输、制造毒品的犯罪分子的。(《刑法》第 349 条)

(23) 引诱、教唆、欺骗或者强迫未成年人吸食、注射毒品的。(《刑法》第 353 条)

(24) 因走私、贩卖、运输、制造、非法持有毒品被判过刑，又犯刑法分则第六章第七节规定之罪的。(《刑法》第 356 条)

(25) 旅馆业、饮食服务业、文化娱乐业、出租汽车业等单位的主要负责人组织、强迫、引诱、容留、介绍他人卖淫的。(《刑法》第 361 条)

(26) 制作、复制淫秽的电影、录像等音像制品组织播放的。(《刑法》第 364 条)

(27) 向不满 18 周岁的未成年人传播淫秽物品。(《刑法》第 364 条)

(28) 战时犯破坏武器装备、军事设施、军事通信罪的。(《刑法》第 369 条)

(29) 挪用用于救灾、抢险、防汛、优抚、扶贫、移民、救济款物归个人使用的。(《刑法》第 384 条)

(30) 索贿的。(《刑法》第 386 条)

(31) 战时犯阻碍执行军事职务罪的。(《刑法》第 426 条)

(32) 伪造、变造海关签发的报关单、进口证明、外汇管理部门核准件等凭证和单据，并用于骗外汇。(《关于惩治骗购外汇、逃汇和非法买卖外汇犯罪的决定》第 1 条)

(33) 海关、外汇管理部门以及金融机构、从事对外贸易经营活动的公司、企业或者其他单位工作人员与骗购外汇或者逃汇的行为人通谋，为其提供购买外汇的有关凭证或者单据，或者明知是伪造、变造的凭证和单据而售汇、付汇的。(《关于惩治骗购外汇、逃汇和非法买卖外汇犯罪的决定》第 5 条)

2. 可以从轻或者减轻处罚的情节：

(1) 尚未完全丧失辨认或者控制自己行为能力的精神病人犯罪的。(《刑法》第 18 条)

(2) 未遂犯。(《刑法》第 23 条)

(3) 教唆未遂的教唆犯。(《刑法》第 29 条)

(4) 犯罪以后自首的。(《刑法》第 67 条)

(5) 犯罪分子有立功表现的。(《刑法》第 68 条)

3. 应当从轻或者减轻处罚的情节：

已满 14 周岁不满 18 周岁的人犯罪的。(《刑法》第 17 条)

4. 应当减轻处罚的情节：

造成损害的中止犯。(《刑法》第 24 条)

5. 可以从轻、减轻或者免除处罚的情节：

(1) 又聋又哑的人或者盲人犯罪的。(《刑法》第 19 条)

(2) 预备犯。(《刑法》第 22 条)

6. 应当从轻、减轻或者免除处罚的情节：

从犯。(《刑法》第 27 条)

7. 可以减轻或者免除处罚的情节：

(1) 在中华人民共和国领域以外犯罪，在国外已经受过刑罚处罚的。(《刑法》第 10 条)

(2) 有重大立功表现的。(《刑法》第 68 条)

(3) 个人贪污数额在 5000 元以上不满 10000 元，犯罪后有悔改表现、积极退赃的。贪污数额较大或者有其他严重情节的，在提起公诉前如实供述自己的罪行、真诚悔罪、积极退赃，避免、减少损害结果的发生，可以从轻、减轻或者免除处罚。(《刑法》第 383 条)

(4) 行贿人在被追诉前主动交待行贿行为的。(《刑法》第 390 条)

(5) 介绍贿赂人在被追诉前主动交待介绍贿赂行为的。(《刑法》第 392 条)

8. 应当减轻或者免除处罚的情节：

(1) 防卫过当的。(《刑法》第 20 条)

(2) 避险过当的。(《刑法》第 21 条)

(3) 胁从犯。(《刑法》第 28 条)

(4) 犯罪以后自首又有重大立功表现的。(《刑法》第 68 条)

9. 可以免除处罚的情节：

(1) 犯罪以后自首，犯罪又较轻的。(《刑法》第 67 条)

(2) 非法种植毒品原植物，在收获前自动铲除的。(《刑法》第 351 条)

10. 可以免予刑事处罚的情节：

犯罪情节轻微不需要判处刑罚的。(《刑法》第 37 条)

11. 应当免除处罚的情节：

没有造成损害的中止犯。(《刑法》第 24 条)

(二) 酌定量刑情节

所谓酌定量刑情节，是指刑法未予以明文规定，由审判机关根据刑事立法精神与有关的刑事法律并结合具体的案件情况，在审理案件时应当灵活掌握和酌情适用的情节。在刑事司法审判实践中，常见的酌定情节主要有以下几种：

1. 犯罪的动机

犯罪的动机不同，表明犯罪分子主观恶性程度的不同，因此在量刑的时候应当予以适当考虑，进行区别对待。比如因好逸恶劳、贪图享乐实施盗窃行为，与因生活所迫而盗窃在量刑上就应该有区别。

2. 犯罪对象

在一定情况下,犯罪的对象能够反映出犯罪行为的社会危害性的差异,因此在量刑时,应当给予适当的考虑。比如侵犯未成年人、老年人、孕妇等的犯罪,相比侵犯其他犯罪对象的犯罪而言,其社会危害性更大。

3. 犯罪手段

犯罪的手段在一定程度上也能够反映出行为人主观恶性的大小与社会危害性程度。采用残酷的、惨无人道的方式实施杀人、强奸等犯罪,就比采用一般的方法实施上述犯罪造成的危害更大,因此在量刑上也应该体现出区别。

4. 犯罪的时间、地点

不同的犯罪时间、犯罪地点,也会在一定程度上影响到行为的社会危害性,从而对量刑产生影响。例如,利用自然灾害进行趁火打劫,其危害性就大于平时的相同的犯罪行为,因此在量刑上也应该体现出区别。

5. 犯罪造成的损害后果

损害的后果越严重,其犯罪的社会危害性越大,因此在量刑时,也应该充分考虑损害后果这一因素。例如,行为人在实施盗窃犯罪的行为时,被害人因追赶犯罪分子而被车辆撞死,这一损害后果就比普通的盗窃犯罪造成的损害后果更为严重,因此在量刑时应该予以充分考虑。

6. 犯罪分子的平时表现

犯罪分子平时的表现,在一定程度上可以反映出其主观恶性大小,因此对量刑会产生一定影响。一贯遵纪守法,因为一时失足而犯罪的犯罪分子,与一贯违法乱纪的犯罪分子,后者就应该受到相对较重的处罚。

7. 认罪态度

犯罪分子有真诚悔过、主动坦白罪行、积极退赃、积极赔偿损失等行为的,相对于拒不认罪、毁灭罪证、避重就轻意图逃避罪责的犯罪分子,就应当受到相对较轻的处罚。

(三)从宽处罚情节和从严处罚情节

这是以情节会对刑罚处罚的宽严程度造成何种影响为标准,对量刑情节所作的分类。所谓从宽处罚情节,是指会使犯罪人受到从宽处罚的情节,包括从轻处罚情节、减轻处罚情节和免除处罚情节。从严处罚情节,是指会使行为人受到较为严厉的处罚的情节,包括从重处罚情节与加重处罚情节。目前,我国刑法中只规定了从重处罚的情节,没有规定加重处罚的情节。

(四)命令性量刑情节和授权性量刑情节

这是以该量刑情节在审判时能否任意选择,对量刑情节所作的分类。所谓命令性量刑情节,是指由刑法明文规定的,在量刑时必须予以适用的量刑情节。行为人如果具备此类量刑情节,审判人员必须予以适用,不能任意选择。这种量刑情节在刑法中一般以"应当……"的形式出现,但也可以不用"应当"进行限制。如《刑法》第243条第

2款对国家机关工作人员犯诬告陷害罪的规定:"国家机关工作人员犯前款罪的,从重处罚"。所谓授权性量刑情节,是指刑法许可或授权审判人员在审理案件时,根据案件的具体情况,酌情决定是否予以适用的情节,这种情节在刑法中一般以"可以……"的形式进行表述。

(五)单功能量刑情节和多功能量刑情节

这是以量刑情节的功能多少为标准对量刑情节进行的分类。在量刑中只起到一种作用的情节,称为单功能量刑情节。如《刑法》第65条规定,对累犯,应当从重处罚。多功能量刑情节,是指在量刑中可以起到两种以上作用的情节。如《刑法》第22条第2款规定,"对于预备犯,可以比照既遂犯从轻、减轻或者免除处罚"。

三、量刑情节的适用规则

《刑法》第62条、第63条规定,犯罪分子具有本法规定的从重处罚、从轻处罚情节的,应当在法定刑的限度以内判处刑罚。犯罪分子具有本法规定的减轻处罚情节的,应当在法定刑以下判处刑罚。犯罪分子虽然不具有本法规定的减轻处罚情节,但是根据案件的特殊情况,经最高人民法院核准,也可以在法定刑以下判处刑罚。以上有关刑法规定,确定了从重、从轻、减轻、免除处罚的适用规则。

(一)从重、从轻处罚的适用规则

根据《刑法》第62条的规定,从轻处罚,是指在法定刑的幅度之内处以相对较轻的刑种或者刑期,但不允许在法定最低刑以下判处刑罚。从重处罚,是指在法定刑幅度以内处以较重的刑种或者刑期,但不允许在法定最高刑以上判处刑罚。

(二)减轻处罚的适用规则

根据《刑法》第63条的规定,减轻处罚,是指必须低于法定最低刑判处刑罚。所谓法定的最低刑,并非笼统地指某一犯罪的法定最低刑,而是指与行为人所实施的具体犯罪相适应的具体量刑幅度的法定最低刑。例如《刑法》第232条规定:"故意杀人的,处死刑、无期徒刑或者十年以上有期徒刑;情节较轻的,处三年以上十年以下有期徒刑。"根据这条规定,对故意杀人的适用减轻处罚,就必须针对其犯罪行为的具体情况,确定犯罪人属于哪一种情况的故意杀人;如果属于一般情节的故意杀人,则应当在其法定最低刑10年有期徒刑以下进行判决;如属于情节较轻的故意杀人,则应当在其法定最低刑3年有期徒刑以下进行判决。同时,减轻处罚必须低于法定最低刑,不能与法定最低刑相同,也不得免除处罚。如果刑法规定有数个量刑幅度的,应当在法定刑量刑幅度的下一个量刑幅度内判处刑罚。

(三)免除处罚的适用规则

免除处罚,是指对犯罪分子作出有罪宣告,但免除其刑罚处罚的措施。适用免除刑罚处罚,必须符合以下三个基本条件:1.行为人已经构成犯罪;2.行为人的犯罪情节轻微;3.行为人不需要判处刑罚。只有符合上述三个基本条件,才能够对犯罪人适用免除刑罚处罚。

(四)量刑情节的竞合

同一犯罪案件,往往存在两个以上的量刑情节,即量刑情节的竞合。量刑情节的竞合有同向竞合与逆向竞合之分。同向竞合是指具有两个以上的从宽或者从严处罚情节。逆向竞合是指既有从宽处罚情节,又有从严处罚情节。从宽处罚包括从轻处罚、减轻处罚和免除处罚。从严处罚包括从重处罚与加重处罚。目前,我国刑法中只规定了从重处罚,没有规定加重处罚。

在同向竞合的情节下,例如具有两个从宽处罚情节或者两个从严处罚情节,由于从宽或者从严的功能是相同的,相当于从宽情节或者从严情节的叠加,对此,应当在刑罚裁量中对犯罪人实行两次从宽或者两次从严。须要注意的是,根据我国刑法规定,从轻处罚或者从重处罚都是在法定刑幅度内裁量,因此,两个从轻处罚不能升格为一个减轻处罚,同样,两个从重处罚也不能升格为一个加重处罚。

在逆向竞合的情节下,例如同时具有一个从宽处罚情节和一个从严处罚情节,有学者主张应当先根据行为人基本的犯罪事实和情节确定一个基本刑罚,然后再按照具体的情节对这一基本刑罚进行修正,修正后的刑罚即是最终的处罚。在具有两个以上逆向情节的情况下,则须要两个以上的修正。一般情况下,先考虑从重情节,根据从重情节对基本刑进行趋重修正,然后再考虑从轻情节,根据从轻情节对经过第一次修正确定的刑罚进行趋轻修正。

第十七章　刑罚裁量制度

学习要求

了解：自首、坦白、立功制度
理解：缓刑制度
熟悉并能够运用：累犯制度；数罪并罚制度
主要涉及的法条：

第六十五条　【一般累犯】被判处有期徒刑以上刑罚的犯罪分子，刑罚执行完毕或者赦免以后，在五年以内再犯应当判处有期徒刑以上刑罚之罪的，是累犯，应当从重处罚，但是过失犯罪和不满十八周岁的人犯罪的除外。

第六十六条　【特别累犯】危害国家安全犯罪、恐怖活动犯罪、黑社会性质的组织犯罪的犯罪分子，在刑罚执行完毕或者赦免以后，在任何时候再犯上述任一类罪的，都以累犯论处。

第六十七条　【自首】犯罪以后自动投案，如实供述自己的罪行的，是自首。对于自首的犯罪分子，可以从轻或者减轻处罚。其中，犯罪较轻的，可以免除处罚。

被采取强制措施的犯罪嫌疑人、被告人和正在服刑的罪犯，如实供述司法机关还未掌握的本人其他罪行的，以自首论。

第六十八条　【立功】犯罪分子有揭发他人犯罪行为，查证属实的，或者提供重要线索，从而得以侦破其他案件等立功表现的，可以从轻或者减轻处罚；有重大立功表现的，可以减轻或者免除处罚。

第六十九条　【判决宣告前一人犯数罪的并罚】判决宣告以前一人犯数罪的，除判处死刑和无期徒刑的以外，应当在总和刑期以下、数刑中最高刑期以上，酌情决定执行的刑期，但是管制最高不能超过三年，拘役最高不能超过一年，有期徒刑总和刑期不满三十五年的，最高不能超过二十年，总和刑期在三十五年以上的，最高不能超过二十五年。

数罪中有判处有期徒刑和拘役的，执行有期徒刑。数罪中有判处有期徒刑和管制，或者拘役和管制的，有期徒刑、拘役执行完毕后，管制仍须执行。

数罪中有判处附加刑的，附加刑仍须执行，其中附加刑种类相同的，合并执行，种类不同的，分别执行。

第七十条　【判决宣告后发现漏罪的并罚】判决宣告以后，刑罚执行完毕以前，发现被判刑的犯罪分子在判决宣告以前还有其他罪没有判决的，应当对新发现的罪作出判决,把前后两个判决所判处的刑罚,依照本法第六十九条的规定,决定执行的刑罚。已经执行的刑期,应当计算在新判决决定的刑期以内。

第七十一条 【判决宣告后又犯新罪的并罚】判决宣告以后,刑罚执行完毕以前,被判刑的犯罪分子又犯罪的,应当对新犯的罪作出判决,把前罪没有执行的刑罚和后罪所判处的刑罚,依照本法第六十九条的规定,决定执行的刑罚。

第七十二条 【缓刑适用条件】对于被判处拘役、三年以下有期徒刑的犯罪分子,同时符合下列条件的,可以宣告缓刑,对其中不满十八周岁的人、怀孕的妇女和已满七十五周岁的人,应当宣告缓刑:

(一) 犯罪情节较轻;

(二) 有悔罪表现;

(三) 没有再犯罪的危险;

(四) 宣告缓刑对所居住社区没有重大不良影响。

第一节 累 犯

一、累犯的概念

所谓累犯,是指因犯罪而受过一定的刑罚处罚,刑罚执行完毕或者赦免以后,在法定期限内又犯一定之罪的犯罪人。所谓再犯,是指再次(两次或两次以上)实施犯罪,但后犯之罪在实施时间上并无限制的情形。可见,累犯与再犯有一定的共性,即都是多次实施犯罪行为。两者也存在明显差别,主要表现在:第一,累犯之前罪与后罪必须都是故意犯罪;而再犯之前后罪则没有此种限制。第二,累犯一般必须以前后两罪被判处或应判处一定的刑罚处罚为成立条件;而再犯,并不要求前后两罪必须被判处一定刑罚。第三,累犯所犯后罪,必须是在前罪刑罚执行完毕或赦免以后的法定期限内实施;而再犯的前后两罪之间并无时间方面的限制。

根据《刑法》第65条和第66条的规定,累犯可分为一般累犯和特别累犯两类。

二、一般累犯

《刑法》第65条第1款规定:"被判处有期徒刑以上刑罚的犯罪分子,刑罚执行完毕或者赦免以后,在五年以内再犯应当判处有期徒刑以上刑罚之罪的,是累犯,应当从重处罚,但是过失犯罪和不满十八周岁的人犯罪的除外。"据此,一般累犯,是指因故意犯罪被判处有期徒刑以上刑罚并在刑罚执行完毕或者赦免以后,在5年内再犯应当判处有期徒刑以上刑罚之故意犯罪的犯罪人。一般累犯的构成条件为:

1. 前罪与后罪都是故意犯罪,此为构成累犯的主观条件。如果前后两罪都是过失犯罪,或者前后两罪中之一是过失犯罪,则不构成累犯。刑法将过失犯罪排除在累犯之外,对累犯的主观构成要件作了严格的限制,这主要是因为:一方面,故意犯罪的犯罪人比过失犯罪的犯罪人具有更为严重的人身危险性和更大的主观恶性,理应受到重罚;另一方面,在我国,经常发生且对国家、社会和公民危害最大的主要是故意犯罪,而非过失犯罪,因此,将累犯制度设立为防止犯罪人再次故意犯罪的法律措施,是有实际意义的。

2. 前罪被判处有期徒刑以上刑罚,后罪应当被判处有期徒刑以上刑罚,这是构成累犯的刑度条件。换言之,构成累犯的前罪被判处的刑罚和后罪应判处的刑罚都是有期徒刑以上刑罚,如果前后各罪所判处的刑罚都低于有期徒刑,或者有一罪低于有期徒刑的,都不构成累犯。

3. 后罪发生在前罪刑罚执行完毕或者赦免以后 5 年之内,这是构成累犯的时间条件。我国刑法以刑满或赦免以后 5 年内再犯罪作为累犯成立的时间条件,如果后罪发生在前罪的刑罚执行期间,则不构成累犯,而应适用数罪并罚;如果后罪发生在前罪刑满或赦免 5 年以后,也不构成累犯。这里的刑罚执行完毕,法律没有明文规定,一般认为是指主刑执行完毕,不包括附加刑在内。主刑执行完毕以后 5 年内又犯罪的,即使附加刑还未执行完毕,也可以构成累犯。

4. 前罪与后罪都是在已满 18 周岁后所犯。根据《刑法修正案(八)》,不满 18 周岁的人犯罪不构成累犯。因此,犯罪人犯后罪时仍不满 18 周岁,或者犯罪人犯前罪时不满 18 周岁,犯后罪时已经满 18 周岁,都不构成累犯。

【实例分析 17-1】

对上述内容,可从下面的分析中深化认识:关于累犯,下列哪一项判断是正确的?

A. 甲因抢劫罪被判处有期徒刑十年,并被附加剥夺政治权利三年。甲在附加刑执行完毕之日起五年之内又犯罪。甲成立累犯。

B. 乙犯抢夺罪于 2005 年 3 月假释出狱,考验期为剩余的 2 年刑期。甲从假释考验期满之日起 5 年内再故意犯重罪。乙成立累犯。

C. 丙犯危害国家安全罪 5 年徒刑期满,6 年后又犯杀人罪。丙成立累犯。

D. 对累犯可以从重处罚。

分析如下:

1. A 选项,累犯构成条件中的刑罚执行完毕中的"刑罚"二字指主刑,而不包括附加刑。而该项剥夺政治权利 3 年应在有期徒刑执行完毕后起算,则甲在剥夺政治权利期间(3 年)及执行完毕后 2 年内,又犯可被判处有期徒刑的故意犯罪,可构成累犯;而在剥夺政治权利执行完毕后 2 年之后,又犯可被判处有期徒刑的故意犯罪,不构成累犯。当然,犯所有过失犯罪或未判处有期徒刑以上刑罚的故意犯罪,也不构成累犯。

2. B 选项,假释考验期内犯新罪,应数罪并罚;假释考验期满后犯可被判处有期徒刑以上刑罚的故意犯罪,构成累犯。

3. C 选项,后罪系普通犯罪,不能构成特别累犯;并且即使前后罪均为故意犯罪,但后罪发生在前罪刑罚执行完毕 5 年之后,也不能成立一般累犯。

4. D选项,见《刑法》第65条,系"应当从重",而不是"可以从重"。

所以,仅有B项判断正确。

三、特殊累犯

《刑法》第66条规定:"危害国家安全犯罪、恐怖活动犯罪、黑社会性质的组织犯罪的犯罪分子,在刑罚执行完毕或者赦免以后,在任何时候再犯上述任一类罪的,都以累犯论处。"因此,特殊累犯是指因危害国家安全犯罪、恐怖活动犯罪、黑社会性质的组织犯罪被判刑,在刑罚执行完毕或者赦免以后,再犯危害国家安全犯罪、恐怖活动犯罪、黑社会性质的组织犯罪的犯罪分子。其构成条件如下:

1. 前罪与后罪都是危害国家安全犯罪、恐怖活动犯罪、黑社会性质的组织犯罪中的任一具体犯罪。前后罪中有一罪是其他类犯罪的,不构成特殊累犯,如果符合普通累犯条件的,可以构成普通累犯。

2. 前罪所判刑罚和后罪应判刑罚的轻重不受限制。即使前后两罪或者其中一罪判处了管制、拘役甚至单处附加刑的,均不影响特殊累犯的构成。根据刑法的规定,如果前罪所犯的危害国家安全犯罪、恐怖活动犯罪、黑社会性质的组织犯罪没有被判处刑罚,再犯危害国家安全犯罪、恐怖活动犯罪、黑社会性质的组织犯罪的,则不应以特殊累犯处理。因为《刑法》规定的要求是,"刑罚执行完毕或者赦免以后,在任何时候再犯上述任一类罪的"才构成特殊累犯。

3. 后罪可以发生在前罪刑罚执行完毕或者赦免以后的任何时候,不受两罪间隔时间长短的限制。因为危害国家安全犯罪、恐怖活动犯罪、黑社会性质的组织犯罪是重罪甚至是有组织的犯罪,行为人一而再再而三地犯这些危害国家安全犯罪或者严重危害社会安全的犯罪,表明其坚持顽固的反国家、反社会立场,继续与人民为敌,应当予以严厉打击。刑法作这样的规定,可以增强我国刑罚对危害国家安全犯罪、恐怖活动犯罪、黑社会性质组织的犯罪的威慑力,更能有效地同这几类犯罪作斗争。

四、累犯的刑事责任

各国刑法都规定对累犯从重处罚,但所采用的具体处罚原则不尽相同。根据《刑法》第65条规定,对累犯应该从重处罚,即采取必须从重处罚的原则。确定累犯的刑事责任,应注意把握以下几个方面的问题:

(一)对于累犯必须根据一定的标准从重处罚

无论具备一般累犯的构成条件者,还是具备特别累犯的构成条件者,都必须对其在法定刑的限度以内,判处相对较重的刑罚,即适用较重的刑种或较长的刑期。

(二)对累犯"应当"从重处罚

凡是符合累犯条件而构成累犯的,审判人员就必须对犯罪人在法定刑的幅度内处以较重的刑罚,否则就有悖于罪刑相适应的刑法原则。

（三）对于累犯不适用缓刑和假释

缓刑和假释的适用，都要求以犯罪人不致再危害社会为条件。而累犯是属于屡教不改，具有较大人身危险性的人，对累犯适用缓刑和假释，不利于对累犯的教育和改造，起不到预防犯罪的刑罚目的，更不能保证社会的安全。

【实例分析17-2】

累犯是刑法上的传统知识点，也是司法实践中的常见问题，司法考试中对此也经常予以考查。例如2015年司法考试某试题：关于累犯，下列哪一选项是正确的？

A. 对累犯和犯罪集团的积极参加者，不适用缓刑；

B. 对累犯，如假释后对所居住的社区无不良影响的，法院可决定假释；

C. 对被判处无期徒刑的累犯，根据犯罪情节等情况，法院可同时决定对其限制减刑；

D. 犯恐怖活动犯罪被判处有期徒刑4年，刑罚执行完毕后的第12年又犯黑社会性质的组织犯罪的，成立累犯。

分析如下：

1. 关于A项。根据《刑法》第74条的规定，"对于累犯和犯罪集团的首要分子，不适用缓刑"。犯罪集团的积极参加者，不一定都是犯罪集团的首要分子。因此，A项的表述错误，不选。

2. 关于B项。根据《刑法》第81条第2款的规定，"对累犯以及因故意杀人、强奸、抢劫、绑架、放火、爆炸、投放危险物质或者有组织的暴力性犯罪被判处十年以上有期徒刑、无期徒刑的犯罪分子，不得假释"。可见，所有的累犯都不得假释。因此，B项的表述错误，不选。

3. 关于C项。根据《刑法》第50条第2款的规定，"对被判处死刑缓期执行的累犯以及因故意杀人、强奸、抢劫、绑架、放火、爆炸、投放危险物质或者有组织的暴力性犯罪被判处死刑缓期执行的犯罪分子，人民法院根据犯罪情节等情况可以同时决定对其限制减刑"。可见，限制减刑的对象，只能是9种死缓犯，与无期徒刑犯无关。因此，C项的表述错误，不选。

4. 关于D项。根据《刑法》第66条的规定，"危害国家安全犯罪、恐怖活动犯罪、黑社会性质的组织犯罪的犯罪分子，在刑罚执行完毕或者赦免以后，在任何时候再犯上述任一类罪的，都以累犯论处"，此即特别累犯，又称特殊累犯。因此，D项的表述正确，当选。

第二节　自首、坦白与立功

一、自首

(一) 自首的概念

自首,是指犯罪以后自动投案,如实供述自己的罪行,或者被采取强制措施的犯罪嫌疑人、被告人和正在服刑的罪犯,如实供述司法机关还未掌握的本人其他罪行的行为。

(二) 自首的种类及其构成条件

根据《刑法》第 67 条的规定,可以将自首分为一般自首与特别自首两种不同的类型:

1. 一般自首

一般自首,是指犯罪分子犯罪以后自动投案,如实供述自己罪行的行为。根据《刑法》第 67 条第 1 款的规定,构成一般自首必须具备以下条件:

(1) 自动投案

所谓自动投案,是指犯罪分子在犯罪之后、归案之前,出于本人意志而向有关机关和个人承认自己犯罪,并主动将自己置于司法机关的控制之下,接受司法机关审查与裁判的行为。对于如何认定"自动投案",可以从以下几个方面考虑:

第一,投案行为必须发生于行为人尚未归案之前。

这是对自动投案的时间限制。根据最高人民法院 1998 年 4 月 6 日《关于处理自首和立功具体应用法律若干问题的解释》,自动投案是指,犯罪事实或者犯罪嫌疑人未被司法机关发觉,或者虽被发觉,但犯罪嫌疑人尚未受到讯问,未被采取强制措施以前,主动、直接向公安机关、人民检察院或者人民法院投案。根据这一司法解释,下列情况均应视为自动投案:犯罪嫌疑人向其所在单位、城乡基层组织或者其他有关负责人投案的;犯罪嫌疑人因病、伤或者为了减轻犯罪后果,委托他人先代为投案,或者先以信电投案的;罪行尚未被司法机关发觉,仅因形迹可疑,被有关组织或者司法机关盘问、教育后,主动交代自己的罪行的;犯罪后逃跑,在被通缉、追捕过程中,主动投案;经查实确已准备去投案或者正在投案途中,被公安机关抓获的。

根据最高人民法院 2010 年发布的《关于处理自首和立功若干具体问题的意见》,犯罪嫌疑人具有以下情形之一的,也应当视为自动投案:(1) 犯罪后主动报案,虽未表明自己是作案人,但没有逃离现场,在司法机关询问时交代自己罪行的。(2) 明知他人报案而在现场等待,抓捕时无拒捕行为,供认犯罪事实的。(3) 在司法机关未确定犯罪嫌疑人,尚在一般性排查询问时主动交代自己罪行的。(4) 因特定违法行为被采取劳动教养、行政拘留、司法拘留、强制隔离戒毒等行政、司法强制措施期间,主动向执行机关交代尚未被掌握的犯罪行为的。(5) 其他符合立法本意,应当视为自动投案的情形。另外,犯罪人的罪行未被有关部门、司法机关发觉,仅因形迹可疑被盘问、教育后,主动交代了犯罪事实的,应当视为自动投案;但有关部门、司法机关在其身上、随身携带的物品、驾乘的交通工具等处发现与犯罪有关的物品的,不能认定为自动投案。

第二,必须出于本人意志而自动归案。

犯罪分子出于自己的意愿而自动归案,是对自动投案的主观要求。至于自动归案的动机,并不影响归案行为的自动性。同时,根据有关司法解释,并非出于犯罪嫌疑人主动,而是经亲友规劝、陪同投案;公安机关通知犯罪嫌疑人的亲友后,亲友主动将犯罪嫌疑人送去投案,也应当视为自动投案。

第三,必须向有关机关或者个人承认自己实施了特定犯罪。

犯罪分子本人直接向公安机关、检察机关或者审判机关,或者向其所在单位、城乡基层组织或者其他有关负责人投案,并且承认自己实施的特定犯罪或者承认某一特定犯罪系自己所为。

第四,必须自愿置于有关机关或者个人的控制之下,等待进一步交代犯罪事实,接受国家司法机关的审查和裁判。

要符合这一条件,必须注意三方面问题:一是犯罪分子自动投案并供述罪行后隐匿、脱逃;或者自动投案并供述罪行后又翻供,意图逃避制裁;或者委托他人代为自首而本人拒不到案等,都属于拒不接受国家审查和裁判的行为。二是犯罪分子自动投案并同时供述罪行后,为自己辩护,或者提出上诉,或者补充或更正某些事实,这是法律赋予被告人的权利,不能视为拒不接受国家审查和裁判。三是有的犯罪人匿名将赃物、赃款送至司法机关或者恢复原状,因为没有自动归案,接受国家审查和裁判的主观意愿,因此不能构成自首。但在处理时可以考虑从宽处罚。

(2) 如实供述自己的罪行

"如实供述自己的罪行"作为自首成立的必备要件之一,有着其确定的内涵,不能作任意的解释。

第一,投案人所供述的必须是犯罪行为,而不是违反道德的行为或一般违法行为。

第二,犯罪人自动投案之后所供述的罪行,指的是主要罪行,而非所犯罪行的全部细节。只要犯罪人供述了构成犯罪的主要罪行,即可认定为自首,一些犯罪细节是否供述或是否准确供述不影响自首的成立。因此,只要投案人供述了其主要罪行,就应视为符合成立自首的这一条件。

第三,投案人所供述的必须是自己的罪行,也即自己实施的并应承担刑事责任的罪行。如果供述的是自己耳闻目睹的他人的犯罪,则属于检举、揭发或者立功,而不是自首行为。

第四,投案人所供述的罪行必须如实,否则不符合自首成立的条件。所谓如实供述,就是说犯罪人对自己罪行的认识和表述与客观存在的犯罪事实相一致。但应注意,由于种种主客观条件的限制,认识主体对客观存在的反映往往带有近似性、相对性。犯罪人对自己实施的客观存在的罪行的认识与供述亦无不如此。因此,衡量投案人的供述是否如实,就要看其与客观存在的基本罪行是否一致,只要与基本罪行一致,即可认定为如实供述,无须要求所有罪行的细节都一致。共同犯罪案件中的犯罪嫌疑人,除如实供述自己的罪行,还应当供述所知的同案犯,主犯则应当供述所知其他同案犯的共同犯罪事实,才能认定为自首。隐瞒其他共犯人的供述,不能视为如实。如果犯有数罪的犯罪嫌疑人仅如实供述所犯数罪中部分犯罪的,只对如实供述部分犯罪的行为,认定为自首。对未如实供述的部分,不能作为自首处理。如果投案人投案之后,又企图掩盖真相,避重就轻,推诿罪责以逃避法律制裁的,不能认定为自首。

犯罪人供述自己罪行的方式是多种多样的,有口头的、书面的、直接的、间接的、当面的或电信的。供述的方式不应影响自首的成立。

2. 特别自首

《刑法》第 67 条第 2 款规定了特别自首。要成立特别自首,必须具备以下条件:

(1) 特别自首的主体必须是被采取强制措施的犯罪嫌疑人、被告人和正在服刑的罪犯。强制措施,是指我国刑事诉讼法所规定的拘传、拘留、取保候审、监视居住和逮捕等措施。正在服刑的罪犯,是指已经被人民法院判决,正在刑罚执行之中的罪犯,包括缓刑罪犯。

(2) 必须如实供述司法机关还未掌握的本人其他罪行。

首先,所供述的必须是司法机关还未掌握的罪行。

其次,所供述的必须是司法机关已掌握的罪行以外的其他罪行。

再次,所供述的罪行与司法机关所掌握的罪行在性质上是否一致,其法律后果有所不同。

在特别自首中,"如实供述司法机关还未掌握的本人其他罪行"是否必须与司法机关所掌握的罪行属于不同种罪行? 对于这一问题,存在着较大的争议,有两种截然不同的观点。观点一认为,"其他罪行"是指不同种罪行,"只有犯罪嫌疑人、被告人主动供述的罪行与司法机关掌握或判决的罪行属不同种罪行,方以自首论"①。观点二认为,既然法律没有将"其他罪行"限制为不同种罪行,理应包括同种数罪在内,否则不利于罪犯交代余罪,而最终对国家是不利的。② 针对这一问题,我们认为,观点二虽然有情有理,但是,根据最高人民法院 1998 年 4 月 6 日发布的《关于处理自首和立功具体应用法律若干问题的解释》,对采取强制措施的犯罪嫌疑人、被告人和正在服刑的罪犯,如实供述司法机关尚未掌握的罪行,与司法机关已掌握的罪行属不同种罪行,以自首论。被采取强制措施的犯罪嫌疑人、被告人和正在服刑的罪犯,如实供述司法机关尚未掌握的罪行,与司法机关已掌握的罪行属同种罪行,可以酌情从轻处罚;如实供述的同种罪行较重的,一般应当从轻处罚。根据这一司法解释,只有在如实供述不同种罪行的情况下,才能"以自首论"。另外,从这一司法解释所确定的刑事责任来分析,如

---

① 高铭暄主编:《刑法学》,北京大学出版社 2000 年版,第 177 页。
② 参见高铭暄、马克昌主编,赵秉志执行主编:《刑法学》,北京大学出版社、中国高等教育出版社 2000 年版,第 287 页。

实供述司法机关尚未掌握的罪行,与司法机关已掌握的罪行属同种罪行的,并没有适用我国刑法对自首犯的规定,因此也不被认为是自首。

【实例分析17-3】

自首是刑法上的传统知识点,也是司法实践中的常见问题,司法考试中对此也经常予以考查。例如2015年司法考试某试题:下列哪一选项成立自首?

A. 甲挪用公款后主动向单位领导承认了全部犯罪事实,并请求单位领导不要将自己移送司法机关。

B. 乙涉嫌贪污被检察院讯问时,如实供述将该笔公款分给了国有单位职工,辩称其行为不是贪污。

C. 丙参与共同盗窃后,主动投案并供述其参与盗窃的具体情况。后查明,系因分赃太少、得知举报有奖才投案。

D. 丁因纠纷致程某轻伤后,报警说自己伤人了。报警后见程某举拳冲过来,丁以暴力致其死亡,并逃离现场。

分析如下:

1. 关于A项。如前文所述,自动投案,一般是指犯罪人向公安、检察、审判机关等办案机关投案。对于犯罪人向所在单位、城乡基层组织或者其他有关负责人投案的,也应视为自动投案。但请注意:投案的实质是将自己置于或最终置于公安、检察、审判机关的合法控制之下,并等待接受司法机关的审查与裁判。本案中的甲虽然向单位领导承认了全部犯罪事实,但要求单位领导不要将自己移送司法机关,与投案的实质精神不符,不成立自首。因此,A项不选。

2. 关于B项。犯罪人自动投案后,对自己的行为进行辩解的,不影响自首的成立。但是,上述辩解行为必须发生在自动投案之后。本案中乙的辩解发生在被检察院讯问的阶段,不是自动投案,不成立自首。因此,B项不选。

3. 关于C项。共犯人自首的成立,除应如实供述自己的罪行之外,还应如实供述所知的同案犯。本案中,丙参与共同盗窃后,主动投案并供述其参与盗窃的具体情况,应认定为自首。至于其自动投案的动机系因分赃太少、得知举报有奖,则不影响自首的成立。因此,C项当选。

4. 关于D项。犯罪人先投案交代罪行,后又潜逃的,不能认定为自动投案,不成立自首。因此,D项不选。

(三)自首的法律后果

《刑法》第67条第1款规定:"对于自首的犯罪分子,可以从轻或者减轻处罚。其中,犯罪较轻的,可以免除处罚。"《刑法》第68条第2款规定:"犯罪后自首又有重大立功表现等,应当减轻或者免除处罚。"

根据上述规定,对自首的处罚包括两种情况:

1. 对于自首的犯罪分子,可以从轻或者减轻处罚

这表明,我国刑法对犯罪以后自首的犯罪分子,采取的是相对从宽原则。在刑法中,"可以"与"应当"的适用是有严格区别的。"可以"表明具有一定的自由选择的余地,而"应当"则表明只能无条件地执行,无任何灵活性。因此,犯罪后自首可以从轻或者减轻处罚,并非对每一自首的犯罪人都一律从轻、减轻处罚,而是既可以从轻、减轻处罚,也可以不从轻、减轻处罚。究竟是否从轻、减轻处罚,由审判人员根据案件的具体情况即犯罪的轻重,并考虑自首的具体情节来决定。这主要是防止犯罪人钻法律的空子,但从原则上说,一般都要考虑从宽。

2. 犯罪较轻的,可以免除处罚

犯罪较轻是免除处罚的前提。对于何为"犯罪较轻",本书认为以犯罪行为应判处3年以下有期徒刑作为标准较为合适。理由主要是:从我国刑法的规定来看,中国公民在国外犯罪和外国公民在我国领域外对我国国家或公民犯罪是否适用我国刑法追究刑事责任,都是以3年的法定刑为限的;适用缓刑的对象也是以判处3年以下有期徒刑的刑罚为限的。这些都表明,在我国立法者看来,3年以上有期徒刑的犯罪,其社会危害性是相当严重的,当属较重之列。

二、坦白

(一) 坦白的概念与成立条件

刑法上的坦白,一般是指犯罪人被动归案后,如实供述自己的罪行的行为。

坦白从宽是一项长期被实际执行的政策,它对于分化瓦解共同犯罪人,帮助犯罪人认罪、悔罪,具有积极作用。但由于坦白从宽政策在实际运用中存在着界限不明确的问题,在1979年刑法和1997年刑法修订时都没有直接在法条中明确规定。2011年《刑法修正案(八)》规定了坦白制度,明确将其作为量刑时予以考虑的一项制度。

根据刑法的规定,构成坦白应当具备以下几个要件:

1. 犯罪人被动归案

即犯罪人没有主动投案,不具备自首成立的前提条件。犯罪人被动归案大致有三种情形:一是犯罪人被司法机关采取强制措施而归案,即被司法机关采取拘传、取保候审、监视居住、拘留、逮捕而归案。二是犯罪人被司法机关传唤而归案。三是犯罪人被人民群众扭送而归案。犯罪人的上述归案形式,不同于犯罪人的主动投案自首,而是被动归案。

2. 犯罪人如实供述罪行

犯罪人供述的是司法机关已经掌握的罪行或者尚未掌握的与被指控的罪行同种的犯罪事实。即:犯罪人供述的罪行实际上已经被司法机关掌握,或者司法机关已经掌握其一部分同种犯罪事实。如果犯罪人供述的是司法机关没有掌握的其他不同种犯罪事实,则属于余罪的自首,而不属于坦白。

3. 犯罪人供述的是自己的罪行

就坦白而言,犯罪人供述的只能是本人的罪行,包括交代其所参与的共同犯罪中的其他犯罪人。如果犯罪人供述的不是自己的犯罪事实,而是他人的犯罪事实,则可能构成立功,而不属于坦白。

(二) 对有坦白情节犯罪人的处理原则

根据《刑法》第67条第3款规定,"犯罪嫌疑人虽不具有自首情节,但是如实供述自己罪行的,可以从轻处罚;因其如实供述自己罪行,避免特别严重后果发生的,可以减轻处罚"。因此,在一般情况下,犯罪人坦白的,虽然不是绝对地从轻处罚,但一般应予以从轻处罚,即在法定刑幅度内从轻处罚。如果因为犯罪人的坦白而避免了特别严重后果发生,则可以在法定刑以下判处刑罚。

三、立功

(一) 立功的概念和构成

作为刑法中规定的一种量刑情节的立功,有其特定的含义,不同于一般意义上的立功,也不同于刑法规定的作为减刑条件之一的立功。《刑法》第68条规定:"犯罪分子有揭发他人犯罪行为,查证属实的,或者提供重要线索,从而得以侦破其他案件等立功表现的,可以从轻或者减轻处罚;有重大立功表现的,可以减轻或者免除处罚。"因此,刑法中的作为量刑情节之一的立功,是指犯罪分子有揭发他人犯罪行为查证属实的,或者提供重要线索,从而得以侦破其他案件等情况。犯罪人犯罪后是否具有立功表现,直接关系到司法机关对他的处理。

根据刑法的规定,作为量刑情节之一的立功,必须具备以下构成条件:

1. 其主体必须是犯罪分子

这里的犯罪分子,指犯罪嫌疑人和被告人,即实施了危害社会的犯罪行为,依法应当承担刑事责任的自然人。只有犯罪嫌疑人和被告人的立功行为,才有可能作为量刑的一个情节在审判中使用。为使犯罪分子得到从轻处理,犯罪分子的亲友直接向有关机关揭发他人犯罪行为,提供侦破其他案件的重要线索,或者协助司法机关抓捕其他犯罪嫌疑人的,不应当认定为犯罪分子的立功表现。

2. 应在生效判决或裁定作出之前作出立功行为

作为量刑情节的立功,是指可以用于从轻或者减轻、免除处罚的立功事实,只有在生效判决或裁定作出之前,人民法院才可能在量刑中考虑这一情节。如果是已被生效判决或裁定判处刑罚的犯罪人,其立功表现已不能再作为一个量刑情节予以考虑,而是作为适用减刑的情节,从而失去了作为量刑情节的立功的意义。

3. 具有具体的立功行为表现

根据《刑法》第68条的规定和最高人民法院1998年《关于处理自首和立功具体应用法律若干问题的解释》和2011年《关于处理自首和立功若干具体问题的意见》,作为量刑情节的立功主要有以下几种情况:

（1）揭发他人犯罪行为,查证属实的。犯罪人据以立功的他人罪行材料应当指明具体犯罪事实,没有指明具体犯罪事实的,或者揭发的事实与查实的犯罪事实不具有关联性的,不能认定为立功。犯罪分子之间,彼此联系、知情的不少,往往互相了解对方一定的犯罪情况。其中有人归案后,如果不仅交代了自己的罪行,而且对所知的其他犯罪人的罪行进行了揭发、检举,并经司法机关查证属实,便可以视为立功表现。对共同犯罪案件中的犯罪分子揭发同案犯共同犯罪以外的其他犯罪,经查证属实的,也认为是立功表现。共同犯罪案件的犯罪分子到案后,揭发同案犯共同犯罪事实的,不能作为法定从轻、减轻、免除处罚的情节对待,但可以作为一个量刑的酌定从轻情节处理。

（2）提供重要线索,使司法机关得以侦破其他案件。据以立功的线索对于侦破案件要有实际作用,提供的线索对于其他案件的侦破不具有实际作用的,不能认定为立功。已经归案的犯罪嫌疑人或被告人会对社会上发生的某些案件出于诚意向司法机关提供某些线索,司法机关根据这些线索侦破了案件,也属于立功表现。知道其他犯罪情况的犯罪分子,向司法机关提供重要线索,能使司法机关及时收集、分析、传递、反馈犯罪信息,及早发现其他犯罪案件的犯罪分子,或阻止重大犯罪行为的发生,因而这种行为客观上为社会立下了一功。

（3）其他立功行为。这主要包括:阻止他人犯罪活动的;协助司法机关抓捕其他犯罪嫌疑人(包括同案犯)的;具有其他有利于国家和社会的突出表现的等等。如,犯罪嫌疑人或被告人在羁押期间及时报告其他在押人员阴谋脱逃的;遇有自然灾害、意外事故奋不顾身进行排除,从而避免重大人员伤亡和财产损失的;与破坏看守所者作斗争的;在生产中有发明创造、重大技术革新,并取得重大成果的,等等。根据最高人民法院2011年《关于处理自首和立功若干具体问题的意见》,犯罪分子具有下列行为之一,使司法机关抓获其他犯罪嫌疑人的,属于"协助司法机关抓捕其他犯罪嫌疑人":一是按照司法机关的安排,以打电话、发信息等方式将其他犯罪嫌疑人(包括同案犯)约至指定地点的;二是按照司法机关的安排,当场指认、辨认其他犯罪嫌疑人(包括同案犯)的;三是带领侦查人员抓获其他犯罪嫌疑人(包括同案犯)的;四是提供司法机关尚未掌握的其他案件犯罪嫌疑人的联络方式、藏匿地址的,等等。

【实例分析17-4】

对上述内容,可从下面的分析中深化认识:下列哪些选项不构成立功?

A. 甲是唯一知晓同案犯裴某手机号的人,主动供述裴某手机号。侦查机关据此采用技术侦查手段将裴某抓获。

B. 乙因购买境外人士赵某的海洛因被抓获后,按司法机关要求向赵某发短信"报平安",并表示还要购买毒品。赵某因此未离境,等待乙时被抓获。

C. 丙被抓获后,通过律师转告其父想办法协助司法机关抓捕同案犯,丙父最终找到同案犯藏匿地点,协助侦查机关将其抓获。

D. 丁被抓获后,向侦查机关提供同案犯的体貌特征,同案犯由此被抓获。

分析如下:

1. 选项 A、D 不构成立功。最高人民法院《关于处理自首和立功若干具体问题的意见》第 5 条规定,提供司法机关尚未掌握的其他案件犯罪嫌疑人的联络方式、藏匿地址的,属于"协助司法机关抓捕其他犯罪嫌疑人"。犯罪分子提供同案犯姓名、住址、体貌特征等基本情况,或者提供犯罪前、犯罪中掌握、使用的同案犯联络方式、藏匿地址,司法机关据此抓捕同案犯的,不能认定为协助司法机关抓捕同案犯。据此可知,供述司法机关尚未掌握的其他案件犯罪人的联络方式、藏匿地点的,构成立功;供述同案犯的藏匿地点或联络方式,或提供同案犯姓名、住址、体貌特征等基本情况的,不能认定为立功。

2. 选项 B 构成立功。根据上文提及的《关于处理自首和立功若干具体问题的意见》第 5 条第 1 款规定,犯罪分子具有下列行为之一,使司法机关抓获其他犯罪嫌疑人的,属于《关于处理自首和立功具体应用法律若干问题的解释》第 5 条规定的"协助司法机关抓捕其他犯罪嫌疑人":(1)按照司法机关的安排,以打电话、发信息等方式将其他犯罪嫌疑人(包括同案犯)约至指定地点的。(2)按照司法机关的安排,当场指认、辨认其他犯罪嫌疑人(包括同案犯)的。(3)带领侦查人员抓获其他犯罪嫌疑人(包括同案犯)的。(4)提供司法机关尚未掌握的其他案件犯罪嫌疑人的联络方式、藏匿地址的,等等。据此可知,按照司法机关的安排,协助司法机关抓获其他犯罪嫌疑人的,也成立立功。

3. 选项 C 不构成立功。《关于处理自首和立功若干具体问题的意见》第 4 条第 3 款规定,犯罪分子亲友为使犯罪分子"立功",向司法机关提供他人犯罪线索、协助抓捕犯罪嫌疑人的,不能认定为犯罪分子有立功表现。

(二)对有立功表现的犯罪人的处罚原则

根据《刑法》第 68 条的规定,对有立功表现的犯罪人,分别根据不同情况适用不同的处罚原则:

1. 有立功表现的,可以从轻或者减轻处罚

这是对有立功表现的犯罪人予以从宽处理的原则性规定。就是说,对有立功表现的犯罪人,原则上都应给予宽大待遇。但"可以从轻或减轻处罚",并不意味着对每一个立功的犯罪分子都一律从轻或减轻处罚。对极少数罪行特别严重,情节恶劣的犯罪分子也可以不从轻处罚。

2. 有重大立功表现的,可以减轻或者免除处罚

所谓"重大立功表现",是指:犯罪分子有检举、揭发他人重大犯罪行为,经查证属实的;提供侦破其他重大案件的重要线索,经查证属实的;阻止他人重大犯罪活动的;协助司法机关抓捕其他重大犯罪嫌疑人(包括同案犯)的;对国家和社会有其他重大贡献等表现的。这里"重大犯罪""重大案件""重大犯罪嫌疑人"的标准,一般是指犯罪嫌疑人、被告人可能被判处无期徒刑以上刑罚或者案件在本省、自治区、直辖市或者全国

范围内有较大影响等情形。

第三节 数罪并罚

一、数罪并罚的概念

数罪并罚是指对一人犯数罪的合并处罚。我国刑法中的数罪并罚制度,是指同一个犯罪人,在判决宣告以前犯数罪的;或在判决以后,刑罚执行中又发现有漏判之罪的;或在判决宣告以后刑罚执行中又犯新罪的,或在缓刑、假释考验期内又犯新罪的,应将数罪合并处理的制度。它具有三个特征:

其一是数罪特征。犯数罪,这是适用数罪并罚的前提条件,没有犯数个罪,也就谈不上数罪并罚问题。所谓犯了数罪,指一个人基于数个独立的犯意,实施数个独立的行为,具有数个独立犯罪构成的情况。包括判决宣告以前已犯数罪;判决宣告以后刑罚还没有执行完毕以前,发现被判刑的犯罪人还有漏罪;判决宣告以后刑罚执行完毕以前又犯新罪;在缓刑、假释考验期限内又犯新罪或者被发现有漏罪的。如果一人实施的行为并未构成数罪,或者近似数罪但并非数罪或本为数罪,但刑法作为一罪规定,或者处理时作为一罪的情况等均非数罪,当然也就谈不上并罚。

其二是时间特征。数罪必须发生在判决宣告以前或刑罚执行完毕以前,以及在缓刑、假释考验期内。这是适用数罪并罚的时间条件。根据刑法规定,只有在这些时间内一个人犯数罪才发生数罪并罚的问题。否则,如果在刑罚执行完毕以后或缓刑、假释考验期满后又犯罪,或者发现漏罪,只需对有关新罪或漏罪依法定罪量刑即可,不发生和前罪并罚的问题。

其三是原则特征。对犯罪分子所犯的数罪,先依照刑法的规定分别定罪量刑,然后按数罪并罚原则合并起来,决定执行的刑罚。这样做可以清楚地看出审判机关对犯罪人的每一犯罪是怎样定罪量刑的,便于评断定性是否准确、量刑是否适当,也便于工作中的检查与监督。数罪并罚实际上是按两个步骤适用的:第一步是先对所犯各罪分别定罪量刑;第二步是根据法定的并罚原则,决定执行刑。

我国《刑法》中有5个条文对数罪并罚作了具体规定,其中第69、70、71条是关于数罪并罚的原则和三种不同情况的并罚的规定,第77条、86条是关于缓刑假释中发现漏罪或犯新罪的并罚的规定。

二、数罪并罚的原则

数罪并罚的原则,是指对行为人所犯数罪进行合并处罚时应依据的规则。它解决如何适用并罚的问题。世界各国的刑法一般对数罪并罚采用以下原则:

(一)相加原则

相加原则,又称为并科原则,是将一人所犯数罪分别定罪量刑以后,将各罪所判刑罚相加,其总和刑期即为最终处罚的原则。这一原则只能解决有明确执行期限的自由刑的并罚问题,对于无期徒刑、死刑等没有明确执行期限的刑罚无法实际适用。同时,采用绝对相加的方式,其总和往往会超过人的生命的极限,既不科学也不严肃。因此,大多数国家不会单纯采用这一原则。

（二）吸收原则

这一原则是指将一人所犯数罪分别定罪量刑以后,只执行其中最重的处罚的原则。适用这一原则,可以解决无期徒刑、死刑等判决的合并处罚问题,但当数个判决皆为有期自由刑时,采用吸收原则无疑会放纵犯罪分子。

（三）限制加重原则

这一原则是以一人所犯数罪中法定应当判处或已经判处的最重刑罚为基础,再在一定限度内对其予以加重作为刑罚的原则。采用时主要有两种类型：

1. 以法定刑为基础,确定数罪中最重的犯罪,再就其法定最高刑加重处罚作为执行的刑罚。

2. 在对数罪分别定罪量刑的基础上,以宣告刑为基础确定刑罚。即在宣告的总和刑期之下,在数刑中的最高刑期之上,决定最终刑罚。这种方法弥补了并科原则和吸收原则的缺陷,但是无法对死刑、无期徒刑等没有明确执行期限的刑罚在合并处罚时适用,因此,也不能单独适用。

（四）折中原则

折中原则,又称为混合原则,这一原则并不单纯采用并科、吸收或者限制加重原则等中的一个,而是区分不同的情况,予以分别适用。这是一种具有较大灵活性与适用性的原则,世界各国较为普遍地采用这一原则。

三、我国刑法规定的数罪并罚的原则

我国《刑法》第69条规定:"判决宣告以前一人犯数罪的,除判处死刑和无期徒刑的以外,应当在总和刑期以下、数刑中最高刑期以上,酌情决定执行的刑期,但是管制最高不能超过三年,拘役最高不能超过一年,有期徒刑总和刑期不满三十五年的,最高不能超过二十年,总和刑期在三十五年以上的,最高不能超过二十五年。数罪中有判处有期徒刑和拘役的,执行有期徒刑。数罪中有判处有期徒刑和管制,或者拘役和管制的,有期徒刑、拘役执行完毕后,管制仍须执行。数罪中有判处附加刑的,附加刑仍须执行,其中附加刑种类相同的,合并执行,种类不同的,分别执行。"

从这条规定可以看出,我国刑法对数罪并罚实行的是综合原则,即以限制加重原则为主,以吸收和并科原则为补充的原则。具体表现为：

1. 数罪中有一罪被判处死刑或无期徒刑的,采用吸收原则

数罪中宣告几个死刑或最重为死刑的,执行一个死刑,不执行其他主刑,因为死刑是剥夺生命的刑罚,只能执行一次,而且此时其他刑罚如徒刑、拘役、管制事实上也已

不可能执行。数罪中宣告几个无期徒刑或最重为无期徒刑的,执行一个无期徒刑,不执行其他主刑,因为无期徒刑是剥夺终身自由的刑罚。不能将两个无期徒刑合并起来升格为死刑,因为无期徒刑是剥夺自由的刑罚,死刑是剥夺生命的刑罚,这是性质截然不同的两种刑罚。既然犯罪人所犯数罪,每个都未达到处死的程度,就不能因为他犯了几个应处无期徒刑的罪而升格为死刑。

2. 对判处数个有期徒刑、拘役、管制的,采取限制加重的原则

在"总和刑期以下、数刑中最高刑以上,酌情决定执行的刑期,但管制最高不超过三年,拘役最高不超过一年,有期徒刑总和刑期不满三十五年的,最高不能超过二十年,总和刑期在三十五年以上的,最高不能超过二十五年"。对这种情况之所以采取限制加重原则,是因为有期徒刑、拘役和管制本身都有一定的期限,规定在总和刑期以下,数刑中最高刑以上酌情决定执行的刑期,是比较适当的。如果总和刑期过高,确定执行的刑期就可能过长,因而对最高刑又必须予以限制。也就是说,一人犯数罪的社会危害性比犯一罪的社会危害性大,应当加重刑事责任,但这种加重又是有限制的,即管制最高不超过 3 年,拘役最高不超过 3 年,有期徒刑最高刑期根据其总和刑期的不同情况而有所不同,即犯罪人的数罪总和刑期不满 35 年的,最高不超过 20 年,犯罪人的数罪总和刑期在 35 年以上的,最高不能超过 25 年。

值得注意的是,在 2015 年《刑法修正案(九)》出台以前,《刑法》第 69 条仅规定对同种自由刑的限制加重原则,但是犯罪人所犯之罪可能并不一定都是判处相同的刑罚的,可能出现一人犯数罪,而被分别判处有期徒刑、拘役、管制的情况。对异种自由刑,即对数罪中既有被判处有期徒刑,又有拘役、管制的,如何合并处罚决定执行刑,刑法曾经并未作出明确规定。为了解决实践中的分歧,《刑法修正案(九)》专门增加了如下规定:"数罪中有判处有期徒刑和拘役的,执行有期徒刑。数罪中有判处有期徒刑和管制,或者拘役和管制的,有期徒刑、拘役执行完毕后,管制仍须执行。"

3. 附加刑和主刑之间、附加刑之间采用并科原则

如果数罪中所判的数刑,不仅有主刑,还有附加刑,或者几个附加刑的,应根据《刑法》第 69 条第 3 款的规定,主刑按照一定原则并罚之后,附加刑仍要执行,不能和主刑折抵,也不能为主刑所吸收。这是因为附加刑与主刑性质不同,无法折抵并罚,只能并科。同种类的附加刑应当合并执行,不同种类的附加刑分别执行。

四、数罪并罚的适用

根据《刑法》第 69 条、第 70 条、第 71 条的规定,不同法律条件下适用数罪并罚原则的具体规则有以下三种:

(一)判决宣告以前一人犯有数罪的合并处罚规则

我国刑法所规定的数罪并罚原则就是针对判决宣告以前一人犯有数罪的情况进行规定,即采用折中原则进行合并处罚。对于判决宣告前一人所犯的数罪为同种数罪,即犯罪性质相同,并且触犯同一罪名的数罪,是否应当适用数罪并罚,在理论上存

在着很大的争议。一般认为，判决宣告前一人所犯同种数罪，原则上无需并罚，应以一罪从重处罚。但是，当特定犯罪的法定刑过轻而无法体现罪责刑相适应原则时，可以采用数罪并罚。

【实例分析 17-5】

甲因走私武器被判处 15 年有期徒刑，剥夺政治权利 5 年；因组织他人偷越国境被判处 14 年有期徒刑，并处没收财产 5 万元，剥夺政治权利 3 年；因骗取出口退税被判处 10 年有期徒刑，并处罚金 20 万元。关于数罪并罚，下列哪一选项符合《刑法》规定？

A. 决定判处甲有期徒刑 35 年，没收财产 25 万元，剥夺政治权利 8 年；

B. 决定判处甲有期徒刑 20 年，罚金 25 万元，剥夺政治权利 8 年；

C. 决定判处甲有期徒刑 25 年，没收财产 5 万元，罚金 20 万元，剥夺政治权利 6 年；

D. 决定判处甲有期徒刑 23 年，没收财产 5 万元，罚金 20 万元，剥夺政治权利 8 年。

分析如下：

1. 三个主刑并罚：有期徒刑 15 年、14 年、10 年。数刑最高刑为 15 年，总和刑期为 39 年，超过 35 年，最高刑为 25 年。故在 15 年至 25 年间决定主刑。

2. 四个附加刑并罚：剥夺政治权利 5 年、没收财产 5 万元、剥夺政治权利 3 年、罚金 20 万元。两个剥夺政治权利种类相同，并科 8 年，其他分别执行。

3. 四个选项中，B、C、D 项主刑均可，但只有 D 项的附加刑正确。所以 D 项符合刑法规定。

（二）判决宣告后，刑罚执行完毕前发现漏罪的合并处罚规则

《刑法》第 70 条规定：判决宣告以后，刑罚执行完毕以前，发现被判刑的犯罪分子在判决宣告以前还有其他罪没有判决的，应当对新发现的罪作出判决，把前后两个判决所判处的刑罚，依照《刑法》第 69 条的规定，决定执行的刑罚。已经执行的刑期，应当计算在新判决决定的刑期以内。根据刑法的有关规定，刑罚执行期间内发现漏罪，具有以下特征：

1. 必须在判决宣告后，刑罚执行完毕之前发现漏罪，且漏罪是指判决宣告之前实施的未判决的罪。

2. 对于新发现的数罪，无论是同种数罪，还是不同种数罪，都要进行数罪并罚。

3. 应当把前后两个判决所判处的刑罚，即前罪所判处的刑罚与漏罪所判处的刑罚，按照相应的数罪并罚原则，决定执行的刑罚。

4. 在计算刑期时，应当把已经执行过的刑期，计算在新判决所确定的刑期之内。因此，这种方法被称为"先并后减"。

在刑事审判实践中，对漏罪适用数罪并罚，应注意以下几个具体问题：

第一，对原判决认定犯罪人犯有数罪，并且已经予以合并处罚的情况下，发现漏

如何合并处罚？对于这种情况，应当对漏罪所判处的刑罚与原判决所认定的数罪的刑罚即数个宣告刑，依照相应的原则确定最终执行的刑罚。

第二，刑满释放后再犯罪并发现漏罪，如何合并处罚？根据有关司法解释，在处理被告人刑满释放后又犯罪的案件时，发现其在前罪判决宣告之前，或者在前罪判决的刑罚执行期间，犯有其他罪行，未经处理，并且依照刑法总则第四章第八节的规定应当追诉的，如果漏罪与新罪分别属于不同种罪，应对漏罪与刑满释放后又犯的新罪分别定罪量刑，并依照《刑法》第69条的规定，实行数罪并罚；如果漏罪与新罪属于同一种罪，可以判处一罪从重处罚，不必实行数罪并罚。

第三，在缓刑考验期内发现漏罪，如何合并处罚？根据《刑法》第77条的规定，被宣告缓刑的犯罪分子，在缓刑考验期限内发现判决宣告以前还有其他罪没有判决的，应当撤销缓刑，对新发现的罪作出判决，把前罪和后罪所判处的刑罚，依照《刑法》第69条的规定决定执行的刑罚。

第四，在假释考验期限内发现漏判之罪的，如何合并处罚？根据《刑法》第86条的规定，在假释考验期限内，发现被假释的犯罪分子在判决宣告以前还有其他罪没有判决的，应当撤销假释，依照《刑法》第70条的规定实行数罪并罚。

（三）判决宣告后，刑罚执行完毕前又犯新罪的合并处罚规则

《刑法》第71条规定："判决宣告以后，刑罚执行完毕以前，被判刑的犯罪分子又犯罪的，应当对新犯的罪作出判决，把前罪没有执行的刑罚和后罪所判处的刑罚，依照本法第六十九条的规定，决定执行的刑罚。"根据这一规定，刑罚执行期间又犯新罪的合并处罚规则如下：

1. 必须在判决宣告以后，刑罚执行完毕以前，被判刑的犯罪分子又犯新罪。

2. 对于犯罪分子实施的犯罪，无论是同种数罪还是不同种数罪，均应进行单独判决。

3. 应当把前罪没有执行的刑罚和后罪所判处的刑罚，依照刑法规定的原则，决定执行的刑罚。即首先应当从前罪判决决定执行的刑罚中减去已经执行的刑罚，然后将前罪未执行的刑罚与后罪所判处的刑罚进行合并处罚。这种方法称为"先减后并"。

在司法实践中，对新罪适用合并处罚应注意以下问题：

第一，判决宣告后，刑罚执行完毕以前，被判刑的犯罪分子又犯数个新罪的，如何合并处罚？在这种情况下，应当首先对数个罪分别定罪量刑，而后将判决所宣告的数个刑罚即数个宣告刑与前罪未执行的刑罚进行合并。

第二，判决宣告以后，刑罚没有执行完毕以前，被判刑的犯罪分子不仅犯有新罪，而且发现有漏判罪行的，如何进行合并处罚？对于这一问题，应当先适用"先并后减"的方法，然后再适用"先减后并"的方法，即按照处理漏罪在先，新罪在后的顺序进行两次数罪并罚，所得结果即为最终处罚。

第三，在缓刑考验期限内又犯新罪的如何适用合并处罚？根据《刑法》第77条的规定，被宣告缓刑的犯罪分子，在缓刑考验期限内又犯新罪的，应当撤销缓刑，对新犯

的罪作出判决,把前罪和后罪所判处的刑罚,依照《刑法》第69条的规定,决定执行的刑罚。

第四,在假释考验期限内又犯新罪的,如何适用合并处罚?根据《刑法》第85条的规定,被假释的犯罪分子,在假释考验期限内又犯新罪的,应当撤销假释,依照《刑法》第71条的规定实行数罪并罚。

【实例分析17-6】

对上述内容,可从下面的分析中深化认识:关于数罪并罚,下列哪些选项是符合《刑法》规定的?

A. 甲在判决宣告以前犯抢劫罪、盗窃罪与贩卖毒品罪,分别被判处13年、8年、15年有期徒刑。法院数罪并罚决定执行18年有期徒刑。

B. 乙犯抢劫罪、盗窃罪分别被判处13年、6年有期徒刑,数罪并罚决定执行18年有期徒刑。在执行5年后,发现乙在判决宣告前还犯有贩卖毒品罪,应当判处15年有期徒刑。法院数罪并罚决定应当执行19年有期徒刑,已经执行的刑期,计算在新判决决定的刑期之内。

C. 丙犯抢劫罪、盗窃罪分别被判处13年、8年有期徒刑,数罪并罚决定执行18年有期徒刑。在执行5年后,丙又犯故意伤害罪,被判处15年有期徒刑。法院在15年以上20年以下决定应当判处16年有期徒刑,已经执行的刑期,不计算在新判决决定的刑期之内。

D. 丁在判决宣告前犯有3罪,被分别并处罚金3万元、7万元和没收全部财产。法院不仅要合并执行罚金10万元,而且要没收全部财产。

分析如下:

1. 选项A正确。根据《刑法》第69条规定,甲所犯的数罪分别被判处13年、8年和15年有期徒刑,并罚后的总和刑期超过了35年,应该在15年以上,25年以下判处刑罚。法院最后决定判处甲18年有期徒刑是符合法律规定的。

2. 选项B正确。根据《刑法》第70条规定,对乙应采取"先并后减"的方式进行处罚,即将13年、6年和15年进行并罚,总和刑期为34年,因此,应当在15年至20年之间确定宣告刑。法院判决对其执行19年有期徒刑是符合法律规定的。同时,已经执行的刑期应计算在新判决决定的刑期之内。

3. 选项C正确。根据《刑法》第71条规定,对丙应采取"先减后并"的方式进行处罚,即用前次并罚后没有执行完的刑罚13年有期徒刑与新罪判处的15年有期徒刑进行并罚,二者相加的刑期为28年,因此,应当在15年至20年之间确定宣告刑。法院判决对其执行16年有期徒刑是符合法律规定的。同时,已经执行的刑期,不计算在新判决决定的刑期之内,应当予以扣除。

4. 选项D正确。《刑法修正案(八)》将第69条第2款修改为:数罪中有判处附加刑的,附加刑仍须执行,其中附加刑种类相同的,合并执行,种类不同的,分别执行。

第四节 缓刑制度

一、缓刑的概念

缓刑,是指对判处一定刑罚的犯罪人,在具备法定条件的情况下,附条件地不执行原判刑罚的一种制度。根据我国《刑法》第72条的规定,缓刑是指人民法院对于被判处拘役、3年以下有期徒刑的犯罪分子,因为其犯罪情节较轻,有悔罪表现,没有再犯罪危险,认为暂不执行原判刑罚对其所居住社区没有重大不良影响,对其规定一定的考验期,在考验期内如果没有再犯新罪,或者没有严重违反法律、法规以及没有被发现判决宣告以前还有其他罪没有判决的,原判刑罚就不再执行的一种刑罚制度。

缓刑不是一种刑种,而是一种刑罚执行的制度。宣告缓刑,不能脱离原判刑罚而独立存在,它必须以判处刑罚为前提。因此,缓刑的特点是:判处刑罚同时宣告暂不执行,规定一定的缓刑考验期,在限定的期限内保持执行原判刑罚的可能性。

缓刑制度是我国刑罚适用中的一项制度,它是我国刑法贯彻惩办与宽大相结合政策的具体体现。缓刑制度的使用,有利于教育、感化、改造犯罪比较轻的犯罪分子,使其在不入监狱的情况下,转变犯罪心理,得到改造,同时,也避免了短期自由刑可能存在的对犯罪较轻的人的不利影响,从而对防止其重新犯罪,有重要的意义。对促进社会的安定与犯罪人家庭的正常生活也有着积极作用。

二、缓刑适用的条件

我国刑法规定了两种缓刑,即一般缓刑和战时缓刑,分别有不同的适用条件:

(一) 一般缓刑的适用条件

1. 犯罪分子被判处拘役或者3年以下有期徒刑。缓刑只能适用于罪行较轻的犯罪分子,根据我国《刑法》的规定:缓刑只能适用于被判处拘役或者3年以下有期徒刑刑罚的犯罪分子。被判处管制的犯罪分子,没有执行缓刑的必要。对于数罪并罚的罪犯,如果确定了执行的刑罚,符合缓刑条件的,仍然可以适用缓刑。

2. 犯罪分子犯罪情节较轻,悔罪表现较好,适用缓刑不至于再危害社会。根据《刑法》第72条:"对于被判处拘役、三年以下有期徒刑的犯罪分子,同时符合下列条件的,可以宣告缓刑,对其中不满十八周岁的人、怀孕的妇女和已满七十五周岁的人,应当宣告缓刑:(一)犯罪情节较轻;(二)有悔罪表现;(三)没有再犯罪的危险;(四)宣告缓刑对所居住社区没有重大不良影响。"

3. 累犯和犯罪集团的首要分子不适用缓刑。

【实例分析17-7】

对上述内容,可从下面的分析中深化认识:关于缓刑的适用,下列哪些选项是正确的?

A. 甲犯重婚罪和虐待罪,数罪并罚后也可能适用缓刑;

B. 乙犯遗弃罪被判处管制1年,即使犯罪情节轻微,也不能宣告缓刑;

C. 丙犯绑架罪但有立功情节,即使该罪的法定最低刑为5年有期徒刑,也可能适用缓刑;

D. 丁17岁时因犯放火罪被判处有期徒刑5年,23岁时又犯伪证罪,仍有可能适用缓刑。

分析如下:

1. 关于A项。缓刑只适用于被判处拘役或者3年以下有期徒刑的犯罪人。如果一人在判决前犯数罪,实行数罪并罚后,决定执行的刑罚为3年以下有期徒刑或者拘役的,也可以对其适用缓刑。因此,A项的表述正确,当选。

2. 关于B项。如A项解析所述,缓刑只适用于被判处拘役或者3年以下有期徒刑的犯罪人。对被判处管制的,不能适用缓刑,因为管制没有剥夺犯罪人的人身自由,对其适用缓刑没有实际意义。因此,B项的表述正确,当选。

3. 关于C项。如A项解析所述,缓刑只适用于被判处拘役或者3年以下有期徒刑的犯罪人。所谓被判处拘役或者3年以下有期徒刑,是就宣告刑而言,而不是指法定刑。即使法定最低刑高于3年有期徒刑,但因具有减轻处罚情节而判处3年以下有期徒刑的,也可能适用缓刑。因此,C项的表述正确,当选。

4. 关于D项。根据《刑法》第74条的规定,对于累犯和犯罪集团的首要分子,不适用缓刑。本案中的丁第一次犯罪时不满18周岁,而且前后两罪的间隔时间已经超过5年,不成立一般累犯,可以对其适用缓刑。因此,D项的表述正确,当选。

综上,本题的正确答案是ABCD。

(二)战时缓刑的条件

根据《刑法》第449条的规定,适用战时缓刑,必须具备以下条件:

1. 必须在战时适用。所谓战时,是指国家宣布进入战争状态、部队受领作战任务或者遭敌突然袭击时。部队执行戒严任务或者处置突发性暴力事件时,以战时论。

2. 适用的对象只能是被判处3年以下有期徒刑的犯罪军人。不是犯罪的军人,或者虽然是犯罪的军人,但被判处3年以上有期徒刑,则不得适用战时缓刑。

3. 适用战时缓刑的根据,是在战争条件下宣告缓刑没有现实的危险。

三、缓刑的考验期限与考查

(一)缓刑的考验期限

《刑法》第73条规定:"拘役的缓刑考验期限为原判刑期以上一年以下,但是不能少于二个月。有期徒刑的缓刑考验期限为原判刑期以上五年以下,但是不能少于一年。缓刑的考验期限,从判决确定之日起计算。"所谓判决确定之日,即判决发生法律效力之日。判决以前先行羁押的日期,不得折抵为缓刑考验期。

(二)缓刑的考察

根据《刑法》第75条的规定,被宣告缓刑的犯罪分子应当遵守下列规定:(1)遵守法律、行政法规,服从监督;(2)按照考察机关的规定报告自己的活动情况;(3)遵守考察机关关于会客的规定;(4)离开所居住的市、县或者迁居,应当报经考察机关批准。

根据《刑法》第76条的规定:"对宣告缓刑的犯罪分子,在缓刑考验期限内,依法实行社区矫正,如果没有本法第七十七条规定的情形,缓刑考验期满,原判的刑罚就不再执行,并公开予以宣告。"

【实例分析17-8】

对上述内容,可从下面的分析中深化认识:关于缓刑的适用,下列哪一选项是错误的?

A. 被宣告缓刑的犯罪分子,在考验期内再犯罪的,应当数罪并罚,且不得再次宣告缓刑;

B. 对于被宣告缓刑的犯罪分子,可以同时禁止其从事特定活动,进入特定区域、场所,接触特定的人;

C. 对于黑社会性质组织的首要分子,不得适用缓刑;

D. 被宣告缓刑的犯罪分子,在考验期内由公安机关考察,所在单位或者基层组织予以配合。

分析如下:

1. A选项,《刑法》第77条第1款规定,被宣告缓刑的犯罪分子,在考验期内再犯罪的,应当撤销缓刑,将前罪和后犯的新罪进行数罪并罚。第72条第1款第3项缓刑适用的条件包括"没有再犯罪的危险"。行为人被宣告缓刑后,在考验期内再犯罪的,说明其人身危险性严重,有再次犯罪的危险,难以改造,不符合缓刑的适用条件,不得再次宣告缓刑。A项说法正确。

2. B选项,根据《刑法》第72条第2款,对于缓刑犯,可适用禁止令。B项说法正确。

3. C选项,根据《刑法》第74条,犯罪集团的首要分子,不适用缓刑。黑社会性质组织属于犯罪集团,因此,对于黑社会性质组织的首要分子不得适用缓刑。C项说法正确。

4. D选项,根据《刑法》第76条,对宣告缓刑的犯罪分子,在缓刑考验期限内,依法实行社区矫正。社区矫正机关为司法行政部门(司法部、厅、局、所),不再由公安机关考察。D项说法错误。

四、缓刑的法律后果

根据《刑法》第 76 条、第 77 条的规定,一般缓刑的法律后果有以下三种:

1. 被宣告缓刑的犯罪分子,在缓刑考验期限内,没有《刑法》第 77 条规定的情形,即没有犯新罪或者发现漏罪,以及违反法律、行政法规或者国务院公安部门有关缓刑的监督管理规定,缓刑考验期满,原判的刑罚就不再执行,并公开予以宣告。

2. 被宣告缓刑的犯罪分子,在缓刑考验期限内犯新罪或者发现宣告以前还有其他的罪没有判决的,应当撤销缓刑,对新犯的罪或者新发现的罪作出判决,把前罪和后罪所判处的刑罚,依照《刑法》第 69 条的规定,决定执行的刑罚。

3. 被宣告缓刑的犯罪分子,在缓刑考验期限内,违反法律、行政法规或者国务院有关部门关于缓刑的监督管理规定,或者违反人民法院判决中的禁止令,情节严重的,应当撤销缓刑,执行原判刑罚。

此外,根据《刑法》第 72 条第 3 款的规定,缓刑的效力不及于附加刑。

五、缓刑与免予刑事处分、监外执行及死缓的区别

（一）缓刑与免予刑事处分的区别

免予刑事处分是人民法院对被告人作出有罪判决,但不判刑的情况。缓刑虽也可以被看作有条件地免除犯罪分子的刑罚,但它与免予刑事处分是不同的:(1) 免予刑事处分是依法不对犯罪分子处以刑罚;而缓刑是判刑而暂不执行。(2) 免予刑事处分的犯罪分子,即使再犯新罪,也不会影响原判决,亦不适用数罪并罚;而缓刑犯在考验期内如果再犯新罪,则应把原判决确定的刑期与新犯罪的刑期进行并罚。(3) 免予刑事处分的适用根据是犯罪分子具有某种应当或可以免除处罚的法定情节,或犯罪情节轻微;而适用缓刑的根据主要是犯罪分子的犯罪情节和悔罪表现,认为适用缓刑确实不致再危害社会。

（二）缓刑与监外执行的区别

监外执行是犯罪分子具有某种法定的条件,因而可以暂在监外执行刑罚。根据我国刑事诉讼法规定,对于被判处拘役以上自由刑的犯罪分子,如果患有严重疾病需要保外就医的、怀孕或者哺乳自己婴儿的妇女,可准予监外执行,一旦上述条件消失,仍收监执行。监外执行在性质上仍是执行刑罚,只是执行场所不同;而缓刑则是附条件的不执行刑罚。

（三）缓刑与死缓的区别

两者的区别主要有四个方面:(1) 适用的对象不同。缓刑适用的对象是判处拘役、3 年以下有期徒刑的犯罪分子;而死缓的适用对象是被判处死刑,但不是必须立即执行的犯罪分子。(2) 执行方法不同。被宣告缓刑的犯罪分子,不予关押,放在社会上进行考察、改造;而被宣告死缓的犯罪分子,则必须关押,实行劳动改造。(3) 考验

期限不同。缓刑的考验期限,由于所判刑种、刑期的不同而有所不同,拘役的缓刑考验期为所判刑期以上1年以下,但是不得少于2个月;有期徒刑的缓刑考验期为原判刑期以上5年以下,但是不能少于1年。而死刑缓期执行的法定期限为2年。(4)法律后果不同。缓刑是根据犯罪分子在考验期内的表现,或者不执行原判刑罚,或者撤销缓刑,或者进行数罪并罚。而死缓期限届满时,根据犯罪分子的表现,或者是减为无期徒刑或者15年以上20年以下有期徒刑,或者执行死刑。

第十八章 刑罚执行制度

学习要求

了解：刑罚执行制度的概念

理解：减刑制度；社区矫正制度

熟悉并能够运用：假释制度

主要涉及的法条：

第七十八条 【减刑适用条件与限度】被判处管制、拘役、有期徒刑、无期徒刑的犯罪分子，在执行期间，如果认真遵守监规，接受教育改造，确有悔改表现的，或者有立功表现的，可以减刑；有下列重大立功表现之一的，应当减刑：

（一）阻止他人重大犯罪活动的；

（二）检举监狱内外重大犯罪活动，经查证属实的；

（三）有发明创造或者重大技术革新的；

（四）在日常生产、生活中舍己救人的；

（五）在抗御自然灾害或者排除重大事故中，有突出表现的；

（六）对国家和社会有其他重大贡献的。

减刑以后实际执行的刑期不能少于下列期限：

（一）判处管制、拘役、有期徒刑的，不能少于原判刑期的二分之一；

（二）判处无期徒刑的，不能少于十三年；

（三）人民法院依照本法第五十条第二款规定限制减刑的死刑缓期执行的犯罪分子，缓期执行期满后依法减为无期徒刑的，不能少于二十五年，缓期执行期满后依法减为二十五年有期徒刑的，不能少于二十年。

第八十一条 【假释适用条件】被判处有期徒刑的犯罪分子，执行原判刑期二分之一以上，被判处无期徒刑的犯罪分子，实际执行十三年以上，如果认真遵守监规，接受教育改造，确有悔改表现，没有再犯罪的危险的，可以假释。如果有特殊情况，经最高人民法院核准，可以不受上述执行刑期的限制。

对累犯以及因故意杀人、强奸、抢劫、绑架、放火、爆炸、投放危险物质或者有组织的暴力性犯罪被判处十年以上有期徒刑、无期徒刑的犯罪分子，不得假释。

对犯罪分子决定假释时，应当考虑其假释后对所居住社区的影响。

第一节　刑罚执行制度概述

一、刑罚执行的概念和特征

（一）刑罚执行的概念

刑罚执行，是指具有刑罚执行权的国家机关将人民法院生效的刑事判决付诸实施的刑事司法活动。刑罚执行通常简称为行刑。刑罚执行包括对管制、拘役、有期徒刑、无期徒刑、死刑等主刑和罚金、剥夺政治权利、没收财产、驱逐出境等附加刑的执行。

（二）刑罚执行的特征

刑罚执行具有下列两个基本特征：

1. 刑罚执行是刑罚内容得以落实的刑事司法活动

刑事司法活动的范围较为广泛，包括的内容众多，如刑事侦查活动、刑事审查起诉活动、刑事审判活动、刑罚执行活动等。这些活动各负其责，共同作用，形成了刑事司法活动的整体。不同刑事司法活动的侧重点不同，其内容及作用也不相同。刑事侦查活动负责发现犯罪，搜集证据，抓获犯罪嫌疑人；审查起诉活动负责审查证据，指控犯罪；审判活动负责定罪量刑；而刑罚执行活动则是将审判机关所作出的生效的刑事判决付诸实施的一项刑事司法活动，是各执行机关将法院对犯罪人所判决的具体的刑罚处罚内容加以最终落实的活动。

2. 刑罚执行是以人民法院生效的刑事裁判为执行依据的刑事司法活动

刑罚执行的依据是人民法院生效的刑事裁判，刑罚必须按照法院生效的刑事裁判所确定的执行期限、执行方式予以执行。没有人民法院生效的刑事裁判，任何司法机关无权自行决定对他人执行刑罚。所谓人民法院生效的刑事裁判，根据《刑事诉讼法》的有关规定，是指：(1)已过法定期限没有上诉、抗诉的判决和裁定。(2)终审的判决和裁定。包括中级以上的人民法院二审刑事案件、最高人民法院一审刑事案件的判决、裁定。(3)最高人民法院核准的死刑判决和高级人民法院核准的死刑缓期两年执行的判决。对于尚未生效的刑事裁判，不得予以执行。

（三）刑罚执行主体是有行刑权的司法机关

有行刑权的司法机关，是指依法被授权执行刑罚的国家司法机关。目前我国有权执行刑罚的机关是公安机关、人民法院、监狱以及社区矫正机关。检察机关负责对刑罚执行的监督。根据《刑事诉讼法》的规定，被判处死刑立即执行的罪犯，由法院执行刑罚。被判处死刑缓期两年执行、无期徒刑、有期徒刑的罪犯，由监狱执行刑罚。对被判处有期徒刑的罪犯，在被交付执行刑罚前，剩余刑期在3个月以下的，由看守所代为执行。对被判处拘役的罪犯，由公安机关执行。对未成年犯，应当在未成年犯管教所执行刑罚。对被判处管制、宣告缓刑、假释或者暂予监外执行的罪犯，依法实行社区矫正,由社区矫正机构负责执行。对被判处剥夺政治权利的罪犯,由公安机关执行。对罚金的判决,由人民法院执行。对没收财产的判决,无论附加适用或者独立适用,都由人民法院执行;在必要的时候,可以会同公安机关执行。

（四）刑罚执行的对象是依法被判处刑罚的罪犯

刑罚执行,是针对被依法判处刑罚的罪犯。对于被判决为无罪、免于刑事处分或者适用非刑罚处理方式的人员,因为其判决内容并不涉及刑罚处罚,他们不是刑罚执行的对象。

二、刑罚执行制度的概念和特征

（一）刑罚执行制度的概念

刑罚执行制度,是指刑法有关对犯罪分子在刑罚执行过程中改变执行期限或者执行方法的规定。

（二）刑罚执行制度的特征

刑罚执行制度具有下列三个基本特征:

1. 刑罚执行制度是刑法规定的制度

规定了刑罚执行内容的法律制度很多,有刑事诉讼法规定的有关各个刑种的执行制度,也有有关监管改造工作法规所规定的执行制度。但是,本章所论述的是刑法所规定的刑罚执行制度,即对于在刑罚执行过程中有悔改、立功表现的罪犯,适当减少其执行期限或改变刑罚执行方式的制度。

2. 刑罚执行制度是刑罚执行过程中由于犯罪分子的不同表现而规定的执行制度

在刑罚执行过程中,通过执行机关的教育改造工作,使犯罪分子的思想改造取得一定的进步,有的犯罪分子真诚悔改,通过自己的努力,取得立功表现。这就需要我们从法律规定上激励犯罪分子,同时可以让犯罪分子早日回归社会。

3. 刑罚执行制度是保障刑罚目的得以实现的制度

对犯罪分子执行刑罚的目的,不是惩罚,而是为了预防其再次犯罪。我国刑法所规定的,以减刑、假释为内容的刑罚制度,有助于激励罪犯积极改造,真心悔改,矫正其主观恶性,最终实现特殊预防的刑罚目的。

第二节　减　　刑

一、减刑概述

（一）减刑的概念

减刑,一般是指对被判处管制、拘役、有期徒刑、无期徒刑的犯罪分子,根据其在刑罚执行期间的悔改或者立功表现,适当减轻其原判刑罚的制度。犯罪人的犯罪行为的性质、情节、社会危害程度和主观恶性大小各不相同,在刑罚执行期间的改造情况也存在较大差异。其中有些犯罪分子经过服刑改造,确有悔改或者立功表现,说明其人身危险性已经减弱。在不损害国家法律的严肃性和人民法院判决的权威性的前提下,通过适当减轻犯罪分子原判刑罚的办法,对表现好的犯罪分子予以鼓励,有利于巩固改造成果,促进犯罪分子加速改过自新,并且推动其他犯罪分子的改造。实现刑罚的特殊预防目的。

(二)减刑制度的产生与发展

减刑是我国刑法特有的一项刑罚执行制度。清末法律改革活动的重要成果之一《钦定大清刑律》(《大清新刑律》)第十一章即规定有"加减刑"制度。不过,这一制度并非刑罚的执行制度,而是刑罚的裁量制度。真正意义上的减刑制度起源于革命战争时期,当时的人民政权为了教育感化犯人和奖励改恶从善,制定了一系列的规定和条例,如1942年晋察冀边区行政委员会规定,凡是1942年1月15日以前判决确定的罪犯都减轻其刑二分之一,执行徒刑剩余期限不满一年的一律免刑释放。1944年2月14日,晋察冀边区政府颁行《司法工作应围绕大生产运动进行》的文件。该文件规定:对于生产积极性高、劳动成果多的服刑人员在获得物质、精神奖励的同时,一定条件下可适当缩短其原判刑期或提前释放。经过一段时间摸索,这一时期的减刑制度作为对服刑人员的奖励措施的性质已经初具形态,这些规定和条例体现了惩办与宽大相结合的政策,在一定时期内收到了良好的司法效果,并且无论在立法上还是在司法上都积累了宝贵的经验,为以后减刑制度的建立奠定了坚实的基础。新中国成立初期,虽然没有制定全国性的减刑办法,但减刑已成为监狱管理的一项重要手段,各地人民法院按照各大区规定的法令、指示办理了大量的减刑案件,取得了重大的成效。1954年《中华人民共和国劳动改造条例》第68条、第70条明确规定了减刑的条件及其程序,将减刑作为对犯人改造表现良好的奖励。1979年《刑法》第71条、第72条,《刑事诉讼法》第262条,对减刑作了明文规定,从实体和程序上以国家基本法律的形式将减刑制度确定化。至此,减刑作为我国刑罚制度中的基本制度被确认。1997年10月28日通过的最高人民法院《关于办理减刑、假释案件具体应用法律若干问题的规定》对减刑的适用条件以及减刑的幅度、限度等具体问题又作出了更明确的规定,从而进一步在实体和程序上完善了减刑制度。2011年,针对在减刑工作中出现的新情况、新问题,最高人民法院再次出台司法解释,进一步完善与规范减刑制度。

纵观世界各国的刑法规定,虽然有类似于我国减刑制度的规定,如美国的善行折减制度、英国的减刑制度、俄罗斯的易科较轻的刑罚制度等,但我国的减刑制度与之相比更具有系统性、完整性和独创性,可以说我国刑法中的减刑制度是世界刑法发展史上的一个独创。[1]

---

[1] 参见李晓明主编:《刑法学》(上),法律出版社2001年版,第663页。

(三) 减刑的种类和含义

根据我国《刑法》第78条的规定,减刑分为可以减刑与应当减刑两种类型。

减刑包含两方面的含义:一是将较重的刑种减为较轻的刑种,如将原判无期徒刑减为有期徒刑,但是有期徒刑不能减为拘役、管制,拘役不能减为管制;二是将较长的刑期减为较短的刑期,如将原判有期徒刑10年减为有期徒刑9年。

(四) 减刑与相关制度的区别

减刑不是减轻处罚。减轻处罚是人民法院在判决宣告或确定前,对具有法定减轻处罚情节或虽无法定减轻处罚情节,但根据案件的具体情况,应予减轻处罚的犯罪分子,在法定最低刑以下判处刑罚的量刑方法,其适用对象是未决犯。而减刑是在判决生效后、刑罚执行中,根据受刑人的表现,对原判刑罚予以减轻,其适用对象是受刑人。

减刑也不同于改判。改判是在原判决认定事实或适用法律错误的情况下,依照二审程序或审判监督程序,撤销原判决,重新判决,是对错判的改正。其结果可能是改重刑为轻刑或者免除处罚,甚至无罪释放,也可能是改轻刑为重刑。减刑则是在肯定原判决的基础上,依照减刑条件和程序,将原判刑罚予以减轻。

二、减刑的条件

根据我国《刑法》第78条的规定,对犯罪分子减刑,必须具备三个条件:

(一) 减刑的对象条件

减刑的适用对象是被判处管制、拘役、有期徒刑、无期徒刑的犯罪分子。一般而言,减刑只受刑种的限制,不受犯罪性质和刑期长短的限制。死刑犯不能减刑,但被判处死刑缓期执行的罪犯,在按照《刑法》第50条减为无期徒刑或者有期徒刑之后,符合减刑条件的,可以减刑。但是根据《刑法修正案(八)》的规定,对被判处死刑缓期执行的累犯以及因故意杀人、强奸、抢劫、绑架、放火、爆炸、投放危险物质或者有组织的暴力性犯罪被判处死刑缓期执行的犯罪分子,人民法院根据犯罪情节等情况可以同时决定对其限制减刑。

根据《刑法修正案(九)》的规定,因贪污数额特别巨大,并使国家和人民利益遭受特别重大损失而被判处死刑缓期执行的,人民法院根据犯罪情节等情况可以同时决定在其死刑缓期执行2年期满依法减为无期徒刑后,终身监禁,不得减刑。

对假释的罪犯,除有特殊情况的,一般不得减刑,其假释考验期也不能缩短。

(二) 减刑的实质条件

《刑法》第78条第1款规定:被判处管制、拘役、有期徒刑、无期徒刑的犯罪分子,在执行期间,如果认真遵守监规,接受教育改造,确有悔改表现的,或者有立功表现的,可以减刑;有重大立功表现的,应当减刑。根据这一规定,不同类型的减刑所要求的实质条件也有所不同。

1. "可以减刑"的实质条件

(1) 犯罪分子有悔改表现。根据最高人民法院《关于办理减刑、假释案件具体应用法律若干问题的规定》,所谓"确有悔改表现",是指同时具备以下四个方面情形:认罪悔罪;认真遵守法律法规及监规,接受教育改造;积极参加思想、文化、职业技术教育;积极参加劳动,努力完成劳动任务。对罪犯在刑罚执行期间提出申诉的,要依法保护其申诉权利,对罪犯申诉不应不加分析地认为是不认罪悔罪。罪犯积极执行财产刑和履行附带民事赔偿义务的,可视为有认罪悔罪表现,在减刑、假释时可以从宽掌握。

未成年罪犯能认罪悔罪,遵守法律法规及监规,积极参加学习、劳动的,应视为确有悔改表现。需要注意的是,这里所说的"未成年罪犯"是指减刑时未满18周岁的罪犯。

老年、身体残疾(不含自伤致残)、患严重疾病罪犯的减刑、假释,应当主要注重悔罪的实际表现。基本丧失劳动能力、生活难以自理的老年、身体残疾、患严重疾病的罪犯,能够认真遵守法律法规及监规,接受教育改造,应视为确有悔改表现。

(2) 犯罪分子有立功表现。根据上述最高人民法院的司法解释的规定,具有下列情形之一的,应当认定为有"立功表现":① 阻止他人实施犯罪活动的;② 检举、揭发监狱内外犯罪活动,或者提供重要的破案线索,经查证属实的;③ 协助司法机关抓捕其他犯罪嫌疑人(包括同案犯)的;④ 在生产、科研中进行技术革新,成绩突出的;⑤ 在抢险救灾或者排除重大事故中表现突出的;⑥ 对国家和社会有其他贡献的。

一般情况下,悔改和立功表现是相通的,具有立功表现的犯人,在服刑过程中往往都是认罪服法的。但是犯罪人的情况是复杂的,在服刑改造的过程中,有的罪犯有悔改表现,但没有立功行为。也有的平时表现一般,甚至还有违反监规的行为,但在特殊的情况下实施了立功行为。悔改和立功表现只要具备其一,即可减刑。但在减刑的幅度上,一般来说,立功者应比仅有悔改表现者要大。如果罪犯既有悔改表现,又有立功表现,则可以在法定的范围内给予较大幅度的减刑。

2. "应当减刑"的实质条件

有重大立功表现,应当减刑。所谓"重大立功表现",按照《刑法》第78条以及司法解释的规定,是指以下几种情形:(1) 阻止他人实施重大犯罪活动的。(2) 检举监狱内外重大犯罪活动,经查证属实的。(3) 协助司法机关抓捕其他重大犯罪嫌疑人(包括同案犯)的。(4) 有发明创造或者重大技术革新的。(5) 在日常生产、生活中舍己救人的。(6) 在抗御自然灾害或者排除重大事故中,有特别突出表现的。(7) 对国家和社会有其他重大贡献的。

(三) 减刑的限度条件

减刑必须有一定的限度。如果减刑过度,犯罪人执行了较短的时间就被放回社会,既不利于维持法院判决应有的严肃性和稳定性,也不利于犯罪人的改造;如果减刑过少,又不利于提高犯罪人改造的积极性。因此,有必要对罪犯在减刑后的实际执行期限予以规定。我国《刑法》第78条第2款以及司法解释对减刑的限度条件作了较为详细的规定。减刑以后实际执行的刑期不能少于下列期限：(1) 判处管制、拘役、有期徒刑的，不能少于原判刑期的二分之一。(2) 判处无期徒刑的，不能少于 13 年。(3) 人民法院依照《刑法》第 50 条第 2 款规定限制减刑的死刑缓期执行的犯罪分子，缓期执行期满后依法减为无期徒刑的，不能少于 25 年，缓期执行期满后依法减为 25 年有期徒刑的，不能少于 20 年。(4) 判处拘役或者 3 年以下有期徒刑并宣告缓刑的罪犯，一般不适用减刑。罪犯在缓刑考验期限内有重大立功表现的，可以参照《刑法》第 78 条的规定，予以减刑，同时应依法缩减其缓刑考验期限。拘役的缓刑考验期限不能少于 2 个月，有期徒刑的缓刑考验期限不能少于 1 年。(5) 有期徒刑罪犯减刑时，对附加剥夺政治权利的期限可以酌减。酌减后剥夺政治权利的期限，不能少于 1 年。

三、减刑幅度、起始时间与间隔

减刑的幅度，是指每一次可减的刑期。它与受刑人的悔改或立功表现程度相对应，表明对受刑人的奖励程度。减刑的限度，是指经过一次或几次减刑以后，应当实际执行的最低刑期。减刑限度的设置是为了维护判决的稳定性和法律的严肃性。减刑的限度一般通过减刑的起始时间（即受刑人可以初次减刑的最低服刑期）、间隔（即前后两次减刑之间的间隔长短）和最低执行刑期（即经过一次或数次减刑后实际执行的时间）等因素反映出来。根据《刑法》和最高人民法院《关于办理减刑、假释案件具体应用法律若干问题的规定》等司法解释，不同的刑种，有不同的减刑幅度和限度：

（一）有期徒刑罪犯的减刑

有期徒刑罪犯在刑罚执行期间，符合减刑条件的，减刑幅度为：确有悔改表现，或者有立功表现的，一次减刑一般不超过 1 年有期徒刑；确有悔改表现并有立功表现，或者有重大立功表现的，一次减刑一般不超过 2 年有期徒刑。

有期徒刑罪犯的减刑起始时间和间隔时间为：被判处 5 年以上有期徒刑的罪犯，一般在执行 1 年 6 个月以上方可减刑，两次减刑之间一般应当间隔 1 年以上。被判处不满 5 年有期徒刑的罪犯，可以比照上述规定，适当缩短起始和间隔时间。确有重大立功表现的，可以不受上述减刑起始和间隔时间的限制。

有期徒刑罪犯减刑时，对附加剥夺政治权利的期限可以酌减。酌减后剥夺政治权利的期限，不能少于 1 年。

有期徒刑的减刑起始时间自判决执行之日起计算。

（二）无期徒刑罪犯的减刑

无期徒刑罪犯在刑罚执行期间，确有悔改表现，或者有立功表现的，服刑 2 年以后，可以减刑。减刑幅度为：确有悔改表现，或者有立功表现的，一般可以减为 20 年以上 22 年以下有期徒刑；有重大立功表现的，可以减为 15 年以上 20 年以下有期徒刑。

无期徒刑罪犯经过一次或几次减刑后，其实际执行的刑期不能少于 13 年，起始时间应当自无期徒刑判决确定之日起计算。

(三)死刑缓期执行罪犯的减刑

死刑缓期执行罪犯减为无期徒刑后,确有悔改表现,或者有立功表现的,服刑2年以后可以减为25年有期徒刑;有重大立功表现的,服刑2年以后可以减为23年有期徒刑。死刑缓期执行罪犯经过一次或几次减刑后,其实际执行的刑期不能少于15年,死刑缓期执行期间不包括在内。死刑缓期执行罪犯在缓期执行期间抗拒改造,尚未构成犯罪的,此后减刑时可以适当从严。

被限制减刑的死刑缓期执行罪犯,缓期执行期满后依法被减为无期徒刑的,或者因有重大立功表现被减为25年有期徒刑的,应当比照未被限制减刑的死刑缓期执行罪犯在减刑的起始时间、间隔时间和减刑幅度上从严掌握。

(四)服刑期间又犯新罪的罪犯的减刑

被判处10年以上有期徒刑、无期徒刑的罪犯在刑罚执行期间又犯罪,被判处有期徒刑以下刑罚的,自新罪判决确定之日起2年内一般不予减刑;新罪被判处无期徒刑的,自新罪判决确定之日起3年内一般不予减刑。

(五)未成年罪犯、老年、残疾、患有严重疾病罪犯的减刑

未成年罪犯、老年、残疾、患有严重疾病罪犯,减刑的幅度可以适当放宽,起始时间、间隔时间可以相应缩短。

四、减刑后刑期计算方法

减刑后刑期的计算方法,因原判刑罚的种类不同而有所区别:(1)判处管制、拘役、有期徒刑的,减刑后的刑期从原判决执行之日起计算,原判刑期已执行的部分,计算在减刑后的刑期以内。(2)判处无期徒刑的,减刑后的刑期自裁定减刑之日起计算,减刑前执行的日数,不计入减刑后的刑期之内。(3)无期徒刑减为有期徒刑之后,再次减刑的,其刑期应从前次裁定减为有期徒刑之日起计算。(4)曾依法被减刑,后因原判错误,经再审后改判的,原来的减刑仍然有效,应从改判的刑期中减去。

五、减刑的程序

《刑法》第79条规定:"对于犯罪分子的减刑,由执行机关向中级以上人民法院提出减刑建议书。人民法院应当组成合议庭进行审理,对确有悔改或者立功事实的,裁定予以减刑。非经法定程序不得减刑"。

人民法院审理减刑案件,在立案后将执行机关报请减刑、假释的建议书等材料依法向社会公示。人民法院审理减刑案件,必须组成合议庭进行审理,采用开庭或书面审理的方式进行审理,对符合减刑条件的,依法予以减刑。

第三节 假 释

一、假释概述

（一）假释的概念

假释，是指对被判处有期徒刑和无期徒刑的犯罪分子，在执行一定刑期以后，确有悔改表现，不致再危害社会的，附条件地予以提前释放的行刑制度。假释是一项刑罚执行制度，是在特定条件下的提前释放，假释考验期内没有违反考验监督、违法、犯罪的行为，以及没有发现漏罪的，假释考验期满，就认为原判刑罚已经执行完毕。假释只适用于被判处徒刑的犯罪人，是对服刑中表现好的犯罪人的一种奖励制度，对于鼓励犯罪人积极改造、重新做人、争取早日回归社会有着积极的作用。因此，假释也是世界各国刑事立法中普遍采用的一项刑罚执行制度。

（二）假释的起源与发展

假释最早起源于18世纪澳大利亚的释放证制度，当时的新南威尔州行政长官菲利普对于因犯罪而被流放到澳洲的犯罪人，选择表现良好的，免除其刑期的一部分，予以提前释放。这是假释制度最早的雏形。但最早形成完整的假释制度却是在英国。1853年英国废除流放制后，吸收了澳大利亚的假释做法并加以完善，形成了早期的假释制度。美国在对英国的假释制度考察后，认为这种制度极有利于监狱的管理及犯人的改造，于1869年将假释制度立法化，产生了第一部假释法，使假释制度得到了进一步的发展和完善，确立了近代的假释制度。目前，假释制度已经成为世界各国通用的一种刑罚制度。

我国最早规定假释的是1911年颁布的《大清新刑律》，其中第十三章第66条、第67条对假释作了明文规定。此后，中华民国吸取了大陆法系的假释立法经验，在《中华民国刑法》中也对假释制度作了规定。

新中国建立初期，在惩办与宽大相结合的刑事政策的指导下，我国在一系列的单行法规和司法解释中对假释制度作出了规定。如1954年的《劳动改造条例》第61条把假释作为释放的一种情况，第68条规定假释是对犯人在服刑期间劳动改造表现好的奖励形式之一。再如1964年1月28日最高人民法院《关于提前释放和假释问题的复函》对假释的适用条件及撤销假释的问题都作了较为明确的规定。这些单行刑法和司法解释虽然都对假释制度的某些问题作出了规定，但尚未系统化。1979年《刑法》在总结以往的立法、司法经验的基础上，借鉴其他国家的立法经验，系统明确地规定了假释制度。1997年修订的《刑法》又对假释制度作了更为详尽的规定，进一步完善了我国的假释制度。

(三)假释与相关刑罚制度的区别

1. 假释与监外执行的区别

假释不同于监外执行。监外执行是指犯罪人在监狱内服刑期间,因具有某种特定情形,如疾病、怀孕等,而依法放到监外执行的刑罚制度。它与假释有着本质的区别:(1)两者适用的对象不同。假释适用于服刑期间确有悔改表现的犯罪人,并且只适用于有期徒刑和无期徒刑的犯罪人;监外执行适用于某些有特殊情况不宜在监内执行的罪犯。(2)两者的收监条件不同。假释考验期内没有犯新罪,没有被发现漏罪,没有违反法律、行政法规或者国务院公安部门有关假释的监督管理规定的行为,就认为原判决刑罚执行完毕;监外执行中,妨碍执行的因素消失,就应收监执行。(3)两者的期间计算不同。假释如被撤销,假释期间不折抵刑期;监外执行中,监外期间应计入原判刑期。

2. 假释与减刑的区别

假释不同于减刑。二者都是刑罚执行制度,都以罪犯悔改为适用前提,都是对受刑人的奖励措施,但二者仍有明显区别:(1)适用范围不同。前者只适用于无期徒刑和有期徒刑;后者除此之外还适用于管制、拘役。(2)适用次数不同。前者只能宣告一次;而后者不受次数的限制。(3)适用条件不同。前者附有考验期和守法的义务,若再犯新罪或有违法行为就撤销假释;后者没有考验期和其他条件,即使再犯新罪,已减的刑期也不再恢复。(4)结果不同。被假释人当即解除监禁,予以附条件提前释放;被减刑人若减刑后尚有未执行完的刑期,仍须在监狱继续执行。

3. 假释与缓刑的区别

假释不同于缓刑。二者都是有条件地不执行原判刑罚,都有一定的考验期,都以再犯新罪和有违法行为为撤销条件,但二者仍有明显区别:(1)适用范围不同。前者主要适用于长期自由刑;后者只适用于短期自由刑,即拘役和 3 年以下有期徒刑。(2)适用时间不同。前者是在刑罚执行过程中,根据受刑人的表现,以裁定作出;后者则是在判决的同时宣告。(3)适用根据不同。前者的适用根据是受刑人在刑罚执行中确有悔改表现,不致再危害社会;后者的适用根据是罪犯的犯罪情节和悔罪表现。(4)不执行的刑期不同。前者必须先执行原判刑期的一部分,而对尚未执行完的刑期,附条件地不执行;后者是对原判决的全部刑期有条件地不执行。

4. 假释与刑满释放的区别

假释不同于刑满释放。刑满释放是无条件地解除对犯罪人的监禁,不再存在收监的问题;假释则是对犯罪人有条件地提前释放,其身份仍然是处于服刑过程之中的罪犯,仍存在收监执行剩余刑罚的可能性。

二、假释的条件

根据我国《刑法》第 81 条的规定,适用假释的条件是:

（一）假释适用的对象条件

假释适用的对象只能是被判处有期徒刑或无期徒刑的犯罪分子，即只能适用于较长刑期的剥夺自由刑。拘役虽然属于剥夺自由刑，但由于刑期较短，最高刑为6个月，数罪并罚不超过1年。如果犯罪分子确有悔改或者立功表现，可以依法减刑，适用假释意义不大。管制刑本身就对犯罪分子不予关押，给予假释没有特殊意义。死缓不是一个独立的刑种，死缓犯只有在被减为无期徒刑或者有期徒刑后才能假释。

根据《刑法》第81条第2款的规定，对累犯以及因故意杀人、强奸、抢劫、绑架、放火、爆炸、投放危险物质或者有组织的暴力性犯罪被判处10年以上有期徒刑、无期徒刑的犯罪分子，不得假释。需要注意的是，这一款规定只适用以下两种情形：(1)犯罪分子是累犯。(2)实施故意杀人、强奸、抢劫、绑架、放火、爆炸、投放危险物质或者有组织的暴力性犯罪，并被判处10年以上有期徒刑、无期徒刑。即犯罪分子既实施了上述暴力犯罪，同时又被判处10年以上有期徒刑或者无期徒刑。如果犯罪人所实施的不是暴力性犯罪，或者虽然是暴力性犯罪但是刑罚低于10年有期徒刑的，仍然可以假释。所以，只是对严重暴力性犯罪不适用假释。需要注意的是，因上述情形和犯罪被判处死刑缓期执行的罪犯，被减为无期徒刑、有期徒刑后，也不得假释。

《刑法修正案（九）》规定，因贪污数额特别巨大，并使国家和人民利益遭受特别重大损失而被判处死刑缓期执行的，人民法院根据犯罪情节等情况可以同时决定在其死刑缓期执行2年期满依法减为无期徒刑后，终身监禁，不得假释。

（二）假释的时间性条件

被假释的犯罪分子必须已经执行了一定期限的刑罚，这是适用假释的前提条件。依照《刑法》规定，被判处有期徒刑的犯罪分子，必须执行原判刑期的二分之一以上，被判处无期徒刑的，必须实际执行刑期13年以上，才能适用假释。罪犯由无期徒刑减为有期徒刑后假释的，仍须实际执行刑期在13年以上。如果有特殊情节，可不受上述执行刑期的限制，但须经最高人民法院核准。所谓"特殊情节"，一般是指与国家、社会利益有重要关系的情况，如国家在政治、外交、军事或者国家建设等方面的特殊需要。

（三）假释的实质性条件

《刑法》第81条规定，执行了一定刑期的犯罪分子要获得假释，必须认真遵守监规，接受教育改造，确有悔改表现，没有再犯罪的危险。这是假释的实质性要件。判断"没有再犯罪的危险"，除符合《刑法》第81条规定的情形外，还应根据犯罪的具体情节，原判刑罚情况，罚犯在刑罚执行中的一贯表现，罪犯的年龄、身体状况、性格特征、假释后生活来源以及监管条件等因素综合考虑。因此，犯罪人虽然已经执行了一定刑期，如果并没有明显的悔改表现，或者虽有一定的悔改，但不排除有再犯罪的危险的，不能适用假释。确有悔改表现的，可依刑法规定减刑的条件进行考察。同时，对犯罪分子决定假释时，应当考虑其假释后对所居住社区的影响。如果一旦予以假释，有可能对其所居住的社区产生不良影响的，不得假释。所以，根据最高人民法院2014年4

月10日《关于减刑、假释案件审理程序的规定》,报请假释的,应当附有社区矫正机构或者基层组织关于罪犯假释后对所居住社区影响的调查评估报告。

未成年罪犯的假释,可以比照成年罪犯依法适当从宽。基本丧失劳动能力、生活难以自理的老年、身体残疾、患严重疾病的罪犯,能够认真遵守法律法规及监规,接受教育改造,应视为确有悔改表现。假释后生活确有着落的,除法律和本解释规定不得假释的情形外,可以依法假释。

【实例分析18-1】

对上述内容,可从下面的分析中深化认识:关于假释,下列哪一选项是错误的?

A. 甲系被假释的犯罪分子,即便其在假释考验期内再犯新罪,也不构成累犯。

B. 乙系危害国家安全的犯罪分子,对乙不能假释。

C. 丙因犯罪被判处有期徒刑2年,缓刑3年。缓刑考验期满后,发现丙在缓刑考验期内的第七个月犯有抢劫罪,应当判处有期徒刑8年,数罪并罚决定执行9年。丙服刑6年时,因有悔罪表现而被裁定假释。

D. 丁犯抢劫罪被判有期徒刑9年,犯寻衅滋事罪被判有期徒刑5年,数罪并罚后,决定执行有期徒刑13年,对丁可以假释。

分析如下:

1. A项说法正确。根据《刑法》规定,一般累犯的成立条件之一是后罪发生的时间,必须在前罪所判处的刑罚执行完毕或者赦免以后的5年之内。被假释的,不能认定为刑罚执行完毕,所以假释考验期内再犯新罪的,不符合累犯的时间条件限制,故不构成累犯。

2. B项说法错误。《刑法》第81条规定,被判处有期徒刑的犯罪分子,执行原判刑期二分之一以上,被判处无期徒刑的犯罪分子,实际执行13年以上,如果认真遵守监规,接受教育改造,确有悔改表现,假释后不致再危害社会的,可以假释。如果有特殊情况,经最高人民法院核准,可以不受上述执行刑期的限制。对累犯以及因杀人、爆炸、抢劫、强奸、绑架等暴力性犯罪被判处10年以上有期徒刑、无期徒刑的犯罪分子,不得假释。可见,针对危害国家安全的犯罪分子,刑法并没有规定不能假释,故只要乙符合假释的适用条件,是可以假释的。

3. C项说法正确。被判处有期徒刑的犯罪分子,执行原判刑期二分之一以上,如果认真遵守监规,接受教育改造,确有悔改表现,假释后不致再危害社会的,可以假释。

4. D项说法正确。对累犯以及因杀人、爆炸、抢劫、强奸、绑架等暴力性犯罪被判处10年以上有期徒刑、无期徒刑的犯罪分子,不得假释。丁因抢劫罪被判处有期徒刑9年,不属于不得假释的情形,故可以适用假释。

所以应选B项。

三、假释的适用

（一）假释的程序

《刑法》第82条规定:"对于犯罪分子的假释,依照本法第七十九条规定的程序进行。非经法定程序不得假释。"因此,假释程序与减刑程序在程序上基本相同。

（二）假释的考验期限

《刑法》第83条规定:"有期徒刑的假释考验期限,为没有执行完毕的刑期;无期徒刑的假释考验期限为十年。假释考验期限,从假释之日起计算。"

（三）假释的考察

按照《刑法》第85条的规定,被假释犯罪分子,依法实行社区矫正,由社区矫正机关负责考察监督。考察监督的内容主要是假释犯是否遵守《刑法》第84条的规定以及国务院有关部门关于假释的监督管理规定。《刑法》第84条规定:"被宣告假释的犯罪分子,应当遵守下列规定:（一）遵守法律、行政法规,服从监督;（二）按照监督机关的规定报告自己的活动情况;（三）遵守监督机关关于会客的规定;（四）离开居住的市、县或者迁居,应当报经监督机关批准。"

在假释的考验期内,如果假释犯没有再犯新罪,没有发现在判决宣告前还有漏罪没有判决,或者没有违反国务院有关部门关于假释的监督管理规定,假释期满就认为原判刑罚已执行完毕。考察机关应当公开予以宣告。

（四）假释的撤销

根据《刑法》第86条的规定,假释的撤销条件如下:

1. 被判处假释的犯罪人在假释的考验期内又犯新罪。这里的新罪既不受犯罪性质的限制,也不受所犯之罪刑种、刑期的限制。它既包括故意犯罪,也包括过失犯罪;既包括轻罪,也包括重罪;既包括不同种罪,也包括同种罪。只要是在考验期内再犯新罪,就应当撤销假释,按照《刑法》第71条的规定实行数罪并罚。若在假释期满后才发现假释犯在考验期内又犯新罪,只要未超过追诉时效期限,仍应撤销假释,实行数罪并罚。

2. 在假释考验期内,发现假释犯在判决宣告以前还有其他罪没有判决的,即发现了漏罪,应当撤销假释,依照《刑法》第70条规定实行数罪并罚。

3. 被假释的犯罪分子,除再犯新罪或者发现有漏罪以外,在假释考验期内,如果有违反法律、行政法规或者国务院有关部门关于假释的监督管理规定的行为,尚未构成新的犯罪的,应当撤销假释,收监执行未执行完毕的刑罚。

被宣告假释的犯罪分子,原判有附加刑的,附加刑仍须继续执行。剥夺政治权利的,自假释之日起执行。

【实例分析 18-2】

关于假释的撤销,下列哪一选项是错误的?

A. 被假释的犯罪分子,在假释考验期内犯新罪的,应撤销假释,按照先减后并的方法实行并罚;

B. 被假释的犯罪分子,在假释考验期内严重违反假释监督管理规定,即使假释考验期满后才被发现,也应撤销假释;

C. 在假释考验期内,发现被假释的犯罪分子在判决宣告前还有同种罪未判决的,应撤销假释;

D. 在假释考验期满后,发现被假释的犯罪分子在判决宣告前有他罪未判决的,应撤销假释,数罪并罚。

分析如下:

1. 关于 A 项。根据《刑法》第 86 条第 1 款的规定,"被假释的犯罪分子,在假释考验期限内犯新罪,应当撤销假释,依照本法第七十一条的规定实行数罪并罚"。因此,A 项的表述正确,不选。

2. 关于 B 项。根据《刑法》第 86 条第 3 款的规定,"被假释的犯罪分子,在假释考验期限内,有违反法律、行政法规或者国务院有关部门关于假释的监督管理规定的行为,尚未构成新的犯罪的,应当依照法定程序撤销假释,收监执行未执行完毕的刑罚"。需要强调的是,在假释考验期内实施违反假释监督管理规定的行为,无论是在假释考验期内被发现,还是在假释考验期满之后才被发现,都应当撤销假释,收监执行未执行完毕的刑罚。因此,B 项的表述正确,不选。

3. 关于 C 项。根据《刑法》第 86 条第 2 款的规定,"在假释考验期限内,发现被假释的犯罪分子在判决宣告以前还有其他罪没有判决的,应当撤销假释,依照本法第七十条的规定实行数罪并罚"。因此,C 项的表述正确,不选。

4. 关于 D 项。如果在假释考验期满后,才发现被假释的犯罪人在判决宣告以前还有其他罪没有判决的,不得撤销假释,只能对新发现的犯罪另行侦查、起诉、审判,不得与前罪实行数罪并罚。因此,D 项的表述错误,当选。

第四节 社区矫正

一、社区矫正概述

(一)社区矫正的概念

社区矫正是与监禁矫正相对的行刑方式,是一种非监禁刑罚执行方式。具体来讲,是指将符合社区矫正条件的罪犯置于社区内,由专门的国家机关在相关社会团体和民间组织以及社会志愿者的协助下,矫正其犯罪心理和行为恶习,并促进其顺利回归社会的非监禁刑罚执行活动。

社区矫正(Community Correction)是一个外来语,是西方国家首先推行的一种刑事执法模式,其理念始于19世纪末近代学派的行刑社会化思想。根据监禁刑罚的缺陷和不足,近代学派的学者们提出了非监禁刑罚措施和对罪犯人格的改造,社区矫正便由此出现。20世纪以来,社区矫正被西方国家普遍推行,并被联合国预防与控制犯罪组织予以肯定与倡导。有的国家称之为"社区矫治",是一种不使罪犯与社会隔离并利用社区资源教育改造罪犯的方法,是所有在社区环境中管理、教育罪犯方式的总称。社区矫正所采用的是开放型的、更注重改造效果的改造方式。这一改造方式,较之传统刑罚执行模式,具有较大的社会优越性,社会价值明显。国外较常见的方法包括缓刑、假释、社区服务、暂时释放、中途之家、工作释放、学习释放等。

相比国外,我国社区矫正制度推行较晚。过去,我国没有使用"社区矫正"这一概念。但是,在我国的管制、缓刑、假释、暂予监外执行、剥夺政治权利等非监禁刑或非监禁行刑方式中,包含了社区矫正的有关内容。不过,与其他一些国家相比,特别是与一些发达国家相比,我国的做法在矫正对象、方法、内容、力度等方面与国外都有些不同,也没有较完善的矫正制度。

我国从2003年才正式使用"社区矫正"这一概念,并把其作为一项制度在6个省(市、自治区)开始试行;2005年确定增加12个省(市、自治区)为第二批试行地区;2009年在全国全面试点。2011年2月25日《刑法修正案(八)》首次将"社区矫正"写入刑法,并规定对被判处管制、宣告缓刑、裁定假释的犯罪人依法实行社区矫正。

(二)社区矫正的任务

1. 按照我国刑法、刑事诉讼法等有关法律、法规和规章的规定,加强对社区服刑人员的管理和监督,避免发生脱管、漏管,防止他们重新违法犯罪,确保刑罚的顺利实施。

2. 通过多种形式,加强对社区服刑人员的思想教育、法制教育、社会公德教育,矫正其不良心理和行为,使他们悔过自新,弃恶从善,成为守法公民。

3. 帮助社区服刑人员提供免费技能培训和就业指导,提高其就业谋生能力,解决他们在就业、生活、法律、心理等方面遇到的困难和问题,以利于他们顺利适应社会生活。

(三)社区矫正的特点

1. 非监禁性。社区矫正是相对于监禁矫正的刑罚执行形式,执行场所不是监狱而是社会。对犯罪人不收监执行或暂时不收监执行或不继续放在监狱执行,放置于社区执行刑罚,不使其与社会隔离,弱化监狱的封闭性,放宽犯罪人的自由度。

2. 社会性。社区矫正的社会性不仅表现为对犯罪人的执行场所的社会性,还在于对其实施矫正的主体的社会性。在对犯罪人实施矫正的主体方面,相比监狱监禁矫正而言,社会力量的参与度更为广泛、全面。社区矫正由司法行政机关主管,相关社会团体、民间组织以及社会志愿者参与协助,整合政法部门、社会各方面力量,充分利用社会资源,积极利用各种方法、手段对犯罪人实施矫正工作。

3. 矫正性。社区矫正的矫正性在于纠正犯罪人的不良心理和行为恶习,包括惩罚矫正和教育矫正两个方面。社区矫正作为一种刑罚执行方式、刑罚执行活动,本身包含对犯罪人具有惩罚性的内容,这就要求其必须遵守一定的禁止性、限制性、要求性行为规范。一方面,矫正机关通过对犯罪人遵守禁止性或限制性规范的监督以及要求性行为的实施来实现对犯罪人的矫正,促使其弃恶从善,树立遵纪守法观念;另一方面,通过组织开展思想、法制、社会公德、文化知识等教育和社会公益劳动等活动措施,教育其提高社会责任感和增强悔罪意识。矫正性是强制的,犯罪人必须服从矫正规范要求。

4. 帮助性。在对犯罪人进行监督管理,实施强制矫正的同时,还要对其进行帮助和关怀。包括组织免费技能培训、就业指导、推荐就业、提供心理咨询、纳入最低生活保障范围等工作,帮助社区矫正对象解决实际困难,恢复正常心理,步入正常生活,促进其融入社会。

（四）社区矫正的意义

1. 有利于改造犯罪人。对那些不需要、不适宜监禁或者继续监禁的罪犯有针对性地实施社会化的矫正,能有效避免监禁矫正带来的罪犯间的交叉或深化感染,消除他们的对立情绪,调动他们自我改造和自觉接受教育矫正的积极性,提高教育改造质量,促进其顺利回归和融入社会。

2. 有利于合理配置行刑资源。调动社会公众和社会各方面的力量参与对罪犯的监督和教育矫正,使监禁矫正与社区矫正两种行刑方式相辅相成,增强刑罚效能,降低行刑成本,提高刑罚执行效率。同时,还有利于控制监狱犯罪人的规模,从而提高监狱教育改造罪犯的质量。

3. 有利于维护社会稳定。社区矫正的实施,能有效缓解社会冲突,化解矛盾,避免因犯罪人监禁服刑而出现的婚姻家庭破裂,最大限度地减少不和谐因素,维护社会稳定。

二、社区矫正的适用

（一）社区矫正的对象

根据 2003 年我国推行社区矫正试点工作以来的司法文件和《刑法修正案（八）》的规定,社区矫正的适用范围为犯罪情节较轻,有悔罪表现,没有再犯罪危险的,不需要、不适宜监禁或者继续监禁的罪犯。具体适用于以下 5 种犯罪人:

1. 被判处管制的犯罪人。管制适用的对象是犯罪情节较轻的犯罪人,刑法规定管制刑本身就是一种非监禁主刑。

2. 被宣告缓刑的犯罪人。缓刑的犯罪人所被判决的拘役或三年以下有期徒刑虽然都是监禁刑,但因其犯罪情节较轻,有悔罪表现,没有再犯罪危险,刑法规定为不需要监禁。

3. 被裁定假释的。假释的犯罪人所被判决的有期徒刑或无期徒刑虽然都是监禁刑,但因其已执行一定刑期,由于遵守监规,接受教育改造,确有悔改表现,没有再犯罪的危险,刑法规定不需要继续监禁。

4. 被暂予监外执行的。根据《刑事诉讼法》和《监狱法》规定,对那些因疾病治疗、特殊的生活原因不适宜在监狱执行刑罚的犯罪人暂予监外执行,具体包括:(1) 有严重疾病需要保外就医的;(2) 怀孕或者正在哺乳自己婴儿的妇女;(3) 生活不能自理,适用暂予监外执行没有再犯罪危险的。

5. 被剥夺政治权利,并在社会上服刑的。

在符合上述条件的情况下,对于罪行轻微、主观恶性不大的未成年犯、老病残犯,以及罪行较轻的初犯、过失犯等,应当作为重点对象,适用上述非监禁措施,实施社区矫正。

(二) 社区矫正的内容

1. 监督性矫正。监督性矫正即矫正机构通过刑罚的执行,来矫正犯罪人的不良行为。社区矫正作为刑罚执行方式之一,必须要保证社区服刑人员刑罚的执行。监督矫正的内容包括:社区服刑人员遵守执行法律、行政法规、监管规定,以及会客、请销假、离开居住或迁居限制性规定的情况;被判处剥夺政治权利、管制刑的,限制或禁止行使言论、出版、集会、结社、游行、示威自由权利的执行遵守情况;被判处管制、裁定缓刑的禁止令所禁止事项执行遵守情况;被判处剥夺政治权利的,禁止行使选举权和被选举权、禁止从事国家和社会有关管理活动、担任职务的权利的执行遵守情况;因疾病暂予监外执行的,遵守执行指定医院接受治疗和转院治疗规定的情况;遵守执行定期报告活动的情况;必要公益劳动参加情况等。

2. 教育矫正。以培训、讲座、参观、参加社会活动等多种形式,对社区服刑人员进行刑事政策教育、法制教育、公民道德教育、文化知识教育。针对服刑人员的情况,采取个别谈话的方式,对社区服刑人员进行经常性的个别教育。对社区服刑人员的思想动态进行分析,遇有重大事件,应当随时收集分析信息,并根据分析的情况,进行有针对性的教育。

3. 帮助矫正。组织社区服刑人员进行免费技能培训和开展就业指导,提高其就业谋生能力;帮助居住有困难的社区服刑人员临时安置住处,解决其基本生活保障等方面的困难和问题;聘请社会专业人员,定期为社区服刑人员提供心理咨询服务,开展心理健康教育;组织社会团体和社会志愿者对社区服刑人员开展经常性的帮教活动,并通过社区服刑人员的亲属加强对社区服刑人员的教育。

社区服刑人员在接受社区矫正期间,人格不受侮辱,人身安全和合法财产不受侵犯,享有辩护、申诉、控告、检举以及其他未被依法剥夺的权利。

(三) 社区矫正管理监督

1. 社区矫正执行机关。司法行政机关负责管理指导社区矫正工作。在各级司法行政机关建立专门的社区矫正工作机构,加强对社区矫正工作的指导管理。广泛动员社会力量参与社区矫正工作,建立健全社会工作者和社会志愿者的聘用、管理、考核、激励机制,切实加强社区矫正工作队伍的培训,提高队伍综合素质及做好社区矫正工作的能力和水平。

2. 社区矫正接收与管理。社区服刑人员,由其居住地司法所接收;户籍所在地与居住地不一致的,户籍所在地司法所应当协助、配合居住地司法所开展矫正工作。社区服刑人员应当在判决、裁定、决定发生法律效力之日起7日内或者离开监所之日起7日内到居住地司法所报到。社区服刑人员居住地司法所应当及时接收社区服刑人员,予以登记,建立档案,对其进行接受谈话教育,告知社区服刑人员的权利、义务。

建立社区服刑人员接收、管理、考核、奖惩、解除矫正等各个环节的工作制度,避免发生脱管、漏管,确保国家刑罚依法规范执行,防止重新违法犯罪。

3. 社区矫正监督机关。人民检察院要加强对社区矫正各执法环节的法律监督,发现有违法情况时应及时提出纠正意见或者检察建议,保障刑罚的正确执行。公安机关要加强对社区服刑人员的监督,对脱管、漏管等违反社区矫正管理规定的社区服刑人员依法采取惩戒措施,对重新违法犯罪的社区服刑人员及时依法处理。

(四)社区矫正的期间与解除

1. 社区矫正的期间。被判处管制、剥夺政治权利的社区矫正期限与管制、剥夺政治权利的实际执行刑期相同;被宣告缓刑、裁定假释的,其矫正期为缓刑考验期或者假释考验期;暂予监外执行的,其矫正期为在监外实际执行的期限。

2. 社区矫正的解除。被判管制、宣告缓刑、裁定假释以及在社区服刑的被判剥夺政治权利的犯罪人服刑期满,由本人应当在服刑期满前30日作出书面总结,由司法所出具相关考核鉴定材料,依照法定程序终止社区矫正;对于暂予监外执行的社区服刑人员,暂予监外执行期满前30日,由司法所出具相关材料,经上级司法行政机关审查后,报原关押单位。原批准机关决定收监的,社区矫正终止;社区服刑人员被收监执行或者因重新犯罪被羁押的,自羁押之日起,社区矫正终止;社区服刑人员死亡的,自死亡之日起,社区矫正终止。假释或者暂予监外执行的社区服刑人员死亡的,司法所应当及时将有关情况书面通知原关押单位,并附相关证明材料。

第十九章 刑罚消灭

> **学习要求**
>
> 了解：刑罚消灭的概念
> 理解：赦免制度
> 熟悉并能够运用：追诉时效
>
> **主要涉及的法条：**
>
> **第八十七条　【追诉时效期限】** 犯罪经过下列期限不再追诉：
>
> （一）法定最高刑为不满五年有期徒刑的，经过五年；
>
> （二）法定最高刑为五年以上不满十年有期徒刑的，经过十年；
>
> （三）法定最高刑为十年以上有期徒刑的，经过十五年；
>
> （四）法定最高刑为无期徒刑、死刑的，经过二十年。如果二十年以后认为必须追诉的，须报请最高人民检察院核准。
>
> **第八十八条　【追诉期限的延长】** 在人民检察院、公安机关、国家安全机关立案侦查或者在人民法院受理案件以后，逃避侦查或者审判的，不受追诉期限的限制。
>
> 被害人在追诉期限内提出控告，人民法院、人民检察院、公安机关应当立案而不予立案的，不受追诉期限的限制。
>
> **第八十九条　【追诉期限的计算与中断】** 追诉期限从犯罪之日起计算；犯罪行为有连续或者继续状态的，从犯罪行为终了之日起计算。
>
> 在追诉期限以内又犯罪的，前罪追诉的期限从犯后罪之日起计算。

第一节 刑罚消灭概述

一、刑罚消灭的概念和特征

（一）刑罚消灭的概念

刑罚消灭，是指由于法定的或事实的原因，致使代表国家的司法机关不能对犯罪人行使具体的刑罚权。刑罚消灭，对国家而言，是指刑罚权的消灭；对犯罪人而言，意味着刑事责任的终结。

（二）刑罚消灭的特征

1. 刑罚消灭的前提是犯罪人的行为已经构成犯罪，对犯罪人应当适用或执行刑罚或者正在执行刑罚。

2. 刑罚消灭意味着代表国家的司法机关丧失对犯罪人行使具体的刑罚权。刑罚权包括制刑权、求刑权、量刑权和行刑权。制刑权由立法机关行使，因此刑罚消灭不可能导致制刑权的消灭。求刑权、量刑权和行刑权消灭的具体表现有所不同。如对犯罪分子应当适用刑罚但已过追诉时效等情况下，刑罚消灭意味着求刑权的消灭；在司法机关已经行使了求刑权而被告人死亡等情况下，刑罚消灭意味着量刑权的消灭；在已经适用刑罚但国家宣告特赦等情况下，刑罚消灭意味着行刑权的消灭。

3. 刑罚消灭必须基于法定的或者事实的原因。引起刑罚权消灭的原因可以分为两大类：一类是基于法定原因而消灭，即出现了法律所规定的引起刑罚权消灭的原因，如超过追诉时效、犯罪人被赦免等。另一类是基于事实的原因而消灭，即出现了某些特定的事实，如正在服刑的犯罪分子死亡，由于刑罚执行对象不复存在，刑罚自然随之而消灭。

二、刑罚消灭的法定事由

消灭是一种结果，这种结果必然由一定的原因或事由所引起。从各国立法例来看，导致刑罚消灭的法定原因大致有以下几种情况：（1）超过追诉时效或者行刑时效。（2）缓刑考验期满。被宣告缓刑的犯罪人，在缓刑考验期限内没有法定撤销缓刑的情形，缓刑考验期满后，原判刑罚不再执行，行刑权便归于消灭。（3）告诉才处理的犯罪，没有告诉或者撤诉。（4）假释考验期满。被假释的犯罪人，在假释考验期限内没有法定撤销假释的情形，假释考验期满，即视为刑罚执行完毕，行刑权归于消灭。（5）被判处罚金的犯罪人由于遭遇不能抗拒的灾祸确有困难的，可以酌情减少或者免除。（6）刑罚执行完毕。刑罚执行完毕后，行刑权便归于消灭。（7）赦免。赦免包括大赦和特赦，实行赦免可以导致行刑权的消灭。

第二节　时　效

一、时效的概念、意义及种类

（一）时效的概念

刑法上的时效，是指刑事法律规定的国家对犯罪人追究刑事责任和刑罚执行的有效期限。在有效期限内，国家如果不行使求刑权、量刑权或刑罚执行权，这些权力即归于消灭，对犯罪人就不能再追究其刑事责任。时效完成是刑罚消灭的重要制度之一。

（二）时效制度的意义

任何法律制度，在其效能上均存在时间上的限制，刑事法律也不例外。刑法之所以规定时效,并非是使犯罪人逍遥法外,放纵其犯罪行为,而是因为犯罪的社会危害以及由此造成的社会影响能够随着时间的消逝而逐步减轻乃至消除,因此刑罚也就失去了适用的必要。犯罪后经过的时间越久,对社会秩序造成的干扰与影响也就越小,其犯罪行为的后果逐渐消失,行为的情节也被遗忘,人们完全可以放弃对多年以前的犯罪行为的刑事追诉,为恢复法律秩序的刑罚不再是必不可少的,且在特定条件下其造成的损害可能会大于利益。正是基于此,各国的刑事法律都规定了时效制度,我国《刑法》也在第87条中确定了追诉时效制度。

时效与刑罚权紧密相联。刑罚权是国家权力的组成部分,是国家设定与运用刑罚来惩罚犯罪分子,预防犯罪行为的权力。有学者将其表述为"国家基于特定的条件和目的而施加于犯罪人的一种道义上的谴责和利益上的剥夺"。刑罚权由制刑权、求刑权、量刑权与行刑权四部分组成。其中,追诉时效与求刑权与量刑权有着密切的联系。只有在法定的期限内,控诉方才有权要求国家对犯罪人所实施的罪行处以刑罚处罚,审判方也得以有权按照刑事法律的规定对犯罪行为进行裁量,以确定最终处罚。而一旦超出这一期限,无论是控诉方的求刑权,还是审判方的量刑权,都无权再行使。而行刑时效则与行刑权相关,能使行刑权归于消灭。由此可见,国家的刑罚权只能在一定的时效期限内行使,超过时效后,作为刑罚权主要组成部分的求刑权、量刑权与行刑权就无法得以运行与操作。因此,刑罚归于消灭,国家对相应犯罪行为的刑罚权也就丧失。

(三)时效的种类

时效分为两种:追诉时效和行刑时效。

追诉时效,是指刑事法律规定的追究犯罪分子刑事责任的有效期限。超过法定追诉期限,司法机关或有告诉权的人不得再对犯罪人进行追诉,已经追诉的,应撤销案件或不起诉或终止审判。

行刑时效,是指刑事法律规定的对被判刑的人执行刑罚的有效期限。行刑时效期间内所判处的刑罚未执行,超过行刑的时效,便不能再对犯罪人执行所判处的刑罚。

我国刑法总则只规定了追诉时效,对行刑时效未作规定。

二、我国刑法规定追诉时效的意义

追诉时效是一个介于实体法与程序法之间的法律制度,其法律依据在于实体法,但其效果则被局限于程序部分。追诉时效制度的积极意义主要体现在以下几个方面:

首先,追诉时效制度的确立有助于使刑事法律与社会的发展态势相适应。

随着社会的发展,权利意识和人文主义精神日益深入人心,公众对一些社会问题的看法也越来越趋向于理性与宽容。因此,犯罪行为的危害性以及可罚性会随着社会公众的容忍态度的变化而发生变化。行为人通过追诉时效制度得以消除刑罚处罚,正好与这一总体变化态势相适应。

其次,追诉时效制度符合我国刑罚的目的要求。

刑罚的目的在于预防犯罪。对于行为人而言,即预防其再次实施犯罪,而惩罚罪犯,只是刑罚的手段。行为人在一定的期限内没有实施犯罪行为,其主观恶性以及人身危险性已经消除,刑罚的目的就此已经实现。同时,行为人实施犯罪行为以后,置身于一个处心积虑逃避法律制裁的特殊状态之中,其内心必然受到恐惧、悔恨、自责等来自内心自省的折磨。由于没有受到刑罚制裁,这种折磨长期伴随着行为人,使其无法解脱。行为人长期生活在惶恐、惊惧的状态之中,本身就是对其犯罪行为的惩罚。因此,经过一段较长的时间,行为人没有再次犯罪,刑罚的目的和手段均已经实现,产生了效果,刑罚也就失去了对其适用的必要。

再次,追诉时效制度有助于提高司法效率。

从程序上看,认定犯罪、确定刑罚是诉讼的最终结果。而影响这一诉讼结果最重要的因素,无疑就是证据。各种证据的收集与保全工作必然会随着时间的推移而受到极大的影响,其准确性与可靠性也必然大打折扣,进而影响到诉讼质量。同时,司法机关必将为一些陈年旧案所拖累。而追诉时效制度的确立,则可以在很大程度上弥补上述缺陷,使目前相对有限的司法资源得以合理利用,进而保证对犯罪行为的及时打击和对国家、人民利益的及时维护与保障。

最后,追诉时效制度有助于维护社会的稳定。

刑罚的最终任务是维护社会的稳定。这一任务的完成,不仅有赖于刑法的打击与镇压职能,还必须重视社会矛盾的化解。应该看到,虽然刑罚是必不可少的维护社会稳定的手段,但这一手段本身也有弊端,一旦适用不当,反而会激化矛盾。对于那些经过了一定期限已经不再犯罪的行为人而言,由于其危害性已经消除,社会也已经逐渐淡忘其所犯罪行,行为人本人处于一个相对稳定的社会环境之中,如果这时追究其多年前的犯罪行为的刑事责任,必然人为地割裂其社会化的进程,不但不能维护社会的稳定,反而可能由于其受到刑事追究而使社会增添了不稳定的因素。

三、我国刑法对追诉时效的规定

(一)追诉时效的期限

追诉时效的期限,是指法律规定的对犯罪人追究刑事责任的有效期限。根据《刑法》第 87 条的规定,犯罪经过下列期限不再追诉:(1)法定最高刑为不满 5 年有期徒刑的,经过 5 年。(2)法定最高刑为 5 年以上不满 10 年有期徒刑的,经过 10 年。(3)法定最高刑为 10 年以上有期徒刑的,经过 15 年。(4)法定最高刑为无期徒刑、死刑的,经过 20 年。如果 20 年以后认为必须追诉的,须报请最高人民检察院核准。

上述我国刑法所规定的追诉时效期限,是根据犯罪的法定最高刑确定的,这是罪责刑相适应原则在追诉时效期限上的具体体现。因为犯罪的法定最高刑是根据犯罪的社会危害性程度和犯罪人的人身危险性的大小来确定,根据最高法定刑确定追诉时效期限具有相当的合理性。

需要注意的是,并不能简单地将刑法所规定的某一犯罪的最重处罚视为"法定最高刑",在按照犯罪的情节设立不同刑种和量刑幅度的情况下,应对应犯罪行为的不同情节来认定"法定最高刑"。如按照我国《刑法》第133条的规定,行为人犯交通肇事罪的,处3年以下有期徒刑或者拘役。肇事后逃逸或者有其他特别恶劣情节的,处3年以上7年以下有期徒刑。逃逸致人死亡的,处7年以上有期徒刑。在此,要确定某一交通肇事犯罪行为的追诉时效,就必须对应相应的犯罪情节。若行为人为一般的交通肇事罪,其法定最高刑为3年有期徒刑,追诉期为5年。若行为人有逃逸或者其他特别恶劣情节的,其法定最高刑为7年,追诉期为10年。若行为人有逃逸致人死亡的情节,其法定最高刑为15年有期徒刑,相应的追诉期则为15年。

我国刑法规定,如果法定最高刑为无期徒刑、死刑,20年以后认为必须追诉的,须报请最高人民检察院核准。所谓"认为必须追诉的"犯罪,是指那些社会危害性极其严重,犯罪人的人身危险性特别大,所造成的社会影响极坏,经过20年以后仍然没有被社会遗忘的重大犯罪。但是,不能将适用这种追诉时效期限的犯罪的范围随意扩大化。

(二)追诉期限的计算

1. 追诉期限的起算时间

我国《刑法》第89条第1款规定:"追诉期限从犯罪之日起计算;犯罪行为有连续或者继续状态的,从犯罪行为终了之日起计算"。

对于追诉时效的计算,分为两种情况:

(1)对于即成犯,应从犯罪之日起计算。所谓"犯罪之日",理论上存在不同的说法。有的认为是犯罪成立之日,有的认为是犯罪行为实施之日,有的认为是犯罪行为发生之日,有的认为是犯罪行为完成之日,还有的认为是犯罪行为停止之日。[①]我们认为,刑法所说的"犯罪之日",是指犯罪成立之日,即其犯罪行为具备犯罪构成要件之日。根据犯罪的不同类型和形态,认定犯罪成立的标准也不尽相同。对行为犯,是指其犯罪行为实施之日;对危险犯,是指其犯罪行为实施并且造成法定的危险状态之日;对结果犯,是指其犯罪结果发生之日;对结果加重犯,是指其严重结果发生之日;对牵连犯,是指重行为成立之日;对预备犯、中止犯、未遂犯,分别是指犯罪预备、犯罪中止、犯罪未遂成立之日。

(2)对于连续犯和继续犯,应从犯罪行为终了之日起计算。对于连续犯而言,"犯罪行为终了之日",是指最后一个独立的犯罪行为成立之日。而对继续犯而言,则是指处于持续状态的犯罪行为及其状态结束之日。

2. 追诉期限的终点时间

追诉期限的终点时间即"不再追诉"的期限,是指从犯罪成立之日起到何时止。例如,某犯罪分子的犯罪期限如从犯罪成立之日计算到开始侦查之日,就尚未过追诉期限,如从犯罪成立之日计算到起诉之日,那就过了追诉期限,到审判之日就更不用说

---

① 参见高铭暄、马克昌主编:《刑法学》(第七版),北京大学出版社、高等教育出版社2011年版,第321页。

了。所以,计算追诉期限的终点时间问题非常重要。理论上有一种观点认为,追诉期限应从犯罪之日计算到审判之日为止,其理由是,"追诉"不只是起诉的意义,更重要的是具有追究刑事责任的意义,而追究刑事责任表现为给予刑罚处罚、给予非刑罚处罚、单纯宣告有罪,而这都是经过审判才能确定的。① 也有人认为,"追诉"应是指追查、提起诉讼,只要行为人所犯之罪经过的时间到案件开始进入刑事诉讼程序时尚未过追诉期限,对其就可以追诉。将计算追诉期限的终点时间确定在审判之日,有放纵犯罪之嫌。② 本书认为,根据《刑事诉讼法》第 15 条规定:"有下列情形之一的,不追究刑事责任,已经追究的,应当撤销案件,或者不起诉,或者终止审理,或者宣告无罪:(一)情节显著轻微、危害不大,不认为是犯罪的;(二)犯罪已过追诉时效期限的;(三)经特赦令免除刑罚的;(四)依照刑法告诉才处理的犯罪,没有告诉或者撤回告诉的;(五)犯罪嫌疑人、被告人死亡的;(六)其他法律规定免予追究刑事责任的。"这就意味着:(1)案件在侦查阶段发现犯罪已过追诉时效的,无论是公安机关还是人民检察院负责侦查的案件,都应当撤销案件。(2)案件在起诉阶段发现犯罪已过追诉时效的,人民检察院就应当不起诉。(3)案件在审判阶段发现犯罪已过追诉时效的,无论是自诉案件还是公诉案件,人民法院都应当终止审理,或者宣告无罪。因此,追诉期限的终点时间应为司法机关接受案件的时间。

(三)追诉时效的中断

追诉时效的中断,是指在时效进行期间,因法律规定的事由发生,使以前经过的时效期间归于无效,当法律规定的事由终了时,时效重新计算的制度。

我国《刑法》第 89 条第 1 款规定,犯罪人在追诉期以内又犯罪的,前罪的追诉期限从犯后罪之日起计算。即犯罪人在追诉期又犯新罪,无论前后二罪是否为同一类型的犯罪,前罪的追诉时效即行中断,已经经过的时间全部不算,其追诉期限应从犯后罪之日起重新开始计算。对于前后两罪的追诉时效,仍以各自的追诉期限分别重新计算。

(四)不受追诉时效限制的情形

我国《刑法》第 88 条规定了两种不受追诉时效限制的情形:

1. 逃避侦查或者审判的

犯罪人在人民检察院、公安机关、国家安全机关立案侦查以后逃避侦查或者在人民法院受理案件后逃避审判。这是一种同国家司法机关进行对抗的行为,具有此种情形的犯罪人在任何时候被逮捕归案后,都可以对其进行追诉,不再受《刑法》第 88 条规定的追诉时效期限的限制。刑法如此规定可以防止犯罪分子利用时效的规定,钻法律的空子,以逃避应受到的法律制裁。对于"立案侦查",理论上有两种不同的解释:(1)有人解释为立案并侦查,如果只是立案但还没有开始侦查,就不存在追诉时效延长的问题。(2)有人解释为立案。本书认为,立案本身就是侦查活动之一。所以,立

---

① 参见张明楷:《刑法学》(上),法律出版社 1997 年版,第 502 页。
② 参见高铭暄、马克昌主编:《刑法学》(第七版),北京大学出版社、高等教育出版社 2011 年版,第 312 页。

案侦查应仅指立案。对于"逃避侦查或审判的行为",不能解释得过于宽泛,应该将其解释为逃跑或者藏匿,使侦查或者审判无法进行的行为。对于行为人在立案侦查或者案件受理后,仅仅实施了串供、毁灭犯罪证据等行为,但没有逃跑或者藏匿的,不能适用追诉时效的延长。虽然这些行为也具有妨碍侦查或者审判的性质,但它们不能使侦查或者审判无法进行。①②

2. 应当立案而不予立案的

刑事案件的被害人在追诉期限内提出告诉或者控告,人民法院、人民检察院、公安机关应当立案而不予立案的。这是修订刑法时新增加的规定,主要是为了保护被害人的合法权益。对于由于司法机关的原因,未能在追诉期限内立案查处以致超过追诉期限的案件,超过追诉时效后,被害人坚持控告的,司法机关应当依法予以受理,不受追诉期限的限制。所谓"应当立案",是指根据刑法的规定和公认的刑法理论,被控告人的行为已构成犯罪,应当对其进行立案侦查或者受理案件。对此应该从客观的角度来判断,而不能由收到被告人控告的机关予以确定。至于不予立案的原因,可能多种多样,有的是因为有关人员的业务水平不够,导致错误判断;有的是明知应当受理,但为了徇私或者徇情而故意不予受理等等。不予立案的具体原因如何,不影响追诉时效延长的适用。

【实例分析 19-1】

对上述内容,可从下面的分析中深化认识:关于追诉时效,下列哪些选项是正确的?

A. 甲犯劫持航空器罪,即便经过 30 年,也可能被追诉。

B. 乙于 2013 年 1 月 10 日挪用公款 5 万元用于结婚,2013 年 7 月 10 日归还。对乙的追诉期限应从 2013 年 1 月 10 日起计算。

C. 丙于 2000 年故意轻伤李某,直到 2008 年李某才报案,但公安机关未立案。2014 年,丙因他事被抓。不能追诉丙故意伤害的刑事责任。

D. 丁与王某共同实施合同诈骗犯罪。在合同诈骗罪的追诉期届满前,王某单独实施抢夺罪。对丁合同诈骗罪的追诉时效,应从王某犯抢夺罪之日起计算。

分析如下:

1. 关于 A 项。根据《刑法》第 87 条第 1 款第 4 项的规定,法定最高刑为无期徒刑、死刑的,追诉时效为 20 年。如果 20 年以后认为必须追诉的,须报请最高人民检察院核准。这里所谓的"认为必须追诉的"犯罪,应限于那些罪行特别严重,行为人的再犯可能性特别大,所造成的社会影响极大、经过 20 年以后仍没有被社会遗忘的一些重大犯罪。因此,A 项的表述正确,当选。

2. 关于 B 项。根据《刑法》第 89 条的规定,追诉期限从犯罪之日起计算。这里的

---

① 参见张明楷:《刑法学》(上),法律出版社 1997 年版,第 505 页。
② 参见陈兴良:《刑法疏议》,中国人民公安大学出版社 1997 年版,第 194 页。

"犯罪之日",是指犯罪成立之日,即行为符合犯罪构成之日。对于挪用公款罪而言,根据《刑法》第384条的规定,如果挪用公款进行合法活动,成立该罪的要求是数额达到1万元以上,而且超过3个月未还。本案中,乙挪用公款5万元用于结婚,系进行合法活动,其行为成立挪用公款罪的时间是2013年4月10日。因此,对乙的追诉期限应从2013年4月10日起计算。因此,B项的表述错误,不选。

3. 关于C项。丙于2000年故意轻伤李某,其法定刑为3年以下有期徒刑。根据《刑法》第87条第1款第1项的规定,法定最高刑为不满5年有期徒刑的,追诉时效为5年,即应当一直追诉到2005年。根据《刑法》第88条第2款的规定,被害人只有在追诉期限内提出控告,人民法院、人民检察院、公安机关应当立案而不予立案的,才不受追诉期限的限制,此即追诉时效的延长。但李某2008年才报案,此时,已经过了追诉时效。虽然公安机关在2008年未立案,但由于李某未在追诉期限内提出控告,故不能一直追诉丙故意伤害的刑事责任。因此,C项的表述正确,当选。

4. 关于D项。根据《刑法》第89条第2款的规定,在前罪的追诉期限以内又犯后罪的,前罪追诉的期限从犯后罪之日起重新计算,此即追诉时效的中断。在共同犯罪中,在追诉期限以内又犯罪的共犯人,其前罪追诉的期限从犯后罪之日起重新计算。在追诉期限内没有再犯罪的共犯人,其犯罪的追诉期限不中断,正常计算即可。因此,D项的表述错误,不选。综上,本题的正确答案是AC。

第三节 赦 免

一、赦免的概念和种类

赦免,是指国家宣告对犯罪人免除或者减轻其罪、其刑的法律制度。

赦免包括大赦和特赦两种。大赦,是国家对某一时期内犯有一定罪行的犯罪人免予追诉和免除刑罚执行的制度。大赦的对象既可能是国家某一时期的各种犯罪人,也可能是国家某一时期犯有特定罪行的犯罪人,也可能是某一地区的全体犯罪人,还可能是参与某一重大历史事件的所有犯罪人。大赦的特点是:既赦其罪,亦赦其刑。也就是被赦免的犯罪人既不受刑事追究和处罚,也不存在犯罪的记录。特赦,是指国家对特定的犯罪人免除执行全部或者部分刑罚的制度。特赦的特点是:对象是特定的犯罪人;效果是只免除刑罚的执行而不作犯罪记录的消灭。

大赦和特赦都属于赦免的范畴,二者的区别在于:(1)对象的范围不同。大赦针对的是所有的犯罪人,特赦针对的是特定的犯罪人。(2)赦免的内容不同。大赦既赦其罪,也赦其刑,而特赦只赦其刑,不赦其罪。(3)程序有所不同。大赦不公布被赦免人的名单,特赦公布被赦免人的名单。(4)后果不同。大赦后行为人再犯罪不构成累犯,而特赦后行为人再犯罪则可能构成累犯。

赦免制度通常由宪法加以规定,一般不在刑法中规定。赦免的具体时间和对象由国家元首或最高国家权力机关以政令形式颁布。赦免制度虽然不是一项刑罚制度,但是由于赦免的对象是犯罪人,其结果是免除或减轻罪与刑,导致追诉权和行刑权都归于消灭,而且赦免命令又由司法机关执行,所以各国都把它纳入刑罚消灭理论加以研究。

我国 1954 年《宪法》对大赦和特赦均作了规定,并将大赦的决定权赋予全国人民代表大会,将特赦决定权赋予全国人民代表大会常务委员会,大赦令和特赦令均由国家主席发布。现行的《宪法》只规定了特赦,而没有规定大赦,因此我国刑法所涉及的"赦免"仅指特赦。我国现行《宪法》第 67 条第 17 项所规定的特赦,由全国人大常委会决定;由国家主席发布特赦令。一般由最高人民法院执行。

二、我国赦免制度的特点

自 1959 年以来,我国先后实行了八次特赦:第一次是 1959 年,在建国 10 周年大庆前夕,对确实改恶从善的蒋介石集团和伪满洲国的战争罪犯、反革命罪犯和普通刑事罪犯实行特赦。这是特赦面最广的一次。第二次、第三次特赦分别于 1960 年和 1961 年两次对确实改恶从善的蒋介石集团和伪满洲国战争罪犯实行特赦。第四次、第五次、第六次特赦分别于 1963 年、1964 年和 1966 年进行,其特赦对象是确实改恶从善的蒋介石集团、伪满洲国和伪蒙疆自治政府的战争罪犯。第七次特赦是在 1975 年进行,是对经过较长期间关押和改造的全部战争罪犯实行特赦。第八次特赦是在时隔 40 年后,为了纪念中国人民抗日战争及世界反法西斯战争胜利 70 周年,2015 年 8 月 29 日,国家主席习近平根据十二届全国人大常委会第十六次会议通过的全国人大常委会《关于特赦部分服刑罪犯的决定》签署主席特赦令,对参加过抗日战争、解放战争等四类罪犯实行特赦。

从已经实行的八次特赦看,我国的特赦制度有以下特点:

(一)特赦的对象

特赦是针对特定范围的罪犯的,我国几次特赦的对象主要是战争罪犯。除第一次以及最近的这次特赦包括普通刑事犯外,其余几次特赦都是针对战争罪犯进行的。战争年代已经日益久远,当前已经没有在押的战争罪犯,此后特赦的对象理当主要为普通刑事罪犯。

2015 年的特赦,其对象范围为:一是参加过中国人民抗日战争、中国人民解放战争的;二是中华人民共和国成立以后,参加过保卫国家主权、安全和领土完整对外作战的,但犯贪污受贿犯罪,故意杀人、强奸、抢劫、绑架、放火、爆炸、投放危险物质或者有组织的暴力性犯罪,黑社会性质的组织犯罪,危害国家安全犯罪,恐怖活动犯罪的,有组织犯罪的主犯以及累犯除外;三是年满 75 周岁、身体严重残疾且生活不能自理的;四是犯罪的时候不满 18 周岁,被判处 3 年以下有期徒刑或者剩余刑期在 1 年以下的,但犯故意杀人、强奸等严重暴力性犯罪、恐怖活动犯罪、贩卖毒品犯罪的除外。

(二)特赦的条件

特赦的条件为:必须关押和改造一定的时间且在服刑的过程中确有改恶从善的表现。这表明,虽被宣告判处刑罚但尚没有执行的罪犯不在特赦之列,同时,虽然执行了一定的刑期但没有改恶从善表现的,也不在特赦之列。以 2015 年 8 月 29 日的特赦为例,此次特赦的对象必须不具备现实的社会危险性。

(三)特赦的法律后果

特赦只及其刑,不及其罪。即特赦只是免除符合条件的犯罪人执行剩余的刑罚,并不是宣告其犯罪归于消灭。

(四)特赦的程序

由全国人大常务委员会根据中共中央和国务院的建议作出决定,由国家主席发布特赦令,并授权最高人民法院和高级人民法院执行。

主要参考书目

〔日〕大塚仁:《刑法概说》,冯军译,中国人民大学出版社2003年版。
〔日〕泷川幸辰:《犯罪论序说》,王泰译,法律出版社2005年版。
〔日〕宫本英修:《刑法大纲(总论)》,弘文堂1935年版。
〔日〕团藤重光:《刑法纲要总论》,创文社1990年版。
〔法〕孟德斯鸠:《波斯人信札》,梁守锵译,商务印书馆1962年版。
〔法〕孟德斯鸠:《论法的精神》(上册),张雁深译,商务印书馆1959年版。
〔德〕克劳斯·罗克辛等:《德国刑法学总论》,王世洲译,法律出版社2005年版。
〔意〕贝卡里亚:《论犯罪与刑罚》,黄风译,中国大百科全书出版社2003年版。
〔意〕杜里奥·帕多瓦尼:《意大利刑法学原理》,陈忠林译,法律出版社1998年版。
〔苏〕C.C.阿列克谢耶夫:《法的一般理论》,黄良平等译,法律出版社1991年版。
〔英〕哈特:《惩罚与责任》,王勇等译,华夏出版社1989年版。
〔英〕边沁:《立法理论——刑法典原理》,李贵方等译,中国人民公安大学出版社1993年版。
储槐植:《刑事一体化》,法律出版社2004年版。
储槐植:《美国刑法》(第二版),北京大学出版社1996年版。
陈兴良:《本体刑法学》,商务印书馆2001年版。
陈兴良:《刑法适用总论》(上卷),法律出版社1999年版。
陈兴良主编:《刑事法总论》,群众出版社2000年版。
陈兴良:《刑法疏议》,中国人民公安大学出版社1997年版。
陈浩然:《应用刑法学》,华东理工大学出版社2005年版。
高铭暄主编:《新中国刑法学研究综述(1949—1986)》,河南人民出版社1986年版。
高铭暄、赵秉志主编:《刑罚总论比较研究》,北京大学出版社2008年版。
高铭暄主编:《刑法学》,北京大学出版社2000年版。
高铭暄主编:《中国刑法学》,中国人民大学出版社1989年版。
高铭暄、马克昌主编:《刑法学》,北京大学出版社、高等教育出版社2011年版。
高铭暄主编:《刑法学原理(第一卷)》,中国人民大学出版社1993年版。
国家司法考试辅导用书编辑委员会:《2014年国家司法考试辅导用书》,法律出版社2014年版。
顾肖荣:《刑法中的一罪与数罪问题》,学林出版社1986年版。
韩忠谟:《刑法原理》,中国政法大学出版社2002年版。
黄明儒主编:《刑法总论》,北京大学出版社2014年版。
何秉松主编:《刑法教科书》(上卷),中国法制出版社2000年版。
何秉松主编:《刑法教科书》,中国法制出版社1995年版。
曲新久等:《刑法学》,中国政法大学出版社2008年版。

曲新久主编:《刑法学》,中国政法大学出版社2011年版。
李光灿、张文、龚明礼:《刑法因果关系论》,北京大学出版社1986年版。
李晓明主编:《刑法学》(上),法律出版社2001年版。
马克昌主编:《犯罪通论》,武汉大学出版社1999年版。
苏惠渔主编:《刑法学》,中国政法大学出版社1997年版。
吴振兴:《罪数形态论》,中国检察出版社1996年版。
维之:《因果关系研究》,长征出版社2002年版。
谢振民编著:《中华民国立法史》,中国政法大学出版社2000年版。
严励主编:《刑法总论》,中国政法大学出版社2011年版。
严励主编:《刑法案例教程》,法律出版社2006年版。
杨春洗、杨敦先主编:《中国刑法论》,北京大学出版社1994年版。
王觐:《中华刑法论》,姚建龙校勘,中国方正出版社2005年版。
刘宪权、杨兴培主编:《刑法学专论》,北京大学出版社2009年版。
刘宪权主编:《刑法学》,上海人民出版社2012年版。
赵秉志主编:《刑法新教程》,中国人民大学出版社2001年版。
赵秉志:《刑法争议问题研究》,河南人民出版社1996年版。
张明楷:《刑法的基本立场》,中国法制出版社2002年版。
张明楷:《刑法格言的展开》,法律出版社2003年版。
张明楷:《刑法学》,法律出版社2011年版。
张明楷:《刑法学》,法律出版社2007年版。
张绍谦:《刑法因果关系研究》,中国检察出版社2004年版。
周其华:《中国刑法总则原理释考》,中国方正出版社2001年版。

后　　记

　　为了适应刑法学教学发展的需要,上海政法学院刑事司法学院刑法教研室的教师们通过集体努力,新编了《刑法学总论》和《刑法学分论》两本教科书。参与编写的人员都是刑法教研室长期从事刑法教学的一线教师,有着丰富的刑法学教学经验。同时,在编写新教科书之前,我们还听取了学生们对于刑法教科书编写的意见,并予以充分吸收。

　　新教科书的编写主要贯彻了以下几个思路:

　　一是体现及时性。近些年来,我国刑事立法与司法的发展可谓日新月异。例如,2011年2月25日,全国人大常委会通过的《刑法修正案(八)》对刑法进行了较大幅度的修正。2015年8月29日,全国人大常委会通过的《刑法修正案(九)》再次对刑法进行了较大幅度的修正,这一修正案已于2015年11月1日正式施行。与此同时,全国人大常委会和最高人民法院、最高人民检察院还颁布了大量立法解释和司法解释等。刑事立法与司法的日新月异,对刑法学教学和教科书的编写提出了较高的要求,新教科书的编写注重反映了刑事立法与司法的最新进展。

　　二是强化理论性。我们认为,即便是主要面向本科生的刑法教科书也应当有必要的理论深度。新教科书的编写注重提升了教科书的理论深度:一方面吸收了刑法理论研究的最新成果;另一方面也将刑法理论研究中的主要争议问题、刑事司法实践中的热点与争议问题,在教科书中予以呈现,让学生学会辨析,以培养学生的理论思维和提升其刑法理论功底。

　　三是对接法律职业资格考试。我国自2002年开始实行统一司法资格考试,2015年12月中共中央办公厅、国务院办公厅又印发了《关于完善国家统一法律职业资格制度的意见》,提出将现行司法考试制度调整为国家统一法律职业资格考试制度。尽管仍然存在一定的争议,但法律职业资格考试对法学教学的影响是客观的。某种程度上可以说,学生在修完刑法学课程后,还要为法律职业资格考试参加各类培训班的现象是值得反思的。新教科书的编写注重对接法律职业资格考试的要求:一方面在"通说"的采纳上对接法律职业资格考试;另一方面将历年司法考试的真题,以"实例分析"的形式融入教科书中。

　　此外,考虑到统一法律职业资格考试"以案例题为主"的特点,以及我校注重案例教学的传统,我们在新教科书的编写过程中注重案例教学的融入。同时,还编写了《刑法学案例分析》辅导书,与新教科书配套使用。

在本书的编写过程中，副主编江维龙副教授、卫磊副教授进行了大量组织和统稿工作，我的学生孙鉴、张少男、李寄北、王夏菁等协助进行了校对等工作。北京大学出版社为本书的出版提供了诸多便利，尤其是刘秀芹编辑付出了大量辛勤劳动。同时，本书的编写还参考吸收了其他学校刑法教科书以及刑法学界的研究成果，教材的出版得到了卓越法律人才项目奖励经费的支持，特此致谢。

由于本书采取的是分工合作的方式，尽管每位编者都尽了最大的努力，但由于编写时间紧迫，不足之处在所难免，欢迎读者批评指正。

上海政法学院刑事司法学院院长、教授、博士生导师
姚建龙
2016 年 1 月 9 日